제약바이오산업의 **실무**

제약바이오산업의 실무

첫째판 1쇄 인쇄 | 2022년 3월 4일
첫째판 1쇄 발행 | 2022년 3월 11일
첫째판 2쇄 발행 | 2023년 8월 16일

지 은 이 임형식
발 행 인 장주연
출 판 기 획 이성재
책 임 편 집 강미연
편집디자인 최선호
표지디자인 김재욱
일 러 스 트 이다솜
발 행 처 군자출판사(주)
　　　　　등록 제4-139호(1991. 6. 24)
　　　　　본사 (10881) **파주출판단지** 경기도 파주시 회동길 338(서패동 474-1)
　　　　　전화 (031) 943-1888　　팩스 (031) 955-9545
　　　　　홈페이지 | www.koonja.co.kr

ISBN 979-11-5955-857-3

정가 33,000원

제약바이오산업의 실무

제약바이오산업은 사람의 생명과 건강에 직접적인 영향을 미치는 의약품을 연구개발 즉 신약후보물질연구, GLP, GCP 과정을 거쳐 의약품을 허가받은 후, GMP 시설에서 생산, 판매, 시판 후 재심사, 재평가 과정을 통하여 지속적인 안전성과 유효성을 입증하는 산업으로 국가에서 엄격한 규제를 하고 있다. 또한 신약개발을 위한 연구개발부터 원료 및 완제의약품의 생산과 판매 등 모든 과정을 포괄하는 첨단 부가가치 산업으로 기술집약도가 높고 신제품 개발 여부에 따라 매우 높은 부가가치를 창출할 수 있는 미래 신성장 동력 산업으로 타 산업과 다른 뚜렷한 특성을 가지고 있는 산업으로 각 분야에서 매우 전문성을 요구하고 있는 산업이다.

제약바이오산업 관련학과(약학과, 생물공학과, 화학공학과, 제약산업학과, 제약공학과, 바이오산업학과, 의료공학과, 바이오메디컬학과, 의생명과학과 등)를 졸업한 후 많은 학생들이 제약바이오 회사로 진출하려는 목표를 가지고 있다. 관련학과를 졸업한 후 제약바이오 회사에 진출하기 위해서는 목표로 하는 회사에서 요구되는 직무수행에 필요한 지식을 습득해야 한다. 최근 제약바이오 회사들은 시간과 비용을 줄이기 위해서 현장에 바로 적응할 수 있는 준비된 인재를 원한다. 산학이 상생하고 발전하기 위해서는 관련학과 학부과정에서 산업현장에서 필요한 지식과 현장 경험을 사전에 배우는 것이 무엇보다도 중요하다.

이 책은 저자의 27년 제약회사 현장 근무 경험을 바탕으로 제약바이오산업 전 과정에 관한 지식을 최대한 담을 수 있도록 세부 내용을 구성하였다. 관련 전공자가 졸업 후 제약바이오 산업현장에서 전문가로서 역량을 발휘하는 데 상당기간이 소요되는 점을 고려하여, 보다 빠르게 제약바이오산업의 전문가로서 역할을 준비할 수 있도록 구성하였다. 관련 산업에 필요한 기초지식을 습득한 학부 학생들이 기초지식을 응용하여, 제약바이오 회사에서 필요한 업무인 의약품 개발부터 임상시험, 인허가, 판매, 의약품 사후관리까지 전 과정을 소개하고 있다. 또한 의료비와 의약품 약가제도를 이해하기 위하여 국민건강보험을 추가하였다. 특히, 제약바이오 회사의 실무영역인 제약산업의 개요, 의약품의 제품기획, 신약후보물질연구, 의약품연구개발, GLP, GCP, 의약품 인허가, 의약품 안전관리, 의약품 약가, GSP, GMP, Validation, 영업마케팅까지 총괄적이고 통합적 식견을 무장하여 실질적으로 업무수행이 가능하도록 종합적인 지식과 실무경험을 제공하는 것을 목표로 하고 있다.

이 책은 제약바이오산업에 필요한 다양한 지식과 정보를 제공하고 있다. 특히, 제약바이오산업을 보다 정확하게 이해하기 위하여 Chapter 별로 〈실전문제〉를 제공하고 있다. 이 책이 제약바이오산업에 진출하고자 하는 학생들과 제약바이오 회사에 근무하시는 분들께 조금이라도 도움이 되어 제약바이오산업이 한 단계 발전되기를 기대합니다.

임 형 식

●● CONTENTS

Part 3 / 임상실험

Part 4 / 의약품 인허가

Part 5 / 의약품 약가

Part 6 / **국민건강보험**

제약바이오산업의 현황

Chapter 01

국내 제약바이오산업 현황

01 제약산업의 개요

1) 제약산업의 정의

제약산업의 정의는 법적 정의와 통계청 표준산업 분류상 정의로 각각 구분하여 볼수 있다. 법적 정의로는 「제약산업 육성 및 지원에 관한 특별법」에 제약산업, 제약기업및 혁신형 제약기업에 대해 명시되어 있다. 동 법 제2조2호에 따르면 제약산업이란 「약사법」 제2조4호에 따른 의약품을 연구개발·제조·가공·보관·유통하는 것과 관련된 산업으로 명문화되어 있으며 또한 동 법령에는 제약기업 및 혁신형 제약기업에 대한 정의도 포함한다.

표 1-1 제약산업 관련 정의 법적 정의

구분	정의	관계법률
제약산업	• 의약품을연구개발·제조·가공·보관 및 유통하는 것과 관련 된 산업	「제약산업 육성 및 지원에 관한 특별법」 제2조1호
제약기업	• 의약품 제조업 허가 또는 제조판매품허가를 받거나 제조 판매 품목신고를 한 기업(「약사법」 제31조) • 외국계 제약기업으로서 의약품 수입품목허가를 받거나 수입 품목신고를 한 기업(「약사법」 제42조) • 벤처기업 중 신약 연구개발을 전문으로 하는 기업(「벤처기업육성에 관한 특별조치법」 제2조의2) • 신약 연구개발을 전문으로 수행하기 위하여 조직, 인력 등 대통령령으로 정하는 기준을 충족하는 기업	「제약산업 육성 및 지원에 관한 특별법」 제2조2호
혁신형 제약기업	• 다음 각 목의 하나에 해당하는 기업으로 보건복지부 장관으로부터 인증(「제약산업 육성 및 지원에 관한 특별법」 제7조)을 받은 제약기업을 말함 – 신약 연구개발 등에 대통령령*으로 정하는 규모 이상의 투자를 하는 제약기업 – 국내에서 대통령령으로 정하는 규모 이상의 신약 연구개발 투자 실적이 있거나 신약 연구개발을 수행하고 있는 외국계 제약기업	「제약산업 육성 및 지원에 관한 특별법」 제2조3호

• 자료 : 법제처 국가법령정보센터, 「제약산업 육성 및 지원에 관한 특별법」 법률 제16406호

2) 제약산업의 특성

제약산업은 의약품을 연구개발, 제조, 보관, 유통 및 판매하는 것과 관련된 산업으로 제약바이오산업은 인간의 생명과 보건에 관련한 고부가가치 산업이자 지식기반 산업으로 원료 및 완제 의약품의 생산과 판매에서부터 신약개발을 위한 연구 등 모든 과정을 포괄하는 최첨단 부가가치산업이다. 또한, 타 업종에 비해 기술집약도가 매우 높고 고도의 전문성과 함께 긴 투자기간과 높은 위험을 수반하지만, 글로벌 블록버스터급 신약개발에 성공할 경우 막대한 고부가가치 창출이 가능하고 양질의 일자리 창출 산업인 동시에 국민의 생명과 건강에 직결되는 의약주권을 지키기 위해서도 국가적 관심과 지원으로 육성, 발전시켜 나가야 할 미래 성장산업이다.

제약산업은 21세기 경제성장을 주도하는 생명공학(BT:Bio Technology) 분야의 대표산업으로 첫째, 우수한 신약을 공급해 질병으로 고통받는 환자들이 보다 건강하고 행복하게 살아갈 수 있도록 기여하는 것이다. 둘째, 다양한 사회공헌 활동을 통해 책임감 있는 기업 시민으로의 역할을 다하면서 일회성에 그치지 않고 지속적으로 사회공헌 활동을 하는 것이다. 셋째, 한국의 신약 개발과 보건사회 발전을 위해 다양한 이해관계자들과 건강한 제약바이오 환경 조성을 위해 지속적으로 기여해야 한다.

제약산업의 특성은 연구개발, 정부규제, 경쟁구조 그리고 소비자 수요의 변화와 밀접한 관계가 있고, 연구개발이 집약된 고도의 융합기술 분야이며, 전 세계적으로 미래 성장 동력으로 주목받고 있는 산업이다.

 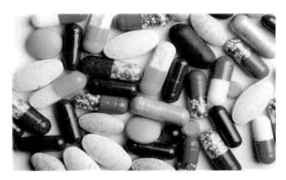

그림 1-1 제약산업

3) High risk, High return 산업

제약산업은 고부가가치 산업이다. 생물, 미생물, 화학 등 기초과학 약학, 의학, 통계 등의 산업과 융·복합이 가능하기 때문에 높은 위험이 있지만 동시에 고수익, 고부가가치를 창출해 내는 유망산업이다.

10년 이상의 장기간이 소요되는 신약개발은 지식기반의 고부가가치산업이다. 하지만 신약개발의 첫 단계인 후보물질 탐색부터 마지막 신약승인까지 성공 가능성은 평균 0.01%로, 통상 5,000~1만 개의 후보물질 가운데 최종 신약승인의 관문을 통과하는 약물은 단 한 개에 불과하다.

신약개발에 15년이라는 긴 시간과 1~3조 원에 이르는 대규모 자본이 소요되지만 성공하면 막대한 부가가치를 창출할 수 있어 제약산업은 대표적인 'High risk, High return' 산업으로 불린다. 실제 MSD의 키트루다 (면역항암제), 에브비의 휴미라(자가면역질환 치료제), BMS의 레블리미드(다발성골수종 치료제), 사노피의 란투스(당뇨병 치료제), 길리어드의 소발디(C형간염 치료제)등과 같은 일명 블록버스터 약물들의 연 매출액은 각각 10조원이 넘는다. 미국의 화이자는 약 10년간 1조 원 이상을 들여 고지혈증 치료제 리피토를 개발, 상용화 이후 20년 동안 150조 원 이상의 수익을 창출했다. C형 간염치료제인 하보니(Harvoni)를 보유한 Gilead Sciences는(2016년 기준) 총매출액 38조원을 기록했고, 그중에서 영업이익 26조 원을 기록했다.

4) 연구개발 비중이 높은 산업

제약산업은 지속적인 연구개발 및 투자의 결과가 기업의 성과와 연결되는 특징을 가지고 있으며 신제품 및 신약개발을 위해서는 비용 및 시간이 투자되어야 하는 필수 요소를 가지고 있다. 그런 이유로 타 업종에 비하여 연구개발 비중이 높은 것이 특징이다. 글로벌 제약회사의 연구개발비(매출액 대비) 약 18% 보다는 적지만 국내제약회사의 연구개발비 비율도 증가하고 있다. 특히, '19년 국내 상장 제약기업 160개사의 연구개발비 2조 1,473억 원 중 혁신형 제약기업은 1조 2,231억 원으로 전체 상장사 대비 57.0%를 차지하고, 5년간 연평균 14.8% 증가추세에 있다[NICE신용평가정보 재무정보 제공시스템 (KISVALUE Ⅲ)].

전 세계 제약시장은 빠른 고령화에 따른 의료비 지출 증가추세에 따라 헬스케어 관련 산업에 대한 수요가 지속적으로 증가하고 있으며 중국을 비롯한 제약시장 수요가 급증하고 있기 때문에 국내 역시 향후 지속적인 성장과 함께 연구개발 비중 또한 상승할 것으로 전망하고 있다.

5) 글로벌 처방의약품의 고성장

제약바이오산업은 인구 고령화와 만성질환, 신종질병의 증가에 따른 의약품 수요 증가로 인해 세계경제의 저성장 기조에도 불구하고 탄탄한 성장세를 이어가고 있다. 더불어 COVID-19로 인해 제약바이오산업의 중요성이 높아지면서 전세계 처방의약품 시장은 지속적인 성장이 기대되고 있다. 글로벌 처방의약품 매출액은 2021년 1조 310억 달러(약 1,193조원)에서 연평균 6.4%로 성장해서 2026년에는 1조 4,080억 달러(약 1,629조원) 규모가 될 것으로 전망하고 있다. 특히, 희귀의약품은 신약개발에 있어 매우 큰 관심거리로 2020년 기준으로 1,380억 달러(약 163조 원)에서 2026년까지 2,680억 달러(약 317조 원) 규모로 2배 이상의 성장이 기대되고 있다.

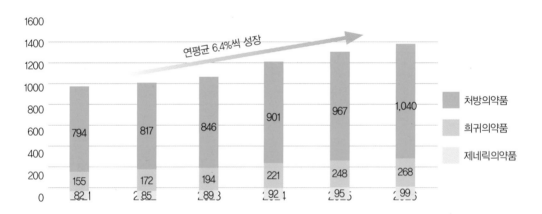

년도	2021	2022	2023	2024	2025	2026
총매출	1,031	1,075	1,128	1,213	1,311	1,407

그림 1-2 **전세계 처방의약품 매출액(2021-2026) (단위: $bn)**
• 출처_EvaluatePharma, 'World Preview 2021, Outlook to 2026

6) 높은 부가가치산업

　국내 제약산업의 경우 제조업은 물론 전 산업 평균 부가가치율을 크게 상회하고 있다. 한국은행 ECOS의 2019년 기업분석 자료를 보면, 국내 전체산업의 평균 부가가치율은 30.5%를 나타내고 있고, 국내 10대 제약업체들의 부가가치율이 33.4%와 별반 차이가 없다. 반면에 세계적인 바이오시밀러 전문 제약업체로 급부상하고 있는 셀트리온과 삼성바이오로직스의 부가가치율은 무려 평균 58.9%에 이른 것으로 나타났다. 신약개발에 성공하면 특허를 통해 시장을 독점(물질특허 존속기간 20년)할 수 있어 장기간 고수익 창출이 가능하기 때문이다. 제약산업의 고부가가치, 양질의 일자리 창출 역량에 주목한 정부도 제약산업을 미래 먹거리 산업으로 육성하겠다는 의지를 구체화하고 있다.

　신약개발의 경제를 효과를 보면, 2015년 기준 삼성전자는 매출 200조 원 대비 13%(26조 원)의 영업이익을 얻는 데 비해 미국 제약회사인 길리어드 사이언스는 매출 38조 원에 대한 68.4%(26조 원)의 영업이익을 창출하였으며, 의약품의 부가가치는 37%이다. 이는 제조업 21.1%, 전체산업 25.6%보다 높다.

그림 1-3 **삼성전자 vs. 길리어드 매출대비 영업이익 비교(2015년기준)**

• 출처_2017 한국제약바이오협회

7) 일자리 창출 효과가 큰 산업

전세계 제약 분야 종사자 수는 약 440만 명으로 추정되며, 연 평균 3.3%의 증가율을 보이고 있다(미국 battelle 연구소, 2012). 4차 산업혁명 시대의 도래와 제약산업의 꾸준한 성장으로 제약 분야 종사자는 앞으로도 꾸준히 증가할 전망이다.

한국의 제약산업은 일자리 창출을 선도하고 있다. 저성장 기조에 따른 제조업계 전반의 고용감축 흐름과는 달리 매년 지속적인 인력 채용으로 제약산업 종사자는 약 10만 명을 넘어서고 있다. 양적으로도 질적으로도 석·박사 등 양질의 인력 유입을 통해 고용시장에 활기를 불어넣고 있다. 2020년 기준 제약산업의 직종별 고용현황을 살펴보면 총 114,126명 중 생산직 비율 40.5%, 영업직 비율 22.2%, 사무직 비율 20.9%, 연구직 비율 11.7%로 나타났다. 특히 코로나-19 영향으로 비대면 영업마케팅 비중의 증가로 인하여 영업직 비율이 감소하고 생산직 비율이 큰 폭으로 증가 했다.

표 1-2 **제약산업 직업별 고용현황**

년도	업체수/종업원수	사무직 인원수(명)	사무직 비율(%)	영업직 인원수(명)	영업직 비율(%)	연구직 인원수(명)	연구직 비율(%)	생산직 인원수(명)	생산직 비율(%)	기타 인원수(명)	기타 비율(%)	증감률
2011	823/74,325	14,426	19.4	24,535	32.9	8,765	11.8	23,539	31.6	3,212	4.3	-3.7
2012	738/78,325	15,413	19.7	24,714	31.6	9,888	12.6	24,966	31.9	3,344	4.3	5.2
2013	903/88,545	16,598	18.7	25,889	29.2	10,613	12.0	28,226	31.9	7,219	8.2	13.0
2014	880/89,649	17,001	19.0	25,496	28.4	10,594	11.8	29,592	33.0	6,966	7.8	1.2
2015	842/94,510	19,115	21.3	25,747	28.7	11,057	12.3	31,664	35.3	6,927	7.7	5.4
2016	853/94,929	17,604	19.6	26,443	29.5	11,862	13.2	32,104	35.8	6,916	7.7	0.4
2017	855/95,524	17,984	18.8	25,618	26.8	11,925	12.5	33,129	34.7	6,868	7.2	0.6
2018	842/97,336	18,979	19.5	25,263	26.0	11,884	12.2	34,217	35.2	6,993	7.2	1.9
2019	918/102,912	20,702	20.1	25,580	24.9	12,314	12.0	37,215	36.2	7,101	6.9	5.7
2020	1,398/114,126	23,875	20.9	25,317	22.2	12,379	11.7	46,166	40.5	5,389	4.7	10.9

➡ 제약산업 고용 인력은 증가할까? 줄어들까? 그 이유는?

➡ 제약산업의 R&D 비중은 증가할까? 줄어들까? 그 이유는?

➡ 국내제약회사 영업이익률이 높은가? 낮은가? 이유는?

8) 공급·유통 체계가 투명해야 하는 산업

제약산업은 인간의 생명과 보건에 관련된 제품을 생산하는 국민의 건강과 직결된 산업으로서 제품의 개발에서 임상시험, 인·허가 및 제조, 유통, 판매 등 전 과정을 매우 엄격히 국가에서 규제하고 있다. 특히, 제약산업은 타 산업에 비해 유통의 투명성 확보가 중요한데 이는 일반 공산품과는 차별화된 법적·윤리적 의무 부과가 필요한 의약품의 특성 때문에 리베이트 근절 및 의약품 유통 체계 개선에 정부 개입 비중이 확대되고 있다. 전문의약품은 최종선택권이 소비자에게 있는 것이 아니라 처방 의사에게 있기 때문에 제약기업들은 전문의약품의 마케팅을 일반소비자가 아닌 의사 또는 의료기관을 대상으로 실시하며 이러한 요인으로 인해 음성적인 리베이트 수수가 발생하고 있다. 따라서 정부는 제약산업 유통과정의 투명화를 위하여 리베이트 제공 및 수수에 대한 처벌기준을 강화하였다. 2008년 12월 '약사법 시행규칙'을 개정하여 리베이트 수령 약사에 대한 자격정지 및 면허취소 규정을 신설(약사법 시행규칙 제6조 제1항 제7호)하였으며 2009년 1월 '국민건강보험 요양급여의 기준에 관한 규칙'을 개정하여 리베이트 제공행위가 적발된 약품의 보험약가 인하 규정을 신설했다. 2010년 2월에는 '의약품 거래 및 약가제도 투명화 방안'을 마련하고 같은 해 10월부터 시행하고 있다. 현행 '실거래가상환제도'가 의료기관과 약국이 의약품 구매 시 이윤을 인정하지 않아 음성적인 리베이트가 구조화되었고, 이에 따라 의약품 거래제도에 대한 시장 존중 원리가 적용될 수 있도록 하였다. 더불어 정부는 의약품 유통 투명화 기반을 마련하여 의약품 거래의 투명성을 지속적으로 높이고, 의약품안전사용서비스(DUR: Drug Utilization Review)등을 통하여 의약품의 유통체계와 의약품 적정 사용을 관리하고 있다.

9) 의약품 가격이 비탄력적인 산업

의약품 가격은 비탄력적인 특성을 갖는다. 의약품의 경우 생명 및 건강과 직접관련이 되어 있어 가격이 높아지더라도 비용을 지불하고 구매하려는 속성을 가지고 있다. 일반의약품의 경우 경기 변동과 계절적 요인에 다소 영향을 받는 편이나, 전문의약품의 경우 의약품의 특성상 안정적인 성장을 하고 있다. 따라서 타 산업에 비해 경기 변동에 큰 영향을 받지 않는다고 할 수 있다.

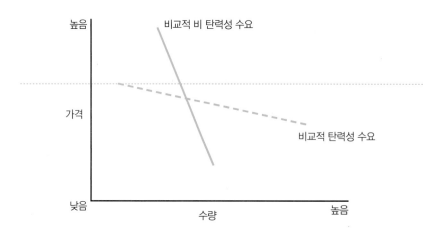

그림 1-4 비탄력적인 의약품 가격

10) 지적재산권의 보호를 받는 산업

제약산업은 특허권 등 지적재산권의 보호를 받는다. 여러 관련 분야의 지식과 기술을 토대로 신약개발이 가능한 첨단기술 및 지식 집약 산업이다. 다른 제품에 비하여 개발비용이 막대한 반면 복제는 상대적으로 쉽기 때문에 특허에 의한 보호가 결정적인 중요성을 갖고 있다. 또한 임상 및 승인 기간 때문에 실질특허기간이 감소되는 문제가 발생하게 되며 의료비 부담으로 인한 사회적 비용을 줄이기 위해서는 특허 기간을 적정선에서 제한하고, 복제약(Generic) 생산을 용이하게 하는 것도 필요하다.

11) 의약주권의 중요성

의약품의 개발생산은 인구 고령화, 생활습관의 변화 등에 따른 만성질환 증가로 의약품 수요증가에 맞춰 국내시장에 생산·공급하고 또한 생산된 의약품 수출을 통하여 의료비용과 사회적 비용을 크게 절감할 수 있게 한다. 국내 제약산업이 생산시설 등 제반 시설과 의약품 개발기술이 국제적 요구에 부합하지 못하면 제약산업은 더 이상 성장, 발전하지 못할 것이다.

국내 제약산업이 성장하지 못하고 붕괴할 경우 의약품의 안정적 공급에 차질을 빚는 것은 물론 연쇄 구조조정으로 대규모 고용 감축이 이루어지고, R&D 축소 등 사회적, 경제적으로 심각한 문제가 발생한다. 국내 제약산업이 무너지면 결과적으로 해외에서 수입되는 의약품에 대한 의존도가 심화되어 이에 따른 약가에 대한 정부의 통제력이 약화되고 국민의 약값 부담이 증가되는 현상으로 이어질 수밖에 없다. 동남아 국가들 중 국내 제약산업 기반이 무너져 다국적 제약사와 수입의약품에 국민건강권을 의존하는 국가들이 많다. 싱가포르, 말레이시아, 베트남, 대만 등 동남아시아의 경우 제약시장의 80% 이상, 브라질과 페루 등 중남미 국가들도 70% 이상을 수입의약품에 절대적으로 의존하고 있다. 자국 제약산업 육성에 실패한 필리핀은 오리지널 의약품을 세계 각국 평균치보다 비싼 가격으로 구매하여 사용하고 있다. 동남아시아 국가는 의약품자급률이 20%에 불과하지만 대한민국은 2020년 기준 완제의약품 자급률은 68.6%이다.

표 1-3 **한국의 의약품 자급률**

구분		2016	2017	2018	2019	2020
원료	생산	2,473,726	2,807,010	2,561,639	2,470,647	3,542,591
	수출	1,635,101	1,666,629	1,746,824	1,981,471	2,034,048
	수입	2,195,686	2,081,393	2,267,225	2,530,142	2,626,897
	국내 자급도	27.6	35.4	26.4	16.2	36.5
완제	생산	16,332,406	17,551,303	18,543,783	19,842,531	21,023,589
	수출	1,985,839	2,935,850	3,396,302	4,076,640	7,930,785
	수입	4,344,758	4,226,311	4,888,020	5,524,773	5,943,878
	국내 자급도	76.8	77.6	75.6	74.1	68.8

- 주1) 완제의약품: 완제(마약류, 의료용고압가스 포함), 원료의약품(한약재 포함)
- 주2) 자급도(%)= (생산 – 수출) / (생산 – 수출 + 수입)
- 출처: 한국제약바이오산업 DATABOOK, 2021

　수입의약품에 대한 의존이 심화되면 의약품 공급 차질과 국민의 약값 부담이 증가하는 문제를 야기할 수 있다. 약가, 공급, 신약 접근성 등의 주도권을 다국적 제약사에게 넘겨주면 정부 통제력의 약화와 함께 국가 보건 수준의 저하를 초래, 국민건강을 다국적 제약사에 맡기는 결과를 가져오게 된다. 2013년 UN은 각국 제약산업이 외국에 의존하지 않고 공장 등 자체적으로 생산할 수 있는 역량을 가지고 있는지의 여부가 그 나라 국민의 건강권을 위한 필수요소 중 하나라고 강조했다.

　한국의 제약기업은 응급 · 위급 환자에 꼭 필요한 기초필수의약품을 안정적으로 생산, 공급하고 있다. 백신은 전세계 상용화된 28종 가운데 14종에 대해 국산화를 이뤘으며, 헌터증후군치료제, 고셔병치료제 등 30여종의 희귀질환치료제를 개발했다.

61.1%

한국 제약기업의 백신
내수시장 점유율

30여종

희귀의약품 개발

기타
50%

전세계
상용화 백신

국산
50%

• 출처: 한국제약바이오협회

그림 1-5 **국내제약기업 백신 점유율**

　2009년 전 세계를 공포에 떨게 했던 '신종플루' 발생 당시 국내 제약산업의 기술력으로 개발한 국산 백신이 있어 우리나라는 상대적으로 큰 타격 없이 위기를 극복할 수 있었다. 국가적 위기를 극복해낸 경험에서 보듯 필수의약품을 우리의 힘으로 생산, 공급할 수 있는 제약주권의 보유 여부는 국민의 생명과 건강에 직결되는 의약주권을 지키는 것이 매우 중요하다.

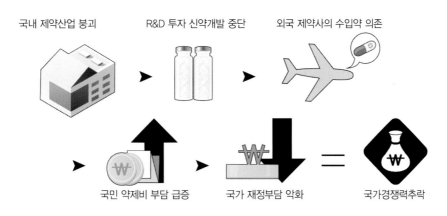

국내 제약산업 붕괴   R&D 투자 신약개발 중단   외국 제약사의 수입약 의존

국민 약제비 부담 급증   국가 재정부담 악화   국가경쟁력추락

그림 1-6 **국내제약산업의 붕괴시 나타나는 현상**

〈COVID-19로 인한 제약산업 영향〉

  우리나라는 그간 선진화된 보건의료의 전달체계와 긴급 진단키트 등 선제적인 방역으로 인해 초기의 적절한 대응을 통해 세계에서 모범적으로 COVID-19를 대응한 것으로 판단된다. 그러나 많은 전문가들이 우려한 바와 같이 COVID-19가 3차 대유행이 확산 되었고, COVID-19의 새로운 바이러스 오미크론 등 다양한 바이러스 변이의 등장과 함께 무증상 등 조용한 감염으로 인해 코로나19를 종식시키기에는 많은 어려움이 있을 것으로 예측하고 있다. 이와 같은 현실적인 어려움을 극복하고 대응하기 위해서는 백신과 치료제의 개발 및 공급이 중요할 것이다. 글로벌기업 뿐만 아니라 국내 제약바이오기업들은 COVID-19 극복을 위해 연구개발을 확대하고 있으며 정부도 다방면에 걸쳐 적극적인 지원을 하고 있다. COVID-19 시대를 맞이하면서 제약바이오산업은 단순히 경제적 가치를 넘어 전 세계 대부분의 국가는 국가 안보와 직결됨을 다시금 각인하게 되었다. 향후 POST COVID-19가 도래한다고 하더라도 제약바이오산업의 경쟁력을 확보하고 자국내 인프라 및 연구개발에 집중해야 할 것이다.

실전문제

  ➔ 의약주권이 왜 중요한가?

02 제약산업의 환경

    제약산업은 기본적으로 국민의 건강과 삶의 질(QOL:Quality of Life) 향상을 위해서 없어서는 안 되는 21세기 핵심 산업으로 제약시장은 여러 가지 다양한 외부 환경에 영향을 받고 있다.

1) 인구구조의 변화

    선진국과 개발도상국 중심으로 보건의료 기술의 발달과 복지개선의 노력으로 인간의 수명은 크게 늘어나고 있다. 2011년에 전 세계 인구는 70억을 돌파했고 2050년에는 96억으로 늘어날 것으로 전망된다. 수명연장은 사회가 고령화되어가는 것을 촉진 시키고 있다. 특히 한국은 인구 고령화와 초고령화 사회로의 진입속도가 가장 빠른 국가로 2025년에 65세이상 노인 인구 비율이 20%로 초고령사회에 진입하고, 특히 1인 노인가구 비중이 현재 35%보다 높아질 것이다. 이와 같은 고령인구 증가는 제약산업의 성장을 가져올 것으로 예상되는 가장 큰 요인 중의 하나이다.

• 출처:통계청

그림 1-7 　노령인구 증가 추이

2) 기후변화로 인한 신종질병의 발생

제러드 다이아몬드의 '총, 균, 쇠', 윌리엄 맥닐의 '전염병의 세계사'에서도 볼 수 있듯이 바이러스나 각종 세균으로 인한 감염병은 오랫동안 인류의 생존을 위협해 왔다. 실제로 2002년 사스(중증호흡기증후군), 2009년 신종인플루엔자(H1N1), 2014년 서아프리카 에볼라바이러스, 2015년 메르스(중동호흡기증후군)를 비롯해 지카바이러스, 코로나-19 등 새로운 질병의 발현은 기후변화가 중요한 원인 중 하나로 작용하고 있다. 최근 인류를 위협하는 신종 감염병 대부분은 동물들로부터 유래된 인수공통감염병이라는 특징을 갖고 있다. 신종 감염병 대부분이 과거에는 일부 지역에서만 발생하던 토착 질병이었지만 교통수단의 발달과 국제 교류의 증가 때문에 쉽게 퍼져 나가고 이동과정에서 병원균이 변형돼 독성이 강해지고 있다. 놀랍게도 감염병의 증가와 독성이 강해지는 이유는 지구온난화로 인한 기후변화 때문이다. 국제동물보건기구(OIE)도 "기후와 환경변화는 가축전염병 발생에 상당한 영향을

▷ **메르스** 박쥐, 낙타

▷ **에볼라** 과일박쥐, 침팬지

▷ **사스** 박쥐, 사향고양이

▷ **에이즈** 작은흰코원숭이, 붉은머리 망가베이

▷ **조류 인플루엔자** 새

▷ **뎅기열, 뇌염** 모기

▷ **쯔쯔가무시 신증후군출혈열** 등줄쥐, 집쥐

▷ **렙토스피라** 들쥐, 집쥐, 족제비, 개

▷ **브루셀라** 염소, 양, 소

그림 1-8 인수공통감염병과 전파 매개 동물

미치는 요인"이라고 강조하고 있다. 기후변화로 인한 기온상승과 강우 패턴의 변화, 대기 중 이산화탄소의 증가는 병원체의 성장속도를 빠르게 하고 모기, 설치류 등 질병 매개 동물의 생육환경은 바꿔서 병원균은 더 쉽게 옮기도록 변하고 있는 상황이다.

저개발국가들의 산림자원 훼손과 도시화는 위생상태 악화, 물 공급 부족, 인구밀도 증가를 가져와 감염병 전파의 속도를 높이고 있다. 이와 함께 각종 화학물질로 인해 내분비 호르몬이 영향을 받아 면역기능이 약화 되는 것 역시 신종 및 인수공통감염병 증가의 요인으로 꼽히고 있다.

3) 의료 패러다임의 변화

IT 기술과 다양한 산업이 융합해 새로운 시너지를 창출하는 4차 산업혁명 시대, 고령화 추세에 맞춰서 빠른 성장이 예상되고 있는 제약바이오 헬스케어 산업에도 융합이 활발하게 이뤄지고 있다. 의료의 패러다임도 치료와 진단중심에서 인간 게놈 프로젝트(HGP; human genome project)의 완성으로 개인의 유전적 특성에 맞는 맞춤형 진료와 사전에 예방과 예측이 가능한 치료로 새롭게 변화하고 있다.

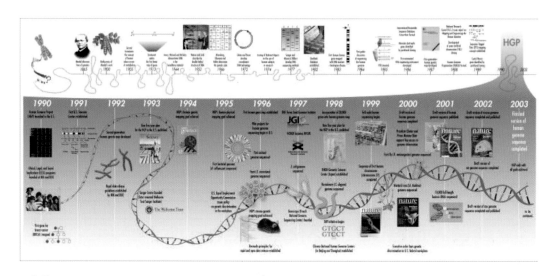

• 출처: The landscape of Human Genome Project(National Human Genome Research Institute

그림 1-9 인간 게놈 프로젝트(Human Genome Project)

4) 시장의 지속적인 성장

국내 제약산업은 인구 고령화에 따른 만성질환 및 삶의 질 향상(QOL), 의약품 수요증대와 특허 만료에 따른 제네릭 의약품 시장의 성장, 정부의 중증질환, 희귀의약품의 급여확대, 블록버스터 품목 집중 마케팅으로 정책적 악재가 극복되어 매출 증가와 수익성 증대가 개선되고 있다.

실전문제

➔ 최근 신종 바이러스 감염증이 유행하는 이유는?

03 국내 제약산업 현황

1) 국내의약품등 생산실적

식품의약품안전처의 자료에 의하면 2020년도 의약품(약 21조 2천억 원), 원료의약품(3조 3천억 원), 의약외품(3조 6천 7백억 원)의 생산실적을 기록했다. 그 중 의약품 생산실적이 전체 약 75%를 차지했다.

2020년 의약품, 의약외품, 의약외품 업체 수는 1,398개, 품목 수는 27,476개로 조사됐다.

표 1-4 **전체의약품 생산실적 현황(2020년)**   (단위: 천 원 %)

구분	업체수	품목수	생산금액	비율
의약품	381	21,226	21,023,589,352	75.0
원료의약품	143	1,613	3,333,286,722	11.9
의약품외	986	4,637	3,671,512,077	13.1
합계	1,398	27,476	28,028,388,151	100.0

• 출처: 식약처

의약외품은 코로나-19 방역물품 생산 증가로 생산실적인(3조 6,715억 원)을 기록하며 2019년 대비 큰폭으로 성장했다. 이는 마스크, 외용소독제의 생산실적이 2019년 대비 큰 폭으로 증가하는 등 감염병 예방 물품 수요가 늘어난 영향이 크게 작용했다.

〈2020년 국내 의약품 시장의 주요 특징은 다음과 같다〉
- 완제의약품 생산 비중 및 국산 신약 생산 증가
- 무역수지 흑자 전환을 주도한 완제 의약품 수출 증가
- 국내 바이오의약품 시장 성장, 바이오시밀러 중심으로 수출 증가
- 코로나-19 영향으로 의약외품 수출 증가
- 전문의약품 생산 비중 유지, 국산 신약 생산 꾸준한 증가

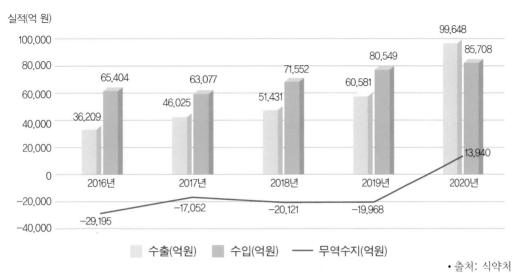

실적(억 원)

그림 1-10 **연도별 의약품 수출입 실적 및 무역수지**

2) 전문의약품 비중의 증가

식품의약품안전처의 의약품 생산현황을 연도별로 분석한 결과, 2020년 의약품 생산품목
은 2만 1,226개로 지난 2016년의 1만 8,546개에 비해 2,680개 늘어났다. 제약사들은 일반
의약품 생산을 줄이고 전문약 생산은 늘린 것으로 분석됐다.

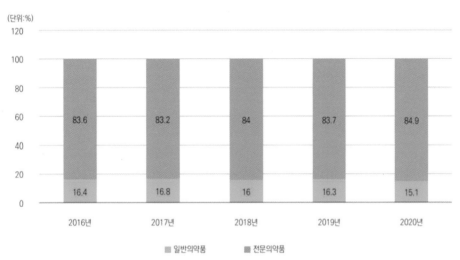

그림 1-11 **전문의약품 vs 일반의약품 생산실적, 비중(2016-2020년)**

(단위: 개, 억 원, %)

지난 2016년 전문약 생산품목 수는 1만 3,069개에서 2020년에는 1만 5,946개로 2,877개로 전문의약품 수가 증가했다. 반면에 일반의약품 생산품목 수는 5,447개로 약간 감소하였다.

일반의약품 생산액은 2016년(2조 743억 원)에서 2020년에는(3조 1,779억 원)으로 5년간 5,036억이 늘어났다. 전문의약품 생산실적은(17조 8,450억 원)으로 완제의약품 중 84.9%를 차지해 최근 5년간 83~85% 수준을 유지했다.

실전문제

➡ 'Why' 전문의약품 비중은 지속적으로 증가할까요? 그 이유는?
➡ 완제의약품비중의 수출 비중이 높은 이유는?
➡ 의약외품 수출이 지속적으로 증가할까?

3) 국내 신약개발 현황

한국의 신약개발 역사는 비교적 짧다. 국내에서 신약개발이 본격화된 시점은 물질특허가 도입된 1987년이다. 물질특허 도입이 제약업계의 신약 연구개발을 촉진시키는 기폭제로 작용하면서 제약업계는 1990년대 신물질 창출과 신약개발의 기반을 축적하게 된다. 1999년 토종 신약 1호 '선플라주'가 탄생하며 신약개발국의 지위를 얻게 된 이후 1999년 SK케미칼의 '선플라주' 이후 2018년 CJ헬스케어 '케이캡'정까지 총 30개의 국산 신약이 출시되었고, 2019년 2020년에는 한 품목도 개발되지 못했지만 2021년에 유한양행의 폐암치료제 '렉나자정', 셀트리온의 코로나-19 항체치료제 '레키노나주', 한미약품의 호중구 감소증 치료제 '롤론티스', 그리고 12월 30일에 대웅제약의 위식도역류질환 치료제(P-CAB: Potassium-Competitive Acid Blocker) 약물 '펙수클루'까지 총 4개의 국산 신약이 허가를 받아 현재까지 34개의 신약이 탄생되었다.

제약업계는 30년이라는 길지 않은 시간에 쌓은 신약개발 역량을 바탕으로 1999년 이후 18

년 동안 연 평균 1.6개의 신약을 꾸준히 탄생시켰으며, 이제 한국 시장을 넘어 세계시장으로 속속 진출하고 있다. 연구개발이 대폭 활성화되면서 현재 1,000개가 넘는 신약후보물질(파이프라인)이 가동되고 있다. 단순히 수가 많아지는 수준에서 탈피해 이제는 국내 개발 신약이 글로벌 무대에 당당히 이름을 올리고 있다.

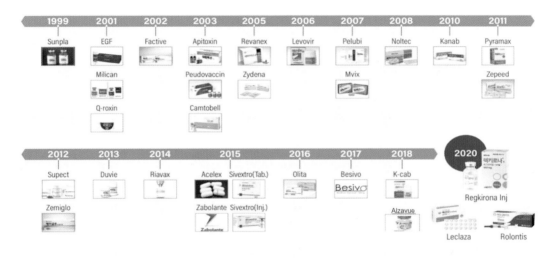

• 출처:보건산업진흥원 홍보책자

그림 1-12 **국산신약 개발현황**

IQVIA의 2020년도 국산 신약 매출을 분석한 자료에 의하면 전체 매출은 3,447억 원으로 2019년 2,833억 원 대비 약 21.7% 성장했다.

LG화학의 당뇨병 치료제 '제미글로'군 총 매출은 약 890억 매출로 전년 대비 12% 성장했다. 보령제약의 고혈압 치료제 '카나브'군 총 매출은 약 718억 원으로 전년 641억 대비 12% 매출이 늘었다. 일양약품의 놀텍과 동아에스티의 '슈가논' 군도 높은 성장률을 달성하며 순위 상승에 성공했다. 특히, HK이노엔의 위식도역류질환 치료제인 '케이켑'은 약 639억원의 매출로 전년대비 106%의 성장을 이루었다. 조만간 HK이노엔의 '케이켑'은 LG화학의 당뇨병 치료제 '제미글로'군과 보령제약의 '카나브' 군과 함께 매출 1,000원을 기록할 것으로 예상된다.

4) 개량신약

개량신약(Incrementally Modified Drug, IMD)이란? 안전성, 유효성, 유용성(복약순응도·편리성 등)에 있어 이미 허가(신고)된 의약품에 비해 개량되었거나 의약기술에 있어 진보성이 있다고 식약청이 인정한 의약품으로 신약의 물리화학적 특성, 제제의 다양화 및 효능을 개선함으로써 약효개선, 적응증 추가, 변경, 부작용감소 등 치료개념을 향상 발전시켜 효율을 극대화하고 새롭게 허가 등록된 의약품을 의미한다.

개량신약은 신약에 비해 R&D 비용이나 개발기간의 부담이 적어 국내 제약사의 개발이 활발한 추세이며 주로 이미 승인된 의약품의 구조나 제형 등을 변형해 출시하는 상황이다. 개량신약 개발에 대한 평균 연구개발비는 약 30억 원으로 신약개발 1건에 투입되는 400억 원 대비 약 7~8%의 비용만으로도 개발이 가능하며, 연구기간도 약 3년으로 신약개발의 1/3에 그치는 것으로 알려졌다.

2009년 한미약품의 아모잘탄이 개량신약 1호로 허가 받은 것을 시작으로 2018년까지 모두 233개 품목(자료제출의약품제외)의 개량신약이 허가를 받았다. 고혈압 치료제인 Amlodipine의 경우, Amlodipine maleate 외에도 다양한 형태의 염 변경 개량신약이 출시되었는데 adipate, besylate, camsylate, mesylate, nicotinate 등이 있다.

처음 개량신약은 특허를 회피하여 시장에 조기에 진입하는 수준이었으나, 현재는 효능이 향상되고 부작용이 개선된 제품, 복약순응도(drug compliance)를 향상시키는 개선된 제품이 개발되고 있고, 더욱 진보된 방법으로 개량신약이 개발될 것으로 예상된다.

표 1-5 **신약, 개량신약, 제네릭 비교**

항목	신물질 신약	개량신약	제네릭
시험항목	효능 독성시험(전체) 임상시험(Ⅰ,Ⅱ,Ⅲ)	효능 독성시험(일부) 임상시험(일부)	생물학적 동등성 시험
개발기간	10~15년	3~5년	2~3년
개발비용	1,000억 원~3조 원	10~40억 원	2~3억 원
독점기간	장기독점/배타적 권리 14년 물질특허 20년	장기독점/배타적권리 3~7년 물질특허 20년 특허분쟁기능	최초 제네릭 출시시 장기독점/배타적 권리 6개월 특허분쟁 및 과다 경쟁

→ 국산신약이 허가받은 대부분의 임상시험은? 이유는?

→ Drug Repositioning 전략으로 성공한 국내 신약은?

→ 개량신약(IMD)vs Bio better

→ 개량신약(IMD) 종류별 성공사례를 기술하십시오.

→ 제네릭 의약품 허가사항 중 공동생동 1+3이란?

표 1-6 **개량신약의 성공 사례**

종류	오리지널 개발사/제품	개량신약 개발사/제품	개량신약 특징	개량신약 성과
구조변형 (이성체)	AstraZeneca/ Omeprazole (LosecTM)	AstraZeneca/ Esomeprazole (NexiumTM)	S-이성체는 R-이성체에 비해 대사안정성 증가→약효 증가, 부작용 감소	LosecTM의 특허 만료 시점 에 NexiumTM으로 성공적 제 품 Switch→2005년 기준 57 억 불의 거대 제품화
구조변형 (Prodrug)	Pfizer/ Gabapentin (NeurontinTM)	XenoPort/ XP13512	Gabapentin의 새로운 Prodrug 개발로 흡수율을 획 기적으로 증가시키고 개체 별 흡수차이를 줄였으며, SR Formulation 가능	Astellas에 동남아 판권 US 85Mil. +Running Royalty에 매각, 현재 임상 3상 진행중
신규제제 (제어방출)	Bayer/ Nifedipine (AdalatTM)	Alza/Oros Technology (Adalat orosTM)	삼투압을 이용한 Oros Technology의 개발로 부 작용을 줄이고 1일1회 요법 제 개발	Bayer에 기술을 이전하여 2004년 기준으로 약 8억불 의 연간 매출을 올림
신규용도 (적응중)	Merck/ Finasteride 5mg (ProscarTM)	Merck/ Finasteride 1mg (PropeciaTM)	기존 Proscar는 전립선 비대 증 치료제로 개발되었으나, 이후 용량을 줄여 대머리 치 료제 용도로 개발	2004년 기준 Proscar 매출 약 7.3억불 이외에 신규 용도 인 Propecia 매출을 약 2.7억 불 올리고 있음
구조변형 (신규염)	Pfizer/ Amlodipine besylate (NovarscTM)	Hanmi/ Amlodipine camsylate (AmodipinTM)	기존의 베실산염을 캄실산염으로 바꾸어 광안정성을 획기적으로 개선함	2005년도 국내 매출 약 400 억 원의 거대품목으로 성장. 국내에 개량신약 성공모델 제시

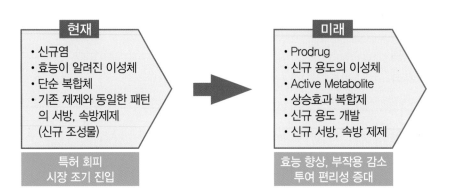

현재	미래
• 신규염 • 효능이 알려진 이성체 • 단순 복합체 • 기존 제제와 동일한 패턴의 서방, 속방제제 (신규 조성물)	• Prodrug • 신규 용도의 이성체 • Active Metabolite • 상승효과 복합제 • 신규 용도 개발 • 신규 서방, 속방 제제
특허 회피 시장 조기 진입	효능 향상, 부작용 감소 투여 편리성 증대

그림 1-13 **국내 개량신약 개발전략**

5) 제네릭 의약품

제네릭 의약품은 주성분, 안전성, 효능, 품질, 약효 작용원리, 복용방법 등에서 최초 개발 의약품(특허 받은 신약)과 동일한 약이다. 제네릭 의약품은 개발할 때 인체 내에서 이처럼 최초 개발의약품과 효능, 안전성 등에서 동등함을 입증하기 위하여 반드시 생물학적 동등성 시험을 실시해야 하며 정부의 엄격한 허가관리 절차를 거쳐야 시판할 수 있다. 생물학적 동등성 시험은 동일한 약효 성분을 함유한 동일한 투여경로의 두 제제(오리지널과 제네릭)가 인체 내에서 흡수되는 속도 및 흡수량이 통계학적으로 동등하다는 것을 입증하는 시험이다.

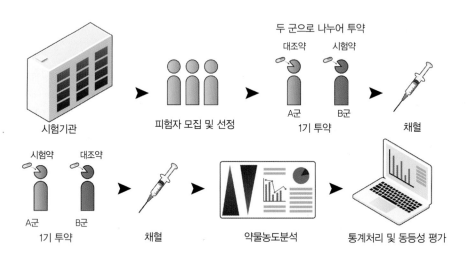

그림 1-14 **생물학적 동등성 시험 방법**

미국, 유럽, 일본 등 선진국에서도 제네릭 의약품 허가시 생물학적 동등성 시험을 요구하고 있다. 특히 미국 FDA는 생물학적 동등성 시험이 비교 임상시험보다 정확성, 민감성, 재현성이 우수하여 제네릭 의약품의 동등성 입증방법으로 권장하고 있다. 우리나라도 선진국의 심사기준과 동일한 기준을 적용, 생물학적 동등성 시험과 비교 용출시험 등 여러 단계의 안전성과 유효성을 심사하는 과정을 거쳐 제네릭 의약품을 허가하고 있으며 허가 이후에도 주기적으로 제조시설에 대한 점검을 실시, 의약품의 제조와 품질을 엄격하게 관리하고 있다. 각국의 약제비 억제정책 강화에 따른 제네릭 의약품 사용 권장과 글로벌 신약의 특허 만료 등으로 제네릭 의약품의 매출 비중이 증가하는 추세이다. 오리지널과 비교하면 효능과 안전성 등은 동일하고 상대적으로 가격이 저렴하기 때문에 보험정책상 선호되고 있다. 2009년 IMS Health의 각 국가별 제네릭 의약품 처방 비중 조사에 따르면 최대 제약시장인 미국의 경우 약 90%에 달하는 것으로 나타났다.

제네릭 의약품 전문기업인 테바(이스라엘)의 경우 1999년 매출 규모가 13억 달러에 불과했으나 2017년 235억 달러로 세계 10대 제약기업 대열에 진입하는 등 신약개발 주력기업과 대등한 경쟁을 하고 있다. 테바는 2013년 11월 ㈜한독과 합작회사(joint company)인 ㈜한독테바를 설립, 한국시장에 진출했다.

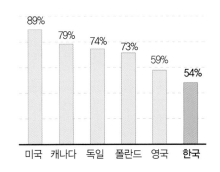

(a) 주요 국가별 제네릭 의약품 사용 비중

(b) 전체 의약품 중 제네릭 의약품 비중 추이

그림 1-15 제네릭 의약품의 추이

➡ 미래에 Generic 의약품 처방이 증가할까? 감소할까? 그 이유는?

6) 바이오 의약품

바이오 의약품은 사람이나 다른 생물체에서 유래된 세포, 조직, 호르몬 등을 이용해 개발된 의약품으로 백신, 혈액제제, 유전자재조합 의약품, 세포치료제, 개량생물의약품(바이오베터), 유전자치료제 동등생물의약품(바이오시밀러) 등을 들 수 있다.

바이오 의약품은 합성의약품에 비해 복잡한 구조를 가지고 있으나, 생물 유래물질로 고유의 독성이 낮고 난치성 만성질환에 뛰어난 효과를 가지고 있다. 특히 의약산업 환경이 치료중심에서 개인 맞춤형에 기반한 예방중심으로 점차 전환하면서 세포치료제와 유전자재조합 의약품 등 새로운 개념을 지닌 의약품의 연구개발이 활발해지고 있다.

그림 1-16 **바이오의약품의 종류**　　　　　　• 출처: 한국바이오의약품협회

표 1-7 **미 FDA 승인 신약 현황(2003~2021년)**

NO.	허가년월	회사명	제품명	효능군	분류
1	2003년 4월	LG화학(전,LG생명과학)	팩티브	항생제	합성신약
2	2007년 4월	LG화학(전,LG생명과학)	밸트로핀	인간성장호르몬	바이오시밀러
3	2013년 8월	한미약품	에소메졸	항궤양제	개량신약
4	2014년 6월	동아ST	시벡스트로(경구용)	항생제	합성신약
5	2014년 6월	동아ST	시벡스트로(주사제)	항생제	합성신약
6	2015년 12월	대웅제약	메로페넴	항생제	제네릭
7	2016년 4월	셀트리온	인플렉트라(국내명: 램시마)	자가면역질환치료제	바이오시밀러
8	2016년 5월	SK케미칼	앱스틸라	혈우병치료제	바이오신약
9	2017년 4월	삼성바이오에피스	렌플렉시스(국내명: 레마로체)	자가면역질환치료제	바이오시밀러
10	2017년 7월	휴온스	0.9% 생리식염주사제	수분결핍 공급 등	제네릭
11	2018년 11월	셀트리온	트룩시마	항암제	바이오시밀러
12	2018년 11월	셀트리온	테믹시스	항바이러스제	개량신약
13	2018년 12월	셀트리온	허쥬마	항암제	바이오시밀러
14	2018년 4월	휴온스	리도카인주사제	국소마취제	제네릭
15	2019년 1월	삼성바이오에피스	온트루잔트(국내명: 삼페넷)	항암제	바이오시밀러
16	2019년 2월	대웅제약	주보(국내명: 나보타)	주름개선제	바이오신약
17	2019년 3월	SK바이오팜	수노시(솔리암페톨)	수면장애치료제	합성신약
18	2019년 4월	셀트리온	리네졸리드	항생제	제네릭
19	2019년 4월	삼성바이오에피스	에티코보	자가면역질환치료제	바이오시밀러
20	2019년 7월	삼성바이오에피스	하드리마(유럽명: 임랄디)	자가면역질환치료제	바이오시밀러
21	2019년 11월	SK바이오팜	엑스코프리(세노바메이트)	뇌전증 치료제	합성신약
22	2019년 11월	SK케미칼	SID710(리바스티그민)	치매치료제(패치)	제네릭
23	2019년 12월	휴온스	부피바카인염산염주사제	국소마취제	제네릭
24	2020년 5월	휴온스	리도카인주사제(바이알)	국소마취제	제네릭
25	2021년 9월	삼성바이오에피스	바이우비즈(성분명: 라니비주맙)	황반변성치료제	바이오시밀러

• 출처:제약바이오협회, DATABOOK 2021년

세계의약품 시장에서 신약 연구개발(R&D)중심이 합성의약품에서 바이오의약품으로 빠르게 이동하고 있다. 바이오의약품은 합성의약품에 비해 약효가 우수하고 부작용이 적은 장점이 있다. 더구나 임상시험에서 상업화까지 가는 전체 신약개발 성공률도 합성의약품에 비해 상대적으로 높아 글로벌 빅파마들은 연구개발에 바이오의약품 비중을 높이고 있다. 바이오의약품 종류에는 생물학적 제제, 유전자재조합 의약품, 세포치료제, 유전자 치료제, 바이오베터, 바이오시밀러가 있다. 한국은 아직 바이오의약품 연구개발에 있어 걸음마 단계에 있지만 바이오의약품의 한 분야인 바이오시밀러 개발이 활발히 진행되면서 축적된 기술력을 바탕으로 향후 바이오의약품 개발에 있어서도 성과를 낼 것으로 기대된다.

지난 2003년부터 2021년까지 FDA 승인 신약 25개 중 바이오의약품이 11개로 나타났다. 특히 셀트리온과 삼성바이오에피스의 FDA 승인이 최근에 많이 이루어지고 있다. 아직 개발되는 전체 신약 중 합성의약품의 수가 많기는 하지만 해가 갈수록 개발되는 신약 중 바이오의약품 비중이 갈수록 증가될 것으로 예상된다.

7) R&D 투자 현황

전 세계적으로 신약개발 경쟁이 치열하게 전개되고 있다. 글로벌 제약기업들은 매년 천문학적인 연구개발비를 투자하며 신약개발에 집중하고 있다.

'Evaluate pharma (2020)'에 따르면 2019년 기준 글로벌 의약품 R&D 투자는 1,860억 달러로 추정되고 있다. 향후 7년간('19~'26년) 연평균 3.2% 증가하여 2026년에는 2,325억 달러에 이를 것으로 전망하였다.

'Roche'는 2019년 글로벌 R&D 투자 부문에서 전체 매출액의 21.3%인 103억 달러를 투자하며 1위를 차지하였다. 2026년 R&D 투자금액은 129억 달러로 향후에도 글로벌 R&D투자 상위 순위를 유지할 것으로 예상된다. 글로벌 R&D 투자 부문 7위를 차지한 'Eli Lilly'는 2019년 56억 달러로 글로벌 R&D 투자 상위 10위 기업 중 매출 총액 대비 R&D 투자액 비중이 22.7%로 가장 높게 나타났다.

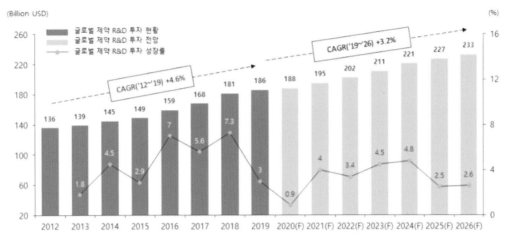

• 출처: Evaluate Pharma Word Preview 2020, Outlook to 2026, Evaluate Pharma, 2020.7.16.

그림 1-17 글로벌 제약 R&D 투자 현황 및 전망(2012년~2026년)

표 1-8 글로벌 R&D 투자 상위 20대 기업 현황 및 전망('19년, '26년)　　　(단위: 억 달러,%)

순위　　　　　기업명	R&D 투자액(억 달러)		매출 총액대비 R&D 투자액 비중(%)	
	2019년	2026년(F)	2019년	2026년)
1 Roche	103	129	21.3	21.2
2 Johnson & Johnson	88	107	22.0	19.1
3 Merck & Co	87	110	21.3	20.6
4 Novartis	84	97	18.2	17.7
5 Pfizer	80	97	18.2	18.9
6 Bristol-Myers Squibb	59	94	23.4	21.0
7 Eli Lilly	56	70	27.9	22.7
8 GlaxoSmithKline	55	76	17.7	18.6
9 AstraZeneca	53	75	22.9	18.3
10 Abbvie	50	73	15.4	13.9
상위 10위 소계	716	928	21.6	20.4
기타	1,146	1,397		
총 합계	1,861	2,325	21.4	16.7

• 출처: Evaluate Pharma Word Preview 2020, Outlook to 2026, Evaluate Pharma, 2020.7.16

반면 국내 제약기업들은 연구개발비는 명백한 열세에 있다. 국내 제약기업 전체의 연간 연구개발비 총액은 글로벌 제약사 한 곳의 연간 연구개발비에 불과한 실정이다.

국내 10대 제약기업의 매출액은 평균 1.1조 원으로 글로벌 10대 기업의 2%에 불과하다. 상장 제약기업의 경우 매출의 10.7% 가량을 연구개발에 쏟아붓고 있다. 하지만 글로벌 빅파마의 규모와 비교하면 매우 적다. 글로벌 매출 1위 제약기업 스위스 로슈의 2019년 연간 연구개발비는 12조 원을 넘는다. 반면 국내 매출 1위 기업인 셀트리온의 연구개발비는 약 3,000억 원으로, 로슈 대비 2.8%에 불과하다.

제약산업은 다른 산업 대비 R&D 투자 비중이 매우 높은 기술집약적 산업으로서 국내 제약사업계는 신약개발 투자를 지속적으로 확대하고 있다. 국내 제약사의 연구개발비는 글로벌 제약사에 비해 매우 작지만 매년 그 규모를 늘려가며 신약개발에 한 걸음씩 다가서고 있다.

표 1-9 국내외 주요 제약기업 연구개발비 현황(2019)

순위	글로벌 제약회사	연구개발비 (백만달러)	국내 제약사	연구개발비 (백만원)
1	로슈	10,293	셀트리온	303,061
2	존슨앤존슨	8,834	한미약품	209,779
3	머크	8,730	LG화학(제약)	163,500
4	노바티스	8,386	녹십자	150,677
5	화이자	7,988	대웅제약	140,569
6	사노피	6,070	유한양행	138,222
7	BMS	5,891	종근당	138,026
8	릴리	5,595	동아에스티	76,975
9	GSK	5,540	일동제약	57,405
10	아스트라제네카	5,320	삼성바이오로직스	48,507

• 출처:한국보건산업진흥원

실전문제

➡ 제약기업이 다른 산업에 비하여 R&D 비중이 높은 이유는?

8) 선진국 수준의 생산관리 시스템

　2000년대 중반 이후 GMP 선진화 project에 따라 미국 등이 요구하는 cGMP 수준의 생산기반 구축을 위해 3조 원 이상의 비용이 투입되었다. 2014년 식약처의 PIC/S(의약품 실사 상호협력기구) 가입과 의약품 설계기반 품질 고도화(QbD:Quality by Design) 도입을 추진하고 있다. QbD는 제조공정과 품질관리로 이원화된 현 시스템을 하나의 시스템으로 융합, 첨단기술을 활용해 의약품 생산공정에서 발생할 수 있는 위험성을 사전에 예측하고 대처하는 품질관리시스템 구축, 미국, 유럽, 일본 등이 주도한 의약품 국제조화회의(ICH)에서 확립한 국제기준이다. 식약처는 제형별 QbD 적용모델 및 기초기술 개발을 통한 제도의 도입 기반 구축을 추진하고 있어 향후 국산 의약품의 글로벌 위상 제고와 해외수출 증대가 기대된다. 선진국 수준의 생산관리 시스템 확보로 인하여 항암제 등 특화된 제품을 유럽시장에 수출하는 한국기업의 수가 증가하고 있다.

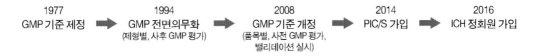

| 1977
GMP 기준 제정 | 1994
GMP 전면의무화
(제형별, 사후 GMP 평가) | 2008
GMP 기준 개정
(품목별, 사전 GMP 평가,
밸리데이션 실시) | 2014
PIC/S 가입 | 2016
ICH 정회원 가입 |

그림 1-18 GMP 기준 발전 현황

실전문제

➡ 국내제약회사의 R&D 비율은 증가할까? 줄어들까? 그 이유는?

➡ 제약산업을 규제산업이라고 한다. 그 이유는?

04 국내 제약회사의 경영전략

1) 윤리경영의 필요성

제약업계에 윤리경영이 확산되고 있다. 한국의 제약업계가 글로벌 제약시장에 성공적으로 진출하기 위해서는 약의 효능효과 못지않게 그 의약품을 만든 기업의 투명성이 강조되고 있다.

제약산업이 사람의 생명과 연관된 의약품을 다루는 만큼 다른 산업보다 높은 윤리의식이 필요하다는 인식이 강화되고 있다. 제약사의 윤리경영이 단순한 기업 이미지 개선이 아닌 필수적인 요소로 인식되면서, 업계 투명성 강화를 위한 요구도 높아지고 있는 상황이기에 한국제약협회(KPMA)와 한국다국적의약산업협회(KRPIA)는 국내 제약기업의 윤리경영 실천 방안을 모색하고 지키기 위해 노력하고 있다.

전 세계적으로 공정경쟁의 자율규제를 장려하고, 위반행위를 대중에게 공개하는 등 투명성 제고에 대한 관심이 높아지고 있다. 제약업계와 보건의료 전문가 등 모든 이해당사자의 윤리기준이 높아져야 한다. 제약업계의 투명성 제고를 위해서는 제약사뿐 아니라 요양기관과 의료인의 참여가 필요하다. 자정 노력을 뒷받침하기 위해서는 관련자들의 합의에 의해 이루어진 지침을 마련하는 등 시스템구축이 절실하게 필요하다. 윤리적인 업무 수행은 필수지만, 업계에 통일된 행동강령과 예측 가능한 운영시스템 구축이 뒤따라야 자율행동강령의 실효성을 높일 수 있다. 한국제약협회(KPMA)와 한국다국적의약산업협회(KRPIA) 회원 대부분 회사들은 2015년 공정거래 관련 법규를 자율적으로 준수하기 위해 운영하는 준법시스템인 자율준수프로그램(CP:Compliance Program)을 선포하고 실천하고 있다. 더 나아가 2017년부터 상위 제약기업들은 준법경영 강화 및 부패방지경영시스템을 도입하고 있다. ISO 37001(ISO 37001: anti-bribery management systems)은 국제표준화기구(ISO: International Organization for Standardization)가 제시하는 표준에 따라, 조직에서 발생 가능한 부패 행위를 사전에 식별하고 통제하기 위해 고안된 부패방지경영시스템이다. 정부기관과 비정부기구, 기업체 등 다양한 조직이 반부패경영시스템 프로그램을 수립하고, 집행·유지하는데 도움을 주고자 고안된 부패방지 국제표준이다. 한국제약협회에 따르면 2019년 12월 현재 2017년 11월 한미약품을 첫 시작으로 2년 만에 ISO37001(글로벌 부패방지경영시스템) 인증 제약업체가 38개 회사로 늘어났다. 일부 제약기업들은 스스로 부패방지 책임자와 내부 심사원 등으로 구성된 부패방지위원회를 구성하여 각 부서에서 발생할 수 있는 부패 리스크 식별 및 평가를 통해 부패방지경영시스템을 수립·실행·유지 및 개선하는 등 전사적인 노력을 기울이고 ISO 37001 인증을 통해 부패방지경영시스템이 기업문화로 정착될 수 있도록 정기적인 임직원 교육과 모니터링 등을 지속적으로 실시하고 있다.

'ISO 37001'과 'CP'의 차이점은 Compliance Program이 위에서 아래를 관리, 통제하는 하향처리방식이라면 'ISO 37001'은 전 직원에게 역할과 권한, 책임이 부여되는 전사적 개념이라는 점에서 차이가 있다. Compliance Program이 조직에 한정해 적용되는 시스템인데 반해 'ISO 37001'은 조직과 사업관계자 등 이해당사자를 포함한다는 점도 차이점인 것이다.

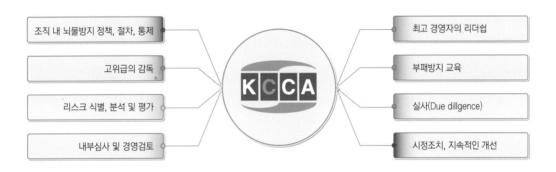

그림 1-19 ISO37001(부패방지 경영시스템)의 주요 요구사항

윤리경영이란 막연히 기업은 도덕적이어야 한다는 생각에서 더 나아가 기업이나 종업원에 관한 도덕적 규범이나 규칙, 경영자의 올바른 가치관, 임직원의 정직한 행동, 정당한 실행을 최우선 가치로 생각하며, 투명하고 공정하며 합리적인 업무 수행을 추구하는 경영 정신을 의미한다.

윤리경영은 글로벌기업과의 파트너십 비중이 높아지는 상황에서 필수조건이며 회사 생존 문제로 직결된다. 불법 리베이트 영업은 당장의 매출에서는 효과를 볼 수 있지만 약가인하, 품목 허가취소까지 이어질 수 있고, 잘못하면 회사의 존립마저 위협할 수 있으므로 현대사회에서 제약사의 윤리경영은 선택이 아닌 필수라고 볼 수 있다.

표 1-10 CP와 ISO 37001의 차이점

CP	ISO 37001
Top down	Top Down & Bottom up(전사, 모든 부문, 전 직원에게 역할과 권한 및 책임 부여)
준법시스템	경영시스템(조직의 목표, 업무절차, 프로세스 수립이 필수 전제)
조직에 한정해 적용되는 시스템	조직과 조직의 사업관계자를 포함하는 시스템 (의약사, 의료기관, 대행사, 공무원 등 포함)
CP의 효과성 중시	경영시스템의 효율성 중시

2) CSR vs CSV

(1) 기업의 사회적책임(CSR: Corporate Social Responsibility)

기업이 경제적 책임이나 법적 책임 외에도 폭넓은 사회적 책임을 적극적으로 수행해야 한다는 것을 말한다. 이는 기업 경영방침의 윤리적 적정, 제품 생산 과정에서 환경파괴, 인권유린 등과 같은 비윤리적 행위의 여부, 국가와 지역사회에 대한 공헌 정도, 제품 결함에 대한 잘못의 인정과 보상 등을 내용으로 한다.

국내 동아제약은 기업의 사회적 책임(CSR) 활동으로 재활용이 가능한 종이봉투와 무색투명 페트병 용기를 전면 도입하는 등 제약업계에 친환경 바람을 일으키고 있다. 동아제약은 친환경, 사회적 기여, 투명한 지배구조 등 비재무적 가치를 중시하는 경영을 위한 의사협의 기구인 사회적 가치위원회를 신설하여 지난 1991년부터 29년간 약국에 공급해온 박카스 비닐봉투를 종이봉투로 전면 교체를 통하여 사회적 책임 활동을 하고 있다.

다국적기업 존슨앤존슨의 '타이레놀' 사례는 의약품은 사람의 생명과 직결되므로 안전한 제품을 공급하기 위한 기업의 사회적 책임을 잘 보여주는 사례다. '타이레놀'은 가장 유명한 해열진통제 중 하나이다. 1982년 누군가 의도적으로 타이레놀에 독성물질을 넣어 그 '타이레놀'을 복용한 7명이 사망하는 사건이 발생했다. 수사 결과 누군가가 소매 단계에서 고의로 약품을 오염시켰다는 사실이 밝혀져지고, 독극물 주입이 시카고에서 이루어졌다는 것도 드러났다.

존슨앤존슨은 생산과정에서 독성물질이 발견되었다는 누명을 벗었음에도 '타이레놀' 전 제품을 모두 회수하는 강력한 안전조치를 취한다. 이 과정에서 많은 비용이 소모되었다. 그럼에도 불구하고 존슨앤존슨은 안전성을 위해 과감히 유명브랜드를 몇 년간 접었다. 몇 년 후 다시 안전성이 보강된 '타이레놀'이 출시되었다. 그 당시 단기적으로는 손해를 봤지만, 지금은 미국과 전 세계에서 가장 안전한 해열진통제로 각인되어 옛 명성을 회복한 강력한 브랜드가 되었다.

그림 1-20 존슨앤존슨의 CSR 활동

(2) 기업의 공유가치 창출(CSV: Creating Shared Value)

기업이 수익 창출 이후에 사회공헌을 하는 것이 아니라 기업활동 자체가 사회적 가치를 창출하면서 동시에 경제적 수익을 추구하는 것이다. 이는 경제적, 사회적 여건을 개선시키면서 동시에 사업의 핵심 경쟁력을 강화하는 일련의 기업정책 및 경영활동으로, 기업의 경쟁력과 주변 공동체의 번영이 상호 의존적이라는 인식에 기반하고 있다.

유한양행의 유일한 박사는 1936년 개인 소유였던 유한양행을 법인체 주식회사로 전환했다. '사회 전체의 발전을 위해 기업을 성장시키는 것이 기업의 임무이며 책임'이라고 생각했기 때문이다. 이처럼 유한양행은 태초부터 사회적 가치를 창출하는 활동을 하며, 한국제약기업에 CSV 시스템을 최초로 구축시켰다.

표 1-11 CSR vs CSV

	CSR	CSV
목적	선행	투입 비용 대비 높은 사회, 경제적 편익
추진이유	기업의 독자적 판단	기업의 자원 및 전문지식을 이용해 사회, 경제적 가치를 동시에 추구
비즈니스 연계 여부	X	O
이익창출과의 관계	이익창출행위와 별개	이익창출행위와 통합
사례	기부, 봉사활동	기업과 지역 협력

3) ESG 경영

❖ESG(Environment, Social, Governance)란?
기업활동에 친환경 경영, 사회적 책임경영, 지배구조 개선 등의 요소를 고려해야 지속 가능한 발전을 할 수 있는 철학을 담고 있다

　ESG는 환경보호(Environment), 사회공헌(Social), 윤리경영(Governance)의 줄임말이다. 기업이 환경보호에 앞장서고, 사회적 약자에 대한 지원과 사회공헌 활동을 활발히 하며, 법과 윤리를 철저히 준수하는 윤리경영을 실천하는 것을 말한다. 즉, 기업이 경영이나 투자를 할 때 매출 같은 재무적 요소에 더해 ESG 같은 사회적, 윤리적 가치를 반영해 경영하거나 투자하는 것이 ESG 경영이다.

　지속 가능한 경영이 중요해지면서 앞으로는 ESG 경영 성과가 기업의 운명을 좌우하는 경영평가 지표로 대두될 전망이다. 정부도 2030년부터 모든 코스피 상장사에 ESG 정보를 반드시 공시하도록 했다.

　이 같은 ESG는 기업뿐 아니라 국가 평가에도 도입되어 국제신용평가사인 무디스는 국가별 ESG 신용 영향 점수를 평가하기 시작했다. 이에 따르면 우리나라는 독일, 스위스 등과 함께 1등급을 받았고, 미국, 영국 등 30개 나라는 2등급, 일본, 중국 등 38개 나라는 3등급을 받았다. 국가 및 기업 경영, 자본시장 투자에 ESG가 필수조건인 시대가 된 것이다. 특히, 코로나-19, 기후위기 등 다양한 이슈 때문에 ESG가 큰 관심을 받고 있다.

ESG 경영 중요성과 이유는 무엇인가?

첫 번째, 심각해진 기후변화 때문이다. 최근 심각한 자연재해가 빈번하게 발생하고 있는데, 균형을 잃은 생태계로 인해 홍수, 가뭄 등의 자연재해가 발생하고 있다. 이미 해수면 온도는 산업화 이전보다 1.1도나 올랐고 해수면 비용은 무려 17조 달러라고 추산하고 있다. 이런 상황으로 전세계 각국들은 환경과 관련된 규제를 강화하고 있다. 탄소는 규제하고 친환경 에너지는 독려하고 있다.

두 번째, 친환경 에너지 생산, 탄소규제는 지금까지는 관심이 미진했다. 하지만 기후변화로 인해 위기가 도래하자 정부가 직접 나서고 있다. 기후위기 대응을 위해 탄소 사회법안을 발의했고 20조 규모의 뉴딜펀을 조성했다. 국내 국민연금은 2020년까지 전체 자산 절반을 ESG 관련 영역에 집중하겠다고 밝혔다. 현재 기업들이 ESG에 집중하는 이유도 경제활성화를 위해 ESG 투자를 받고 싶기 때문이다.

실전문제

➡ 제약산업의 윤리경영이 왜 필요한가?

➡ CP vs ISO 37001

➡ 제약회사들이 ESG 경영을 강조하는 이유는?

05 국내제약바이오기업의 글로벌진출 전략

1) 수출전략

바이오산업은 불확실성과 극도의 다양성 등의 특성을 갖고 있다. 연구개발(R&D) 현장의 DNA(데이터, 네트워크, 인공지능) 혁신을 통해 바이오헬스, 바이오정보기술(IT) 등 융합 비즈니스 모델을 확장하여 글로벌 의약품 시장 트렌드에 맞게 유전체 진단을 통해 맞춤형 의약품을 개발하여야 수출의 활로가 확장될 것이다.

2) 현지화전략

현지 사업자를 통해 해당 국가에 진출하는 전략이다. 현지 에이전트에게 배급 권한을 주는 계약을 하면, 현지 사업자는 주어진 기간 동안 수출회사를 대신하여 임상을 진행하거나 영업 마케팅 활동을 수행한다. 현지 Culture code와 의약품 인허가 등 의약품 전단계의 가이드라인 등의 know-how를 활용하면 시간과 비용을 줄이며 현지에 진입할 수 있다. 셀트리온, 삼성바이오로직스 등 우리나라 대부분 기업들은 초기화 단계로 현지화 전략을 활용하고 있다.

3) 한국제약기업 Post COVID-19 글로벌 성공전략

인류의 건강이 위협받고 세계 경제가 쇼크에 빠져 불황이 지속될 가능성이 높은 현시점에 제약바이오 산업분야에서 COVID-19로 인해 새롭게 변화될 글로벌 진출의 패러다임은 무엇일까? '글로벌 가치 공유', '거대 정부의 역할 확대'의 관점에서 같이 생각하는 기회를 가져야 한다.

첫째, 코로나-19 이후 급변하게 될 세계의 새로운 패러다임에 적응해야 한다. 우리 한국 제약 기업들은 우리의 사정에 맞추어 변형된 Globalization 전략을 수립해야 할 것이다. 즉, 기업의 규모와 상관없이 해외에 직접 지사를 설립해서 그들의 생태계 안에 자리잡고 그 네트워크 안에서 융화해야 할 것이다. 국경 폐쇄가 오래 지속되거나 원거리 출장이 예전같이 자유롭지 않은 시기에는 글로벌 기업들의 입장에서 License-in, License-out, 전략적 제휴 등 자신들의 공간 내에서 문화를 공유하는 기업들에게 더 많은 기회를 제공할 것이 분명하기 때문이다.

둘째, License-in 또는 License-out은 긴 호흡으로 접근해야 한다. 비록 해외 기업이 우리가 제안했던 파이프라인이나 플랫폼 기술에 대해서 초기에는 관심을 보이지 않아도 지속적으로 그들에게 업데이트를 해주는 것이 중요하다.

셋째, 해외 지사 설립 시 우리와는 법체계나 판례가 다른 현지 노동법과 상법, 대외무역법, 외환관리법 등 주재국의 법률을 잘 숙지하고 법률에서 규정한 대로 지사를 운영하여야 할 것이다.

4) 처음 시작단계부터 글로벌 진출 가능성을 염두에 둔 전략 수립

첫째, 의약품의 경우 IND filing을 하기 전 CMC 준비와 프로토콜 디자인 과정 중에 본 의약품을 미국, 유럽 등을 타겟으로 할 것인지에 대해 신중하게 검토하고 결정해야 한다. 과학기술의 발달로 기업의 파이프라인 연구개발의 기술도 발전했지만, 반대로 안전성과 유효성을 검증하는 FDA, EMA와 같은 규제기관들도 동시에 검증 기술이 발전했으며 그들이 요구하는 자료들도 더 많아지고 까다로워졌기 때문이다.

둘째, 미국 FDA IND filing 하이브리드 방식에 대한 전략적 접근방법이 필요하다. 상대적으로 익숙하지 않고 비싼 임상 비용 때문에 한국 임상 1상 이후에 미국 임상을 진행하려는 기업들이 있다. 이런 경우, 시간을 절약하기 위해서 미국 FDA에 임상 1상 IND 승인을 받고 승인된 프로토콜에 맞춰서 한국에서 임상 1상을 진행하는 것이다. 그 이후에 그 한국 임상 1상 결과 자료를 미국 FDA에서 제출해서 미국 임상 1상을 인정 면제받는 것이다. 이런 다양한 방식이나 전략으로 IND 신청 전에 내부적으로 글로벌 진출에 대해 신중하게 검토해야 한다. 100% 효능과 안전성을 보장할 수 없는 제품에 대해 해외에서 임상을 진행함으로써 발생하는 많은 추가 비용을 어떻게 감당할 것인가에 대해서도 고민하여 결정해야 한다.

셋째, 글로벌 임상시험 또한 자연과학적 연구는 물론 행정적으로도 규제과학으로서의 본질적인 속성을 내포하고 있음을 간과해서는 안된다. 따라서 임상 진행에 있어 사전에 충분한 법리적 검토는 물론이고, IRB, 인간연구대상자 보호 프로그램(HRPP) 등 연구 윤리에 종속된 절차적 타당성의 중요성에 대해서도 유의해야 한다.

5) 기술의 발전만큼 global standard에 맞는 공동체의 가치와 도덕성 함양

해외 global 기업에 비해 한국기업들이 컨설팅, 지적재산, know-how에 대한 가치를 중요하게 생각하지 않는 경향이 있다.

다국적기업들이 partner 기업을 선정할 때에 중요하게 판단하는 것은 영업마케팅 역량보다 partner 기업의 도덕성이다. 그 이유는 협력 파트너사의 영업력이 아무리 뛰어나다 하더라도 불법적이고 비도덕적인 마케팅을 했을 경우 그 다국적기업이 감수해야 하는 risk가 매우 크기 때문이다.

6) 정부의 글로벌 진출 지원 확대

COVID-19를 겪으면서 정부의 역할이 매우 중요하다는 것이 다시 한 번 증명되었다. 우리 사회는 이전보다 더 많은 역할을 정부에게 요구하게 되었다. 앞으로 한동안은 전례 없는 이러한 글로벌 위기 속에서 민간기업의 힘으로는 도저히 해결할 수 없는 부분에 대하여 정부가 그 어느 때보다 적극적이고 전략적으로 기업을 지원하는 것이 반드시 필요하다. 즉, 누군가는 반드시 해야 하지만 예산 부족이나 고위험군에 대한 투자 회피 등으로 인해 결국 아무도 선뜻 나서지 않는 분야(예를 들어 보험수가 적용이 되지 않아 수익성이 높지 않거나 risk가 큰 신기술개발과 질병군)에 대하여 정부가 전략적 혹은 선제적으로 지원하는 것이 타당하다. 또한 글로벌 진출을 원하지만 경험 부족과 자금력 부재로 글로벌 진출을 하지 못하는 많은 제약바이오 기업들이 쉽게 해외에 진출할 수 있도록 해외 진출 거점 플랫폼을 구축하여 직·간접적으로 지원하는 것도 매우 중요한 일 중 하나이다. 그 외에도 해외 진출을 지원하는 방안에는 해외기업 투자 및 엑셀러레이터를 통한 사업 전략적 제휴 또는 해외 병원이나 연구소와 공동연구를 통한 스펙트럼 확대 등 정부가 보유한 글로벌 네트워크를 활용해서 다양한 방법으로 해외 진출을 지원하는 방안도 모색해 보아야 한다.

코로나-19 사태를 통해서 글로벌 전염병에 적극적이고 창의적으로 대처하는 한국의 의료 시스템과 진단키트 등 한국 바이오, 의료산업 브랜드 이미지가 높이 평가되고 있다. 이러한 브랜드 가치 상승을 활용한 적극적인 전략적 진출을 모색한다면 한국 제약바이오산업의 발전이 더욱 가속화될 것으로 전망된다.

→ 한국기업들의 글로벌시장 진출에 가장 많이 활용한 전략은?

→ 한국기업들이 글로벌시장 진출을 위하여 global standard 기준을 갖춰야 하는 이유는?

→ 한국기업들의 '의약외품' 글로벌시장 수출 전략은?

→ 한국기업들이 '의약외품'으로 수출한 품목은? 품목별 비중은?

06 국내제약기업 해외진출 현황

1) 주요 제약사별 특화된 해외시장 진출 전략

내수 중심의 전문의약품 사업이 약가인하와 정부규제, 과다경쟁 등으로 성장의 한계에 직면하여 다양한 해외시장 진출 시도가 활발해질 전망이다. ❶ 한미약품과 녹십자 등 상위 제약사는 시장이 큰 선진국에 진출하기 위해 글로벌 신약개발에 투자 집중하고 있다. ❷ 대웅제약과 종근당, 보령제약 등의 제약사는 제약산업 신흥시장(Pharmerging) 진출을 목표로 설정했다. ❸ 에스티팜, 유한화학, 유한양행 등과 같은 제약사는 다국적 제약기업에 원료의약품을 수출하여 선진국 시장에 진출한다. 정부의 신약개발 지원과 제약사의 신약개발 의지는 지속될 전망이다. 오픈이노베이션을 통한 신약개발 활동이 증가되고, 제약사와 바이오벤처 간의 노하우 공유 및 외부 신약 파이프라인을 도입하는 오픈이노베이션 차원의 신약개발 제휴가 증가될 것이다.

2) 신약후보물질 개발 및 기술수출 전략

정부 및 제약사의 지속적인 R&D투자 증가로 임상단계의 신약후보물질 수가 크게 증가했다. 제약사들은 자체적으로 신약후보물질을 개발하거나 외부에서 개발 중인 후보물질을 도입하여 공동 개발하는 경우도 증가하고 있어, 임상 단계의 신약 파이프라인 양적으로 크게 증가했다. FDA 임상 3상에 진입하는 사례가 증가하는 등 질적으로도 성장한 경우도 있지만 비임상 단계 이전의 선도물질 및 후보물질은 상대적으로 부족하여 이에 대한 파이프라인 강화가 필요하다.

신약 개발과 관련하여 글로벌 판매망이 구축되지 않은 국내 바이오텍에게 가장 필요한 것은 신약의 기술이전과 관련된 의사결정 과정이다. 각 임상 단계별 성공확률이 다르고, 어느 임상 단계에서 기술이전 계약을 하느냐에 따라서 총 계약금액과 로얄티가 달라지기 때문이다. 이런 기술이전 계약의 특징과 바이오텍의 취약한 재무 구조 등으로 인하여, 바이오텍이 글로벌 Big pharma를 상대로 기술이전을 하는 stage를 정하는 것은 매우 중요한 의사결정이라 할 수 있다.

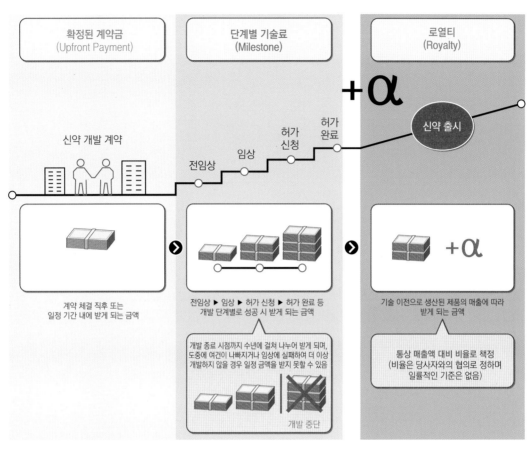

확정된 계약금
(Upfront Payment)

단계별 기술료
(Milestone)

로열티
(Royalty)

신약 개발 계약

전임상

임상

허가
신청

허가
완료

+α

신약 출시

계약 체결 직후 또는
일정 기간 내에 받게 되는 금액

전임상 ▶ 임상 ▶ 허가 신청 ▶ 허가 완료 등
개발 단계별로 성공 시 받게 되는 금액

기술 이전으로 생산된 제품의 매출에 따라
받게 되는 금액

개발 종료 시점까지 수년에 걸쳐 나누어 받게 되며,
도중에 여건이 나빠지거나 임상에 실패하여 더 이상
개발하지 않을 경우 일정 금액을 받지 못할 수 있음

개발 중단

+α

통상 매출액 대비 비율로 책정
(비율은 당사자와의 협의로 정하며
일률적인 기준은 없음)

그림 1-21 License계약시 수익구조

실전문제

➡ 글로벌 Big Pharma들이 주로 License in 하는 신약개발 단계는?

➡ 국내제약기업의 기술수출 계약금(Upfront) 비율은?

➡ 국내제약기업의 기술수출 계약금(Upfront) 비율이 낮은가? 높은가? 그 이
유는?

3) 제약바이오산업 기술 수출 현황

제약바이오산업 기술 수출 실적은 최근 3년간 꾸준히 성장해왔다. 2017년 1조 3,955억 원, 2018년 5조 3,706억 원, 2019년 8조 5,165억 원, 2020년 10조 1,488억 원으로 매년 사상 최대치를 경신했다.

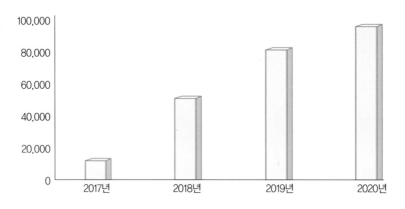

그림 1-22 **최근 4년간 기술수출 실적**

국내 바이오 산업이 성장하면서 해외시장 진출에 대한 기대가 높아지고 있다. 개발을 끝낸 치료제를 외국 파트너사를 통해 판매하거나 임상 단계에 있는 후보물질을 다국적 제약사에 높은 가격으로 파는 방식으로 해외 진출이 이뤄지고 있다.

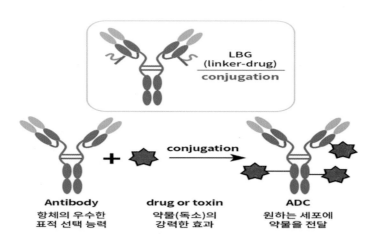

그림 1-23 **차세대 ADC플랫폼 기술**

2021년은 국내 제약바이오 업계가 추진한 기술수출(기술이전)이 총 28건으로 확인된다. 1조 원이 넘는 기술수출이 4건이었고, 그 중 GC녹십자랩셀과 다국적제약사 MSD가 맺은 CAR-NK 플랫폼 기술수출이 2조 1,632억 원으로 가장 높았다. 이는 국내 신약개발 기술력과 성과에 대한 대외적 관심과 평가가치가 상승했음을 의미한다. 이같은 상황은 향후 시간경과에 따라 더 많은 기술수출 성과가 나올 것이라고 기대하는 근거가 될 수 있다.

기술수출 특징은 대형 제약사 중심으로 이뤄졌던 기술수출이 2021년에는 소규모인 바이오벤처를 포함한 바이오 업계에서도 기술수출 성과가 활발하게 나타났다. 대형 제약사는 녹십자랩셀, 대웅제약, 한미약품, 동아에스티, HK이노엔, 한독, 휴온스, SK바이오팜 등이 지난해 기술수출에 성공했다. 개발단계는 대체로 초기인 경우가 많았고, 치료목표 질환은 암, 자가면역질환, 희귀질환, 중추신경계 질환 등이 많았다. 신약개발 플랫폼이 기술수출 되는 경우도 다수 포함되었다.

표 1-12 **국내제약바이오업계 기술수출 계약 현황(2021년)** 단위:억 원

시기	회사명	계약 상대방	품목명(적용중)	구분	규모	비고
1월	녹십자랩셀	MSD	CAR-NK 플랫폼	CAR-NK 플랫폼	21,632	전임상
1월	알테오젠	Intas	ALT-B4	인간 히알루로디다제	1,323	비독점
2월	제넥신	KG바이오	GX-I7	IL-7 면역항암제	12,650	임상 2상
3월	펩트론	치루제약	PAb001-ADC	표적항암 항체치료제	5,900	전임상
3월	이뮨온시아	3D Medicine	IMC-002	CD47 면역항암제	5,411	미국 1상
3월	대웅제약	Shanhai Haini	Fexuprazan	P-CAB 제제	204	국내 3상
4월	휴온스바이오파마	Aquavit Holdings	휴톡스	보툴리눔 톡신	4,000	국내 승인
5월	한독/CMG제약	AUM Bioscience	CHC2014	Pan-TRK 저해제	992	전임상
6월	레고켐바이오	Iksuda	ADC 플랫폼	ADC 플랫폼	9,367	물질 발굴
6월	대웅제약	Neurogastrx	Fexuprazan	P-CAB 제제	4,945	국내 3상
6월	툴젠	CARtherics	CAR-T	TAG-72 CAR-T	1,500	전임상
7월	동아에스티	인타스	DMB-3115	스텔라라 바이오시밀러	1,206	임상 3상
8월	바이오팜솔루션즈	경신제약	JBPOS0101	뇌전증 치료제	468	중국 개발

9월	보로노이	Brickell Biotech	BBI-02, 03 및 플랫폼	DYRK1A 치료제	3,450	전임상
9월	디앤디파마텍	선전 살루브리스제약	DD01	대사성질환 치료제	비공개	중국 개발
10월	올릭스	Hansoh	GalNAC asiRNA 플랫폼	siRNA 플랫폼	5,261	전임상
10월	에이프릴바이오	룬드벡	APB-A1	자가면역질환 치료제	5,180	임상 1상
10월	레고켐바이오	Antengene	ADC 플랫폼	ADC 플랫폼	4,265	전임상
10월	큐라클	테아오픈이노베이션	CL10-RE	황반변성 치료제	1,907	임상 1상
10월	고바이오랩	신이(SPH SINE)	KBL697, KBL693	면역질환 치료제	1,287	임상 2상
11월	레고켐바이오	SOTIO Biotech	ADC 플랫폼	ADC 플랫폼	12,126	물질 발굴
11월	보로노이	Pyramid Bio	VRN08	고형암 치료제	9,729	전임상
11월	한미약품	Aptose Bio	HM43239	AML	4,961	미국 1/2상
11월	SK바이오팜	이그니스테라퓨틱스	세노바메이트 등	항전간제	2,184	중국 판권
12월	레고켐바이오	Iksuda	LCB14, HER2 ADC	HER2 ADC	11,864	전임상
12월	HK이노엔	Braintree Lab	케이캡(tegoprazan)	P-CAB 제제	6,432	국내 승인
12월	SK바이오팜	Endo Ventures	세노바베이트	항전간제	433	캐나다판권
12월	퓨처켐	Moltek	FC303	전립선암 진단	163	임상 1상

• 출처: 메디파나

실전문제

➡ 제약바이오산업에서 IP 중요성이 강조되는 이유는?

➡ 수출과정에서 현지의 Culture code를 이해해야 하는 이유는?

➡ Evergreen effect 무엇인가?

➡ 의약품 특허연계제도는 무엇인가?

➡ 의약품 개발단계 중 Licensing out 시점은?

➡ 글로벌 제약마케팅 전략 중 현지화 전략 비중이 높은 이유는?

➡ 국내제약기업이 성공한 기술수출은?

01 글로벌 제약시장 현황 및 전망

코로나-19 Pandemic이 제약바이오산업에 미치는 영향은 불확실하지만, 이러한 상황 속에서도 혁신적이고 효과적인 새로운 치료법에 대한 수요는 계속되고 있다. 이로 인해 글로벌 제약산업은 2021년을 넘어 2026년까지 지속적인 성장세를 유지할 전망이다. 코로나-19의 위기를 또 하나의 기회로 삼아 글로벌 제약바이오산업이 한층 더 빠르게 발전할 수 있는 계기가 될 것으로 생각된다.

2021년 기준 국가별 제약시장 규모는 미국이 압도적으로 크지만, 중국을 포함한 파머징(Pharmerging) 국가들의 시장이 커지고 있다. 즉, 한국 제약기업이 진출할 시장은 미국, EU, Pharmerging 국가를 포함한 매우 큰 시장이다.

신약개발 성공률은 매우 낮다. 신약개발 첫 단계인 후보물질 탐색부터 마지막 신약승인까지 성공 가능성은 평균 0.01%로, 통상 5,000~10,000개의 후보물질 가운데 최종 신약승인의 관문을 통과하는 약물은 단 한 개에 불과하다. 신약개발에 약 15년이라는 긴 시간과 1~3조 원에 이르는 대규모 자본이 소요되지만 성공하면 막대한 부가가치를 창출할 수 있어 제약산업은 대표적 High risk, High return 산업으로 지금까지는 주로 R&D 투자가 활발한 제약산업 선진국에서 주도적으로 신약개발을 해 왔다. 하지만 지금은 신약개발과정도 AI, 바이오마커등을 활용하여 신약개발 기간을 단축시키고 신약개발의 여러 단계 중 중간단계에서 기술수출을 하는 등 신약개발 모델이 다양해져서 소규모의 작은 회사에서도 신약개발이 가능해졌다. 글로벌 제약마케팅 역시 의약품 개발 전단계에서 이루어지고 있다. 특히 특허기술의 이해가 선행되어야 단계별 마케팅 전략을 활용하여 기술수출을 할 수 있다.

1) 글로벌 의약품 시장

코로나-19 Pandemic 상황 속에서도 글로벌 의약품 시장은 미충족 의료수요(Unmet Medical Needs)가 늘어나고 있다. 특히 항암제와 희귀의약품 시장의 급성장과 혁신적 의약품 승인에 힘입어 앞으로도 지속적인 성장이 기대된다. 글로벌 의약품 시장은 2026년까지 3~6%의 연평균 성장률(CAGR)을 보이며 총 시장규모 약 1조 8,000억 달러(약 2,150조 원)에 이를 것으로 전망되고 있다.

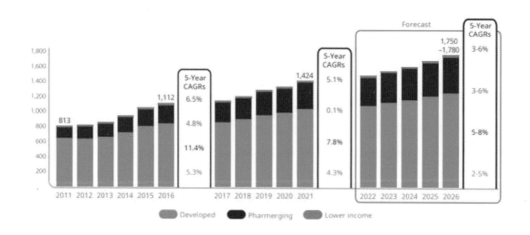

• 출처 : IQVIA, Market Prognosis, Sep 2021; IQVIA Institute, Nov 2021

그림 2-1 **글로벌 의약품 시장(2011-2026년)**

미국을 비롯한 10개 선진국(미국, 독일, 일본, 프랑스, 영국, 이탈리아, 스페인, 캐나다, 한국, 호주) 시장은 코로나-19의 영향으로, 다양한 형태로 나타나지만 대체로 2021년 이후에는 한 자리수의 낮은 성장을 예상했다(IQVIA의 'The Global Use of Medicines 2022' DATA).

제약바이오산업은 Whole genome sequencing, Wearable technology, AI 등 첨단기술과 헬스케어의 융합이 현실화되고 있다. 이는 제약산업에 새로운 기회를 제공함으로써 새로운 헬스케어 시대로의 진입을 가능케 할 것으로 예측된다. 세포 및 유전자치료제와 같은 새로운 기술의 출현은 제약산업 진화의 변곡점이 되며, 면역항암(Immuno-oncology) 계열의 확장은 제약산업 성장에 기여하고 있다. 특히 희귀의약품의 매출 성장이 두드러져 2020

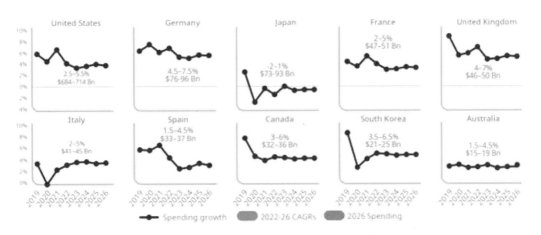

• 출처 : IQVIA, Market Prognosis, Sep 2021; IQVIA Institute, Nov 2021

그림 2-2 글로벌 10개 선진 의약품 시장(2019–2026년)

년 1,380억 달러에서 2026년 2,550억 달러로 확대될 것으로 예상된다. 첨단기술과 헬스케어의 융합은 현실화되고 있어, 업계에 새로운 기회를 제공하고 있다. 약물의 효능을 사전에 측정하여 승인 및 투자 결정을 할 때 활용되고 있으며, 기계학습 기술은 신약개발 속도를 높일 뿐만 아니라 데이터 중심 접근방식으로 R&D 비용 및 실패율 감소에 도움이 될 것이다.

글로벌 제약사들의 관심은 세포 · 유전자치료제, RNA, 유전자편집 등 혁신 기술에 있다. 그 목표는 항암제, 중추신경계, 심혈관 · 대사 등 만성질환, 면역 분야 시장 확대이다. 글로벌제약사들은 지속적인 성장을 위해 기존 제품 간 병용, 복합제, 제형 개선, 적응증 확대 등 파이프라인과 신약 포트폴리오 다변화 전략을 더욱 가속화 하고 있다.

2) 포트폴리오 다각화를 통한 글로벌 상위 제약사의 약진

글로벌 상위 제약사들의 치열한 경쟁은 COVID-19 상황에서도 여전히 계속되고 있다. 2019년 로슈가 글로벌 처방의약품 매출 1위를 차지한 가운데 2026년에도 1위 자리를 유지할 전망되고 있다. 로슈는 2018년 매출 1, 2위를 차지했던 화이자(Pfizer)와 노바티스(Novartis)를 제치고 전세계 처방의약품 매출액 1위 기업으로 등극했다. 다발성 경화증 치료제 '오크레부스', 항암제 '티쎈트릭', A형 혈우병 치료제 '헴리브라', 유방암 치료제 '퍼제타'의 판매 증가로 2026년에는 약 254억 달러(약 30조 659억 원)의 매출이 추가될 전망이다. 또한, 최근에는 유전자치료제 전문기업인 'Spark Therapeutics'와 섬유증 전문기업으로 알려진 'Promedio'를 인수하면서 포트폴리오 다각화를 통하여 글로벌 리딩 기업으로 도약하고 있다.

2019년 매출 2위를 차지한 존슨앤존슨(Johnson & Johnson) 역시 2026년에도 그 자리를 유시할 전망이다. 블록버스터 신약인 혈액암 치료제 '다잘렉스'의 강력한 매출 성장으로 2026년 매출액이 80억 달러에 달할 것으로 기대된다.

한편, 상위 10대 제약사 중 2019년부터 2026년 사이 시장 점유율이 확대될 것으로 기대되는 기업은 아스트라제네카(AstraZeneca), BMS (Bristol-Myers Squibb), 애브비(AbbVie) 3개 회사다. 아스트라제네카(AstraZeneca)는 주요 성장동력이자 항암제인 '타그리소(Tagrisso)', '임핀지(Imfinzi)', '린파자(Lynparza)'의 판매가 성장을 이끌고 있으며, BMS (Bristol-Myers Squibb)와 AbbVie는 각각 Celgene, Allergan의 인수로 인해 포트폴리오가 확대될 것으로 전망된다. 특히, AbbVie의 인수합병 전략은 2023년 자가면역 질환 치료제인 '휴미라'의 미국 내 독점권 상실에 대비하여 제품 포트폴리오를 다양화하고 매출을 확대하기 위한 전략적인 움직임으로 분석되고 있다.

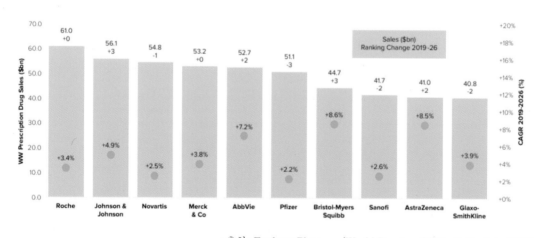

• 출처: EvaluatePharma, 'World Preview 2020, Outlook to 2026

그림 2-3 전세계 처방의약품 매출 상위 10대 기업 전망

3) 바이오의약품 비중 증대

'Evaluate pharma' 2020에 따르면, 2019년 기준 글로벌 전체 의약품 시장은 9,100억 달러이며, 바이오의약품 시장은 2,660억 달러로 전체의약품 대비 29%를 차지하고 있는 것으로 추정하였다. 글로벌 바이오의약품 시장은 최근 7년('12~'19년)간 연평균 8.6%로 성장하였으며, 향후 6년('20~'26년)간 연평균 10.1% 성장하여 2026년 5,050억 달러에 달할 것으로 전망했다.

전체의약품 시장에서 바이오의약품 매출 비중은 2012년 20%에서 2019년 29%로 증가했으며, 2026년 35%로 증가할 것으로 전망했다.

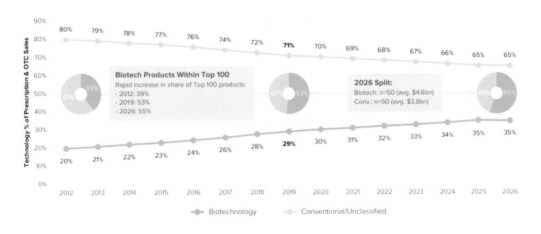

• 출처:EvaluatePharma, 'World Preview 2020, Outlook to 2026

그림 2-4 **전세계 처방의약품 비율(Biotech vs. Conventional Technology)**

글로벌 매출 상위 100대 제품에서 바이오의약품 비중은 2012년 39%에서 2019년에는 53%로 증가했으며, 2026년에는 매출 상위 100대 제품 내 비중이 55%를 점유할 것으로 예상된다. 이러한 바이오의약품 시장의 대표 주자는 로슈(Roche)로 2019년 411억 달러(약 48조 6,500억 원)의 판매액을 기록했고, 2026년에는 486억 달러(약 57조 5,278억 원)의 매출을 달성하여 선두자리를 유지할 것으로 전망된다.

표 2-1 바이오 의약품 글로벌 매출상위 10개 회사

Rank	Company	WW Sales ($bn)			WW Market Share			Rank Chg.
		2019	2026	% CAGR 19-26	2019	2026	Chg. (+/−)	
1	Roche	41.1	48.6	+2.4%	15.4%	9.6%	−5.8pp	+0
2	Merck & Co	19.8	37.4	+9.5%	7.5%	7.4%	−0.0pp	+1
3	Novo Nordisk	17.9	28.1	+6.6%	6.7%	5.6%	−1.2pp	+2
4	Sanofi	15.6	25.2	+7.1%	5.9%	5.0%	−0.9pp	+3
5	Eli Lilly	14.1	22.5	+7.0%	5.3%	4.5%	−0.8pp	+3
6	Amgen	19.6	21.4	+1.3%	7.4%	4.2%	−3.1pp	−2
7	Johnson & Johnson	17.7	21.1	+2.5%	6.7%	4.2%	−2.5pp	−1
8	Bristol-Myers Squibb	12.2	20.6	+7.7%	4.6%	4.1%	−0.5pp	+1
9	Novartis	8.6	19.0	+12.0%	3.2%	3.8%	+0.5pp	+4
10	GlaxoSmithKline	8.7	16.1	+9.2%	3.3%	3.2%	−0.1pp	+2

• 출처: EvaluatePharma, 'World Preview 2020, Outlook to 2026

  IQVIA (2021)'에 따르면, 2020년 글로벌 매출 상위 10위 의약품 중 바이오의약품이 대부분을 차지했다. 글로벌 매출 상위 1위 제품은 Abbvie의 '휴미라(Humira)'로, 286억 달러를 기록하였으며, 뒤이어 BMS의 '엘리퀴스(Eliquis)'가 173억 달러, Merck의 '키트루다(Keytruda)'가 146억 달러를 기록하기록하고 있다. 세계 의약품 매출액 10위 내 품목들은 전년대비 모두 증가했으며 특히 '엘리퀴스'와 '키트루다'가 크게 증가했다. '엘리퀴스'는 2019년 대비 39억달러가 증가했고 '키트루다'는 2019년 대비 37억 달러가 증가했다.

표 2-2 글로벌 10대 의약품 매출 순위

단위:십억 달러

순위	2018			2019			2020		
	품목명 Product name	업체명 Company name	금액 Amount	품목명 Product name	업체명 Company name	금액 Amount	품목명 Product name	업체명 Company name	금액 Amount
1순위	휴미라, (Humira)	애브비 Abbvie	24.9	휴미라, (Humira)	애브비 Abbvie	26.5	휴미라, (Humira)	애브비 Abbvie	28.6
2순위	란투스 (Lantus)	사노피 아벤티스 Snofi-Aventis	10.3	엘리퀴스 (Eliquis)	브리스톨마이어스스 퀍 BMS	13.4	엘리퀴스 (Eliquis)	브리스톨마이어스스 퀍 BMS	17.3

3순위	엘리퀴스 (Eliquis)	브리스톨마이어스스 퀍 BMS	10,1	키트루다 (Keytruda)	머크 MSD	10,9	키트루다 (Keytruda)	머크 MSD	14,6
4순위	엔브렐 (Enbrel)	암젠 Amgen	10,0	자렐토 (Xarelto)	바이엘 Bayer	10,2	자렐토 (Xarelto)	바이엘 Bayer	10,9
5순위	자렐토 (Xarelto)	바이엘 Bayer	9,1	란투스 (Lantus)	사노피 아벤티스 Snofi–Aventis	9,9	스텔라라 (STELARA)	존슨 앤 존슨 Johnson & Johnson	10,9
6순위	레메케이드 (Remicade)	존슨 앤 존슨 Johnson & Johnson	7,6	엔브렐 (Enbrel)	암젠 Amgen	9,6	란투스 (Lantus)	사노피 아벤티스 Snofi–Aventis	10,3
7순위	옵디보 (Opdivo)	브리스톨마이어스스 퀍 BMS	7,3	스텔라라 (STELARA)	존슨 앤 존슨 Johnson & Johnson	8,7	트루리시티 (Trulicity)	릴리 Lilly	9,9
8순위	노보라피드 (Novorapid)	노보노디스크 Novonordisk	7,3	옵디보 (Opdivo)	브리스톨마이어스스 퀍 BMS	7,8	빅타비 (BIKTARVY)	길리어드 사이언스 Gilead Sciences	9,1
9순위	자누비아 (Januvia)	머크 MSD	7,1	자누비아 (Januvia)	머크 MSD	7,5	엔브렐 (Enbrel)	암젠 Amgen	9,1
10순위	키트루다 (Keytruda)	머크 MSD	7,0	트루리시티 (Trulicity)	릴리 Lilly	7,3	옵디보 (Opdivo)	브리스톨마이어스스 퀍 BMS	8,1

• 출처: IQVIA(2021)

국가별 바이오의약품 시장은 2019년 매출액 기준 미국이 61% 시장을 차지하며 다른 국가에 비해 월등히 높은 점유율로 전 세계 바이오의약품 시장을 주도하고 있다. 다음으로는 유럽 주요 5개국(독일, 프랑스, 이탈리아, 영국, 스페인)이 16%를 차지하고 있다. 아시아 국가 중 일본 5%, 중국 3%를 차지하고 있고 한국은 2019년 기준 전체 시장의 0.7% 정도의 시장 점유율이다.

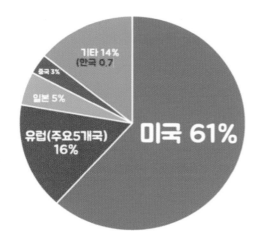

그림 2-5 국가별 바이오의약품 시장

바이오의약품 치료영역 측면에서 약효군 별로는 블록버스터급 의약품 'HUMIRA', 'ENBREL', 'REMICADE' 등이 포함되어 있는 면역억제제가 21%로 가장 많은 비중을 차지하고 있다. 다음으로는 항암제, 당뇨병 치료제로 각각 17%를 차지하고 있다. 대표적인 바이오의약품 항암제로는 'OPDIVO', 'KEYTRUDA', 'AVASTIN'이 있으며, 당뇨병 치료제로는 'LANTUS', 'TRULICITY', 'NOVORAPID' 등이 있다.

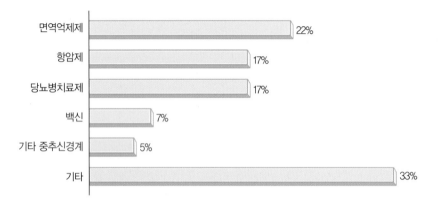

• 출처: IQVIA, 2020

그림 2-6 **바이오의약품 약효군별 시장 점유율(2019년)**

4) 고성장이 기대되는 항암제

IQVIA가 발행한 'The Global Use os Medicine 2022'에 의하면 COVID-19 pandemic 에도 2026년까지 항암제(Oncologics), 면역치료제(Immunology) 분야가 9% 내외 연평균 성장률로 각각 3,060억 달러(약 342조 원)·1,780억 달러(약 212조 원)까지 성장할 것으로 예상했다.

2026년 글로벌시장 상위 20개 지출 치료 분야로 ▶항암제(3,060억 달러, 약 342조 원) ▶면역치료제(1,780억 달러, 약 212조 원) ▶항당뇨 치료제(1,730억 달러, 약 206조 원) ▶신경학 치료제(1,510억 달러, 약 180조 원) 순으로 예상했다. 특히, 항암제 분야는 2022년부터 연평균 성장률(CAGR) 9~12%로, 상위 20개 치료 분야 중 가장 높은 성장세를 보일 것으로 전망됐다. 면역치료제, 항당뇨 치료제 분야는 6~9% CAGR, 신경학 치료제는 3~6%로 나타났다.

항암제는 향후 5년간 CAGR 9~12%를 보일 것으로 전망됐다. 글로벌 규모는 2021년

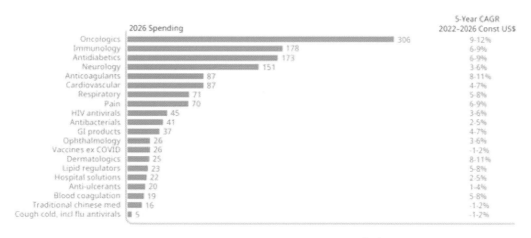

• 출처 : IQVIA Institute, Nov, 2021

그림 2-7 Top 20 therapy areas in 2026 in terms of global spending with forecast 5-year CAGRs, const $US

1,870억 달러(약 223조 원) 대비 2026년 63% 성장한 3,060억 달러(약 342조 원)에 도달할 것으로 보인다.

성장 원인으로 ▶암환자 조기 진단 증가 ▶항암 신약의 지속적 출시 ▶다양한 비 선진국가의 신약 접근성 확대 등으로 분석했다. 항암제 파이프라인은 향후 5년간 100개 이상의 신약이 개발될 것으로 예상되며, ▶암종불문(Tumor-agonistic) 항암제 ▶세포요법 치료제 ▶RNA요법 치료제 ▶면역 항암 치료제 등이 포함될 것으로 예상했다.

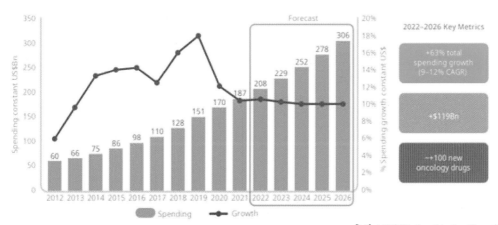

• 출처 : IQVIA Institute, Nov, 2021

그림 2-8 Global oncology spending and growth

실전문제

➡ 의약품 시장이 지속적으로 늘어나는 이유는?

➡ 바이오의약품 임상성공률이 화학의약품보다 높다. 그 이유는?

➡ 바이오의약품 비중이 왜 늘어날까?

➡ 항암제 비중이 늘어나는 이유는?

➡ 항암제는 왜 비싼가? 이유는? 대책은?

1) 글로벌 제약사들의 Big Deal Types

글로벌 제약기업의 Big Deal의 대표적인 유형으로 다음 6가지가 있다. 약물의 후보물질의 판권을 다른 회사에 넘기는 Licensing, 회사를 사고파는 M&A, 두개의 서로 다른 회사가 하나의 회사를 설립하는 Joint Venture를 통한 신약개발, 주로 임상후기 단계(임상2상, 임상3상)가 끝난 단계에서 상용화에 대한 판권만 협업하는 Commercialization, 약물개발을 공동으로 한다는 전제하에 deal(Collaboration deal)하는 Co-Development, 상용화가 끝난 후 marking과 sales만의 판권을 파는 Co-Promotion 등이 있다.

Licensing

A licensing agreement is between the owner of a company/asset which gives another party permission to develop/commercialize.

Mergers & Acquisitions

General term that refers to the purchase/merger of companies/assets through a variety of financial agreements.

Joint Ventures

A joint venture is a pact between two companies to combine resources to develop/launch.

Commercialization

Process by which an asset is commercialized by a partner in a specific geographical region post-development.

Co-Development

Co-development allows parties to increase value and reduce risk, but also keep a part of the potential upside should the asset reach the market.

Co-Promotion

Sales and marketing practice that allows companies to combine their sales force in order to promote a product under the same brand name and price.

그림 2-9 **글로벌 제약기업의 Big Deal의 대표적인 유형**

2) Licensing Deal

제약바이오회사에서 가장 많이 사용하는 Deal로 단일 회사가 신약개발의 전 과정을 수행하는 것이 아니라, 임상 단계별로 역할을 분담해 신약개발의 risk를 줄이면서도 빠르게 상업화할 수 있도록 신약후보물질의 권리(기술·물질·제품·특허) 등을 도입 또는 이전하는 계약이다. 신약 라이선스는 기본적으로 동업자 계약의 형태를 지닌다. 신약개발이 후기 단계로 갈수록 상당한 자본과 방대한 경험이 필요하기 때문에 국내 제약회사는 주로 초기 단계의 신약후보물질을 자사보다 규모가 큰 회사나 신약개발 경험이 풍부한 회사에 license out 하는 경우가 많다. 또, license 계약의 세부적인 내용은 치열한 시장 경쟁상황 등을 고려해 계약 당사자 간 협의에 따라 통상적으로 비공개로 한다. 신약개발은 장기간 막대한 자금이 투입되고 투자 회수 기간이 긴 특징을 가지기 때문에 벤처기업과 대형 제약사 간 licensing을 통한 파트너십이 매우 중요하다. 바이오신약개발도 기존 합성신약과 크게 다르지 않기 때문에 바이오벤처의 경우 license out은 성공을 위한 매우 중요한 과제이다. 제약기업의 입장에서도 개발 파이프라인을 비교적 손쉽게 확보하는 방법으로 license in 전략을 활용하고 있다. 벤처와 제약기업이 각각 리스크와 비용을 최소화하면서 최대의 성과를 내기 위한 대안으로 파트너십이라는 'Win-Win 전략'을 구사하고 있다.

제약바이오 분야 관련 licensing의 특이사항으로는 일방적인 지식 이전 형태인 licensing을 통해 필요한 기술을 이전받는 것이 매우 어려우므로 제공받는자(Licensee)는 반드시 이전될 지식의 습득 가능성을 평가해야 한다. 또한 지식 이전의 핵심인 흡수력을 가늠하는 중요한 잣대의 하나인 기술제공자(Licencer)와 제공받는자(Licensee) 간의 지식이 어느 정도 중복되어야만 licensing을 통한 지식 이전이 가능하다는 특징이 있으며 두 가지로 분류된다.

- Licensing-In : 타사가 보유한 경쟁력 있는 기술·물질·제품·특허 등의 권리를 자사로 들여오는 것으로 정의할 수 있으며, 라이센스인(License In)의 경우 글로벌 대형 제약회사들이 가진 경쟁력 있는 기술에 대한 권리를 자기 회사로 들여오는 것을 의미한다.
- Licensing-Out : 자사가 보유한 기술·물질·제품·특허·노하우 등의 권리를 타사에 허여하는 것으로 정의할 수 있으며, 최근 들어 국내 제약회사들의 해외 계약 체결에서 자주 언급되고 있다. 국내를 비롯한 글로벌 제약기업들의 경우, 통상 임상실험 단계에서 licensing-out 계약 진행을 체결하거나, 임상실험이 끝난 이후에는 제조 및 판매에 대한 내용을 중심으로 licensing-out 계약을 맺기도 한다.

3) 글로벌 제약사의 M&A

글로벌 제약사들이 M&A (Mergers & Acquisitions)를 적극적으로 많이 하는 특징은 제약업계의 가장 큰 특징 중 하나이다. 특허 만료 기간이 끝나면 제네릭 의약품이 나오며, 제네릭 의약품은 개발비용이 신약개발 비용에 비해 1~5% 정도 낮은 수준이다. 수많은 기업들이 만들고 판매하여 가격이 10% 또는 5%까지도 내려가기 때문이다. 이런 경우 오리지날 제약사는 같이 가격을 낮추어야 하고 시장을 대부분 잠식당하여 해당 분야의 차기 신약이 없다면 많은 영업마케팅 직원들을 다른 부서로 보내거나 관련 부서나 사업본부를 폐쇄할 수준까지 이르게 된다. 그 때문에 화이자의 경우 리피토가 매년 13조 원 이상씩 판매될 때 특허가 5년 이상이 남아있는데도 특허 만료를 대비하여 다양한 복합제와 개선제 등을 개발했다. 또한 수많은 임상시험들을 진행하여 다양한 특허를 보유하게 되어 에버그린 정책으로 특허 만료 후에도 지속적인 매출을 가져올 수 있었다. 화이자는 장기간 제약회사 1위 자리에 있었으나 2012년에 노바티스에게 1위 자리를 내줬다. 그러나, 2019년 업존을 인수하여 다시 1위 자리를 유지했다.

수많은 M&A와 기술이전을 통하여 신약개발 아이템들을 확보하는데도 불구하고 상위 10대 제약사의 시장 점유율을 보면 43%에서 42%로 약간 떨어져서 겨우 유지되고 있다. 다른 산업이라면 상위 10대 글로벌 회사가 전체 시장의 70~90%를 차지할 것이다. 스마트폰 시장이나 자동차 시장을 생각해보면 비교가 된다. 상위 10대 글로벌 회사들이 전 세계시장의 대부분을 차지하고 있고 나머지는 시장에서 살아남지 못한다. 하지만 제약산업만은 그렇지 않다. 또한 신약개발 분야에 있어서는 매우 많은 분야의 다양한 질병이 있으며 그에 대한 모든 알맞은 약이 나와 있는 것이 아니기때문에 약을 개발하는 데는 오랜 시간과 비용, 전략이 따라야 한다. 그렇기 때문에 신약개발을 하는 대형 제약사들 외에도 특수한 질환, 질병을 연구하여 기술수출하는 작은 벤처회사나 제네릭만으로 살아가는 시장도 있다.

글로벌 제약사들은 최근 40년 사이에 적극적으로 M&A를 해왔다. 제약사들의 성장 히스토리는 M&A의 역사라고 해도 과언이 아니다. 특히 최근 2000년에는 그 정도가 더욱 가속화되고 있다. 새로운 기술과 신약 아이템을 확보하기 위하여 기술이전, 개발권, 사업권의 이전 방법도 많이 사용하지만, 자산의 인수나 회사 자체의 인수나 합병방법인 M&A도 역시 많이 사용하고 있다.

최근 글로벌제약사들은 Cross-border M&A를 통해 파이프라인의 확장, 특허와 인재 및 기술의 흡수뿐만 아니라 지역별 거점 확보, 영업망 확대 등을 이룰 수 있었다. 제약·바이오산업에서 Cross-border M&A 비중은 증가하는 추세에 있다. R&D와 제품 승인과정에 상당한 시간이 소요되는 제약바이오산업의 특성상 Cross-border M&A는 단기적인 수익성 측면보다는 장기적인 성장동력 확보 차원에서 진행되는 경우가 많다.

제약바이오산업의 Big Deal은 주로 빅파마 간 이루어지므로 대체적으로 동종산업 내에서 발생하지만, 전체 거래건수 측면에서는 제약바이오산업과 이종산업 간 M&A 거래건수 비중이 지속적으로 증가하는 추세이다. 특히 제약바이오 기업들의 헬스케어, 유통, 물류, 정보통신 기업 인수가 증가하고 있다. 제약바이오 기업들이 개인의 건강관리 등 헬스케어 서비스에 관심을 보이는 이유는 의약품 개발 및 판매에 도움이 되는 다양한 데이터를 확보할 수 있기 때문이다. 최근에는 스마트폰과 다양한 웨어러블 디바이스를 통해 헬스케어 데이터의 종류, 양, 생성속도가 급증하고 있다.

제약사는 의약품 개발과정을 통해 환자의 임상 정보를 축적하고 있는 반면에, 잠재 고객의 질병 위험군 정보는 상대적으로 부족하다. 제약사는 헬스케어 서비스를 통해 신약개발, 수요 발굴, 판매에 활용 가치가 높은 만성질환 위험군 데이터를 확보할 수 있기 때문이다.

1. AstraZeneca/Alexion Pharmaceuticals	2. Gilead Sciences/Immunomedics
3. Bristol Myers Squibb/MyoKardia	4. Johnson&Johnson/Momenta Pharmaceuticals
5. Gilead Sciences/Forty Seven	6. Sanofi/Principia Biopharma
7. Merck&Co./VelosBio	8. Bayer/Asklepios BioPharmaceutical
9. Nestlé/Aimmune Therapeutics	10. Servier/Agios Pharmaceuticals' oncology portfolio

그림 2-10 The top 10 largest biopharma M&A deals in 2020

2020년 글로벌 바이오 제약산업의 M&A는 673건, 1,977억 달러 규모의 거래가 이루어졌으며 이는 지난 2018년, 2019년에 비해 건수는 늘었으나 거래 규모는 다소 줄었다. 이는 COVID-19 영향으로 기업 간 big deal 사례가 줄어든 것으로 판단된다.

2020년 M&A 동향을 질환 분야별로 살펴보면 Oncology, Central Nervous System, Infectious Disease가 상위 3개 질환의 수가 많은 것으로 확인되었다.

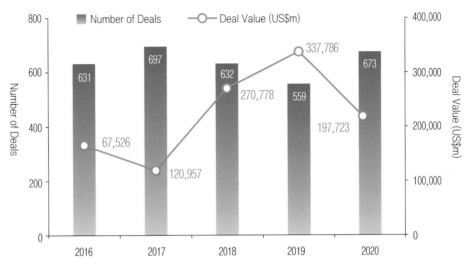

• 출처: 한국바이오경영연구센터, June 2021. Issue 27

그림 2-11 M&A Number, Value(2016~2020)

표 2-3 2020년 질환별 M&A 동향

Therapy Area	Number of Deals	Deal Values(US$ m)
Oncology	153	110,620.5
Central Nervous System	118	90,581.5
Infectious Disease	82	71,175.3
Immunology	75	89,712.8
Cardiovascular	74	96,012.9
Gastrointestinal	23	2,127.3
Respiratory	22	3,810.4
Metabolic Disorders	28	72,036.2
Ophthalmology	22	44,784.5

• 출처: 한국바이오경영연구센터, June 2021. Issue 27

➡ 글로벌 제약사들은 왜 지속적으로 M&A를 진행할까?

➡ 최근 글로벌 제약사들이 다른 업종의 기업을 M&A하는 이유는?

➡ 글로벌 상위 10 제약사들의 M&A는? 다른 업종과 다른 이유는?

➡ 질환별 M&A가 많은 분야는? 이유는?

4) COVID-19 후 글로벌 제약사의 Big Deal Trend 현황

Pharmaceutical & life sciences deal insights (PwC 2021 outlook) 보고서에 따르면 글로벌 제약업계는 지난해 243건의 deal이 진행되었다. 그 규모만 184 B$(약 202조 4,000억 원) 규모다. 이는 코로나 19 영향으로 2019년 대비 약간 감소한 수치이다. 2020년 진행된 글로벌 제약사의 deal trend는 항암제과 희귀질환이다. 글로벌 빅파마, 항암제 개발 바이오텍 인수합병이 대세였다. 인수합병을 진행한 글로벌 제약사 상위 5개를 보면, 희귀질환과 암에 집중됐다.

제약산업에서 특별히 Big Deal이 많은 이유는 무엇일까?

첫째, 미국의 경우 1970년대에는 글로벌 Big Pharma 자체에서 신약개발이 약 80%가 이루어졌지만 점점 줄어들어 2016년 51%에서 2021년에는 38%로 떨어졌다. 더불어 2010년 이후에는 글로벌 Big Pharma 자체에서 개발한 신약에서 나오는 순익도 줄어들고 있다. 때문에 글로벌 Big Pharma들은 자체에서 신약개발이 어려워져 외부에서 deal을 통해서 약물을 개발하고 이를 통해 순이익이 커지고 있기 때문이다.

둘째, 지금까지는 평생 투여하는 약의 개발이 주류를 이루었지만, 지금은 질환별 맞춤형 의료(personalized medicine)의 비중이 늘어나고 있다. 이러한 배경의 새로운 약물개발은 바이오벤처에 특화되어 있기 때문으로 생각된다. 정부와 보험회사 측에서 오는 의약품 가격에 대한 압박과 비효율적인 내부연구개발이 주요 원인으로 deal을 통해서 이런 문제를 해

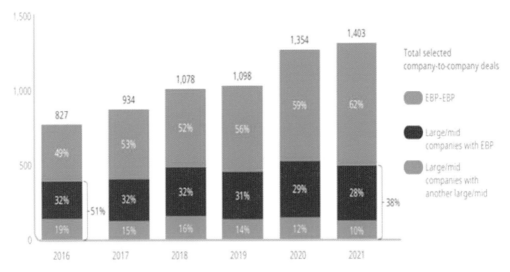

• 출처: ㈜ EBP: Emerging biopharma company

그림 2-12 부분별 Deal 수 및 점유률

결하고 있다.

deal을 통해서 새로운 신약후보물질을 가져오면 연구개발 비용과 시간을 단축시킬 수 있다. deal 대상이 전세계이기 때문에 최적의 후보물질을 신속하게 개발하여 risk를 줄일 수 있고 결국 신약개발 성공률을 높일 수 있다.

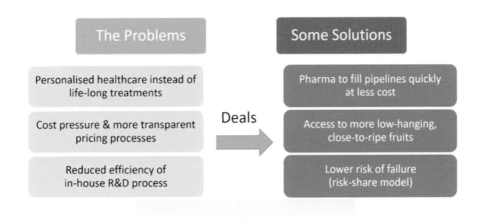

• 출처: PharmaVentures

그림 2-13 글로벌 대형 제약사의 Deal하는 이유

Big Deal이 1980년부터 시작되어 2000년에 와서 급격하게 증가하고 있고, Deal size 또한 급격하게 증가하고 있다.

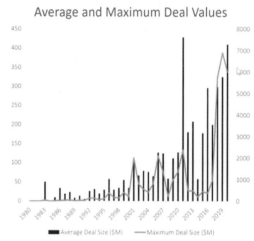

• 출처: PharmaVentures

그림 2-14 Deal Volume & Value

한국에서 Big Deal은 글로벌 제약사보다 약 10년 늦게 시작되었지만 비슷하게 진행되어 2000년에 와서 급격하게 증가되고 있다.

그림 2-15 Deal Volume in korea

단계별로 Deal이 성사된 현황을 보면 1990년대까지는 적어도 Phase 2 이상의(POC: Proof Of Concept) 단계에서 deal이 이루어졌으나, 2000년대에는 Early stage 단계인 Discovery, Preclinical 단계에서 deal 비중이 급격하게 증가하고 있다. 이는 신약개발이 점점 어려운 상황에서 약물을 사려는 licensee의 경쟁이 치열하기 때문이다.

항암제 Deal은 전체의약품 deal과 비슷한 그래프를 보이고 있고, 특히 2014년 MSD의 면역항암제 'Keytruda'의 허가 시점부터 급격하게 증가하고 있다.

실전문제

➡ 글로벌 제약사의 Big Deal이 증가하는 이유는?

➡ 글로벌 제약사와 다른 업종과의 Big Deal이 증가하는 이유는?

➡ 인수합병을 진행한 글로벌제약사는 희귀질환과 암에 집중됐다. 그 이유는?

➡ 글로벌 제약사의 Big Deal이 주로 early stage에 성사되는 비율이 증가하는 이유는?

03 IP Management

국제 무역에서 발명과 지식이 가지는 중요성은 더욱 부각되고 있으며, 지식재산의 보호 범위 역시 점차 확대되고 있다. 국가 경쟁력의 제고 방안으로 자리하게 된 지식재산권의 보호는 효율적인 국제규제의 필요성을 부각시켰고, 이에 WTO는 TRIPS (Trade Related Intellectual Properties) 협정을 통하여 지식재산의 보호와 집행에 관한 국제적인 기준을 마련하였다. TRIPS 협정상의 지식재산권 보호 규정은 매우 포괄적이며 광범위하고 규정이 정하는 범위내에서 보다 강화된 지식재산의 보호를 인정한다. 그러나 의약품과 관련된 엄격한 지식재산의 보호는 전 세계적인 공중보건의 위기를 불러일으키는 요소로 자리하기도 한다. 즉, 발명 물질이나 제조 과정의 지식재산 보호로 의약품 가격이 상승하게 됨에 따라 의약품 접근권이 제한되는 경우가 발생한다.

국제적인 지식재산권의 보호 노력과 의약기술 및 의약품에 대한 접근성을 확보하기 위한 노력 간의 문제 해결을 위한 방안이 꾸준히 논의되고 있다. 특히, FTA는 지식재산권의 보호 수준을 보다 향상시키기 위한 규정을 포함하는 경우가 많으며, 공중보건 보호의 문제 해결의 실마리를 제공하는 TRIPS 협정상의 융통성을 한정하는 규정을 포함하고 있어 관련 논의가 제기되고 있다. 이와 같은 규정이 의약품 구입 여력을 갖추지 못한 국가의 의약품 접근성을 저해함으로써 공중보건의 위기를 초래하기도 한다.

1) 의약품 특허의 중요성

의약품 분야의 지식재산권 전략은 매우 중요하다. 미래 성장동력 확보를 위한 시장의 니즈 파악과 IP 확보를 통한 신기술 및 신산업 육성으로 선 순환적 지식재산 생태계를 구축해야 한다. 제약바이오 특허는 최근 10년 동안 의료기술 분야의 특허출원이 7.4%로 가장 많이 늘어났고 바이오기술도 6.5%로 대폭 증가하고 있다. 의약분야 분쟁은 특허침해소송 위주에서 상표, 디자인 침해소송 등으로 다양해지는 추세이다. 특허권 남용 또한 다른 산업보다 심각하다. 한미 FTA 발효 이후 특허-허가 연계 시 고려사항, 특허권자의 불공정한 행위 방지, 역지불합의(pay for delay) 강제실시 등 특허권의 남용과 제한을 위한 효율적인 방안이 필요하다.

2) 지식재산권(intellectual property rights)

지식재산권은 지적능력을 가지고 만들어낸 창작물에 대한 권리를 말하는데, 크게 저작권과 산업재산권으로 나눈다.

(1) 저작권

미술, 음악, 영화, 시, 소설, 소프트웨어, 게임 등 문화예술분야의 창작물에 부여되는 것.

(2) 산업재산권

산업과 경제활동 분야의 창작물에 부여되는 발명품, 상표, 디자인, 특허권, 상표권과 같은 것들이 산업재산권에 포함된다. 특히 음악이나 소설 작품 등으로 인해 가장 많이 알려진 '저작권'의 경우 작가가 사망한 이후에도 짧게는 50년에서 길게는 70년까지 보호를 받을 수 있다. 반면, 산업재산권은 특허청의 심사를 받아야만 등록할 수 있고, 보호 기간이 10~20년으로 저작권에 비해 짧다.

❖ 특허권

배타적인 독점적이 부여된 권리
- 특허제도: 발명을 보호 장려해서 국가산업의 발전을 도모하기 위하여 만든 제도
- 특허요건: ❶산업상 이용가능성 ❷신규성 ❸진보성 출원일로부터 약 12~15개월 심사, 특허 허가
- 결정되면 20년간 보호.
- 선출원주의: 특허청에 가장먼저 출원한 자에게 특허권 부여–〉우리나라에서 채택
- 선발명중의: 실제로 가장 먼저 발명한 사람에게 최우선권부여–〉전세계 대부분 국가들이 채택

❖ 실용신안권

특허 보다는 낮은 수준의 발명에 부여하는 지식재산권
- 이미 개발된 것을 개량해서 보다 편리하고 유용하게 만든 고안 그 자체
- 소발명, 개량발명
- 출원일로부터 10년 동안 보호

❖ 디자인특허

디자인을 등록해서 권리를 가지는 것.
물품과 상품을 대상으로 해서 새롭고 독창적이며 장식적인 디자인에 대한 특허
- 출원대상: ❶ 물품의 구성이나 형상 ❷ 물품에 적용된 표면장식
              ❸ 구성과 표면 장식조합
- 출원일로부터 20년 동안 권리 보호

❖ 상표권

상품을 표시하는 것

- 생산, 제조, 가공 또는 판매업자가 자신의 상표를 다른 업자의 상품과 식별하기 위해 사용하는 기호, 문자, 도형 또는 그 결합.
- 등록일로부터 10년 보호-갱신가능(반영구적)

❖ Evergreen 전략

사노피는 심근경색 치료제인 '플라빅스'가 2003년 7월에 물질특허가 만료되었지만, 제네릭 출시를 막기 우회적 방법으로 1987년 2월에 이성질체 특허를 출원하여 특허기간을 연장하는 방법.

3) 의약품 특허종류

(1) 물질특허

조성물질이나 화학물질 중 특정물질에 대한 특허이다.

(2) 제법특허

특정물질 생산을 위한 제조방법에 관한 특허이다.

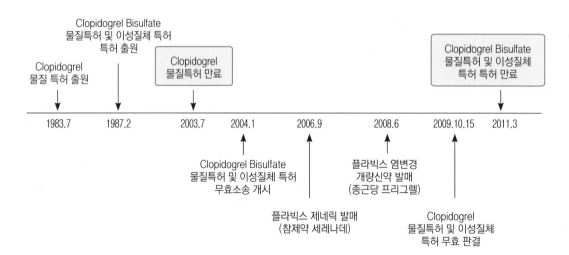

그림 2-16 플라빅스 Evergreen 전략

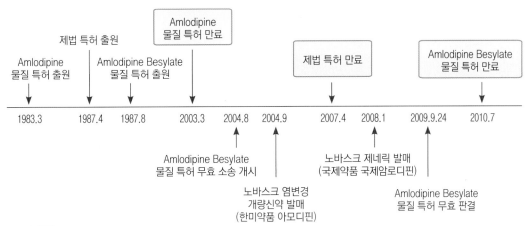

그림 2-17 **노바스크 특허전략**

(3) 용도특허

용도발명에 대한 특허 출현 특허를 말한다. 용도발명이란 특정의 물건에 존재하는 특정 성질만을 이용하여 성립하는 발명이다.

(4) 개량특허

어떤 존재하는 발명을 기초로 기능 등을 개량한 것에 대한 특허이다.

(5) 한미약품 기술현황

❖ LAPSCOVERY(Long Acting Protein/Peptide Discovery Platform Technology)
단백질 의약품 반감기를 늘려주는 플랫폼 기술.
- 재조합 단백질 의약품과 펩타이드 의약품은 그대로 두고, 체내에서 부작용을 일으키지 않는 고분자 물질 (LAPS Carrier)을 약품과 링커(PEG)로 페길화 함(다양한 약물에 적용 가능)
- 기존의 페길화가 약품 전체를 덮어서 크기를 키운 것이라면 랩스커버리는 의약품과 고분자 물질을 연결하는 데 만 페길화를 사용함
- 의약품은 전체적으로 크기가 커져 신장에서 여과되어 배출되지 않으며, 의약품의 형태는 그대로 유지되기 때문에 약효가 떨어지지 않게 됨

❖ PENTAMBODY(Penta amino acid mutated bispecific antibody)
면역 항암치료와 표적 항암치료가 동시에 가능한 이중항체 기술

❖ ORASCOVERY(Oral drug discovery)
주사용 항암제를 경구용 제제로 바꿀 수 있는 기술

---

4) 의약품은 특허가 왜 중요한가?

(1) 특허 만료의약품 급격한 매출감소

제약바이오 산업에서 제품을 출시하려면 넘어야 할 엄청난 허들이 있다. 그 허들 중 가장 큰 것이 규제기관의 허가를 받는 과정이다. 이는 다른 산업과 가장 큰 차이점이고 의약품 시장의 특수성이라 할 수 있다.

허가를 받고 시장에 제품이 출시된 이후 경쟁자가 내 제품을 카피하지 못하게 하려면 일종의 보호 장치가 필요하다. 이것이 바로 특허다. 특히, 의약품 시장에서 특허 1개의 가치가 엄청난 가치이므로 매우 중요하다. 예를 들면 휴대폰 하나에 들어가는 특허가 수백 개라면 의약품은 물질특허 하나만 있어도 진입을 차단할 수 있기 때문이다. 블록버스터 의약품의 특허권이 만료되는 순간, 즉 특허 독점권을 잃는 순간(LOE; Loss of Exclusivity)에도 특허의 중요성은 여실히 드러나 급격하게 매출이 감소한다.

TNF-α억제제 항체 의약품인 '휴미라', '엔브렐', '레미케이드'를 비교해 보면 세계 최초의 바이오시밀러 셀트리온의 '램시마'가 등장한 J&J의 '레미케이드'는 2015년 유럽 특허 만료, 2018년 미국 특허 만료로 바이오시밀러 회사들의 폭격을 맞고 있다. 암젠의 '엔브렐'은 2017년 2위($ 8.3 Billion), 2018년 5위($ 7.4 Billion), 2019년 9위($ 7.2 Billion), 2020년 12위($ 6.3 Billion)로 마찬가지로 하락세이지만 하락의 경사도는 레미케이드보다 낮다. 이는 2015년 유럽 특허 만료로 매출 하락 자체를 막을 수 없지만, 미국 특허는 2029년 만료로 아직 남아있기 때문으로 보인다. 몇 년째 1위를 지키고 있는 애브비의 '휴미라'는 2018년 유럽 특허가 만료되어 2019년 매출이 꺾이면서 더 이상의 상승은 없을 것으로 보인다. 미국과 유럽의 특허 포트폴리오 달랐던 '휴미라' 미국 특허가 2023년에 만료되면 본격적인 매출 하락이 예상되어 조만간 MSD의 '키트루다'에게 1위 자리를 넘길 것으로 예상된다.

항암제, 항체 의약품도 마찬가지다. '리툭산', '허셉틴', '아바스틴' 모두 미국, 유럽에서의 특허가 만료되었거나 거의 끝나감으로 인하여 매출이 급감하고 있다. 위와 같이 블록버스터 의약품이 특허 존속기간 만료로 매출이 급감하는 특허절벽(Patent Cliff) 현상이 발생한다. 이는 의약품 시장에서의 특허의 중요성을 가장 잘 대변해 주고 있다.

순위	2017	2018	2019	2020
1	Humira (18.9)	Humira (20.4)	Humira (19.4)	Humira (20.4)
2	Enbrel (8.3)	Eliquis (9.8)	Eliquis (12.1)	Keytruda (14.4)
3	Eylea (8.3)	Revlimid (9.6)	Keytruda (11.1)	Eliquis (14.1)
4	Revlimid (8.2)	Opdivo (7.5)	Revlimid (9.4)	Revlimid (12.1)
5	Rituxan (7.8)	Enbrel (7.4)	Imbruvica (8.1)	Imbruvica (9.4)
6	Remicade (7.8)	Keytruda (7.1)	Opdivo (8.0)	Stelara (8.0)
7	Herceptin (7.4)	Herceptin (7.0)	Eylea (7.4)	Eylea (7.9)
8	Eliquis (7.4)	Avastin (6.9)	Avastin (7.3)	Opdivo (7.9)
9	Avastin (7.1)	Rituxan (6.8)	Enbrel (7.2)	Xarelto (7.8)
10	Xarelto (6.6)	Xarelto (6.6)	Xarelto (6.8)	Dupixent (7.5)
11	Opdivo (5.8)	Eylea (6.5)	Rituxan (6.7)	Biktarvy (7.3)
12	Lantus (5.7)	Remicade (6.4)	Stelara (6.4)	Enbrel (6.3)
13	Prevena13 (5.6)	Imbruvica (6.2)	Herceptin (6.2)	Prevena13 (5.9)
14	Lyrica (5.3)	Prevena13 (5.8)	Prevena13 (5.8)	Avastin (5.6)
15	Neulasta (4.6)	Stelara (5.2)	Remicade (5.3)	Trulicity (5.4)

• 출처: 바이오큐브 강의자료 2021.5

그림 2-18 **특허만료 의약품 매출감소 추이**

(2) 기술을 특허로 공개할 것인가, knowhow로 숨길 것인가?

특허는 자신의 기술을 공중에 공개하는 대가로 특허권을 받을 수 있기 때문에 기술 내용을 경쟁사 등에게 노출해야 한다는 단점이 있는데, 해당 기술이 없으면 기술 실시가 어려운 경우 기술유출 가능성을 원천 봉쇄할 수 있다면 사업적으로 특허보다 knowhow로 보호하는 것이 더 바람직할 수 있다.

또는, 특허출원을 하더라도 knowhow는 최대한 숨기면서 특허등록에 필요한 정도만 공개하는 수준으로 진행하는 것이 현명하다. 이는 최근 논란이 되고 있는 COVID-19 백신 지적재산권 면제 이슈에서도 생각해 볼 수 있다. 예를 들어, 화이자나 모더나의 mRNA 백신 기술에 대한 특허를 면제하기만 하면 그 기술을 쉽게 카피할 수 있을 것이다. 당연히 해당 특허 명세서에는 특허제도에서 요구하는 최소한의 정보만 기재되어 있고 실제 제품 실시를 위한 일부 기술은 knowhow로서 숨겨졌을 가능성이 높다. 이처럼 기술적 진입장벽이 있거나 특허보호가 쉽지 않다면 knowhow를 고려하는 것이 바람직하다. 특허출원을 하더라도 최소한의 정보만 특허 명세서에 기재하고 knowhow는 최대한 감출 수 있는 출원전략도 필요하다.

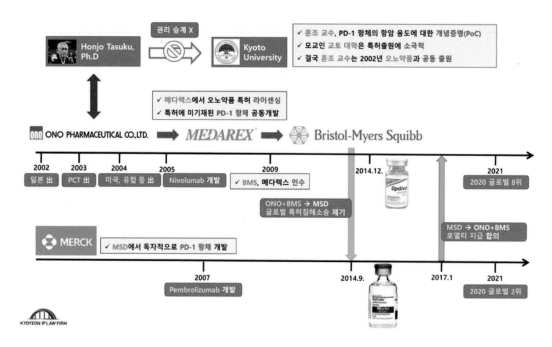

• 출처: 바이오큐브 강의자료

그림 2-19 BMS-MSD 합의금 속 바이오 기초연구의 특허가치

(3) 자사 특허 보유보다 중요한 것은 타사의 특허를 침해하지 않는 것이다.

BMS-MSD 합의금 속 바이오 기초연구의 특허가치에서 '키트루다'와 '옵디보'의 특허분쟁 사례를 보면 면역관문억제제(Immune Checkpoint Inhibitor)에 대한 원천기술 특허는 '키트루다'를 보유한 MSD가 아닌 '옵디보(Opdivo)'를 보유한 BMS가 보유하고 있다. 노벨생리의학상 수장자인 혼조교수와 오노약품은 '옵디보' 개발 전 PD-1 항체에 대한 플랫폼 특허를 출원하여 등록되었는데, 이 등록 청구는 항체의 범위를 아주 넓게 등록되었다. 즉, PD-1을 억제하기만 하면 항체에 상관없이 침해 가능성이 있게 하였다. 후속 주자인 MSD는 이러한 사실을 알았겠지만, 등록 청구항이 과도하게 넓다고 보여 무효될 가능성이 높다고 판단했을 것으로 추정된다. BMS는 '키트루다'가 허가되자마자 MSD에 특허 침해소송을 제기하였다. 무효사유 등에 대한 다툼이 있었으나 MSD는 '키트루다'의 글로벌 매출 일부를 Royalty로 지급하는 것으로 소송상 화해하였다. BMS는 '키트루다'의 급성장과 더불어 Royalty 수입도 증가하게 되었다. 또 다른 사례로, BMS

의 '주노테라퓨틱스'는 길리어드의 '카이트파마'와의 CAR-T 기술 특허침해 소송 1심에서 수억 달러라는 천문학적인 금액으로 커다란 승리를 거두었다.

위 두 사례를 통해서 보듯이 원천기술을 확보하면 길목에 서서 통행세를 거둘 수 있지만, 무효화 전략처럼 대책 없이 시장에 들어간다면 회사는 큰 손실로 위기에 직면할 수 있다. Licensee 입장에서는 FTO (freedom-to-operate) 검토를 해야 하고, 특허침해 이슈가 없는지에 대한 Due Diligence를 수행하여 risk를 제거해야 한다.

실전문제

➡ 핸드폰 특허 vs 의약품 특허 차이점은?

➡ 의약품 특허 중 가장 강력한 특허는?

➡ 특허만료 의약품 급격한 매출 감소 현상이 국가별, 지역별로 다른 이유는?

➡ 한미약품 기술수출이 왜 반환되었나?

04 미래의료의 새로운 4P

초고령화 시대가 도래하는 이 시점에서 현재 치료 중심의 의료는 국가나 개인이 감당할 수 없을 만큼 의료비 지출증가가 예상된다. 우리는 건강한 미래를 위해 현시점에서 대처할 수 있는 예방과 조기진단으로 통합적이고 체계적인 분석을 통해 조기에 질병을 예측하거나 예방할 수 있도록 고도의 지적기술과 최신의 의료장비가 가능하게 할 것이다. 인공지능(AI:Artificial Intelligence)이 빅데이터를 검색하여 분석한 결과(데이터마이닝:Data mining)를 토대로 제안한 진단결과를 참고해 의사결정을 내리면 혹시 모를 실수를 사전에 방지할 수 있고 '진단 정확도가 높아지면 의사와 환자 모두 안전할 수 있다'라는 예측이 가능하다. 미래의 의료가 지향하는 바를 흔히 4P 의료라고 표현한다. 예방 의료(Preventive medicine)와 예측 의료(Predictive medicine), 맞춤 의료(Personalized medicine), 참여 의료(Participatory)이다. P로 시작하는 네 단어로 의료의 궁극적 지향점을 나타낸 것이다.

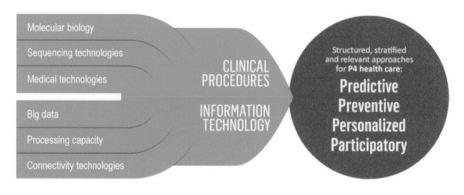

그림 2-20 미래의료 4P

1) 예방 의료(Preventive Medicine)

치료가 중심이었던 의학이 예방, 건강증진이 중심으로 변하고 있다. 이는 기대수명이 100세로 예상되는 고령화 사회에서 가장 중요한 보건사업이 건강한 100세, 즉 질병을 최소화하고 개인의 건강을 최대한 증진시키는 예방의학의 새로운 활성화를 가져올 것이다. 과거에는 아픈 사람을 위한 의료비지출이 대부분이었지만 최근에는 건강한 사람들이 질병에 걸리지 않도록 하는 지출이 더욱 높아지고 있다.

2) 예측 의료(Predictive Medicine)

개인에게 어떤 질병이 걸릴 것을 미리 예측하고 나아가 어느 시기에 걸릴 것인지를 알려줘 사람마다 다른 예방법으로 대처하도록 만드는 것이다. 이는 마치 일기예보처럼 질병에 걸릴 확률을 예측하고 미리 대비할 수 있게 해 줄 것이다. 유전자 연구의 발전은 예측의학을 가능하게 만드는 것이 날 때부터 타고난 개인의 특성을 알려주게끔 만들어 줄 것이다.

환자에 관한 데이터는 예방 의료(preventive medicine)와 예측 의료(predictive medicine)의 구현에도 큰 역할을 한다. 이 역시 유전정보 및 센서를 통해서 환자의 상태를 파악하는 것이 중요하기 때문이다. 특히 사물 인터넷 센서 등을 활용하면 환자의 상태를 실시간, 지속적, 정량적으로 파악함으로써 질병의 발병, 재발, 악화를 사전에 예측하고 더 나아가 예방까지도 가능하게 할 수 있다. 우선 유전정보의 분석을 통해 개인 환자에게 유전적으로 발병 위험성이 높은 질병을 파악할 수 있다. 유명 여배우 안젤리나 졸리의 사례에서 보듯이 특정 유전자를 분석하면 유방암과 난소암의 발병 위험도를 계산할 수 있고, 고위험군의 경우에는 예방적인 치료를 받을 수도 있다. 안젤리나 졸리는 유전자 분석을 통해 유방암과 난소암의 발병 위험도가 각각 87%, 50%로 매우 높음을 알게 되었다. 이에 따라 안젤리나 졸리는 유방암과 난소암을 예방하기 위해 2013년에는 유방 절제술을, 2015년에는 난소 및 난관 절제술을 받았음을 뉴욕타임즈에 고백한 바 있다. 일반적으로 질병은 유전적인 요인뿐만이 아니라, 환경적인 요인도 영향을 받는다. 그런 의미에서 유전정보 분석이 결코 만능이라고 할 수는 없지만, 이를 통해 지금도 다양한 질병의 위험도를 알아낼 수 있다. 유방암뿐만 아니라, 린치 증후군(Lynch Syndrome: 상염색체 우성으로 유전되는 질환으로 대장암을 비롯하여 자궁내막암, 난소암 등 다양한 장기에 암을 발생시킨다)이나 가족성 선종성 용종증(familial adenomatous polyposis) 등의 대장암, 알츠하이머병(alzheimer's disease), 시력 상실의 원인 중의 하나인 당뇨병, 고혈압 등 대부분 질병을 유전정보 분석으로 위험성을 미리 판단할 수 있다.

유전정보의 분석을 통해 여러 질병의 위험도를 알 수는 있지만, 이것만으로 질병에 언제 걸리게 될지 혹은 언제 재발할지 미리 알기는 어렵다. 질병 악화나 이상 징후를 조기에 알기 위해서는 환자의 종합적인 상태를 실시간으로, 지속적으로 파악하는 것이 중요하다. 이를 위해 필요한 것이 각종 센서를 통한 모니터링과 이로부터 얻은 데이터의 분석이다.

자동차를 생각해보자. 과거에는 타이어 공기압이나 엔진오일, 부동액, 배터리 등을 정기적으로 직접 체크하거나 정비소에 들러야 했다. 때로는 이상 징후를 조기에 포착하지 못해서 문제가 커진 이후 뒤늦게 정비소를 찾는 경우도 발생한다. 하지만 현재는 각종 센서 등의 발달로 자동차의 상태가 항시 모니터링 되어 있어 이상이 있으면 운전자에게 조기에 경보를 울려줌으로써 많은 사고를 예방할 수 있게 되었다. 자동차의 이상을 감지하는 각종 센서의 종류는 갈수록 증가하여, 현재 수십 개의 센서가 설치되어 있다고 한다. 자동차의 상태를 파악하기 위해 일 년에 몇 번 체크하는 방법에서, 지속적으로 모니터링하여 문제의 발생을 사전에 알려주거나 예측할 수 있는 방법으로 변화한 것이다. 미래는 인공지능(AI:Artificial Intelligence)을 탑재한 자동차가 생산되어 운전자가 목적지를 입력하면 인공지능 탑재 자동차가 알아서 목적지까지 도착할 수 있는 시대가 될 것이다.

예방 의료와 예측 의료를 위해서는 지금처럼 일 년에 병원을 몇 번 방문해서 검사를 받거나, 몇 년에 한 번 건강 검진을 받는 것으로는 턱없이 부족하다. 진정으로 예측, 예방 의료를 구현하기 위해서는 일상생활 속에서 지속적으로 환자의 상태를 모니터링하는 것이 필요하다. 즉 각종 센서를 이용해 환자를 지속적으로 모니터링해서 얻은 데이터를 분석해야만 발병

• 출처: 강남미즈메디 병원 항노화 클리닉

그림 2-21 **예방 의료(preventive medicine)와 예측 의료(predictive medicine)**

혹은 질병의 진행을 미리 파악하고 예측할 수 있다. 이는 기존의 당뇨병과 고혈압 환자들이 스스로 혈당 및 혈압 등을 측정하는 것보다 훨씬 복합적이며 다양한 데이터를 활용할 수 있다. 예를 들어, 우울증 환자의 경우라면 대화 빈도, 활동량, 말투, 어조, 수면 패턴, 호흡 패턴, 안면 표정, 활력징후, 심박동 변화, 피부활동전위, 복약순응도 등을 모니터링하여 종합적으로 상태를 파악하고 더 나아가 향후 상태까지 예측해 볼 수 있다. 천식 환자의 경우라면 대기오염지수, 온도, 습도 등 환경적인 요인과 활동량, 활력 징후, 강제 호흡 배출량(forced expiratory volume), 호흡 패턴, 복약 등의 데이터를 분석하는 것도 가능할 것이다. 울혈성 심부전이라면 체액 상태(fluid status), 수면의 질, 무호흡 발작, 활력 징후, 체중, 복약순응도 등을 볼 수도 있다. 이렇게 데이터의 측정과 분석은 예방 의료와 예측 의료를 구현하기 위해 핵심적인 역할을 하게 된다.

3) 개인 맞춤 의료(Personalized medicine)

개인의 유전적 특성의 차이를 고려하는 맞춤치료 방법이다. 기존의 치료는 진료방식도 표준화되고 치료지침에 따라 환자를 맞추는 방향으로 이뤄졌다. 그 결과, 똑같은 약물의 처방이 어떤 사람에겐 효과를 내지 못하고 어떤 사람에게는 지나치게 효과를 내서 독이 되기도 했었다.

최근에는 항암제 처방 시 유전자 변이를 먼저 검사하고 이에 따라 다른 항암제를 사용한다. 영양제도 마찬가지이다. 아무리 좋은 영양제나 음식도 맞지 않는 환자가 있다. 사람마다 유전자에 따라 특정 영양제가 필요하기도 하고 불필요하기도 하다. 이처럼 향후 맞춤 의학, 맞춤 건강관리는 유전자연구와 함께 더욱 발전할 것이다.

맞춤 의료(personalized medicine)는 최근에 유행처럼 번지고 있지만, 사실 의료의 궁극적인 지향점 중의 하나이다. 개별적인 환자들은 모두 다른 유전학적, 생물학적, 생화학적 특성을 지니고 있다. 더 나아가서는 환경적, 생활양식에도 차이를 보인다. 이러한 환자들의 개별적인 차이 때문에 동일한 치료법이나 약, 심지어는 음식에 대해서도 다른 결과를 낳게 된다. 동일한 질병을 가졌다고 할지라도 어떤 환자에게는 효과가 있는 약이 다른 환자에게는 효과가 없거나 부작용이 발생할 수 있다.

이러한 개별 환자의 특성을 분석하고, 차별화된 치료를 제공함으로써 효과는 극대화하고 부작용은 최소화하는 것이 정밀의료의 목적이다. 따라서 정밀의료의 출발은 개별 환자의 특징과 상태를 분석하는 것이다. 이를 위해서는 해당 환자에 대해서 유전정보를 비롯한 종합적이고 입체적인 데이터를 측정하고 통합함으로써, 그 환자의 의학적 상태를 근본적으로 정의할 수 있다. 이는 해당 환자를 위한 최적의 치료방법을 결정하거나 새로운 약이나 의료기기를 개발할 수 있는 기반이 된다.

4) 참여 의학(Participatory Medicine)

환자가 의사와 대등한 위치에서 자신의 정보를 공유하고 능동적으로 건강을 유지한다는 개념이다. 의료소비자는 자신의 정보를 제공할 뿐 아니라 자신의 정보를 능동적으로 이용하고 미래의료는 더 이상 병원 중심이 아닌 환자 혹은 소비자 중심의 진료형태가 주를 이룰 것이다.

과거의 의료는 공급자 중심이었다. 의사는 모든 의학적인 전문성을 독점하고 있었으며, 환자들은 의료서비스를 일방적으로 제공받기만 하는 수동적인 존재일 뿐이었다. 하지만 IT 기술의 발달은 이러한 구도를 바꾸고 있다.

환자들은 이제 의료에 적극적으로 참여하는 능동적인 존재가 되어가고 있다. 과거에 비해 의료정보에 대한 비대칭성이 해결되었을 뿐만 아니라, 스스로 의료 데이터를 만들어 내는 주체가 되고 있다. 예전에는 존재조차 알 수 없었던 환자들이 서로 연결되어 있으며, 크라우드 소싱(crowd sourcing) 및 오픈 소스(open source)를 통해 의료계에서 해결하지 못하는 문제의 해결책을 스스로 모색하기도 한다. 기존의 의료 데이터란 환자가 병원을 방문하여 의사를 통해 측정하는 것이었다. 환자가 비용을 부담하고, 본인의 신체에 대한 정보이지만 그 결과물은 병원 내부에 남게 된다. 환자는 그 데이터의 사본을 종이 인쇄물이나 CD의 형태로 얻을 수 있을 뿐이었다. 하지만 이제는 환자가 스스로 의료 데이터를 만들어내고 관리하는 주체가 된다. 스마트폰, 사물인터넷 센서, 웨어러블 기기, 개인 유전정보 분석 등을 통해서 다양한 건강 정보를 측정할 수 있다. 이는 환자들이 의사를 거치지 않고 병원 밖에서 스스로 만들어내므로 기존의 의료 데이터와 근본적인 차이가 있다. 더 나아가, 연결된 환자들은 자신의 데이터를 온라인에서 서로 통합하고 분석해서 혁신적인 결과를 만들어 내기도 한다.

유전체 분석과 Big Data로 구축한 개인 유전자 정보를 기반으로 질병을 예방할 수 있으며 개인별 잠재된 위험 요소를 최소화하는 건강관리가 가능하게 되는 정밀 의료(Precision Medicine)의 비중이 높아지고 있다. 미래의 의료는 근거중심(EBM: Evidence Based Medicine)의 진료에서 다양한 정보와 Big Data를 기반으로 하는 Data-Driven Medicine의 비중이 증가 될 것이다.

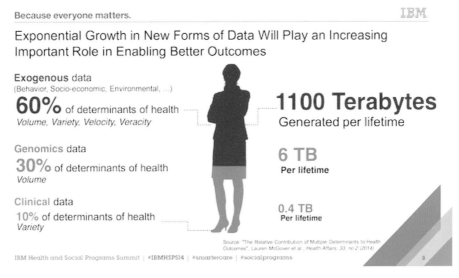

그림 2-22 인간이 평생 만들어내는 DATA 종류 및 크기

1) 정밀 의료란?

정밀 의료(Precision Medicine)란 유전정보, 임상정보, 생활습관정보 등을 분석하여 질병의 진단, 치료, 예측, 예방 및 관리를 위한 최적의 맞춤형 의료, 헬스케어서비스를 제공하는 기술이다. 다수를 대상으로 한 임상, 의료정보 이외에 개개인의 유전정보, 생활습관, 환경정보 등 건강에 대한 다양한 데이터를 함께 활용하는 것이 특징이다.

유전정보로 개인의 선천적 특징을, 생활습관과 환경 관련 정보로 후천적 특징을 파악해 한 사람에게 꼭 맞는 치료법과 건강 관리법을 제안한다. 유전정보에 대해서도 유전체 정보뿐만 아니라 단백질체, 전사체, 대사체 등 각종 생물학적 정보(omics)를 활용한다.

　기존의 의료는 병원에 내원한 환자를 대상으로 이루어지며, 보건학적 통계에 의한 수술 및 약물 표준 치료를 통해 표준화된 방식으로 시행되는 반면, 맞춤 의학은 건강인을 포함한 소비자들을 대상으로 이루어지며, 빅데이터를 기반으로 질병을 예측하고, 예방하여 궁극적으로는 개개인의 특성에 맞게 건강을 증진시키는 방식으로 이루어질 것으로 예상된다.

　현대의학은 개인 유전체 정보를 바탕으로 개별 '맞춤의료서비스'를 제공하는 정밀 의료(Precision medicine)를 지향하고 있다. 정밀 의료는 질병의 진단, 치료, 예방 활동을 포함한 모든 의료 과정에서 개개인의 고유한 유전정보, 환경요인, 생활습관(life style)에 입각한 맞춤 의료서비스를 제공하는 것을 말한다.

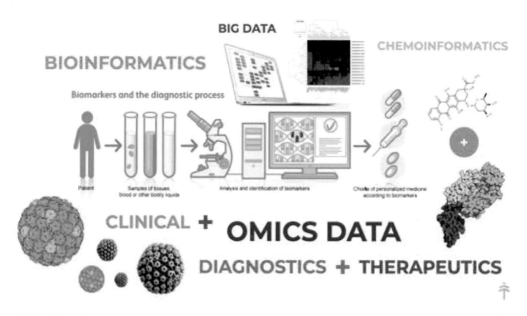

그림 2-23　정밀의료를 가능하게 하는 다양한 정보와 Big Data

　2005년부터 차세대 염기서열분석(NGS: Next Generation Sequencing)기술이 유전체 분석에 도입되면서 현재는 단 하루 만에도 한 사람의 전장 유전체 정보를 얻을 수 있게 됐다.

　NGS 기반 유전자 검사를 통해 개인의 수많은 유전정보를 한 번에 파악할 수 있으며 이를 기반으로 질병의 진단, 치료 약제의 선택, 질병의 예후 추정이 가능해졌고, 개인별 질병 발

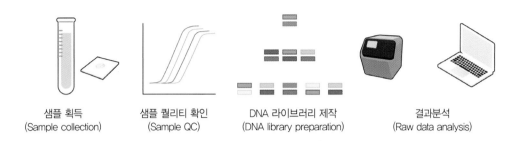

샘플 획득	샘플 퀄리티 확인	DNA 라이브러리 제작	결과분석
(Sample collection)	(Sample QC)	(DNA library preparation)	(Raw data analysis)

• 출처: 식품의약품안전평가원

그림 2-24 NGS진행과정

생 위험도를 예측할 수 있게 돼 맞춤형 질병 예방이 가능하게 됐다. 개인이 지닌 유전정보는 변하지 않으므로, 일반적으로 NGS 기반 유전자 검사는 평생에 한 번만 검사하면 되기 때문에 환자의 편의성이나 경제적인 측면에서도 효율성이 높은 편이다. 이런 NGS를 활용하여 맞춤의료 서비스를 제공할 수 있을 것이다.

2) 정밀 의료를 응용할 분야

(1) 약물유전체 맞춤치료

약물유전체학(pharmacogenomics)은 약물의 기전과 유전체의 기능 간 차이 등 유전체로 인해 일어나는 특정 약물에 대한 환자 반응의 다양성을 연구하고 그 다양성을 초래하는 유전적, 비유전적 바이오마커를 발굴하여 얻은 유전적 정보를 바탕으로 환자 개개인에게 최적화된 맞춤 약물치료를 효과적이면서도 안전하게 제공할 수 있게 하는 정밀의학의 기반이 되는 학문이다. 약물유전체 맞춤치료는 이러한 약물유전체학을 바탕으로 개인의 유전적 요인에 따른 약물 반응의 다양성 및 차이를 관찰하고 약물유전체 검사를 통해 환자별 특정 유전자 유무에 따른 특정 치료제의 안전성, 유효성, 약물 용량을 결정하는 개인 맞춤형 치료라 할 수 있다.

〈정밀 의료에서 약물유전체학(pharmacogenomics)이 중요한 이유〉

① 약물 반응은 복합 형질(Complex trait)이다 : 기본적으로 약물의 대사 과정에는 다양한 약물 효소가 관련한다. 또한 약물이 흡수되어 배출되기까지의 대사 과정(ADME) 또는 약

동학(Pharmacokinetics) 과정에는 다양한 요소들이 관여하기 때문에, 한 두가지 유전적 소인이 형질에 결정적 차이를 나타내기 어렵다.

② 약물 반응의 측정 자체가 어렵다 : 체내 약물 대사능에 영향을 주는 유전적 인자를 확인 하고자 하는 경우, 환자에서 해당 약물 농도 측정 자체가 매우 어렵다. 현실적으로 환자 들에게는 의사들이 체중이나 대사능 등을 고려하여 약을 처방하기 때문에 복용한 약물의 양도 간격도 전부 달라지게 되며, 약물 농도도 매우 변동성이 심하기 때문에 언제 채혈하 였는지, 다른 약과 함께 복용하였는지(drug-drug interaction), 음주 & 흡연 여부, 성별 등 다양한 요소에 영향을 받게 된다.

③ 약물 대사 경로에는 다양한 대체자가 존재한다 : 기본적으로 약물은 간에서 대사되어 신 장을 통해 배설된다고 알려져 있지만, 약물 개별로 보면 어떤 약물이 정확하게 어떠한 효 소에 의해 대사되어 어떠한 형태로 배설되는지, 명확하게 알려져 있는 약물은 그리 많지 않다. 희귀 질환의 경우에는 생명에 필수적인 역할을 하는 어떠한 유전자에 문제가 생겨 서 바로 질환으로 나타나는 경우가 많다.

(2) 동반진단(Companion diagnostics, CDx)

동반진단은 특정 약물치료에 대한 환자의 반응성을 예측하기 위한 분자진단 기법의 일종 으로, 분자진단 검사와 더불어 MRI, NIR Fluorescence 등과 같은 진단 방법처럼 치료제 투약이 하나로 통합된 진단 방법이다. 동반진단은 환자의 유전적 특성 및 변이에 따른 개인 적 차이로 인해 같은 항암제를 투여해도 치료에 차이가 나타나는 것에 착안하여 개인적 유 전 특성 및 변이를 진단하고 치료제를 선택함에 있어 치료제의 선택의 근거를 공고히 하기 위해 만들어졌다. 동반진단에는 면역조직화학검사를 통해 특정 단백질의 과발현을 확인하 는 방법, 특정 유전자의 유전자 증폭을 DNA probe를 이용한 FISH (Fluorescense in situ hybridization) 또는 CISH (Chromogenic in situ hybridization) 검사를 통해 확인하는 방 법, 그리고 q-PCR 등 유전체학적 기법을 이용하여 바이오마커 유전자의 돌연변이 여부를 검사 및 확인하는 방법 등이 있다.

(3) 표적치료

항암화학요법의 대부분을 차지하는 세포독성 항암제는 빠르게 증식하는 세포에 작용하기 때문에 암세포 뿐 아니라 정상 세포 중에서도 빠르게 자라는 세포들에 영향을 주어 부작용을 유발한다. 표적치료는 흔히 암과 관련하여 정상세포에 해를 입히지 않으면서 특정 암세포를 인지하여 공격하는 약물 등을 사용하는 치료법이다. 생체지표와 동반진단을 활용하여 질환이 발생하는 생물학적 중요 프로세스를 표적으로 하는 모든 형태의 치료방법을 포괄하는 개념이다. 항암제 표적치료는 종양이 자라거나 인접 세포로 전이되는 것과 관련 있는 특정 분자의 기능을 저해하거나, 종양이 성장하기 위한 필수적인 혈관의 생성을 억제한다. 또한 특정 부위의 암세포를 공격하도록 면역체계를 자극하거나 암세포만을 선택적으로 괴사시킬 수 있도록 독성물질에 표지자를 달아 전달하는 등의 모든 방법이 표적 항암치료제의 범주에 속한다. 하지만 표적치료는 유전자와 같은 특정 원인 물질 및 발병 메커니즘을 알고 있더라도 실제로 임상 치료에 활용될 수 있는 약물이나 치료법이 개발되지 않으면 활용이 어렵다는 단점이 있다. 따라서 표적치료에서는 임상적 타당성(clinical validity)의 유무가 중요한 이슈가 된다.

❖ 단클론항체(monoclonal antibody)

표적 항암치료제 중 하나인 단클론항체 혹은 단일클론항체는 항체의 일종으로 암세포에 과발현되는 표적 물질을 쫓아가서 암세포를 파괴하는 기능을 한다. 단일클론항체는 암세포에만 달라붙은 후 주위의 자연살해세포들(NK-cell)을 소집하여 암세포를 사멸시키는 기전을 통해 작용한다.

❖ 신호전달경로 억제제(signal transduction pathway inhibitor)

암세포의 성장, 분화 및 생존에는 세포 내 신호전달경로의 활성화가 매우 중요한 역할을 하는데, 이 신호전달경로를 활성화시키는 중요한 매개 효소들에는 tyrosine kinase, protein kinase C, farnesyl transferase 등이 있다. 특히 tyrosine kinase는 현재까지 가장 많은 표적치료 항암제가 개발된 타겟이다. 신호전달경로 억제제는 'EGFR 수용체에 리간드(ligand)가 결합하여 tyrosine kinase가 활성화되면 세포 내로 암세포의 증식과 전이'를 일으키는 세포성장 신호를 전달하는 경로를 억제하는 small molecule 치료제이다.

❖ 신생 혈관 생성 억제제(angiogenesis inhibitors)

종양이 성장하기 위해서는 산소와 영양분을 공급받아야 하며, 이때 종양 세포 주위에 신생혈관이 생성되어야 한다. 신생 혈관 생성 억제제는 이러한 신생 혈관의 형성을 억제함으로써 종양의 성장과 전이를 차단하여 항암효과를 나타낸다. 암세포가 분비하는 혈관 내피세포 성장인자(VEGF)가 혈관 내피세포 표면에 있는 VEGF 수용체에 결합하면 앞서 언급한 tyrosine kinase가 활성화되면서 신생혈관 등이 생성되는데, 신생 혈관 생성 억제제는 이 과정을 억제하는 표적치료제로 개발되어 사용되고 있다.

(4) 유전체 분석을 통한 질병위험도 예측

유전체 분석을 통한 질병위험도 예측의 대표적인 사례로 유명 배우 안젤리나 졸리가 있다. 안젤리나 졸리는 유방암에 걸리지도 않은 상태에서 가족력과 유전자 검사를 통해 본인이 강력한 유방암 유전자인 BRCA1 유전자 돌연변이를 보유하고 있다는 사실을 알고 유방 절제술을 선택했다. 지미 카터 전 미국 대통령이 말기뇌종양 진단 후 표적치료법으로 4개월 만에 완치된 사례는 모두 NGS 검사를 통한 몸 안의 DNA 정보를 분석해 암세포의 유전체 서열상의 변이를 밝혀낼 수 있었기 때문에 가능했다. 이는 정밀의학의 유전체 정보를 이용한 예방 중심 의학으로서의 가치를 입증하는 사례로, 정밀의학은 다양한 질병에서 유전체 분석을 통한 유전정보를 바탕으로 하여 특정 질병의 발병 가능성을 낮출 수 있는 치료 등 예방적 조치를 취할 수 있게 한다. 유전자 검사는 현재 임상의 다양한 분야에서 활용되고 있다. 이렇게 질병 위험도를 예측할 수 있는 것에 대한 관심은 개인 유전체 분석의 수요를 늘려 해당 분야 산업의 발전을 촉진시켰고, 유전자 검사 및 그와 관련된 DTC 유전체 분석 사업이라는 새로운 산업 분야를 창출하는 등 정밀의학의 발전에도 많은 영향을 미치고 있다.

NGS 검사는 환자의 적은 암 조직을 통해 1회에 수백 개 이상의 암 관련 유전자 변이 여부를 신속 정확하게 찾아내는 검사 기법이다. 암을 일으키는 유전정보의 세부 진단과 각각의 환자 맞춤형 치료제 선택 및 위험도 평가, 예후 예측 등이 가능해졌다. 또한 환자별 맞춤형 항암제를 투여할 수 있어 치료 효과는 높이고 부작용은 줄일 수 있어 NGS 검사는 더욱 많이 활용될 것이다.

❖ 마이크로바이옴

마이크로바이옴은 인간의 몸에 서식하며 공생하는 미생물인 마이크로바이오타(Microbi-ota)와 게놈(Genome)의 합성어이다. 인체 마이크로바이옴의 수는 순수한 인체의 세포 수보다 두 배 이상 많고 유전자 수는 100배 이상 많다. 따라서 미생물을 빼놓고 유전자를 논할 수 없을 정도이기에 제2의 게놈(Second Genome)이라 부르기도 한다.

마이크로바이옴은 유익균과 유해균이 생성되는 원리와 질병간의 연관성 등을 분석할 수 있어 신약개발 및 불치병 치료법 연구에 폭넓게 활용될 수 있는 분야이다.

❖ 액체생검(Liquid Biopsy)

혈액 등 체액 속 DNA에 존재하는 암세포 조각을 찾아 유전자 검사로 분석하는 것이다. 현재 암 진단 분야에 적극 활용 중이다. 조직생검 보다 위험성이 낮으며, 암 이질성이나 다양성으로 인한 진단 한계를 개선할 수 있다.

❖ 후성 유전학

부모에게 물려받은 유전자가 변하지 않지만, 환경변화 때문에 발현이 변화하여 후세에 전달되는 것이다. 즉, 화학적 오염물질, 섭취하는 영양성분, 심한 스트레스 등이 모두 유전자 발현에 영향을 미칠 수 있다.

❖ 영양 유전제학

개인의 유전체 변이에 따라 영양소의 대사 및 작용이 다르기 때문에, 사람마다 다른 음식을 섭취하게 해야 한다는 것이다. 유전적으로 특정 질병에 걸릴 확률이 높아도 적절한 음식, 운동, 스트레스 완화로 질병 발생을 늦출 수 있다는 것이다.

3) 정밀의료가 가져올 혁신

(1) 약물의 효과개선, 부작용 최소화로 최적의 처방을 가져오게 한다.

약물 효력은 환자 개개인별로 다르게 나타날 수 있다. 하지만 기존 의료현장에서는 개인별 특성을 거의 고려하지 않는 상황이다. 환자 개인 특성에 따라 치료 효과가 적게 나타나거나 부작용이 일어나는 것에 대해 사전 대처를 할 수 없다는 의미이다. 문제가 발생하면 치료제를 변경하여 적절한 방법을 찾는 수밖에 없는 실정이다. 이와 같이 처방 한계는 모든 의료인이 고민하는 문제이다. 전세계적으로 수도 없이 의약품 유해사례가 발생하고 있으며, 약물부작용으로 수많은 환자들이 사망하고 있다. 특히 화학 항암제, 면역세포 항암제, 대사질환 치료제와 같이 환자 건강에 중요한 영향을 미치는 영역에서는 개인 간 치료 효과 차이가 크다. 개인 특성을 고려하지 않고 처방을 하면 암은 25%, 알츠하이머는 30% 환자에게만 효과를 보일 수 있다. 보편적인 사람들에게 분명한 효과를 보이는 약이 없어 unmet needs를 충족시킬 신약개발을 촉진할 것이다.

정밀 의료 기술에서는 민족적·인종적 특성을 포함해 기타 개인의 유전 특징을 반영해서 약물을 처방한다. 치료제 효과, 부작용 등에 따라 개인을 분류한 후 유의미한 효과가 예상되는 환자들에게만 선별적으로 적용하는 방식이다. 통계적 유의성에 따라 처방하는 기존 방식보다 효과적일 수밖에 없다. 무엇보다도 어떤 치료약이 잘 맞을지 환자가 일일이 위험을 감수하며 시행착오를 겪지 않아도 된다.

(2) 빠르고 정확한 진단 실현

각종 질병에 걸릴 확률 또한 개인별로 차이가 있다. 특히 각종 암과 고혈압, 당뇨와 같은 만성질환, 심장질환 등이 발병하는 데에는 유전적인 요소도 상당한 영향을 미친다. 정밀 의료에서는 개인이 특정 질병에 걸릴 확률을 예측한다. 각 개인을 질병 민감도에 따라 세부 그룹으로 분류해 질병 예방, 조기진단, 치료를 위한 최적 방법을 수립할 수 있다. 발병할 확률이 높은 질병을 조기에 파악해 이를 예방하기 위한 생활습관, 식습관, 운동법 등을 제안할 수도 있다.

의사 개인 역량이나 숙련도에 대한 의존과 오진을 줄일 수도 있다. 특히 암과 같은 치명적인 질병에 대한 진단 정확도를 높인다. 소비자원 발표에 따르면 2017년 국내 질병 오진의 58%는 암에 대한 것이다. 그 중 폐암 진단이 19%, 유방암 진단의 14.7% 가 오진인 것으로 전해졌다.

(3) 불필요한 의료 비용 감소

환자 개개인의 특성을 다각적으로 고려한 치료법으로 정확도를 높이는 만큼 불필요한 의료 행위를 줄일 수 있다. 잘못된 처방과 진단으로 인한 개인의 고통을 줄이는 것은 물론, 의료비용 부담과 건강보험 재정도 개선한다. 특히 전 국민 의료보험 체계가 갖춰진 우리나라에서 불필요한 의료비를 줄여 건강보험 재정 악화로 이어지는 만큼 활약할 수 있을 것이다.

(4) 의료 불평등 해소

미래 정밀의료 서비스는 언제 어디서나 간편하게 접할 수 있는 방식으로 조성될 예정이다. 자신의 데이터를 제공하고 분석결과를 받을 수 있는 수단만 있다면 온라인 쇼핑으로 물건을 주문하고 배송받는 것처럼 쉽게 이용 가능해질 전망이다. 이와 같은 편리성으로 정밀의료는 국내뿐만 아니라 국제적으로도 지역 간 의료 격차를 줄일 것으로 기대된다. 의료 인프라가 부족한 지역에서는 정밀의료를 통해 예방중심 의료 문화를 정착시켜 의료 접근성을 개선할 수 있다. 또한 코로나-19 상황에 한시적으로 실시한 원격 진료와 디지털 치료제 보급이 가능해질 수 있다.

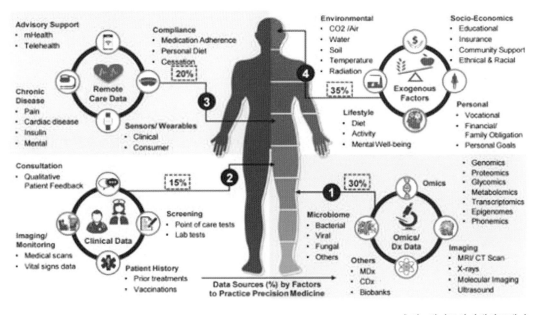

• 출처: 생명공학정책연구센터

그림 2-25 정밀의료(precision medicine) 주요 DATA

실전문제

➡ 정밀의료 기술이 원격 진료 기회를 줄 것인가?

➡ 디지털 치료제의 실행이 보편화 되려면?

➡ 영양 유전체 기술 활용이 늘어날까? 그 이유는?

신약개발

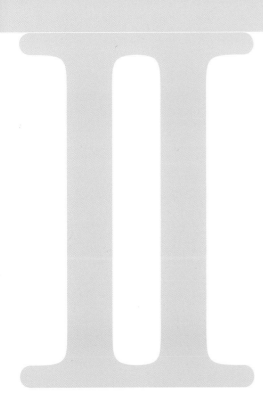

Chapter 03

약품에 대한 이해

01 약동학(Pharmacokinetics)

약동학(Pharmacokinetics) 및 약력학(Pharmacodynamics)이란 약을 투약하면 약동학 및 약력학적인 과정을 거쳐서 치료효과 및 이상반응이 발현되는 것을 뜻한다. 따라서 약동학과 약력학은 약의 특성을 이해하기 위한 기본적인 정보이다.

약동학 (Pharmacokinetics)은 약의 용량과 체내 약물농도 관계를 설명하는 학문이다. 약물의 농도는 현실적인 이유로 많은 경우 혈중농도를 대상으로 한다. 약동학은 흔히 ADME (absorption, distribution, metabolism, excretion)의 학문이라고 말한다. 그 이유는 ADME 각각의 과정이 약물의 이동량과 속도를 파악하면 임의의 용량, 용법에서 시간에 따른 혈중 약물농도를 정확히 기술할 수 있기 때문이다.

약력학(Pharmacodynamics)의 관심 대상은 치료효과 및 이상반응이다. 치료효과 혹은 이상반응을 약물의 용량이나 농도로 설명, 즉 용량 혹은 농도와 효과 사이의 관계를 연구하는 학문이다.

약물의 약동학 및 약력학적 분석에 있어서 주요 파악 대상으로는 '평균적인 관계'뿐 아니라 '개인 간 차이'도 있다. 개인 간 차이는 또한 예측할 수 있는 차이와 예측 불가능한 차이로 구분할 수 있다.

환자가 약물을 복용하여 최종적인 효과가 나타나기까지는 여러 단계를 거치게 되어 있으며, 크게는 약동학적인 과정과 약력학적인 과정으로 대별된다. 약동학적인 과정은 인간이 약물을 다루는 것으로서 투여된 약물의 체내 동태, 즉 약물의 흡수(absorption), 분포(distribution), 대사(metabolism), 배설(excretion), 생체이용률(bioavailability), 반감기(half-life), 최고약물농도(Cmax), 청소율(clearance) 등을 관장한다. 약력학적인 과정은 작용부위에서 약물-수용체 상호작용을 통하여 약효를 나타내는 과정을 다루는 과정이라 할 수 있다. 따라서 약동학 및 약력학적 기본개념을 이해하고 연령의 증가에 따라 어떻게 변화해 가는가를 알아야 한다.

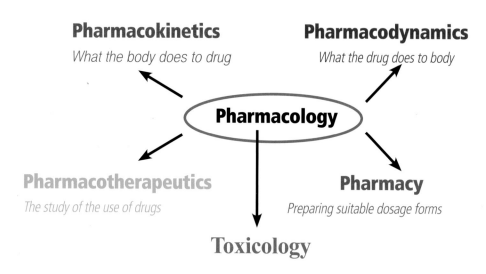

그림 3-1 What is Pharmacology

1) 약물동태학(Pharmacokinetics)

Pharmaco는 사전적으로 약을 의미하고, kinetics는 사전적으로 운동학을 의미한다. 즉 pharmacokinetics는 약의 운동학을 의미한다. 다시 말해 약이 체내에서 어떻게 운동(흡수, 분포, 대사, 배설)하는지를 다루는 분야다.

생체에 약물을 투여한 후에 체내에서 어떠한 움직임을 나타낼지를 분명히 하는 것이 약물동태학의 목적 중 하나이다. 약물의 체내 움직임은 일반적으로 다음의 4단계로 구성된다.

약이 우리 몸속에 들어가면 흡수(Absorption)되고, 퍼지고(분포-Distribution), 변화(대사-Metabolism)된 후, 몸 밖으로 빠져 나가게(배설-Excretion) 된다. 이러한 일련의 과정을 통해 약물은 질환이 있는 부위에서 효과를 나타내게 되고 치료가 된다. 이를 약물의 흡수(absorption), 분포(distribution), 대사(metabolism), 배설(excretion)라고 한다. 머리 글자를 따서 ADME라고 부르는 경우도 있다.

입을 통해 약을 복용하는 경우, 일반적으로 그 제형에 따라 정제(Tablet), 캡슐제(Capsule), 액제(Solution) 등으로 구분된다. 약물은 경구뿐 아니라 주사, 흡입, 패치, 연고, 외과적 수단 등의 방법으로 투여될 수 있는데, 약을 복용하면 약의 특성에 따라 위, 십이지장, 소장 등을 통해서 대부분 흡수된다. 흡수된 약물은 혈관이나 림프관을 통해서 우리 몸에 필요한 기관이나 세포에 분포되어 효과를 발휘하고, 효과를 발휘한 약물은 간과 같은 대사기관을 거쳐 약리 활성이 없는 약물로 전환된다. 이렇게 대사를 받은 약물은 소변, 대변, 땀 등을 통해서 체외로 배설되는 것이다. 가령 두통이 있어서 타이레놀이라는 진통제를 복용하면 이 약의 주성분인 아세트아미노펜은 우리 몸에 들어가서 함께 복용한 물과 소화액 등에 녹아서 주로 소화기계를 통해 내려가면서 흡수된 후, 혈관을 통하여 통증을 느끼는 기관에 분포되어 통증을 억제하는 효능을 발휘하게 된다. 이렇게 효능을 다 발휘한 약물은 간에서 대사(분해)를 받아 비활성 물질로 전환되고, 약리 활성을 잃은 약물은 신장을 통해 소변으로 배설되게 된다.

(1) 흡수 : 약물이 몸 안에 흡수되는 단계

흡수는 약물이 몸속에 들어가서 위, 십이지장, 소장 등에서 점막을 통과하는 단계를 말한다. 먹는 약의 경우 흡수되는 장기의 상태나 약물의 종류, 음식물 등에 따라서 흡수되는 정도가 달라진다. 따라서 기름에 잘 녹는 약물의 흡수를 높이기 위해서는 기름진 음식과 같이 복용하는 것을 권하는 약물(예; 스포라녹스)도 있고, 흡수를 빨리 하게 하기 위해서 빈속에 복용하도록 권하는 약물도 있다. 주사제는 장으로 흡수되지 않고 혈관이나 근육 등으로 들어가서 약물이 퍼지므로 먹는 약보다 흡수가 빠르다. 연고나 패치제 등은 피부를 통해서 흡수된다. 흡입제의 경우 기관지를 통해서 흡수된다.

(2) 분포 : 약물이 몸 전체로 퍼지는 단계

약물이 우리 몸속에 흡수되면 혈관을 통해 온 몸에 퍼진다. 이를 분포라고 한다. 약물은 분자량이 작으므로 모세혈관에서 조직으로 쉽게 빠져 나가 분포될 수 있다. 약물이 온 몸에 퍼져야 비로소 약물이 필요한 부위에 도달하게 된다. 우리 몸의 약 2/3는 물이므로 약물은 대부분 물 부분에 분포하지만, 약에 따라서 특정 부위에만 분포할 수도 있다. 분포는 약물이 단백질과 얼마나 결합하느냐에 따라 정도가 달라진다. 일부 약물은 알부민과 같은 혈장 단백질과 결합하며, 약물의 분포는 그 부위의 혈액량이나 약물의 물리, 화학적 성질에 따라 달라진다.

혈액이 뇌의 뇌 관문(BBB, blood-brain barrier) 등과 같은 부위는 약물이 쉽게 도달할 수 없으며 일부 약물들은 신체에 저장되거나 침착되기도 한다.

(3) 대사 : 약물이 몸 안에서 변화되는 단계

약물이 몸속에 퍼져서 약물 그대로 있지 않고 몸속의 반응에 의해 변화되는 단계를 대사라고 한다. 약물은 배설되기 전 대부분은 대사된다. 어떠한 약물은 약효가 없는 성분으로 변환되고, 일부 약물은 변환되어 약효를 나타내기도 한다. 몸속에서의 약물의 변화는 주로 간에서 이루어지며, 신장, 폐 그리고 소화관에서 이루어지기도 한다. 간에서 이루어지는 대사는 사람별로 차이가 크다. 주로 간 기능, 나이, 함께 복용하는 다른 약물에 영향을 받게 된다. 약물이 대사를 받으면 수용성으로 변화되어 땀이나 소변 등을 통해 체외로 배설된다.

(4) 배설 : 약물이 몸 안에서 빠져 나가는 단계

약물은 다양한 경로로 배설되는데 신장을 통해서는 소변으로, 소화관에서는 담즙과 대변으로, 폐에서는 호흡기로 또 피부에서는 땀으로 배설되기도 한다. 모유의 형태로 배설될 수도 있는데, 그러므로 임산부와 수유부는 태반과 모유로 이행되는 약물에 의한 태아와 신생아에 미치는 영향을 고려하여 약물의 종류와 양을 제한받게 된다. 약물의 상태와 사람의 상태에 따라 배설되는 정도는 달라진다.

(5) 생체이용률(Bioavailablity)

제제(약물)를 체내에 투여했을 때 위장관내 불안정성, 낮은 용해도, 불완전한 흡수 및 높은 간대사 등으로 말미암아 전신순환계로 들어가는 약물 양과 흡수 속도가 달라진다. 즉 생체이용률이란 체순환계로 들어가는 약물의 양과 속도로 정의하며 혈중농도-시간 곡선으로부터 약물의 양은 AUC, 혹은 Cmax과 속도는 Tmax로 각각 정의한다.

생체이용률 시험은 약물의 흡수정도 및 속도를 알아보기 위해 실시하는 시험으로서 약물의 물리화학적 성상과 제형의 변화가 약물의 약력학(pharmacokinetics)에 미치는 영향을 알아보기 위함이 목적이다. 생물학적 동등성시험(bioequivalence test)은 제조원이 다른 동일성분 약제의 생체이용률을 비교하는 시험으로 일정 기준을 만족할 경우 '생물학적으로 동동하다' 즉 '약효가 동등하다'고 판단한다. 만일 어떤 약물이 생물학적으로 동등하고 치료적 동등

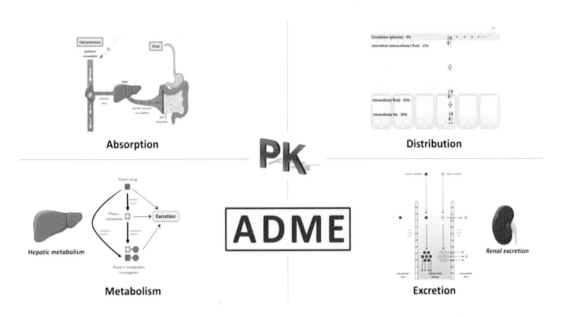

• 출처: pharmacologyeducation.org/clinical-pharmacology/clinical-pharmacokinetics

그림 3-2 Four phases of pharmacokinetics (ADME)

성이 있는 경우, 이러한 약제의 임상적 유용성과 안전성이 비슷하다면 서로 대체가 가능할 수 있다고 본다. 미국의 경우 신약 신청허가의 전 과정을 완전히 마치지 않은 모든 약제의 경우 일반명 약제로서 시판되기 위해 생체 내 또는 생체 외 생물학적 동등성시험(bioequvalence test)을 하도록 되어 있으며 흡수율, 약동학 시험의 요구 기준이 맞아야 한다. 이에 대한 필수적인 약동학적 파라미터인 생체이용률, 제거 반감기, 배설율과 대사율 등을 단일용량과 다용량 투여 후 확립해야 한다. 생체이용률(bioavailability)은 통상 약물의 소화관 내 흡수율과 유사한 지표로서 경구투여 후 혈중 약물농도-시간 곡선하면적(AUC:Area Under the Concentration-time Curve)과 정맥주사 후 혈중 약물농도-시간 곡선하 총면적을 비교하는 생체이용률(F=AUC 경구/AUC 정맥)이 흔히 흡수율(F)의 지표로 쓰이고 있다. 즉 정맥투여에 대한 상대적인 흡수율을 나타내며 %로 표시하며 절대적 생체이용률(absolute bioavailablity)이라고 한다. 약물을 정맥에 투여할 때에는 곧바로 전신순환에 도달되기 때문에 전신약물흡수 즉 생체이용률은 100%이다. 보통은 오리지널 약제의 흡수율과 타제약회사의 약제의 흡수율의 비율(F=AUC 시험약/AUC 기준약)로 상대적 생체이용률(relative bioavailablity)을 표시한다. 약물투여 시 전신적 흡수는 약물의 물리생화학적 성상, 약물의 특성, 흡수부위의 해부생리적 기능에 의존되며 약물자체가 가지는 요인들 중 가장 중요한 것은 그 분자의 크기와 형태, 흡수 부위에서의 용해도, 이온화의 정도와 이온화와 비이온화형의 상대적 비율 및 지용성 등이다.

(6) 혈중약물농도

- tmax : 약물 투여 후 혈중농도가 최고치에 도달하는 시간으로서 약물흡수가 최고에 도달한 시점으로 약물의 흡수속도와 배설 속도가 같아지는 순간을 의미한다. tmax 이후에도 약물흡수는 지속되지만 속도가 느려진다. 따라서 약물의 흡수를 비교할 때 흡수속도에 대한 지표가 된다.

- Cmax : 약물투여 후 최고 혈중농도(Cmax)로서 치료적 반응을 나타낼 정도로 전신순환에 충분히 흡수되었는지를 가리키는 지표이다. 또한 독작용을 일으킬 수 있는지에 대한 정보도 제공하게 된다.

- AUC (area under the plasma level-time curve) : 혈중 약물농도-시간 곡선하 면적은 약물의 생체흡수율의 정도를 의미하며 전신순환에 도달한 활성약물의 총량을 반영한다. AUC의 단위는 농도, 시간으로 표시한다.

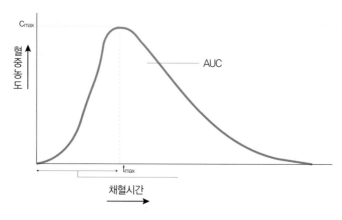

그림 3-3 혈중 약물농도

(7) 반감기(half life)

약물을 복용하면 체내에 계속 남아 있는 것이 아니라 소변으로 꾸준히 배출되기 때문에, 약물의 혈중 농도는 복용 후 최대에 도달했다가 시간이 지남에 따라 지속적으로 감소한다. 혈중 농도가 최대치에서 절반으로 감소하는 데까지 걸린 시간을, 그 약물의 '반감기(half life)'라고 한다.

약물의 반감기는 약의 종류와, 환자의 약물 대사/배출 능력에 따라 다양하다. 짧으면 2~3시간, 길면 3일인 약물도 있다. 예를 들어 반감기가 6시간인 약은 복용 후 6시간 지나면 혈중 농도가 1/2로 감소하고, 12시간이 지나면 1/4로, 18시간이 지나면 1/8로, 24시간이 지나면 1/16로 감소한다. 일반적으로 반감기가 짧은 약물은 하루 3회 복용하고, 긴 것은 하루 한 번만, 일주일에 한 번 복용하는 약물 등 다양하다.

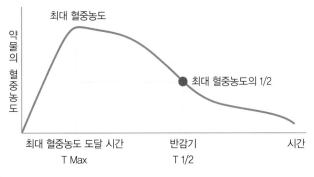

그림 3-4 반감기

실전문제

➡ 왜 약물의 일부만이 작용하는가?

➡ 약물의 혈중농도, 약물의 효율(생체이용률)의 임상적인 의미는 무엇일까?

➡ 약물의 효율이 다르다면 제네릭 제제의 허가시 고려해야 할 사항은?

02 약력학(Pharmacodynamics)

1) 약력학(Pharmacodynamics)이란?

Pharmaco는 사전적으로 약을 의미하고, dynamics는 사전적으로 역학을 의미한다. 즉 pharmacodynamics는 약의 역학을 의미한다. 다시 말해 약이 체내에서 일으키는 작용을 다루는 분야다. 약력학의 관심 대상은 치료효과 및 이상반응이다. 치료효과 혹은 이상반응을 약물의 용량이나 농도로 설명, 즉 용량 혹은 농도와 효과 사이의 관계를 연구하는 학문이다. 약의 효과는 경험적으로 최대효과모형, 즉 약의 용량을 증가시키면 효과도 증가하지만 특정 용량 이상에서는 더 이상 효과의 증가가 없는 것으로 알려져 있다. 또한 두 가지 이상의 약물을 투여했을 때, 하나 또는 그 이상의 약물의 약물동태학적 성질이 변화하여 부작용 혹은 독성을 유발할 수 있다.

▶ 약리학적 작용: 약물이 작용했을 때 우리 몸을 어떻게 바꾸는지에 대해 연구한다. 약리학적 작용에는 개인의 성별, 몸무게, 지방량, 임신 여부, 투여하는 시기나 방식, 의존성이나 내성, 플라시보 효과, 개인별 알레르기, 복용하고 있는 다른 약물, 유전적 요인으로 인한 특이체질 등 다양한 요인이 영향을 끼친다.

▶ 약물의 작용 메커니즘: 약물이 몸에서 어떤 수용체를 거쳐서 약효를 발휘하는지, 또는 수용체를 거치지 않는다면 약물 자체가 체내 성분과 어떤 반응을 일으켜 약효를 나타내는지 연구한다.

▶ 약 투여 용량과 약효 간 관계: 약을 투약한 용량에 따라 약효가 어떻게 변화하는지를 연구한다. 수용체와 결합하여 작용하는 약물이라면 그 수용체와의 결합 정도가 약효에 미치는 영향을 연구한다.

2) 용량-반응관계

▶ 용량-반응 관계(dose-response relationship): 특정 화학 물질에 대해 생물체에서 나타나는 반응, 또는 효과 간의 관계로, 일반적으로 x축의 용량에 log를 취하여 분석하기 쉬워진 시그모이드 형태의 곡선을 통해 나타낸다. 약리학에서는 약물의 투여량에 따라 생물에

서 나타나는 약효와 독성, 부작용 간의 관계를 중요하게 다룬다.

- 무효량(subminimal dose): 투여해도 그 양이 너무 적어 효과나 반응이 나타나지 않는 용량. 위 그래프에서는 0을 넘기는 순간 바로 효과가 생겨 무효량이 나타나 있지 않다.
- 최소 유효량(minimal effective dose), 또는 역칫값(threshold dose): 약물 효과가 나타나는 가장 적은 투여 용량. 최소 유효량보다 적은 용량은 무효량이 된다.
- 중간 유효량(ED50): 절반의 개체들에서만 효과가 나타나는 용량.
- 최대 유효량(maximal effective dose): 독성, 부작용이 없이 효과만 나타나는 최대의 용량.
- 치료 용량, 치료 범위(therapeutic dose, therapeutic range): 효과만 나타나는 용량 범위. 최소 유효량과 최대 유효량 사이의 용량을 나타낸다. 치료범위가 넓을수록 투여하기 쉬운 약물이다.
- 중독량(toxic dose): 부작용이 나타나는 투여량. 최대 유효량보다 많은 양의 용량.
- 치사량(lethal dose): 생물이 죽기 시작하는 용량.
- 중간 치사량(LD50): 절반의 개체들을 죽이는 약물 투여량.
- 치료 지수(therapeutic index): LD50을 ED50으로 나눈 값. 치료 지수가 높으면 독성이 나타나기 어려워지므로 투여하기 좋은 약물이다.

▶ 약리학에서 효능과 효력은 엄연히 구분되는 개념이다. 효능(efficacy)은 특정 한 약물이 낼 수 있는 최고 효과로, 아래 그래프에서 용량을 늘려도 더 이상 약효가 늘지 않는 점에서의 약효이다. 효력(potency)은 특정한 용량에서 나타나는 효과로, 효능이 같은 약물이

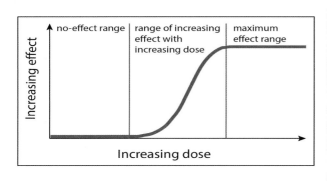

그림 3-5 Dose–Response curve

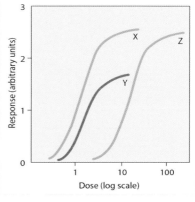

그림 3-6 약물 효능, 효력 반응

효력이 다를 수 있다. 가령, 아래 오른쪽 그림은 약물 X와 Z의 효능은 같지만, 효력은 다른 것을 나타내고 있다.

3) 작용제(agonist)와 길항제(antagonist)

여러 약물은 수용체에 작용함으로써 그 효과를 나타낸다. 작용제(agonist)와 길항제(antagonist)는 수용체에 결합하여 수용체의 활성을 조절한다.

(1) 작용제(agonist)

작용제(agonist)는 수용체에 작용하여 수용체를 활성화시키는 물질이다. 다만, 역작용제(inverse agonist)의 경우 오히려 수용체의 활성을 떨어뜨린다.

① Full agonist: 수용체와 결합하여 조직이나 장기의 기능을 항진시키며, 최고 효능을 보이는 작용제.
② Partial agonist(부분 작용제): 수용체와 결합하여 조직이나 장기의 기능을 항진시키나, 그 최고 효능이 일반적인 작용제보다 약한 경우.
③ Inverse agonist(역 작용제): 수용체와 결합하여 활성을 억제하고, 그 결과 조직이나 장기의 기능과 정반대의 작용을 하도록 만드는 작용제.

(2) 길항제(antagonist)

길항제(antagonist)는 작용제(agonist)를 저해하는 물질이다. 작용제가 없는 경우, 대항제 그 자체만으로는 수용체의 활성에 변화를 일으키지는 않는다. 일반적인 작용제는 수용체를 활성화시키기 때문에 대개 대항제는 수용체의 활성을 저해한다. 그러나, 역작용제에 대한 대항제의 경우 오히려 수용체의 활성을 증가시킬 수 있다.

① 경쟁적길항제(Competitive antagonist): 작용제가 결합하는 부분과 같은 부분에 경쟁하듯이 결합하여 작용제를 저해하며, 이 길항제와 수용체와의 결합은 되돌릴 수 있다(reversible). 이 경우, 작용제의 농도가 상승한다면 길항제에 결합한 수용체보다 작용제와 결합한 수용체의 비율이 늘어나므로, 길항제의 저해 효과가 감소하며, 작용제의 농도

가 압도적으로 더 높은 경우, 길항제의 저해 효과가 나타나지 않는다.

② 비 경쟁적길항제(Non-competitive antagonist): 작용제가 결합하는 부분과 같은 부분에 되돌릴 수 없게(irreversible) 결합하거나, 작용제가 결합하는 부분이 아닌 다른 부분(allosteric site)에 결합하여 작용제가 결합하는 부분의 구조를 변형시키는 등의 방법으로 작용제를 저해한다. 이 경우 작용제의 농도가 아무리 상승하더라도, 작용제의 효과가 최대 효능에 도달할 수 없다.

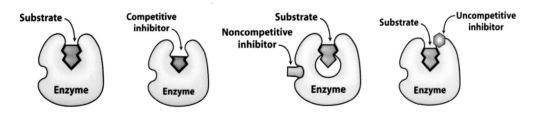

그림 3-7 **경쟁적 저해** Competitive antagonist와 Non-competitive antagonist

4) 치료지수와 치료범위

치료지수란 원하는 반응을 나타내기 위해 약물용량에 대한 독성을 나타내는 약물용량의 비를 말한다. 특정 약물농도에서 원하는 반응의 빈도와 독성을 나타내는 빈도를 측정하여 결정한다. 주로 집단의 50%에서 치료효과를 나타내는 용량인 ED50과 집단의 50%에서 독성효과를 나타내는 용량인 TD50을 이용하여 TI = TD50 / ED50 으로 나타낸다. TI가 크

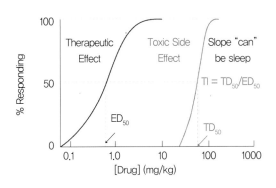

그림 3-8 Therapeutic Index

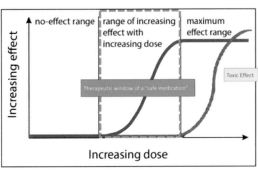

그림 3-9 Therapeutic Window

다는 것은 유효농도와 독성농도 사이의 폭이 넓다는 것을 의미하므로 TI값이 클수록 안전성이 큰 약물이다.

치료범위(Therapeutic range)는 약의 효과를 나타내면서, 독성을 나타내지 않는 약의 농도를 범위로 나타낸 것이다. 일반적으로 치료지수가 작다면 치료범위가 좁고, 치료지수가 높다면 치료범위가 넓다.

▶ TI (Therapeutic Index): TD50/ED50으로 약물의 안전성을 평가하기 위한 것으로 지수가 클수록 안전성이 높다. 예를 들어 '와파린'은 TI가 다른 약물들에 비해서 좁기 때문에 그 용량을 민감하게 조절해야 한다.

실전문제

➔ TI 지수가 큰 약물은?

➔ TI 지수가 작은 약물은?

➔ 항암제는 일적적으로 TI지수가 큰가? 적은가?

의약품이란 ❶ 대한민국약전에 실린 물품 중 의약외품이 아닌 것 또는 ❷ 사람이나 동물의 질병을 진단·치료·경감·처치 또는 예방을 목적으로 사용하는 물품 중 기구·기계 또는 장치가 아닌 것 또는 ❸ 사람이나 동물의 구조와 기능에 약리학적 영향을 줄 목적으로 사용하는 물품 중 기구·기계 또는 장치가 아닌 것을 말한다.

* 근거법령 :「약사법」제2조 제4호

1) 허가심사에 따른 의약품 분류

(1) 신약

화학구조나 본질 조성이 전혀 새로운 신물질의약품 또는 신물질을 유효성분으로 함유한 복합제제 의약품으로서 식품의약품안전처장이 지정하는 의약품을 말한다.

(2) 자료제출 의약품

의약품의 품목허가심사를 할 때 제출하는 자료의 정도에 따라 구분한다. 신약은 아니나 안전성·유효성 심사를 위하여 해당 자료를 제출하여야 하는 의약품을 말한다.

(3) 개량신약

개량신약 이란 신약은 아니지만 의약품으로 허가받기 위하여 안전성·유효성 심사를 수행하여야 하는 것 중에서 안전성, 유효성, 유용성(복약순응도·편리성 등)에 있어 이미 허가(신고)된 의약품에 의해 개량되었거나 의약기술에 있어 진보성이 있다고 식약처장이 인정한 의약품을 말한다.
① 이미 허가된 의약품과 유효성분의 종류 또는 배합비율이 다른 전문의약품
② 이미 허가된 의약품과 유효성분은 동일하나 투여경로가 다른 전문의약품
③ 이미 허가된 의약품과 유효성분 및 투여경로는 동일하나 명백하게 다른 효능·효과를 추가한 전문의약품

④ 이미 허가된 신약과 동일한 유효성분의 새로운 염 또는 이성체 의약품으로 국내에서 처음 허가된 전문의약품

⑤ 유효성분 및 투여경로는 동일하나 제제개선을 통해 제형, 함량 또는 용법 · 용량이 다른 전문의약품

(4) 제네릭 의약품

제네릭 의약품(generic medicine)은 오리지널(original) 화학 합성의약품의 내용과 효능 등은 같지만 그것을 복제한 약품이다. 제네릭은 오리지널 약품의 특허가 만료됐거나 특허가 만료되기 전이라도 물질특허를 개량하거나 제형을 바꾸는 등 오리지널을 모방하여 만든 것이기 때문에 '복제약'이라고도 한다. 그 제네릭 중에서 가장 먼저 만들어진 제품은 '퍼스트제네릭'이라고 한다.

(5) 표준제조기준에 적합한 의약품

의약품등에 사용되는 성분의 종류, 규격, 함량 및 각 성분간의 처방을 표준화함으로써 의약품 등의 허가 · 신고관리의 효율성을 제고함을 목적으로 한다.

(6) 공정서 및 의약품집 범위 지정

식약처장이 인정하는 공정서 및 의약품집의 범위를 정함으로써 의약품등의 허가(신고) 관리 및 안전성 · 유효성 심사업무에 적정을 기함을 목적으로 한다.

표 3-1 **신약, 자료제출의약품, 제네릭의약품 허가신청자료**

구성	주요 내용	허가 시 제출 자료
신약	화학구조나 본질 조성이 전혀 새로운 신물질 의약품 또는 신물질을 유효성분으로 함유한 의약품으로서 식약처장이 지정하는 의약품	안전성 · 유효성 심사자료, 기준 및 시험방법 심사자료, GMP 실시상황 평가자료 등
자료제출 의약품	신약이 아닌 의약품으로 안전성 · 유효성 심사가 필요한 의약품	제품 특성에 맞게 안전성 · 유효성자료, 기준 및 시험방법 심사자료, GMP 실시상황 평가자료 등 예) 새로운 효능군, 투여경로, 용법 · 용량, 제형 의약품

| 제네릭 의약품 | 기존에 허가된 신약과 주성분 · 제형 · 함량이 동일한 의약품 | 생물학적 동등성시험 자료, 기준 및 시험방법 심사 자료, GMP 실시상황 평가자료 등 *동일 유효성분을 함유한 동일 투여경로의 두 제제가 생체이용률에 있어 통계학적으로 동등함을 입증하기 위하여 실시하는 생체 내 시험 |

실전문제

→ 의약품 필요 요건은? 안전성, 유효성, 표준화된 제조 및 품질

→ NME vs IMD vs Generic 허가기준?

→ 화학의약품 vs 바이오의약품 허가기준?

2) 소비자 접근성에 따른 의약품 분류

전문의약품	일반의약품
– 약리작용, 적응증으로 볼 때 의사 또는 치과의사의 전문적 진단, 감독에 따라 사용 – 투여경로 특성(주사제 등) – 적절한 용법용량 설정 필요 – 심각한 부작용 발현 빈도가 높은 의약품 – 습관성 및 의존성, 내성 문제 – 마약, 한외마약, 항정신성의약품 – 오남용 우려가 높은 의약품	– 주로 가벼운 의료분야에 사용 – 부작용 범위가 비교적 좁음 – 일반 국민이 자가요법(self-medication)으로 적응증의 선택, 용량 준수, 부작용 예방 및 처치 등 직접 사용 및 판단 가능 – 경미한 질병의 치료, 예방 또는 건강의 유지증진 – 오용 및 남용의 우려가 낮음

• 출처: 식품의약품안전처, 2017, 의약품 품목 허가 · 심사 절차의 이해

그림 3-10 **소비자 접근성에 따른 의약품 분류**

(1) **전문의약품**: 의사의 전문적인 진단을 받은 뒤에 의사의 소견이 적용된 처방전이 있어야 구입이 가능한 의약품이다. 보통 전문의약품에는 부작용이 심하거나 내성이 잘 생기고,

습관성이나 의존성이 있는 약으로 약물 상호약용으로 약효가 급상승하거나 급감할 수 있는 의약품이다.

(2) **일반의약품** : 오용, 남용될 우려가 적고 의사나 치과의사의 처방 없이 사용하더라도 안전성 및 유효성을 기대할 수 있는 의약품이다. 의사의 전문지식 없이 사용 가능한 의약품으로, 형과 약리작용상 인체에 미치는 부작용이 비교적 적은 의약품이다.

일반의약품 중 보건복지부가 가정상비약으로 허용한 4종(소화제, 감기약, 해열진통제, 파스) 13개 품목은 편의점에서도 구입이 가능하다.

① 해열 진통제 : 타이레놀정 160 mg/500 mg, 어린이용타이레놀정 80 mg, 어린이용타이레놀현탁액, 어린이부루펜시럽

② 감기약 : 판콜에이내복액, 판피린티정

③ 소화제 : 베아제정, 닥터베아제정, 훼스탈골드정, 훼스탈플러스정

④ 파스 : 제일쿨파스, 신신파스아렉스

실전문제

➔ ETC vs OTC

➔ 의약품 vs 의약외품

➔ 해열진통제 vs 소염진통제 vs 마약성진통제

➔ 편의점에서 구입할 수 있는 의약품은?

➔ 편의점에서 살 수 있는 품목이 늘어날까? 줄어들까?

3) 구성물질에 따른 의약품 분류

의약품은 분자 타입에 따라 크게 화학합성 의약품과 바이오 의약품으로 분류할 수 있다.

'화학합성 의약품'은 화학적 합성반응을 통해 생산하는 저분자량의 의약품으로, 우리가 일반적으로 먹는 두통약, 고혈압약 등의 정제 의약품은 대부분 화학합성 의약품에 속한다.

'바이오 의약품'은 사람 혹은 다른 생물체 유래의 원료를 사용하고 세포배양 등의 생물공정으로 생산하는 고분자량의 의약품으로, 인슐린과 같은 재조합 단백질 의약품, 항암제 등으로 쓰이는 항체 의약품, 백신 등을 예로 들 수 있다.

생물 의약품(바이오 의약품)은 생물학적제제, 유전자재조합 의약품, 세포배양 의약품, 세포치료제, 유전자치료제, 기타 식약처장이 인정하는 제제로 세분화되는데, 각각의 용어를 정의해보자면 다음과 같다.

· 생물학적제제: 생물체에서 유래된 물질이나 생물체를 이용하여 생성시킨 물질을 함유한 의약품으로서, 물리적 · 화학적 성질만으로는 그 역가와 안전성을 평가할 수 없는 백신, 혈장분획제제, 항독소 등을 말한다.

· 유전자재조합 의약품: 유전자조작기술을 이용하여 제조되는 펩타이드 또는 단백질 등을 유효성분으로 하는 의약품을 말한다.

· 세포배양 의약품: 세포배양기술을 이용하여 제조되는 펩타이드 또는 단백질 등을 유효성분으로 하는 의약품을 말한다.

· 세포치료제: 살아있는 자가, 동종, 이종 세포를 체외에서 배양 · 증식하거나 선별하는 등 물리적, 화학적, 생물학적 방법으로 조작하여 제조하는 의약품을 말한다.

· 유전자치료제: 질병치료 등을 목적으로 인체에 투입하는 유전물질 또는 유전물질을 포함하고 있는 의약품을 말한다.

▶ 바이오 의약품 명칭

화학합성 의약품과 바이오 의약품은 신약여부에 따라 명칭이 다음과 같이 다름을 알 수 있다. 화학합성 의약품을 복제하면 '제네릭', 바이오 의약품을 복제하면 '바이오시밀러'라고 부르며, 화학합성 의약품을 개선하면 '개량신약', 바이오 의약품을 개선하면 '바이오베터'라고 부른다.

표 3-2 화학합성 의약품 vs 바이오의약품 명칭 타이핑예정

신약여부 \ 분자타입	합성의약품	바이오 의약품
신약(오리지널 약품)	합성 의약품 또는 합성신약	바이오 의약품 또는 바이오 신약
복제약(신약과 동일/유사)	제네릭	바이오시밀러 (Biosimilar)
복제약(신약 개선)	개량신약	바이오베터 (Biobetter)

▶화학합성 의약품과 바이오 의약품의 '제조방법, 투여방법, 부작용, 복제약가, 보급경로' 등을 비교하면 다음과 같다.

표 3-3 화학합성 의약품 vs 바이오 의약품 차이

구분	화학합성 의약품	바이오 의약품
제조방법	Chemitry(synthesized),Made	Living organism, Grown
투여방법	주로 경구투여	정맥/근육주사
부작용	상대적으로 높음, 전신 및 예상할 수 없는 부작용	상대적으로 경미, 국소부작용
복제약가	오리지널 가격의 50% 수준	오리지널 가격의 70% 수준
보급경로	주로 약국	의사 처방

▶화학합성 의약품은 대부분 특정 환자군을 타깃하지 않고 다수의 환자군에게 폭 넓게 쓰일 수 있는 화학물질로 이루어져 있다. 반면 바이오 의약품의 경우 급격히 발전하고 있는 유전공학, 항체기술 등을 기반으로 특정 환자군을 타깃으로 효과적이고 부작용이 적은 신약들이 개발되고 있어 화학합성 의약품에 비해 더 높은 성장이 기대되고 있다.

화학합성 의약품과 바이오 의약품의 '분자타입, 화학적 구조, 생산절차, 생산 비용, 복용대상, 약품 종류'를 비교하면 다음과 같다.

표 3-4 화학합성 의약품 vs 바이오 의약품 비교

구분	화학합성 의약품	바이오 의약품
분자 타입	Small & Simple	Large & Complex
화학적구조	잘 밝혀져 있음	정해져있지 않음
생산 절차	빠름	느림
생산 비용	저가	고가
복용 대상	다수 환자군	특정 환자군
약품 종류	일반적인 정제 의약품 (진통제, 혈압, 당뇨약 등)	단백질 의약품, 항체 의약품, 백신, 세포치료제

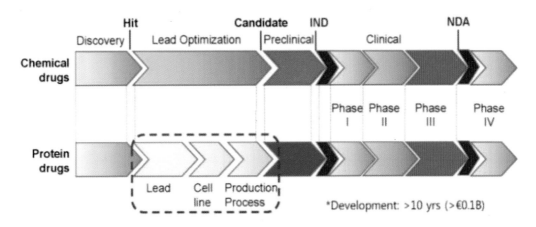

• 출처: 범부처신약개발사업단, 단백질 의약품 개발 관점에서의 면역원성, 2015.11.2

그림 3-11 화학합성 의약품과 바이오 의약품 개발과정

실전문제

➡ Small molecule drug vs Biologic drug

➡ Bio Better vs Bio Similar

4) 약품제제에 따른 분류

간단히 구분하면 경구용제, 주사제, 외용제로 구분된다.

(1) 경구용의약품 : 입을 통하여 약물이 투여되도록 만든 의약품.

- 정제, 캡슐제, 환제, 경구용제는 정제, 캡슐제, 환제, 산제 등이 있다. 시럽 최근에는 츄정, 구강용해 필름형 제제 등이 새롭게 개발되었고 복용방법이 편리하게 크기도 작게 개발되고 있다.

(2) 주사용의약품 : 근육이나 혈관을 통하여 약물이 투여되도록 만든 의약품.

- 주사제

(3) 외용의약품 : 피부에 도포, 분사하거나 부착 등을 통하여 약물이 인체에 투여되도록 만든 의약품.

- 연고, 크림, 패치제 등

5) 약품제형에 따른 분류

의약품 제형은 약물이 생체에 투여되어 기대하는 효과를 얻으려면 목적에 적합한 형상과 성질을 구비한 것으로 가공된 것이거나, 의약품으로서 통용할 수 있는 형식을 갖춰야 한다. 원료의약품 그대로를 환자에게 직접 투여하면 용량이나 의약품의 안전성과 유효성을 보장할 수 없다. 그래서 약물 그대로 체내에 투여되는 경우는 거의 없고, 여러 가지를 고려하여 정제, 주사제, 캡슐제, 수제 등 다양한 형태의 제형으로 제조된 후 사용된다. 이렇게 약물을 포함한 제형으로 만드는 것을 제제화(Pharmaceutical manufacturing)라고 하며, 이렇게 제조된 제제가 소비자에게 공급된다.

의약품은 형태에 따라 여러 가지 제형으로 분류되고 있으나 개개의 제형들은 반듯이 형태로서 결정되는 것이 아니고, 각 제제의 조제방법, 적용부위, 적용밥법, 그리고 배합성분에 따라 분류된다.

표 3-5 **제형군별 완제의약품 약전제형 분류**

제형군		약전 제형 분류
① 내용고형제		정제, 질정, 캡슐제, 산제, 과립제, 환제, 트로키제, 시럽제(고형), 흡입제(고형), 구강붕해정, 츄어블정(저작정), 발포정, 분산정, 용해정, 발포과립제, 다제, 구강용정제, 설하정, 박칼정, 부착정, 껌제, 구강용해필름, 흡인분말제, 점비분말제, 엑스제(고형), 경구용젤리제(반고형)
② 주사제		주사제, 분말주사제, 수액제, 동결건조주사제, 이식제, 지속성주사제, 복막투석제, 관류제, 투석제(무균)
③ 점안제		점안제
④ 내용액제		경구용액제, 시럽제(액상), 유제, 현탁제, 엘릭서제, 레모니에드제, 틴크제, 유동엑스제, 주정제, 방향수제, 전제, 침제, 흡입제(액상), 흡입액제, 엑스제(액상), 구강용스프레이제, 흡입에어로솔제, 점비액제, 가글제(액상), 경구용젤리제(반고형)
⑤ 외용액제		외용액제, 로션제, 리니멘트제(액상·반고형), 에어로솔제, 외용에어로솔제, 펌프스프레이제, 관장제(액상, 반고형), 가글제(액상), 혈액투석제(액상), 투석제(액상), 점이제(액상), 점이제(반고형), 점비액제
⑥ 연고제		연고제, 크림제, 페이스트제, 리니멘트제(액상·반고형), 안연고제, 좌제, 겔제, 구강용반고형제, 직장용반고형제, 질용좌제, 관장제(액상, 반고형), 점이제(반고형)
⑦ 그 밖의 제형	첩부제군	첩부제, 카타플라스마제, 경피흡수제
	고형제군	외용산제, 흡입제(고형), 흡입분말제, 외형고형제(질정 포함), 가글제(고형), 혈액투석제(고형), 투석제(고형), 점이제(고형),점비분말제
	액제군	에어로솔제, 흡입용에어로솔제, 외용에어로솔제, 흡입제(액상)
	점이제군	점이제(무균)

6) 약물방출 속도에 따른 분류

서방형이라고 하는 것은 속방형의 반대 개념으로 정제가 포함하고 있는 주약물을 천천히 방출해서 일정한 혈중농도를 유지할 수 있도록 설계된 제품이다.

당뇨약, 혈압약과 같이 매일 약을 복용해야 하는 경우 하루에 세 번 복용하는 것은 환자의 입장에서 상당히 어렵고 불편한 일이다. 이러한 경우에 서방형 제제 기술을 도입하여 약물이 하루 종일 일정한 속도로 방출되도록 조절하여 하루에 한 번만 복용해도 되는 약물이 개발되어 환자의 복약순응도를 높였다. 미래에는 제제 기술의 발달로 인하여 한 달에 한 번, 일 년에 한 번, 평생에 한두 번 복용할 수 있는 약이 개발될 것으로 기대된다. 서방형 제제는 다음과 같은 종류가 있다.

- SR (sustained(slow)-release preparation) : 일반적 서방형 제제, 치료용량의 약물이 장시간 방출(딜라트렌, 디트로딘, 유로프리 등)
- CR (controled-release preparation) : 방출제어형 제제, 원하는 시간 동안 치료 혈중농도 유지(니페론, 테그레톨, 클란자, 에필렙톨, 에이자트 등)
- ER (XL, XR): (extended- release prepration), PR(prolonged release), RA(repeat action) : 반복형 방출 제제, 일정 시간 간격(층별 용해 시간 차이 이용)으로 치료약물 농도 방출(타이레놀 ER, 클래리시드 ER, 다이아벡스 ER)
- OR (optimized-release prepration), OROS (osmotic release oral delivery system) : 최적화 제제, 삼투압에 의해 서서히 방출(껍질은 변으로 배출-아달라트, 라이리넬)
- GR (gastric retention prepration): 위내 저류 제제(노바메트)
- IR (Immediate release): 빠르게 방출되는 제형
- HR (hyper-release): 빠르게 방출되는 제형

실전문제

➡ 서방형제제 vs 속방형제제
➡ TID vs BID vs QD
➡ Daily제제 vs Weekly제제 vs Monthly제제
➡ 단일제 vs 복합제

7) 투여경로에 따른 의약품의 분류

일반적으로 우리 몸에 투여된 약물은 여러 종류의 효소와 호르몬의 영향을 받고, 복잡한 생리학적 과정을 거쳐 혈류로 들어간다. 혈류를 통해 치료부위에 도착하여 약효가 발휘되는 것이다. 그러므로 약물을 개발할 때 연령에 맞게 효과적으로 약효를 전달하고 약물의 부작용을 줄이며 효능·효과를 극대화 할 수 있도록 약물의 제형과 투여경로 등을 디자인한다. 임상시험을 할 때 효능, 효과, 부작용을 고려하여 해당 약물의 인체 내 전달방법을 최적화한다. 약물의 안전성과 유효성을 적절히 전달하기 위한 다양한 제형 개발과 환자의 순응도(Compliance Rate)를 개선시킨 제제가 개발되었다. 약물전달시스템(DDS: Drug Delivery System)을 활용한 개량신약은 기존 약물을 기반으로 효율성을 향상시킨다는 점에서 신약 개발 못지않게 중요한 부분이다. 오리지날 신약의 가치를 뛰어넘는 개량신약의 탄생을 이끌기도 한다. 자가면역질환 치료제 '램시마IV'는 병원에 누워 2~4시간 투여하는 정맥주사 형태이다. 이를 간편하게 빨리 맞을 수 있도록 투약 편의성을 개선하여 피하주사 형태로 개발한 제품이 셀트리온의 자가면역질환 치료제 '램시마SC'이다.

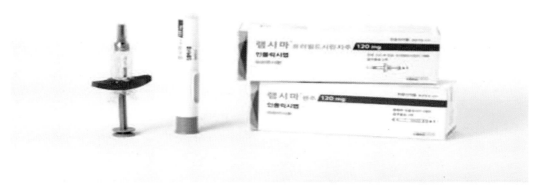

• 출처: 셀트리온

그림 3-12 램시마SC

(1) 경구투여

위장을 통해 쉽게 흡수되는 대부분의 약물이 경구투여로 복용된다. 복용 방법이 간단하여 가장 많이 복용하는 방법으로 PO제(per oral)라고 부른다.

(2) 설하투여

설하투여는 혀 밑에 투여하는 방법이다. 급성 협심증 발작의 예방과 치료에 쓰이는 니트로글리세린 설하정은 혈관을 확장시켜 심장에 혈액과 산소의 공급을 증가시켜 줌으로써 협심증 발작(흉통)을 치료, 예방하는 역할을 한다. Nitrobid, Adalat 같은 약을 쓸 때 효과를 좀 더 빠르게 하기 위한 것이다. 장에서 흡수를 시키려면, 일단 삼키고, 위를 통과해서 주로 소장에서 흡수되게 된다. 예를 들어 아주 심한 고혈압 환자가 응급실에 왔을 경우 빨리 혈압을 낮추는 것이 좋으므로, 이러한 경우 혈압강하제인 아달라트 같은 약을 그냥 혀 밑에 넣든지, 혹은 바늘로 연질캅셀의 구멍을 뚫어 액을 혀 밑에 짜주고 나머지는 삼키게 한다. 혀 밑에는 혈관이 아주 잘 발달되어서 빨리 흡수되므로 혈중 약물농도가 빠르게 올라가고 효과 역시 신속하다.

(3) 직장 내 투여(suppository)

경구 약제를 투여하지 못하는 어린이나 수술 후의 환자에 쓰는 경우가 많다. 배변 촉진 외에는 가능한 한 배변 후에 삽입하여 좌약이 배출되지 않은 것을 확인한다. 질용의 좌약은 소염 또는 호르몬제인데 국소적 등을 목적으로 한다. 일반적으로 경구 약제 보다는 흡수가 빠르고 혈중 농도도 높다. 좌약과 관장제가 여기에 해당된다.

(4) 흡입

흡입으로 호흡기 계통을 통하여 투여하며 대표적인 예로는 전신마취제 흡입이나, 기구를 이용한 호흡기 치료제 등이 있다. 단점으로는 용량조절이 어렵고 폐의 상피세포를 자극할 수 있다.

(5) 주사제

흡수가 빠르고 약효 작용이 빠른 장점이 있어 긴급을 요하는 응급환자에게 적당하다. 주사의 종류는 크게 근육주사(intramuscular), 정맥주사(intravenous injection), 피내주사(intradermal), 피하주사(subcutaneous), 척수강주사(intrathecal or intraspinal injection) 점적주사(수액주사, infusion)가 있다.

8) 보험등재 여부에 따른 의약품의 분류

(1) 급여의약품

국민건강보험법 제39조 제1항 제2호의 요양급여대상으로 결정 또는 조정되어 고시된 의약품을 말한다. 즉 '약제급여목록표 및 급여상한금액표'에 등재된 의약품을 말한다. 급여의약품 중에는 환자가 전액 부담해야 하는 의약품도 있다.

(2) 비급여의약품

국민건강보험법 제39조 제3항의 규정에 의하여 요양급여의 대상에서 제외되는 사항으로 환자 본인이 전액 부담하는 의약품이다.

실전문제

➡ 급여의약품 vs 비급여의약품
➡ 비급여의약품의 종류?

9) 희귀의약품(Orphan drug)

제약바이오 기업들이 빠르게 성장하는 국내 및 해외 희귀의약품 시장에 적극적으로 진출하고 있다. 높은 산업성장성과 다양한 정부 혜택 등이 그 이유다. 희귀질환 치료제 개발이 제약바이오산업의 미래가치를 결정짓는 척도로 작용하고 있다.

희귀의약품은 환자 수가 매우 적은 질환의 진단이나 예방, 치료를 위한 의약품을 뜻한다. 다만 희귀질환은 다른 질병들에 비해 유병률(prevalence rate)이 낮아 수익성이 보장되지 않는 까닭에 희귀질환 치료제를 '고아약(Orphan drug)'으로 부르기도 한다. 이로 인해 국내외 정부는 기업들의 희귀·난치질환 치료제의 개발을 지원하기 위해 '희귀의약품 지정 제도'를 운영하고 있다. 국내의 경우 유병인구 2만명 이하인 질환을, 미국은 유병인구 20만명 이하를 기준으로 희귀의약품을 지정하고 있으며 개발 및 판매에서 다양한 혜택을 부여하고 있다.

우리나라는 희귀의약품 지정품목에 대한 검토를 면제하고 시판허가를 받은 날로부터 4년간 동일 질환에 동일한 의약품이 허가되지 않도록 지원하고 있다. 미국의 경우, 임상시험비의 50%를 세액공제하거나 세금 감면, 판매허가 심사비용 면제와 7년간의 시장 독점권 등을 부여한다. 이 같은 이유로 국내 제약·바이오 기업들이 희귀의약품 시장에 적극적으로 진출하는 모양새다. 최근 몇 년간 미국식품의약국(FDA)으로부터 희귀의약품 지정을 받은 국내 신약이 부쩍 증가하고 있다.

표 3-6 **국가별 희귀질환 기준**

국가	기준	인구/만명	환자규모 상한선
미국	미국 내 유병인구가 20만명 이하인 질환	6.4	200,000
WHO	거주자 1,000명 중 0.65~1명에 이환되는 질병 또는 상태	6.5-10	-
EU	EU 내의 유병률이 10만명당 50명 이하인 질환	5	185,000
일본	발병 메커니즘이 분명하지 않고, 치료 방법이 확립되어 있지 않은 희귀질병이며, 해당 질병에 걸릴 경우 장기간 요양을 필요로 하게 되는 것	3.9	50,000
한국	유병인구가 2만명 이하이거나 진단이 어려워 유병인구를 알 수 없는 질환	4.25	20,000

표 3-7 **국내 식약처 개발단계 희귀약품 현황**

기업명	성분 또는 코드명	예상되는 희귀질환
한미약품	HM15136 5mg(주사제)	선천성 고인슐린혈증
한미약품	HM43239(경구제)	FLT3 변이 양성인 재발 또는 불응성 급성 골수성 백혈병 환자의 치료
한미약품	HM15912(주사제)	단장증후군

한독	HL2351(주사제)	크리오피린 관련 주기적 증후군
프레스티지바이오로직스	PBP1510(주사제)	췌장 선암종 상향조절인자(PAUF) 양성 진행성 췌장암
파멥신	재조합 단일클론면역글로불린 G1 항VEGFR-2/KDR 항체(주사제)	베바시주맙을 포함한 이전 치료 후 진행성 질환인 교모세포종
클립스	자가운부유래상피세포판 (LSCD101)	윤부줄기세포결핍종
크리스탈지노믹스	CG200745(주사제)	– 이전 저메틸화 치료에 실패한 골수형성이 상증후군 –수술이 불가능한 진행성 또는 전이성 췌장 암 환자의 치료에서 젬시타빈 및 엘로티닙 과 병용투여
차바이오엔디오스텍	동종 배아줄기세포유리 망막색소 상피세 포(주사제)	스타가르트병
지엔티파마	넬로넴다즈(주사제)	인공소생에 성공한 심장정지 환자의 뇌손 상 감소
에스티엠바이오	동종 혈액 유래 자연살해세포(주사제)	젬시타빈 기반의 1차 표준항암요법에 불응이 거나 항암치료의 부작용으로 인하여 항암치 료를 진행하기 어려운 진행성 담관계 (담도 및 담낭암)
에빅스젠	AVI-CO-004(경구제)	다른 레트로바이러스 제제와 병용하여 HIV-1 감염환자의 치료
알바이오	자가지방유래 중간엽줄기세포(주사제)	패리-롬버그병 환자에서 미세지방이식술의 보조요법
안트로젠	동종 지방유래 중간엽줄기세포(첩부제)	수포성 표피 박리증
안트로젠	동종지방유래 중간엽줄기세포(주사제)	Anti-TNF 제제에 불응인 크론병성공
안트로젠	동종지방유래 중간엽줄기세포(주사제)	Anti-TNF 제제에 불응인 크론병
부광약품	아파티닙메실레이트(경구제)	이전에 실시된 두가지 이상의 치료법에 실패 하였거나 불응한 진행성 및 전이성 또는 국 소 재발성 위암(위식도 접합부 암 포함)
부광약품	JM-010(경구제)	레포도파로 유발된 이상운동증
바이젠셀	VT-EBV-N(주사제)	완전관해 상태의 EBV 양성 철회 NKT세포 림프종
바이오리더스	BLS-M22(경구제)	뒤쉔 근디스트로피
미래셀바이오	MR-MC-01(주사제)	간질성 방광염(만성)
메지온	유데나필(경구제)	선천성 단심실로 폰탄수술을 받은 청소년 환자의 운동능력 개선
메디포스트	동종 제대혈유래 중간엽줄기세포(주사제)	미숙아 기관지이형성증
라이프리버	이종 간유래 간세포 (체외순환형 바이오인공간, 복합품목)	급성 및 급성화 문상 간부전으로 인한 응급 간이식 대기환자

SCM생명과학	SCM-CGH(주사제)	표준치료(스테로이드) 불응성 만성 이식편대숙주반응 또는 병
SCM생명과학	SCM-AGH(주사제)	전산화 단층촬영 중증도 지수(Computed Tomography Severity Index, CTSI) 7~10에 해당하기 장기부전을 동 중증 급성 췌장염
JW크레아젠	자가혈액유래수지상세포(주사제)	교모세포종

• 출처: 식품의약품안전처

Evaluate Pharma社에 의하면, 글로벌 희귀의약품 시장은 '17년 약 1,250억불 에서 '24년 약 2,620억불 규모로 성장할 것으로 예측하고 있다.

실전문제

➡ Orphan drug 허가기준은?

➡ 위험분담제도(RSA; risk sharing arrangements)란?

➡ Orphan drug 시장이 증가하는 이유는?

➡ 희귀의약품 개발 촉진을 위한 다양한 인센티브 제도를 실시하고 있다. 종류는? 이유는?

04 # 신약개발의 이해

01 신약개발과정

제약바이오산업의 이해를 위해서는 의약품 개발과정의 전체단계를 이해하여야 한다. 후보물질 발굴단계(Drug Discovery), 의약품 개발과정(Drug Development), 허가과정(RA), 약가과정(MA), 생산과정(GMP), 유통과정(GSP), 그리고 의약품 개발과정의 전임상과정(GLP), 임상과정(GCP), 시판후 임상(PMS), 마케팅과정 등 제약산업의 전반적인 이해가 선행되어야 한다.

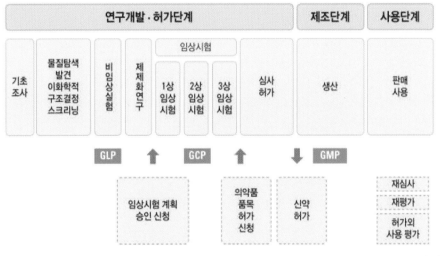

• 출처: 식약처

그림 4-1 의약품 개발부터 사용까지 전주기 체계도

신약개발과정은 크게 연구(Research) 단계와 개발(Development) 단계로 구분된다. 첫번째 연구단계(탐색)는 의약학적 개발목표(목적효능 및 작용기전 등)를 설정하고, 신물질의

설계, 합성 및 효능검색 연구를 반복하여 개발대상 물질을 선정하는 단계이다. 두 번째 개발
단계는 대상물질에 대한 대량제조 공정개발, 제제화 연구, 안전성 평가, 생체 내 동태규명
및 임상시험을 거쳐 신약을 개발해 인허가, 출시되는 과정을 포함한다.

- 타깃 선정(Target identification) : 특정 질환 치료제를 개발하기 위해 타깃 단백질 등
  을 정하는 일이다. 선행 연구 결과와 전략 부합성을 종합적으로 판단해서 진행여부를 결
  정한다.
- 타깃 검증(Target validation) : 선정된 타깃을 제어하는 것과 목표하는 질환 치료와의 상
  관관계 및 인과관계를 검증하는 단계이다. 다양한 유전체 정보, 형질전환 동물의 정보 및
  연구용 물질을 활용하여 동물실험 결과를 보기도 한다.
- 스크리닝(Target to hit) : 합성신약의 경우, 선정된 타깃을 제어하는 물질을 찾는 작업으
  로, 타깃 단백질 어세이(protein arrays)를 개발해서 자동화된(HTS: High throughput
  screening) 통해서 수십만에서 수백만 개의 화합물을 screening 한다. 합성된 화합물의
  효능을 단시간 내에 도시 검색할 수 있는 동시대량효능검색법 기술의 발달로 합성된 화합
  물의 효능을 동시 검색할 수 있다.
- 선도물질 도출(Hit to lead) : 스크리닝 결과로 나온 화합물들의 구조의 유사성을 찾아서
  좁혀 나간다. 합성신약 기준으로 1년 정도 소요되고, 유용한 화합물 시리즈 2-3개 도출
  하는 것이 목표다.
- 선도물질 최적화(Lead optimization) : 합성신약의 경우 선정된 화합물 시리즈를 좀 더
  집중해서 최적화한다. 수십 명에서 수백 명의 의약화학자가 수백 개의 화합물을 합성하
  고, 바이오팀, 약리팀, 독성팀 등에 의해 in vitro와 in vivo 검증이 이루어진다. 연구단계
  에서 가장 비용이 많이 들고 오래 걸리는 단계로, 2년 이상 소요된다. 전임상 개발 후보와
  백업(back up) 화합물을 도출하는 단계이다.
- 전임상 개발(preclinical) : 도출된 후보물질의 유효성과 독성을 검증하기 위해 동물 모델
  을 대상으로 생화학적 실험을 하는 단계이다.
- 임상 1상 : 건강한 지원자 또는 대상 시험 질병의 위험도가 높은 환자(항암제, HIV 치료제
  등)를 대상으로 내약성, 부작용 및 약물의 체내 동태 등 안정성 확인을 하는 단계이다. 임
  상약리시험에 중점을 두어 진행한다. 임상 2상 시험을 위한 최적 정보를 얻는 단계로 약물

의 투여 제형 생체이용률 시험, 인체 내 대사과정 및 작용기전 등에 관한 시험을 포함한다.

- 임상 2상 : 소수의 환자를 대상으로 유효성과 안전성을 평가하여 신약 가능성과 최적 용량 용법을 결정하고 치료 효과를 탐색하는 단계로 허가의 핵심이 되는 단계이다. 이 단계에서 제형과 처방을 결정해야 한다. 이 단계에서 효능, 효과, 용법, 용량, 사용상의 주의사항 등을 결정한다.
- 임상 3상 : 가장 규모가 큰 임상시험 단계로 다수의 환자를 대상으로 유효성에 대한 추가 정보 및 확증적 자료를 확보하는 단계이다. 따라서 다른 단계에 비해 장기적으로 진행되고 다른 약물과 병용했을 때 효과까지 검증한다.
- 임상 4상 : 신약이 승인되어 시장에 출시된 후, 환자들에게 투여했을 때 시판 전 제한적인 임상시험에서 파악할 수 없었던 부작용이나 예상하지 못하였던 새로운 증상을 추가로 조사 연구하는 단계이다. 신약 시판 후 조사 단계라고 한다.

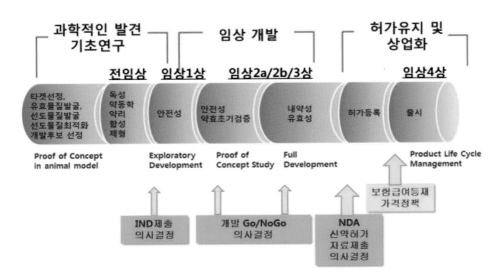

그림 4-2 의약품의 개발단계

임상시험의 정확한 예측 분석을 통하여 약물 실패 감소, 승인 시간 단축 및 비용 절감 등 더 나은 치료법을 도출할 수 있다. Clinical Development Success Rates and Contributing Factors 2011 – 2020에서 이러한 예측 분석의 중요성을 알리기 위해 지난 10년간 모든 의약품 후보물질에 대한 임상 1상에서 허가승인까지의 임상개발 성공률(LOA, Likelihood of

Approval)을 발표한 내용을 정리하면 다음과 같다.

• 지난 10년간(2011-2020) 모든 의약품 후보물질에 대한 임상 1상에서 품목허가 승인까지의 성공률(LOA, Likelihood of Approval)은 7.9%이다.

• 임상 2상 후보물질의 28.9%만이 임상 3상 진입하여 의약품개발 임상 단계별 이행 성공률이 다른 임상단계 보다 현저히 낮아 임상 2상은 신약 허가개발의 가장 큰 장애물이 되고 있다.

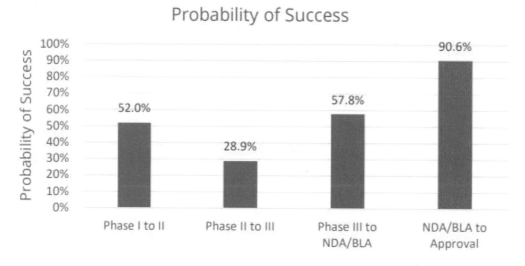

• 출처: Biomedtracker, Pharmapremia

그림 4-3 Overall phase transition success rates

1) 후보물질 탐색 및 발굴

신약개발에 있어서 원하는 생물학적 활동의 프로파일을 가진 특정한 성분을 발견하는데 연관된 모든 전임상연구 활동을 포함하며, 신약후보물질 개발단계와 신약물질 발굴 단계로 나눌 수 있다.

(1) 후보물질 개발 단계

질병의 작용 메카니즘에 대한 연구, 질병 치료를 위한 표적 연구, HIT(유효)물질 연구 등을 포함한다.

(2) 신약물질 발굴 단계

후보물질 개발 단계에서 얻은 많은 유효물질 중에서 필터링을 통해 가장 효과적인 물질을 찾는 선도물질 연구단계, 후보물질 도출단계로 나뉜다.

(3) 기초탐색과 원천기술 연구 단계

① 기초탐색연구는 기초조사, 천연물 추출, 신물질의 화학합성, 약효검색 등의 과정을 거친다. 기초조사는 연구 과제를 선정하고 결정하기 위해 실시하는 것으로 개발 가능성 여부를 판단하는데 도움이 되는 문헌 및 정보, 시장조사와 연구 계획서 제출한다.

② 원천기술은 창의적이면서 해당 분야의 기반이 되는 핵심기술로서 관련 산업의 기술개발에 미치는 파급효과가 큰 선도적인 기술이다. 신약개발에서 원천기술은 의약학적으로 새로운 개념을 규명하여, 이를 적용한 새로운 작용기전을 가지는 첨단 신약개발의 핵심이다. 특정한 질환의 병리 및 생리를 원인적으로 규명하고, 이를 바탕으로 해당 질환의 새로운 치료통로를 모색하는 기술이다.

(4) 후보물질 선정 단계

분자설계 및 신물질의 화학합성, 천연물 추출, 약효 검색 등의 과정을 가진다. 인공적 합성의 경우, 이미 알고 있는 이전의 많은 실패와 성공의 경험을 바탕으로 하든지 혹은 특정한 화학적 구조식을 갖는 물질이 대략 어떤 치료 효과를 가질 것 이라 예상하여 그런 물질을 인공적으로 합성하는 것이다. 이와 같은 신물질 합성의 경우, 짧은 기간 동안 얼마나 많은 신물질을 창출해낼 수 있는가가 중요하다. 유효물질을 도출하기 위해 간편하고 신속한 검색법이 필요하게 되어 '고효율 검색법'이 대두 되었다.

2) 고효율약효검색(HTS)

고효율 약효 검색(HTS: High Throughput Screening)은 수천 ~ 수백만 건에 대한 검색 실험을 단기간에 재현성 있고 효율적으로 진행이 가능하다. 이를 통해 약효 검색과정에서의 생산성을 증대 시킬 수 있다.

(1) 배경 및 역사

① 미생물 또는 식물의 추출물, 염료 및 그 중간체, 또는 합성 화합물에서 발견되는 물질에 대한 약효를 일차적으로 확인 필요.

② 1960년대 전후 기술 과학의 진보 – 많은 수의 신물질을 합성하게 되고 발견하게 됨. 약효 검색은 합성과 발견 속도에 비해 매우 느리고 노동집약적 – 효율성이 매우 낮음.

③ 약효 검색 단계를 비롯한 신약개발의 각 단계를 통과하는 비율을 높이는 필요성 대두.

④ 약효 검색 과정의 생산성 (단위 시간당 몇 개의 물질에 대한 약효 검색 수행)을 증가시키기 위한 노력.

(2) 고효율 검색법(HTS)의 기념비적인 역사 사건들

① 1986. HTS 태동: 개념 및 초기장비 등장

② 1995. FLIPR 장비 등장: 약효 측정시 well간, microplate간 불일치 해소.

③ 1996. 384-well microplate 등장: uHTS 발판 마련->재현성의 증가.

④ 1997. 화이자 연구원의 rule of 5 발표 : 화합물의 약물성(Drug-likeness)에 대한 기준 마련.

*Drug likeness: 약물을 디자인하는데 사용되는 질적인 개념으로, 생체이용률과 관계된 약물과 비슷한 물질의 조건들이 어떻게 정해지는지에 관한 rule이다.

⑤ 2000~2005: Chemical Library의 양보다 질에 관심을 가지기 시작함

⑥ 2005. NIH 미국립보건원에서 Molecular Library Screening center을 개시: 학교나 비영리 연구소에서도 HTS연구가 가능해짐.

⑦ 2005~현재: 대량 cherry-pick 통한 HTS 기술이 선도물질(Lead Material) 발굴 기술로 일반화됨.

1) 신약개발과정에서의 약물대사 연구

신약개발은 많은 시간과 노력 그리고 높은 비용을 소모하는 과정이지만 높은 부가가치를 창출할 수 있는 산업이다. 신약개발을 위한 임상연구 과정에서 주요 실패요인이 약물대사 및 약물동태로 알려진 1990년대 초반 이후 신약개발의 초기단계에서부터 ADME (Absorption, Distribution, Metabolism, Excretion) 평가연구를 적극적으로 도입함으로써 신약개발 성공률을 높이기 위한 노력이 지속적으로 진행되어 왔고 현재 다국적 제약사를 중심으로 신약개발이 진행되고 있다. 이러한 노력의 결과로 ADME의 문제로 인한 신약개발 실패는 현저히 감소하고 있다. 특히 신약개발과정에서 후보물질의 대사적 특성을 초기에 연구하는 것은 신약개발의 비용과 시간을 절약하는 주요 전략으로 자리하고 있다.

현재 신약개발 과정에서는 초기 단계인 신약 탐색단계에서부터 활성(activity)뿐만 아니라 물성(property)에 대한 최적화 연구도 동시에 진행함으로써 임상에서의 성공가능성이 높은 'drug-like property'를 지닌 후보물질 도출을 위해 노력하고 있다. Drug-like한 특성은 선도물질(lead compound) 도출 이후 선도물질의 최적화 과정에서 그 중요성이 더욱 강조되며 그 이유는 후보물질(candidate)의 임상에서의 성공 가능성을 예측하는 지표가 될 수 있기 때문이다. 1997년 Pizer's의 Lipinski의 Role of five (RO5)에 의하면 drug-like한 특성에 대해 임상1상까지 개발 중인 물질이 살아남을 만큼 충분한 ADME/Tox의 성질을 가지는 것이라 정의하고 있다. 현재 구조적, 물리화학적, ADME/Tox 측면에서 drug-likeness와 관련된 평가를 신약개발의 초기단계에 수행하고 있다.

2) 선도물질의 최적화와 후보물질 도출을 위한 약물대사연구

신약개발 초기단계에서 도출된 선도물질들은 일반적으로 약으로 갖춰야 할 적절한 물성을 지니지 못하고 있다. 시험관에서 아무리 좋은 효과를 나타낸 물질이라도 동물에 투여 후 충분한 혈중농도를 지속적으로 유지하지 못한다면 신약으로의 가치를 상실하는 것이다.

신약개발 초기단계에서 DMPK (drug metabolism and pharmacokinetics)를 연구하는 사람들이 당면하는 주요 문제는 낮은 흡수율, 낮은 혈중농도, 신속한 대사 및 배설 등과 같은 바람직하지 못한 PK 특성들로 많은 DMPK 연구자들은 물질의 PK 특성을 개선하여 선도물질을 최적화하고 후보물질을 도출하기 위해 다양한 노력을 기울이고 있다. 특히, 신약 개발 초기단계에서의 약물대사연구는 개발 중인 약물의 운명을 결정하는데 매우 중요한 역할을 담당하고 있다. 약물이 효과를 나타내기 위해서는 그 물질이 표적(target)에 무사히 도달하여 약효를 내기 충분한 농도에 도달하여야 하는데 약물이 대사되면 특별한 경우를 제외하고는 대부분 활성을 잃기 때문에 약을 개발하는 입장에서 약물대사 연구는 매우 어렵지만 해야만 하는 과정이다.

3) 약물대사(Drug metabolism, Biotransformation) 및 대사 안정성 시험

약물 대사는 거의 모든 장기에서 일어날 수 있으나 주요 약물대사 효소는 간에 높은 수준으로 발현되어 있어 간이 약물대사에 있어 가장 중요한 장기라 할 수 있다. 대사과정은 흡수된 외인성 물질의 수용성을 증가시켜 체외배설이 용이한 형태로 전환시키는 과정으로 약을 포함한 외인성 물질의 체내 축적을 막는 중요한 방어체계이다. 하지만 때로는 약물대사의 과정이 불완전하여 대사과정에서 오히려 독성이 증가하는 bioactivation이 유발되기도 한다.

일반적으로 약물대사반응은 phase1과 phase2 반응으로 나누어진다.

phase1 반응은 전형적으로 관능기(functional group, 예. hydroxyl)를 도입하여 물질의 극성(polarity)를 증가시키는 반응이고, phase2 반응은 모화합물 자체 또는 모화합물이 phase1 반응을 통해 polar한 관능기가 도입된 후 생성된 대사체에 일어나는 conjugation 반응으로 수용성을 증가시킨다.

phase1 반응은 주로(CYP) cytochrome P450 enzymes에 의한 산화반응(oxidation)이 주된 반응이며 가수분해(hydrolysis)와 환원반응(reduction)도 가능하다. phase2 반응은 glucuronidation, sulfation, glutathione conjugation, amino acid conjugation, methylation 및 acetylation 반응이 있으며 methylation과 acetylation을 제외한 다른 반응은 모두 수용성을 증가시키는 반응이다.

생체 내로 흡수된 약물이 몸 밖으로 배설되는 경로의 총합을 약물 청소율(drug clearance)이라 한다. 약물 청소율은 주로 오줌 또는 변으로의 배설과 약물대사에 의해 일어나는데 시판되고 있는 약물 중 약 75% 정도가 약물대사경로를 통해 몸 밖으로 제거된다고 알려져 있다. 즉, 약물대사가 약물 청소율에 있어 매우 중요하다. 약물대사의 75% 정도는 CYP에 의해 일어나는 것으로 보고되고 있는데 이는 시판되는 약물의 약 55%가 CYP에 의해 매개된다는 것을 의미한다.

CYP는 매우 다양한 동종효소(isoform)를 가지는데 특히 5가지 동종효소, CYP 1A2, CYP 2C9, CYP 2C19, CYP 2D6 및 CYP3A4가 전체 CYP에 의한 대사의 90% 이상을 차지한다. 이러한 이유로 신약개발 초기 스크리닝 단계에서 약물대사에 안정한 특히 CYP에 보다 안정한 물질을 찾고자 하는 노력의 일환으로 microsomes을 이용한 대사 안정성 시험을 수행하고 있다. 약물대사는 주로 간에서 일어나기 때문에 약물대사와 관련한 in vitro 시험은 간으로부터 유래한 tissue fraction(예; microsomes, cytosol 또는, S9 fraction) 및 primary hepatocyte 등을 enzyme source로 사용하는 것이 일반적이다.

4) 대사체 동정(metabolite identification)

현재 신약개발과정에서는 신약개발의 각 단계를 효율적으로 지원할 수 있는 다양한 in vitro 및 in vivo 시험계가 개발되어 활용되고 있다. 특히, 선도물질의 최적화 단계에서 약물대사 연구는 큰 의미를 지니며 약물 대사체의 동정 및 대사경로의 규명은 신약개발과정에서 필수적으로 요구되며 신약개발 규제, 허가기관에서도 물질의 안전성 및 유효성 검증을 위하여 필수적으로 요구되고 있다.

약물 대사체의 동정은 신약개발단계에 따라 목적을 달리하는데 신약개발 초기단계에서는 주로 microsomes과 hepatocyte 등 in vitro 시험계를 이용하여 수행되며 개발 중인 물질의 구조 중 대사에 취약한 부분(metabolic soft spot)을 찾아 연구자들에게 정보를 제공하여 대사에 안정한 물질을 합성할 수 있도록 한다.

후보물질의 평가단계에서는 다양한 실험동물 종(species)에서의 약물 대사체 스크리닝을 통해 인체와 유사한 대사체 프로파일을 보이는 종을 찾고 그 실험동물 종을 이용하여 전임상 시험을 수행할 수 있게 함으로써 전임상 실험결과와 임상시험 결과간의 상관관계를 높이는데 주안점을 둔다.

2008년 미국 FDA에서 MIST라는 Guidance를 발표하였다. 이 guidance에서는 대사체의 AUC(area under the curve)가 모 화합물(parent compound) AUC의 105 이상이고 그 대사체가 실험에 사용한 동물 종에서 발견되지 않거나 인간에 비해 낮은 농도로 측정될 경우 모 약물 외에 대사체의 전임상 독성을 요구한다. 또한 인간에 선택적인 대사체가 일정량 이

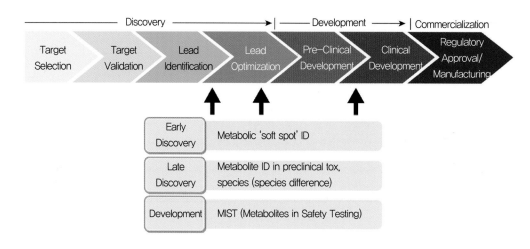

그림 4-4 Metabolite ID in drug discovery and development

상 생성될 경우 신약개발을 위해서는 대사체의 안전성을 필수적으로 평가해야 됨을 강조하고 이러한 이유로 많은 제약회사에서는 임상시험에서 발생할 수 있는 예상치 못한 독성의 가능성을 최소화하기 위해 후보물질 평가 및 개발단계에서 대사체의 종차를 정성 및 정량적 측면 모두에서 평가하고 있다. 신약개발 초기단계에서의 대사체 연구가 PK 특성을 개선하기 위한 부분에 목적을 두어 정성적 분석에 초점을 맞추었다면 후기단계에서는 독성적 측면에서의 대사 연구를 수행하기 위해 정성뿐 아니라 정량적 분석이 강조되고 있다.

5) 약물유래 간독성과 약물상호작용

1990년 이후 독성문제로 시판 중에 시장에서 철수한 33종의 의약품을 원인 별로 분석해본 결과 13종(약 40%)은 간독성, 10건(약 30%) QT interval 증가에 따른 심장독성(부정맥) 그리고 약물대사를 통한 약물상호작용 8건(약 24%)으로 조사되었다. 심장독성을 제외하고 간독성과 약물상호작용은 약물대사와 매우 밀접한 관련을 지니고 있다.

약물유래 간독성(DILI; Drug-induced liver injury)은 parent drug 보다는 친전자성의 독성 대사체에 기인한다. 1990년대 이후 benoxaprofen, iproniazid, nefazodone, tienilic acid, troglitazone, bromfenac(unclear) 등의 약물은 대사체에 의한 독성으로 시장에서 철수되었다. black box 경고가 부가된 15개의 약물 중 8개 역시 독성 대사체에 기인하는 것

으로 알려졌다.

심장독성의 경우 심장의 action potential을 조절하는 ion channel, 특히 hERG와 같은 중요한 표적 단백질이 규명되어 신약개발의 초기단계에서 심장독성에 대한 평가가 진행되고 있으나 약물유래 간독성은 표적 단백질이 발굴되지 않고 있어 신약개발의 초기단계에서 간독성을 평가할 수 있는 연구방법은 매우 제한적이다. 결과적으로 약물유래 간독성은 현재까지도 신약개발의 가장 큰 허들 중 하나이다.

약물상호작용(drug interaction)에 의해 시장에서 퇴출된 대표적인 약물은 Terfenadine으로 1990년 심각한 약물상호작용에 대한 보고가 있었고 1992년 미국 FDA에서 black box 경고가 부가된 이후 1998년 시장에서 퇴출되었다.

의약품 안전성 평가에서 약물상호작용은 한가지 약물이 다른 약물(또는 내, 외인성 물질과 생체 구성성분)들과 상호작용하여 투여된 약물의 약효나 독성에 변화가 유발되는 현상이다. 약물대사를 통한 약물상호작용은 A 약물이 B 등 다른 약물의 체내동태(혈중 또는 조직에서 AUC, 반감기, 최대농도 등)가 변동되고 결과적으로 B 약물의 약효, 독성이 정상과 다르게 발현하는 것이다.

CYP의 큰 특징은 외인성 물질의 노출에 의해 발현이나 활성이 유도되거나 억제되는 특징을 가지고 있다. CYP의 유도는 약물의 농도를 감소시켜 약효가 나타날 수 있는 유효농도에 도달하지 못하게 하는 반면 CYP의 억제는 약물의 농도를 증가시켜 약효를 넘어 독성을 유

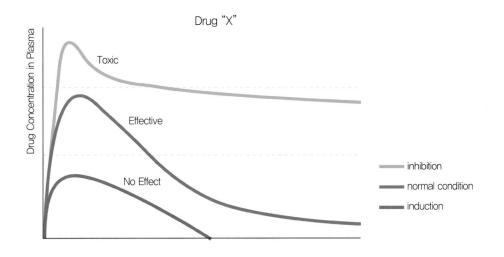

그림 4-5 **약물상호작용의 결과**

발하게 할 수 있다. 약물대사를 통한 의약품의 상호작용은 의약품과 의약품 외에도 식품과 의약품, 천연물과 의약품 등 다양한 조합에서도 발생할 수 있다.

약물상호작용에서 CYP를 유도하거나 억제하여 병용 처리된 다른 의약품의 PK 지표를 변화시키는 것을 가해자(perpetrator) 그리고 변화된 CYP에 의해 대사를 받는 것을 피해자(victim or substrate)로 표현한다. 약물상호작용으로 혈중농도가 증가하여 독성을 유발하는 의약품은 주로 CYP의 기질인 피해자다.

현재 신약개발 과정 중 인체 내 약물상호작용을 예측하고 그 기전을 규명하기 위해 CYP inhibition/induction 시험을 routine하게 수행하고 있다. 2012년에 미국 FDA에서 발표된 guidance 내용을 살펴보면 invitro CYP inhibition 연구의 경우, 기존의 5종의 CYPs에 대한 CYP inhibition study에서 CYP 2B6, CYP 2C8 2종을 추가하여 7종의 CYP에 대한 inhibition study를 수행할 것을 권장하고 있으며 inhibition의 mechanism을 이해하기 위해 좀 더 자세한 reversible inhibition/time dependent inhibition(TDI)에 대한 기준을 제시하고 있다.

In vitro CYP induction의 경우 새로운 end point로 mRNA의 변화를 제시하였고 in vivo study를 대신할 PBPK modeling 및 simulation과 관련된 내용을 포함하고 또한 주요 배설경로(elimination pathway)에 대한 연구에서 기존에 CYP에 대한 reaction phenotyping 연구에 새롭게 UGT 에 대한 평가를 추가하고 있다. 그리고 기존의 약물대사효소, 특히 CYP에 대한 약물상호작용 연구에서 transport의 약물상호작용에 대한 내용을 추가한 것이 가장 큰 변화이다. 종합적으로 미국 FDA에서 2012년에 발표된 guidance는 약물상호작용에 대한 광범위한 결과를 요구하고 있다.

6) 결론

신약개발 과정에서 수행되고 있는 약물대사의 연구는 개발 중인 물질의 PK 특성과 독성적 측면을 이해하기 위함이다.

신약개발의 궁극적인 목적은 사람에서 치료제로 사용할 수 있는 물질의 개발이라 볼 수 있으며 이를 위해서는 반드시 규제기관으로부터 허가를 받아야 한다.

규제기관의 허가를 받을 때 가장 크게 고려되는 점은 약효와 안전성의 문제이며 이에 대한 이해를 돕기 위해 DMPK 연구가 수행되어야 하는 것이다. 실제로 DMPK 관련 정보를 이용하여 약물의 화학구조, 효능 및 PK가 적절하게 균형을 이룰 수 있는 약물 설계를 통해 성공한 사례는 다수 존재한다. 비록 임상시험에 앞서 in vitro 및 실험동물을 이용한 다양한 DMPK 시험을 수행하고 있고 이러한 결과가 매우 유용한 정보를 제공하지만 human prediction에 있어서는 분명 한계가 존재하고 있다.

따라서 선행연구로부터 얻은 결과를 사람에 외삽(extrapolation)할 때에는 많은 주의가 필요하다. 실험동물 간 생리적인 특성이 유사하다 하더라도 특히 약물대사의 경우 약물대사효소의 종의 차이(species difference)가 매우 크기 때문에 실험동물 결과로부터 사람에서 신뢰할 만한 결과를 예측하기 위해서는 무엇보다도 종간 유사점과 차이점에 관련된 mechanism의 이해가 무엇보다도 중요하다.

03 1상 임상시험의 역할

1) 1상 임상시험의 전통적 역할

신약개발에서 1상 임상시험의 전통적인 역할은 신약의 안전성과 약동학의 평가이다. 1상 임상시험은 비임상 단계에서 임상 단계로 진입하는 초입 단계이며 이 과정에서 사람에서 견딜 수 있는 내약용량(tolerable dose range)을 안전성이 허용하는 범위에서 충분히 높은 용량까지 올바르게 평가하는 것이 중요하다.

시험약의 효능(efficacy) 및 효과(effectiveness)를 평가하는 이후의 임상시험은 이러한 내약용량 범위 이내에서 이루어지게 된다. 따라서 만약 1상 단계에서 내약용량 범위가 충분히 확보되지 않으면 이후의 임상시험에서 테스트할 수 있는 용량은 제한될 수밖에 없다.

2) 1상 임상시험 디자인

1상 임상시험의 피험자는 세포독성항암제 등의 일부 예외적인 경우를 제외하고 개발 약물의 치료 대상 환자가 아닌 건강한 성인 자원자를 대상으로 한다. 이는 대부분의 1상 임상시험의 1차적인 목적이 약효의 평가가 아닌 안전성의 평가인 것과 관련이 있다. 그 밖에도 현재의 표준 치료를 받아야 할 환자를 대상으로 치료 효과 여부가 아직 불확실한 약물을 최적의 용량, 용법이 결정되지 않은 상태에서 투약하는 것은 윤리적으로 바람직하지 않으며, 건강한 성인 자원자가 만약 발생할 수도 있는 이상반응에 견딜 수 있는 능력이 크다는 등의 이유도 있다.

1상 임상시험 계획서의 피험자 선정기준(selection criteria)은 일반적으로 매우 까다롭다. 1상 임상시험에 참여할 수 있는 피험자는 나이, 체질량지수(body mass index), 흡연력, 음주 상태, 질환 및 수술 병력 등의 여러 조건을 만족시켜야 한다. 이는 1상 임상시험의 내적 타당도(internal validity)를 높이기 위한 방법이다. 즉 시험약물과 약물에 의한 이상반응의 관계 평가가 1상 임상시험의 목적이라면 최대한 균질한(homogeneous) 피험자들을 대상으로 수행해야지만 시험약물 투여 후 관찰되는 이상반응과 시험약물 사이의 인과관계 평가가 올바르게 이루어질 수 있다. 다시 말하면 매우 다양한 인구학적 및 병력 특성을 가진 피험자들을 대상으로 1상 임상시험을 수행하면 시험약물 투여 후 발생하는 이상반응이 시험약에 의해 발생하는 것인지, 해당 피험자의 특성에 의해 시험약과 무관하게 나타나는 것인지 판단하기 어렵다.

임상시험 디자인에 있어서 내적타당도의 확보는 1상 임상시험을 포함한 약물에 대한 지식을 상대적으로 적게 가지고 있는 조기 임상시험 단계에서 더욱 중요하다고 할 수 있으며, 2상 임상시험의 피험자 선정기준이 3상 임상시험의 기준보다 다소 엄격하다는 점도 이러한 관점에서 이해될 수 있다. 하지만 3상 임상시험과 같은 후기 임상시험으로 갈수록 임상시험 디자인의 내적타당도는 여전히 중요하지만 시험의 외적타당도(external validity), 즉 일반화가능성(generalizability) 또한 중요해진다. 3상 임상시험의 피험자 선정기준이 상대적으로 덜 엄격하며 임상시험을 마치 실제 진료행위와 유사한 상황에서 수행하는 것은 이러한 시험의 일반화가능성을 확보하기 위함으로 이해할 수 있다.

1상 임상시험은 흔히 별도의 연구전용 병실에 피험자들을 입원시켜 시험약물 투여 후 반응을 매우 밀도 있게 관찰한다. 피험자들의 입원은 시험약물의 사람에 대한 안전성 정보가 상대적으로 부족한 1상 임상시험 단계에서 피험자들의 안전을 보장한다는 측면과 함께 시험약물의 사람에의 작용을 통제된 상황에서 집중적으로 모니터링하여 시험약물의 특성을 최대한 많이 파악하기 위함이다. 이 때문에 1상 임상시험을 human pharmacology 시험이라고 한다. 이러한 디자인의 특성은 기본적으로 1상 임상시험이 탐색적(exploratory) 임상시험임을 반영한다. 즉, 1상 임상시험은 많은 경우 어떠한 가설을 검증하기 위한 시험이 아니므로 3상 임상시험 등과 같이 가설을 검증하기 위한 피험자수를 통계적으로 산출할 수는 없는 경우가 많으며, 탐색적 임상시험의 특성상 결과도 기술통계학(descriptive statistic)적으로 제시된다. 이 경우 피험자수가 커지면 제시되는 통계량의 표준오차가 줄어들어서 정밀(precise)한 결과를 제시할 수 있는 장점이 있다.

1상 임상시험은 흔히 용량을 증량(dose escalation)하여 수행한다. 이는 약물 이상반응도 기본적으로 용량 반응 관계를 따르기 때문이며 이러한 디자인을 통해 더 많은 시험약물에 대한 정보를 얻을 수 있다. 예를 들어 특정 이상반응이 용량 군별로 지속적으로 나타나고 높은 용량 군에서 점점 더 많이 발생한다면 이상반응이 용량-반응관계를 따르는 것으로 볼 수 있으며 이는 해당 이상반응의 시험약물과의 인과관계가 있다는 강력한 증거이다.

1상 임상시험은 흔히 여러 용량의 시험약군과 함께 위약군을 대조군으로 두며 시험약군과 위약군에의 배정은 무작위적(random)으로 수행된다. 무작위배정은 모든 단계의 임상시험에 있어서 내적타당도를 높이기 위한 주요 수단 중 하나이다. 무작위배정은 임상시험 결과의 통계 분석의 전제조건 충족, 윤리적 문제의 경감 등과 더불어 임상시험에서 관찰하는 결과에 영향을 미치는 알려지지 않은 교란변수(unknown confounder)를 통제하는 중요한 역할을 한다. 따라서 무작위배정 여부에 따라 임상시험 결과의 증거로서의 가치에 많은 차이가 있다고 본다.

참고로 알려진 교란변수(known confounder)를 제어하는 방법으로는 층화(stratification)가 있다. 성별이 시험약물의 치료효과에 유의한 영향을 미친다면 임상시험을 성별로 나누어 일정 비율(예를 들면 1:1)의 피험자 수로 임상시험을 수행하는 것을 예로 들 수 있다. 1상 시험 단계에서는 피험자의 안전성, 내약성 등에 영향을 미치는 인자가 일반적으로 잘 알려져 있지 않으므로 3상 등 후기임상시험에서 보다는 상대적으로 적게 사용된다.

하지만 UGT1A 유전형에 따라 약동학의 유의한 차이가 나고 이로 인한 독성의 차이가 알려진 세포독성 항암제인 irinotecan을 다른 항암제와 새로운 조합으로 1상 임상시험을 수행하여 최대내약용량(maximum tolerated dose)을 구할 때 UGT1A에 따라 피험자를 층화하여 1상시험을 수행하는 예도 있다.

임상시험을 수행하면 우리가 얻고자 의도하였던 signal과 함께 원하지 않은 noise도 필연적으로 발생한다. 좋은 임상시험 디자인은 signal을 증폭시키거나 noise를 줄이는 것인데 앞서 언급한 대조군, 무작위배정, 층화, 엄격한 피험자 선정기준 등은 모두 임상시험에서 noise를 줄이기 위한 방법으로 이해할 수 있으며 이는 1상 임상시험에도 적용된다.

3) 1상 임상시험의 역할 변화

신약 개발환경은 갈수록 어려워지고 있다. 엄격한 신약평가에 대한 사회적 수요, 관련 규제의 강화, 판매에 성공하기 위해서는 이미 개발된 약물보다 뛰어나야 한다는 점 등에 의해 개발비용은 증가하는 반면, 신약개발을 끝까지 진행하여 신약시판 허가를 받는 약물의 개수는 오히려 감소하고 있다.

신약의 임상개발 실패 이유는 2상과 3상 임상시험에서 공통적으로 치료효과의 부재가 가장 큰 원인으로 파악되고 있으며, 독성문제가 그 다음을 따르고 있다. 아울러 3상 임상시험 단계에서의 실패율이 증가하고 있으며, 이러한 상황들은 신약개발자 입장에서는 매우 어려운 문제이지만 극복해야 할 문제이다. 이를 위해서 신약 개발과정에서 시험약물의 치료효과 등을 가급적 조기에 합리적, 과학적으로 파악하는 것이 매우 중요해지고 있으며 이를 위한 기술개발이 활발하다. Phase 0 study라는 용어도 비교적 최근에 생긴 것이며 이 또한 신약의 특성을 기존보다 조기에 파악하는 것의 중요성을 말해준다.

이러한 여건의 변화에 따라 1상 임상시험의 역할도 기존의 안전성 평가와 더불어 치료효과에 대한 파악으로 확장되고 있다. 이러한 개발 약물의 치료효과 특성에 대한 조기 파악을 가능하게 하는 것 중의 하나가 신약의 작용기전을 반영하는 바이오마커(mechanism based biomarker) 기술이다.

과거의 신약개발이 경험적으로 이루어졌다고 한다면 최근의 신약개발은 상대적으로 개발 초기부터 약물의 작용기전을 파악하고 개발이 이루어진다. 따라서 1상 시험에서 이러한 기전 관련 바이오마커를 활용하여 신약이 실제로 사람에서 기전에 따라 작용하는지 여부를 관찰(POM: proof of mechanism)할 수 있고 더 나아가 최고 치료효과 용량을 예측할 수도 있다. PET(Positron Emission Tomography)에 의한 신약의(RO: receptor occupancy)가 하나의 예이다. 즉 건강자원자나 환자에서 시험약물 투여 후 실제 시험약물의 작용부위로 제안된 수용체에 결합(RO)하는지를 관찰(POM)하고 더 나아가 RO의 용량 반응 곡선을 파악하여 최고 용량을 1상 단계에서 예측할 수 있다. POM의 의미는 전통적으로 2상 임상시험 단계에서 대리표적(surrogate endpoint)의 용량반응 관계 관찰을 통한 Proof of concept (PoC)와 마찬가지로 신약이 실제로 조기 단계에서 치료효과가 있을 가능성이 높다고 판단하는 근거로 이해할 수 있다.

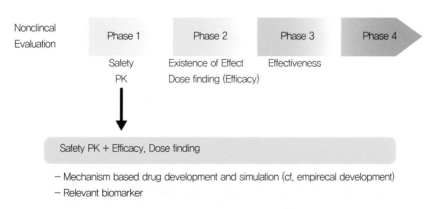

그림 4-6 신약 임상평가 패러다임의 변화

신약의 조기 특성 파악은 1상 임상시험에 국한되는 것은 아니다. 비임상 단계, 더 나아가 신약의 실험실적 개발단계 등 좀 더 빨리 파악하면 할수록 좋다. 이를 통해 조기 단계에 go-/no go-decision을 합리적으로 수행함으로써 신약을 효율적으로 개발하고 신약개발의 기회비용을 줄일 수 있다.

신약의 조기 특성 파악과 관련하여 중요한 방법 중의 하나로 인정되고 널리 활용되고 있는 것이(PK)Pharmacokinetic-(PD)Pharmacodynamic modeling 및 system pharma-cology이다.

이러한 방법은 주어진 자료에서 더욱 많은 정보를 추출해내는 informatics로 이해할 수 있으며, 여러 다양한 상황에서 활용될 수 있는 가능성이 무궁무진하기 때문에 신약개발에 있어서 핵심적인 기술 중 하나로 인식되고 있어서 유수의 다국적 제약회사 등에서 활발히 활용하고 있다. 따라서 국내 제약회사들도 신약개발 초기단계에서부터 Biomarker, PK-PD modeling 기술에 대한 적극적인 관심과 적절한 활용이 필요하다.

04 모델링 시뮬레이션(Modeling simulation)

성공적인 신약개발을 위해서는 모델링 시뮬레이션(Modeling simulation)이 적극 활용돼야 한다. 모델링은 한 마디로 데이터를 수식화하는 작업이다. 많은 데이터를 바탕으로 모델링을 통한 커뮤니케이션을 할 수 있고 반대로 시뮬레이션으로 미래를 예측할 수도 있다. 신약개발의 여러 분야에서 모델링 시뮬레이션이 활용되고 있다. 최근에는 전임상 단계, 그 전단계에서도 모델링 시뮬레이션을 적용하는 사례들이 늘어나고 있다. 모델링 시뮬레이션은 이미 해외 몇몇 선진국에서는 활용되고 있는 것으로 알려졌다. 미국 FDA는 이에 대한 가이드라인을 개발해 신약개발에 활용하도록 권고하고 있을 정도이다.

신약개발 과정에서 활용되는 모델링 시뮬레이션은 실제 효과가 있음이 입증되고 있다. 한 예로 모 기업의 진통제 개발과정에서는 모델링 시뮬레이션을 통해 반응−표면 설계(Response−surface plot)를 제작해 최적의 용량과 용법을 예측한 사례가 있다. 또한 기술의 발전으로 이미징(Imaging) 바이오마커(Biomarker)들이 속속 개발되며 임상 1상에서부터 약의 효과를 판단해 추후 개발 가능성을 평가하려는 추세가 이어지고 있다. 신약 실패율을 낮추기 위해 초기단계에서부터 승부를 보려는 것이다. 이 같은 상황에서 피험자들에게 약물을 반복적으로 투약해 영상 촬영을 할 수 없는 경우 모델링 시뮬레이션은 효과적으로 이용될 수 있을 것이다. 모델링 시뮬레이션은 신약 개발의 타당성 및 올바른 개발 방향을 제시할 수 있을 뿐 아니라 신약 개발을 빠르게 진행시킬 수 있는 핵심 요소가 될 수 있다.

05 인공지능(AI) 활용 신약개발

신약개발은 오랜 개발 기간과 막대한 비용이 소요되기 때문에 초기 연구개발에서의 효율성과 효과성이 제약산업의 지속 가능성을 위한 가장 중요한 요인이다.

'Global Market Insights'에 따르면, 인공지능(AI)을 활용한 신약개발시장 규모는 매년 40%씩 성장해 2024년 40억 달러(약 4조 7500억 원)에 이를 것으로 전망했다.

AI 신약개발은 Why 글로벌 트렌드로 급부상했을까? 전통적인 방법의 신약개발은 평균 15년이 소요되며, 대략 5,000~10,000개 후보물질 가운데 1개 만이 최종 신약개발에 성공한다. 이들 신약 후보물질 가운데 전임상 시험에 필요한 물질 10~250개를 선정하는 것도 평균 5년이 걸린다.

제약바이오산업의 선진국인 미국의 상황은 어떨까? 미국의 경우, 신약개발에 약 14~16년이 걸리고 평균 2~3조 원에 달하는 개발비용이 소요된다. 글로벌 제약사의 신약개발 투자 규모는 2022년 1,820억 달러에 이를 것으로 전망되지만, 투자 대비 신약개발 생산성은 낮아지고 있다.

High Risk, High Return으로 대변되는 제약산업에서 Risk는 더욱 커지고, Return은 점점 감소하고 있다. R&D 비용의 증가와 높아진 신약 허가심사 기준, 그리고 낮은 시장성공

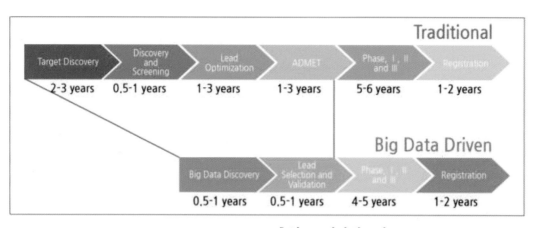

• 출처: 보건산업브리프 Vol 314, 2020.9.18.

그림 4-7 전통적인 신약개발과 인공지능 신약개발 기간비교

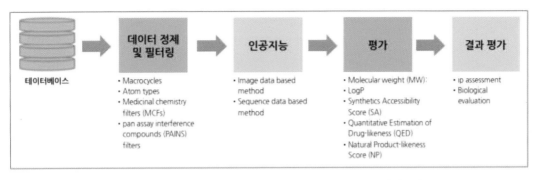

• 출처: 보건산업브리프 Vol 314, 2020.9.18.

그림 4-8 **인공지능 활용한 신약후보물질 탐색**

률이 원인으로 파악된다. 이런 위험은 신약개발의 효율성 증대라는 고민으로 이어졌고, 글로벌 제약사들은 AI에서 해답을 찾고 있다. AI 신약개발의 필요성이 대두되는 이유는 신약개발과 관련된 사전지식 데이터베이스를 통합한 빅데이터를 구축해 AI로 활용하면 신약개발 기간을 획기적으로 단축시킬 수 있기 때문이다.

현재 신약개발에 AI 벤처와 협력하고 있거나 활용하고 있는 다국적제약사는 화이자, GSK, MSD, 베링거인겔하임, 바이엘, 존슨앤존슨, 로슈, 사노피, 노바티스, 아스트라제네카, 암젠, 아스텔라스, BMS 등이다. 인공지능(AI) 활용은 치료중심에서 예측 및 예방 중심으로 의료 및 제약 부문의 패러다임을 전환시키고 있다. 제약사가 신약을 개발하지 않고도 라이선스(license)를 구매해 판매를 전담하는 새로운 모델도 등장할 수 있다.

화이자는 클라우드 기반 인공지능 플랫폼인 IBM의 신약 탐색용 왓슨을 도입해 항암 신약 연구개발을 착수했다. 이스라엘 '테바'는 인공지능을 이용해 호흡기, 중추 신경제 질환 분석 및 만성질환 약물 복용 후 분석과 신약개발 등을 시도하고 있다. 아톰와이즈는 딥러닝 인공지능 네트워크 기술을 활용하여 분자들의 화학 반응 및 생물학적 반을 예측하여 주요 질병을 치료할 신약을 만들 시스템 아톰넷을 개발했다. 아톰 넷은 기본적으로 그동안 미해결 질병에 대한 테이터와 각종 화학반응 등 수백만 가지 사례를 학습하고 새로 받아들이며 개선하는 인공지능인데, 의료연구 및 신약개발을 위해 새로운 화합물을 설계하고, 시뮬레이션하는 인공지능 시스템이다. 암, 다발성 경화증, 에볼라 바이러스 등 심각한 질병과 관련된 과학적 원리를 밝혀내고, 이런 질병의 효과를 보이는 신약을 테스트하여 어떻게 작용하는지 확인할 수 있다.

아톰 넷을 통해 전 세계의 대학 연구실 및 제약회사에서 다양한 시뮬레이션을 실행할 수 있으며, 이론상 하루에 백만 회 이상의 연구 시뮬레이션을 실행할 수 있다. 이는 쥐나 침팬지 등의 동물을 이용한 실험을 하지 않아도 되며, 최종 단계에 사람을 대상으로 하는 임상시험만을 하면 된다는 장점이 있다. 그리고 사람이 실행하기에 불가능한 횟수의 연구를 단번에 진행할 수 있게 되어 새로운 발견을 끌어 낼 수 있다는 가능성 측면에서 혁신적이라고 할 수 있다. 아톰 넷은 매우 빠른 속도로 작업을 수행하여 하루 백만 개 이상의 화합물을 시뮬레이션하고, 속도만 빠른 것이 아니라 매우 높은 정확성이 장점으로, 천만 가지 화합물을 조합하고, 테스트할 수 있어 가능성 자체는 무한대라 보아도 무방하다.

인공지능(AI)을 활용한 신약개발 시스템 본격 활용 시 소규모 제약기업도 블록버스터 약물개발이 가능하다. 특히, 인공지능 시스템이 발달해 신약개발에 본격적으로 활용되면 미래에는 10명 이하의 소형 제약기업도 비용과 기간을 대폭 줄여 블록버스터 약물개발이 가능해질 것이다.

예전에는 수조 원씩 들여서 5천~1만 개 후보물질 중에 찾는데 수년이 걸렸다면 AI를 활용하면 기간이 대폭 줄어드는 것은 물론 비용도 크게 줄어든다. 실제로 글로벌제약사들은 인공지능 플랫폼을 활용해 신약개발에 적극적으로 나서고 있다. 임상 효율성을 높여 성공률을 제고 할 수 있다는 것이 이유다.

현재 신약개발에 인공지능을 활용한 글로벌 제약사인 ▶ 얀센(BenevolentAI, 임상단계 후보물질에 대한 평가 및 난치성 질환 타깃 신약개발) ▶ 화이자(IBM Watson, 면역항암제 등 신약개발) ▶ 테바(IBM Watson, 호흡기 및 중추 신경제 질환 분석, 만성질환 약물 복용 후 분석 등) ▶ 머크(Atomwise사 AtomNet, 신약후보물질 탐색) 등이 있다.

국내에서도 인공지능 신약개발 벤처기업이 등장하는 등 인공지능의 활용으로 신약개발의 전기가 마련될 것이다. 국내 제약업계가 신약탐색 분야에서 인적, 시간적, 재정적 장벽을 짧은 시간에 극복할 수 있는 기회로 활용하기 위해 국내 제약사들이 공용으로 인공지능을 사용할 수 있는 인프라가 필요하다.

AI Applications by Pharma Corporations

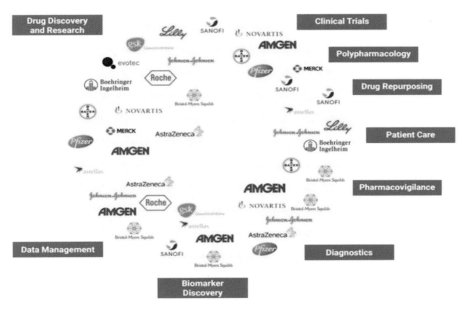

• 출처: Deep Knowledge Analytics 보고서

그림 4-9 AI Applications by Pharma Corporations

06 CMC의 중요성

CMC는 'Chemistry · Manufacturing · Control' 이렇게 세 부문을 줄여 부르는 말이다. 원료가 되는 물질을 만들고, 완제품으로 제조하고, 이 모든 과정을 계속 테스트해 품질을 관리하는 것을 뜻한다. 임상 또는 품목허가에 관련된 기관에서는 임상데이터 만큼이나 CMC 데이터를 중요하게 평가하고 있다.

CMC는 의약품 개발과정에서 원료의약품(Drug substance 또는 Active Pharmaceutical Ingredient)과 완제의약품(Drug Product)의 생산부분을 다룬다. Chemistry, Manufacturing, Control의 약자로 원료와 완제의약품을 만드는 Process Development(공정개발)과 Quality Control(품질관리)이 핵심 비즈니스이다. 임상용 샘플과 Commercial 용 의약품을 제조 생산하는 것을 책임지고 있다. CMC에서 다루는 주요 내용은 API 구조규명, 합성방법, 분석방법, 안정성시험, 공장생산절차, CMC 안전정보 등으로 이에 관련한 연구개발 자료를 종합한 Document를 CMC Package라고 한다. Drug discovery에서 발견된 약효 물질의 임상시험용 샘플을 만드는 것부터 인허가 받은 의약품이 의사와 환자에게 전달되기까지 믿고 복용할 수 있는 의약품을 누군가가 책임지고 만들어 주어야 하는데 이들이 바로 CMC 전문가들이다.

치열한 경쟁에서 선두주자가 되기 위해 신약개발사들은 짧은 시간 내에 인허가를 받고 곧바로 판매하려는 전략적인 개발계획을 시도하고 있다. 이 과정에서 신약개발 커뮤니티로부터 지대한 관심을 받고 있는 것이 임상개발 분야인데 그 이유는 임상시험 비용이 많이 들어가고, 임상결과가 그 개발 프로그램의 성패를 좌우하기 때문이다.

신약개발 역사가 짧은 국내 신약개발사들은 FDA와 EMA 인허가에 필요한 CMC 파트를 해외 CMO들에게 위탁하여 준비하는 것이 근래 추세이다. 국내에는 CMC 파트를 맡아 cGMP화 된 공장에서 글로벌 임상약이나 선진국에 판매할 Commercial 의약품을 생산할 수 있는 곳이 극히 적기 때문이다.

신약개발은 긴 시간과 많은 비용이 소요되는 특성으로 신약 1개가 탄생하기까지 약 2.8B 달러가 소요되고, 신약신청(NDA)한 후보물질 중 약 50%가 거절되는 상황에서 CMC로 인한 문제 보완에 약 1년-1년 6개월이 소요되므로 사전에 철저히 준비해야 한다.

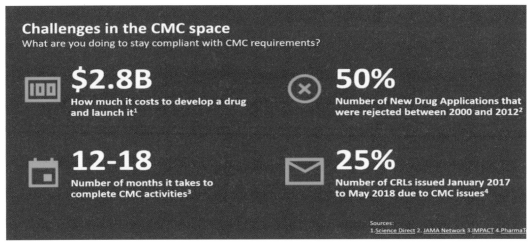

그림 4-10 Challenges in the CMC space

임상약을 준비하기 위해서는 먼저 원료공정 부서에서 원료의약품 API(Active Pharma-ceutical Ingredient 또는 Drug substance)를 만들어 제제개발부서로 넘긴다. 제제개발을 통해 완성된 완제품 (또는 Drug product)이 비로소 임상환자들에게 전달되는 순간, 임상시험이 시작되는 것이다. 그러므로 CMC 운영에 문제가 발생하여 임상시험 날짜가 지연될 경우, 전체 의약품 개발과 인허가 등록 스케줄에 치명적인 타격을 주게 되므로, Timeline에 맞춘 일사불란한 CMC 개발과 수행은 정말 Critical 할 수밖에 없다. 즉, CMC 부서는 임상팀의 임상시험 플랜을 잘 이해하고 공정개발과 생산, 공급 계획을 세워 임상시험 endpoint 평가를 차질없이 진행토록 협조하고, 임상팀은 임상시험 디자인에서 결정된 formulation, packaging configuration 정보를 CMC 팀에 전달하여 원하는 임상약을 제공 받도록 해야 한다. CMC 팀이 임상용 DS (Drug substance) 와 DP (Drug product) 연구, 생산을 하는 데 9개월–1년 간의 기간이 필요한 게 보통이므로 임상팀은 시간적 여유를 갖고 CMC 부서와 협업하는 것이 필요하다. 특히 바이오의약품은 (합성의약품과 비교해) 생산이 특히 어렵기 때문에, '제조품질관리(CMC)' 등을 초기부터 정확히 세워두면 개발 확률이 더 높아진다.

CMC의 과정에서 가장 중요한 개념은 일관성(consistency)이다. 특히 바이오의약품과 세포·유전자 치료제는 제조과정이 (합성의약품과 비교해) 훨씬 까다롭기 때문에 생산과정 전반을 미리 마련해 두는 게 무엇보다 중요하다.

(신약) 물질은 임상 3상까지 많은 제조시설을 거치게 된다. 항상 지속적인 제품을 만드는 게 매우 중요한데, FDA에 제출할 각종 서류를 미리 준비해 둬야 한다. 예를 들어 바이오의약품은 아미노산 1개만 바뀌어도 완전히 다른 물질이 된다. 바이오의약품을 생산하기 위한 GMP 시설, 클린룸, 밸리데이션 과정 등을 미리 세워둬야 한다. 이런 일련의 과정을 통제(control)하고, 분석(assay)할 수 있는지가 중요하다.

세포·유전자 치료제는 미국에서도 다양한 신속승인 프로그램을 도입할 정도로 최근 연구개발이 활발히 이뤄지고 있는 분야다. 하지만 바이오의약품보다 훨씬 더 CMC를 위해 준비해야 할 것이 많다. 신속승인 프로그램으로 빨리 허가를 받을 때를 대비해 CMC와 관련해 FDA와 협의 할 자료들을 미리 대비해 두는 것이 필요하다. 세포·유전자 치료제는 DNA 단위로 통제해야 하기 때문에 최근 인공지능(AI) 기술까지 활용되고 있다.

글로벌제약사와 기술이전 할 때 요구하는 것도 결국 CMC 자료다. 그래서 다양한 세포주(cell line)을 대상으로 실험한 CMC 데이터를 글로벌 제약사에게 보여 줘야 한다. 따라서 가장 강조하고 싶은 부분은 신약 개발 초기 단계에서부터 CMC에 임하는 것이다. CMC가 견고하지 못하면 개발 막판에 낭패를 보기도 하며 마지막 순간 허가가 수년씩 지연되기도 한다. 소규모 바이오벤처들이 CMC 및 생산 역량을 갖추긴 어렵다. 결국 CMO업체들이 개발 위주 벤처들의 파트너의 역할을 하며 자리를 잡아야 한다.

신약개발이 약의 효능과 안전성을 확인하는 것이라면 CMC는 그 약을 실제 환자에게 처방 가능 하도록 대량으로 만드는 생산 부문의 핵심 단어다. 고순도로 그 약을 대량 생산할 수 있는지 뒷받침해주는 것이 CMC다. CMC란 단어는 과거 FDA에서 주로 케미칼 약을 허가하는 과정에서 생겨났으며 현재는 케미칼 의약품은 물론 바이오 의약품까지 포함하는 개념이다. 케미칼의약품에 비해 바이오의약품의 CMC는 더욱 어렵고 까다롭다.

바이오의약품은 세포(생명체)를 이용해 약효가 있는 고분자 물질을 만드는 것이다. 대부분 유전자를 재조합한 세포주를 이용, 증식해 단백질이나 호르몬, 항체와 같은 고분자 물질을 대량으로 만들고 다시 이 물질 속 세포를 깨뜨려서 원하는 물질을 추출, 정제함으로써 주사제로 만드는 과정을 거친다. 세포 그 자체를 의약품으로 개발하기도 한다.

케미칼의약품은 화학합성 반응을 통해 새로운 분자를 만드는 제조과정을 거치며 바이오의약품인 항체, 단백질보다 분자 크기가 작다. 케미칼의약품을 small molecule이라고 부르는 것도 같은 이유다. 간단한 분자 원료 물질을 가지고 화학반응을 거쳐 보다 복잡한 분자 구조를 가진 약으로 제조한다. 이후 보통 경구용 알약, 캡슐, 시럽 등으로 만들어진다.

바이오 CMC는 케미칼보다 분자 구조가 크기 때문에 분석이 어렵고 분석해야 하는 항목이 많으며 허가에 필요한 CMC 데이터도 복잡하다. 살아있는 세포의 생산을 다루는 일이므로 생산 조건이 예민하고 단백질의 안정성도 약하며 보관이나 유통 조건이 까다롭다. 그런 전 과정이 견고하게 유지된다는 점을 증명해야 하는 것이 바이오의약품의 CMC다.

CMC는 임상 1상에 진입할 때부터 2, 3상으로 갈수록 필요한 데이터가 많아진다. 3상을 완료하고 허가 당국의 신약승인을 앞둔 경우라면 CMC의 중요성은 극대화된다. CMC가 제대로 백업되지 않으면 신약 허가 지연은 당연하다. 신약승인을 앞뒀거나 통과한 국내 제약사들은 대부분 이같은 진통을 겪었다. 효능 안정성 등 임상 자료 자체에 문제는 없었지만 CMC가 문제였다.

07 Open innovation 활용 신약개발

제약바이오산업 연구개발(R&D)은 심각한 질환으로 진단받은 사람들의 삶의 질과 생존율을 엄청나게 향상시킨 놀라운 의학적 발전을 가져왔다. 수명이 증가함에 따라 의료비용은 계속 증가할 것이다. 그러나 "인간의 시험에 들어가는 10가지 화합물 중 단 한 가지만이 FDA 승인을 받는다"는 점을 고려할 때, 신약개발을 위한 R&D 비용은 상당히 증가할 것이다. 경쟁력 있고 시장에서 신약 및 개선된 의약품의 개발을 통해 혁신을 모색하는 제약회사들은 상당한 투자가 요구되고 있다.

글로벌 Big pharma 상위 20개 제약사들은 전체 매출의 약 20%를 연구개발(R&D)에 투자하고 있다. Big pharma들의 총 수익 증가는 증가하고 있지만, R&D 생산성이 하락하고 있다. 특히, 'EvaluateParma'의 데이터를 Deloitte와 BCG가 발표한 보고서에 의하면, 제약 R&D의 내부 수익률이 실제로 감소하고 있으며, 자본 비용보다 이미 낮으며, 불과 2~3년 내에 0에 도달할 것으로 예상하고 있다.

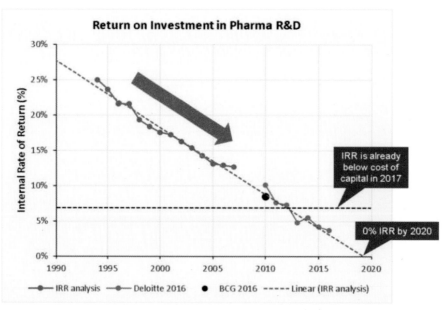

• 출처: EvaluatePharma, IRR Analysis

그림 4-11 Pharma R&D ROI

이런 이유로 비용 절감과 수익률 증대 방안을 적극적으로 모색하고 있는 제약사들은 open innovation을 도입하고 있다. 신약개발의 최종 성공은 필요한 환자에게 상용화하는 것이다. 식품의약품안전처로부터 승인을 받아도 임상 현장에서 처방이 이뤄지지 않으면, 이 약물은 실패한 것이라 할 수 있다. 학교와 연구소 그리고 각사에서 자체개발한 물질이나 공동개발한 후보물질 중 성공 가능성이 높은 신약 파이프라인을 통해 다양한 적응증과 용법 개발을 통해 신약개발(development) 하여야 상용화에 빨리 다가설 수 있다. 신약개발에서 open innovation은 이제 필수다. 국내 신약개발 생태계뿐만 아니라 우리나라보다 훨씬 앞서 신약개발을 주도해 온 글로벌 제약회사들의 상황도 마찬가지다. 최근 COVID-19 백신 개발을 위해 손잡은 독일 바이오벤처 '바이오엔텍'과 '화이자'의 협업은 연구(research)와 개발(development)이 협업한 open innovation의 결과다. 'mRNA'라는 새로운 기술을 가진 '바이오엔텍'과 개발 역량을 가진 '화이자'의 협업은 전 세계 시민에게 mRNA 기반 백신을 제공했다.

한국의 제약기업도 신약개발에 open innovation을 적극적으로 활용하고 있다. 대표적인 예로 한미약품은 레고켐바이오와 이중항체 기반의 차세대 항체-약물 접합체(ADC: antibody-drug conjugates) 항암제를 공동 개발하고 있다. 한미약품과 북경한미약품, 레고켐바이오사이언스는 북경한미가 개발한 이중항체 플랫폼 '펜탐바디'를 적용한 ADC(Antibody-Drug Conjugates) 공동연구 및 개발 협약을 체결했다. 또한 AI 신약개발 플랫폼 기

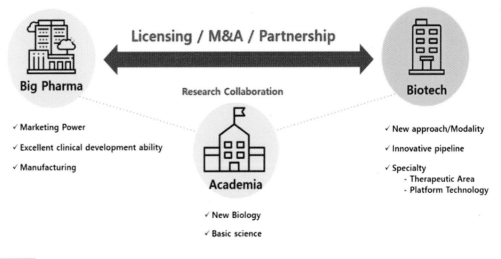

그림 4-12 Big Pharma, Open innovation

업인 스탠다임과 공동연구 계약을 체결하여 신약개발 초기단계에서 시간과 비용을 획기적으로 감축하고, 혁신적 후보물질을 도출해 내는 데 큰 역할을 할 수 있을 것으로 기대한다. 유한양행의 대표적인 open innovation 사례로 국산 신약 31호인 폐암 치료제 '렉라자'(성분명 레이저티닙)이다. 유한양행은 지난 2015년 미국 오스코텍의 자회사 제노스코로부터 레이저티닙을 도입했고, 이후 2018년 얀센 바이오텍에 기술 수출했다. 얀센이 EGFR표적 항암 치료제에 대한 독점적 권리를 갖고 글로벌 임상시험, 허가, 상업화 등을 진행하는 계약이다.

실전문제

➡ 신약개발 성공률이 낮은 이유는? 대안은?

➡ 임상 1상에서 허가승인까지의 각각의 임상개발 성공률(LOA, Likelihood of Approval)은?

특히, 임상 2에서 성공률이 낮은 이유는?

➡ AI활용한 신약개발 국내제약회사의 성공 사례는?

➡ Open innovation으로 의약품 개발에 성공한 국내 제약사는? 사례는?

➡ 신약개발과정에서 CMC가 중요한 이유는?

➡ CMC의 문제로 신약개발의 실패한 국내제약회사의 사례는? 이유는?

　신약후보물질의 고갈, 개발비용의 증가에 따른 R&D 생산성 저하로 인해 선진국들은 이미 오래전부터 약물 재창출에 주목하고 있습니다. 약물 재창출은 이미 시판 중이거나 임상단계에서 상업화에 실패한 약물을 대상으로 새로운 적응증을 규명해 신약으로 개발하는 방법으로 기존 신약개발에 비해 상대적으로 신약개발 기간의 단축과 적은 비용으로도 신속하게 신약을 출시할 수 있는 이점이 있다.

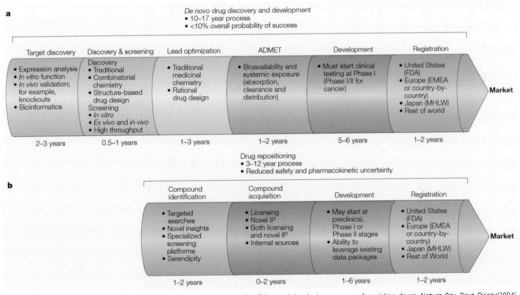

:TT Ashbum et al., Drug repositioning: identifying and developing new uses for existing drugs, Nature Rev. Drug Discov(2004)

그림 4-13 **통상적인 신약개발 vs 약물 재창출**

표 4-1 Drug repositioning (ORIGINAL INDICATION vs NEW INDICATION)

DRUG	ORIGINAL INDICATION	NEW INDICATION
Amphotericin B	Fungal infections	Leishmaniasis
Aspirin	Inflammation, pain	Antiplatelet
Bromocriptine	Parkinson's disease	Diabetes mellitus

Finasteride	Prostate hyperplasia	Hair loss
Gemcitabine	Viral infections	Cancer
Methotrexate	Cancer	Psoriasis, rheumatoid arthritis
Minoxidil	Hypertension	Hair loss
Raloxifene	Cancer	Osteoporosis
Thalidomide	Morning sickness	Leprosy, multiple myeloma
Sildenafil	Angina	Erectile dysfunction, pulmonary hypertension

1) Sildenafil: 최초 심장혈관 수축 조절제로서 협심증 치료를 하기 위해 개발되었으나 임상 시험 과정 중에 치료 효과가 낮아 포기단계에서 새로운 적응증으로 개발해 큰 성공을 이루었다. 협심증 치료제에서 발기부전 치료제로 방향을 전환해 성공한 '비아그라'는 Drug Repositioning 대표적인 사례이다.

2) Finasteride: 남성호르몬 생성에 관여하는 효소인 5-alpha reductase를 억제함으로써 전립선비대증 치료에 효과를 보여 Proscar라는 이름으로 출시했고, 남성호르몬의 과량 분비는 대머리의 유발과 관련이 있으므로 전립선비대증 치료에 쓰이는 약의 1/5 양을 함유한 약을 'Propecia'라는 대머리 치료제로 개발에 성공했다.

3) Aspirin: 아스피린의 경우 본래 해열진통제로 출시됐는데, 우수한 진통효과에도 피가 잘 굳지 않는 부작용이 있었다. 그런데 제조사는 오히려 이 부작용을 적극적으로 활용해 아스피린을 심혈관질환 치료제로 Repositioning 했다. 즉 아스피린은 혈액응고를 방해하기 때문에 혈전이 생기는 것을 막을 수 있는데, 이에 아스피린은 현재 심혈관질환 치료제로 처방되고 있다.

4) Minoxidil: 혈압약으로 개발된 미녹시딜은 부작용으로 털이 자라는 작용이 지속적으로 보고가 되었고, 이를 이용하여 5% 농도의 미녹시딜을 바르면 탈모 치료에 효과적이라는 것을 밝혀내 큰 성과를 이루어 내었다.

5) Raloxifene: 폐경기 여성의 골다공증치료제(SERM: Selective Estrogen Receptor Modulator)인데 골세포에서 유전자 발현을 증가시켜서 골다공증을 억제하는 효과가 있다. 그런데 estrogen은 심혈관질환을 낮출 수 있다고 이미 보고가 있기에, 이를 바탕으로 estrogen agonist인 raloxifene이 심혈관에 어떤 영향을 주는지 임상을 수행하였지만 큰 효과를 볼 수 없었다. 그 대신 임상결과를 분석하는 과정에서 유방암 억제 효과가 있음을 알았고, 유방암세포에서는 골세포에서와 달리 estrogen receptor에 의한 유전자 발현을 억제시켜주는 효과를 나타냈다. 그 결과 raloxifene은 tamoxifen과 더불어 유방암 치료제에 많이 쓰이고 있다.

6) Thalidomide: 수면에 도움을 주고 입덧에 탁월한 효과가 있다고 하여 많은 매출을 올렸지만 기형아를 유발하는 부작용 때문에 시장에서 퇴출 되었다. 임산부에게는 절대 사용이 될 수 없도록 금지가 되었지만, 이스라엘의 한 의사가 한센병 환자에게 수면을 도와줄 목적으로 처방했을 때 피부 증상까지 개선되는 것을 보고 한센병 환자에게 쓸 수 있도록 새 생명을 얻었고, 최근에는 다발성 경화증에도 그 적응증을 얻어서 제한적으로 사용이 되고 있다.

▶ Metformin: 당뇨병 치료제로 많이 쓰이는 약물로 최근에 유방암에 효과가 있다는 보고 되었으며, 현재 임상3상중에 있다. Metformin이 AMPK를 활성화 시키면 mTOR가 억제되어서 암세포 증식이 억제된다고 알려져 있다. 한편 rapamycin은 mTOR를 억제하여 lymphocyte증식을 막는 면역억제제로 장기이식시 cyclosporin대신 많이 사용되고 있으며, 현재 여러 암종에 대한 치료제로 임상 1상, 2상 시험중에 있다.

▶ Ceftriaxone: 뇌에서 glutamate가 방출되면 excitotoxicity를 통해 신경세포가 죽게 되는데, glutamate excitotoxicity를 억제하는 물질을 시판시약 중에서 찾은 결과 beta-lactam 계열의 항생제가 억제효과가 있음을 알아냈다. 그 중에서 ceftriaxone을 이용하여 루게릭병으로 알려진 ALS (Amyotrophic lateralsclerosis) 환자에서 임상3상 중에 있다.

09 신약개발과정은 어떻게 할까? 신약개발사와 미국 FDA의 관계

임상시험 실행 수는 21세기 들어 놀랍게 증가했다. 2000년에 등록된 임상시험은 총 2,119건이었으나 2019년 12월에는 150배나 많은 32만 5,592건이었다.

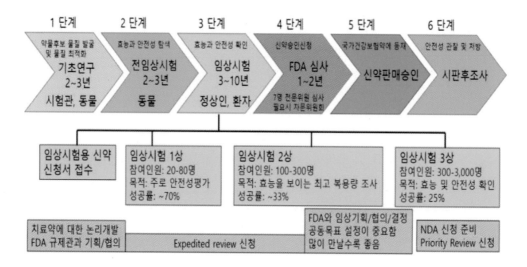

그림 4-14 **신약개발과정**

임상시험 수가 큰 폭으로 증가한 것과 비교해 허가된 약물의 수나 상업적으로 성공할 가능성이 있는 약물 수는 비슷한데 그동안 약물개발비와 약값은 크게 상승했다.

FDA 허가를 받은 약들의 값이 비싼 이유는 생산비 때문이 아니다. 지금까지 통계를 보면 FDA는 평균 5,000~10,000가지 임상시험 계획 승인(IND: Investigational New Drug)를 통과한 임상시험 결과를 심사해 1개의 약을 승인했다.

FDA는 질병으로부터 자국민을 보호하기 위해 신약개발을 독려하며 동기를 부여하고 있다. 약 값을 보호해줘 개발비를 회수할 수 있도록 보장하는 것이 가장 큰 지원방법이다. 개발사 입장에서 보면 임상시험은 성공확률이 낮고 비용이 높으므로 성공한 신약에서 지금까지 실패한 임상시험비용까지 회수해야 한다.

한국의 식약처와 다르게 중요하지 않은 듯한 내용도 논리적이며 세부적인 설명을 요구하는 FDA 규제관들의 입장과 개발사의 관계를 전달하기 위해 신약개발과정을 6단계로 다음과 같이 요약했다.

1) 1단계: 목표 유전자(target gene) 발견 및 약물 후보물질 발굴

신약개발에 연계된 연구는 실험실에서 시작된다. 기초연구를 통해 질병의 원인이 되는 단백질(유전자)을 찾는다. 이 과정은 개발사보다 대학 연구실 또는 비영리연구기관에서 이뤄진다.

IND를 신청하기 전 FDA와 협의할 때는 발표된 논문내용에서 신약개발까지의 연계성을 잘 설명해야 한다. 그리고 치료용 후보 약물로서 이 타겟 단백질의 기능을 억제하는 물질을 찾아야 한다. 제약회사에서는 가용한 화학물질들과 자체적으로 새로 합성한 화학물질 중에서 타겟의 기능을 조절하는 물질을 선별한다. 기존 방법은 주로 대량선별(high through-put)방법을 사용했다. 이 단점을 보완하기 위해 타겟에 맞는 저분자약물(small molecule)을 디자인하려는 노력도 했다. 최근에는 컴퓨터의 성능과 인공지능 분야가 발전하면서 이 분야가 태동하고 있다.

새로운 물질을 디자인한 후에는 이 물질들이 타겟 단백질과 상호작용하는 기전을 실험적으로 밝혀야 한다. 시험결과는 특허 신청 외에도 논문으로 발표하면 좋다. 이 단계에서 수십만~수백만 개의 분자들을 걸러 10여 개 후보물질을 발굴하며, 이 과정은 운이 좋으면 1년 정도 소요되지만 10년 가까이 걸리는 경우도 있다.

2) 2단계: 전임상 시험

전임상 시험을 위해 10개 정도 선별해 놓은 후보물질들을 추가적으로 비교 분석해 대표 약물후보 물질 1개를 선정한다. 이 시험은 사람에게 안전하게 사용할 수 있을 것이라는 기초적인 정보를 얻기 위해 시행한다. 이 시험은 크게 두 가지로 나눠진다. 한 가지는 시험관(in vitro)에서 시행하고, 한 가지는 모델 동물(in vivo)을 이용해 시행한다. 이 단계에서 약의 효능에 대해 이해하기 시작한다. 예를 들면 항암제를 개발할 경우 쥐에 타겟 암이 발생하도록 한 다음 약을 주입해 암이 치료되는지 확인한다. 이때 뛰어난 치료효과를 보이면 계속 실험을 진행한다.

약의 효능은 기본 요건이며 효능에 대한 확신이 필요하지만 안전성에 대한 데이터가 중요하다. 약이 동물의 각 기관에 미치는 영향 및 소화 흡수 대사 배설을 면밀히 조사한다. FDA 는 공인기관에서 실행한 안전성 시험결과만 인정하므로 국제적으로 공인된 기관에서 이 시험을 실행해야 한다. 안전성을 평가받은 50개 물질 중 1개가 임상시험단계로 올라가며 다른 물질들은 폐기한다.

3) 3단계: 임상시험(clinical trial)

동물을 대상으로 한 시험에서 안정성과 약효가 증명되면 사람에게도 안전하며 효과가 있는지 시험해야 한다. 이 시험을 시행하기 전 계획 단계에서부터 신약허가를 받을 때까지 개발사는 FDA 규제관들의 도움을 언제든지 요청할 수 있다.

FDA는 신약을 개발해 자국민들이 질병을 치료하기 위해 노력하므로 개발사들의 요청을 적극적으로 돕는다. 반드시 FDA와 상의하고 그들의 의견을 최대한 수용하는 것이 좋다. 이 시험을 통과하면 FDA로부터 약물을 독점적으로 판매할 수 있는 권한을 부여받는데, 과정이 복잡하고 기대수준이 매우 높다.

(1) 3-1단계: 임상시험용 신약(IND: Investigational New Drug) 신청서 접수

치료효과가 나타난다고 아무 물질이나 사람을 대상으로 실험할 수 없다. 환자들이 불필요한 위험에 노출되지 않도록 국가에서 감독을 강화하고 사람에게 임상시험을 시행하기 전에 약물과 치료방법에 대하여 FDA의 승인을 반드시 받아야 한다.

개발사는 전임상시험 데이터를 기반으로 한 임상시험계획을 접수해야 한다. 신청한 서류가 접수되면 FDA는 시험에 사용하려는 약물 후보물질의 안전성 및 부작용이 있는지 전임상시험 결과를 7명의 전문가로 구성된 팀에서 면밀하게 검사한다. 이때 약물의 화학구조, 개발사에서 믿고 있는 약물의 기전, 약물 생산과정도 같이 조사한다.

FDA에서 제출된 임상시험계획을 승인하면 사람에게 임상시험을 시행할 수 있다. 임상계획이 승인된 날부터 20년간 이 약의 독점권이 보장되는 날이 시작된다. 하루라도 빨리 임상시험을 통과해 판매허가를 받아야 이윤을 극대화할 수 있다.

임상용 신약(IND) 계획 단계에서 개발사에서는 FDA 규제관들의 긴밀한 협조를 받아야 한다. 임상시험계획서에 동물실험과 기전실험결과를 바탕으로 치료제를 테스트하는 이유를 프로토콜(protocol)이라고 부르는 세부적인 연구방법으로 문서화 한다.

이 문서에는 ①임상에 참여할 환자의 구체적인 질병상태 ②환자수 ③환자의 치료효과를 확인할 기간 ④대조군을 설정하는 방법 ⑤신약 투여 양 및 투여 방법 ⑥평가항목 및 수집하려는 데이터 종류 ⑦데이터 심사와 분석방법이 포함돼야 한다. IND 신청시 작성된 프로토콜은 임상단계 별로수정될 수 있으나 FDA 규제기관과 토의를 거쳐 승인을 받아야 한다.

FDA 규제기관들은 임상시험에 참여하는 환자들의 안전을 고려해 전통과 규칙을 강조한다. 개발사에서는 혁신신약에 속하는 지금까지 없었던 치료법을 개발하려 하기 때문에 전통적인 방법에는 답이 없을 수 있다. 환자들의 안전을 보장하기 위해 원칙을 고수하려는 FDA 규제요원들의 의문점과 염려를 풀어 줄 수 있도록 데이터를 모으고 논리를 개발해야 하며 협의와 토의에 참여해야 한다.

(2) 3–2단계: 임상시험 1상

임상시험 1상은 안전성을 확신하기 위해 시행한다. 일반적으로 건강한 사람 20~80여명에게 약물을 투여해 이 사람들에게 문제를 일으키지 않는지 확인한다. 이 시험에서 사람에게 사용할 수 있는 최대용량을 결정한다. 약이 몸에 흡수돼 최종적으로 제거되는 과정과 부작용을 조사한다. 항암제는 건강한 사람 대신 환자에게 약물을 투여한다. 이때 크게 기대하지는 않지만 약의 효능이 나타나는지도 조사한다.

1상이 끝난 후 뛰어난 효과를 보였다고 선전하는 회사들도 있다. 실제로 1상 결과를 과학전문지에 발표한 경우도 있다. 이런 발전은 매우 고무적인 사인이다. 1상에서 ①사람 몸에서 약의 작용 ②과량 사용시 부작용 ③약효에 대한 개략적인 정보 ④부작용을 낮추고 효과는 높이기 위한 투약방법을 조사하며 2상 계획에 반영한다.

타겟 발굴과정, 전임상시험 결과 및 임상시험 1상 결과를 바탕으로 신속심사(Fast Track), 혁신신약(Breakthrough Therapy), 가속허가(Accelerated Approval) 중 적합한 분야를 신청하면 좋다.

(3) 3–3단계: 임상시험 2상

2상에서는 수백명 환자들을 시험에 참가하지만 약의 효능을 완전히 증명할 만큼 충분하지는 않다. 참가한 사람들은 약물로 치료하려는 질병을 앓고 있는 환자들이다. 안전성이 여전히 중요한 점이며 특히 약물을 투여한 후 짧은 기간에 나타나는 부작용을 주의 깊게 monitoring 한다.

환자들을 최소한 세 그룹으로 나눠 위약, 낮은 용량, 높은 용량을 투약하며 부작용이 가장 낮게 나타나면서 약효를 보이는 용량을 결정한다. 임상시험에서 알고 싶은 질문을 세부적으로 수정, 임상시험 방법을 최종적으로 결정한다. 약 67%가 떨어지고 33%가 Phase 3으로 진행한다. 이 시험결과에 따라서 약물 효능이 뛰어나다고 판명되면 3상으로 진행한다.

임상시험 3상 디자인을 하기 전 2상 데이터를 가지고 FDA 규제관들과 밀접한 협의를 해야 한다. 임상 3상을 시작하기 전 반드시 FDA와 시험방법을 합의하는 것이 좋다. 특히 승인된 치료제가 없는 경우에는 혁신신약 이어서 FDA의 전문성이 모자랄 수 있다. 이럴 때일수록 FDA와 협업하는 것이 중요하며 협의를 통해서 1차 및 2차 평가지수를 결정해야 승인 받는데 유리하다. FDA에서 충분히 납득이 되고 동의한 후에 임상 3상을 진행하는 것이 좋다.

(4) 3-4단계: 임상시험 3상

임상시험 중에서 가장 중요한 연구(Pivotal study)이며 가장 비용이 많이 소요되는 연구다. 임상시험 3상을 개발사에서 계획하지만 FDA의 승인을 받아야 한다. 참여하는 환자수는 300~3000명이다. 이때 1차 평가지수를 설정하며 이 평가지수가 바로 시험에 사용한 약의 성패를 결정하는 주요소다. 2차 평가지수와 그 외 부수적으로 분석할 내용도 이때 결정한다. 통계적으로 약효를 입증해야 하는데 암 치료제와 같이 약효를 명확하게 볼 수 있는 경우에는 수백명, 백신과 같이 효과를 보려면 자연적인 감염이 필요할 경우에는 수 천명까지 참여시켜야 한다. 10만명 이상 참가한 임상시험도 있다.

이 과정이 약 개발과정에서 가장 돈이 많이 소요된다. 2상보다 기간이 길어 흔하게 나타나지 않는 부작용이 나타날 수도 있다. 5개 임상시험 중에서 평균 1개정도 통과된다. 개발사에서는 3상이 성공한다는 가정하에 대량생산계획을 수립해야 한다. 다음 단계를 준비해 우선심사(Priority Review)를 신청하는 것이 좋다.

4) 4단계: 신약신청 (NDA: New Drug Application) 접수

임상시험 3상이 성공적으로 나타나면 모든 임상시험결과와 전임상시험 결과와 발굴단계에서 생산한 모든 데이터를 종합해 FDA에 신약판매승인신청서를 접수한다. 이 신청서는 최소한 1,000페이지 이상이며 1만 페이지를 넘는 것도 있다.

임상시험 3상에서는 약의 효능이 가장 중요하며, 만약 부작용 혹은 안전성에 문제가 있다면 약의 효능 때문에 얻는 이점이 부작용 때문에 발생할 고통보다 크다는 사실을 증명해야 한다.

서류가 접수되면 표준심사(Standard review)를 할 경우에는 10개월, 우선심사(Priority Review)를 할 경우 6개월 이내에 가부 결정을 해주겠다는 암묵적인 약속이 성립된다. 그러나 결정은 약속보다 늦어질 수 있다.

5) 5단계: 신약판매승인 결정

일반적으로 FDA는 가부 결정을 처방약물 사용자비용법안(PDUFA:Prescription drug User Fee Act) 날짜까지 기다린다. FDA는 약을 '허가', '거절', 혹은 보완요청편지(CRL: Complete Response Letter)를 개발사에게 보내어 추가적인 데이터를 요청한다.

보완요청편지를 받으면 개발사에서는 이 요청에 쉽게 응할 수 있는지 확인하고 개발을 계속할 것인지 단념할 것인지 결정해야 한다. 개발사에서는 개발비를 투자받기 위해 '계속 개발한다'고 발표할 가능성이 많지만 투자자들은 편지의 내용을 잘 분석해 봐야 한다.

'허가' 결정을 받으면 약물을 곧바로 환자들에게 사용하도록 생산할 수 있지만 시판전에 생산시설에 대한 현장검사와 서류심사를 거쳐 최종판매 허가를 받아야 한다.

6) 6단계: 임상시험 4상(시판 후 조사)

FDA에서 승인하면 약을 시판할 수 있지만 개발사의 의무가 끝난 것은 아니다. 승인 후에도 FDA는 개발사에게 장기간 추적 주사를 통해서 약이 안전하다는 증거를 제출하라 요구할 수 있다. 개발사는 환자들에게 나타나는 부작용에 대한 리포트를 정규적으로 제출해야 한다. 약물의 안전성이 FDA의 최우선 요구사항이다. 약물 개발기간은 거의 10~15년 되므로 특허로 보호되는 약의 권리는 5~10년 정도 남게 된다.

10 의약품 해외 진출을 위한 신속심사 방법

코로나-19 대유행 등 공중보건 위기상황과 의학적 미충족 해결 수요가 증가함에 따라 의료제품 신속심사 제도의 중요성은 날이 갈수록 중요해 지고 있다.

미국, 유럽, 일본에서는 의약품 규제기관이 제품의 개발단계에서부터 지원하고 있고, 허가·심사 자료 준비의 시행착오를 줄이며 신속한 의약품의 평가 및 허가를 위해 ▶혁신의약품 지정 ▶Prime 제도 ▶SAKIGAKE Designation[1] 등 신속심사 프로그램을 도입하여 운영하고 있다.

우리나라의 식품의약품안전평가원에서는 2020년 8월 허가·심사 전문성을 강화하고 개발중인 의약품의 신속한 제품화를 지원하기 위해 신속심사과를 신설하였고 2021년 9월에 코로나19 백신을 포함한 신경섬유종증 치료제 등 7개의 품목이 신속심사를 통해 허가되었고 허가기간을 대폭 단축해 '40일' 내에 허가심사를 완료했다.

패스트 트랙*	중대한 질환 및 의학적 미충족 해결하는 신약 개발 가속화 및 심사 기간 단축하는 절차
혁신의약품 지정	예비 임상시험 결과에서 기존 치료법 대비 상당한 개선을 보이는 의약품의 개발과 심사 절차 가속화를 위한 절차
신속심사*	중대한 질환 치료제에 대하여 대리평가변수 기반으로 의학적 미충복을 해결하는 품목의 허가를 위한 절차
우선심사*	중대한 질환에서 안전성 및 유효성이 입증된 의약품에 대하여 6개월 이내 허가심사를 목효로 하는 심사

그림 4-15 미국 FDA 신속심사 프로그램

---

1. 일본이 2015년에 혁신적인 치료방법이 필요한 질환을 대상으로 하는 의약품과 세계 최초로 일본에서 조기 개발, 신청된 의약품을 우선적으로 상담 및 심사를 실시하고 허가과정을 지원하기 위해서 도입되었다.

예외적 허가	질병의 희귀성, 윤리적 제약 또는 과학적 지식의 한계로 자료 일부를 제출할 수 없는 경우 적용
프라임*	계발 초기부터 개발자와 규제기관이 협력하여 품목허가를 위한 임상시험 설계 강화 및 허가지원
신속심사*	혁신적인 치료제에 대하여 심사기간을 단축하기 위하여 도입
조건부허가	생명을 위협하는 질환, 공중보건상 위급한 상황, 또는 희귀질환 치료제에 대하여 허가 후 치료적 확증 임상실험 제출 조건 허가

그림 4-16 유럽 EMA 신속심사 프로그램

우선심사*	희귀의약품, 후생성 지정 의약품, 중대한 질환 치료 신약에 대하여 신청서 접수 순서와 무관하게 우선적으로 심사
사키가케*	혁신성, 중대한 질환, 유효성 개선, 국내 개발 품목에 대하여 개발 초기부터 허가까지 지원
조건부 조기허가	질병의 희귀성, 중대한 질환느이 치료제의 경우 일부 안전성 및 유효성 자료를 허가 후 제출 조건으로 허가하는 제도

그림 4-17 일본 PMDA 신속심사 분류

1) FDA 신속 프로그램 분류

미국 FDA의 신속 프로그램에는 ▶패스트 트랙(Fast Track) ▶혁신의약품 지정(Breakthrough Therapy Designation) ▶신속심사(Accelerated Assessment) ▶우선심사(Priority Review) 등 4가지가 있다.

(1) Fast Track 신약 개발 촉진

Fast Track은 중대한 질환 치료 및 시급한 의학적 미충족을 해결하는 신약의 개발을 가속화하고 심사 기간을 단축하는 절차다. 해당 되는 제품은 ①기존 치료법이 없는 질병의 치료 또는 예방을 목적으로 하는 신약 ②기존 치료법이 있을 경우, 기존 치료법들과 비교하여 개선점을 입증하는 의약품 ③중대하고 생명을 위협하는 감염병 치료제로 이미 지정된 약물 등이다.

FDA의 Fast Track 지정은 2012년부터 2021년 9월까지 총 232건으로 항암제 38건(17%)와 감염증 치료제 35건(15%)의 비율이 높았다.

한국회사 제품이 미국 FDA에 Fast Track으로 지정 받은 사례를 살펴보면 한미약품의 단장증후군 치료제(LAPS-GLP2)[2], 비소세포폐암 치료제 포지오티닙(Poziotinib)와 레고켐바이오의 결핵 치료제 델파졸리드(Delpazolid) 등이 있다.

- 한미약품의 단장증후군 치료제 'LAPS-GLP2'는 '중대한 질환의 치료를 위한 신약'에 해당되는 제품으로 비임상 시험자료 중 동물에서의 효력시험자료와 건강한 성인에서의 약동학·약력학 시험자료에서 기존 치료제 대비 향상된 약물 효능, 유사한 안전성 및 복용 간격 연장을 통한 약물 순응도 개선효과가 확인돼 Fast Track으로 지정 받았다.

- 한미약품의 비소세포폐암 치료제 'Poziotinib'은 '기존 치료법이 없는 중대한 질환의 치료를 위한 신약'에 해당되어 Fast Track을 지정 받았다.

- 레고켐바이오의 결핵 치료제 'Delpazolid'의 경우 '중대하고 생명을 위협하는 감염병 치료제'로 지정되면서 Fast Track 품목의 대상이 됐다. '중대하고 생명을 위협하는 감염병 치료제(QIDP: Qualified Infectious Disease Product)에 지정 되었을 시, 기존 치료법 대비 비열등성을 입증할 경우 지정이 가능하므로, 항생제를 개발할 경우 이 'QIDP'를 지정 받는 것이 유리하다. 다만 Fast Track 지정을 위해서는 Fast Track 대상임을 입증하는 자료를 구비해 별도로 신청해야 한다.

Fast Track 지정 요청서 제출 시점은 개발자가 품목허가 신청과는 별도로 지정신청을 해야 한다. 신약 개발 과정 중 임상계획서 제출시점, 품목허가 신청 시점 등 모든 시점에서 요청할 수 있다. 원활한 진행을 위해서는 품목허가 신청 사전회의 전에 신청해야 한다.

(2) 혁신의약품 지정(Breakthrough Therapy Designation)

혁신의약품 지정은 예비 임상시험 결과에서 기존 치료법 대비 상당한 개선을 보이는 의약품의 개발과 심사 절차를 가속화하기 위해 마련된 절차다.

선정 대상은 중대한 질환, 생명을 위협하는 질환의 치료목적으로 예비 임상시험결과에서

---

2. 선청성 또는 생후 수술적으로 전체 소장의 이상이 소실되어 흡수장애와 영양실조를 일으키는 질환

중요한 임상 평가변수에 기존 치료제 대비 상당한 개선이 있는 의약품이다.

신청은 예비 임상 시험자료가 확보된 시점부터 신청이 가능하다. 다만 FDA는 '2상 임상시험 종료 후 회의 전에 신청 할 것'을 권고하고 있다.

혁신의약품 지정 신청은 신청자가 별도로 해야 한다. 신약개발 과정 중 언제라도 지정 요청서를 접수할 수 있다. 다만, 임상적으로 유의한 평가변수 하나 이상을 기존 치료법과 비교했을 때 개선되었다는 것을 입증할 수 있는 임상시험 결과를 확보한 후에 요청서를 제출해야 한다. 이미 혁신의약품 지정을 받은 품목에 대해서는 다른 적응증의 혁신의약품으로 지정 요청할 경우별도의 요청으로 신청해야 한다.

혁신의약품 지정은 제도가 도입된 2013년부터 2021년 9월까지 총 219건이 지정되었으며, 항암제가 74건(34%)로 가장 많이 지정된 것으로 나타났다.

(3) 신속심사(Accelerated Assessment)

중증질환 치료제에 대하여 대리평가변수 기반으로 의학적 미충족을 해결하는 품목의 허가를 목적으로 하는 제도로 신속심사의 경우, 별도의 지정이 필요 없으며 허가 사전회의에서 신속심사 진행여부를 논의할 수 있다.

(4) 우선심사(Priority Review)

우선심사의 대상으로는 크게 2가지가 있다.

하나는 중대한 질환의 치료·진단·예방에서 표준치료 보다 안전성 및 유효성이 유의미하게 개선되었다는 입증이 된 의약품이며, 다른 하나는 중대하고 생명을 위협하는 감염병 치료제로 이미 지정된 약물이다. 이들 모두는 신청 후 6개월 내의 승인을 목표로 하고 있다.

2016년부터 2020년까지 최초허가 시 적용된 건수는 총 141건으로 항암제가 42%로 가장 높았으며, 감염증 치료제가 22%로 그 뒤를 이었다.

대표적인 사례로는 한미약품의 유방암 치료제(오락솔)로, '기존 치료제 대비 안전성 및 유효성 개선 가능성'을 인정받아 우선심사로 지정됐다.

우선심사로 지정된 품목의 경우 일반심사 품목에 비해 보완이 없이 허가가 되는 비율이 높은것으로 나타났는데, 전문가들에 따르면 우선심사 품목으로 지정되었을 시 신청사와 규제당국간의 '허가 전 회의(Pre-Submission Communication)'을 통해 활발한 의사소통을 하기 때문인 것으로 분석됐다. 소아대상 임상 결과를 제출하여 허가 변경 신청하는 경우 등 소아 적응증 심사에 대한 사항은 자동적으로 우선심사 대상이 된다.

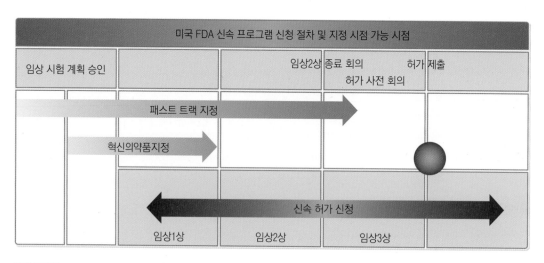

그림 4-18 미국 FDA 신속 프로그램 신청절차

실전문제

→ 신약개발과정에서 FDA에 제출할 때 필요한 자료는?

→ FDA에서 CRL (Complete Response Letter) 자료를 요청하는 경우는?

→ FDA 신속 프로그램 종류는?

→ Priority Review 품목으로 지정받기 위한 조건은?

→ FDA가 개발사에게 보완요청편지(CRL: Complete Response Letter) 요구하는 이유는? 개발사가 준비해야 할 추가적인 DATA는?

→ FDA가 개발사에게 보완요청편지(CRL: Complete Response Letter) 요구한 한국제약기업은 예는? 이유는?

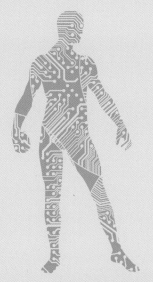

임상시험

비임상 시험(GLP: Good Laboratory Practice)

01 GLP의 정의

비임상시험이란 사람의 건강에 영향을 미치는 시험물질의 성질이나 안전성에 관한 각종 자료를 얻기 위하여 실험실과 같은 조건에서 동물·식물·미생물과 물리적·화학적 매체 또는 이들의 구성성분으로 이루어진 것을 사용하여 실시하는 시험을 말한다. 〈약사법 제2조(정의) 16항〉

신약을 개발하는 과정은 스크리닝, 비임상시험, 임상시험의 단계를 거친다. 이 중 안전성약리를 포함한 비임상 안전성시험의 목적은 임상시험에 필요한 정보를 얻는 과정이다. 임상시험을 시작할 때 사용할 신약 후보약물의 안전한 투여 용량, 잠재적인 독성의 표적장기, 독성바이오마커들에 대한 정보 그리고 발암성 및 생식독성과 같은 임상시험을 통하여 확인하기 어려운 독성 정보를 얻기 위한 과정이다.

비임상시험이란 동물 등을 이용하여 의약품으로 개발하고자 하는 후보물질의 안전성 및 유효성을 평가하는 시험을 말한다. 이 시험결과를 흔히 비임상시험자료라고 말하는데, 의약품으로 개발하고자 하는 후보물질의 임상시험승인을 요청할 때 그리고 임상시험이 끝나고 의약품허가를 득하고자 할 때 식약처에 이를 제출하여야 한다. 식약청에서는 비임상시험자료를 검토하여 임상시험여부를 결정한다. 과연 의약품으로 개발하고자 하는 후보물질을 가지고 사람을 대상(임상시험)으로 유효성 및 안전성 시험을 해도 괜찮은지 여부를 판단한다.

모든 의약품은 의약품 개발, 심사, 허가과정을 위해서는 약리시험과 독성평가가 필요하다. 약물 투여가 안전하고 효과적으로 이루어지기 위해서는 약물에 대한 이해가 필요하며, 이를 위해 새로 개발한 신약후보물질을 사람에게 사용하기 전에 동물에게 사용하여 부작용이나 독성, 효과 등을 알아보는 것을 비임상(전임상) 시험이라 한다. 전임상시험은 약물이 체내에 어떻게 흡수되어 분포되고 배설되는가를 연구하는 약물동태학과 (Pharmacokinetics)

약물의 생화학적 및 생리학적 효과와 작용기전에 대한 연구로서 약물의 화학적 구조와 작용 및 효과와의 상호관계, 특정약물의 작용과 효과에 대한 연구를 주로 취급하는 약력학(Pharmacodynamics)으로 구분되어 수행된다. 그 후 동물실험을 통해 시험약이 지니는 부작용 및 독성을 검색하기 위한 단회투여 독성시험, 반복투여 독성시험, 유전독성시험, 발암성시험, 생식·발생 독성시험 국소내성시험 및 기타 독성시험등의 안전성 평가가 실시된다. 이들 시험 중 특히, 독성시험과 안전성약리시험에 대해서는 비임상시험관리기준 즉, GLP에 따라 수행된 시험자료를 식품의약품안전처에 허가자료로 제출하여야 한다. 식품의약품안전처에서 말하는 GLP는 의약품, 화학물질 등의 안전성 평가를 위하여 실시하는 각종 독성시험의 신뢰성을 보증하기 위하여 시험의 전 과정에 관련되는 모든 사항을 조직적, 체계적으로 관리하는 규정이며, 의약품 등의 안전성, 유효성 심사에 관한 규정에 의하여 의약품등의 제조 및 수입 허가신청 등을 위한 비임상 시험의 계획, 실시, 점검, 기록, 보고 및 보관을 위한 시험기관에서의 절차 및 조건 등을 정한 비임상시험관리기준을 의미한다.

그림 5-1 비임상시험의 개요

의약품을 사람에게 사용하기 위해서는 우선 안전하고 유효해야 하며, 그 품질이 항상 일정한 수준으로 유지되어야 한다. 따라서 의약품을 허가하기 전에 안전성과 유효성을 입증할 수 있고, 그 품질을 보증할 수 있는 시험기준과 방법에 관한 많은 자료를 심사하고 있다. 의약품개발과정을 살펴보면 우선 의약품후보 물질의 안전성을 확보하기 위하여 동물을 이용한 독성시험, 즉 전임상시험(Pre-clinical trial)을 수행한다.

비임상시험은 의약품의 안전성을 확보하기 위해서 필수적인 시험으로 신약 개발단계에서 단회·반복투여독성시험 등 여러 가지 독성시험을 통해 독성을 나타내지 않는 최소용량 및 견딜 수 있는 최대용량, 1상 임상시험 용량, 투여경로 및 투여기간, 이상반응 가역성 여부 등을 결정하며, 이를 근거로 임상시험을 실시하여 신약의 안전성과 유효성을 판단한다. 따라서 신약의 안전성·유효성을 확보하기 위한 독성시험과 임상시험자료의 신뢰성을 확보하는 것과 그 자료의 국제적인 상호인증이 매우 중요하다. 세계 각국은 비임상시험과 임상시험의 신뢰성을 제고하기 위해 각각 GLP와 GCP를 운영하고 있다

우리나라의 GLP는 1980년대 신약개발에 박차를 가하면서 보건복지부에서 신약허가용 독성시험자료의 신뢰성을 확보하기 위해 처음 도입하였다. 즉 1986년에 GLP 관련규정으로 "의약품 등의 안전성시험관리기준"을 제정하였으며, 그동안 국내 독성시험자료의 생산이 미미하여 GLP운영기반이 구축되지 않았으나, 1996년 이후 OECD에 가입하게 됨에 따라 국제수준의 GLP 운영체계를 갖추고자 OECD 규정에 근거하여 비임상시험관리규정을 개정·운영하고 있다.

2005년에는 다지정시험(Multi-site study)에 대한 규정과 실태조사 후 처분규정 등을 신설하였으며, 1988년에 최초로 GLP 시험기관을 지정한 이래 현재 식약청에서 지정한 GLP 시험기관이 16개 기관에 이르게 되었다. 한편 식약처에서는 의약품과 화장품의 안전성 심사 시 2003년 1월 1일부터 비임상시험관리기준에 따라 수행된 독성시험자료만을 인정함으로써 국제조화를 이루어 왔다. 다지정시험(Multi-site study)의 확대, 동물시험 대신 시험관시험(in vitro)의 시행 등 OECD 중심의 국제적인 변화에 적극적으로 대응하고 있으며, 또한 국내 GLP 수준 향상을 위해 GLP 교육훈련과정을 통해 GLP 전문가와 GLP 조사관을 양성하고, 국내 GLP관리 현황을 OECD에 매년 보고하여 GLP 관련정보를 다른 나라와 공유함으

로써 국내 시험기관에서 생산한 독성시험자료가 국제적으로 인정받을 수 있도록 하고 있다.

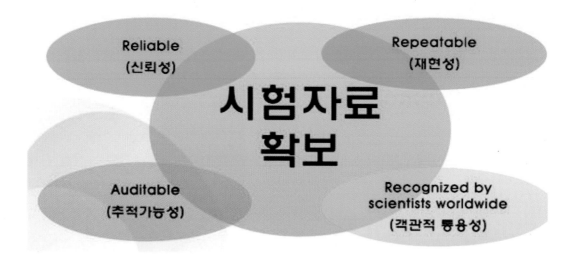

그림 5-2 GLP 목적

03 GLP의 필요성

1) 화학물질이 환경과 보건에 미치는 영향이 크게 증가됨에 따라 안전성 시험자료의 신뢰성에 대한 중요성이 부각 되고 있다.

2) 비임상 안전성 시험자료의 신뢰성 확보를 위해 GLP 규정을 작성 및 공포(미국: 1970년대).

3) 각 국에서 개별 운영하다가, 1981년 OECD에서 국제적 조정을 통해 OECD GLP 원칙으로 제정. 지속적인 지침을 제개정 하고 있다. 〈상호인정〉

4) 현재 허가를 목적으로 하는 비임상 안전성 자료는 GLP를 준수해야 한다.

04 GLP 준수의 기대효과

1) 국내 비임상시험 자료의 신뢰성을 국제적으로 인정받게 된다.

2) 국내 비임상기관의 국제적 위상을 제고한다(KGLP).

3) 국내외 개발 신물질에 대한 비임상 안전성 평가를 위한 시험을 국내기관에서 수행할 수 있다(외화유출방지, 개발경비 절감 효과, 외화 획득의 효과).

05 GLP 상호방문 평가 프로그램

OECD GLP 현지방문평가 프로그램은 상호인정과 관련된 OECD council 결의 사항을 각 국가의 GLP compliance monitoring authority 들이 잘 준수하고 있는지 살펴보기 위해 만들어졌다.

1) 평가팀(2개국)을 구성하여 MA의 조직 및 프로그램 운영현황 조사 후 그 결과를 GLP 작업반에서 논의.

2) 국가 GLP 준수 평가프로그램을 강화하는 수단이다.

3) 국가별 GLP 준수 평가프로그램의 조화를 이루어 MAD를 보다 효과적으로 시행하도록 한다.

■ GLP 상호방문 평가 프로그램 목적

1) 의약품 등의 시장 판매, 제조 이전에 관련 안전성시험 자료를 검토 및 평가하는 관련 당국에 시험자료에 대한 신뢰성 제공.

2) 각국 GLP compliance monitoring program 활동에 대한 신뢰성 제공.

06 비임상시험실시기관 지정(GLP compliance)

우리나라를 포함한 대부분의 나라에서는 GLP Certification 제도를 운영하며(사전기관 선정) 2년마다 정기 실태조사를 한다.

- 비임상시험기관 → 지정 신청 → 평가 → 비임상시험 실시기관 지정서 교부 → GLP 시험 실시 → 허가, 심사자료 제출.
- 미국의 경우 사후 평가제도(Certification 제도 운영X), 2년마다 정기실태조사 실시
비임상시험실시기관 → GLP시험실시 → 허가, 심사자료 제출 → 비임상시험실시기관 평가.

07 GLP와 ISO 차이점

- GLP: 규제기간에서 제정한 규정, 개별 비임상시험의 신뢰성 확보가 목적
- ISO: 민간에서 자율적으로 제정한 품질경영체계의 표준에서 출발, 실험과 교정의 역량 확보가 목적

표 5-1 GLP와 ISO의 차이점

	GLP	ISO
적용범위	단일비임상시험 및 환경독성시험	반복되는 시험검사
내부점검	각각의 시험에 내부점검 실시	각각의 단일검사에 대한 내부점검 X
서명	각각의 시험에 시험책임자 서명	각각의 시험에 물질책임자의 날인 불필요
시험계획	각각의 시험마다 시험계획서 수립	시험계획 불필요(표준화된 방법 사용)
시험절차문서화	표준작업지침서의 요건 및 양식 상세 기술	시험절차서 문서화(자유양식)
규제기관 관리감독	필요	불필요

문제발생 시 처리방법	법적조치	고객 불만사항 처리규정 문서화
법적용유무	법적 규제사항	국제적 인가사항

약리작용에 관한 시험

표 5-2 약리작용에 관한 시험

효력시험	약리시험	독성시험
In vivo시험	일반 약리시험	단회투여
In vitro시험	안전성 약리시험	반복투여
Ex vivo시험	약동학시험	유전독성
1차 효력시험	흡수, 분포, 대사, 배설	발암성
2차 효력시험	약물 상호작용	생식, 발생독성
		국소내성시험
		기타 독성시험

1) 효력시험

효력시험은 심사 대상 효능을 포함한 효력을 뒷받침하는 약리작용에 대한 시험으로 효과 발현의 작용기전이 포함한다.

(1) In vivo시험

질환모델 동물을 이용하여 약물에 대한 반응을 확인한다.

(2) In vitro시험

세포등을 이용하여 시험관내에서 약물에 대한 반응을 확인한다.

(3) Ex vivo시험

동물의 장기등을 적출하여 시험관내에서 약물에 대한 반응을 확인한다.

(4) Primary Pharmacodynamics(1차 효력시험)

시험물질의 예측 치료표적과 관련된 작용기전 및 영향에 관한 시험이다.

(5) Secondary pharmacodynamics(2차 효력시험)

시험물질의 예측 치료표적과 관련되지 않은 작용기전 및 영향에 관한 시험이다.

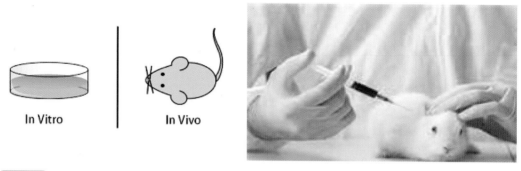

그림 5-3 In vivo vs In vitro시험   그림 5-4 효력시험

2) 약리시험

일반약리시험이란 독성시험 및 효력시험, 흡수·분포·대사·배설에 관한 시험을 제외한 비임상시험으로 의약품 등이 신체 각 부위(계) 및 기능 등에 미치는 영향에 관한 시험을 말한다.

(1) 일반 약리시험(Safety Pharmacology Study)

독성시험, 효력시험 및 흡수, 분포, 대사, 배설시험을 제외한 신체 각 부위(계) 및 기능에 미치는 영향에 관한 시험이다.

(2) 안전성 약리시험(Safety Pharmacology Study)

안전성약리시험은 시험물질을 치료용량 범위 및 그 이상으로 노출시켰을 경우, 생리적 기능에 나타나는 바람직하지 않은 약력학적 효과를 평가하기 위한 시험이다. 일반적으로 생명에 필수적인 주요기관인 순환기계, 호흡기계 및 중추신경계의 기관이나 조직에 대한 필수시험으로 안전성약리시험은 신약 등의 심사자료 제출시 반드시 제출해야 할 자료 중 하나이다.

안전성약리시험에 대한 국제규정으로는 ICH S&A, ICH S7B가 있으며, 안전성약리시험에 대한 개괄적 설명 및 안전성약리시험 중 반드시 수행하여야 하는 필수시험(Core battery)에 대한 대략적인 시험법 등이 소개되어 있다.

▶안전성 약리시험 일반원칙
- 안전성약리시험을 선택하고 실시하는 경우 이 기준에 따라 합리적인 접근법을 채택하여야한다. 다만, 의약품의 개별특성 및 사용목적에 따라 시험 계획과 수행방법이 달라질 수 있으며, 이 경우 과학적으로 검증된 방법이 사용되어야 하고 국제적으로 인증된 방법이 있으면 이를 사용할 수 있다.
- 안전성약리시험의 수행 과정에서 과학적으로 타당한 새로운 기술과 방법의 이용을 권장한다.
- 안전성약리시험의 일부 평가사항은 독성시험, 동태시험 및 임상시험 등에 포함될 수 있으나, 그렇지 않은 경우 별도의 안전성약리시험을 통해 평가되어야 한다.
- 물질의 유해반응은 적절하게 계획된 안전성약리시험에서는 치료범위 내의 용량, 농도에서나타날 수 있지만, 통상적인 동물 독성시험에서는 명확하게 관찰되거나 측정되지 않을 수도 있다.

▶안전성 약리시험 목적
안전성약리시험은 다음의 사항을 평가하기 위하여 실시한다.
- 사람의 안전성과 관련이 있을 수 있는 시험물질의 바람직하지 않은 약력학적 특성규명(돌연사 같은 예상치 못한 부작용을 사전에 탐색하기 위함).
- 독성시험 및 임상시험에서 관찰되는 시험물질의 약력학적 및 병태생리학적 약물유해반응평가.
- 이미 확인되었거나 우려되는 약력학적 약물유해반응의 기전 검토.

▶안전성 약리시험 종류
- 필수시험 (Core battery)
  생명에 필수적인 주요기관인 심혈관계, 호흡기계 및 중추신경계에 대한 시험.

• 추적시험(Follow-up study)

심혈관계, 호흡기계, 중추신경계에 대한 시험 중 이상이 발견되거나 과학적으로 의심될 때 심도있게 실시하는 시험.

• 추가시험(Supplemental study)

심혈관계, 호흡기계, 중추신경계 이외에 필요시 다른 기관계의 잠재적인 부작용 여부에 대한 시험.

(3) 약동학시험

동물 및 사람에 대한 시험관내 대사 및 혈장단백 결합자료와 반복투여 독성시험에 사용된 동물 종에서의 전신 노출자료는 임상시험이 시작되기 전에 평가되어야 한다. 시험 종에서 약동학(PK)에 대한 심층 정보(예:ADME)와 잠재적인 약물 상호작용과 연관된 시험관 내 생화학적 정보는 다수의 피험자에게 노출 시키거나 장기간 투약을 수행하기 전에 입수 가능해야 한다. 이러한 자료는 사람과 동물의 대사체를 비교하고 어떠한 추가적인 시험이 필요한지를 결정하는데 사용될 수 있다.

사람 대사체의 비임상적 특성규명은 그 대사체가 총 약물 관련 노출량의 10%보다 더 많거나 독성시험에서 관찰된 최대 노출량보다 사람에서의 수치가 유의하게 높을 경우에 한해 요구된다. 그러한 연구는 임상 3상을 뒷받침하기 위해서 수행되어야 한다. 일일 투여용량이 10mg 미만인 약물의 경우에는 약물과 관련된 많은 분획들이 시험에 적절하게 사용될 수 있다. 몇몇 대사체는 독성학적 우려가 없고 시험을 요구하지 않는다. 우려의 원인이 확인된 대사체의(예 : 독특한 사람 대사체) 비임상학적 특성규명은 사례별로 검토되어야 한다.

약동학 (pharmacokinetics) 이란 약물투여 후 체내 약물농도(양)의 정량적이고 경시적인 (time-dependent) 변화양상으로 정의할 수 있으며, 흡수(Absorption), 분포(Distribution), 대사(Metabolism) 및 배설(Excretion) 과정의 과정이 관여한다.

▶ Absorption

• 혈액 중 Target Compound 및 대사체 농도를 HPLC, LC-MS/MS, Immulite 등을 이용, 측정하여 약물의 생체이용률(Bioavailability)을 평가.

• WinNonlin 프로그램을 이용한 Parameters 산출.

- 시험대상 동물 : 설치류 (Mouse, Rat), 비설치류 (Beagle Dog, Rabbit), 영장류 (Monkey).

▶ Distribution

- 약물 투여 후, 특정시간 대에서 주요 장기의 약물농도(조직분포)측정.
- 시험대상 동물 : 설치류(Mouse, Rat), 비설치류(Beagle dog, Rabbit).

▶ Metabolism (in Vitro meatbolism)

- CYP 450를 이용한 약물대사 및 metabolic profiling을 LC-MS/MS를 이용하여 측정.
- 2D6, 2C9, 1A2, 2C19, 2A6, 2C8, 3A4 등에 대한 억제 및 유도작용에 대한 연구.
- Metabolite 확인 시 in vivo 대사 profile도 확인 가능.

▶ Excretion

- 뇨, 변, 담즙을 통하여 약물의 배설율 측정 및 약물의 주 배설경로 조사.
- 시험대상 동물 : 설치류(Mouse, Rat), 비설치류(Beagle dog).

(4) 약물상호작용

약물상호작용은 병용투여한 약물 간, 약물과 음식 간, 약물의 약동학적 프로파일 또는 약물과 효능, 부작용에 영향을 줄 수 있는 생활습관 간의 발생하는 현상 일체를 의미한다.

09 독성시험

◆ 단회투여독성시험(Single Dose Toxicity Study)

1) 정의

⑴ 시험물질을 실험동물에 단회투여(24시간 이내의 분할 투여하는 경우도 포함)하였을 때 단기간 내에 나타나는 독성을 질적 · 양적으로 검사하는 시험이다.

⑵ 기존의 LD50보다는 오히려 시험물질을 투여한 후에 일어나는 모든 변화(독성변화)와 용량과의 관계를 파악하는 것에 초점을 둔 시험이 바람직하다(독성등급법).

2) 시험방법

(1) 실험동물

㉠ 「의약품등의 독성시험기준」(식품의약품안전청 고시)에서는 두 종 이상의 동물을 사용하도록 요구하고 있고, 그 중 한 종은 설치류, 또 다른 한 종은 토끼 이외의 비설치류를 제시하고 있다.

㉡ 일반적으로 설치류는 랫드가, 비설치류는 개가 현재 가장 많이 사용되고, 설치류로는 마우스, 비설치류로는 원숭이를 고려할 수 있다.

㉢ 비설치류에서는 반복투여독성시험의 예비시험 등에서 적절한 용량설정과 관찰이 이루어지는 경우 이를 단회투여독성시험으로 대체할 수 있다.

㉣ 성별: 적어도 1종의 동물은 암수 동물 모두에서 시험을 해야 한다.

㉤ 동물 수: 시험결과를 해석할 수 있는 충분한 수로 해야 한다.

(2) 투여

㉠ 투여경로: 임상적용 경로를 포함

－위(stomach)에 내용물이 있으면 대량의 시험물질을 강제 투여하는 것이 어려우며 위의 내용물에 의해 독성반응에 차이가 생길 수 있어 경구투여하기 전에 통상 일정 기간 동물을

절식 시켜야 한다.

ⓛ 투여횟수: 원칙적으로 단회(1회)이지만 단회투여하는 것이 곤란한 시험물질에 대해서는 24시간 이내에 분할 투여하는 경우도 단회투여에 포함하는 것으로 볼 수 있다.

ⓒ 용량단계: 용량단계 설정 시 IHC나 OECD의 관련 가이드라인 등의 과학적인 근거에 기초하여 설정한다.

– 설치류: 개략의 치사량을 구하기에 적절한 단계 설정

– 비설치류: 독성증상을 명확히 관찰하기에 적절한 단계 설정

(3) 관찰 및 평가 항목

ㄱ 관찰기간

–보통 시험물질 투여 후 72시간 내에 사망 유무가 결정되는 경우가 많지만, 스테로이드와 같이 상당히 오랜 기간이 지난 후 사망하는 경우도 있다.

–「의약품등의 독성시험기준」(식품의약품안전청 고시)에서는 관찰 기간을 2주간으로 하였지만 명확한 증상이 지속되거나 사망이 지연될 경우 그 이상으로 할 수 있다.

ㄴ 관찰 및 평가 항목

–일반 상태의 추이와 사망에 이르는 경과를 상세히 기록하기 위해, 투여 후 수 시간은 연속해서, 그 후는 1일 1회 이상 관찰하는 것이 필요하다.

–일반 상태의 관찰에서는 각종 자극에 대한 반응, 운동, 호흡, 경련, 피모 및 피부, 배설물 등의 상태와 정도, 발현과 결과를 관찰·기록한다.

–비설치류에 대해서는 맥박, 체온, 동공반사 등 설치류에서는 관찰하기 어려운 사항에 대해 특별히 주의해서 충분히 검사한다.

–체중변화도 독성징후에 당연히 포함되어야 하며, 체중측정의 빈도는 그 추이를 알 수 있도록 시험기간 중 최소 3회 이상 측정해야 한다.

–관찰기간 중에 사망한 동물 및 관찰기간이 완료된 시점에서 생존해 있던 모든 동물을 부검한다.

–부검 시 육안적 이상소견이 관찰된 장기·조직은 필요에 따라 적출하여 병리조직학적 검사를 진행한다.

ㄷ 치사량

−설치류: 시험물질을 대량으로 단회투여할 때 나타나는 독성징후와 동물의 사망에 이르기 까지의 과정에서 구할 수 있는 개략적인 최소 치사량으로 한다.

−비설치류: 독성증상을 명확하게 관찰할 수 있는 용량으로 설정할 수 있다.

◆반복투여독성시험(Repeated Dose Toxicity Study)

1) 정의

반복투여독성시험이란 '시험물질을 시험 동물에 반복투여하여 중·장기간 내에 나타나는 독성을 질적, 양적으로 검사하는 시험'을 말한다. 즉, 시험의 대상 물질을 동물에게 중·장기간 매일 반복적으로 투여하였을 때 나타나는 독성을 평가하는 시험이다. 이 시험은 투여기간에 따라 크게 '아만성독성시험(subchronic toxicity study)'과 '만성독성시험(chronic toxicity study)'으로 구분하고, 1년 이상의 투여 기간을 가지는 만성 독성시험은 발암성시험과 함께 별도의 시험으로 분류하는 것이 일반적이다. 즉, 반복투여 독성시험이라 하면 일반적으로 1개월부터 1년 미만의 투여 기간을 가지는 것이 보통이다. OECD에서도 가장 널리 사용되는 반복투여독성 시험법으로 1개월과 3개월을 투여 기간으로 하는 시험법이 현재 등재되어 있다.

2) 시험방법

(1) 실험동물

㉠ 종 또는 계통의 차이에 의해 약물반응에 차이가 있으므로, 두 종 이상의 동물을 사용하여야 하며 한종은 설치류, 다른 한종은 도끼 이외의 비설치류에서 선택하여야 한다.

㉡ 일반적으로 설치류는 랫드가, 비설치류는 개가 현재 가장 많이 사용되고, 설치류로는 마우스, 비설치류로는 원숭이를 고려할 수 있다.

㉢ 성별: 독성발현의 성차 및 암·수 각각의 생식기관·조직에 대한 직접적 영향을 명확히 하기 위하여 암·수 모두에 대한 시험을 실시한다.

㉣ 동물 수: 「의약품등의 독성시험기준」(식품의약품안전청 고시)에서는 투여기간에 관계없이, 설치류에서는 암·수 각각 10마리 이상, 또 비설치류에서는 암·수 각각 3마리 이상으로 하고 있다.

㉤ 동물 수: 시험결과를 해석할 수 있는 충분한 수로 해야 한다.

(2) 투여

㉠투여경로: 임상적용 경로를 포함

－경구 투여

▷강제투여법: 위관을 이용하거나, 캅셀제 또는 정제형으로 강제적 투여

☞장점: 체중에 대응하는 투여량을 정확히 투여할 수 있다.

☞단점: 투여 실수의 위험이 있고 동물에게 스트레스를 일으킬 염려가 있다.

▷사료 또는 물에 첨가해 주는 방법

☞장점: 장기간 매일 투여 시 용이하고 투여 실수의 위험이 적다.

☞단점: 시험물질의 안정성 및 사료나 물에서의 균질성이 보증되어야만 하며, 사료 섭취량 또는 물 섭취량을 정기적으로 측정하여 시험물질의 투여량을 파악하여야 한다.

－주사를 이용한 투여

▷피하주사 및 근육 내 주사(부위의 자극을 줄이기 위해 주사 위치를 차례로 바꾸어 실시)

▷비경구투여의 경우에는 투여액, 주사기구를 멸균하고 주사부위를 소독하여 감염을 방지.

㉡ 투여기간: 시험물질의 투여는 원칙적으로 1일 1회 주 7일로 한다.

㉢ 용량단계

－「의약품등의 독성시험기준」(식품의약품안전청 고시)에 따라 3개월 이상의 반복투여독성 시험(본시험)을 실시하는 경우에는 먼저 본시험의 용량설정 단계인 예비시험을 실시하여, 본시험에서 시험물질의 독성 양상을 명확히 할 수 있는 용량을 설정.

－본시험에서는 어떠한 독성변화가 인정되는 용량과 독성변화가 인정되지 않는 용량을 포함하여 용량반응 관계가 보이도록 용량단계를 설정하는 것이 바람직하며, 예비시험의 결과를 충분히 고려하여 용량을 설정.

－시험물질의 독성이 극히 약하고 확실중독량을 구하는 것이 곤란한 경우, 투여량의 상한선은 기술적으로 투여할 수 있는 최대량으로 한다.

－강제 경구 투여 시 최대 투여용량은 1,000~2,000 mg/kg이 일반적이며, 사료에 첨가해 투여하는 경우 최고 농도를 영양을 고려해서 5% 이내로 첨가하는 것이 바람직하다.

－일반적으로 실제의 시험 조건하에서는 시험물질만을 투여하는 경우는 없고, 부형제(vehicle) 등을 사용하며, 이러한 부형제가 시험의 결과에 영향을 미칠 수 있기 때문에 시험물질을 포함하지 않은 음성대조군을 설정한다.

◆ 유전독성시험

1) 유전독성시험

유전독성시험은 물리화학적 요인 또는 생리적 요인 등에 의해 DNA의 염기나 유전자 또는 염색체에 손상을 주어 형태학적 이상 및 기능적 이상을 검사하는 시험으로 시험물질이 유전자 또는 유전자의 담체인 염색체에 미치는 상호작용을 검사하여 생체에서 일어날 수 있는 발암성 여부를 예측한다.

2) 시험방법

원칙적으로 모든 시험물질에 대하여 아래 표준조합 중 1가지를 선택하여 각호의 유전독성시험을 실시하여야 한다. 다만, 시험물질의 특성 및 시험의 실시목적 등을 고려하여 필요하다고 인정되는 경우에는 OECD 유전독성시험기준에서 정한 그 밖의 유전독성시험으로 대체하거나 추가적으로 실시할 수 있다.

◆ 생식 · 발생독성시험

1) 생식 · 발생독성시험

생식 · 발생독성시험은 시험물질이 포유류의 생식 · 발생에 미치는 영향을 규명하는 시험을 말하며 수태능 및 초기배 발생시험, 출생 전 · 후 발생 및 모체기능시험, 배 · 태자 발생시험 등이 있다. 즉, 생식 · 발생독성시험은 기형과 관련된 시험을 말한다.

2) 표준시험법(Standard study design)

수태능 및 초기배 발생, 출생 전 · 후 발생 및 모체기능, 배 · 태자 발생에 미치는 영향에 관한 시험의 조합을 고려할 수 있다.

(1) 수태능 및 초기배 발생시험

암 · 수 동물에 대하여 교배전부터 교미, 착상까지 시험물질을 투여하여 나타나는 독성 및 장애를 검사한다. 암컷에서는 성주기, 수정, 난관내 수송, 착상 및 착상전 단계의 배자 발생에 미치는 영향을 검사한다. 수컷에서는 생식기관에 대한 병리조직검사에서 검출되지 않는 기능적인 영향(예: 성적 충동, 부고환내 정자성숙)을 검사한다.

(2) 배 · 태자 발생시험

착상부터 경구개가 폐쇄되는 시기까지 임신중의 암컷에 시험물질을 투여하여 모체와 배 · 태자의 발생에 미치는 영향을 검사한다.

(3) 출생 전 · 후 발생 및 모체기능 시험

암컷에 착상부터 이유까지 시험물질을 노출시켜 임신/수유기의 암컷, 수태산물 및 출생자의 발생에 미치는 독성을 검사한다. 이 시험기간 동안에 유발된 영향은 뒤늦게 발현할 수 있기 때문에 출생자의 성적 성숙기까지 관찰이 계속되어야 한다.

3) 단일시험법(Single study design)

설치류에서 수태능 및 초기배 발생시험과 출생 전 · 후 발생 및 모체기능시험의 투여기간을 하나로 통합하면 생식 · 발생과정의 평가를 포함하게 된다.

이 시험에서 태자검사를 실시하고 충분히 높은 용량에서도 명백히 음성이 나타나는 경우에 한하여 더 이상의 생식 · 발생독성시험은 요구되지 않는다. 태자의 형태이상검사로서 배 · 태자 발생시험을 추가할 수 있으며 이 경우에는 조합시험법이 된다. 제 2종 동물의 배 · 태자 발생시험은 필요하다.

4) 조합시험법(Two study design)

설치류에서 가장 단순한 조합시험법은 수태능 및 초기배 발생시험과 태자검사를 포함한 출생 전 · 후 발생 및 모체기능시험으로 구성된다. 그러나 태자검사를 포함한 출생 전 · 후 발생 및 모체기능시험에 있어서 사람의 노출량을 초과한 고용량에 있어서도 출생전의 영향이 없는 경우에는 추가로 배 · 태자 발생시험을 시행하여도 사람에 대한 위해성을 평가하는데 큰 차이를 나타내지 않는다. 다른 시험법으로 수태능 및 초기배 발생시험에서 암컷동물에 대한 투여를 경구개의 폐쇄까지 계속하고, 배 · 태자 발생시험방법에 따라 태자를 검사하여 출생

전·후 발생 및 모체기능시험을 조합하면, 이것은 표준시험법에서 요구되는 모든 검사가 실시되어 사용동물수는 상당히 줄어들게 된다. 제 2종 동물의 배·태자 발생시험은 필요하다.

◆발암성시험

1) 발암성시험

발암성시험은 시험물질을 시험동물에 장기간 투여하여 암(종양)의 유발여부를 질적, 양적으로 검사하는 시험을 말한다. 발암성 시험이 임상 적응증을 위해 권장되는 경우, 해당 시험은 품목허가 신청을 위해 수행되어야 한다. 발암성 위험과 관련된 중대한 우려 원인이 있는 경우에만 임상시험 수행을 뒷받침할 수 있는 발암성 시험결과를 제출해야 한다. 장기간의 임상시험기간 그 자체만으로는 중요한 우려 원인으로 고려되지 않는다.

성인 또는 소아 환자에 대해 특수하고 중대한 질병을 치료하기 위해 개발된 의약품으로, 발암성 시험이 권장되는 경우라면 해당 시험은 품목 승인 후에 완료할 수 있다.

2) 시험방법

• 투여경로는 원칙적으로 임상 적용 경로로 하고, 경구투여의 경우에는 강제투여 또는 사료, 물 등에 혼합하여 자유롭게 섭취하도록 하며 사료에 혼합하여 투여하는 경우 사료 중 시험물질의 농도는 최고 5%까지로 한다.

• 투여기간은 랫드에서는 24개월 이상 30개월 이내, 마우스 및 햄스터에서는 18개월 이상 24개월 이내로 하고, 투여는 1일 1회, 주 7회 투여함을 원칙으로 한다.

• 관찰기간은 시험물질 투여 종료시 또는 투여 종료 후 1–3개월까지로 한다. 저용량군 또는 음성대조군의 누적사망률이 75%가 되는 경우 그 시점에서 생존 동물을 도살하여 시험을 종료한다. 종양이외의 원인에 의한 사망률이 투여 개시 후 랫드에서는 24개월, 마우스 및 햄스터에서는 18개월의 시점에서 50%이내인 것이 바람직하다. 시험동물의 10% 이상이 서로 잡아먹거나 사육상의 문제가 발생하지 않도록 관리한다.

3) 시험종류

시험의 종류는 1종의 설치류에 대한 장기투여 발암성시험과 1종의 추가시험으로 한다. 1종의 설치류에 대한 장기투여 발암성시험에 사용되는 동물종은 확실한 근거가 없는 경우에는 랫드가 권장된다.

4) 예비시험

발암성시험에서 이용할 투여량을 결정하기 위하여 발암성 예비시험을 실시할 수 있다.

- 단회투여 예비시험, 반복투여 예비시험에 대한 최고용량을 결정하기 위하여 적절한 수의 동물을 이용하여 수행한다.
- 반복투여 예비시험, 발암성시험에 대한 최고용량을 결정하기 위하여 수행한다.
- 발암성시험에서 사용할 최고용량은 발암성 반복투여 예비시험결과 대조군에 비해 10% 이 내의 체중증가를 억제하거나 중독에 의한 사망이 없고, 일반상태 및 부검소견에서 현저한 독성변화가 나타나지 않는 양으로 하며, 시험동물의 종 및 성별 등에 따라 결정하는 것이 바람직하다.

5) 용량단계

암 · 수 각각에 대하여 3단계 이상의 시험군을 설정하고 별도로 대조군을 둔다. 동물 수는 암 · 수 각각에 대하여 1군당 50마리 이상으로 하며, 발암성시험의 용량단계는 다음과 같다.

- 시험군에 있어서 최고용량은 발암성 반복투여 예비시험의 결과에서 정한 양으로 하고, 최저용량은 원칙적으로 해당 사용 동물 종에서 약리효과가 발현되는 양 또는 추정 임상용량을 기준으로 하며, 중간용량은 최고용량과 최저용량과의 등비중항으로 한다.
- 예외적으로 사람의 치료량에 비해 현저히 저독성인 경우에는 최고용량을 추정 임상용량의 약 100배로 설정할 수 있으며, 이 경우 해당용량의 설정근거를 제시할 필요가 있다.
- 일반적으로 최저용량은 최고용량의 10% 이상이 바람직하나, 추정 임상용량과의 차이가 클 경우에는 최고용량의 10% 미만의 용량으로 설정하여도 좋다.
- 시험물질을 사료 또는 물에 혼합 투여하는 경우에는 투여기간 중 개별 또는 군당 사료섭취량 또는 물섭취량을 측정하여 시험물질 섭취량을 산출하며, 그 측정간격은 투여 개시 후 3개월간은 주 1회 이상, 그 후는 3개월에 1회 이상으로 하는 것이 바람직하다. 또한 시험개시전 및 시험 중에 시험물질의 순도, 안정성 및 불순물을 정성적 또는 정량적으로 분석한다.
- 대조군은 음성대조군과 필요에 따라 비투여 대조군, 양성대조군을 둔다.

◆국소독성시험

국소독성시험은 시험물질이 피부 또는 점막에 국소적으로 나타내는 자극을 검사하는 시험으로서 피부자극시험 및 안점막자극시험으로 구분한다.

1) 피부자극시험

- 시험동물 : 젊고 건강한 백색토끼(2.0~3.0 kg) 6마리 이상을 사용한다.
- 시험방법 : 투여량은 시험물질이 액체인 경우 0.5 mL, 고체 또는 반고체인 경우 0.5g 으로 한다. 도포 부위는 털 깎은 등부위의 피부이고, 2.5 cm×2.5 cm의 비찰과피부 2개 부위와 찰과피부 2개 부위로 한다.

  도포 방법은 가로세로 2.5 cm의 피부에 시험물질을 적용한 후 가아제로 덮고, 가아제를 테이프로 고정한다. 가아제의 위에 시험물질의 증발을 막기 위해 침투성이 없고 반응성이 없는 고형 재질의 박지로 덮고 테이프 등을 사용하여 고정한다.
- 적용부위의 관찰 : 시험물질 투여 후 24, 72시간에 실시하고 평가한다.

2) 안점막 자극 시험

- 시험동물

  젊고 건강한 백색토끼(2.0~3.0 kg)를 사용한다. 시험동물의 양쪽 안구는 시험개시 24시간 전에 미리 안검사를 실시하여 안구손상 등 각막의 손상이 없어야 한다.
- 시험방법

  점안량은 액체인 경우 0.1 mL, 고체 또는 반고체인 경우 0.1 g으로 한다.

  시험물질을 9마리의 토끼 한쪽 눈에 점안하고, 그 중 3마리는 20~30초 후 양쪽 눈에 미온 무균생리식염수 20 mL 정도로 1분간 세안하고, 나머지 6마리는 세안하지 않는다.
- 관찰

  시험물질을 투여하지 않은 다른 쪽 눈을 대조로 하여, 시험물질을 투여 후 1, 2, 3, 4, 7일에 실시하여 평가하고, 그 후에도 상해가 잔존 하면 3일 간격으로 13일 이상 관찰한다.

◆ 항원성시험

1) 항원성시험

항원성시험은 시험물질이 생체의 항원으로 작용하여 나타나는 면역원성 유발 여부를 검사하는 시험을 말한다.

2) 시험방법

항원성시험으로 아나필락시스 쇼크 반응시험 및 수동 피부 아나필락시스 반응시험 등을 실시한다. 단, 피부외용제의 경우는 피부감작성시험을 실시한다.

◆ 면역독성 시험

1) 면역독성 시험

면역독성시험은 반복투여독성시험의 결과, 면역계에 이상이 있는 경우 시험물질의 이상면역반응을 검사하는 시험을 말한다.

2) 시험방법

면역독성시험은 반복투여독성시험 등의 결과 면역기능 및 면역장기의 이상이 의심될 경우 세포매개성 면역시험 및 체액성 면역시험에 대하여 각 1종 이상의 시험을 실시하며, 필요시 대식세포기능시험이나 자연살해세포 기능시험을 추가로 실시할 수 있다.

ISSUE1

〈동물실험. 동물이 겪는 고통 최소화 해야한다!!!〉

2020년 국내에서 동물실험에 동원된 동물이 414만여 마리로 5년 전 287만 마리와 비교하여 43.8% 늘어난 수치고 매년 증가하고 있다(농림축산검역본부: 동물보호법에 따라 실험동물 사용실태를 조사 2020년). 종별로는 설치류가 351만 3,679마리(85%)로 가장 많았고 조류(30만 8,546마리), 어류(23만 1,386마리), 기타 포유류(5만 5,026마리), 토끼(2만 5,465마리), 원숭이(3,979마리), 양서류(3,119마리), 파충류(233마리) 순이었다. 설치류 가운데 마우스(생쥐)가 약 89%를 차지해 가장 많이 실험에 동원됐다.

동물실험은 동물이 겪는 고통을 기준으로 가장 약한 A등급부터 E등급으로 나뉜다.

고통등급에 따른 동물실험 실시 현황을 보면 가장 큰 고통을 주는 고통등급 E에 해당하는 실험에 175만 7,000마리(42%)가 사용됐다. 이는 전년 148만 9,000마리(40.1%)와 비교해 건수와 비율 모두 크게 증가한 것이다. '중증도 이상의 고통 억압'을 주는 D등급 실험 역시 130만 9,000마리로 약 31%를 차지해 두 번째로 많았다. 결국, 75%가 고통이 심한 실험에 이용되는 것은 동물보호법상 동물실험 대체(Replacement), 사용 동물 수 감소(Reduction), 실험방법 개선(Refinement)을 요구하는 3R 원칙에 역행하는 것이다.

2019년 기준 미국의 경우 대부분의 동물이 경미한 고통을 겪는 B, C등급(70.6%)에 사용됐고 높은 고통을 겪는 D, E 등급(29.4%)은 이보다 낮았다. 특히 D, E등급 비율은 매년 감소하고 있다. 유럽연합(EU)의 경우 고통 정도에 따라 동물실험을 4단계로 분류하는데 고통을 느끼지 못하거나 경증의 고통을 유발하는 비율이 절반 이상이며 가장 심각한 고통을 초래하는 단계는 10% 내외에 그치고 있다.

동물실험이 급증한 이유는 정부가 요구하는 '법적인 요구사항을 만족하기 위한 규제시험'에 동원되는 동물이 늘었기 때문이다. 한국은 전체 동물실험의 43.4%가 '법적인 요구사항을 만족하기 위한 규제시험'에 활용된다.

EU의 경우 2017년 기준 법적 요구사항을 만족하기 위한 시험은 23%인 반면, 기초연구(45%)와 중개 및 응용연구(23%) 비율이 높았다.

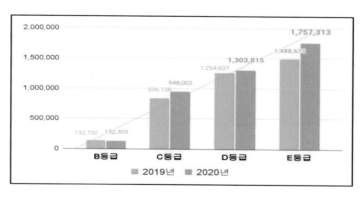

• 출처: 검역본부(2020년 동물실험 및 실험동물 사용실태 보고)

그림 5-5 고통 등급에 따른 동물시험 사용 마릿수

앞으로 한국의 동물시험 방향은 규제시험 가운데 과학적 가치가 없는 형식적 실험을 배제하고, 동물의 고통을 수반하지 않는 대체실험 기술개발에 대한 연구와 투자가 필요할 것이다.

실전문제

- 동물실험은 왜 하는것일까?
- 동물실험의 임상결과는 사람에게 얼마나 의미가 있을까?
  *1962년, Litchfield Report 보고서에 의하면 동물의 부작용이 인체에 발현할 가능성을 약 74%제시.
- 안전성실험이란?→독성시험
- 유효성실험이란?→약리시험
- GLP의 기준은?
- GLP의 배경과 목적은?
- GLP의 필요성?
- GLP와 ISO 차이점은?
- 독성시험의 종류?
- 발암성 임상시험을 하는 실시하는 의약품은?
  ①임상적으로 장기간 사용되는 의약품 ②발암성이 예측되는 의약품
- 동물보호법상 3R 원칙은?

Chapter 06

임상시험(GCP: Good Clinical Practice)

01 임상시험이란

　임상시험(Clinical Trial/Study)은 임상시험에 사용되는 의약품의 안전성과 유효성을 증명할 목적으로, 해당 약물의 약동, 약력, 약리, 임상적 효과를 확인하고 이상 반응을 조사하기 위하여 사람을 대상으로 실시하는 시험 또는 연구를 말한다. 이와는 달리 실험은 주로 세포나 동물을 대상으로 인위적 조작을 가하여 변화를 일으키고 관찰하는 것을 말하며, 따라서 일반적으로는 동물실험에서 약물의 효과와 안전성을 입증한 뒤에 사람을 대상으로 임상시험을 진행하게 된다. 임상시험을 거쳐 그 안전성, 효능 등이 검정된 임상시험용 의약품은 이어 식약처의 제조승인을 받아 신약이 된다.

　신약의 개발에 핵심 역할을 하는 임상시험은 흔히 4개의 상으로 단계가 구분된다.

02 임상시험의 의의

　임상시험이란 신약이 사용되기 전 그 약의 효과와 안전성을 증명하는 과정을 말한다. 좀

그림 6-1 **임상시험**

더 엄밀하게 말하면 임상시험이란 의약품을 개발, 시판하기에 앞서 그 물질의 안전성과 치료 효용성을 증명할 목적으로 해당 약물의 체내 분포, 대사 및 배설, 약리효과와 임상적 효과를 확인하고 부작용 등을 알아보기 위해 사람을 대상으로 실시하는 시험 또는 연구를 말한다.

신약 허가를 받기 위한 임상시험은, 임상시험을 시작하기 전 단계부터 허가기관(식품의약품안전처)에 임상시험 승인신청을 하도록 되어 있으며 엄격한 과학적 윤리 규정에 따라 실시한다.

임상시험은 통상 수년 동안 진행되는데, 암과 같은 난치병 환자의 경우 임상시험 과정을 거쳐 약물이 시판될 때까지 기다릴 시간이 없을 수 있다. 이때, 더 이상의 치료방법이 없는 환자가 임상시험에 참여한다면 새로운 치료를 빠르게 접할 수 있고, 새로운 삶의 가능성을 기대해 볼 수 있다. 또한 임상시험의 효과와 안전성을 확인하기 위해 임상시험 전 과정에 걸쳐 보다 엄격한 관찰과 검사가 수반된다. 현재 우리나라에서 실시되고 있는 임상시험들은 그에 따르는 위험요소는 최소한으로 하고 잠재적인 이익을 위한 가치가 있음을 확인하기 위해 반드시 임상시험심사위원회(IRB: Institutional Review Board)의 승인을 받아야 한다. 이를 통해 임상시험에서 피험자는 권리와 안전을 보호받을 수 있다. 따라서 임상시험은 더 이상 비윤리적이고 위험한 것이 아니라 과학발전을 통한 신약개발에 있어 필수불가결한 것이라 할 수 있다. 나와 내 가족, 더 나아가 인류를 위한 공헌이다. 특정 질환이나 병을 앓고 있는 환자들은 가장 최신의 의약품을 제공받고 전문 의료인부터 집중적인 치료를 받고자 임상시험에 참여하기도 하지만, 자신과 같은 질환으로 고통받고 있는 환자들과 그러한 가능성에 놓인 내 가족, 더 나아가 모든 인류가 자신과 같은 고통을 받지 않기를 진심으로 바라는 마음으로 임상시험에 참여한다. 이런 마음으로 임상시험에 참여하는 대상자들은 미래 환자들의 건강과 행복을 위해 오늘의 자신을 헌신한 아름답고 훌륭한 사람들이다.

03 임상시험 단계

1) 전임상 시험(Pre-Clinical)

새로 개발한 신약후보물질을 사람에게 사용하기 전에 동물에게 사용하여 부작용이나 독성, 효과 등을 알아보는 시험이다. 약물이 체내에 어떻게 흡수되어 분포되고 배설되는가를 연구하는 체내동태연구와 약효약리연구가 수행된다. 그 후 동물실험을 통해 시험약이 지니는 부작용 및 독성을 검색하는 안전성 평가가 실시된다. 전임상시험은 크게 독성과 약리작용에 관한자료로 대별된다. 독성에 관한 자료로는 ❶ 단회투여독성시험자료, ❷ 반복투여독성시험자료, ❸ 유전독성시험자료, ❹ 생식발생독성시험자료, ❺ 발암성시험자료, ❻ 기타독성시험자료 등이 요구된다. 약리작용에 관한 자료로는 ❼ 효력시험자료, ❽ 일반약리시험자료 또는 안전성약리시험자료, ❾ 흡수, 분포, 대사 및 배설시험자료, ❿ 약물상호작용에 관한 자료 등이 있다.

2) 임상1상 시험(Clinical Test – Phase I)

안전성을 집중 검사한다. 건강한 사람 20~100명을 대상으로 약물을 안전하게 투여할 수 있는 용량과 인체 내 약물 흡수 정도 등을 평가한다. 앞서 수행된 전임상 단계에서 독성 시험 등 전임상 시험 결과가 유효한 경우, 시험약을 최초로 사람에 적용하는 단계이다. 건강한 지원자 또는 약물군에 따른 적응환자를 대상으로 부작용 및 약물의 체내 동태 등 안전성 확인에 중점을 두고 실시한다.

3) 임상2상 시험(Clinical Test – Phase II)

적응증의 탐색과 최적용량 결정한다. 100~500명의 소규모 환자들을 대상으로 약물의 약효와 부작용을 평가하고, 유효성을 검증한다. 단기투약에 따른 흔한 부작용, 약물동태 및 예상 적응증에 대한 효능 효과에 대한 탐색을 위해 실시하는 것으로 대상질환 환자 중 조건에 부합되는 환자를 대상으로 한다. 임상3상 시험에 돌입하기 위한 최적용법 용량을 결정하는 단계이다.

임상2상 시험은 다시 전기 제2상 임상시험(임상2a)과 후기 제2상 임상시험(임상2b)으로 나눈다. 임상2a에서는 사용할 의약품의 용량을 단계적으로 높여주며 적정용량을 테스트하여 시험대상인 약이 효과가 있는지 여부를 결정하는 과정이다. 임상2b에서는 2a의 결과에 따라 설계된 용량을 갖고 다시 환자에 투여, 어느 정도의 용량이 가장 효과가 있을지 적정 투여용량의 범위를 정하게 된다.

4) 임상3상 시험(Clinical Test – Phase III)

다수의 환자를 대상으로 한 약물의 유용성 확인한다. 신약의 유효성이 어느 정도 확립된 후에 대규모(100~500명) 환자들을 대상으로 장기 투여시의 안정성 등을 검토하고 확고한 증거를 수집하기 위해 실시한다. 신약의 유효성이 어느 정도까지 확립된 후에 행해지며 시판허가를 얻기 위한 마지막 단계의 임상시험으로서 비교대조군과 시험처치군을 동시에 설정하여 효능, 효과, 용법, 용량, 사용상의 주의사항 등을 결정한다. 3상이 성공적으로 끝나면 허가를 신청할 수 있다.

5) 임상4상 시험(Clinical Test – Phase IV)

시판 후 안전성, 유효성 검사이다. 신약이 시판 사용된 후 장기간의 효능과 안전성에 관한 사항을 평가하기 위한 시험으로, 시판 전 제한적인 임상시험에서 파악할 수 없었던 부작용이나 예상하지 못하였던 새로운 적응증을 발견하기 위한 약물역학적인 연구가 실시되는데 이것을 시판 후 조사(Post Marketing Surveillance)라 한다.

실전문제

- ➡ 건강한 사람을 대상으로 하는 임상시험은?
- ➡ 최적의 용량을 결정하는 임상시험 단계는?
- ➡ POC를 결정하는 임상단계는?
- ➡ 시판 전 임상시험 vs 시판 후 임상시험 차이점은?
- ➡ 시판 후 임상시험 왜 중요한가?
- ➡ Thalidomide 사건이 주는 교훈은?

6) 임상시험허가신청(IND : Investigational New Drug Application)

전임상 시험을 통해 후보물질의 안전성(독성)과 유효성이 검증되면 사람을 대상으로 하는 연구를 수행하기 위해 식약청에 임상시험허가신청을 한다. 우리나라에서는 2002년 12월에 3년간의 준비기간을 거쳐 IND가 처음 시행되었으며 이를 '임상시험계획승인제도'로 명명하고 있다. 이 제도는 IND과 신약허가신청(NDA)을 구분하지 않고 품목 허가 범주에서 임상시험을 관리함으로서 미국, EU 등과의 통상마찰이 발생하고 혁신적인 신약도입이 지연되었던 문제를 막기 위해 시행되었다. 이를 시행한 구체적인 목적은 다음과 같다. 첫째 의약품 임상시험 진입을 용이하게 함으로서 신약개발기반을 구축하기 위함이고, 둘째 다국가 공동 임상시험을 적극 유치하여 국내 임상시험 수준을 향상시키고 해외의 신약 개발기술을 습득하기 위함이며, 셋째 우리나라 의약품임상시험 및 신약허가제도를 국제적 기준과 조화시키고 다국적 제약기업의 투자를 활성화하여 세계적인 수준의 제약산업을 육성하기 위함이다. 현재 우리나라는 KFDA에서의 IND와 IRB에서의 시험기관 허가승인을 동시에 하고 있다.

표 6-1 임상시험의 종류 및 형태

종류(단계)	임상시험의 목적	피험자 수	비용($1,000)	기간
임상약리 시험 (1상)	• 내약성평가(safety) • 약동학과 약력학 정의/서술 • 약물대사와 상호작용 조사 • 치료효과 추정	20~100	200~400	6개월
치료적 탐색 임상시험 (2상)	• 목표적응증에 대한 탐구 • 후속시험을 위한 용량추정 • 치료확증시험을 위한 시험설계, 평가항목, 평가방법에 대한 근거 제공	100~500	500~5000+	9개월~3년
치료적 확증 임상시험 (3상)	• 유효성 입증/확증(efficacy) • 안전성 자료 확립 • 임상적용을 위한 이익과 위험의 상대평가 근거 제공	500~1000	2000~10,000+	2~5+years
치료적 사용 임상시험 (4상, PMS)	• 일반 또는 특정 대상군/환경에서 이익과 위험에 대한 이해 • 흔하지 않은 이상반응 확인 • 추천되는 용량을 확인	10,000+	10,000+	2~4+years

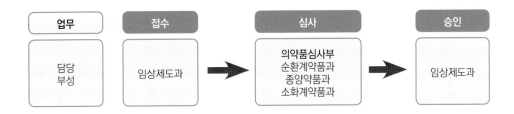

그림 6-2 의약품 임상시험계획 심사 업무 흐름도

7) 신약허가신청(NDA: New Drug Application)

신약허가신청은 사람을 대상으로 임상시험이 성공적으로 마치게 되면 시험결과를 식약청에 제출하여 신약으로 시판허가를 신청하게 된다. NDA는 의약품등의 안전성, 유효성 심사에 관한 규정으로, 적응증에 대한 임상적 유의성을 평가한 임상시험성적 관련 자료를 제출한다. 여기에는 국내, 해외의 PK, PD, 용량반응(Dose Response), Safety, Efficacy 정보가 포함된다.

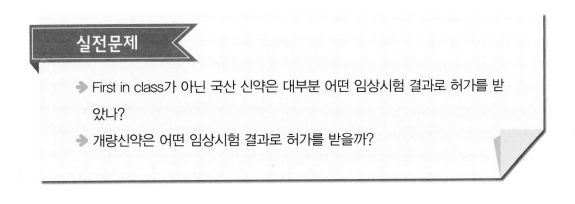

실전문제

➡ First in class가 아닌 국산 신약은 대부분 어떤 임상시험 결과로 허가를 받았나?

➡ 개량신약은 어떤 임상시험 결과로 허가를 받을까?

8) 임상시험의 다양성

임상시험에서 다양성은 매우 중요하다. 다양한 인종, 민족, 연령, 성별, 성적 취향을 가진 사람들이 참여하는 것이 중요하다. 일부 약물은 사람들에게 다르게 영향을 미친다. 예를 들어, 어떤 혈압 약은 다른 인종보다 아프리카계 미국인들에게는 효과가 덜하다. 다양한 참여자들이 포함되면 연구를 발전시키고 다양한 인구들에게 불균형적으로 영향을 주는 질병을 이길 수 있는 더 나은 방법을 찾는 데 도움이 된다. 그러나 실제 임상시험은 지역적, 인종적,

민족적, 성별, 나이별로 다양한 참여자들의 대표성이 부족하다.

아프리카계 미국인들은 미국 인구의 12%를 구성하고 있는데도 불구하고 임상시험 참여자의 5%를 차지할 뿐이다. 히스패닉은 미국 인구의 16 퍼센트를 구성하지만 임상시험 참여자로는 불과 1%뿐이다. 인종별 지역별 성별 그리고 나이별로 약물의 효과가 다르게 나타날 수 있기 때문에 임상시험도 다양한 지역, 인종, 성별, 나이별로 다양하게 참여해야 한다. 최근에는 지역별로 허가기준이 다르기 때문에 신속한 허가를 위하여 Multinational, Multicenter로 진행하기도 한다.

9) 임상시험 성공률

IQVIA Dataset, January 2022, 자료에 의하면 2010-2021년 동안 평균 Phase I 성공률은 56%, Phase II 38%, Phase III 성공률 67%, Regulatory submission 89%, Composite success은 13.1%로 조사되었다. 특히 2021년의 Composite success이 5%로 신약개발의 성공률이 급격하게 감소하고 있다. 결국 신약개발 기간과 비용을 늘어나고 있어 신약개발의 어려움이 증가되고 있다.

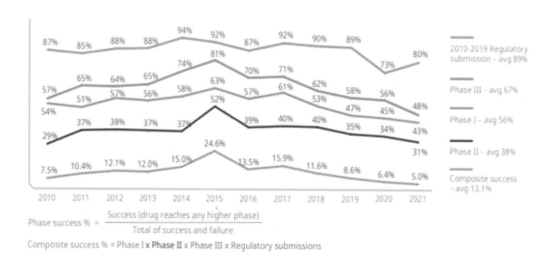

• 출처: IQVIA Dataset, January 2022.

그림 6-3 임상시험 단계별 성공률

1) 연구설계에 따른 종류

(1) 관찰적 연구

- 환자사례보고(Case report) : 특정한 약물을 복용한 후에 특이한 유해사례를 나타낸 1명의 환자에 대한 경과를 기술하여 보고한다.
- 환자군 연구(Case series study) : 신약 시판 후, 복용하기 시작한 환자들의 명단을 확보하여 일정한 기간 동안 특정 유해반응의 발생 양상과 빈도를 파악한다.
- 환자-대조군연구(Case-control study) : 특정질병을 가진 사람(환자)과 그 질병이 없는 사람을 선정하여 질병 발생과 관련이 있다고 생각되는 어떤 배경 인자나 위험요인에 대해 노출된 정도를 상호 비교하는 연구로 subjects를 질병유무에 따라 분류한다.
  ❶ 특정 질병을 가진 환자군 vs. 대조군 선정
  ❷ 두 집단에 속한 사람들의 과거 노출경험 비교
  ❸ 질병발생에 유의하게 관련되는 위험요인 파악
- 코호트연구(Cohort study) : 모집단에서 어떤 질병의 원인으로 의심되는 위험요인에 노출된 집단(노출 코호트)과 노출되지 않은 집단(비노출 코호트)을 대상으로 일정 기간 두 집단의 질병발생 빈도를 추적 조사하여 위험요인에 대한 노출과 특정 질병발생의 연관성을 규명하는 연구로 subjects를 노출여부에 따라 분류한다.
  ❶ 약물에 의한 이상반응을 경험하지 않은 사람 선정
  ❷ 약물 복용군과 약물 비복용군 추적관찰
  ❸ 연구대상 이상반응 발생률 비교
  ❹ 특정 약물과 이상반응간의 관련성 판정

(2) 실험적 연구

- 무작위배정 임상시험(Randomized Clinical Trial) : 임상시험 과정에서 발생할 수 있는 치우침을 줄이기 위해 확률의 원리에 따라 피험자를 할당될 그룹에 무작위로 배정하는 기법으로 공정하고 중립적이며 타당한 연구를 지향한다.

❶ 모든 피험자들이 시험군에 배정될 확률과 대조군에 배정될 확률이 같도록 보장

❷ 처치 군간 비교가능성(Comparability) 보장

❸ 눈가림을 유지 보장

❹ 시험자의 임의 배정으로 발생될 수 있는 bias를 제거함

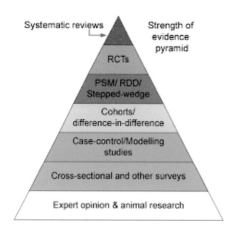

그림 6-4 The strength of evidence pyramid

2) 연구시점에 따른 종류

(1) 전향적연구(Prospective study)

- 전향적 연구 : 연구시작 시점에서 앞으로 발생하는 자료를 이용한다.

  ❶ 예상된 원인을 조사하는 것으로 시작하여 예상된 결과가 나타날때까지 측정하는 연구

  ❷ 코호트 연구(Cohort study)로 불리기도 함

  ❸ 장기간 자료수집으로 탈락자 발생, 제3변수 발생, 시험효과 등 타당도 위협

(2) 후향적 연구(Retrospective study)

- 후향적 연구 : 이미 있는 과거자료를 이용한다.

  ❶ 현존하는 어떤 현상이 과거에 일어난 다른 현상과 연계될 수 있는가에 대한 사후조사 연구

  ❷ 원인적 요인을 규명하려는 과거지향적 연구로 실험연구와 반대

❸ 인과관계 설명 불충분(독립변수 조작 없음, 대상자 무작위 선정하지 않음.)

3) 연구 주도자에 따른 종류

(1) 연구자 주도 임상시험(IIT: Investigator Initiated Trial)

연구자 임상시험: 임상시험 실시기관 소속 임상시험자가 외부의 의뢰 없이 주로 학술연구 목적으로 독자적으로 수행하는 임상시험으로 말 그대로 연구자가 주도하는 임상이다. 연구자가 임상시험의 기획, 프로토콜 개발. 임상시험 수행, 결과보고 등, 임상시험의 모든 과정을 주도하고 책임지는 임상시험이다. 연구자가 임상 상황에서 발견한 medical unmet need에 주목하여 특정 의약품의 알려지지 않은 효능 또는 안전성 등을 확인하거나, 새로운 치료전략의 유효성을 검증하고자 할 때 수행한다.

의뢰자 주도 임상시험과 달리 학술적 성격의 연구 진행이 가능하고, 희귀암등 치료약물이 없는 치료법 개발이 가능하며, 기존에 개발된 약의 새로운 적응증을 찾아낼 수 있다. 최근에는 연구자주도 임상시험이 더욱 활발해져 미국에서 진행되는 임상시험의 50% 이상을 차지하고 있으며, 대규모, 다국가 임상시험도 연구자 주도로 진행되는 경우가 많다. 연구자 주도 임상시험은 새로운 적응증 개발은 물론 국내 제약산업의 발전과 국내 연구자들의 국제 경쟁력을 올릴 수 있는 기회이다.

(2) 의뢰자 주도 임상시험(SIT: Sponsor Initiated Trial)

의뢰자는 주로 제약사이며 의뢰자 임상시험은 흔히 제약사가 신약개발을 위하여 혹은 추가적으로 약의 효용성과 안정성을 증명하기 위하여 제약사가 연구비를 지원하여 이루어지는 임상시험을 말한다.

> **실전문제**
>
> ➜ IIT vs SIT
>
> ➜ 임상시험 성공률이 낮아지는 이유는? 높이기 위한 대책은?

한국임상연구센터

한국 임상시험센터는 새로운 의약품, 의료기기 및 의료기술 등의 개발을 위해 국제 임상시험 관리기준(International Conference on Harmonization-Good Clinical Practice : KGCP)에 의거, 과학적이고 체계적으로 임상 시험이 이뤄질 수 있도록 최적의 연구 환경을 제공함으로써 국내 임상연구의 선진화를 꾀하고 그 효율성을 도모하고자 운영하고 있다.

실전문제

➡ 국내임상시험 연구센터 조건은?

1) 비임상시험(Non Clinical Trials)

비임상시험이란 사람의 건강에 영향을 미치는 시험물질의 성질이나 안전성에 관한 자료를 얻기 위하여 동물 등을 사용하여 실시하는 시험으로, 식약처로부터 지정받은 비임상시험 실시기관(22개, '17.3월 현재)에서 비임상시험을 할 수 있다. 지정기준 및 그밖에 비임상시험 세부준수 사항은 비임상시험관리기준(GLP, 식약처 고시)에 따라 운영되고 있다.

2) 임상시험(Clinical Trials)

(1) 정의

임상시험이란 의약품의 안전성 · 유효성을 증명하기 위하여 사람을 대상으로 임상적 효과 등을 확인하고 이상반응을 조사하는 시험이다.

(2) 관리체계

식약처로부터 지정받은 임상시험실시기관(183개, '17.3월 현재)에서 임상시험을 실시할 수 있다. 임상시험을 실시하고자 하는 자는 임상시험 실시하기 전에 식약처장의 임상시험계획 승인을 받아야 한다.

(3) 관리기준

임상시험 실시에 필요한 사항은 임상시험 관리기준.

임상시험과 관련된 개인, 기관의 역할과 책무를 법적으로 규제하는 기준으로서 시험대상자 보호, 임상시험심사위원회의 역할과 책임, 의뢰자의 임무 등 규정되어 있다. 관리기준(GCP, 총리령 별표를)을 운영되고 있다.

06 국내 임상시험 현황

2020년 기준 식품의약품안전처 임상시험계획 승인현황을 보면 전체 승인건 수는 799건으로 코로나19 감염병 위기상황에도 불구, 2019년(714건) 대비 11.9% 증가하였다.

임상시험의 주요 특징은 임상시험 지속적으로 증가하였고, 다국적제약사의 초기단계 임상시험 급증했다. 특히 항암제 및 감염병치료제 분야 임상시험 증가 등이다

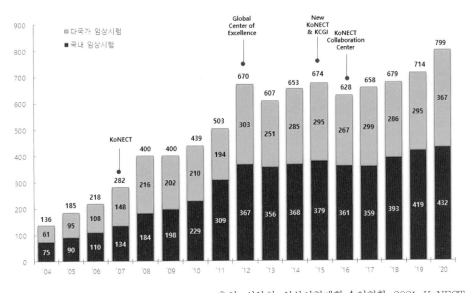

• 출처: 식약처, 임상시험계획 승인현황, 2021, KoNECT 재가공

그림 6-5 전체 임상시험 승인현황(2004~2020)

1) 임상시험 지속 증가

2020년 임상시험 승인건 수는 799건으로, 2019년(714건) 대비 11.9% 증가했으며, 2018년(679건)보다는 17.7% 증가하며 최근 3년간 꾸준한 증가세를 보였다.

• 임상시험 승인 건수 :('18년) 679건 →('19년) 714건 →('20년) 799건

특히, 제약사 주도 임상시험(SIT: Sponsor Initiated Trial) 이 611건(76.5%)으로 2019년(538건) 대비 13.6% 늘어나 전체 임상시험의 증가를 견인하였다. 주로 학술목적으로 수행하는 연구자 주도 임상시험(IIT: Investigator Initiated Trial)도 188건으로 2019년(176건) 대비 6.8% 많아졌으나, 전체 임상시험 중 비중은 23.5%로 2019년(24.65) 대비 소폭 감소하였다.

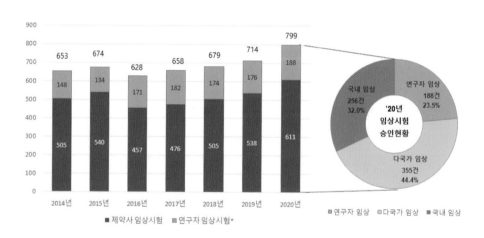

• 출처: 식약처, 임상시험계획 승인현황, 2021, KoNECT 재가공

그림 6-6 **IIT vs SIT 임상시험 승인현황(2014~2020)**

2) 다국적 제약사의 초기단계 임상시험 급증

의약품 개발을 위한 제약사 임상시험(611건)을 단계별로 살펴보면, 초기단계(1상 · 2상) 중심으로 증가하였으며, 2019년 대비 1상 임상시험은 25.7%, 2상 임상시험은 21.3% 늘어난 반면, 3상 임상시험은 3.8% 감소하였다.

초기단계 임상시험이 많아진 이유는 항암제와 감염병치료제(항생제 등) 분야 초기 임상시

험이 늘어났기 때문으로, 항암제는 2019년 대비 1상은 122.0%, 2상은 66.7% 급증하였고, 감염병치료제도 2019년 대비 증가했다.

특히 기존 다국가 임상시험은 3상 중심이었으나, 2000년 처음으로 다국가 초기 임상시험 (1상·2상)이 후기 임상시험(3상)을 앞서는 양상을 보였다.

표 6-2 제약사 임상시험 단계별 승인 현황

구분	국내 임상					다국가 임상					합계				
	1상	2상	3상	기타	계	1상	2상	3상	기타	계	1상	2상	3상	기타	계
2016	123	23	39	3	190	57	71	136	3	267	180	96	175	6	457
2017	122	30	31	0	183	54	59	178	22	293	176	89	209	2	476
2018	161	24	32	6	223	50	74	157	1	282	211	98	189	7	505
2019	168	28	50	4	250	46	80	159	3	288	214	108	209	7	538
2020	178	32	41	5	256	91	99	160	5	356	269	131	201	10	611

• 출처: 식약처

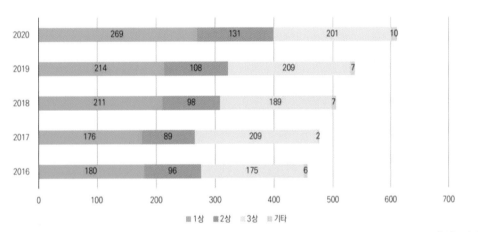

• 출처: 식약처

그림 6-7 제약사 임상시험 단계별 승인 현황(2014~2020)

3) 항암제 임상시험 증가

임상시험 승인현황을 효능군별로 살펴보면 항암제(309건), 감염병치료제(66건), 내분비계 (64건), 소화기계(62건), 심혈관계(60건) 등의 순으로 많았다.

　　대표적인 중증질환인 암 치료제 개발을 위한 항암제 임상시험은 309건으로 전체 임상시험의 38.7%를 차지하며, 4년 연속 가장 높은 비율을 나타냈다.

• 전체 임상시험 중 항암제 비율 :('17년) 38.1% →('18년) 36.4% →('19년) 29.0% →('20년) 38.7%

　　실시국가별로는 다국가 216건(69.9%), 국내 93건(30.1%)으로 다국가 비중이 높게 나타나는 등 항암제 개발을 위한 다국가 임상시험의 조기 진입이 증가하여 국내 환자의 치료기회가 확대될 것으로 기대된다.

• 항암제 다국가 임상시험(216건) 중 1 · 2상의 비중 :('19년) 52.1% →('20년) 63.0%

　　작용기전별로는 표적항암제가 164건(53.1%)으로 가장 많았고 면역항암제가 2019년(55건) 대비 61.8% 늘어난 89건(28.8%)으로 뒤를 이었다.

　　2020년 코로나-19 영향으로 코로나-19 치료제 백신 임상시험이 37건 승인되는 등 감염병치료제 분야 임상시험이 증가하였다.

　　코로나-19 임상시험은 국내 제약사 주도로 치료제 개발을 위한 초기 임상시험 단계에 집중한 것으로 나타났다.

　　종류별로는 치료제 30건(80.1%), 백신 7건(18.9%)으로 치료제 임상시험이 더 많았으며, 임상시험 주체별로는 제약사 27건(73.0%), 연구자 10건(27.0%)로 제약사 비율이 높았다.

표 6-3　효능군별 임상시험 승인현황(2014~2020)　　　　　　(단위: 건)

구분	항암	심혈관계	내분비계	중추신경계	소화기계	비뇨기계	항생제 등	면역억제제	호흡기계	혈액	기타	계
2016	202	50	39	51	48	16	55	20	32	20	95	628
2017	251	61	45	54	41	11	36	25	23	15	96	658
2018	247	49	67	33	54	20	36	18	18	24	113	679
2019	207	60	69	54	65	15	24	23	19	22	156	714
2020	309	60	64	31	62	18	66	17	20	22	130	799

• 출처: 식약처

4) 국내 개발 제약사 임상시험 경향

2020년 합성의약품 임상시험은 485건으로 2019년(476건)과 유사한 수준을 유지하였으나, 바이오의약품 임상시험은 291건으로 2019년(202건) 대비 44.1% 증가한 것으로 나타났다. 특히 바이오의약품 중 유전자재조합 의약품은 210건으로 2019년(132건) 대비 59.1% 늘어났으며, 그 중 항암제 관련 임상시험은 126건으로 2019년(74건) 대비 70.3% 증가하였다.

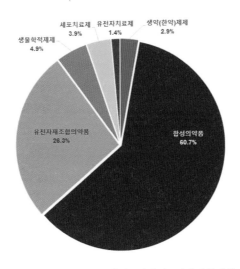

• 출처: 식약처, 임상시험계획 승인현황, 2021, KoNECT 재가공

그림 6-8 **의약품별 임상시험 승인현황(2020)**

5) 의뢰자별 임상시험 승인현황

제약사별 2020년 임상승인 수는 국내 제약사의 경우 종근당이 22건으로 가장 많았고, 애드파마(11건), 대웅제약(17건) 등의 순이었다.

다국적 제약사는 한국로슈(25건), 한국엠에스디(23건), 한국아스트라제네카(19건), 한국노바티스(17건) 순이었다.

임상대행전문기업(CRO)은 한국아이큐비아(40건), 아이엔씨리서치사우쓰코리아(21건), 노보텍아시아코리아(20건) 순이었다.

연구자 임상시험은 서울대학교병원이 30건으로 가장 많았고, 삼성서울병원(23건), 연세대학교의과대학 세브란스병원(21건), 재단법인아산사회복지재단서울아산병원(20건) 등의 순이었다.

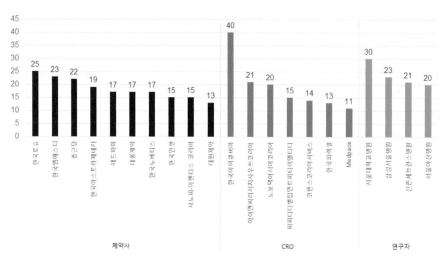

• 출처: 식약처, 임상시험계획 승인현황, 2021, KoNECT 재가공

그림 6-9 의뢰자별 임상시험 승인현황(2020)

6) 국내 임상시험 동향

한국은 신약개발 역량 강화 및 신속한 임상시험 수행을 위한 기업과 정부의 지원 노력으로 역대 최고의 글로벌 순위를 기록했다. 전체 임상시험 글로벌 순위는 2020년 기준 6위를 기록했고, 다국가 임상시험 글로벌 순위는 10위를 기록했다.

- 전체 임상시험 점유율:('18년) 3.39%→('19년) 3.25%→('20년) 3.68%
- 다국가 임상시험 점유율:('18년) 2.64%→('19년) 2.59%→('20년) 3.20%

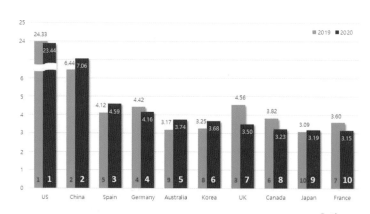

• 출처: www.clinicaltrials.gov

그림 6-10 전 세계 제약사 주도 의약품 임상시험 상위국가 점유율 및 순위 변동

7) 글로벌 임상시험 현황

글로벌 임상시험 동향은 전 세계 임상시험은 COVID-19 확산에 따른 임상시험 위축 우려에도 불구하고, 각 국가별로 감염병 상황에서의 임상시험 대응 전략을 신속하게 도입함에 따라 전체적으로 증가한 것으로 나타났다.

전 세계 신규 등록 의약품 임상시험 건수는 2000년 5,068건으로 2019년(4,435건) 대비 14.3% 증가하였으며, 모든 임상시험 단계에서 증가하였다.

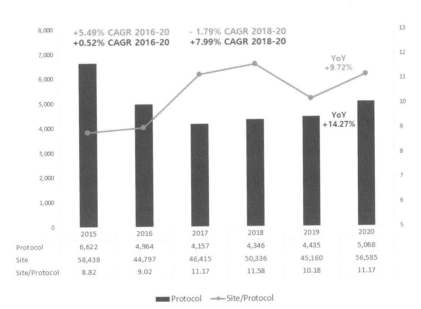

• 출처: www.clinicaltrials.gov

그림 6-11 전 세계 제약사 주도 의약품 임상시험 신규 등록 현황

07 임상시험 용어

- 피험자(Subject/Trial Subject) : 임상시험에 참여하여, 임상시험용 의약품을 투여받는 사람.
- 시험자(Investigator) : 시험책임자, 시험담당자, 임상시험 조정자.
- 대조약(Comparator) : 시험약과 비교할 목적으로 사용되는 위약 또는 의약품.
- 시험약(Placebo) : 임상시험용의약품 중 대조약을 제외한 의약품.
- 위약 : 효과를 점검하고자 하는 의약품과 닮은 효과가 없는 가짜 약.
- 무작위배정(Randomization) : 임상시험 과정에서 발생할 수 있는 치우침을 줄이기 위해 확률의 원리에 따라 피험자를 할당될 그룹에 무작위로 배정하는 기법으로 공정하고 중립적이며 타당한 연구를 지향.
- 모니터링(Monitoring) : 임상시험 진행 과정을 감독하고, 해당 임상시험이 계획서, 표준작업지침서, 임상시험 관리기준 및 관련규정에 따라 실시, 기록되는지 여부를 검토, 확인하여 임상시험의 윤리적, 과학적 타당성을 추구.
- 임상시험의 신뢰성보증(Quality Assurance) : 임상시험과 자료의 수집, 기록, 문서, 보고 등에 관한 제반 사항이 임상시험 관리기준과 관련규정을 준수하였음을 확인하기 위해 사전에 계획된 바에 따라 체계적으로 실시하는 활동.
- 임상시험의 품질관리(Quality Control) : 임상시험 관련 행위나 활동이 타당한 수준에서 이루어지고 있음을 검증하기 위해 임상시험의 신뢰성보증 체계에 따라 구체적으로 적용하는 운영기법 및 활동.
- 임상시험심사위원회(Institutional Review Board) : 인간을 대상으로 하는 임상시험에서 피험자의 권리와 안전을 보호하기 위해 의료기관 내에 독립적으로 설치되어 임상시험계획서, 피험자의 서면동의과정 등을 검토하고 지속적으로 확인하는 상설위원회.
- 부작용(Side Effect) : 정상적인 처방, 조제, 투약 후 발생하는 모든 의도되지 않은 효과.
- 이상사례(AE: Adverse Event) : 임상시험용 의약품과의 인과관계가 필수적이지 않은, 임상시험용 의약품을 투여받은 후 피험자에서 발생한 모든 의도되지 않은 증후, 증상, 질병.
- 약물이상반응(ADR: Adverse Drug Reaction) : 임상시험용 의약품과의 인과관계를 배

제할 수 없는, 임상시험용 의약품의 임의의 용량에서 발생한 모든 유해하고 의도되지 않은 반응.

- 임상시험계획서(Protocol) : 해당 임상시험의 배경이나 근거를 제공하기 위해 임상시험의 목적, 연구방법론, 통계학적측면 등이 기술된 문서.
- 증례기록서(CRF: Case Report Form) : 각 피험자별로 계획서에서 규정한 정보를 기록하여 의뢰자에게 전달될 수 있도록 인쇄 또는 전자 문서화된 서식.
- 임상시험(Clinical Trial/Study) : 임상시험용 의약품의 안전성과 유효성을 증명할 목적으로, 해당 약물의 임상적 효과를 확인하고 이상반응을 조사하기 위하여 사람을 대상으로 실시하는 시험 또는 연구.
- 다기관임상시험(Multicenter Trial) : 하나의 임상시험계획서에 따라 둘 이상의 시험기관에서 수행되는 임상시험.

실전문제

- ➡ 임상시험 단계 중 비용이 가장 많이 드는 단계는? 그 이유는?
- ➡ PV (Pharmacovigilance)는 왜 중요한가?
- ➡ 최근 제약사 주도 임상시험(SIT: Sponsor Initiated Trial)이 증가하는 이유는?
- ➡ CRO회사는 증가할까요? 감소할까요? 그 이유는?
- ➡ 한국의 임상시험 시장은 지속적으로 성장할까요?
  줄어들까요? 그 이유는?

의약품 인·허가

의약품 허가제도

01 의약품 허가과정

의약품 허가제도란? 의약품의 안전성, 유효성, 품질확보를 위해 의약품을 제조 또는 수입하여 판매하고자 한 경우에는 식품의약품안전처장의 허가를 받거나 신고를 하여야 하고, '허가사항'을 준수할 의무를 부여하는 제도이다. 약사감시를 통해 제도가 잘 지켜지는지 관리한다.

1) 신약 허가과정

품목 허가절차는 해당품목이 신약인지 제네릭 의약품인지 여부에 따라 달라진다.

먼저 신약허가 절차는 크게 → 신물질 탐색 및 전임상 → 임상(1~3단계) → 신약신청 → PMS(시판 후 조사, 임상 4단계) 순으로 진행된다.

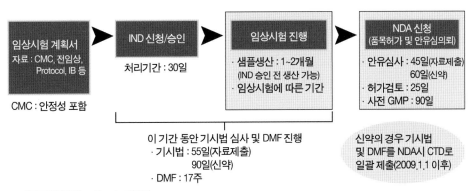

그림 7-1 허가절차 전과정(신약 및 자료제출 의약품)

　신물질 탐색 및 전임상은 신약 후보 물질들의 화학적 구조, 물리화학적 성질을 규명하고, 동물실험을 통해 후보물질의 생체 내에서의 대사작용, 독성과 약리 연구를 하고, 특허를 출원하는 단계다. 평균 2~3년 정도의 기간이 소요되고, 이 단계에서 경구용, 주사용 등 제제화 연구를 병행한다.

　임상 1단계에서는 소수의 건강한 사람을 대상으로 안정성, 약효 및 부작용을 시험하게 되며, 보통 1년 정도의 기간이 소요된다. 정상적인 건강한 자원자 수십 명을 대상으로 이뤄지며, 이 시험에서 안전한 유효 투여량의 범위 및 약물의 안전성, 약물의 흡수, 분포, 대사, 배설 등을 확인한다.

　임상 2단계는 100~300명의 환자를 대상으로 하는 약효 및 안전성 확인시험으로 약 2년의 기간이 소요된다.

　임상 3단계는 1,000~3,000명의 환자를 대상으로 하는 전국 규모의 대규모 임상시험으로 약 3년 정도의 기간이 소요되며, 의사는 약물의 효능과 부작용을 모니터링 하기 위해 환자를 세심히 관찰한다. 임상 3단계까지 거쳤다면 신약승인을 받고자 하는 자는 기초탐색연구와 약효검색 및 동물을 이용한 전임상시험, 사람을 대상으로 하는 임상시험 등의 자료를 식약청에 제출한다. 식약청은 '의약품등의 안전성·유효성 심사에 관한 규정'에 의한 안전성·유효성 심사와 품질관리를 위한 기준 및 시험방법에 대한 검토절차를 거친 후 신약 허가를 내준다. 신약승인기간은 안전성·유효성 심사 60일, 허가검토 25일로 신약 허가 기간은 약 90일이 소요된다.

　마지막으로 PMS(Post Marketing Surveillance)라고 불리는 시판 후 조사는 임상 4단계에 해당하며, 제조업자 또는 수입업자가 '신약 등의 재심사기준'에 의거, 시판되고 있는 약품의 부작용 등 안전성·유효성에 관한 사항을 파악하기 위해 실시되는 단계로 보통 출시 후 3년 정도 진행한다. PMS는 조사대상자의 조건을 정하지 않고 일상진료 상황에서 해당 약품의 사용성적조사를 실시하고 정해진 기간 내에 그 결과를 식약청에 보고하여 재심사를 받아야 한다. PMS 의무 증례수 및 재심사기간을 살펴보면, 국내에서 세계 최초로 개발된 신약, 외국에서 개발 중인 신약, 외국에서 허가 후 3년이 경과되지 않은 신약 등은 3,000례의 증례수가 필요하며, 기타 신약, 자료제출 의약품 등은 600례가 필요하다.

　신약, 기허가된 의약품과 유효성분의 종류 또는 배합비율이 다른 전문의약품은 재심사기간이 6년이고, 기허가된 의약품과 유효성분 및 투여경로는 동일하나 명백하게 다른 효능, 효과를 추가한 전문의약품, 기타 재심사를 받을 필요가 있는 의약품은 재심사기간이 4년이다.

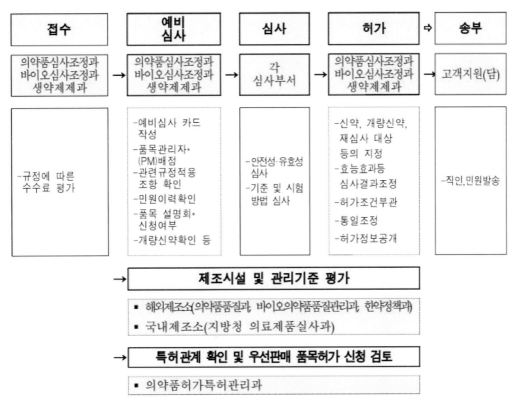

그림 7-2 허가 업무 흐름도(신약 및 자료제출 의약품)

표 7-1 **국산 신약 허가 현황(2021년 12월31일 기준)**

연번	제품명	회사명	주성분	효능·효과	허가일자
34	펙수클루정	㈜대웅제약	펙수프라잔염산염	위식도역류질환 치료제	'21.12.30
33	롤론티스	한미약품㈜	에플라페그라스팀	호중구감소증치료제	'21.03.18
32	렉키로나주	㈜셀트리온	레그단비맙	코로나19치료제	'21.02.05
31	렉라자정	㈜유한양행	레이저티닙메실산염일수화물	폐암 치료제	'21.01.18
30	케이캡정	CJ헬스케어㈜	테고프라잔	위식도역류질환 치료제	'18.07.05
29	알자뷰주사액	㈜퓨처켐	플로라프로놀(18F)액	방사성 의약품	'18.02.05
28	베시보정	일동제약㈜	베시포비르	만성B형 간염치료제	'17.05.15
27	올리타정	한미약품㈜	올무티닙염산염일수화물	표적 항암치료제	'16.05.13
26	슈가논정	동아에스티㈜	에보글립틴 타르타르산염	경구용 혈당 강하제	'15.10.02
25	시벡스트로주	동아에스티㈜	테디졸리드포스페이트	항균제(항생제)	'15.04.17
24	시벡스트로정	동아에스티㈜	테디졸리드포스페이트	항균제(항생제)	'15.04.17
23	자보란테정	동화약품㈜	자보플록사신 D-아스파르트산염	퀴놀론계 항생제	'15.03.20
22	아셀렉스캡슐	크리스탈지노믹스㈜	폴마콕시브	골관절염치료제	'15.02.05
21	리아백스주	㈜카엘젬백스	테르토모타이드염산염	항암제(췌장암)	'14.09.15
20	듀비에정	㈜종근당	로베글리타존 황산염	당뇨병치료제	'13.07.04
19	제미글로정	㈜LG생명과학	제미글립틴타르타르산염	당뇨병치료제	'12.06.27
18	슈펙트캡슐	일양약품㈜	라도티닙염산염	항암제(백혈병)	'12.01.05
17	제피드정	JW중외제약㈜	아바나필	발기부전치료제	'11.08.17
16	피라맥스정	신풍제약㈜	피로나리딘인산염, 알테수네이트	말라리아치료제	'11.08.17
15	카나브정	보령제약㈜	피마살탄칼륨삼수화물	고혈압치료제	'10.09.09
14	놀텍정	일양약품㈜	일라프라졸	항궤양제	'08.10.28
13	엠빅스정	SK케미칼㈜	미로데나필염산염	발기부전치료제	'07.07.18
12	펠루비정	대원제약㈜	펠루비프로펜	골관절염치료제	'07.04.20
11	레보비르캡슐	부광약품㈜	클레부딘	B형간염치료제	'06.11.13
10	자이데나정	동아제약㈜	유데나필	발기부전치료제	'05.11.29
9	레바넥스정	㈜유한양행	레바프라잔	항궤양제	'05.09.15
8	캄토벨정	㈜종근당	벨로테칸	항암제	'03.10.22
7	슈도박신주	CJ제일제당㈜	건조정제슈도모나스백신	농구균예방백신	'03.05.28
6	아피톡신주	구주제약㈜	건조밀봉독	관절염치료제	'03.05.03
5	팩티브정	㈜LG생명과학	메탄설폰산제미플록사신	항균제(항생제)	'02.12.27
4	큐록신정	JW중외제약㈜	발로플록사신	항균제(항생제)	'01.12.17
3	밀리칸주	동화약품공업㈜	질산홀뮴-166	항암제(간암)	'01.07.06
2	이지에프 외용액	㈜대웅제약	인간상피세포성장인자	당뇨성 족부 궤양치료제	'01.05.30
1	선플라주	SK케미칼㈜	헵타플라틴	항암제(위암)	'99.07.15

2) 개량신약 허가과정

국내개량신약은 자료제출의약품 중 다음 어느 하나에 해당하는 것 중 안전성, 유효성, 유용성(복약순응도, 편리성 등)에 있어 이미 허가(신고)된 의약품에 비해 개량되었거나 의약 기술에 있어 진보성이 있다고 식약청장이 인정한 의약품과 개량신약 허가과정은 다음과 같다.

- 유효성분의 종류 또는 배합비율이 다른 전문의약품
- 투여경로가 다른 전문의약품
- 명백하게 다른 효능, 효과를 추가한 전문의약품
- 새로운 염, 이성체의약품으로 국내에서 처음 허가된 전문의약품
- 제제개선을 통해 제형, 함량, 용법용량이 다른 전문의약품

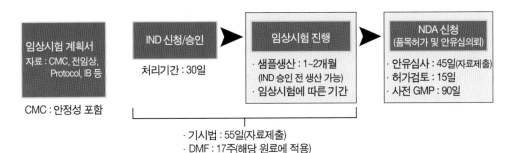

◎ 개량신약 인정대상
· 안정성, 유효성 개량 : 효능 증대 또는 부작용 감소를 인정할 수 있는 임상시험 결과 보고서 제출
· 유용성 개량 : 투여방법이나 투여횟수 등의 개선을 인정할 수 있는 임상시험 결과 보고서 제출
· 진보성 : 염변경, 제제개선 등 의약기술의 진보성을 인정할 수 있는 임상시험 결과 보고서 제출

※ 임상시험 결과 보고서 : 한국에서 한국인을 대상으로 실시한 임상시험결과를 포함한 자료
※ 상기 인정대상에 적합하여야 하며, 의약품·의약외품의 제조·수입품목허가(신고) 신청에 관한 규정 중 개량신약의 정의도 부합하여야 함

그림 7-3. 허가절차(개량신약)

3) 제네릭 의약품 허가과정

제네릭의약품은 오리지널 약과 성분, 함량, 제형, 용법·용량 등이 동일하면서 오리지널약 이후에 출시된 의약품으로, 제네릭 의약품을 허가하는 데에는 사실 성분, 함량, 제형, 용법·용량뿐만 아니라 효능·효과의 개념까지 포함된다.

효과와 안전성을 동일하다고 판단하기 위해 '몸에 미치는 영향이 동등한지'의 여부를 확인하고 평가하는 수단이 바로 '생물학적 동등성시험(Bioequivalence Test)'이다.

일반적으로 제네릭 의약품은 신약개발 시 필수로 거치는 동물실험, 임상시험 대신 생동성 시험으로 유효성과 안전성을 가늠한다고 할 수 있다. 생동성 시험을 통해 생물학적 동등성을 입증하면 오리지널 약이 구축한 허가 근거를 차용해도 된다고 보고 효능·효과, 안전성, 적응증 측면에서 동일하다고 간주하는 것이다. 즉, 생물학적 동등성의 개념은 혈중 유효성분 농도의 양상이 같으면 임상적 퍼포먼스도 같을 것이라는 가정에서 출발한다.

물론 생물학적 동등성을 인정하는 범위가 존재한다. 우리나라뿐만 아니라 미 식품의약국 (FDA) 등 전 세계적으로 제네릭 약이 오리지널 약 대비 80~125% 구간을 생물학적 동등성의 허용 범위로 본다. 그리고 그 대상 지표는 바로 '생체이용률(Bioavailability)'이다. 몸에서 해당 성분이 얼마나 오랫동안 얼만큼의 혈중농도를 유지하느냐의 개념이다. 즉 약 복용 후 시간에 따른 정맥혈중 농도 변화 그래프와 그 면적(AUC; Area Under Curve)이 생체이용률과 관련이 깊다.

약을 먹으면 약이 위장에 도달한 뒤 용해되고 약 성분의 일부가 흡수된 뒤 간에서 대사를 거쳐 혈류에 들어가게 된다. 따라서 복용 후 혈중농도는 서서히 증가하다가 일정 시간에 최고치에 이르고 그후에 서서히 감소하는 모양새를 띤다. 여기서 중요한 것이 그래프에서 나

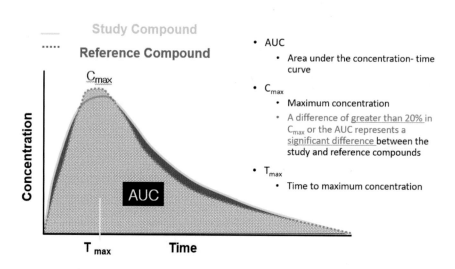

• 출처: Approved Drug Products With Therapeutic Equivalence Evaluations. 23rd ed. 2003. FDA/CDER Web site. Available at: http://www.fda.gov/cder/ob/docs/preface/ecpreface.htm#Therapeutic Equivalence-Related Terms.

그림 7-4 제네릭 의약품의 품질 담보하는 생동성 시험

타나는 곡선 양상과 곡선 하단의 면적(AUC), 혈중농도 최고치(Cmax), 혈중 최고치일 때의 시간(Tmax), 등이다. 이들 지표들을 종합적으로 평가 했을 때 오리지널 약을 100으로 보고 제네릭 약의 지표가 80~125에 해당해야 하는 것이다.

제네릭 의약품 허가 절차는 신약에 비해 간단하다. 먼저 준비단계에서 오리지널 약품의 특허만료 여부 및 재심사기간의 만료여부를 확인한다. 특허가 만료됐어도 재심사기간이 만료되지 않은 경우 제네릭 의약품 품목허가를 받을 수 없다.제네릭의약품 허가는 제제연구 → 시험생산 → 생물학적동등성시험 계획서 준비 → 시험약 생산 → 생물학적동등성시험 실시 → 최종 품목허가의 순으로 이루어진다.

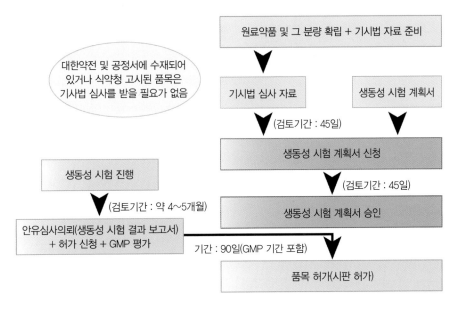

그림 7-5 허가절차(제네릭-생동시험)

4) 우리나라 의약품 허가, 신고 현황

2020년 기준 의약품 허가 품목수는 2,319개, 신고 품목 수는 1,177개로 조사되었다. 완제 의약품(3,229개), 원료의약품(69개), 한약재(68개) 중 전문의약품이 2,525개 품목으로 대다수를 차지했다.

표 7-2 **의약품 허가, 신고 현황** (단위: 품목수)

구분	계	허가유형		완제		원료	한약재
		허가	신고	전문	일반		
2016	3,828	2,036	1,792	2,280	481	84	983
2017	2,524	1,315	1,209	1,573	476	55	420
2018	2,482	1,379	1,103	1,514	532	75	361
2019	6,187	3,691	2,496	4,139	670	71	1,307
2020	3,496	2,319	1,177	2,525	704	69	198

• 출처: 식약처

02 신약/자료제출의약품/제네릭의약품 허가 신청 시 제출자료

국내에서 의약품이 제조되거나 수입되어 판매되기 위해서는 식품의약품 안전처(이하 식약처)의 허가 및 사후관리를 받게 되어 있다. 식약처는 식품 및 의약품을 안전하게 관리하여 국민들이 안전하고 건강한 삶을 영위할 수 있게 하고자 설립된 보건복지부 산하 행정기관이다. 식약처는 의약품 등의 제조, 수입, 품목허가, 품질관리, 사후관리 등 의약품 제조와 유통 과정에 포괄적으로 관여하며 규제한다. 의약품의 제조, 수입, 품목허가와 관련하여 식약처는 의약품이 기준규격을 설정하고 안전성 및 유효성 심사를 실시한다.

의약품 허가의 기본적인 과정을 살펴보면 신청서를 작성한 후 안전성, 유효성 심사/기준 및 시험방법 검토/품목별 사전 GMP 검토를 거치며, 이후 적합한 제품에 대해 허가가 이뤄진다. GMP란 품질이 보장된 우수한 의약품을 제조, 공급하기 위해 의약품 제조 및 품질관리 전반에 걸쳐 지켜야 할 사항을 규정한 기준을 말한다.

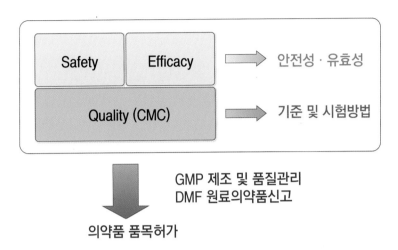

그림7-6 의약품허가 기본요소

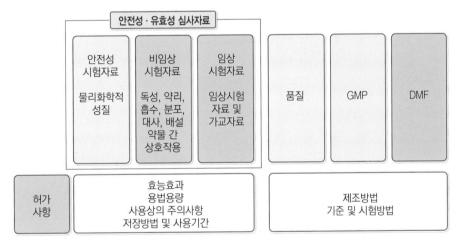

그림 7-7 의약품 허가심사 제출자료

1) 의약품 허가심사 제출자료

(1) 신약

• 안전성, 유효성에 관한 자료, 기준 및 시험방법에 관한 자료, 원료의약품 등록에 관한 자료, 제조 판매 증명서.

• 수입품목의 경우는 의약품 주성분을 제조하는 제조업자의 명칭 및 소재지 등에 관한 자료, 위해성관리계획에 관한 자료.

• 의약품 제조 및 품질관리기준(GMP) 실시상황 평가자료.

(2) 자료제출의약품

신약의 제출자료 중 안전성, 유효성 심사에 필요한 자료를 선별적으로 제출해야 한다.

표 7-3 **의약품 품목허가 · 신고 대상 및 제출자료**

		분류	대상	제출자료
등록	원료의약품	원료의약품 등록 (DMF)	• '02년 이후 신약 원료물질 • 식약처장 지정 원료 (원료의약품 등록에 관한 규정 별표1 참조) • 인태반 유래물질	• 시설에 관한 자료 • 물리화학적 특성 및 안정성 자료 • 제조방법, 포장, 용기, 취급 주의사항 • GMP 증명자료 • 시험성적서, 분석방법 자료
		원료의약품 품목허가	• 상기 외의 원료 – 제조업자가 완제의약품 제조를 위한 직접 수입원료 제외	• 기준및시험방법 자료** (55일) • GMP 자료 (60일) • 제조 및 판매증명서(수입품) • 특허관계확인서
품목허가	완제의약품	신약	• 화학구조나 본질 조성이 전혀 새로운 신물질의약품	• 안전성유효성 자료 (70일) • 기준및시험방법 자료** (55일) • 제조 및 판매증명서 (수입품)) • GMP 자료 (90일) • DMF 자료 (120일) – 이미 등록된 원료의약품의 경우는 생략
		자료제출의약품	• 신약 외에 안전성 · 유효성 심사가 별도로 필요한 의약품 예) 새로운 효능군 의약품, 새로운 조성 또는 함량증감. 새로운 투여경로 의약품	
		제네릭의약품 (생동성시험 대상)	• 기허가된 신약(대조약)과 주성분, 제형, 함량이 동일한 의약품	• 안전성유효성 자료 (70일) – 생물학적동등성시험자료 • 기준및시험방법 자료 (55일) • 제조 및 판매증명서 (수입품) • GMP 자료 (90일) • 특허관계확인서
		단순허가 (안전성유효성 심사면제)	• 의약품집 (공정서) 수재 의약품으로서 최초 허가품목	• 제조 및 판매증명서 (수입품)
품목신고	원료 · 완제의약품	신고	• 대한민국약전, 식약처장 인정 공정서 수재품목 • 표준제조기준 품목 • 기준및시험방법 고시 품목	• 기준및시험방법 자료 (40일) • 의약품동등성 심사 (40일) • 제조 및 판매증명서 (수입품) • GMP 자료 (90일) • 특허관계확인

(3) 제네릭의약품

독성, 약리, 임상 등 안전성, 유효성관한 자료 대신 생물학적동등성 시험자료, 품질에 관한 자료 제출해야 한다.

(4) 원료의약품

식약의 원료의약품 또는 식품의약품안전처장이 정하여 고시하는 원료의약품을 제조하고 판매하려고 하는 경우 별도로 필요한 자료를 제출하여 원료의약품 등록을 해야 한다.

03 안전성 · 유효성 자료

식품의약품안전처에서 의약품의 안전성 · 유효성을 평가하기 위해서 의약품 기초정보를 포함한 다음의 내용들을 고려한다.

❶ 기원 또는 발견 및 개발경위에 관한 자료
❷ 구조결정, 물리화학적 성질에 관한 자료
❸ 안정성에 관한 자료
❹ 독성에 관한 자료
❺ 약리작용에 관한 자료
❻ 임상시험성적에 관한 자료
❼ 외국의 사용현황 등에 관한 자료
❽ 국내 유사제품과의 비교검토 및 해당 의약품등의 특성에 관한 자료

1) 기원 또는 발견 및 개발경위에 관한 자료

■ 일반적 고려사항

• 관련 질환에 대한 병인적 상태, 환자분포, 발병율, 치료율 등 역학적 현황, 치료약제 현황 등이 설명되었는가?
• 당해 의약품에 대한 판단에 도움을 줄 수 있도록 6하원칙에 따라 명료하게 기재된 자료

(예 : 언제, 어디서, 누가, 무엇으로부터 추출, 분리 또는 합성하였고 발견의 근원이 된 것은 무엇이며, 기초시험·임상시험 등에 들어간 것은 언제, 어디서였나 등)

• 제안된 효능·효과 및 약리 기전은 무엇이며 국내 기허가 품목 중 유사기전으로 작용하는 제제가 있는가?

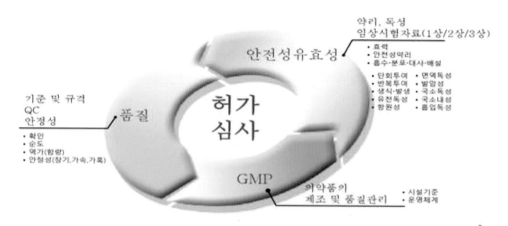

그림 7-8 의약품 별 허가에 필요한 자료

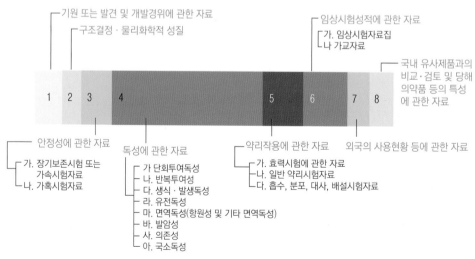

그림 7-9 안전성·유효성 심사자료

- 제안된 용법 · 용량, 투여기간, 투여경로는 무엇인가?
- 약물 및 제형의 화학적 또는 물리화학적 중요사항은 무엇인가?
- 신청제제에 대한 특이사항이 있는가?(예, 기존 치료제에 비해 부작용 발현을 감소시킴. 제제 개선을 하여 흡수율을 증가시킴 등)
- 국내 임상시험을 실시한 품목의 경우 승인된 임상시험계획에 관한 사항이 간략하게 기술된 자료

■ 개발경위에 관한 자료
- 대상질환의 치료학적 방법 및 현재의 약물요법이 기록되었는가?
- 신청된 제품에 대한 특징이 적절한가? 뒷받침하는 자료가 있는가?
- 최신의 해외 개발 및 판매현황이 기록되었는가?
- 국내외 신청, 승인 및 허가 취소 등 제품 이력 등이 적절히 기술되었는가?
- 유사한 약물에 관한 정보(목록)가 적절히 주어졌는가?
- 사전상담을 실시한 경우 상세사항이 적절히 기술되었는가?
- 소아 적응증이 예측되는 경우 소아개발 프로그램이 설명되었는가?

2) 구조결정 · 물리화학적 성질 및 생물학적성질에 관한 자료(품질에 관한 자료)

■ 일반적 고려사항
- 의약품으로서의 기본적 요건에 대한 판단에 도움이 되는 안전성 · 유효성 검토와 관련된 사항인 최종 원료규격의 기원, 본질, 조성, 제조방법, 유효성분 함량기준, 순도시험(비소 등 중금속 함유기준 등) 등을 기재한 구조결정 · 물리화학적 성질에 관한 자료가 제출되었는가?

■ 구조결정 및 물리화학적 성질 등
- 주성분 명칭, 화학식, 구조식, 분자식, 분자량에 대하여 설명되었는가?
- 최종 원료(주성분 및 첨가제) 규격의 기원, 본질, 조성, 제조방법, 유효성분 함량기준, 순도시험(비소 등 중금속 함유기준 등)이 제시되어 있는가?
- 생물학적 활성, 함량, 순도 등을 기재한 생물학적 성질에 관한 자료

■ 기준 및 시험방법

• 심사대상품목의 품질수준과 규격 등을 확인할 수 있는가?

■ 완제의약품 설계

• 약제학적 변경, 특히 서방성 및 기타 방출제어 의약품의 경우, 의약품설계 개념이 구체적이고 타당하게 설명되었는가?

• 첨가제의 주성분 사용례, 주성분 1일 최저사용량의 1/5이 초과하지 않는가?

• 새로운 첨가제를 사용하였는가?

• 보존제를 사용하는 경우 종류와 사용범위가 "의약품의품목허가신고심사규정 [별표8]"에 적합한가?

• 착색제로서 타르색소를 사용하는 경우 관련규정에 적합한가?

• 의약품 등의 안전에 관한 규칙 제11조에 따른 품목허가 또는 신고의 제한 대상에 해당하지 않는가?

3) 안정성에 관한 자료

■ 일반적 고려사항

• 의약품등의 안정성시험기준(식약처고시)에 적합한가?

• 국내에서 실시된 자료로서 시험기초자료 등을 첨부하였는가? 외국에서 시험한 자료인 경우 안정성을 확보할 수 있다고 판단되는가?

• 안정성시험에서 분해산물의 조사가 적절한가? 적절한 시험 항목과 기준이 설정되었는가? 시험방법이 적절한가?

• 안정성시험이 3로트에 대하여 실시되었는가?

• 사용기간과 저장방법이 제출자료에 근거하여 적절히 신청되었는가?

• 여러 함량으로 신청되었을 경우 함량별로 적절한 안정성 시험이 수행되었는가?

• 포장용기, 재질에 대한 설명이 있는가?

4) 독성에 관한 자료

■ 일반적인 고려사항

- GLP를 준수하여 의약품등의 독성시험기준(식약처고시)에 적합하게 시험이 수행되었는가? 의약품등의 독성시험기준에 따른 시험이 아닌 경우 시험방법 및 평가기준 등이 과학적·합리적으로 타당한가?
- 주요 대사산물, 약물의 유연물질 및 분해생성물의 독성에 대해서 평가하였는가?
- 의약품 개발 중 제형 또는 조성의 변경에 있어서 적용된 시험이 적절하고 명확한가?
- 의약품 개발 중 주성분의 변경에 있어서 독성·동태학 시험을 통해 설명되고 있는가?

■ 개개 시험별 고려사항

① 단회투여독성 시험

- 어떤 용량단계에서 사망례가 있었는지, 용량설정 이유의 타당성이 설명되는가?
- 임상투여경로로 시험하였는가? 이와 다르다면 그 타당성이 설명되는가?
- 대략의 치사량(광범위하게 최소)이 조사되었는가?
- 독성시험 결과와 시험물질간의 상관관계가 연구되었는가?

② 반복투여독성 시험

- 용량결정 적절성이 설명되었는가?
- 임상투여경로로 시험하였는가? 이와 다르다면 그 타당성이 설명되었는가?
- 독성동태(TK)연구가 수행되었는가?
- 용량단계의 타당성이 설명되었는가?
- 고용량군에서 어떤 독성이 나타났는가?
- 성별에 따른 차이가 시험자료에 언급되었는가?
- 독성시험결과의 특이적 독성증상에 대하여 필요시 시험약과의 인과관계 및 발현기전(onset mechanism)이 연구되었는가?
- 독성시험 결과와 임상시험 등에서 관찰된 이상반응의 비교검토가 수행되었는가?
- 필요시 회복시험이 수행되었는가?
- 무독성용량 추정의 설명이 타당한가?

- 무독성용량과 임상용량간의 상관성이 연구되었는가?

③ 유전독성시험

- 원칙적으로 최소한 아래 3종류의 개별 유전독성시험이 수행되었는가?
- 3종류의 시험결과가 종합적으로 평가되었는가?
- 실시된 시험에서 양성결과가 관찰되었다면, in-vivo 유전독성 잠재성이 적절히 연구되었는가?

③-1. 박테리아를 이용한 복귀돌연변이 시험

- 시험이 적절한 균주를 사용하였는가?
- 적절한 시험방법으로 수행되었는가?
- 적합한 용량을 사용하여 시험하였는가?
- 음성 및 양성대조군이 적절한 결과를 나타내었는가?
- 매 용량마다 3매 이상의 플레이트를 사용하였는가?
- 적절한 평가가 이루어졌는가?

③-2. 포유류 배양세포를 이용한 염색체이상시험

- 시험에 적절한 세포를 사용하였는가?
- 적절한 시험방법으로 수행되었는가?
- 적합한 용량을 사용하여 시험하였는가?
- 음성 및 양성대조군이 적절한 결과를 나타내었는가?
- 적절한 평가가 이루어졌는가?

③-3. 설치류 소핵시험

- 적합한 용량을 사용하여 시험하였는가?
- 적절한 평가가 이루어졌는가?

④ 생식발생독성시험

- 용량설정 근거가 설명되었는가?

- 임상투여경로로 시험하였는가? 이와 다르다면 그 타당성이 설명되었는가?
- 시험계가 생식에 대한 영향을 적절히 평가할 수 있으며 대상 환자군(신청 효능효과에 설정된 환자군)에 맞게 실시되었는가?
- 고용량군에서 어떤 독성이 나타났는가?
- 독성시험결과의 특이적 독성증상에 대한 시험약과의 인과관계 및 발현기전(onset mechanism)이 연구되었는가?
- 무독성용량 추정의 설명이 타당한가?
- 무독성용량과 임상용량간의 상관성이 연구되었는가?

⑤ 발암성 시험

- 발암성 시험이 수행되었는가? 그렇지 않다면 타당한 근거가 있는가?
- 임상투여경로로 시험하였는가? 이와 다르다면 그 타당성이 설명되었는가?
- 용량결정 시험이 수행되었는가?
- 용량단계의 타당성이 설명되었는가?
- 저용량군 및 고용량군의 결과가 용량 선택 이유와 일관성이 있는가?
- 시험의 종료시험에서 시험약물이 아닌 다른 원인들로 인한 사망의 비율이 적절한 수준인가?
- 발암기전을 포함한 신생물 시험결과가 연구되었는가?
- 비-신생물 병변에 대해서도 안전성이 연구되었는가?

⑥ 기타 독성 시험

- 국소독성시험이 수행되었는가? 그렇지 않다면 타당한 근거가 있는가?
- 의존성시험이 수행되었는가? 그렇지 않다면 타당한 근거가 있는가?
- 항원성시험이 수행되었는가? 그렇지 않다면 타당한 근거가 있는가?
- 피부외용제인 경우에는 피부감작성시험이 실시되었는가?
- 면역독성 시험이 수행되었는가? 그렇지 않다면 타당한 근거가 있는가?
- 피부 광감작성 시험이 수행되었는가? 그렇지 않다면 타당한 근거가 있는가?

5) 약리작용에 관한 자료

■ 일반적인 고려사항

• 제출된 약리시험자료의 요건이 「의약품의 품목허가 · 신고 · 심사규정」(식약처 고시) 제7조 제5호 가목"에 적합한가?

• 자료가 현재 수준의 과학석 근거에 기초하여 작성되었는가?

• 시험 자료가 종합적으로 관찰되었으며 어떤 이상이 없었는가? 이상이 발견되었다면 그 타당성이 설명되었는가?

• 다양한 약리학적 연구의 결과들에 있어서 실험모델 및 실험방법 설정이 타당하였는가?

• 시험들이 흡수 · 분포 · 대사 · 배설 및 일반적인 동물 종, 실험실적 조건 등 약리시험결과를 상호 비교할 수 있도록 실시되었는가?

• 투여 시 생체 내에서 생성되는 각각의 대사산물(특히 활성 대사체 : 라세믹체인 경우 광학이성체)의 약리학적 작용이 연구되었는가?

• 임상에서 잠재적으로 병용될 수 있는 약물과의 약동학적/약력학적 약물상호작용이 고려되었는가?

■ 개개 시험별 고려사항

① 효력시험자료

①-1. 작용기전

• 작용기전에 대하여 연구되었는가?

①-2. 효력시험

• 적절한 실험실적 시험계가 선택되었는가?

• 용량 상관성이 있는가?

• 작용이 선택적인가?

• 적절한 대조군이 선택되었는가?

• 제출된 일련의 시험이 임상적 효과를 지지하는가?

② 일반약리시험자료 또는 안전성약리시험자료

- 중추신경계, 심혈관계, 호흡기계에 미치는 영향에 대한 시험이 이루어졌는가?
- 적절한 실험실적 시험계가 선택되었는가?
- 사용된 용량 또는 농도범위가 적정한가?
- 인체에서의 임상용량으로 외삽하는 것이 설명되었는가?
- 작용기전 등으로 인해 예측되는 이상반응이 연구되었는가?

③ 흡수 · 분포 · 대사 · 배설시험 자료

③-1. 일반적인 고려사항

- 시험약물의 ADME 특성을 파악하기 위하여 적절한 약동학시험 파라미터와 방법이 선택되었는가?
- 최신의 과학수준을 근거로 자료가 작성되었는가?
- 비임상 약동학 자료가 독성약리시험과 상호비교(cross-reference)가 가능하며, 임상 약동학 자료가 임상시험과 상호비교가 가능한가?
- 종차(species difference; 동물 대 동물, 동물과 사람 간)가 적절히 설명되었는가?
- 필요시 시험약물이 광학활성을 가지는지, 치료학적 효과 및 이상반응 발생에 중요하다고 생각되는 대사체의 약동학이 시험되었는가?

③-2. 개별 고려사항

- 정량분석
  - 약동학 시험에 사용된 정량분석 및 분석방법의 타당성을 설명하는 자료가 있는가?
  - 시험약물 등의 농도를 측정할 수 없는 경우 이것의 배경이 설명되었는가?
- 제제(product) 및 주성분원료(substance)
  - 시험약물 및 주성분(지표물질 markers 포함)이 시험목적을 위해 적절히 선택되었는가?
- 흡수
  - 약물투여후 흡수율과 속도 및 초회통과 효과가 평가되었는가?
  - 임상투여경로를 통한 흡수가 평가되었으며, 또한 필요한 경우 흡수에 영향을 미치는 인자들(음식의 영향을 포함)에 대해서 시험되었는가?

- 분포

- 분포용적, 혈장단백결합(혈장단백의 종류와 비결합분율), 혈구세포 이행비율 등이 결정되었는가?

- 동물에 대한 단회 및 반복투여 시험이 수행되었으며, 기관 및 조직으로의 분포, 시간에 따른 변화, 축적에 대해서 시험되었는가?

- 태반, 태아, 유즙으로의 이행에 대해서 시험하였는가?

- 대사

- 동물에서의 시험약물 및 그 주요 대사체가 규명 및 분석되었는가?

- 동물에서의 추정 대사경로와 대사율 및 속도가 규명되었는가? 더 나아가 주된 효소가 규명되었는가?

- 대사효소에 대한 약물의 효과(억제 또는 유도)가 시험되었는가?

■ 배설

- 동물에서의 시험약물과 그 주요 대사체의 배설경로, 배설량 및 배설율이 규명되었는가? 필요한 경우, 배설에 영향을 주는 인자가 시험되었는가?

- 담즙배설 및 장간순환이 있는가?

■ 약물상호작용 등에 관한 자료

- 임상에서의 약물상호작용을 예측할 수 있는 in vitro 시험 또는 in vivo 시험이 적절히 실시되었는가?

6) 임상시험 성적에 관한 자료

■ 일반적 고려사항

① 제출자료목록 및 요건 확인

- 제출된 임상시험자료의 요건이 "의약품의 품목허가 · 신고 · 심사규정(식약처고시)" 제7조 제6호에 적합한가?

- 국내에서 수행한 모든 임상시험결과가 신청 자료로 제출되었는가?

- 외국 임상자료의 경우, 수행된 시험이 목록화 되어 있는가?

- 제출된 자료에 참조된 것 이외에 다른 중요한 시험이 수행되었는가?

② 임상적 고려사항 : 전반적 개발 프로그램의 평가

• 전반적인 개발 프로그램 안에서 각 시험의 역할이 규정되어 있으며, 다음 단계로의 진행 근거가 설명되었는가?

■ 개별 임상시험 결과보고서

① 시험디자인

• 시험목적에 맞게 디자인이 설정되었는가?

• 신청 효능·효과의 타당성을 입증할 수 있는 적절한 피험자군을 대상으로 시험하였는가?

• 제출된 임상시험자료에 기술된 시험약의 투여용량 및 투여방법은 신청 용법·용량과 일치하는가?

• 시험약을 평가하기에 적정한 투여기간으로 실시되었는가?

• 기존 치료약물의 효과를 배제하기 위한 휴약기가 있었는가?

• 병용 치료요법이 사용된 경우, 그 역할과 영향이 적절히 평가되었는가?

• 시험대상자의 등록 및 배정방법이 적절하였는가?

② 인구학적 정보

• 선정/제외 기준에 적합한 피험자가 참여하였는가?

• 비교시험에 있어서, 인구학적 정보의 그룹 간 편차의 증거는 없는가?

③ 시험계획서 순응성

• 환자에게 약물을 적절하게 투여하였는가? (약물 순응도)

• 시험계획서에 따라 용량조절, 용량유지, 투약중단이 이루어졌는가?

• 유효성평가 : 임상시험계획서에 명시된 시점에서 유효성 변수들이 적절하게 평가되었는가?

• 안전성평가 : 임상시험계획서에 명시된 시점에서 안전성 변수들이 적절하게 평가되었는가?

• 임상시험계획서에 미리 명시된 대로 시험대상자 배정과 눈가림이 수행되었는가?

④ 시험대상자 모집

• 미리 예정된 대상자수가 모집되었는가?

⑤ 제외/탈락

• 제외사례들이 제외기준과 일치하는가?

⑥ 일반적 임상약리(약동학-약력학)

• 신청된 의약품의 약동학 및 약력학 특성 및 상호 용량 관계에 관한 정보를 제공한다.

⑦ 유효성

• 유효성 평가는 임상시험 계획서에 따라 수행되고 기술되었는가?

• 서로 다른 분석군에서 나타나는 결과값의 차이가 검토되었는가?

• 치료효과 부족이나 이상반응 등과 관련된 중도탈락이 있었는가?

• 유효성평가변수와 목표치료군은 과학적으로 유효한가?

• 일차평가변수는 전문가집단의 적절한 평가 기준 또는 임상적인 평가 지침 등에 의한 의학적 연구 후에 설정되었는가? 그렇지 않다면, 타당성은 적절하고 완전하게 설명되었는가?

• 일차 유효성 평가변수에 대한 결론은 무엇인가?

• 유효성, 용량, 노출기간, 약동학, 인구학적 정보(나이, 성별, 민족적 기원 등)와 질병의 중증도 간의 관계는 조사되었는가?

• 대조군에 대한 시험군의 가설이 적절하게 검증되었는가?

• 일차평가변수가 통계학적으로 유의하다는 결과는 임상적으로도 유의하다고 해석될 수 있는가?

• 일차평가변수 이외의 다른 변수들은 시험약에 대한 신청 효능·효과를 뒷받침하기에 충분히 연구되었는가?

• 이차평가변수들에 대한 분석결과는 일차평가변수를 지원하는 데이터를 구성하고 있는가? 또한, 다른 관점에서 신청 효능·효과를 뒷받침하기에 충분한 데이터를 구성하고 있는가?

⑧ 안전성

• 사망 및 중대한 이상반응(SAE) : 국내 및 해외 임상시험, 시판 후 안전성 정보 및 사례보고를 포함하는 전반적인 개개 피험자 자료들로부터 평가되었는가?

• 제외 및 탈락에서의 이상반응 : 인과관계 여부와 무관하게 모든 제외 및 탈락에 대한 자료

가 수집되었는가?

- 기타의 이상반응 : 시험약 등의 투여를 계속하기 위해 용량 감소를 필요로 하는 이상반응 또는 새로운 전처치요법 및 병용요법을 필요로 하는 이상반응이 평가되었는가?
- 비정상적인 검사실 수치

−비정상적인 검사실 수치에 대한 해석이 각각의 수치 변화로부터가 아닌 관련 검사실 수치 변화 및 주관적이고 객관적인 증상으로부터 완전하게 이루어졌는가?

−중앙 실험실적검사 결과는 개개 임상시험기관으로부터 얻은 검사실 수치들과 구분되었는가?

−기저치 검사실 수치로부터의 변화에 대한 평균값(또는 중앙값 이 각각의 변수에 대해 보고되고 조사되었는가?

−비정상치를 보여주는 사례들이 조사되었는가?

−비정상적인 검사실 수치에 의한 제외 및 탈락이 조사되었는가?

−비정상적인 검사실 수치를 나타내는 피험자들에 대한 관찰이 적절하게 수행되었는가?

−용량−의존성, 시간−의존성, 약물−인구 상호작용, 약물−질환 상호작용, 약물−약물 상호작용의 면에서 비정상적인 검사실 수치들이 이상반응으로서 분석되었는가?

−시험기간 동안 비정상적인 발견이 나타난 사례에 대해 임상시험 후 추적관찰 조사가 시행되었는가?

⑨ 통계학적 고려사항

- 임상시험계획서 및 통계분석계획에 기술된 대로 통계학적 분석이 수행되었는가?
- 중도탈락자에 대한 통계학적 처리가 타당한가?
- 일차변수 등의 비교에 대한 통계학적 분석 방법이 적절한가?
- 사용된 통계학적 분석방법, 유의수준, p 값, 단측검정 및 양측검정이 통계분석 결과에서 구별되도록 되어 있는가?
- 중간분석은 적절히 수행되었는가? 어떤 종류의 데이터를 분석하였는가?
- 중간분석을 수행하는 동안 맹검은 어떻게 유지되었는가?
- 다중변수가 정의된 경우, 그리고 중간분석이 기술된 경우, 적절한 다중성 보정(multiplicity adjustments)이 수행되었는가?

■ 임상적 고려사항들 : 유효성과 안전성의 교차 평가(cross−evaluation)

① 유효성의 증거

①-1. 신청 효능 · 효과와 유효성의 범위

- 신청 효능 · 효과 및 유효성이 임상시험에 의해 확증되었는가?

- 선정/제외기준 등은 연구되었는가?

- 신청 효능 · 효과 및 유효성에 대한 기술방법은 의학적으로 타당한가?

- 신청 효능 · 효과 및 유효성은 외국자료와의 비교하였는가? 또한 유사약물 허가자료와의 비교 시 타당한가?

①-2. 용법 · 용량

- 비임상 및 임상자료, 국외 용법 · 용량에 근거하여 신청 용법 · 용량의 타당성이 검증되었는가?

- 특정 집단(소아, 고령자, 간장애환자, 신장애환자, 질환의 중증도 등)에서의 용량 변화에 대한 필요성과 용량설정근거가 연구되었는가?

①-3. 기타 교차시험

- 유효성과 약동학적/약력학적 분석, 시험대상자의 인구학적 정보와 질환의 중증도 사이의 관련성이 조사되었는가?

② 허가신청 자료를 통한 안전성의 상호비교

- 허가신청 시점에서 사용 가능한 최근의 안전성 자료 (임상시험 이상반응 보고, 참고문헌 자료, 정기안전성정보, 해외 자료 포함)에 근거하여 평가되었는가?

- 신청 효능 · 효과가 비치명적 질환과 관련이 있고, 장기 투여가 예상될 경우, 적절한 안전성 데이터베이스가 첨부자료로서 제출되었는가?

- 이상반응은 표로 작성되고 분석되었는가?

- 검사실 수치의 비정상적인 변수들은 표로 작성되고 분석되었는가?

- 이상반응과 인구학적 정보의 관련성 : 안전성과 용량, 약동학, 인구학적 정보(나이, 성별, 인종 등), 중증도 간의 관련성은 조사되었는가?

- 이상반응의 용량–반응성(dose-responsiveness)은 조사되었는가?

- 이상반응의 발생시점은 조사되었는가?
- 이상반응의 지속기간은 조사되었는가?
- 이상반응 등의 발현에 대한 조사연구는 수행되었는가?
- 약물상호작용에 의해 유발된 이상반응은 검토되었는가?
- 신체 기관(organ)에 대한 이상반응이 연구되었는가?
- 약물금단증상(drug withdrawal syndrome)과 약물의존성에 대한 가능성이 조사되었는가?
- 사람의 생식기관에 대한 영향이 조사되었는가?
- 과량투여에 대해 조사되었는가?

③ 전반적인 자료 평가
- 의약품의 생물약제학, 임상약리, 안전성과 유효성에 대한 모든 결론을 통합하여 임상에서 사용시 유익성과 위해성을 종합적으로 평가하였는가?
- 제출된 자료들은 허가신청의 근거가 되기에 적합한가?
- 시험대상자의 결과를 목표 치료군으로 외삽할 수 있는가?
- 특수환자군에 대한 연구가 수행되고, 허가사항에 적절히 반영되었는가?

7) 외국의 사용현황 등에 관한 자료

의약품의 유용성에 대한 판단에 도움을 줄 수 있도록 각 국가의 사용현황에 관한 자료로서, 시판허가일자, 원료약품 및 그 분량(별첨규격인 경우 규격근거자료 포함), 효능·효과, 용법·용량, 사용상의 주의사항, 저장방법 및 사용(유효)기간 등을 확인할 수 있는 자료와 각국의 의약품집 등의 수재 및 사용현황 조사자료 및 기타 안전성.유효성과 관련된 각국의 조치내용 등 최신의 정보가 첨부된 자료를 제출한다. 외국의 사용현황 등에 관한 자료로 주로 당해 의약품의 외국에서의 허가현황 및 허가받은 사항에 관한 자료로 제조판매증명서 (Certificate of Pharmaceutical Product, CPP) 혹은 허가받은 사항(미국의 경우 Package Insert, 유럽은 SPC(Summary of Product Characteristics, 등) 또는 각국의 의약품집 수재·현황 등을 제출한다.

다국적 제약사는 신약인 경우 가교자료를 제출해야 하는데 국내에서 한국인을 대상으로 별도로 가교시험을 실시하기는 어려우므로 글로벌 3상시험에 참여해 가교자료를 생성하는 것이 일반적이다. 가교를 위해 글로벌 3상시험에 포함되어야 하는 한국인 대상자 수에 대한 구체적인 기준은 없으나 식약처는 통상 한국인 100명 이상 또는 전체 대상자의 10% 이상을 기대한다. 한국인의 안전성와 유효성이 전체 시험대상자의 것과 유의한 차이가 없음을 입증하기 위해 충분한 수를 확보하는 것이 필요하다. 한국인 대상자 수가 적으면 데이터 변동성

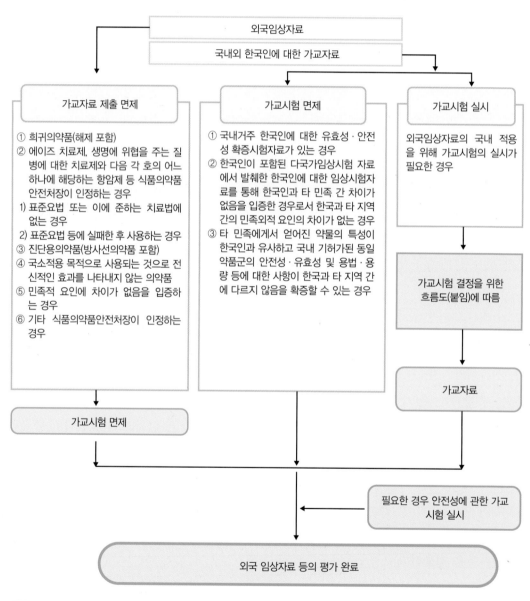

그림 7-10 유효성에 대한 외국임상자료의 평가방법

이 커져 전체 결과와 일관된 결과가 나오지 않을 수도 있다. 외국임상자료로부터 가교전략을 수립하고자 하는 경우 의약품의 품목허가, 신고, 심사규정의 외국임상자료 등에 대한 검토 및 가교시험 결정방법을 따른다.

희귀의약품 등은 가교자료 제출과 가교시험이 면제되어 외국임상자료만으로 평가될 수 있다(그림 왼쪽). 하지만 대부분의 신약은 가교자료를 제출하기 위한 가교시험이 필요한데 그림 가운데 3가지 조건중의 하나를 만족하면 가교시험이 면제된다. 다국가임상시험에 포함된 한국인 자료로 가교자료를 생성해 가운데 두번째 사례를 입증해 품목허가를 얻는 것이 일반적이다. 가교자료 제출 면제와 가교시험 면제 대상이 아니면 외국임상자료의 국내 적용을 위해 가교시험을 실시해 가교자료를 제출해야 한다(그림 오른쪽). 외국임상자료 또는 국내에서 실시된 가교시험 결과 한국인에 대한 해당 약물의 안전성 양상을 추가로 확인할 필요가 있는 경우 안전성에 관한 가교시험이 요구될 수도 있다.

외국 임상시험자료를 한국인에 그대로 적용하기에는 의약품의 안전성, 유효성의 민족간 차이에 영향을 미치는 내적요인(유전적, 생리적)과 외적요인(문화, 환경)을 배제할 수 없다. 따라서, 임상시험성적에 관한 자료에 해당 의약품에 대한 민족간 요인의 차이를 입증하기 위한 과학적인 설명자료를 포함하고, 안전성과 유효성이 영향을 받을 수 있는 정도를 기술해 외국 임상시험자료의 국내 적용에 대한 평가를 용이하게 해야 한다. 이를 위해 ICH E5 부록 D를 참고해 약물의 특성에 따라 민족적 감수성 여부를 예측할 수 있다. 약동학적 특성이 선형적인(linear) 경우, 유효성과 안전성에 대한 약력학적 곡선이 완만한(flat) 경우, 치료용량 범위가 넓은 경우, 대사가 최소화 또는 여러 경로로 대사되는 경우, 생체이용율이 높은 경우, 단백 결합 가능성이 낮은 경우, 약물 간, 약물-음식간 및 약물-질병간 상호작용 가능성이 적은 경우, 전신 작용기전이 아닌 경우, 오용 가능성이 적은 경우, 병용투여 가능성이 적은 경우 해당 약물의 민족적 감수성이 적고(less likely), 가교시험의 필요성이 적어진다.

8) 국내 유사제품과의 비교검토 및 해당 의약품등의 특성에 관한 자료

기존의 유사효능 의약품등과 원료약품 및 그 분량, 효능·효과, 용법·용량, 사용상의 주의사항 등의 비교표를 작성하고 약리효과, 부작용 또는 안전성 등에 있어서 특징이나 결점 등을 비교 검토한 자료를 제출한다.

04 기준 및 시험방법 자료

표 7-4 기준 및 시험방법 심사자료

기준 및 시험방법 심사자료	
가. 원료의약품에 관한 자료 　1) 구조결정에 관한 자료 　2) 물리화학적 성질에 관한 자료 　3) 제조방법에 관한 자료 　4) 기준 및 시험방법이 기재된 자료 　5) 기준 및 시험방법에 관한 근거자료 　6) 시험성적에 관한 자료 　7) 표준품 및 시약·시액에 관한 자료 　8) 용기 및 포장에 관한 자료	나. 완제의약품에 관한 자료 　1) 원료약품 및 그 분량에 관한 자료 　2) 제조방법에 관한 자료 　3) 기준 및 시험방법이 기재된 자료 　4) 기준 및 시험방법에 관한 근거자료 　5) 시험성적에 관한 자료 　6) 표준품 및 시약·시액에 관한 자료 　7) 용기 및 포장에 관한 자료

1) 원료의약품에 관한 자료

• 원료의약품이 DMF 성분인가? DMF 성분인 경우 설정한 규격이 DMF에서 검토된 규격과 비교하여 동등이상이거나 타당한 설정 근거를 제출하였는가?

■ 구조 결정에 관한 자료

• 제조방법에 따른 합성경로도 및 순도시험의 항목설정에 관련된 원료, 용매, 정제방법 등을 제시하고, 제출된 구조결정자료 및 광학이성질체 근거자료가 주성분에 대한 화학구조를 입증하는 자료로 타당한가?

• 적절한 구조분석법이 선택되었는가?

• 측정한 화학원소분석치가 이론값에 근접하는가?

• 자외부흡수스펙트럼 측정하기 위해 적절한 용매와 농도가 선정되었는가?

• 적외부흡수스펙트럼의 흡수밴드상에서 특징적인 흡수패턴이 기술되었는가?

• 핵자기공명스펙트럼의 각 신호에 대해 해당 원소가 적절히 지정(원소의 수가 포함)되었는가?

- 분자이온피크 또는 fragment 이온들이 질량스펙트럼 상에서 검출되었는가? 이론적인 fragmentation equation이 제시되었는가?
- 해당 성분의 표준품이 아닌 최종 제품에 대한 구조결정 자료를 제출하였는가? 표준품과의 비교시험 시 표준품의 스펙트럼자료 및 표준품 품질자료가 제출되었는가?

■ 물리 · 화학적 성질에 관한 자료
- batch 마다 물리화학적 성질의 상당한 변이성이 있는가?
- 성상, 용해도, 흡습성, 융점과 열분석치, 분배계수, pH 등의 자료를 제시하였는가?
- 결정성과 결정다형성(수화물 포함)이 IR 스펙트럼 및 X선회절자료, 시차주사열분석법(DSC) 또는 특허자료 등으로 고찰되었는가?
- 결정다형이 있는 경우, 용해도 및 보관과정 중에 생길 수 있는 결정다형에 대한 고찰이 제출되었는가?
- 광학이성체의 경우 선광성의 유무가 제시되어 있는가?
- 이성체의 혼합물인 경우 이성체의 분리 · 분석법 및 이성체비에 관한 자료가 있는가?
- 균종의 기원을 확인할 수 있는 자료(유전자분석결과 등)가 제출되었는가?

■ 제조방법에 관한 자료
- 상세한 제조방법, 제조공정도, 화학반응식이 기재되어 있는가?
- 화학반응식은 출발물질부터 최종 원료의약품까지 각 반응단계에 따라 출발물질, 중간생성물질, 최종원료의약품의 구조식, 화학명 및 분자량을 기재하였는가?
- 제조방법에 기재된 원료약품의 사용량에 대한 근거자료를 제출하였는가?
- 제조방법에 수율을 기재하였는가?
- 출발물질로부터 최종제품까지의 합성경로에 대한 적절한 근거자료를 제출하였는가? (SCI 논문, 특허자료 등)
- 제조기록서 및 제조일지를 제출하였는가?
- 공정서 및 기타 인정된 규격에 수록된 시약, 용매를 별첨규격으로 설정한 경우, 해당 공정서 및 인정 규격 동등이상으로 설정되었는가?
- 동물유래성분을 함유한 경우, 바이러스 불활화 공정에 대한 자료를 제출하였는가?

- 변성제가 함유된 에탄올을 사용하여 제조된 의약품의 경우, 변성제 제거 공정을 기재하고 그 제조공정에 따른 시험성적서를 제출하였는가?

■ 기준 및 시험방법에 관한 자료

- 원료의약품의 규격이 공정서 규격인가 별첨규격인가?
- 별첨규격인 경우 별첨규격을 작성하고 그에 대한 근거자료를 제출하였는가?
- 시험방법에 대한 분석법 밸리데이션 자료를 제출하였는가? 필요한 요건을 충족시켰는가?
- 의약품 함량기준에 따라 적절한 시험항목이 설정되어 있는가?
- 확인 시험법 관련
- 확인 시험법은 해당 성분의 특이성을 나타낼 수 있는 시험법으로 설정되어 있는가? 크로마토그램상의 동일 유지시간을 확인하는 방법으로만 설정한 경우는 특이성을 확인할 수 있는 검출기(HPLC/UV diode array, HPLC/MS, GC/MS)를 사용하였는가?
- 염 형태인 성분인 경우, 해당 염에 대한 확인시험법이 설정되어 있는가?
- 광학활성을 가진 원료의약품인 경우 함량시험 또는 특별한 확인시험을 통해 설정하였는가?
- 유연물질 및 분해생성물 관련
- 유연물질 및 분해생성물 기재 시 제출 자료에 근거하여 한도치를 원료약품에 대한 백분율(%) 또는 질량으로 설정하였는가?
- 유연물질 기준은 실측통계치 및 안정성시험(가혹시험, 장기보존시험)의 결과와 안전성을 고려하여 타당한 근거를 제시하였는가?
- 유연물질(출발물질, 중간체, 부산물 및 분해산물)이 이론적으로 형성 가능한 화합물인가?
- 유연물질 구조를 밝혀야 하는 농도에서 타당하게 구조를 확인 및 규명하였는가?
- 제제의 용법·용량 고려시 안전성을 입증해야 하는 농도에서 입증자료는 타당하게 제출되었는가?
- 시험방법 중, 표준품을 사용하지 않고 크로마토그램을 이용하여 시험하는 경우 피크면적 측정범위, 정량한계 및 상대피크유지시간 등 유연물질을 확인할 수 있는 방법을 기재하였는가? 상대피크유지시간 및 상대반응계수가 설정되어 있다면 설정근거자료를 제출하였는가? 총유연물질의 양 측정을 위한 총 분석시간이 기재되었는가?
- 이성체가 분리된 성분인 경우, 목적하지 아니한 이성체에 대하여 시험항목을 설정하였는가?

- 잔류용매 시험항목 관련

−제조방법에 사용한 유기용매에 대한 잔류용매 시험항목을 설정하였는가?

−설정한 유기용매의 기준은 의약품 잔류용매기준지침을 따라서 설정하였는가? (ICH 가이드라인을 참조할 수 있다.)

- 합성공정에 금속촉매를 사용한 경우 특정 금속에 대한 기준을 제시하였는가? 강열잔분이 설정되었는가? 중금속시험은 설정되었는가?

- 결정다형이 있는 경우, 다음의 사항을 고려하여 규격 설정 여부가 적절하게 검토되었는가?

■ 시험성적에 관한 자료

- 시험성적서의 시험항목 및 기준이 설정한 기준 및 시험방법과 동일한가?

- 시험방법이 설정한 기준 및 시험방법과 동일한가? 크로마토그래프법의 경우 사용한 칼럼, 분석조건, 분리도, 상대피크유지시간 등이 설정한 시험방법에 적합한가?

■ 표준품 및 시약·시액에 관한 자료

- 신물질의 경우, 표준품을 정제 시 정제법을 기재하고, 핵자기공명스펙트럼 등을 통해 엄밀하게 검증되었는가? 또한 함량 계산 시 순도의 보정이 필요 없을 정도로 충분히 규명되었는가?

- 표준품(Reference standard)의 품질은 어떻게 확보되었는가?

- 약전 및 공정서 수재 이외의 시약·시액에 대한 조제법에 관한 자료가 제출되었는가?

■ 용기 및 포장에 관한 자료

- 상세 포장방법과 포장 및 용기의 선정 사유를 제출하였는가?

- 일차 포장재의 구성성분과 기준 및 시험방법(성상, 확인시험 등)을 제출하였는가?

- 비기능성 이차 포장재에 대해서 기재하였으며, 기능성 이차 포장재의 경우 추가 정보를 기재하였는가?

2) 완제의약품에 관한 자료

■ 원료약품 및 그 분량에 관한 자료

- 제12조 제2항에 적합한 기준단위로 작성하였는가?

- 주성분(제조원 포함) 규격이 별첨규격인 경우, 그에 대한 근거자료는 제출되었는가?
- 첨가제 관련
- 모든 첨가제가 국내에서 사용례가 있는가? 사용례가 없는 경우 공정서 수재품목 또는 외국 의약품집 또는 일본의약품첨가물규격 등 외국의 공인할 수 있는 자료 등에 의해 사용예를 인정할 수 있는 성분인가?
- 첨가제의 국내 사용례가 일정한 투여경로로 한정되어 있어 이전 사용례와 투여경로가 상이한가? 상이하다면「의약품의 품목 허가 · 신고 · 심사규정」제27조 제2항에 따른 안전성 · 유효성 심사자료 제출이 필요한가?
- 첨가제의 배합목적이 제제학적으로 타당하게 설정되었는가?
- 첨가제의 설정한 규격이 해당 공정서의 품목인가? (공정서 시약 · 시액에 수재되어 있으면 해당 첨가제의 설정 규격이 인정되지 않음) 해당 공정서에 따라 상세기재 할 사항들이 원료 약품 및 그 분량의 비고에 기재되었고 그에 대한 근거자료를 제출하였는가?
- 첨가제의 규격이 별첨규격인 경우, 그에 대한 근거자료는 제출되었는가?
- 첨가제에 보존, 착색 등을 목적으로 다른 성분이 혼합되어 있는 경우, 그 성분의 명칭, 규격, 분량을 기재하였는가?
- 착향제 외의 성분이 "식첨" 또는 "식품공전"으로 설정되어 있는가? 설정되어 있는 경우에는 별첨규격으로 설정하도록 함.
- 혼합 착향제의 별첨규격 중 구성성분의 규격으로 식품처장이 고시한 식품관련 공정서(식품 공전 및 축산물기준 등) 인정함(단, 해당 공정서에 기준 및 시험방법이 수재된 성분에 한함)
- 원칙적으로는 모든 첨가제의 분량을 기재하여야 한다. 다만, 다음과 같이 미량 투입하는 첨가제는 "적량"으로 기재할 수 있다.
- 식약처장이 인정한 타르색소를 착색제로 사용하였는가?
  만약 그 외의 타르색소가 사용된 경우 의약품의 품목허가 · 신고 · 심사규정 제25조제2항제1호에 의한 안유심사대상품목이다.

■ 제조방법에 관한 자료
- 각 공정별로 투입 · 사용되는 원료, 시약, 용매 등의 명칭을 기재하였는가?
- 공정 중 "원료칭량"은 전체 공정에 투입 · 사용되는 원료, 시약, 용매 등의 명칭을 모두 기재

하였는가? 최종 완제의약품에 존재하지 않아 원료약품및분량에 기재되어 있지 않더라도 공정 중에 사용한 모든 원료가 기재되었는가?

- 주성분의 비고란에 주성분의 제조원 및 주소를 기재하였는가? 일부 위·수탁 공정이 있는 경우 각 공정단계별 실제 제조소를 맞게 기재하였는가?
- 주성분이 DMF 공고 성분인 경우, 해당 DMF 공고번호를 기재하였는가?
- 제조과정 중 유기용매를 사용하는 경우 제제학적으로 타당한가? 사용목적과 용매의 명칭, 규격, 단위제형당 사용량이 기재되었는가?
- 첨가제 중, 최종제품이 동물유래성분을 함유하거나 제조과정 중 동물유래성분을 사용하는 경우, 기원동물[명칭]의 [사용부위]를 제조방법에 기재하였는가? 반추동물 유래성분의 경우는 전염성해면상뇌증(TSE)감염을 방지하기 위한 원료선택(반추동물의 원산국, 반추동물의 연령 등) 또는 처리방법 등을 추가로 기재하였는가?
- 포장 공정에 직접용기·포장의 재질을 맞게 기재하였는가?
- 제제 설계의 타당성 및 평가에 관한 검토결과를 제출하였는가?
- 제제학적 변경, 특히 서방성 및 기타 방출제어형의 경우, 약품설계 개념이 상세히 타당하게 설명되었는가?

■ 기준 및 시험방법에 관한 자료
- 신청한 제형의 특성에 맞게 대한민국약전 제제총칙 및 의약품의 품목허가·신고·심사규정 별표 13에 해당되는 시험항목을 설정하였는가?
- 규격 설정에 대한 근거자료는 제출되었는가?
- 시험방법은 밸리데이션 되었는가?
- 시험방법에 대한 분석법밸리데이션 자료를 제출하였는가? 필요한 요건을 충족시켰는가?
- 순도시험, 확인 및 함량시험방법의 밸리데이션이 적절한가?
- 밸리데이션은 의약품등 시험방법 밸리데이션 가이드라인을 참조한다.

■ 시험성적에 관한 자료
- 시험성적서의 시험항목 및 기준이 설정한 기준 및 시험방법과 동일한가?
- 제출한 시험방법이 설정한 기준 및 시험방법과 동일한가? 크로마토그래프법의 경우 사용

한 칼럼, 분석조건, 분리도, 상대피크유지시간 등이 설정한 기준 및 시험방법에 적합한가?

■ **표준품 및 시약 · 시액에 관한 자료**

• 약전 및 공정서 수재 이외의 시약 · 시액에 대한 조제법에 관한 자료가 제출되었는가?

• 기 허가가 없는 주성분의 표준품인 경우 표준품의 정제법을 기재하고, 핵자기공명스펙트럼 등을 통해 엄밀하게 검증되었는가? 또한 함량 계산 시 순도의 보정이 필요 없을 정도로 충분히 규명되었는가?

• 표준품(Reference standard)의 품질은 어떻게 확보되었는가?

■ **용기 및 포장에 관한 자료**

• 적접 포장 용기의 구성성분의 안전성, 성능, 의약품과의 적합성 등을 설명하였는가?

• 일차 포장재의 구성성분과 기준 및 시험방법(성상, 확인시험 등)을 제출하였는가?

• 이차 포장재에 대하여 기재하였는가?

05 동등성 자료

1) 생물학적동등성시험

생물학적동등성(이하, 생동성) 입증을 위하여 실시하는 생체내 시험의 하나로 주성분이 전신 순환혈에 흡수되어 약효를 나타내는 의약품에 대하여 동일주성분을 함유한 동일 투여 경로의 두 제제가 생체이용률에 있어서 통계학적으로 동등하다는 것을 입증하기 위해 실시하는 시험이다. 생물학적동등성시험의 개수와 시험설계는 주성분의 물리화학적 특성, 약동학적특성, 용량 비례성에 따라 달라질 수 있다. 특히, 약동학의 선형성, 식후 및 식전 시험의 필요성, 거울상의 선택적 분석 필요성 및 다른 함량 제제의 면제 가능성 등에 대한 고려가 필요하다.

(1) 생물학적동등성시험 계획서

■ 일반적 고려사항

생물학적동등성시험 계획서를 평가하기 위해서 다음의 사항을 확인한다.

- 제출자료의 목적을 제조(수입)품목허가/신고, 제조(수입)품목변경허가/신고, 재평가, 대체조제 등에 따라 구분한다.
- 의약품등의 안전에 관한 규칙 (총리령) 제25조 제4항에 따라 식품의약품안전처장에게 시험계획서의 변경승인을 받아야 하는 목적으로 제출하였는지는 신청 내용을 검토한 후 별도로 구분한다.
- 대조약이 제출자료 목적에 맞는가?

  ❶ 제조(수입)품목허가/신고, 재평가, 대체조제 : 대조약의 적합성 여부를 확인한다.

  −생물학적동등성시험 대조약 선정공고 참고(식약처 홈페이지→공고)

  ❷ 제조(수입)품목변경허가/신고 변경 : 생물학적동등성시험 수준의 변경이 발생한 경우에는 공고된 대조약과의 생동시험을 실시하는 것이 바람직하다.

- 대조약 선정이 적절한가?
- 비교용출시험은 생물학적동등성시험대상 생산로트와 동일한 시험약과 대조약에 대하여 실시하는가?

  ❶ 의약품동등성시험기준에 따른 비교용출시험을 실시하는 것을 권고한다.

  ❷ 해당품목의 기준 및 시험방법의 용출시험방법에 따라 비교용출시험을 실시할 수 있다.

- 법 제34조의2제2항에 따른 생물학적 동등성시험 실시기관, 시험자 및 수탁기관 등에 관한 자료는 포함되어 있는가?
- 시험대상자의 동의서 서식은 포함되어 있는가?
- 시험대상자에 대한 피해보상 내용이 포함되어 있는가?

■ 생물학적동등성시험 계획서 고려사항

- 의약품 등의 안전에 관한 규칙(총리령)에 따른 〈별첨1〉 각 호의 사항이 시험계획서에 포함되어 있는가?
- 시험책임자의 선임이 적정한가?
- 시험대상자의 선정은 적절한가?

❶ 원칙적으로 시험대상은 건강한 성인 지원자를 대상으로 한다 : 식약처장이 인정하는 경우에는 환자로 시험대상을 적절히 바꿀 수 있다.

❷ 시험대상자의 건강검진 항목이 적절한지 확인한다.

❸ 대조약의 사용상의 주의사항에 따라 시험대상자 제외기준이 설정되었는지 확인한다.

❹ 시험약이 성별에 따른 금기사항이 있는지 확인한다.

• 시험 중도탈락 기준은 적절한가?

• 시험대상자의 관리는 적절한가?

❶ 음식물과 음료의 섭취는 주의 깊게 조절되어야 하며, 투약 전 10시간 동안 절식하도록 하는지 확인한다.

❷ 투약 전후 1시간 동안은 물 섭취를 제한하는지 확인한다.

❸ 시험대상자는 투약 후 적어도 2시간까지는 누워있어서는 안되며 위장관계 혈류 및 운동성에 미치는 영향을 최소화하기 위하여 자세와 행동을 유사하게 유지시키도록 하는지 확인한다.

• 시험예수는 적절한 통계처리가 가능한 예수로써 주성분의 특성에 따라 적절히 가감되었으며, 최소 12명 이상인가?

• 시험방법은 적절한가?

❶ 시험은 2 x 2 교차시험으로서 공복상태에서 시험약과 대조약을 투약하는가? 아닌 경우 타당한 근거를 제시하였는지 확인한다.

❷ 3기 또는 4기 반복교차시험으로 설정해온 경우에는 분석하고자 하는 성분이 고변동성 성분임을 확인한다.

❸ 서방성제제인 경우, 공복시험 외에 식후시험을 추가로 실시하도록 계획하였는지 확인한다.

❸ 분산투여를 실시한다면, 해당내용이 계획서 상에 기술되어있는가?(사유 등을 확인)

• 투약량은 임상 상용량을 투여하여 시험을 실시하는가?

임상 상용량을 1회 투약하는 것을 원칙으로 한다. 다만, 시험가능한 분석방법이 검출한계가 높아 1회 투약량으로 분석상 문제가 있는 경우 원칙적으로 1일 최대허용량 범위 내에 투약할 수 있다.

• 혈액의 채취 시점 및 빈도가 적절한가?

④ 혈액의 채취는 생체이용률의 평가에 필요한 파라메타를 모두 산출할 수 있도록 충분한 빈도로 적절한 시점에서 하는가?

채혈횟수는 원칙적으로 12회 이상으로 tmax전 적어도 2회 이상 채혈하고 소실반감기의 3배 이상 또는 AUCt가 무한시간의 AUC의 최소 80%이상에 해당되는 시간까지 채혈한다. 채뇨는 채혈의 경우에 준한다.

⑤ 소실반감기의 3배 이상 또는 AUCt가 무한시간의 AUC의 최소 80% 이상에 해당되는 시간까지 채혈하지 않고 72시간까지 채혈하는 경우, 반감기가 길고 분포와 청소율의 시험대상자 내 변동이 적은 약물이라는 근거자료가 첨부되어 있으며 그 내용이 타당한가?

⑥ 반복투약시험의 경우, 최고혈중농도와 최저혈중농도를 확인할 수 있는 충분한 빈도로 채혈하는가?

• 휴약 기간은 유효성분 반감기의 최소 5배 이상 설정되어 있는가?

• 분석대상은 원칙적으로 미변화체로(즉, 원료약품분량의 주성분) 혈액 또는 뇨 중의 유효성분 또는 이들과 비례 관계가 인정된 활성대사체이거나, 복합제의 경우 원칙적으로 유효성분 전부에 대하여 실시하는가?

• 유효성(약동학) 평가변수와 평가방법은 적절하게 설정되어 있는가?

❶ 평가변수는 시험목적에 맞게 설정되어 있는가?

❷ 약동학 파라미터 산출방법이 구체적으로 기재되어 있는가?

• 안전성 평가변수와 평가방법은 적절하게 설정되어 있는가?

• 통계분석방법은 적절하게 설정되어 있는가?

❶ 평가변수별 통계분석방법은 적절하게 설정되어 있는가?

❷ 동등성 판정기준을 명시하고 있는가?

❸ 분산투여를 실시하는 경우 분산투여의 영향을 고려한 통계분석방법과 절차가 제시되어 있는가?(분산분석을 실시하는 경우 통계모형, 교호작용, 가설검정을 실시하는 경우 그 절차와 유의수준, 결과해석방법 등)

(2) 생물학적동등성시험 결과보고서

■ 일반적 고려사항

• 최종 승인된 생동성시험계획서에 따라 시험을 수행한 결과보고서인지 확인한다.

- 생동성시험계획서를 식약처에서 승인 받은 후 변경이 있는 경우 변경 심의된 시험계획서도 확인한다.
- 의약품동등성시험기준(식약처고시) 제4조에 따라, 시험약은 시판될 때와 동일한 원료, 처방 및 조건으로 제조한 것으로, 생산규모, 품질 및 함량 등이 적합한지 확인한다.

■ 생물학적동등성시험 결과보고서 고려사항

- '의약품동등성시험기준(식약처고시)'에 따른 〈별첨2〉 각호의 사항이 시험결과보고서에 포함되어 있는가?
- 시험대상자선정기준에 적합한 시험대상자를 선정하였으며, 건강진단 결과는 정상 기준에 적합한 시험대상자가 시험에 참가하였는가?
  ❶ 시험대상자선정기준에 적합한 시험대상자가 선정되었는지 확인한다.
  ❷ 시험대상자의 이전 생동성시험 참가여부(3개월 중복 시험대상자)를 시험기관에서 검토하였는지 확인한다.
  ❸ 건강진단항목의 결과치는 기관의 각 시험항목 정상참고치 이내인지 확인한다.
  ❹시험대상자에 대한 투약 및 채혈이 담당의사의 건강진단서 발행 이후인지 확인한다.
- 시험대상자는 시험 지원 신청 후 시험책임자의 시험에 대한 설명을 들은 후 참가동의서를 작성하고 건강진단을 받은 후 그 결과가 적합하다고 담당의사가 건강진단서를 발행한 이후에 생동성 시험에 참가하였는가?
- 투약 전 후의 시험대상자 관리는 적절하였으며, 채혈은 담당의사 관리하에 이루어졌는가?
- 중도탈락자가 있는 경우 사유가 명시되었는가?
- 증례기록서에는 채혈 전 후의 청진, 문진 기록이 있으며, 이를 시험담당의사가 확인 후 서명하였는가?
  ❶ 증례기록서에 시험약에 대한 정보, 시험의뢰자, 시험기관, 의료기관, 시험대상자번호, 시험대상자성명(이니셜로 기입), 시험책임자, 시험담당자 성명 등이 기재되어 있는지 확인한다.
  ❷ 스크리닝 양식에 흡연, 음주, 약물복용력, 약물과민증, 이전약물시험참여여부, 기왕력 등의 정보가 모두 기입되었는지 확인한다.
  ❸ 건강검진 항목에 대한 정상범위가 제시되었으며, 검사결과 내역이 모두 기입되었는지, 검

사 결과치는 계획서에 명시된 선정기준 이내인지 확인한다.

- 시험 중 발생하는 모든 이상반응을 기록하고 중대한 이상약물반응의 여부, 중증도, 인과관계 등을 평가하였는가?

- 검체 처리 및 분석은 밸리데이션 이후에 실시하였는가?

　❶ 분석법 밸리데이션은 '생체시료분석법 밸리데이션 가이드라인 (B1-2013- 2-007)'을 참조하여 검토한다.

　❷ 분석방법은 분석대상 성분의 실제 농도를 정확하게 측정할 수 있는 선택성, 직선성, 정확성, 정밀성 및 충분한 감도 등이 확인된 방법인지 확인한다.

　❸ 제출된 밸리데이션 자료가 전체 밸리데이션 자료인지, 부분 밸리데이션 자료인지 확인하고, 원칙적으로 전체 밸리데이션 자료를 검토한다.
　부분 밸리데이션을 제출한 경우에는 그 사유가 타당한지 확인하고, 사유가 타당한 경우에 한하여 이전에 완료된 밸리데이션 자료를 검토한다.

　❹ 정밀성 평가 시 각 농도별로 측정된 시험 내/시험 간 정밀도는 변동계수(Coefficient of Variation; CV)가 15% 이내인지, 최저정량한계에서 CV가 20% 이내인지 확인한다.

　❺ 정확성 평가 시 평균값은 최저정량한계를 제외하고 실측값의 15% 이내인지 확인하며, 최저정량한계에서 20% 이내인지 확인한다.

　❻ 적분방법은 타당하게 설정되었으며, 전 샘플을 수동적분하지는 않았는지 확인한다.

　❼ 재적분 사유가 타당하며, 시험기관의 SOP에 명시되어 있는지 확인한다.

　❽ 재적분 방법은 타당하며, 적분결과에 따른 처리방법은 시험기관의 SOP에 명기된 대로 처리하였는지 확인하다.

- 검체의 재분석이 있는 경우 재분석 사유를 명시하고, 분석전후의 결과를 모두 명시하였는가?

　❶ 재분석의 사유는 타당하며, 시험기관의 SOP에 명시되어 있는가?

　❷ 재분석의 결과가 최초 분석결과와 동일한가?

　❸ 재분석의 결과가 최초 분석결과와 동일하지 않은 경우의 처리 방법이 SOP에 명시되어 있으며, SOP에 따라 처리되었는가?

- 추가시험의 적합성 여부

　❶ 추가시험이 계획서에 명시되어 있는가?

　❷ 본 시험과 동일한 계획서에 따라 실시되었는가?

❸ 군당 최소 12명 이상의 시험대상자가 참여하였는가?

❹ 본 시험과의 일관성을 통계적으로 입증(유의수준 0.05이하)하였는가?

❺ 추가시험 결과는 선행된 본 시험의 결과와 총괄해서 최종 분석되었는가?

• 비교평가항목에 대한 통계처리 결과가 적절하며, 평가기준이 생동성시험기준에 따라 판정 되었는가?

❶ raw data를 다시 BA calc, K-BE test에 입력하여 신뢰구간을 소수점 4자리까지 산출하고, 계산한 결과가 제출된 자료와 동일한지 확인한다.

❷ 3기 또는 4기 반복교차시험으로 분석을 해온 경우에는 SAS 등 적절한 통계프로그램을 사용하여 동등성 여부를 확인한다.

• 분석법 밸리데이션 raw data 및 분석결과에 대한 raw data 검토 결과 신뢰성을 확보할 수 있었는가?

❶ 분석자료의 raw data는 분석결과를 다시 processing 하여서 시험결과를 재현할 수 있는 자료를 말하며, 분석결과만을 text file로 저장한 것을 의미하지 않는다.

❷ 분석법 raw data 평가항목 : 밸리데이션된 방법과 동일한 조건에서 분석을 하였는지 확인한다.

❸ 분석결과가 분석기기에 저장된 raw data 및 적분 method file이 들어있는, 컴퓨터로 읽어서 이해 가능한 저장매체로 제출되었는지 확인한다.

• 시험대상자별 각 채혈시간의 혈중약물농도수치 등 분석실측치(자료저장매체로 제출) 및 로그변환치, 약물동력학 변수자료 및 통계처리과정 등을 포함하는 시험결과가 보고되었는가?

• 의약품수불현황은 정확히 작성되었는가?

• 신뢰성보증업무담당자는 점검을 수행한 날짜, 점검의 내용 및 시험기관의 장·시험책임자에게 보고한 날짜 등을 포함한 〈신뢰성보증확인서〉를 준비하고 서명한 후 제출하였는가?

• 시험의뢰자는 생동성시험 실시 중에, 식약처에 적절히 보고하였는가?

❶ 중대한 약물유해반응이 발생한 경우, 의약품 등의 안전에 관한 규칙에서 정한 기간 내에 식약처에 신속히 보고하였는지 확인한다.

❷ 생동성시험 시험대상자에 대한 관찰이 종료된 후, 20일 이내에 식약처에 별지 제34호 서식에 의한 보고서를 제출하였는지 확인한다.

• 동일 품목에서 생동성재시험을 실시하였는가?

❶ 생물학적 동등성시험 관리기준 (식약처고시) 제3조의 2에 따라 식품의약품안전처장에게 시험계획서의 변경승인을 받고 타당한 절차에 의하여 진행하였는지 확인한다.

❷ 재시험 이전 결과(분석 및 관찰종료, 유해반응 등)를 적절히 보고하였는지 확인한다.

• 해당 품목은 신뢰성 조사 실시대상인가?

"의약품동등성시험 신뢰성 조사 운영절차 업무수행편람(GRP-MaPP-심사기준-26)"에서 해당여부를 확인한다.

ISSUE 1 · 생물학적 동등성(BE : Bioequivalence)

비슷한 조건 아래에서 같은 용량을 투여하였을 때 각 제제의 흡수의 양과 속도가 유의성 있는 차이를 보이지 않는 경우를 말하는 것이다. 따라서 생물학적으로 동등하다는 것은 같은 정도의 약효를 나타낸다는 뜻은 아니지만 그 전제조건은 된다고 할 수 있다.

생물학적 동등성시험은 '제제학적으로 동등한 두 제제 또는 제제학적으로 대체가능한 제제가 생물학적 이용률에 있어서 통계학적으로 동등하다는 것을 입증하기 위해 실시하는 생체 내 실험'이다

주로 제약업체들이 카피약(복제약) 판매허가를 받기 전 실시하는 일종의 생체 내 실험이다. 제약업체는 이 실험을 통해 대조약(오리지널약)과 동일한 성분으로 만들어진 시험약(카피약)을 비교 분석한다. 이미 승인된 의약품(대조약)과 시험약(카피약)이 서로 제형이나 함량 또는 첨가제가 다르더라도 유효성분, 투여경로, 효능·효과와 용법·용량은 같은지를 평가하는 것이다.

건강한 자원자 모집	1기 투약	채 혈	2기 투약	동등성 평가
·임상시험 내용에 대한 설명 ·시험참가를 위한 서면동의 ·동의자에 한해 신체검사 실시 ·자원자 최종 선정	·피험자를 무작위로 같은 수의 두 군으로 나누어 각 군별로 대조약과 시험약을 각각 투여	·약을 먹은 후 체내에 얼마나 흡수 되었는지를 확인하기 위하여 피험자 별로 일정시간마다 혈액을 채취하고 분석기기 등을 이용하여 혈액 중 알콜의 농도를 분석합니다.	·이전에 먹은 약이 모두 배설될 정도의 충분한 기간이 경과된 후(일반적으로 1주일), 대조약과 시험약을 바꾸어 각각 투여하고 동일하게 혈액 채취 및 혈액 중 약물의 농도를 분석합니다.	·각 피험자별 제1기 및 제2기 투약 시 혈액 중 약물의 농도를 측정, 통계 처리함으로써 대조약과 시험약의 동등성을 평가합니다.

건강한 피험자 모집 / 두 군으로 나누어 투약 (1기 투약) / 일정 시간별 혈액채취 / 바꿔투약 (2기 투약) / 약물농도측정 · 통계처리 신약 · 제네릭의약품 동등성평가

• 출처: 동아대병원 임상시험센터

그림 7-11 **생물학적 동등성 시험 방법**

■ 생물학적 동등성 시험의 목적

생물학적으로 동등하다는 것은 치료 효과 면에서 반드시 동등하다는 것을 의미하지는 않지만 그 전제조건은 된다고 생각할 수 있다. 따라서 생물학적 동등성 시험의 목적은 서로 호환 사용하게 될 것이 예상되는 제제들이 서로 생물학적으로 동등하다는 것을 보증하는 데에 있다.

■ 생물학적 동등성 시험의 평가지표

① 검체가 혈액인 경우

1회 투약 시 AUCt, Cmax / 반복 투약 시 AUCτ, Css,max

AUC : 혈중 농도 – 시간 곡선하면적.

AUCt : 투약시간부터 최종 혈중농도 정량 시간 t까지의 혈중 농도 – 시간 곡선하면적.

Cmax : 최고 혈중 농도.

AUCτ : 정상상태의 투여 간격 τ중의 혈중 농도 − 시간 곡선하면적.

Css.max : 정상상태의 최고 혈중 농도.

② 검체가 뇨인 경우

뇨를 채취한 경우에는 Aet, Aeτ, Umax를 이용한다.

Umax : 최대 뇨 중 배설 속도

Aet : 최종 채뇨시간 t까지의 뇨 중 누적 배설량

Aeτ : 정상상태의 투여 간격 τ중의 뇨 중 누적 배설량

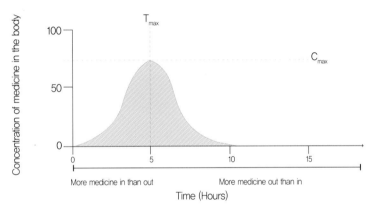

시간에 따른 약물농도 변화

■ AUC (Area under the plasma level−time curve)

혈중 약물농도−시간 곡선하면적은 약물의 생체흡수율의 정도를 의미하며 전신순환에 도달한 활성약물의 총량을 반영한다. AUC의 단위는 농도 · 시간으로 표시한다.

■ Cmax(최고혈중농도)

약물투여 후 최고 혈중농도(Cmax)로서 치료적 반응을 나타낼 정도로 전신순환에 충분히 흡수되었는지를 가리키는 지표이다. 또한 독작용을 일으킬 수 있는지에 대한 정보도 제공하게 된다. 생물학적동등성은 일반적으로 AUC와 Cmax를 평가지표로서 활용한다.

2) 의약품동등성시험

(1) 적용범위

- 의약품동등성시험 실시대상 품목에 해당하는가?

−전문의약품으로서 정제, 캡슐제, 좌제

−일반의약품 단일제 중 정제, 캡슐제, 좌제

- 신규 허가(신고) 시

❶ 생물학적동등성시험 대상 품목에 해당하는가?

−1989년 1월 1일 이후 제조(수입)품목허가를 받은 전문의약품으로서 신약에 해당하는 의약품(제형이 다른 동일투여경로의 품목 포함)

−상기에 해당하는 품목을 제외한 전문의약품으로서 이미 제조(수입)품목허가를 받은 것과 성분이 동일한 정제 · 캡슐제 또는 좌제(전신 순환하는 제제에 한함) 중 다음의 어느 하나에 해당하는 의약품

· 의약품동등성 확보 필요 대상 의약품 지정(식약처고시) 별표 1의 성분을 단일 주성분으로 하는 상용의약품과 그 염류 및 그 이성체

· 의약품동등성 확보 필요 대상 의약품 지정(식약처고시) 별표 2의 성분을 단일 주성분으로 하는 고가의약품과 그 염류 및 그 이성체

· 의약품동등성 확보 필요 대상 의약품 지정(식약처고시) 별표 3의 성분을 단일 주성분으로 하는 그 밖의 의약품동등성 확보가 필요한 의약품과 그 염류 및 그 이성체

· 의약품동등성 확보 필요 대상 의약품 지정(식약처고시) 별표 1, 별표 2 또는 별표 3의 성분과 그 염류 및 그 이성체를 함유하는 복합성분 의약품

※다만,「의약품 등의 안전에 관한 규칙」제4조제1항제3호에 따라, 의약품동등성 확보 필요 대상 의약품 지정(식약처고시)의 제형 중 산제 · 과립제는 2018.10.29.부터, 점안제 · 점이제 · 폐에 적용하는 흡입제 또는 외용제제는 2019.10.29.부터 생물학적동등성시험 또는 비교임상시험자료 제출이 필요함

❷ 비교용출시험 대상 품목에 해당하는가?

−생물학적동등성시험 대상 품목을 제외한 전문의약품 중 정제, 캡슐제, 좌제

−일반의약품 단일제 중 정제, 캡슐제, 좌제

−의약품동등성 확보 필요 대상 의약품 지정(식약처고시) 별표 4 중 비교용출시험 대상 성

분과 그 염류 및 그 이성체를 함유하는 복합성분 의약품

❸ 비교붕해시험 대상 품목에 해당하는가?

−비교용출시험이 제제의 특성상 불가능한 경우(예: 효소제제, 유산균제제)

−비교용출시험이 분석 상 불가능한 경우

−비교용출시험이 불가능한 경우, 예비시험결과 등 과학적인 근거에 의하여 비교용출시험
이 불가능한 사유가 제출되었는가?

−의약품동등성 확보 필요 대상 의약품 지정(식약처고시) 별표 4 중 비교붕해시험 대상 성
분과 그 염류 및 그 이성체를 함유하는 복합성분 의약품

• 허가(신고) 후 변경 시

−원료약품 및 그 분량, 제조방법 또는 제조소 변경

−의약품동등성시험기준(이하, 의동기준)에 적합한 의약품동등성시험자료가 제출되었는가?

(2) 대조약

• 신규 허가(신고) 시, 공고된 대조약과 의약품동등성시험을 실시하였는가?

−대조약 공고: 식약처홈페이지〉알림〉공고〉의약품동등성 시험 대조약 공고

　가. 식약처(의약품심사조정과)에 대조약 확인 요청

　나. 대조약 구입 불가능 입증자료 제출(외국에서 구입한 경우, 국내 허가된 대조약과 제조
　　　소, 표시기재 등을 통해 동일성 입증)

−다만, 의동기준 제7조제2항에 따른 비교용출시험 시 자사 생동성을 인정받은 품목을 대조
약으로 한다.

• 의약품동등성시험 대상품목에 대한 변경허가(신고) 시 변경이전 허가사항에 따라 제조된 의
약품을 대조약으로 사용하였는가?

−다만, 다음의 경우에는 공고된 대조약과 비교용출시험이 가능하다.

　가. 의약품동등성시험 미입증 품목

　나. 허가(신고) 시 비교용출시험 또는 비교붕해시험 대상 품목으로서, 미생산, 사용기간 경
　　　과 등으로 변경이전 제제가 없는 경우(생산실적보고서 등 근거자료 제출)

　다. 동일업체가 아닌 제조소 이전(위탁 및 자사)

　라. 의약품동등성시험 입증품목으로서 생동성시험을 실시하는 경우

표 7-5 허가·신고사항 변경에 따른 대조약 선정기준

		약동 미입증 품목	약동 입증품목	생동 미입증품목		생동 입증품목	
				일반변경	재평가대상	일반변경	재평가대상
제조원 변경* (대부분 처방/ 제법 변경 수반)		전후비교 약동 (공고된 대조약과 약동 가능)	전후비교 약동 (자사제조로 변경시 공고 된 대조약과 약동 가능)	변경 후와 공고된 대조 약과 생동	변경 후와 공고된 대조 약과 생동	변경 후와 공고된 대조 약과 생동	전후비교 생동 후 공고된 대조 약과 생동
처방/ 제법 변경	A,B,C 수준	전후비교 약동 (공고된 대조약과 약동 가능)	전후비교 약동	전후비교 약동 (공고된 대조약과 약 동 가능)	변경 후와 공 고된 대조약 과 생동	전후비교 약동	전후비교 약동 후 공고된 대조 약과 생동
	D 수준	전후비교 약동 (공고된 대조약과 약동 가능)	전후비교 약동 (공고된 대조약 과 약동 가능)*	변경 후와 공고된 대조 약과 생동	변경 후와 공고된 대조 약과 생동	전후비교 생동 (공고된 대조 약과 생동 가 능)*	전후비교 생동 후 공고된 대조 약과 생동 (변경전, 후 모 두 공고대조약 과 생동가능)*

*제조원변경은 위·수탁 등에 따라 동일품목의 다른 업소로의 제조원 변경에 적용.
동일업소의 제조소 이전은 의약품동등성시험기준[별표 4] 적용.

*약동 : 비교용출시험, 비교붕해시험, 생동 : 생물학적동등성시험

(3) 시험약

- 최종완제품인가? 다만, 제조공정 중 포장공정 만을 제외한 반제품에 대해서는 완제품과 동일하게 간주할 수 있다.
- 시험약의 제조방법은 허가(신청)사항과 동일하며, 이에 적합한 품질관리시험성적서를 제출하였는가?
- 시험약의 생산규모가 100,000단위 이상인가? 100,000단위 이하일 경우 최종 완제품의 생산배치 규모임을 확인한다(제조기록서 등).
- 자사시험기준에 따라 시험한 시험약의 함량 또는 역가는 대조약 표시량(100%)과의 차이가 5% 이내이거나, 시험약과 대조약의 함량 또는 역가 차이가 5% 이내인가?
- 다만, 생약제제 중 함량기준이 넓은 범위 또는 기준치 이상으로 설정되어 있어, 시험약과 대조약 각각의 함량시험 결과값 대비 용출률을 산출하는 경우와 비교붕해시험을 실시하는 경

우에는 함량기준을 적용하지 않는다.

(4) 비교용출시험

• 동일 주성분을 가진 동일 투여경로의 두 제제에 대하여 시험관내 용출양상의 유사성을 입증하기 위하여 동일한 조건에서 실시하는 시험이다.

(5) 비교붕해시험

• 동일 주성분을 가진 동일 투여경로의 두 제제에 대하여 시험관 내 붕해의 유사성을 입증하기 위하여 동일한 조건에서 실시하는 시험이다.

3) 이화학적동등성시험

대조약과 시험약 간의 물리화학적 특성이 동등한 수준임을 입증하는 실험실내 시험을 말한다.

(1) 일반적 고려사항

■ 이화학적동등성시험 실시대상 품목에 해당하는가?

① 1989년 1월 1일 이후 제조(수입)품목 허가된 전문의약품으로 신약에 해당하는 의약품 중, 다음에 해당하는 경우

• 시럽제, 엘릭서제, 틴크제 등 경구용 액제(유제 및 현탁제 등은 제외) 및 외용 액제로서 유효성분의 종류 및 농도가 기허가신고사항과 동일하고 첨가제가 유효성분의 흡수에 영향을 미치지 않는 제제

• 주사제, 점안제, 점이제로서 원료약품의 종류가 기허가신고사항과 동일한 제제. 다만 다음의 첨가제는 기허가신고사항과 다를 수 있으나 이러한 경우 유효성분의 작용에 영향을 미치지 않음을 입증하여야 한다(입증방법의 예 : 안정성 시험자료 등).

－주사제의 경우 보존제, 완충제, 항산화제, pH 조절제(다만, 이미 허가·신고된 바 있는 주사제에 사용된 pH 조절제에 한하며 이 경우 첨부문서 등을 통해 그 첨가제의 종류가 이미 허가신고된 의약품과 같다는 것을 입증한다)

－점안제 및 점이제의 경우 보존제, 완충제, 등장화제, 점도조절제

- 흡입 전신마취제
- 전신작용을 기대하지 않고 국소요법만을 목적으로 하는 외용제제
- 유효성분을 기체나 증기 등의 흡입제로 투여하는 것으로서 국소요법만을 목적으로 하는 제제
- 수액제, 혈액증량제 및 인공관류액제제

② 이미 허가·신고된 품목과 용법·용량은 동일하나 제형의 특수성이 인정되는 제제 중 폐에 적용하는 흡입제. 다만, 이 경우 이화학적동등성시험자료 이외에, 대조약과 시험약의 약제학적 투여 형태, 흡입기구를 통해 흡입되는 양, 흡입기구의 취급방법, 흡입기구의 기류에 대한 동일한 저항성, 목표전달량 등 비교시험을 통해 약물이 폐에 도달하는 정도가 유사함을 입증하는 생체외 시험자료의 타당함을 검토한다.

■ 대조약은 타당하게 선정되었는가?
- 공고대조약을 확인한다.
- 공고대조약이 없는 경우 의약품동등성시험기준(식약처 고시)에 따라 대조약 선정을 확인한다.
- 각 대조약별로 원료약품분량, pH기준, 제조방법 등이 다를 수 있으므로 대조약 선정에 주의한다.

■ 시험약의 기준 및 시험방법에 설정된 시험항목에 대해 시험약과 대조약을 시험하였는가?
- 다만, 대조약의 경우 대한민국약전 제제총칙에 기재되어 있는 시험항목에 한하여 제출 면제한다.

(2) 시험약
- 의약품동등성시험기준(식약처 고시) 제20조에 따라 검토한다.
- 최종완제품인가? 다만, 제조공정 중 2차 포장공정 만을 제외한 반제품에 대하여는 완제품과 동일하게 간주할 수 있다.
- 시험약의 제조공정에 관한 상세자료

−신청사항(원료약품 및 분량, 제조방법)에 따른 제조방법을 확인할 수 있는 자료인가?

• 시험약의 제조에 사용한 주성분의 원료시험성적서

−제조방법의 주성분제조원과 원료시험성적서에 기재된 제조원의 명칭 및 소재지가 일치하는가?

−원료시험성적서의 제조번호와 시험번호 등이 실제 시험약의 제조에 사용한 주성분 제조번호 또는 시험번호와 동일한가? 완제품 제조원에서 주성분에 대한 제조번호를 별도 부여한 경우 주성분 제조원의 제조번호와 연관성을 확인할 수 있는가?

−규격에 적합한 원료를 사용하였는가? 별첨규격의 원료일 경우, 해당 규격이 허가받은 규격과 동일한가?

• 보존제가 첨가제로 사용된 경우 보존제의 종류 및 농도가 허용된 사용범위인지 확인하였는가?

(3) 이화학적동등성시험자료 검토사항

■ 시험약의 품질관리시험성적서

• 시험약 허가사항 중 기준 및 시험방법에 적합한 품질관리시험 성적서를 제출하였는가?

• 공정서로 기준 및 시험방법이 설정된 경우 제조일 당시 유효한 공정서 버전과 일치하는가?

• 시험 기초자료와 품질관리시험성적서는 시험일자 및 결과값이 일치하는가?

■ 시험일지

• 실제 시험방법이 시험약 허가사항 중 기준 및 시험방법과 일치하는가?

• 표준품 관련 사항(채취량, 희석방법, 순도, 계산식 등), 검체수, 분석조건 등에 관하여 상세히 기재되어 있는가?

• 함량시험, 유연물질 시험 등은 시험 전 과정을 자세히 기재하였는가?

■ 시험 기초자료

• 각 기초자료의 검체명은 확인이 가능하도록 명확하게 기재하였는가?

• 각 시험 기초자료의 시험실시 년·월·일·시간을 확인할 수 있는가?

• 검체분석은 표준액이나 시스템적합성 분석과 동일한 분석조건을 유지한 상태로 연속적으

로 이루어졌는가?

- 순도시험 등에서 크로마토그램은 작은 피크의 크기나 모양도 확인 가능한가?

(4) 주요 제형별 이화학적동등성시험 심사 시 고려사항

■ 주사제

① 보존제, 완충제, 항산화제, pH 조절제를 제외한 모든 원료약품의 종류가 기허가 사항과 동일한가?

- 보존제, 완충제, 항산화제, pH 조절제의 종류가 기허가·신고사항과 상이한 경우 안정성시험자료(예 : 6개월 이상의 가속시험) 등 첨가제가 유효성분의 작용에 영향을 미치지 않음을 입증하는 자료를 제출한다. 또한 종류는 기허가·신고 사항과 동일하나 분량이 상이한 경우 역시 안정성시험자료 등 첨가제가 유효성분의 작용에 영향을 미치지 않음을 입증하는 자료를 제출한다.

- 위 4가지 이외의 첨가제 종류가 기허가·신고사항과 상이한 경우, 생물학적동등성시험자료 또는 비교임상시험성적에 관한 자료를 제출한다. 다만, 첨가제의 종류는 기허가·신고 사항과 동일하나 분량이 상이한 경우는, 첨가제 신청 분량에 대해 의약품의 품목허가신고·심사규정 제2조제7호 및 제4조제4항에 따른 공정서 및 의약품집 또는 국내 기허가·신고사항 등 객관적인 근거자료[3]가 있다면 이화학적동등성시험자료 및 안정성시험자료로 검토한다.

- 단, pH조절제는 기허가 사항과 다른 경우 개별검토한다. 다만, 이미 허가·신고된 바 있는 주사제에 사용된 pH 조절제에 한하여 첨부문서 등을 통해 그 첨가제의 종류가 이미 허가신고된 의약품과 같다는 것을 입증하는 경우, 기허가신고사항과 다를 수 있으며 이러한 경우 유효성분의 작용에 영향을 미치지 않음을 입증하는 자료를 제출한다.

■ 점안제·점이제

① 보존제, 완충제, 등장화제, 점도조절제를 제외한 모든 원료약품의 종류가 기허가 사항과 동일한가?

---

3) 의약품의 품목허가·신고·심사규정 제2조제7호 및 제4조제4항에 따른 공정서 및 의약품집 또는 국내 기허가사항 등 첨가제 신청 분량에 대한 근거자료

- 보존제, 완충제, 등장화제, 점도조절제의 종류가 기허가·신고사항과 상이한 경우 안정성시험자료(예: 6개월 이상의 가속시험) 등 첨가제가 유효성분의 작용에 영향을 미치지 않음을 입증하는 자료를 제출한다. 또한 종류는 기허가·신고 사항과 동일하나 분량이 상이한 경우 역시 안정성시험자료 등 첨가제가 유효성분의 작용에 영향을 미치지 않음을 입증하는 자료를 제출한다.
- 위 4가지 이외의 첨가제 종류가 기허가·신고사항과 상이한 경우, 생물학적동등성시험자료 또는 비교임상시험성적에 관한 자료를 제출한다. 다만, 첨가제의 종류는 기허가·신고 사항과 동일하나 분량이 상이한 경우는, 첨가제 신청 분량에 대해 의약품의 품목허가신고·심사규정 제2조제7호 및 제4조제4항에 따른 공정서 및 의약품집 또는 국내 기허가·신고사항 등 객관적인 근거자료[3]가 있다면 이화학적동등성시험자료 및 안정성시험자료로 검토한다.
- 단, pH조절제는 기허가 사항과 다른 경우 개별 검토한다.

■ 액제
- 시럽제, 엘릭서제, 틴크제 등 경구용 액제(유제 및 현탁제 등은 제외) 또는 외용액제로서 유효성분의 종류 및 농도가 기허가신고사항과 동일한가?
- 첨가제가 유효성분의 흡수에 영향을 미치지 않는 제제인가?

■ 폐에 적용하는 흡입제
① 이화학적동등성시험자료 이외, 생체외 시험자료로서 다음의 자료를 만족하는가?
- 대조약과 시험약의 약제학적 투여형태, 흡입기구를 통해 흡입되는 양, 흡입기구의 취급방법, 흡입기구의 기류에 대한 동일한 저항성, 목표전달량 등 비교시험을 통해 약물이 폐에 도달하는 정도가 유사하는가?

06 GMP 자료

1) 일반원칙

- 의약품 제조업자는 「의약품 등의 안전에 관한 규칙」제48조제5호에 따라 제조업 허가를 받은 제조소에서 제조하고자 허가.신고.등록을 신청한 품목에 해당하는 제형군(완제의약품).제조방법(원료의약품)에 대하여 사전 GMP 실시상황 평가신청을 하여 GMP 적합판정서를 발급받은 후 시판용 의약품을 제조 · 판매하여야 함.

- 또한, 제조업 허가를 받은 제조소의 소재지를 변경(제조소 소재지 추가 또는 이전)하거나, 제조업 허가를 받은 제조소 소재지 내에서 무균제제 등 [「의약품 등의 제조업 및 수입자의 시설기준령 시행규칙」 제2조 제1항 제1호의 무균제제 및 같은 규칙 제7조제2호의 기준을 따라야 하는 작업소 (「의약품 등의 제조업 및 수입자의 시설기준령」 제3조제1항제1호에 따른 작업소를 말한다. 이하 같다.)에서 제조되는 무균제제 원료의약품을 말한다. 이하 같다.]의 작업소를 신축 · 재축 · 증축 · 개축 및 그 밖에 공기조화장치의 교체 등 식품의약품안전처장이 정하는 중요한 사항을 변경한 경우에도 시판용 의약품을 제조하기 전에 상기와 같이 사전 GMP 실시상황 평가신청을 하여 GMP 적합판정서를 발급받아야 함.

- 다만, 제조업 허가를 받은 제조소 소재지 내에서 비무균제제 및 비무균제제 원료의약품(이하 '비무균제제등'이라 함)의 작업소를 신축 · 재축 · 증축 · 개축 등 중요한 변경을 한 경우 사전 GMP 평가를 신청하여 GMP 적합판정서를 발급받는 것이 권장사항이며, 사전 GMP 실시상황 평가신청을 하여 GMP 적합판정서를 발급 받지 않은 경우 정기/수시 약사감시 시 집중점검을 실시할 수 있음.

- 제조업 허가를 받은 제조소 소재지 내 작업소의 중요한 변경에 대해서는 「의약품 등의 안전에 관한 규칙」 [별표 1] (의약품 제조 및 품질관리기준) '12. 변경관리'의 기준에 따라 변경관리를 시행하고 문서화하여야 함. 특히 이 지침의 [붙임 1](GMP 정기평가 대상 변경관리 예시)에 해당하는 경우 GMP 정기평가 시 해당 변경에 대한 평가를 실시할 수 있음.

2) 평가기관 등(각 지방식품의약품안전청장)

▪ 평가주관부서

제조소의 GMP 실시상황 평가를 주관하는 관할 6개 지방청의 의약품안전관리과(서울청), 의료제품실사과(경인청, 대전청), 의료제품안전과(부산청, 대구청, 광주청)

▪ 평가지원부서

제조소의 GMP 실시상황 평가를 지원하는 6개 지방청의 의약품안전관리과(서울청), 의료제품실사과(경인청, 대전청), 의료제품안전과(경인청, 대전청, 부산청, 대구청, 광주청)

▪ 적합판정서 발급부서

제조소의 GMP 적합판정서 발급 및 발급대장 등록을 주관하는 관할 6개 지방청의 의약품안전관리과(서울청), 의료제품안전과(경인청, 부산청, 대전청, 대구청, 광주청)

3) 평가대상 등

▪ 사전 GMP 평가 의무대상(원칙적 현장실사)

• 신규 제조소

• 허가받은 제조소의 소재지 변경(소재지 추가 또는 이전)

• 허가받은 제조소의 소재지(지번) 내 무균제제등 작업소의 중요한 변경

  가) 작업소의 신축 · 재축 · 증축 · 개축

  나) 공기조화장치의 변경 : 공기조화장치의 설치, 급·배기구의 위치가 변경되는 공기조화장치의 교체. 다만, 의약품이 직접 노출되고 무균조작 공정이 수행되는 작업실(예 : 무균원료 칭량실, 충전실, 타전실 등) 및 최종멸균을 거치는 의약품의 충전공정이 수행되는 작업실의 청정도에 영향을 미치는 공기조화장치에 한함.

• 정해진 기준에 따른 일반적인 유지관리에 해당하는 변경사항(단순 필터교체 등)은 제외

▪ 사전 GMP 평가 권장대상(행정지도)

• 허가받은 제조소의 소재지(지번) 내 비무균제제 및 비무균 원료의약품 작업소의 신축 · 재축 · 증축 · 개축

- 허가받은 제조소의 소재지(지번) 내 무균제제 및 무균제제 원료의약품의 작업실의 구조 변경 (구획 등), 청정도 상향 및 제조시설 · 설비 · 기계의 설치 · 교체* · 용도변경** · 다만, 의약 품이 직접 노출되고 무균조작 공정이 수행 되는 작업실(예 : 무균원료 칭량실, 충전실, 타전실 등) 및 최종멸균을 거치는 의약품의 충전공정이 수행되는 작업실에 한함.

*정해진 기준에 따른 일반적인 유지관리에 해당하는 변경사항(단순 부품교체 등)은 제외

** (용도변경 예시) 허가받은 제제와 유사한 제제(충전용기의 종류를 포함)를 제조하지 않는 기존의 다른 무균조작시설.설비 또는 무균조작지역에서 제조(예 : 바이알 동결건조제제를 프리필드 동결건조제제 작업실 및 제조시설.설비.기계에서 제조)

■ 제조업자 준수사항으로 사후 GMP 평가대상

- 기타 작업소의 변경

⇒(제조업체 조치 사항) 변경관리, 관련 문서 개정 등 후속조치 실행

(사후관리 부서) [붙임 1]의 경우 GMP 정기평가 시 해당 제조소 중점관리

※사후관리부서 : 각 지방청(의약품안전관리과, 의료제품안전과)

07 동등생물의약품(바이오시밀러) 품목허가

1) 일반적 고려사항

동등생물의약품은 이미 제조판매.수입품목 허가를 받은 품목(대조약)과 품질 및 비임상, 임상적 비교동등성이 입증된 생물의약품을 말한다.

일반적으로 생물의약품은 일반적으로 분자량이 크고 매우 복잡한 구조를 가진 단백질이 므로 그 구조와 활성은 세포주의 종류와 제조방법 변경에 매우 민감하며, 동일한 제조자가 동일한 제품을 제조할 때도 제조방법이 변경된다면 동일한 제품이 생산된다고 보장할 수 없 다. 따라서 기존의 제네릭 합성의약품에 대해 확립되어 있는 허가절차나 평가방법을 생물의 약품에 그대로 적용하는 것은 적절하지 않고, 품질, 안전성, 유효성 전반에서 동등성을 입

증하는 것이 필요하다.

동등생물의약품의 개발은 대조약과 품질의 특성이 동등하다는 것을 전제로 비임상시험과 임상시험의 일부 시험 항목을 수행하여 동등성을 입증하는 순차적인 과정을 통해 이루어지며 비임상시험 및 임상시험의 종류 및 정도는 품질 특성 평가에서 얻어진 증명의 수준에 따라 달라진다. 따라서 개발 초기 단계부터 대조약과의 충분한 품질(특성분석, 구조. 물리화학적 성질 및 생물학적 성질) 비교 분석시험이 권장되며 최신의 기술을 이용한 분석결과의 일관성이 확인되어야 한다.

동등생물의약품의 평가는 다른 생물의약품과 같이 동등생물의약품 그 자체에 대한 품질, 비임상시험, 임상시험 결과를 근거로 평가되며 신약과 비교하여 허가신청 시 제출자료가 적을 것으로 기대되지만 이는 품질 평가가 충분히 이루어져 동등하다고 판단될 때 가능하고 기허가된 대조약의 특성에 따라 평가항목이 달라질 수 있다.

동등생물의약품과 대조약의 차이가 관찰된 경우에는 안전성과 유효성 측면에서 미칠 영향에 대해 고찰하고 그 타당성을 증명해야 한다. 안전성과 관련된 개선(예. 개선된 순도, 면역원성 등)으로 인한 차이는 동등성 측면에서 인정 가능하나, 차이에 대한 타당한 설명이 있어야 한다. 또한 동등생물의약품은 대조약과 용법 및 용량이 동일하여야 하며 원료약품 및 그 분량이 달라질 경우 이에 대한 타당성을 증명하여야 한다.

의도적으로 유효성을 개선한 경우에는 동등생물의약품으로 개발하는 것이 적절하지 않다. 동등생물의약품의 주요한 특징은 대조약의 적응증 외삽으로 대조약과 동등하다는 전제하에 대조약의 허가된 모든 임상 적응증에 대하여 임상시험을 수행하지 않아도 대조약의 적응증 인정이 가능하다는 것이다.

2) 제출자료

표7-6 동등생물의약품 품목허가 시 제출자료

구분 \ 자료번호	1	2 가 (1)	(2)	(3)	(4)	(5)	(6)	(7)	(8)	2 나 (1)	(2)	(3)	(4)	(5)	(6)	(7)
8. 동등생물의약품 (유전자재조합의약품)	○	○	○	○	○	○	○	○	○	○	○	○	○	○	○	○

1. 기원 또는 발견 및 개발경위에 관한 자료

2. 구조결정, 물리화학적 성질에 관한 자료(품질에 관한 자료)

  가. 원료의약품에 관한 자료
    (1) 구조 또는 구성성분 등에 관한 자료
    (2) 물리화학적·생물학적 성질에 관한 자료
    (3) 제조방법에 관한 자료(제조 중에 사용되는 물질에 대한 자료 포함)
    (4) 기준 및 시험방법
    (5) 기준 및 시험방법에 관한 근거자료
    (6) 시험성적에 관한 자료
    (7) 표준품의 규격, 관리방법 및 설정근거에 관한 자료
    (8) 용기 및 포장에 관한 자료

  나. 완제의약품에 관한 자료
    (1) 원료약품 및 그 분량에 관한 자료
    (2) 제조방법에 관한 자료
    (3) 기준 및 시험방법
    (4) 기준 및 시험방법에 관한 근거자료
    (5) 시험성적에 관한 자료
    (6) 표준품의 규격, 관리방법 및 설정근거에 관한 자료
    (7) 용기 및 포장에 관한 자료

3. 안전성에 관한 자료
  가. 원료의약품에 관한 자료
    (1) 장기보존시험
    (2) 가속시험자료
    (3) 가혹시험자료
  나. 완제의약품에 관한 자료
    (1) 장기보존시험
    (2) 가속시험자료
    (3) 가혹시험자료

구분 \ 자료번호	3 가 (1)	(2)	(3)	3 나 (1)	(2)	(3)	4 가	나	다	라	마	바	5 가	나	다	라	6 가	나	7	8
8. 동등생물의약품 (유전자재조합의약품)	○	△	△	○	△	△	×	△	×	×	×	×	○	×	△	×	○	×	○	○

4. 독성에 관한 자료
  가. 단회투여독성시험자료
  나. 반복투여독성시험자료
  다. 유전독성시험자료
  라. 발암성시험자료
  마. 생식발생독성시험자료
  바. 기타 독성시험자료
    (1) 항원성시험
    (2) 면역독성시험
    (3) 국소독성시험(국소내성시험 포함)
    (4) 의존성
    (5) 기타

5. 약리작용에 관한 자료
  가. 효력시험자료
  나. 안전성약리시험자료 또는 일반약리시험자료
  다. 흡수, 분포, 대사 및 배설시험자료

6. 임상시험성적에 관한 자료
  가. 임상시험자료집
  나. 가교자료

7. 국내·외에서의 사용 및 허가 현황 등에 관한 자료

8. 기타 해당 의약품의 특성에 관한 자료

의약품허가–특허연계제도는 신약의 안전성·유효성 자료에 의존한 의약품의 품목허가절차에서 신약에 관한 특허권 침해 여부를 고려하는 단계를 둠으로써, 신약의 안전성·유효성 자료 이용을 확대하면서도 그에 관한 특허권을 보다 적극적으로 보호하려는 취지하에 도입되었다. 의약품 허가–특허 연계제도는 1984년에 미국 Hatch–Waxman법에 의하여 최초로 법제화 되었으며, 이후 캐나다, 호주 등에 유사한 제도가 도입되었다. 우리나라는 미국과의 자유무역협정(FTA)을 계기로 의약품 허가–특허 연계제도를 도입하게 되었다.

■ 의약품의 특허목록 등재

■ 허가신청사실 통지/판매금지

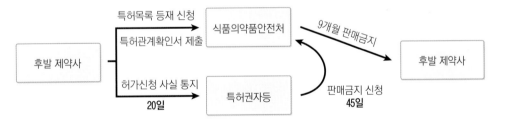

■ 허가신청사실 통지/판매금지

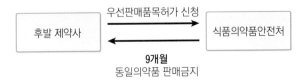

그림 7-13 한국의 의약품 허가–특허 연계제도 개요

2015. 3. 15. 시행된 개정 약사법(법률 제13219호)의 의약품허가-특허연계제도는 위의 그림에 나타나듯 크게 1) 의약품의 특허목록등재 2) 허가신청사실의 통지 3) 판매금지 4) 우선판매품목허가의 4가지 절차로 이루어져 있다.

이 중 1) 의약품의 특허목록등재 2) 허가신청사실의 통지는 한-미 FTA 협정문 제18.9조 제5항 가호에 규정을 반영한 것이고, 3) 판매금지는 나호의 규정을 반영한 것이다. 4) 우선판매품목허가의 경우에 한-미 FTA에서 요구하고 있는 사항은 아니다. 미국의 의약품허가-특허연계제도는 특허권에 대한 보호뿐만 아니라 후발의약품에 대한 약식허가절차인 ANDA (Abbreviated New Drug Application)를 도입함으로써 후발의약품의 시장진입을 촉진하는 목적을 균형적으로 고려하였던 것인데 반해, 한-미 FTA 협정문에서 요구되는 조치들은 후발의약품에 대한 보상 부분은 포함하고 있지 않다. 우선판매품목허가는 소송에 따른 위험과 비용의 부담을 감수하고도 특허에 도전한 후발제약사에게 후발의약품의 시장진입을 촉진한 것에 대한 보상이 필요하다는 측면에서 도입되었다고 볼 수 있다.

1) 의약품특허목록 등재

의약품 특허목록(이하, "특허목록"이라 한다)에의 등재는 의약품허가-특허연계제도 적용 대상이 되는 특허를 결정하는 단계라는 점에서 의의를 가진다. 간단히 절차를 살펴보면, 의약품의 제조·판매 또는 수입 품목허가 또는 변경허가를 받은 자가 해당 의약품에 관한 특허권을 특허목록에 등재 받고자 하는 경우 특허권자 또는 전용 실시권자의 동의를 받아 품목허가 또는 변경허가를 받은 날로부터 30일 이내에 식약처에 특허목록 등재를 신청해야 한다. 품목허가를 받은 날 이후 특허권이 등록된 경우에는 그 특허 등록일로부터 30일 이내에 신청할 수 있다.

식약처장은 등재 신청된 의약품특허권이 등재 대상 및 요건을 충족할 경우에 의약품의 명칭, 특허권자등의 인적사항, 특허번호, 특허존속기간 등을 특허목록에 등재하고 이를 인터넷 홈페이지(http://nedrug.mfds.go.kr)에 공개한다.

2) 품목허가 신청 사실 통지

품목허가신청사실 등의 통지는 한·미 FTA에 따라 특허존속기간 동안 시장에 진입하기 위하여 시판허가를 요청하는 자의 신원을 특허권자가 통보 받도록 하기 위함이다. 약사법 제

50조의2에 따라 특허목록에 등재된 의약품의 안전성·유효성에 관한 자료를 근거로 품목 허가를 신청하거나 효능·효과에 관한 변경허가를 신청한 후발제약사는 품목허가 등을 신청한 날로부터 20일 이내에 특허권등재자(등재 의약품의 품목허가를 받은 자)와 특허권자 또는 전용 실시권자에게 품목허가 신청일, 품목허가 신청 사실, 등재 특허의 무효 또는 비침해 판단의 근거를 통지하여야 한다. 다만, 등재 특허권의 존속기간 만료, 등재 특허권의 존속기간 만료 후 판매를 위한 품목허가 신청, 특허권자 등이 통지하지 않는 것에 동의한 경우 등에는 신청 사실을 통지하지 않아도 된다. 통지를 한 자는 통지한 사실을 증명할 수 있는 서류를 지체 없이 식약처장에게 제출하여야 한다.

3) 판매금지

후발제약사가 특허목록에 등재된 의약품의 안전성.유효성 자료에 근거하여 품목허가를 신청한 경우, 등재의약품의 특허권자등은 통지를 받은 날로부터 45일 이내에 특허소송 등을 제기하고 식약처장에게 후발의약품에 대한 판매금지를 신청할 수 있다. 판매금지 신청을 받은 식약처장은 등재특허권의 무효 또는 통지의약품이 등재특허권의 권리범위에 속하지 않는다는 심결이나 판결 등이 있는 경우 등을 제외하고는 통지를 받은 날로부터 9개월간 해당 의약품의 판매를 금지시킨다. 그 외에 통지된 동일의약품 중 일부에 대하여만 판매금지 신청을 한 경우, 이미 품목허가를 받고 판매가 가능한 동일의약품이 있는 경우 등에도 판매금지가 되지 않는다.

4) 우선판매품목허가

등재특허에 대하여 가장 먼저 특허심판을 청구한 후, 가장 이른 날에 등재의약품의 안전성·유효성 자료에 근거하여 품목허가를 신청하고, 특허 도전에 성공하는 등 ① 품목허가 신청에 관한 요건, ② 특허심판청구에 관한 요건, ③ 특허심판에서 인용 심결 획득 요건 등을 만족하는 자는 우선판매품목허가를 받을 수 있다. 이 때 다른 후발제약사의 우선판매품목허가 의약품과 동일한 의약품 판매가 9개월간 금지될 수 있다.

5) FDA 승인 받기 위한 주요 요건을 기준으로 NDA와 ANDA의 비교

표7-7 FDA 승인 받기 위한 주요 요건을 기준으로 NDA와 ANDA의 비교

	브랜드 약품	제네릭 약품
공장 점검 여부	Yes	Yes
부작용에 대한 보고서 검토	Yes	Yes
Label 심사	Yes	Yes
유효성분 (active ingredient) 이 브랜드약과 동등한지 여부심사	N/A	Yes
동물임상실험 등 (Animal studies + clinical studies + bioavailability)	Yes to all	생물학적 동등성 (Bioequivalence) 심사로 대체. 생물학적 동등성이란 흡수량과 흡수속도에 있어 브랜드약과 상당한 차이 없고 설령 차이가 있더라도 의학적으로 중요하지 않은 경우임.
특허에 의해 보호받는지 여부	Yes	No

6) Patent Term Extension and Exclusivity(특허기간 연장과 배타적 권리)

■ Extension Based on FDA Review(FDA 승인 리뷰 절차에 따른 특허기간 연장)

• FDA 의 신약 승인 심사를 받는 시간이 지연되어 특허기간을 잃게 될 경우 최고 5년까지 특허기간을 연장할 수 있음.

• 연장하려는 특허는 신약 승인 완료되기 이전에 받은 것이어야 하며 처음으로 받으려는 신약 판매 승인이고 나른 이유로 연장을 한 적이 없어야 함.

• USPTO(미국 특허청)과 FDA(미국 식약청)은 Hatch-Waxman Act 조항에 의한 특허연장을 공동으로 부여함.

• 연방법원은 35 U.S.C. §156 조를 특허권자의 특허기간 연장권 부여 조항으로서 해석하고, 관련 특허 제품 한개 그리고 각 유효성분(active ingredient)으로 계산할 경우에는 한개의 유효성분 당 한개의 특허기간 연장이 가능함(예: 한개의 유효성분에 여러 개의 특허가 있어도 한개의 특허기간 연장만이 가능함).

• 특허기간 연장은 특허기술들이 오직 FDA Pre-market Approval(시판전 사전허가)를 조건으로 함.

7) ANDA 신청 절차와 고려해야 할 사항들

■ ANDA 승인을 신청할 수 있는 네 가지 경우(ANDA certification clauses – paragraph Ⅰ–Ⅳ)

a. Paragraph Ⅰ : 브랜드 제조사가 해당 약에 대한 특허를 받지 아니한 경우. FDA는 복제약에 대한 ANDA를 즉시 승인할 수 있고 다른 여러 복제약 제조사도 시장진입 할 수 있음.

b. Paragraph Ⅱ : 브랜드 제조사가 해당 약에 대한 특허는 받았으나 그 특허가 소멸한 경우. FDA는 복제약에 대한 ANDA를 즉시 승인할 수 있고 다른 여러 복제약 제조사도 시장진입 할 수 있음.

c. Paragraph Ⅲ : 브랜드 제조사가 해당 약에 대한 특허를 받았고 그 특허가 미래 특정 날짜에 소멸하는 경우. FDA는 그 특정 날짜를 기준으로 복제약에 대한 ANDA를 승인할 수 있고 다른 여러 복제약 제조사도 시장진입 할 수 있음.

d. Paragraph Ⅳ : 브랜드 제조사가 특허를 받았으나 그 특허가 유효하지 않거나 복제약 ANDA를 승인하더라도 특허 침해가 발생하지 않는 경우. 분쟁이 가장 많이 발생하는 경우임.

실전문제

➡ 의약품 허가의 기본요소는?

➡ 자료제품의약품은?
- 새로운 효능군 의약품
- 새로운 염(이성체)을 유효성분으로 함유한 의약품
- 유효성분의 새로운 조성 또는 함량만의 증감§새로운 투여경로 의약품
- 새로운 용법용량 의약품
- 새로운 기원의 효소, 효모, 균제제
- 새로운 제형(동일 투여경로)

➡ 제네릭의약품 허가의 핵심적인 요소는?
- 생물학적동등성 시험(Bioequivalence test)

➡ 제네릭의약품은 허가품목인가? 신고품목인가?

➡ 신고대상의약품은?
- 대한민국약전 또는 공정서 및 의약품집 수재품목(국내 미허가 품목 제외)
- 의약품 등 표준제조 기준에 맞는 의약품
- 기준 및 시험방법이 고시된 의약품

➡ 허가, 신고 제한 대상품목은?

➡ 의약품 심사자료는?

➡ 의약품 확인자료는?

➡ 의약품 사용기간을 설정하기 위한 평가하는 실험은?
①장기보존시험 ②가속시험 ③가혹시험 ④모두다

➡ 외국에서 진행된 임상자료를 그대로 국내 적용가능한지 확인하기 위한 시험은?
- 가교시험(Bridging data)

➡ 의약품허가사항은?
제품명, 분류번호 및 분류, 성상, 제조방법, 효능효과, 용량용법, 사용상주의사항, 포장단위, 저장방법 및 사용기간, 제조원 등, 허가조건 등.

➡ ANDA 근거 법령은?
- The Drug Price Competition and Patent Term Restoration Act of 1984 로서 (일반적으로 "Hatch-Waxman Act"로 알려져 있음) ANDA 절차를 규율함.

Chapter 08

의약품등 시판후 안전관리정보

시판후 안전관리란?

의약품의 안전에 관한 정보 관리, 신약등의 재심사, 의약품의 재평가등을 말한다.

시판후 안전관리제도의 의의 ❶ 허가 시 안전성·유효성 자료의 한계를 극복 ❷ 허가 후 유익성·위험성 균형의 변동성을 반영하여 시판전 치료적 유익성〉위험성 ❸ 사용 시 의약품 위해발생에 대한 선제적 대응에 있다.

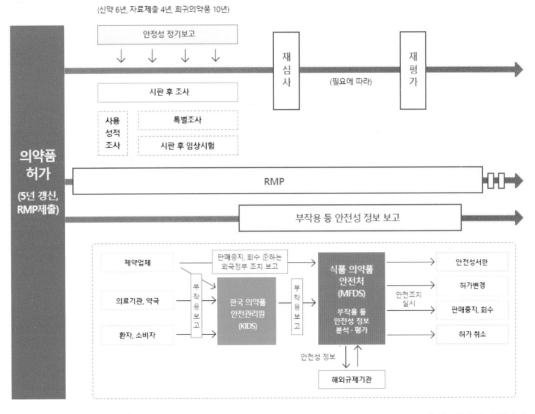

•출처: 의약품 안전나라

그림 8-1 시판후 안전관리 체계도

　　의약품 시판 후 안전관리는 허가 당시에는 예상할 수 없었던 의약품의 부작용을 모니터링하고 이를 통해 안전한 의약품 사용을 도움으로써 그 중요성이 높아지고 있다. 예를 들어 FDA는 '로카세린'이라는 비만 치료제가 암 발생율을 높일 수 있다는 이유로 판매 중지 및 회수 조치를 명령했다. 사실 이 약은 유럽에서는 동물실험자료상 종양 유발 위험성이 있어서 허가가 되지 않은 의약품인데 FDA는 허가를 했고, 우리나라도 허가를 해서 결국 이런 결과가 초래됐다. 또한 비만치료제인 '시부트라민'의 경우도 시판 중 의약품에 대한 안전성 문제가 지속적으로 발생하여 판매중지를 한 사례가 있다. 이처럼 의약품의 시판 후 안전관리를 통해 허가 당시 예상할 수 없었던 이상반응을 모니터링 하고, 안전한 의약품 사용이 불가능하다면 판매중지 및 회수 등의 조치를 바로 취해야 한다. 이에 따라 식약처에서는 의약품 시판 후 안전관리를 위해 '재심사' 제도를 전(全)주기 안전관리 체계인 '위해성관리계획(RMP:Risk Management Plan)'으로 통합 운영하는 의약품 시판 후 안전관리 제도 개선 방안을 마련하였다. 재심사는 신약 또는 일부 전문의약품에 대하여 허가 후 일정기간(4~6년) 동안 불특정 다수 대상으로 부작용 등을 조사하여 안전성·유효성을 재심사하는 제도이며 위해성관리계획(RMP)은 신약, 희귀의약품 등에 대해 약물감시계획, 위해성 완화조치방

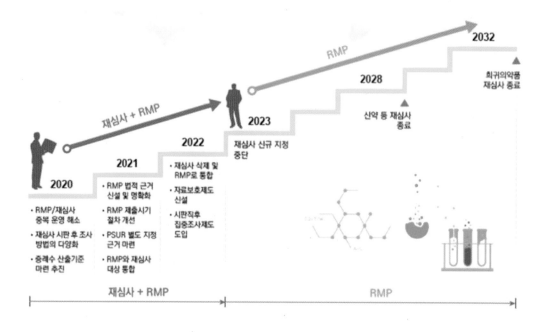

그림 8-2　재심사+RMP

법 등을 포함하는 종합적인 안전관리 계획을 수립·이행토록 제약사에게 의무를 부과한다. 위해성 관리계획은 허가신청 때 제출한다. 만약, 제출한 계획을 제대로 이행하지 않으면 상대적으로 가벼운 행정처분부터 해당 품목의 판매 정지 처분까지 이뤄질 수 있다. 이 두 제도 모두 '의약품 시판 후 안전사용'을 위해 도입된 제도이며, 2020~2022년 총 3년간 3단계에 걸쳐 '재심사' 제도를 전(全) 주기 안전관리 체계인 '위해성관리계획(RMP)'으로 통합 운영한다. 이번 단계적 개선을 통해 제도를 효율화해 정부와 업계의 역량을 집중함으로써 시판 후 안전관리를 강화해 나갈 예정이다.

01 의약품 재심사

의약품 재심사 제도란 신약 또는 일부 전문의약품에 대하여 허가 이후 사용 초기 약물 사용양상을 관찰하여 개발·허가과정에서 나타나지 않았던 약물이상사례 등을 조사·확인하는 제도로, 대상에 따라 신약 6년, 자료제출의약품 4년, 희귀의약품 10년의 재심사 기간을 품목별 허가조건으로 부여하고 있다.

표 8-1 **재심사 대상 및 기간**

재심사 대상	기간	조사대상자 수
· 국내에서 세계 최초 개발 신약 · 외국에서 개발 중인 신약 · 외국 개발 신약 중 개발국 3년 미경과 신약 · 외국 개발 신약 중 개발국에서만 사용하는 신약	6년	3,000명
· 그 외 신약	6년	600명
· 유효성분의 종류 또는 배합비율이 다른 전문의약품 · 유효성분은 동일하나 투여경로가 다른 전문의약품	6년	600명
· 유효성분 및 투여경로는 동일하나 명백히 다른 효능·효과 추가 전문의약품 · 그 밖에 식약청장이 재심사를 받을 필요가 있다고 인정한 의약품	4년	600명

의약품 재심사 기간은 신약이 개발 되었을때 의약품 재심사 기간이 주어지는데 이는 의무와 혜택이라고 할 수 있다. 신약이 허가되기 전에 충분하게 안전성을 검토했다고 하지만, 많은 환자에게 투여될 때 또 다른 부작용을 예상할 수 있다. 따라서 신약이 허가되면 의약품 재심사 기간을 주어져 4~6년 동안 시판하여 안전성을 관찰하고 보고하도록 의무화 하고 있다. 만약 부작용이 발견되면 의약품의 사용상의 주의사항에 그 부작용을 추가할 수 있고, 또한 심각한 위해작용이 발견되면 허가를 취소해야하기 때문이다. 그러나 이 기간 동안은 복제품이 허가되지 않는 혜택이 있다.

그림 8-3 의약품 재심사절차

02 의약품 재평가

의약품 품목허가 신고는 당시의 의학 약학 등 과학적 수준에서 이루어진 의약품의 안전성 유효성 및 품질에 대한 평가 결과를 근거로 이루어졌으나 시간이 경과됨에 따라 새로운 평가방법의 개발 및 분석기술의 향상으로 안전성 유효성 또는 품질이 개선된 새로운 의약품의 출현 확인되지 않았던 안전성 및 상호작용의 문제 제기 등 최신의 과학 수준에서 안전성 유효성 및 품질을 재검토 평가하여야 하는 필요성이 요구된다. 또한 의약품의 안전성 및 오남용 문제에 대한 소비자 환자의 관심도가 증대되는 등 임상적 학술적 제도적 사회적 환경변화를 겪게 된다.

따라서 허가 후의 의약품을 최신의 과학 수준에서 안전하고 합리적으로 사용하기 위해서 위와 같은 환경변화를 반영할 수 있는 제도적 장치가 반드시 필요하다.

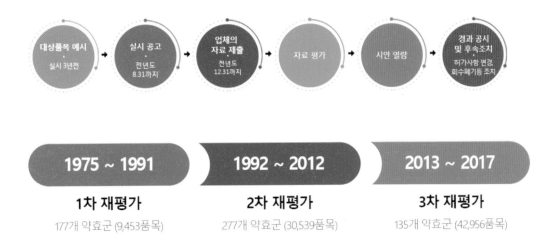

그림 8-4 의약품 정기재평가 절차

• 출처: 의약품 안전나라

의약품 재평가는 의약품 시판 후 안전관리 업무의 일환으로 1975년부터 이미 허가된 의약품에 대하여 최신의 과학 수준에서 안전성 및 유효성을 재검토 평가하거나 의약품동등성을 입증함으로써 허가된 효능 효과 용법 용량 사용상의 주의사항 등을 조정하여 보다 안전하고 우수한 의약품을 공급하고, 의약품을 합리적이고 안전하게 사용할 수 있도록 하였다.

그간 1975년부터 2017년까지 3차에 걸쳐 실시된 정기 재평가는 문헌자료를 위주로 검토되었으며 총 589개 약효군 82,948품목에 대하여 완료되었다. 1차는 '75년부터 '91년까지(17년간), 2차는 '92년부터 '12년까지(21년간), 3차는 '13년부터 '17년까지(5년간) 진행되었다. 문헌자료로써 최신의 안전성·유효성을 재평가할 수 없는 일부 품목에 대하여는 추가로 국내에서 임상시험을 실시토록 하여 그 결과에 따라 재평가를 실시하기도 하였다.

또한, 생물학적동등성(이하, 생동성) 미입증 품목, 생동성자료 검토 불가 품목 등에 대한 의약품 동등성 확인을 위하여 '07년부터 '17년까지 동등성 재평가를 시험을 통해 5,907품목에 대한 재평가가 완료되었다.

그러나 5년 주기의 의약품 품목허가(신고) 갱신제도가 시행('13년)됨에 따라 모든 의약품에 대하여 주기적으로 실시하던 의약품 재평가 제도는 안전성·유효성 검토가 필요한 대상을 선정하여 실시하는 방식으로 운영하는 내용을 골자로 「의약품 재평가 실시에 관한 규정」

이 개정('17.11.21)되었다.

미국은 1962년에 (Kefauver-Hariss 개정안) 이전에 허가된 의약품을 재평가 하였다.

03 의약품 위해성 관리계획(Risk Management Plan)

위해성 관리계획의 목적은 의약품 품목허가 시 또는 시판 후 안전성 중점검토를 위해 해당 품목의 '중요한 규명된 위해성, 중요한 잠재적 위해성 및 중요한 부족 정보'를 확인하여, 시판 후 부작용 조사를 위한 각종 장치를 마련함으로써 의약품의 안전사용을 강화하고자 하는 것이다. 여기서 시판 후 부작용 조사를 위한 각종 장치라 함은 ① 의약품 감시방법, ② 위해성 완화를 위한 첨부문서, ③ 환자용 사용설명서, ④ 환자용 안전사용보장조치 등을 말한다.

의약품의 품목허가·신고·심사 규정에 의한 의약품 등의 안전에 관한 규칙 제4조1항 제11호에 따른 위해성 관리계획을 제출하여야 하는 의약품은 다음 각 호와 같다.

❶ 신약

❷ 희귀의약품

❸ 시판 후 중대한 부작용 발생으로 인해 위해성 관리 계획의 제출이 필요하다고 식품의약품안전처장이 인정하는 의약품(변경허가를 포함한다)

❹ 신청인이 위해성 관리 계획의 제출이 필요하다고 인정하는 의약품

❺ 「의약품 등의 안전에 관한 규칙」제22조 에 따라 재심사 대상 의약품으로 지정되는 다음 각 목의 의약품

· 이미 허가된 의약품과 유효성분의 종류 또는 배합비율이 다른 전문의약품

· 이미 허가된 의약품과 유효성분은 동일하나 투여경로가 다른 전문의약품

· 이미 허가된 의약품과 유효성분 및 투여경로는 동일하나 명백하게 다른 효능 · 효과를 추가한 전문의약품

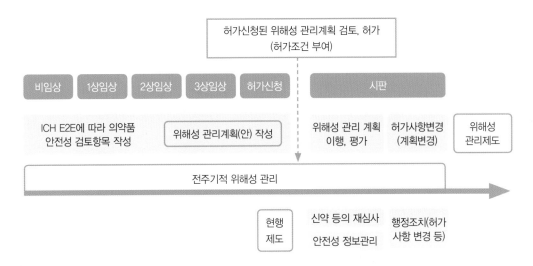

그림 8-5 위해성 관리계획 개요

■ 위해성 관리 계획 제출 대상 품목 및 적용 시기

표 8-2 위해성 관리 계획 제출 대상 품목 및 적용 시기

	1단계 ('15.7.1~)	2단계 ('16.7.1~)	3단계 ('17.7.1~)	4단계 ('18.7.1~)
대상	신약, 희귀의약품, 식약처장 또는 신청인이 인정하는 의약품			
		허가품목과 유효성분 종류, 배합비율 다른 전문의약품		
			허가품목과 투여경로 다른 전문의약품	
				새로운 효능 · 효과

■ 위해성 관리 계획 신청서

• "위해성 관리"란 안전성·유효성에 관하여 특히 검토하여야 하는 사항이 있는 의약품에 대하여 그 안전성·유효성에 관한 정보수집, 조사, 시험, 위해성 발생의 최소화를 도모하기 위한 활동으로, 위해성 관리 계획의 개념은 다음과 같다.

그림 8-6 의약품 위해성 관리 계획

04 자발적 부작용 보고제도

우리나라 부작용 신고제도는 1988년 의약품 부작용 모니터링제도를 도입한 이래 여러 차례 제도의 보완과 수정을 거쳐, 2006년부터는 식품의약품안전처에서 지역의약품안전센터를 지정하고 이를 통해 자발적인 약물유해반응(ADR: Adverse Drug Reaction) 보고를 받고 있다.

식품의약품안전처 산하기관인 한국의약품안전관리원은 전국적 범위의 약물감시활동을 위해 대한약사회 지역의약품안전센터와 국립의료원 지역의약품안전센터를 2013년 2월 지역의약품안전센터로 지정되었다.

기존의 지역의약품안전센터에서는 각 시도 거점지역을 대상으로 약물감시활동을 수행하지만, 국립의료원 지역의약품안전센터는 전국 보건소를 활동대상으로 하고, 대한약사회 지역의약품안전센터는 전국 약국과 외래환자를 대상으로 활동을 수행하도록 지정되었다.

2006년 당시 식약청에서는 3개 대학병원(세브란스병원, 아주대병원, 서울대병원)을 지역약물감시센터로 지정한 이후, 부작용 보고건수가 급격히 증가하기 시작하였다. WHO-UMC(World Health Organization-Uppsala Monitoring Center)가 2009년부터 2014년까지 국가별 의약품 부작용 보고현황을 집계한 결과, 우리나라의 인구 100만 명당 의약품 부작용 보고건수가 2014년 2위를 차지하였으며, 2017년에는 누적 보고건수가 25만 건을 넘어섰다. 현재 부작용 보고는 27개 지역약물감시센터 위주로 이루어지고 있고 지역약물감시센터는 현재 대형병원 위주로 지정되어 있다.

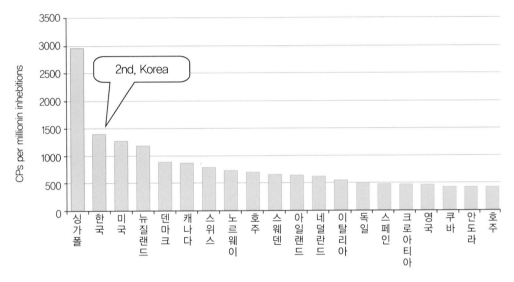

그림 8-7 WHO-UMC, 국가별 인구 100만 명당 의약품부작용 보고건수(2009.3.3.-2014.3.3.)

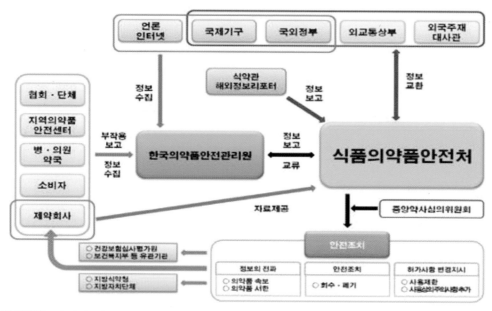

그림 8-8 안전성 정보처리 체계도

그림 8-9 2020년 27개 지역의약품안전센터 현황

1) 약물감시(Pharmacovigilance)란?

의약품등의 유해사례 또는 안전성 관련 문제의 탐지·평가·해석·예방에 관한 과학적 활동을 말한다. 약물감시는 의약품의 안전성정보 수집에서부터 위해 관리에 이르기까지 의약품의 전 주기를 거쳐서 이어지는 활동이다.

질병을 관리 및 통제하기 위한 의약품이 약물유해반응(ADR: Adverse Drug Reaction), 정상적 용법/용량으로 약물을 투여했을 때 발생한 의도치 않은 유해한 반응을 일으키는 경우가 발생하곤 한다. 이는 환자의 치료기간 연장을 유발하고 치료비용을 상승시켜 궁극적으로 환자와 보험재정의 경제적 부담을 가중시키는 요인이 된다.

미국의 경우, 약물유해반응으로 인한 외래진료가 연간 약 4백만 건을 기록했고 약물유해반응으로 인해 입원 1건당 평균 5천 달러의 비용이 추가적으로 발생한다고 보고된 바 있으나 국내의 경우 아직까지 이에 대해 체계적으로 연구된 바가 없다.

일부 국가에서는 약물유해반응으로 인한 사망이 전체 사망 원인 중 상위 10위 안에 포함된다고 한다. 약물유해반응은 제품 자체의 본질적인 위해성을 제외하더라도, 개별 환자의 특정 약물에 대한 특이성과 예측 불가능한 민감성을 나타낼 수 있다. 또한 두 가지 종류 이상의 약이 처방되는 경우 약물 간 부정적인 상호작용을 일으킬 위험이 있다.

2) 약물감시 관련 용어

그림 8-10 부작용–약물유해반응–유해사례

(1) 부작용(Side Effect)

의약품을 특수한 목적으로 사용했을 때 나타나는 주작용(principal action)과 상반되는 개념으로 정상적인 용량에 따라 약물을 투여할 경우 발생하는 모든 의도하지 않는 효과를 말한다. 치료를 목적으로 한 작용 이외의 모든 작용을 의미하는 용어이므로, 유해성의 유·무에 상관없이 모든 작용을 포괄하고 있다.

(2) 약물유해사례(ADE: Adverse Drug Event)

의약품과의 인과관계에 상관없이 의약품 등의 투여·사용 중 발생한 바람직하지 않고 의도되지 아니한 징후, 증상 또는 질병을 말한다.

(3) 약물유해반응(ADR: Adverse Drug Reaction)

의약품 등을 정상적인 용법에 따라 투여·사용 중 발생한 유해하고 의도하지 않은 반응으로서 해당 의약품과의 인과관계를 배제할 수 없는 경우로, 미리 예측하고 예방 가능한 경우이므로 약사 및 의료진에 의한 관리가 중요하다. 즉, 약물유해사례(ADE)는 부작용(side effect)의 하위개념이며, 약물이상반응(ADR)은 약물유해사례(ADE)의 하위개념이라 볼 수 있다.

(4) 유해사례(AE: Adverse Event)

의약품 등의 투여·사용(과량 투여, 오·남용 등 포함) 중 발생한 바람직하지 않고 의도되지 아니한 징후(sign, 예: 실험실적 검사치의 이상), 증상(symptom) 또는 질병을 말하며, 반드시 의약품과 인과관계를 가져야 하는 것은 아니다. 의약품등의 투여 전에 발생한 징후, 증상 등은 유해사례로 간주하지 않는다.

(5) 실마리정보(Signal)

의약품유해사례보고시스템(KAERS)에 축적된 부작용 보고자료 중 데이터마이닝 기법으로 분석한 통계학적으로 의미 있는 정보 등을 말한다. 분석대상이 되는 부작용 정보는 인과관계가 알려지지 아니하거나 입증자료가 불충분한 것도 포함한다. 데이터마이닝을 통해서 도출된 정보 중에서 인과관계 가능성, 허가사항 미반영 여부 등을 통해 우선순위화 한 후,

임상문헌 및 국외 허가현황 등 검토를 거쳐 안전조치 필요성 여부 등을 종합적으로 평가하는 절차로 진행된다.

> ※ 데이터마이닝(data mining) : 전산화된 알고리즘을 통해 숨겨진 패턴이나 예측하지 못한 관련성을 찾아내는 통계학적 분석 기법

〈약물유해반응 예시〉

① 고혈압을 앓고 있는 홍길동씨가 항고혈압약제를 복용한 후 어지러움 증상이 발생하여 홍길동씨가 직접 유해사례 발생을 보고한 경우, 자발적으로 보고된 사례이며 의약전문가의 인과성 평가가 이루어지지 않았으므로 인과관계를 배제할 수 없음. 따라서 약물유해반응으로 간주함

② 시판후 임상시험 등 계획된 자료수집체계를 등을 통해 보고된 유해사례 중에서 (원) 보고자인 의약전문가 또는 보고자가 약물과 유해사례간의 인과관계를 '관련성 있음 또는 배제할 수 없는 것'으로 평가한 경우 약물유해반응으로 인정함

---

(6) 중대한 유해사례 · 약물유해반응(Serious AE/ADR)

중대한 유해사례. 약물유해반응이란 유해사례 또는 약물유해반응 중에서 다음과 같은 상태를 의미한다.

① 사망을 초래하거나 생명을 위협하는 경우

② 입원 또는 입원기간의 연장이 필요한 경우

③ 지속적 또는 중대한 불구나 기능저하를 초래하는 경우

④ 선천적 기형 또는 이상을 초래하는 경우

⑤ 기타 의학적으로 중요한 상황

"사망을 초래한 경우"에는 사망에 이르게 한 원인을 유해사례명으로 보고하도록 하며 사망자체는 그 결과로서 기술함. 다만 갑작스러운 사망으로 사망 원인이 명확하지 않은 경우에는 "사망"으로 보고한다.

"생명을 위협하는 경우"란 해당 유해사례가 발생한 시점 당시 심각한 응급상황이 발생하여 사망 우려에 처한 경우를 의미함. '해당 유해사례의 정도가 심해졌다면 사망을 초래할 수도 있었다'라는 가정은 해당되지 않는다.

"입원 또는 입원기간의 연장이 필요한 경우"란 유해사례로 인해 입원이 불가피하거나 회복

이 어려워 입원기간이 연장되는 경우를 말함. 이 경우는 의사 등 전문가의 의학적인 판단에 따라야 하며, 환자의 요구 등에 따른 입원 및 입원기간의 연장은 해당되지 않는다.

"불구나 기능저하를 초래하는 경우"란 반드시 영구적인 것만을 말하는 것이 아니며, 걷기나 의사소통 장해 등 일상생활의 기능을 수행하는 것이 실제적으로 불가능하게 된 경우를 포함한다.

"선천적 기형 또는 이상을 초래하는 경우"란 임부의 의약품 투여·사용 및 직·간접적인 노출로 인하여 태아에게 형태나 기능에 변형을 일으키는 경우를 말한다.

"기타 의학적으로 중요한 상황"은 상기 기술한 중대한 유해사례에는 해당되지 않지만, 적절한 처치가 없다면 중대한 유해사례를 초래할 수도 있다고 전문가가 의학적인 판단을 한 경우

〈중대한 유해사례 · 약물유해반응 예시〉

① 실제로 입원을 하지는 않았으나, 알러지성 기관지연축, 혈액질환 또는 경련 등으로 응급실 또는 가정에서 집중 치료를 요했던 경우

② 약물의존성/오남용 등으로 인해 환자를 위태롭게 할 수 있다고 의학적/과학적으로 판단된 경우

---

(7) 예상하지 못한 약물유해반응(Unexpected ADR)

의약품등의 품목허가(신고) 사항과 비교하여 그 양상이나 위해정도, 특이성 또는 그 결과에 차이가 있는(그 결과를 설명하거나 예상할 수 없었던) 약물유해반응을 말하며, 아래와 같은 예를 들 수 있다.

〈예상하지 못한 약물유해반응 예시〉

① 혈압강하제를 복용 후 고칼륨혈증이 발생하였는데, 의약품과의 인과성을 배제할 수 없으며 해당 의약품의 품목허가사항에 고칼륨혈증이 명시되어 있지 않은 경우

② 품목허가사항에 심혈관계 관련 이상반응이 전혀 기술되어 있지 않는데, '부정맥'이 발생한 경우

③ 품목허가사항에 '과민반응'이라고 기술되어 있는데, '드레스 증후군'이 발생한 경우

사용상의 주의사항에 "패혈증으로 인한 사망" 또는 "사망을 동반한 패혈증" 등과 같이 기술되어 있는데 패혈증이 발생하여 사망한 경우는 예상하지 못한 약물유해반응으로 볼 수 없다.

동일 약물계열의 약물유해반응(Class ADR)의 경우 의약품등 품목허가사항에 기술된 내용을 토대로 예상하지 못한 약물유해반응/예상한 약물유해반응을 판단할 수 있다.

① 품목허가사항에 다음과 같이 기술되어 있으면 동일 약물계열의 예상한 약물유해반응으로 간주한다.
　가. "이 약물 계열에 속하는 타 약물과 같이, 다음과 같은 유해사례가 이 약물의 사용 시 나타날 수 있다"
　나. "이 약물을 포함하는 ○○ 약물 계열에 속하는 의약품등은 △△을 초래할 수 있다"
② 품목허가사항에 다음과 같이 기술되어 있으면 동일 약물계열의 예상하지 못한 약물유해반응으로 간주한다.
　가. "이 약물 계열에 속하는 타 약물에서 △△를 초래하는 사례가 보고되었다."
　나. "이 약물 계열에 속하는 타 약물에서 △△를 초래하는 사례가 보고되었으나, 현재까지 이 약물 사용과 관련하여 보고된 사례는 없다."
③ 품목허가사항에 충분한 기술이 되지 않았거나 판단이 불확실한 경우에는 예상하지 못한 약물유해반응으로 간주해야 한다.

(8)실험실적 검사치의 이상

단순히 수치의 변화가 있다고 하여 유해사례로 간주하는 것은 아니며, 임상적으로 유의미하다고 간주되는 경우에 한하여 유해사례에 포함될 수 있다.

3) 약물감시가 중요한 이유

대부분의 의약품은 시판허가를 받기 위한 임상시험 수행 시 제한된 수의 통제된 사람들을 대상으로 단기간의 안전성과 효능을 테스트한다. 일단 시장에 출시되면 의약품은 통제된 조건의 임상시험 환경을 벗어나기 때문에 일반 소비자의 실제 생활조건에서 효과와 안전성을 모니터링하는 것이 필수적이다.

The Five "Toos"

Too Few -- study subjects

Too Simple --- design

Too Median-Aged ------------------------------------- population

Too Narrow ------------------------------------- range of exposure

Too Brief -------------------------------- period of observation time

그림 8-11 시판 전 임상시험의 한계

시판 전 안전성 정보

시판 후 안전성 정보

- **품목허가 시 안전성 자료의 한계**

- 실제 의약품 사용 시 나타나는 부작용 발생빈도의 변동, 유효성 파악
- 미지의 부작용, 중대한 부작용
- 소아, 고령자, 임산부, 신·간장애 등 특수환자의 안전성·유효성 확인
- 장기 사용시의 안전성·유효성 확인

그림 8-12 시판 후 안전관리 목적

약물감시가 중요한 이유는 모든 의약품에 잠재하고 있는 이익과 위험성 사이의 균형을 유지하고, 치료결정을 내릴 때에는 안전 및 효능에 대한 품질이 잘 관리되는 의약품이 선택되도록 할 수 있으며, 그리고 약물 복용 측면에서 환자의 피해를 최소화할 수 있게 도와주기 때문이다. 또한 약물사용의 위험을 예방하고 관리할 수 있도록 보장하며, 의료인들에게는 본인들이 처방한 의약품의 효과와 위험을 이해할 수 있는 자료가 될 수 있다. 이것으로 의약품 사용에 관한 권고안을 개정하기 위해 필요한 정보를 규제 당국에 제공할 수 있으며, 나아가

전문가인 의료인과 대중간의 의사소통을 향상시킬 수 있다. 이것이 약물감시의 중요한 역할 이라고 볼 수 있다.

4) 우리나라 약물감시체계 절차

현재 우리나라에서 의약품의 약물유해반응을 감시하는 체계는 '의약품 재심사 제도', '의 약품 재평가 제도', 그리고 '자발적 부작용 신고제도' 등이 있다. 감시체계 중 '자발적 부작용 신고제도'는 시판 후 약물의 유해반응 정보를 조기에 수집하고 분석하여 실마리 정보를 탐색 하는 등 안전성 정보 생산에 있어 핵심적 역할을 하는 제도이다.

대한약사회 지역의약품안전센터에서는 지역약물감시센터와 한국의약품안전관리원에 접 수된 이상사례들을 가지고 WHO-UMC 평가기준을 이용해 인과성 평가를 실시하며 인과성 평가를 수행한 내용들을 모아서 유해사례보고 데이터베이스를 구축한다. 이렇게 구축된 유 해사례보고 데이터베이스를 이용해 기존 자료들과 비교하는 등 여러 단계를 거쳐 유의미한 안전성 정보를 생산하기 위해 노력하고 있다.

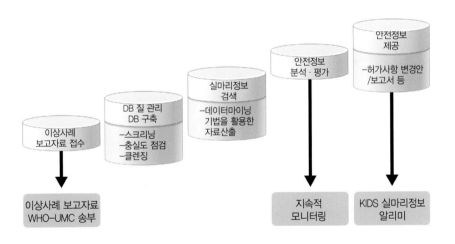

• 자료: 윤나경, 강민구, 2019, 한국 의약품 부작용 보고제도에 관한 고찰, 대한약국학회지

그림 8-13 의료 안전정보 데이터베이스 확립 및 관리 절차

06 예비심사제도 국제공통기술문서(CTD)

바이오의약품 예비심사제도(Pre-review)가 본격 도입되면서 앞으로 품목허가 과정에서 신속검토가 가능해지고 업무 처리 효율성이 높아지게 되었다. 또한 국제공통기술문서(CTD: Common Technical Document) 작성 범위가 현행보다 확대되어 유전자 치료제 정의가 보다 구체적으로 규정되었다.

식품의약품안전처는 이 같은 내용의 '생물학적제제 등의 품목허가·심사규정 일부개정안'을 확정해 시행하고 있다. 개정내용을 보면, 먼저 바이오의약품 예비심사제도가 신설된다. 예비심사란 품목허가 신청에 대해 정식 심사 시작 전에 미리 요건에 맞춰 자료가 제대로 제출됐는지 신속하게 확인할 필요가 있는 경우 식약처가 업체에 자료를 요청해 심사하는 절차를 말한다. 또 식약처장이 예비심사제에 따라 품목허가신청서의 첨부자료가 일부 요건을 충족하지 못한 경우 신청일로부터 5일 이내에 해당 자료 보완하도록 요청할 수 있도록 근거도 마련했다. 이와 함께 CTD에 맞춰 문서를 작성해야 하는 대상 범위가 더 확대됐다. 이전에는 신약, 자료제출의약품 중 전문약에 적용하고 수출용 의약품은 제외시켰다. 또 신약, 자료제출의약품 중 전문의약품 이외의 품목은 제약사가 원할 때 만 CTD로 작성할 수 있도록 돼 있었다. 개정 고시된 사항은 세포치료제, 유전자치료제 등을 추가했다. 또 CTD 의무 작성 대상 외에도 제약사가 원하면 모두 CTD로 작성할 수 있도록 했다. 아울러 유전자 치료제 정의를 '유전물질 발현에 영향을 주기 위해 투여하는 유전물질 또는 유전물질이 변형되거나 도입된 세포 중 어느 하나를 함유한 의약품'으로 보다 구체적으로 정의했다.

1) 국제공통기술문서 (CTD)

• CTD (Common Technical Document)는 ICH에서 2000년 11월 합의 제정된 의약품 허가 신청에 사용되는 공통서식이다.

• CTD 목적 : To assemble all the Quality, Safety and Efficacy information in a common format 〉 Revolution.
  비임상시험, 임상시험 허가, 의약품을 허가받기 위해서는 상당히 많은 양의 데이터, 문서

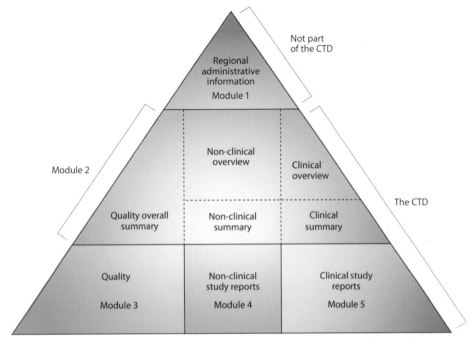

The CTD triangle. The Common Technical Document is organized into five modules. Module 1 is region specific and modules 2, 3, 4 and 5 are intended to be common for all regions.

그림 8-14 CTD Triangle

가 필요하다. A라는 회사와 B라는 회사가 전혀 다른 형식으로 문서를 정리했다고 한다면 같은 데이터를 방대한 자료에서 찾기 어렵고 검토하는 사람 입장에서도 매우 어려울 것이다. 또한 서류 누락 혹은 검토 누락과 같은 상황이 발생할 수도 있을 것이다. 그래서 정형화된 서식이 필요하게 되었다. 제출하는 입장에서도, 검토하는 입장에서도 편리해진 것이다. 즉 심사 측면에서 전자문서제출 유도로 Good Review Practice가 가능하고 업계는 ICH 가입국 범위 내에서 국가별로 추가로 자료를 준비할 필요가 없게 되었다.

2) 국제의약품규제조화위원회(ICH) 가입

국제의약품규제조화위원회(ICH:International Council on Harmonisation of Technical Requirements for Pharmaceuticals for Human Use)는 미국, 유럽, 일본 규제 당국 등으로 1990년 구성·설립되어, 의약품 분야의 품질, 안전성, 유효성에 대한 가이드라인을

제정하는 등 국제 의약품 관련 규제 수준을 주도하는 국제 협의체이다. 한국은 2016년 11월 '국제의약품규제조화위원회(ICH)'에 정식 회원국으로 가입하였다. ICH 가입을 통해 우리나라의 의약품 분야 규제행정이 선진 수준임을 국제적으로 공인받았으며, 미국, 유럽, 일본 등 의약 선진국과 대등한 위치에서 국내 제약업계 상황을 반영하여 국제 의약품 규제정책을 주도할 수 있게 되었다.

3) 의약품실사상호협력기구(PIC/S) 가입

PIC/S(Pharmaceutical Inspection Co-operation Scheme)는 의약품 제조 및 품질관리기준(GMP: Good Manufacturing Practice)의 국제조화를 주도하는 유일한 국제 협의체로 1995년에 설립되었으며, 본부는 스위스 제네바에 위치하고 있다. PIC/S는 의약품 제조 및 품질관리기준(GMP)의 국제조화 및 GMP 실태조사 시스템의 질적 향상을 목적으로 설립되었다. 주요 활동으로는 GMP 실태조사 기초정보의 상호 교류, GMP 규정 국제조화 및 각종 가이드라인 발간, GMP 조사관 교육 및 정기회의 등이 있다. PIC/S 가입국은 (2016년 현재) 미국, 유럽 등 총 46개국 49개 기관 가입되었으며 우리나라는 2014년 7월 PIC/S에 가입하였다. 이는 한국의 의약품 품질 및 제조소에 대한 운영 기준이 세계적인 수준임을 국제적으로 인정받은 것이며, 우리나라에서 제조한 의약품이 ICH 가이드라인에 따라 생산·관리함으로써 국제수준의 품질이 확보됨을 의미한다. PIC/S 가입을 통해 우리나라는 GMP 분야에서 국제적인 주도국 위치로 올라서게 되었으며, 한국의 GMP 관리체계의 우수성을 국제적으로 공인받았다. PIC/S 가입 이후 GMP 규정 국제조화, 정기 GMP 평기기반 미련, 분야별 GMP 적용을 확대함에 따라 국내 의약품 GMP 관리 수준이 획기적으로 향상되었다.

PIC/S 회원국 가입에 따른 대외적 신인도를 바탕으로 국내에서 제조하여 수출하는 의약품의 국제시장 진입장벽이 해소되는 한편, 의약품 입찰경쟁에서 유리한 고지에 오를 수 있게 되었으며, 이에 따라 PIC/S 가입 이후 국내 제약업체의 글로벌 수출이 대폭 증가하였다.

- 의약품이 다른 공산품과 다른점은?
  - 의약품은 사용 후 정보를 남긴다→시판후안전관리(PMS)
  ① 의약품 재평가 ② 신약 재심사 ③ 부작용 Monitoring

- 의약품 재평가, 신약 재심사, 부작용 Monitoring 의 운영목적은?
  - 허가당시에는 알수 없었던 자료들을 의약품 사용과정에서 나오는 정보의 분석을 통해 허가과정에 다시 반영하는 것이다.

- 시판후 관리를 담당하는 사람은?
  - 안전관리 책임자

- 의약품 재평가는 왜 실시하는가?

- 의약품 재평가에 걸리는 시간이 많아서 생긴 제도는?
  - 품목허가갱신제도(품목허가 및 품목신고의 유효기간은 5년)

- 신약 재심사는 왜 실시하는가?

- 제약회사 입장에서 의약품 재심사 기간이 주어지는데 이를 의무와 혜택이라고 하는 이유는?
  - 허가에 의한 독점권으로 활용하기도 한다.→동일한 의약품을 허가 받으려면 오리지날 회사가 제출하지 않은 새로운 동등 이상의 자료를 제출해야 한다(해당기간 동안 독점권 보호).

- 부작용 Monitoring이란?
  - 부작용, 유해사례를 발견한 경우 일정한 절차에 따라 보고하는 것(신속보고, 정기보고).

- 약사감시 방법은?
  ① 보고명령 ② 현장검사 ③ 수거검사

의약품 약가

01 신약의 약가등재

우리나라는 현재 신약의 보험급여 적정성을 평가하기 위해 임상적 유용성과 비용 효과성의 가치가 높은 의약품을 선별해 건강보험 급여대상으로 정하는 선별등재제도를 시행하고 있다. 허가받은 의약품 중 의학적 및 경제적 가치가 입증된 의약품만을 선별하여 보험등재함으로써 건강보험재정 지출의 합리성과 효율성을 추구하고 있으며, 선별등재제도 하에서 신약의 임상적, 경제적 가치는 심평원의 약제급여평가위원회(약칭 약평위)에서 평가되며 약평위에서 보험급여가 결정된 약은 국민건강보험공단과의 가격 협상을 거쳐 건강보험 급여목록에 등재하고 있다. 제약사 입장에서는 개발한 의약품을 건강보험 급여목록에 등록하는 것이 매우 중요하다.

신약의 허가부터 보험등재에 이르기까지의 과정은 다음과 같다. 신약은 먼저 식품의약품안전처(MFDS; Ministry of Food and Drug Safety)에서 안전성 및 유효성을 평가하여 허가를 하게 된다. 시판 허가를 받은 신약은 건강보험급여로 등재되기 위하여 필요한 서류를 갖춰 건강보험 심사평가원에 '보험등재'를 신청해야 한다.

이를 심사하는 곳이 심사평가원의 '약제급여평가위원회' 이다. 약제급여평가위원회는 소비자 및 의약단체 관련 전문가들로 구성되어 있다. 이들은 의약품의 '임상적 유용성'이나 '비용효과성' 등을 평가하여 의약품의 건강보험 적용 여부와 가격을 결정하는 중요한 임무를 하고 있다. 제약바이오기업은 허가받은 약을 갖고 위원회를 통해 임상적유용성과 비용효과성을 인증받아야 보험급여 목록에 등재될 수 있는 것이다. 건강보험급여 대상 후 가격이 얼마인지 정해야 한다. 건강보험심사평가원에서 건강보험을 적용하기로 결정한 의약품은 국민건강보험공단과 제약바이오회사 간에 협상을 통해 가격을 정한다. 신약은 국민건강보험공단과 약가협상을 통하여 약의 보험약가(상한금액)을 정하고, 제네릭의약품은 정해진 약가 산정방식에 따라 약의 보험약가(상한금액)이 정해진다. 제약바이오기업과 건강보험공단의 협상 끝에 보험약가를 결정하면 보건복지부의 발표에 따라 해당 의약품은 보험적용을 받고 국민들이 치료 혜택을 받을 수 있게 된다. 약을 허가받아도 보험급여 목록에 등재되지 못하면 '비급여의약품으로' 분류해 약값을 개인이 모두 부담하게 된다. 약가는 환자들의 약값의 부담을 줄이는 동시에 제약바이오사가 어렵게 개발한 의약품의 가치도 인정받는 합리적인 가격이 책정되어야 한다. 이 이외에 대신할 치료제가 없는 치료에 꼭 필요한 필수의약품은 건강보험 적용을 받기도 하고 가격이 비싸지만 환자에게 꼭 필요한 항암제나 희귀질환에 필요한 희귀의약품은 건강보험을 적용하면서 제약사가 수익의 일부를 환원하는 '위험분담제 (Risk Share Agreement)'등도 마련되어 있다. 국민에게 합리적인 가격에 공급되기까지 다양한 기관이 여러 차례 협상을 통해 신중하게 평가하여 약값을 산정하고 있다.

건강보험심사평가원(HIRA; Health Insurance Review & Assessment Service)에 등재신청을 하고, 심평원에서는 보험급여신청 자료를 평가한 후 약제급여평가위원회(DBCAC; Drug Benefit Coverage Assessment Committee)에 회부하여 의약품의 보험등재 여부를 결정한다. 약평위를 거친 의약품은 국민건강보험공단(NHIS; National Health Insurance Service)에 보내져 건보공단이 신약의 예상사용량 및 보험재정영향 정도를 분석하여 약가를 협상을 통하여 결정하고, 추후 사용량 약가 연동제도를 통해 사후 약가를 관리하게 된다.

신약의 급여 평가 원칙은 상대적으로 임상적 유용성 및 비용효과성이 있는 의약품에 한하여 보험급여가 되고, 환자에게 필요해도 비용효과성을 입증 못하거나, 제약사와 공단 간 재

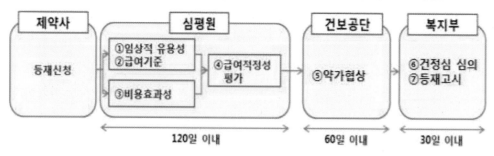

그림 9-1 **신약의 약가결정 절차**

정 영향 합의 등이 이루어지지 않아 협상이 결렬되는 경우에는 비급여가 된다. 신약 보험급여는 심평원 위원회에서 임상적 유용성, 비용효과성 등 급여적정성 평가 요소를 종합적으로 고려하여 임상적으로 유용하면서 비용효과적인 약제로서 제외국의 등재여부, 등재 가격 및 보험급여 원리, 보험재정 등을 고려할 때 수용 가능하다고 평가하는 경우 요양급여 대상약제로 선별할 수 있으며 대체가능한 치료방법이 없거나 질병의 위중도가 상당히 심각한 경우로 평가하는 경우 등 환자 진료에 반드시 필요하다고 판단되는 경우에는 예외이다. 비교대안에 비해 상대적 치료적 이익의 개선 정도에 따라 평가하며, 임상적으로 우월 또는 개선이 입증된 경우 제출된 비용효과성 평가 결과로 점증적 비용 효과비(ICER; Incremental Cost Effectiveness Ratio)를 고려한다.

신약의 급여평가 원칙은 임상적으로 유용하면서 비용효과적인 측면을 고려해야 하며, 임상적 유용성 평가요소는 효과개선, 안전성 개선, 편의성 증가, 안정성 향상 등을 포함하나, 사회적 관점에서 편익이 인정되는 개선이어야 한다.

비용효과성 평가기준은 신청품이 비교약제(치료법)에 비해 임상적 유용성의 개선이 있고, 비교약제 대비 소요비용이 고가인 경우 '의약품 경제성평가 지침'에 따라 경제성평가 자료 제출대상에 해당하며, 점증적 비용 효과비(ICER; Incremental Cost Effectiveness Ratio)는 명시적인 임계값을 사용하지는 않으며, 1인당 GDP를 참고범위로 하여, 질병의 위중도, 사회적 질병부담, 삶의 질에 미치는 영향, 혁신성 등을 고려해서 탄력적으로 평가하고 있다.

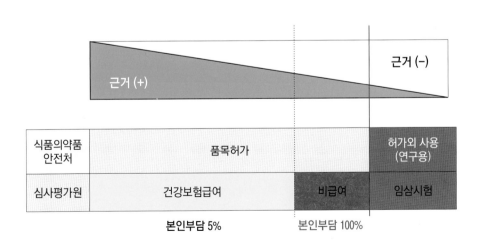

그림 9-2 항암제 급여, 비급여 기준

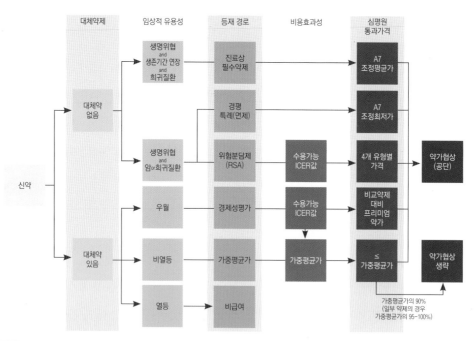

대체약제	임상적 유용성	등재 경로	비용효과성	심평원 통과가격

그림 9-3 신약의 약가 등재

1) 비교 및 대체약제 선정기준

대체약제로 선정되는 것은 일반적으로 해당 적응증에 현재 사용되고 있는 약제(치료법 포함)이다. 그리고 허가와 급여기준에서 동등한 치료범위에 포함되는 약제(항암제의 경우 공고요법 포함) 중, 교과서, 임상 진료 지침, 임상연구논문 등에 제시되고 있는 약제 또한 선정될 수 있다. 적응증이 다수인 약제의 경우, 실제 사용현황(청구 및 심사 등)을 고려하여 주요 적응증을 기준으로 선정한다. 임상에서 치료약제 선택 시 약리기전이 고려되거나 대상 환자군이 달라질 수 있는 경우, 기전을 함께 고려하여 선정한다. 대체약제가 없는 경우에는 해당 적응증의 현행 치료법을 선정한다.

비교 대상 선정기준은 의약품 경제성 평가지침을 준용하여 비교할만한 등재 의약품이 있는 경우, 이들 중 가장 많이 사용되는 것을 비교 대상으로 한다. 경우에 따라 한가지 의약품만이 아닌 복수의 의약품과 비교할 수도 있으며, 비교할 만한 의약품이 없는 경우는 수술 등 다른 치료방법도 비교 대상이 될 수 있다. 다만, 현행 치료법이 없는 환자를 대상으로 할 경우, 약제를 사용하지 않는 경우(위약, supportive care 등 포함)와 비교한다.

2) 임상적 유용성

임상적 유용성이란 의약품을 복용함으로서 사망을 예방하거나 건강을 회복 또는 유지하는 등의 건강 결과가 바뀌는 것을 의미한다.

약제급여평가위원회에서는 이미 요양급여의 대상이 되는 약제 중 급여신청 대상 약제와 효능·효과, 적응증, 약리기전 등이 유사한 약제를 대체약제로 선정하여 급여신청 약제의 임상적 유용성이 낮으면 급여의 적정성이 없다고 평가하며 임상적 유용성이 동등하거나 더욱 개선된 경우에 급여 적정성이 있는 것으로 평가하고 있다. 이러한 임상적 유용성의 정도에 대한 평가는 주로 의료인들로 구성된 학회 등 전문적 단체에 의견을 조회하는 방식으로 이루어지고 있다.

신약약가 결정 시 임상적 유용성 개선 가치 반영을 위해 효과개선, 부작용 감소, 편의성 등이 개선되었다고 인정되는 경우, 기존의 '대체약제 가중평균가' 이하로 인정되던 기준이 '비교 약제 개별약가 수준'까지 인정된다.

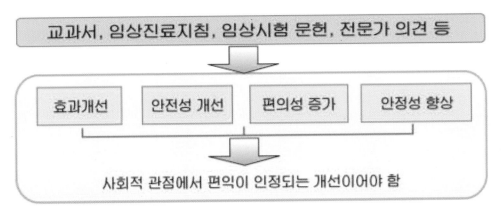

그림 9-4 임상적 유용성 평가 요소

301

3) 비용효과성(경제성)

약제급여평가위원회는 급여신청 약제의 임상적 유용성이 대체약제의 임상적 유용성과 동등하거나 개선을 보인 경우 대체약제의 투약비용과 급여신청 약제의 투약비용을 비교하여 급여 적정성을 평가한다. 만일 급여신청 약제의 임상적 유용성이 대체약제의 그것과 동등하다면 급여신청 약제의 투약비용이 대체약제 투약비용 이하인 경우에만 급여 적정성이 있는 것으로 평가하는 방식으로 비용효과성을 평가한다. 그런데 대체약제가 여러 성분, 여러 품목인 경우가 많으므로 급여신청 약제의 투약비용과 비교 가능한 한 가지 비용을 산출하기 위하여 대체약제별로 요양급여비용 청구량에서 차지하는 비율을 감안한 가중평균가를 구하여 투약비용을 비교하고 있다.

임상적 유용성이 대체약제와 동등하나 투약비용 비교에서 비용효과성을 입증하지 못한 경우 급여적정성이 없는 것으로 평가되나, 임상적 유용성 개선과 함께 투약비용이 동등 혹은 저가인 경우에는 급여 적정성이 있는 것으로 평가된다. 반면 임상적 유용성이 개선되었으나 비용효과성이 없는 경우에는 임상적 유용성 개선의 정도와 이에 추가 소요되는 비용을 감안한 경제성 평가 결과 급여적정성이 있다고 약제 급여평가위원회에서 심의·의결되는 경우 급여의 적정성이 있는 것으로 평가받게 된다.

이상의 내용을 표로 정리하면 다음과 같다.

표 9-1 임상적 유용성 및 비용효과성에 대한 급여적정성 평가기준

임상적 유용성	비용효과성 (경제성: 투약비용 비교)	급여적정성 평가
개선	상대적 저가 혹은 동등	급여 적정 (고가일 경우 별도 검토)
동등	상대적 저가 혹은 동등	급여 적정 (고가일 경우 급여 적정성 없음)
열등	상대적 저가, 동등, 고가	급여 적정성 없음

•출처: 보건복지부

(1) 경제성평가 특례제도

경제성평가 특례제도는 대체제가 없고 환자수가 적어 상대적으로 근거생성이 곤란한 희귀질환 치료제의 경우에 한해 경제성 평가자료를 생략하고 조정가 기준 A7 국가의 최저가 적용을 가능하게 한 규정이다. 선별등재제도의 취지를 훼손하지 않으면서 근거생성이 어려운 희귀질환치료제 및 항암제 중에서 임상적 필요도와 제외국의 등재수준 등을 고려하여 제한적으로 적용된다.

(2) 경제성평가에서 ICER 역치 탄력 적용

점증적 비용-효과비(ICER; Incremental cost-effectiveness ratio)는 효과 한 단위 당 어느 정도의 비용이 소요되는지 나타내는 지표로, 비교 대안과 비교한 비용 증가분(ΔC)을 효과 증가분(ΔE)으로 나누어 구한 값을 말한다. 비용-효과성을 판단하는 지표로 흔히 사용되며 환자가 1년간 생명을 유지하는 데 필요한 약값으로 통상 국민 1인당 GDP 수준으로 정한다. 2013년 11월부터 ICER 탄력적용이 이뤄져 그동안 1GDP 수준인 2,500만 원에서 2GDP 수준인 5,000만원까지 탄력적으로 적용하려고 한다. 이 ICER 역치 탄력적용은 현재 중증, 희귀질환 치료제의 경우, 사회적 요구도, 의약품의 혁신성 등을 고려하여 ICER 임계값을 다른 신약 대비 2배 수준까지 탄력적으로 이미 적용 중이며, ICER 임계값 조정은 신약 접근성 강화에 기여할 수 있으나, 약가 상승 등 추가적용 재정소요가 수반되는 사항이므로 충분한 사회적 의견수렴이 필요하다.

표 9-2 ICER 계산 공식

ICER (Incremental cost-effectiveness ratio, 점증적 비용효과비)
– 비교대안 대비 신청약제가 효과 1단위를 증가시키기 위해 얼마의 비용이
  추가 소요되는지를 나타내는 지표 (C: Cost, E: Effectiveness)

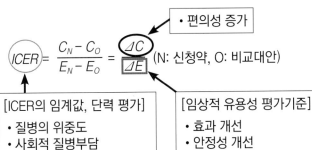

$$ICER = \frac{C_N - C_O}{E_N - E_O} = \frac{\Delta C}{\Delta E} \quad \text{(N: 신청약, O: 비교대안)}$$

• 편의성 증가

[ICER의 임계값, 단력 평가]
• 질병의 위중도
• 사회적 질병부담
• 삶의 질에 미치는 영향
• 혁신성 등

[임상적 유용성 평가기준]
• 효과 개선
• 안정성 개선
• 편의성 증가
• 안정성 증가

표 9-3 CER 계산 예시

ICER (Incremental cost-effectiveness ratio, 점증적 비용효과비)
- 효과 한 단위를 개선하는데 얼마만큼의 비용이 추가적으로 소요되는지를 나타내는 지표
- $\triangle$cost/ $\triangle$effectiveness = $[C_B-C_A]/[E_B-E_A]$
- 계산된 점증적 비용효과비가 사회적으로 수용 가능한 범위 이내에 있는지 여부에 따라 비용-효과성을 판단함

[계산과정]

	비용(원)	효과	ICER
치료법A	200,000	1LYG	
치료법B	2,000,000	5LYG	
차이($\triangle$)	1,800,000	4LYG	450,000/LYG

표 9-4 평균비용효과비 예시

CER (Average Cost/Effectiveness Ratio : CER)
- 치료법 A의 비용-효과비와 치료법 B의 비용-효과비를 각각 구하여 비교
- C_A/E_A vs C_B/E_B (C : Cost, E : Effectiveness)
- 값이 작을수록 비용-효과적인 대안임

[계산과정]

	비용	효과	CER
치료법A	200,000	1LYG	200,000/LYG
치료법B	2,000,000	5LYG	400,000/LYG

* LYG : Life Years Galned

실전문제

➜ 경제성평가 특례제도로 허가된 약품은?

➜ 1 QALY 당 2 GDP가 많은가? 적은가? 그 이유는?

(3) 희귀의약품(Orphan drug)

현재 일부 항암제 및 희귀질환치료제에 대해 적용하고 있는 경제성평가 예외 혜택을 받을 수 있는 희귀의약품은 극히 제한적이다. 이는 현재 지침이 희귀난치성질환 산정특례에 해당되는 희귀질환치료제에 한해 이들 예외조항을 적용하는 것으로 해석하고 있기 때문이다. 그러나 산정특례는 과도한 본인부담을 경감하기 위한 제도로써 이 기준이 환자의 접근성 개선을 위한 신약등재 절차의 기준이 되어서는 안 되며, 오히려 희귀의약품의 경우 소수의 환자를 대상으로 하는 제품 특성상 경제성평가를 위한 충분한 기초자료생산이 어려울 수 있어 경제성평가 예외조항 등 별도의 절차가 필요하다.

4) 대체약제 가중평균가

(1) 가중평균가

약가 가중평균가(WAP: Weighted Average Price)는 동일성분내 약품별 청구량 비중을 고려한 보정 상한금액으로써, 주성분코드(동일성분, 동일제형, 동일함량은 같은 주성분으로 산정)별 의약품의 Σ(상한금액 × 청구량)/Σ(청구량)으로 산출한다. 건강보험심사평가원 홈페이지(www.hira.or.kr)에 반기 및 연간 가중평균가를 공개하고 있다.

(2) 대체약제 가중평균가 산출 방법

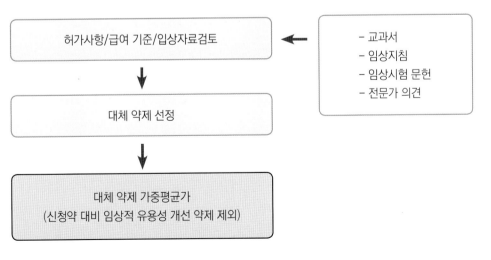

그림 9-5 **대체약제 가중평균가 산출 방법**

표 9-5 대체약제 가중평균가 산출 방법 예시(급여총액/판매량)

항목	A성분	B성분
실제 청구량(정)	10,000	60,000
1일 상용량(총)	2정	6정
보정 청구량	5,000	10,000
1일 투약비용(원)	200	300
보정 청구량(정)	5,000	10,000
가중 1일 투약비용(원)	266	

일반적으로 개별 성분별 1일 투약비용을 보정청구량(성분별)으로 가중하여 산출한다. 해당 약제의 청구량을 1일 상용량으로 나누어 보정 청구량을 계산하고, 최종 선정된 대체약제가 두개 이상인 경우, 1일 투약비용에 성분별 보정 청구량으로 가중을 주어 가중 1일 투약비용을 산출한다.

(3) 허가 적응증이 다수인 약제의 경우

주요 적응증 위주로 산출하며, 실제 사용량 또는 환자수가 많지 않은 기타 적응증은 별도 평가 생략 가능하다. 적응증별 사용량 또는 환자수 산출이 가능한 경우, 약제별 대상 환자군(적응증)에 차이가 있고, 이를 구분하여 산출이 가능한 경우, 사용량 또는 환자수를 근거로 적응증별 소요비용을 가중한다. 반면, 적응증별 사용량 또는 환자수 산출이 불가능한 경우 적응증별 대체약제 소요비용의 산술 평균(또는 중앙값)을 사용한다.

(4) 대체약제 가중평균가를 반영한 신청약제의 단위비용 환산

주요 적응증을 기준으로 대체약제 가중 1일 투약비용을 신청약제의 1일 상용량으로 나누어 산출한다. 식약처 허가사항 상 병용약제, 추가 검사 등이 명시된 경우, 대체약제의 총 소요비용에서 신청품의 병용약제, 추가 검사 등의 소요비용을 제외한 나머지 비용을 신청품의 1일 상용량으로 나누어 산출한다.

표 9-6 대체약제 가중평균가를 반영한 신청약제의 단위비용 환산 예시

항목	신청약제	A성분	B성분
1일 상용량(총)	2정	2정	6정
가중 1일 투약비용(원)	–	266	
대체약제 가중평균가를 반영한 신청약제의 단위비용	133원		

신청품의 함량이 여럿인 경우, 상용량이 되는 신청함량의 단위비용을 산출하고 이를 기준으로 나머지 함량의 단위비용을 아래 표에 따라 환산한다.

▶상용량이 2mg인 신청약제의 단위비용이 133원으로 산출된 경우, 신청품의 신청함량이 2,4,6,8mg이라면, 2mg의 비용을 133원으로 하고, 나머지 함량의 비용을 아래 표에 따라 산출.

※ 단, 상용량이 되는 기준 신청함량이 없는 경우, 대체약제 가중평균가 범위에서 약제 상한금액의 산정기준 등을 고려하여 제약사가 함량별 약가를 신청할 수 있음.

(5) 대체약제의 가중평균가 산출이 불가한 경우

대체약제가 없는 경우는 가중평균가 산출이 불가하다. 단, 진료상 필수약제의 경우, 대체약제 가중평균가 산출 없이도 급여 평가할 수 있다. 대체약제 가중평균가 산출이 어렵고, 대

표 9-7 비교 제품과 동일한 함량이 없는 경우의 산정 기준

(1) 신청 제품의 함량이 비교 제품의 함량보다 많을 경우: A × B(또는 B')
(2) 신청 제품의 함량이 비교 제품의 함량보다 적을 경우: A ÷ B(또는 B')
   A: (가) 또는 (나)의 기준에 따른 가격
   B(생물의약품 제외): {(높은함량/낮은함량−1)× 0.5}+ 1
   B'(생물의약품): {(높은함량/낮은함량−1)× 0.9}+ 1
   (가) 자사제품이 등재되어 있는 경우: 자사제품 중 가장 근접 함량 제품의 상한금액을 기준으로 한다(다만, 자사제품의 상한금액이 다를 경우 최고가를 기준으로 한다).
   (나) 자사 제품이 등재되어 있지 않은 경우 또는 복합제의 경우: 가장 근접한 함량 제품의 상한금액 중 최고가의 53.55%(마약 또는 생물의약품의 경우 70%)를 기준으로 한다.

체약제 소요비용의 산술평균(또는 중앙값)도 부적절하다고 판단되는 경우 또한 가중평균가 산출이 불가능한데, 환자군별 용법·용량 구분이 어려운 경우, 행위 관련 약제가 포함되어 비용 산출이 명확하지 않은 경우 등이 이에 해당한다.

5) A7 조정가 상대비교가

(1) 외국조정평균가

미국, 영국, 독일, 프랑스, 이탈리아, 스위스, 일본(이하 "외국 7개국"이라 한다.) 약가의 조정평균가(이하 "외국조정평균가"라 한다)를 산출한다.

(2) 외국조정평균가 산출 방법

외국 7개국의 공장도출하가격에 환율, 부가가치세(10%)와 유통거래폭을 가산한 금액의 평균가로 산출한다. 외국 7개국의 공장도출하가격은 해당국가의 약가책자(해당 국가 약가책자의 인터넷자료 및 기타 인정되는 자료를 포함)에 기재된 금액에서 당해 국가의 부가가치세와 약국 및 도매마진을 제외한 금액으로 미국, 영국, 프랑스, 이탈리아, 스위스의 경우는 동 책자금액의 65%, 일본의 경우는 82%로 하고 독일의 경우는 약가에 따라 정해진 마진을 참조하여 산출한다. 다만, 제조업자.위탁제조판매업자. 수입자가 당해국가의 관련 규정 등 정부기관이 발행한 객관적인 자료 또는 약가책자를 발간하는 회사가 확인한 자료를 공증 받아 제출할 경우에는 이를 참조하여 산출할 수 있다. 그리고 외국약가는 성분.제형.함량이 같고 회사명 또는 제품명이 같은 제품 중 최내 포장제품 중 최고가 제품을 검색한다.

※ 단, 회사명 또는 제품명이 같은 제품이 없을 경우는 동일성분, 동일제형, 동일함량의 최대포장제품 중 최고가 제품으로 검색(미국의 경우 Federal Upper Limit price(FUL), Repackagers of products(Repack), Unit Dose 포장제품은 제외) 한다.

(3) 색인원칙 등

외국 7개국 약가는 약가 색인시 참고하는 책자로서 최근에 발간된 책자와 약가책자를 발간하는 회사의 인터넷자료로 확인한다. 다만, 약가책자나 인터넷 자료에 해당제품이 수재되어 있지 아니한 경우 기타 인정되는 자료를 확인한다.

> ## 실전문제
>
> ➡ 약가 가중평균가(WAP: Weighted Average Price)를 적용하면 약가는?
> ➡ (A7: 미국, 영국, 독일, 프랑스, 이탈리아, 스위스, 일본)
>   외국조정평균가 A7 국가를 다른 나라로 변경하거나 추가하면 약가는
>   어떻게 될까?
> ➡ 항암제와 Orphan drug이 비싼 이유는?

6) 위험분담제도

위험분담제도(Risk Share Agreement)란 신약의 효능, 효과나 보험재정 영향 등에 대한 불확실성(Risk)을 제약회사가 일부 분담하는 제도로 항암제, 희귀질환치료제 등의 고가 신약에 대해 선별등재원칙을 유지하면서도 환자의 접근성을 제고 하기 위해 실시하였다. 의약품 선별등재 제도가 도입된 후 약제의 유용성, 보험재정영향 등에 대한 불확실성이 크면 공단 입장에서 보험 약제로 등재가 어렵기 때문에 제약회사가 환급(예로 환자에게 약을 투여하고 효과가 없으면 환불하는 등 다양한 방법으로 제약사가 비용을 부담) 등의 방법으로 재정의 일부를 부담하여 불확실성이 큰 의약품이지만 환자에 접근성이 높고 보험재정을 효율적으로 관리할 수 있는 제도이다.

현재 위험분담제는 대체 가능하거나 치료적 위치가 동등한 제품 또는 치료법이 없는 항암제나 희귀질환치료제 중 일부의 제품에 대하여 적용하고 있다. 규정상 적용할 수 있는 유형은 환급형, 총액제한형, 환자단위 사용량 제한형, 조건부 지속치료형 등 여러 가지가 있으나 실제로는 경제성평가를 의무화한 조건 때문에 주로 환급형으로 제도가 운영 중이다.

현행 위험분담제의 경우 적용대상과 유형이 제한되는 것 이외에도, 4년의 계약기간제한, 계약기간 내 급여확대불가, 위험분담 기간 중 치료적 동등약제가 존재하게 될 경우 계약연장불가 등 여러 가지 제한조건이 많아 2020년 10월에 일부 개정되었다. 일부 개정된 '위험

분담제(RSA) 약가협상 세부운영지침 개정(2020년 10월)'에 의하면 3상 조건부 허가약제의 총액계약을 의무화했고 위험분담제 계약기간을 기존 4년에서 5년으로 연장했다. 또한 위험분담제 재계약(계약종료) 여부를 심평원 약가평가위원회에서 판단했으나 이제는 건강보험공단과 협상에서 결정된다. 건강보험공단은 상한금액, 예상청구액, 환급률 및 캡 재설정, 모든 유형의 만료 시 처리방안 통일 등을 살펴서 재계약 또는 계약종료를 결정한다. 총액제한형 Cap이 예상청구액의 130%에서 100%로 조정됐다.

위험분담제도의 도입을 통하여 보험자는 신약의 급여 결정 원칙을 유지하면서 보험재정을 효율적으로 관리할 수 있으며, 환자는 신약에 대한 의약품 접근성을 보장받을 수 있고 제약사는 적정한 약가 보장을 통한 신약의 적정가치를 인정받아 신약개발에 재투자할 동기를 얻을 수 있는 등의 긍정적 효과를 기대할 수 있게 되었다.

우리나라의 위험분담제도는 일부 예외적인 경우를 제외하고는 위험분담계약에 의하여 비용효과성이 입증된 품목에 대하여 적용하고 있다. 또한, 주로 환급형의 계약을 체결하고 있어 그 원리상 보험재정의 추가적인 비용 없이 비용효과적인 신약을 등재시킬 수 있어 환자의 신약 접근성이 향상된다. 즉, 환급형의 위험분담계약의 경우 재정이 추가적으로 소요되거나 환자부담이 증가하지 않고, 오히려 제약사 입장에서는 담보설정 및 부가세 등 부대비용이 발생하게 되어 제도의 수용성을 저하시키는 요인으로 작용할 수 있다.

표 9-8 위험분담계약제도 유형

조건부지속치료와 환급 혼합형 (Conditional treatment continuation + money back guarantee)	• 일정기간 약제 투여 후 환자별로 반응을 평가, 미리 정해 놓은 기준 이상으로 반응이 있는 환자에게는 계속 보험 급여하고 그렇지 않은 환자의 사용분에 해당하는 금액은 건보공단에 환급하는 제도 • 정해진 기준 이상의 치료효과를 보이지 않으면 환자 사용분에 대한 금액을 환급하는 계약임 • 하지만 정해진 기준 이상의 치료효과를 나타내는지 객관적 판단 여부가 제약사의 부담으로 작용될 수 있음
총액제한형 (Expenditure cap)	• 약제의 연간 청구액이 미리 정해 놓은 연간 지출액을 초과할 경우, 초과분의 일정 비율을 제약사가 공단에 환급하는 제도
환급형(Refund)	• 약제의 전체 청구액 중 일정비율을 제약사가 공단에 환급하는 제도

환자단위사용량제한형 (Utilization cap)	• 환자 당 사용한도를 미리 정해 놓고 이를 초과할 경우 초과분의 일정비율을 제약사가 공단에 환급하는 제도
근거생산 조건부 급여 (Coverage with Evidence development)	• 임상시험 결과에 따라 급여 여부를 결정하는 방법 • 일단 급여 후에 회사가 별도의 임상연구를 수행하여 그 결과에 따라 약품비 환급, 급여 삭제, 재협상 등의 사후 조치함

표 9-9　위험분담제 체결현황(2020.10.30. 기준)

• 현황 : 총 48개 약제 (85품목) 계약체결 (누적, 종료 약제 포함)

연도	2013	2014	2015	2016	2017	2018	2019	2020.10
약제수 (품목수)	1(1)	4(7)	7(12)	14(22)	28(45)	36(56)	43(67)	48(85)

• 계약 유형별 현황

유형	환급형	총액	초기치료 환급형	환자단위 사용량제한	기타	복합
약제수 (품목수)	13(26)	18(29)	1(2)	3(6)	1(1)	12(21)

• 출처: 국민건강보험공단 약가협상부 2020.11.25

실전문제

➡ 위험분담제도(Risk Share Agreement)로 계약하는 약제는? 이유는?

➡ 위험분담제도(Risk Share Agreement)로 가장 많이 하는 계약 유형은? 이유는?

➡ 위험분담제도(Risk Share Agreement)중 환자단위 성과기반 유형이란?

➡ 위험분담제도(Risk Share Agreement)중 총액제한적용 계약이란?

ISSUE 1 수억 원대 신약 약값, 비쌀수 밖에 없는 것일까?

　노바티스의 백혈병 림프구 CAR-T 치료제 '킴리아', MSD의 비소세포폐암 면역항암제 '키트루다' 등 항암제 신약과 희귀의약품은 비싸서 적기에 치료하지 못해 목숨을 잃어가고 있어 이들 약제에 대한 신속한 접근권을 보장하기 위해서 한국환자단체연합회는 정부에 급여확대를 호소하고 있다. 결국 2022년부터 '킴리아'와 '키트루다'는 보험 혜택을 받게 되어 암환자의 재정에 많은 혜택을 주게 되었다.

　항암제뿐만이 아니다, 희귀의약품과 다른 전문치료제도 비슷한 수준이어서 미국의 경우 처방약 가격이 연간 평균 1억 원이 든다. 길리어드 사이언스의 C형 간염치료제 '소발디'는 1 Tablet에 100만원이 넘는다. (한국에서는 보험급여가 되어 1 Tablet이 13만 원) 왜 이렇게 신약 약값은 비싼가?

　이유를 제시하면 다음과 같다.

▶신약 개발의 패러다임이 과거와 다르다. 질병의 진행과 직접 관련되는 biomarker에 대한 정보가 많아지면서 신약 개발은 질병 관련 biomarker를 직접 공략하는 데에 집중한다. 면역제제, 생물학적 제제, 유전자 치료, 맞춤형 신약, 정밀 의학 등의 신기술이 약물 개발에 사용된다. 치료 효과가 높고, 부작용이 상대적으로 적다. 발달된 진단 방법을 이용해서 필요한 환자만을 가려서 투약함으로써 치료의 효율을 높이고, 불필요한 투약을 막는다. 신약 개발은 시간도 오래 걸리지만, 성공률도 낮다. 초기 개발 단계부터 시작해서 마지막 3상 임상시험을 통과하여 최종적으로 신약 승인을 받는 약물은 일부에 불과하여 신약 개발의 비용은 해마다 증가하고 있다.

▶최근의 항암제는 암 특이적, 표적 중심, 환자 맞춤형의 특화 전략으로 개발된다. 암세포를 포함하여 증식하는 세포를 무차별 사멸시키는 방식이 아니라, 특정 암세포에 공격을 집중하는 방식이다. 특정 암세포에만 밀집된 암 표적 항원을 공격하거나, 암세포를 공격하는 면역세포를 활성화시키거나, 암세포만 선택적으로 사멸시키거나, 암세포와 관련된 특정 신호전달을 억제시켜 증식을 막는 등 다양한 방법으로 개발한다. 특정 환자, 특정 암에 대하여 특화하여 투약하게 되어 수혜 환자 수가 상대

적으로 적다. 적은 수의 환자가 개발 비용을 부담하는 것이다.

▶ '킴리아'는 항암제 중에서도 가장 비싸 약값이 약 5억 원이다. '킴리아'는 환자 맞춤형 치료약이면서 유전자 치료법이다. 환자의 면역 T 세포를 유전자 조작해서 면역 능력을 증강 시키는 방법이다. 특정 환자가 치료를 받기로 결정하면, 환자의 혈중의 면역 T 세포를 분리해서, 유전자 조작하여 암세포를 잘 인지하고 공격하도록 성질을 바꾼 다음, 다시 환자에게 주입함으로써 환자가 암세포와 싸울 수 있는 면역 능력을 증강 시킨다. 생산부터 품질 관리 과정까지 시설과 장비, 인력이 특정 환자한 사람만을 위해서 투입된다. 환자 한 사람만을 위한 방법이니, 대량 생산이 불가능하여 약값이 비싸다.

'킴리아'가 비싼 또 다른 이유는 '킴리아'의 혜택을 받을 수 있는 환자의 수가 적기 때문이다. '킴리아'를 투여받는 대상은 혈액암 중에서도 '재발성 또는 불응성의 급성 림프구성 백혈병' 환자와 '재발성 또는 불응성의 미만성 거대 B 세포 림프종암' 환자이다. 한국의 경우 급성 림프구성 백혈병 환자와 미만성 거대 B 세포 림프종암 환자의 수는 모두 합해서 수천 명으로 추산된다. 환자는 먼저 화학 요법, 방사능 요법, 이후 면역제제 등으로 치료받으며, 대부분 치유가 된다. 재발하는 경우, 골수 또는 줄기세포 이식이 필요하기도 하다. 이상의 치료 방법으로도 치유되지 않거나 재발하여 다른 치료의 여지가 없는 경우에 '킴리아'를 투여한다. 소수의 환자가 '킴리아'의 개발비용을 감당해야 하니 치료비가 비싸다.

▶ 희귀병에 쓰는 약값은 비싸다. 개발비를 부담할 환자 수가 적기 때문이다. 바이오젠의 척수성 근위축증(SMA: Spinal Muscular Atrophy) 치료제 '스핀라자'는 선천적으로 유전자 이상이 있는 척수성 근위축증(SMA) 환자에 쓰는 약이다. RNA 약물을 투여하여 환자의 변이된 유전자도 제대로 된 단백질을 만들어 내도록 보정시키는 일종의 유전자 치료법이다. 첫해에 6억 원, 이후 매년 3억 원의 약값이 든다. 평생투약해야 한다. 국내 건강보험 적용을 받는 가장 비싼 약이다. 노바티스의 '졸겐스마'는 세계에서 가장 비싼 약물이다. 한국에서도 허가를 받았다. 역시 선천적으로 유

전자 이상이 있는 척수성 근위축증(SMA) 환자에 쓰는 약이다. 변이된 유전자를 대체하여 기능할 수 있도록 정상 작동하는 유전자를 추가적으로 환자에게 넣어 주어 손상된 기능을 근본적으로 교정하는 유전자 치료법으로 치료비는 약 25억 원이다.

▶ 약물 개발이 표적 특화형, 환자 맞춤형, 정밀 의학으로 바뀌고, 새로운 치료 방식이 개발되면서, 신약 가격은 약값은 폭등하고 있다. 접근이 불가능할 정도로 비싼 약값은 한국뿐 아니라 모든 나라가 공통으로 직면하고 있는 문제이다. 경제 규모, 규제 방식과 의료 보험 체계에 따라 각국은 나름의 방식으로 대응한다. 환자에게 있어서 투약의 기회는 생과 사 또는 삶의 질이 걸린 문제이다. 의사는 치료를 해야 하는데 약값 때문에 하지 못한다. 보험 당국은 의료 비용을 관리해서 다수의 환자가 혜택을 보게 해야 한다. 제약회사는 개발비를 보전하고 혁신에 대한 보상을 받아야 신약 개발에 투자할 수 있다. 치료 기회의 확대와 비용의 규제를 고민하는 동안에도 신약 개발의 패러다임은 거침없이 진화하고, 의료 환경은 계속 변하고 있다.

ISSUE 2 — 위험분담제 약제 추가 적응증에 대한 비용효과성 입증

기 허가된 의약품은 대부분 임상시험을 진행하여 유효성, 안전성을 입증해야 적응증을 추가 할 수 있다. 하지만 임상시험을 대신해 미국 FDA는 실제임상증거(RWE: Real World Evidence)를 활용한 허가심사체계 기반을 마련하기 위해 관련 프로그램의 틀을 마련하고 있으며, 국내에서도 이에 맞춰 RWE를 의약품 허가심사에 반영할 것으로 예상된다. 실제임상자료(RWD: Real World Data)는 다양한 자료원을 통해 수집되는 환자, 건강상태, 보건의료 전달체계와 관련된 각종 자료들을 의미하며, RWE는 RWD 분석을 통해 의약품 등의 사용현황 및 잠재적인 유익성과 위해성에 관한 임상적인 증거를 말한다. 미국사회에서 RWE를 활용한 기허가 의약품의 적응증 추가에 대해 우려와 비판이 존재한다. 이에 FDA는 ▸윤리적으로, 임상적으로 무작위대조시험(RCT: Randomized Controlled Trial)을 할 수 없는 경우, 희귀질환의 경우에만 예외적으로 허용, 2개의 서로 다른 데이터베이스에서 일관된 결과가 도출돼 타당도를 증명하는 경우에만 RWE를 허용하고 있다. 실제로 RWE를 활용한 사례로 미국에서 전이성 메켈세포암종(MCC: Merkel Cell Carcinoma) 환자들을 위한 치료제로 개발된 면역항암제 '아벨루맙'에 대해 적응증이 추가됐다.

2020년 7월부터 국내 제약사들이 새로운 효능 인정을 위해 임상시험을 진행할 경우 식약처는 개별환자, 특정질환 치료를 위해 의료진이 사용 중인 허가 초과 의약품 중에서, 임상을 통해 안전성, 유효성을 인정받은 적응증은 허가사항에 반영키로 했다. 개별환자, 특정질환 치료를 위한 의료진의 허가초과 의약품 사용에 대해 안전성, 유효성 평가, 부작용 모니터링 등을 진행하고 있다.

우리나라에서 위험분담(RSA: Risk Share Agreement) 약제 적응증을 추가하려면 적응증 확대와 위원회를 거쳐야 한다.

건강보험심사평가원은 2020년 3월 '신약 등 협상약제의 세부평가기준 개정안'을 발표했다. 2020년 9월 시행된 약가제도 개정안에 따르면 RSA 약제의 급여범위 확대(적응증 추가) 시 비용효과성을 입증하도록 되어 있다. 현재는 확대 적응증이 RSA 대상에 해당하는 약제는 공단과의 협상으로 상한가격 및 환급률을 조율하면 되는데, 단계가 추가되면서 시간이 더 소요되고 비용효과성 입증이 어려운 사례도 발생할 수 있다. 글로벌회사의 대안은 확대 적응증이 RSA 적용대상에 해당될 경우 반드시 비용효과성 입증이 아닌 공단협상을 통한 계약 유형 및 상한금액 조정으로 환자 접근성이 우선될 수 있도록 하고, 비용효과성 검토는 개별사 안에 따라 고려 가능하도록 유연하게 적용돼야 한다고 주장하고 있다. 또한 추가 적응증의 비용효과성 자료제출에 따른 심사평가원, 보험공단의 각 부서별 기능과 검토사항, 절차의 명확화가 필요하며 서로 다른 위원회와 부서 등에서 중복적으로 재정 및 비용효과성을 검토하는 것은 환자 접근성 지연을 초래한다고 주장하고 있다.

실전문제

➡️ 국내 위험분담계약 약제중 가장 많은 계약 유형은? 이유는?

실전문제

➡️ 위험분담제(RSA) 약제 적응증별 구분 없이 가장 낮은 가격을 최종 단일 가격으로 하게 된다면 글로벌회사는 어떻게 할까?

7) 약가협상

우리나라는 보험의약품 등재제도에서 선별등재시스템을 취하고 있다. 이에 따라 의약품이 건강보험의 적용을 받기 위해서는 약가고시에 등재되어야 한다. 또한, 약가고시에 등재되기 위해서는 필수적으로 개개의 의약품 별로 상한금액을 함께 등재하여야 한다.

개별 의약품의 상한금액이 정해지는 과정을 세분화 해보면, 기존에 약가고시에 등재되지 않은 의약품이 새로 약가고시에 등재되는 과정에서 해낭 의약품의 상한금액을 결정하는 절차와 이미 약가고시에 등재되어 있는 의약품에 대한 상한금액을 조정하는 절차로 나누어 볼 수 있다.

결정절차는 다시 상한금액 결정 방식에 따라 다시 약제의 제조업자·위탁제조 판매업자·수입자 등 약제 요양급여 결정신청권자가 국민건강보험공단 이사장과의 협상을 통해 당해 약제의 상한금액을 결정하는 것과 보건복지부장관이 정하여 고시한 약제 산정기준에 따라 상한금액을 결정하는 것으로 나눌 수 있다. 조정절차도 마찬가지로 다시 협상대상 약제와 산정대상 약제로 분류할 수 있다.

이상의 내용을 표로 정리하면 다음과 같다.

표 9-10 **약가협상 도입취지**

구분	대상		기준
협상	• 보건복지부장관이 협상을 명한 약제(신약 및 일부 자료제출의약품 등) • 직권 결정 및 조정신청 약제 등 • 사용량–약가 연동 협상 대상 약제 • 사용범위 확대 약제		'협상 참고가격'등 「약가협상지침」에 따라 국민건강보험공단과 제약회사가 협상 (유형1) 약가협상 시 예상사용량보다 30% 이상 증가한 약제 (유형2) 적응증 추가 등으로 사용량이 30% 이상 증가한 약제 (유형3) 유형1, 2 적용 후 전년대비 사용량이 60% 이상 증가한 약제 (유형4) 협상 없이 등재된 후 전년대비 사용량이 60% 이상 증가한 약제
산정	자료제출의약품	• 염변경(이성체) • 새로운 제형(동일 투여경로)	「약제의 결정 및 조정 기준」의 산정기준에 따름
		• 새로운 용법·용량	
	복제약(약제급여목록표에 등재된 약제와 동일)		
	기타(기초수액제, 마약 등)		

•출처: 이태진, 2014, 제약산업정책의 이해, 한국보건산업진흥원

❖협상대상 도입배경

약가협상제도는 '약제비 적정화', '보험자(건보공단)의 재정책임성 강화' 등을 목적으로 지난 2006년 12월 도입되었다. 국민건강보험공단과 제약기업간 협상을 거쳐 좋은 약을 적정 가격으로 적시에 보험에 등재하는 것이다.

❖협상대상 약제의 상한금액 결정

가. 약가협상 절차

약제의 제조업자, 위탁제조 판매업자, 수입자 등이 약제 요양급여의 결정신청을 한 후, 건강보험심사평가원장이 약제급여 평가위원회의 평가를 거쳐 그 결과를 보건복지부 장관에게 보고하면, 보건복지부 장관은 당해 약제가 산정대상 약제나 한국희귀의약품센터의 장이 요양급여 대상 여부의 결정을 신청한 약제가 아닌 경우 국민건강보험공단 이사장에게 당해 약제의 제조업자, 위탁제조 판매업자 또는 수입자와 당해 약제의 상한금액에 대한 협상을 하

도록 명하여야 한다.

• 근거 법령: 국민건강보험 요양급여의 기준에 관한 규칙 제11조의 2 제7항

이와 같은 보건복지부 장관의 협상명령이 있게 되면, 국민건강보험공단은 급여적정성 평가자료, 보험재정에 미치는 영향, 외국의 약가, 특허현황, 국내 연구 · 개발 투자비용, 의약품 공급능력 등을 고려하여 급여의 적정성이 있다고 협상에서 용인되는 가격의 범위를 설정한 후 협상 참고가격의 범위 내에서 신청자와 60일 이내에 협상을 진행한다. 협상을 통해 쌍방이 약가에 합의하면 건강보험 정책심의위원회의 심의를 거쳐 합의된 약가가 보건복지부 장관에 의해 약가고시에 등재된다.

만일 신청자가 협상 참고가격의 범위를 벗어난 가격을 고집하는 경우 약가협상은 결렬되고 결렬 후 신청자가 다시 요양급여 신청을 하면 건강보험심사평가원의 약제 급여평가위원회에서 다시 급여적정성 평가를 한 후 보건복지부장관의 재협상 명령에 따라 재협상이 이루어진다. 그러나 대체할 수 있는 의약품이 없는 필수의약품의 경우 약가협상이 결렬되면 보건복지부의 약제급여조정위원회에서 건강보험공단과 신청자 양측이 주장하는 가격에 대한 심의 및 조정을 거쳐 보건복지부 장관이 직권으로 약가를 결정하여 약가고시에 등재하게 된다.

나. 약가협상 현황

보건복지부의 '약가협상 제도 현황'을 공개자료에 의하면 제약사와 건강보험공단과의 약

표 9-11 건강보험공단 약가협상현황

구분	소계	합의	합의율	결렬	결렬률
2014년	119	112	94.1	7	5.9
2015년	144	137	95.1	7	4.9
2016년	167	165	98.8	2	1.2
2017년	144	142	98.6	2	1.4
2018년	120	116	96.7	4	3.3
2019년	176	168	95.5	8	4.5
계	870	840	96.5	30	3.5

가 합의율이 최근 12년간 90%를 상회하는 것으로 파악됐다. 신약의 경우, 공단과 제약사의 약가협상을 통해 약가를 결정하고 이미 급여 중인 전문의약품은 사용량 증가 시(사용량−약가 연동제) 공단과 제약 간 약가협상을 통해 약가 인하폭이 결정되는 구조이다. 즉, 오리지널을 지닌 다국적 제약사와 복제약 중심의 국내 제약사 모두 공단과 협상 결과에 따라 희비가 갈린다는 의미다. 건강보험공단에 따르면, 2014년~2019년 까지 총 870품목 약가협상을 신청했다. 이 중 840품목은 협상이 완료됐으며, 30품목은 결렬됐다.

실전문제

➡ '신약협상'은 다국적회사에서 '사용량연동협상'이 국내회사가 많은 이유는?
➡ 사용량연동협상 유형에서 유형 '다'가 가장 많은 이유는?

❖ 약가협상 면제제도

약가협상 면제제도는 협상 절차의 생략을 통해 보험등재기간을 단축시켜주는 제도이다. 세부적으로 내용을 살펴보면, 신청약제와 대체약제 비교 시 임상적 유용성이 유사한 수준으로 '대체약제 가중평균가'로 급여 적정성을 인정받는 경우 제약사가 대체약제의 가중평균가(신약의 특성에 따라 90~100%)를 수용하면 건강보험공단과의 상한금액 협상(60일)을 생략할 수 있게 한 제도이다.

ISSUE 3   약가협상 'Korea Passing' Case

　최근 다국적 제약회사들이 해외 급여등재에서 더 유리한 가격을 받기 위해 한국 시장에서의 급여절차를 포기하거나 철회하는 사례가 발생하고 있다. 타국에서의 약가협상을 위해 급여신청 시 한국을 배제하는 이른바 '코리아 패싱(Korea Passing)' 우려가 높아지고 있다. 특히 세계 최대 제약시장인 중국과 미국이 참조가격제도(IRP;International Reference Pricing) 도입을 긍정적으로 바라보면서, 한국을 배제할 가능성이 더욱 커지고 있어 대책 마련이 시급한 상황이다. 실제로 외국에서의 약가 문제로 한국에서 급여를 포기하거나 철회하는 사례가 이어지고 있다. 2020년에 노바티스(Novartis)는 천식치료제 졸레어(Xolair, 성분명 오말리주맙)가 건강보험심평가원 약제급여평가위원회를 통과했음에도 건강보험공단 약가협상 단계에서 급여 신청을 포기했다. 당시 노바티스는 중국에서도 졸레어에 대한 급여등재 절차를 밟고 있었는데, 중국이 한국을 약가 참조국에 추가했기 때문이다.

　미쓰비시다나베파마(Mitsubishi Tanabe Pharma)는 근위축성 측삭경화증 치료제인 '라디컷(Radicut, 성분명 에다라본)'의 보험급여 적용을 위한 약가협상에 철회 의사를 밝혔다. 회사는 국내외 약가 기준에 대한 견해 차이 때문이라고 했지만, 캐나다에서 약가를 더 높게 받기 위한 본사의 조치로 확인되었다. 이어 오노약품공업(Ono Pharmaceutical)은 7월 면역관문억제제 옵디보(Opdivo, 성분명 니볼루맙)의 폐암 2차, 3차 요법에 대한 급여확대 사전협상이 결렬된 뒤 재협상을 거부한 것이 알려졌다.

그림 9-6 **약의 등재 = Money**

동아ST '시벡스트로' Case

시벡스트로는 항생제 내성균인 메티실린-내성균주(MRSA) 등 그람양성균이 유발하는 급성 세균성 피부 및 피부구조감염 치료에 사용하는 제품이다. 개발 당시 기존 항생제 내성균 피부감염 환자들에게 사용할 수 있는 슈퍼항생제로 주목받았던 항생제 신약을 자진 반납했다. 식약처는 신약 허가 이후 6년 동안 원칙적으로 3,000건 이상의 시판 후 조사 자료를 제출하지 않으면 판매금지 및 허가 취소 처분을 내린다.

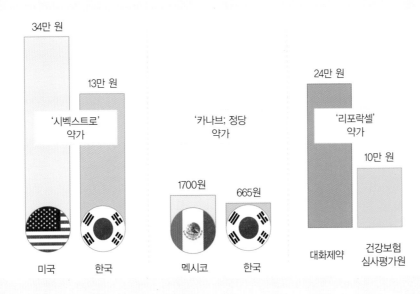

그림 9-7 국산신약 국내, 외국 약가비교

표 9-12 낮은 약가에 따른 의약품 출시 현황

기업	의약품	한국 출시 여부	해외 출시 여부
보령제약	카나브	O	O
동아ST	시벡스트로	X	O
대화제약	리포락셀	X	X

ISSUE 5 '킴리아' '키트루다' 약제급여평가위원 심의통과 → FINANCIAL TOXICITY 해결될까?

한국노바티스의 CAR-T 치료제 '킴리아(티사젠렉류셀)'와 비소세포폐암 1차 치료에 사용되는 한국MSD의 면역항암제 '키트루다(펨프롤리주맙)'가 약제급여평가위원회를 통과했다.

▶'킴리아'는 더이상 치료방법이 없는 재발 또는 불응성 25세 이하 B세포 급성림프구성백혈병 및 성인 미만성 거대 B세포 림프종에 사용된다. '킴리아'는 한국노바티스가 '허가-급여평가 연계 제도'를 활용해 2021년 3월 3일 건강보험 등재 신청을 했고, 약 7개월이 경과한 10월 13일 조건부로 암질환심의위원회를 통과되어 급여확대를 이룰 수 있었다. 비급여 치료비가 5억원에 달하는 CAR-T 치료제 '킴리아'가 성과기반 위험분담(RSA) 등을 조건으로 약가 협상테이블로 이동한다.

건강보험심사평가원은 2022년 제1차 약제급여평가위원회(이하 약평위) 심의 결과를 공개했다. 심의결과에 따르면 '킴리아'는 •25세 이하의 소아 및 젊은 성인 환자에서 이식 후 재발 또는 2차 재발 및 이후의 재발 또는 불응성 B세포 급성림프구성백혈병(ALL)의 치료 •두 가지 이상의 전신 치료 후 재발성 또는 불응성 미만성 거대 B세포 림프종(DLBCL) 성인 환자의 치료 등 2가지 적응증에 대해 급여 적정성이 있는 것으로 심의됐다. 다만, 급성림프성백혈병에 비해 임상성과가 미흡한 미만성 거대 B세포 림프종의 경우 환자 단위 성과기반 RSA를 적용하고 전체 제출에 대해 총액제한을 적용하는 조건이다. '킴리아'는 공단과 구체적인 가격, 약제에 대한 예상 사용량 및 환급률, 치료효과 기준 및 Cap 등에 대한 협상을 하게 된다.

▶'키트루다'는 2017년 비소세포폐암 2차 치료제로 급여 등재된 이후 적응증 확대가 이뤄지지 않았다. 한국MSD는 2017년 9월 비소세포폐암 1차 치료제로 급여기준 확대 신청을 했으나, 여러번 실패 끝에 2021년 7월 14일 암질환심의위원회를 조건부로 통과되어, 키트루다 역시 많은 환우들이 원하던 급여확대를 이룰 수 있었다.

약평위를 통과한 두 치료제는 건강보험공단과 제약사 간 약가협상, 건정보험정책심의위원회 심의 등 후속 절차가 남았다

① 환자 단위 성과기반 유형: 실제로 나타난 효과에 기반한 지불제도(Value-based contract; Risk-sharing agreement; Outcomes-based contract)으로 일정 기간 약제 투여 후 환자별로 치료 효과를 평가해 미리 정해 놓은 기준 이상 치료 효과가 있는 환자에게는 계속 급여하고, 그렇지 않은 환자의 사용분에 해당하는 금액은 업체가 공단에 환급하는 방법이다.

② 총액제한 적용: 약제의 연간 청구금액이 공단과 업체가 협상을 통해 미리 정해 놓은 연간 지출상한액(Cap)을 초과할 경우 초과분의 일정 비율을 공단에 환급하는 형태다.

FINANCIAL TOXICITY
THE COSTS OF CANCER

While being diagnosed with cancer alone can put a person under tremendous amounts of mental and emotional stress, the additional burden of the outrageously expensive medical care only adds to the strain. The dramatic rise in the cost of cancer treatments has now given rise to what is being called Financial Toxicity.

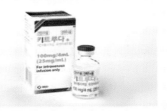

• 출처:NOVATIS, MSD

그림 9-8 FINANCIAL TOXICITY

ISSUE 6 한국의 신약 접근권은 왜 낮은가?

국내 환자들의 신약에 대한 접근성이 떨어지는 가장 큰 이유는 건강보험 급여 결정이 매우 늦기 때문이다. 신약 접근성은 '환자 중심'으로 끌어 올려야 한다. 환자가 건강해지면 환자와 가족의 삶의 질이 향상된다. 결국 국민 건강이 증진되고 사회 전체가 부담하는 비용은 준다.

신약은 환자의 생명을 연장하고 삶의 질을 개선한다. 더불어 신약은 건강 수준을 올리고 총 의료비 지출을 줄여 경제적 가치 창출에 기여한다. 환자가 신약을 쓸 수 있도록, 즉 신약 접근성을 적극적으로 보장해야 하는 이유이다. 하지만 한국의 신약 접근성은 여전히 낮다. 15년간 (2011-2019년) 의약품 관련 정책 변화와 환자들의 신약 접

		New Medicines Available	Average Delay in Availability of New Medicines
	Korea	35%	28 months
	Australia	39%	20 months
	Ireland	41%	20 months
	Belgium	44%	22 months
	Canada	46%	15 months
	Switzerland	46%	17 months
	Spain	49%	23 months
	France	50%	18 months
	Finland	51%	16 months
	Japan	51%	16 months
	Italy	51%	20 months
	Netherlands	53%	7 months
	Norway	54%	13 months
	Denmark	54%	12 months
	Sweden	54%	8 months
	Austria	58%	11 months
	United Kingdom	59%	11 months
	Germany	63%	10 months
	United States	87%	0-3 months

• 출처: PhRMA analysis of IQVIA Analytics Link and U.S. Food and Drug Administration (FDA), European Medicines Agency (EMA) and Japan's Pharmaceuticals and Medical Devices Agency (PMDA) data. June 2020.

그림 9-9 The United States vs. Other Countries: Availability of New Medicines Varies

근성을 통시적으로 분석한 보고서에 의하면 국내 신약 등재율 및 등재속도가 의료 선진국 대비 크게 낮았다. 2011~2019년 전세계에 출시된 356개 신약 가운데 국내 급여권에 진입한 신약은 미국의 87%에 비해 매우 낮은 128개(약 35%)에 불과했다. 미국, 캐나다, 프랑스 같은 의약 선진국 (A7 국가)의 평균인 200개(58%)에 크게 미치지 못하는 수치다. 실제로 등재기간도 2년이 훨씬 넘는 28개월로 나타났다.

이처럼 신약 등재율이 낮고 등재기간이 오래 걸리는 이유는 임상단계별 경제성평가(편익비용)를 계산하고, ICER 임계값은 시간에 따라 변화하는데도 획일적인 낮은 임계값을 적용하고, 직접의료비만 인정하고, 실제 대체가능한 약보다 시장최저가의 약을 대체약제로 선정하고 있고 있기 때문이라 생각된다.

신약접근성을 높이기 위해서는 다음과 같은 다른 요인들을 제한적으로 고려해야한다. ▶ 질병의 위중도 ▶사회적 질병부담 ▶삶의 질에 미치는 영향 ▶신약의 혁신성 등을 탄력적으로 적용해야한다.

실전문제

➡ 글로벌회사의 몇몇 신약이 'Korea Passing'을 하는 이유는?

➡ 글로벌회사의 신약의 'Korea Passing'을 방지하기 위한 방법은?

➡ 동아ST의 '시벡스트로'는 왜 한국시장에 출시하지 않았나?

➡ 건강보험 급여결정 기간 단축이 건강보험 재정에 미치는 영향은?

➡ '킴리아' '키트루다' 건강보험 적용되면 본인 부담 비율은?

➡ 우리나라 신약이 A7국가에 비해 등재율이 낮고 등재기간이 긴 이유는?

➡ 우리나라 신약을 등재율을 높이고, 등재기간을 줄이는 대안은?

02 개량신약의 약가산정

신약이 아니면서 품목허가 시 안정성 및 유효성에 대한 자료를 필요로 하는 의약품을 자료제출의약품이라 한다. 자료제출의약품 중 안정성, 유효성, 유용성(복약순응도, 편리성 등)에 있어서 이미 허가된 의약품에 비해 개량되었거나 의약기술에 있어서 진보성이 있다고 식약처장이 인정한 의약품을 '개량신약(IMD: Incrementally Modified Drug)'이라 한다.

개량신약은 신약개발 역량이 부족한 국내 제약기업이 신약을 만들기 위해 나아가는 중간 단계로, 신약보다 성공확률이 높은 반면, 개발비용과 개발기간이 짧아 해외에서도 중점적으로 키우고 있는 새로운 비즈니스 모델이다. 우리나라는 2008년 개량신약 산정기준을 마련하고 2013년 약가 우대기준을 신설해 당시 신약과 제네릭 중간 가격을 산정해 동기부여를 하였다. 이 결과로 국내 제약기업들은 개량신약을 오리지널에 역수출하는 등 큰 성과를 내고 있으며 많은 비용을 개량신약의 연구개발에 투자하고 있다.

TIP1 〈국내 개발 신약 최고가 우대기준〉

1. 국내에서 세계 최초 허가를 받거나 이에 준하는 경우
2. 혁신형 제약기업 또는 이에 준하는 제약기업이 개발한 경우
3. 국내에서 임상 1상 이상 수행한 경우
4. 외국에서 허가 또는 임상시험 승인을 받은 경우(단, 1년간 적용 유예)

• 출처: 보건복지부

TIP2 〈특허권과 개량신약〉

개량신약 개발은 특허에 의하여 개발이 결정될 수 있다. 개량신약의 약가산정과는 별개로 오리지널 신약의 특허권을 방어하기 위해 염변경 개량신약의 물질특허를 출원하여 제네릭이 출시되는 시기를 최대한 늦춰 독점권을 연장하는 오리지널 제약사 특허전략 중 하나로써 수많은 개량신약들이 개발되었다. 하지만 최근에는 단순한 염변경 개량신약의 물질특허를 상당부분 인정하지 않고 있으며, 오히려 신약의 특허기간이 끝나기 전에 개량신약을 개발하도록 하여 고가의 신약을 대체함으로써 보험재정을 절감하는 방향으로 개량신약의 약가 가산제도를 운영하고 있다.

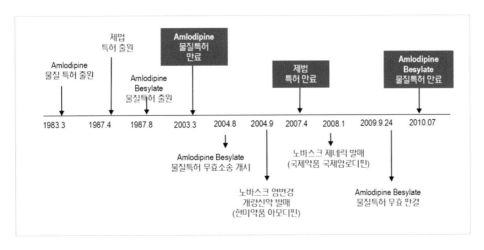

그림 9-10 노바스크 특허현황 개량신약 개발경과

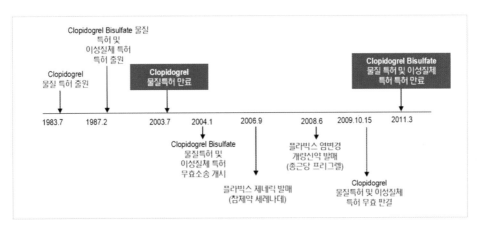

그림 9-11 플라빅스 특허현황 개량신약 개발경과

1) 개량신약 약가산정기준 연혁

우리나라의 개량신약 약가제도는 다음과 같이 개편되어 왔다.

2008년 12월, 개량신약 산정기준이 신설되어 새로운 용법용량 의약품과 새로운 제형 의약품 등에 대한 약가 가산이 시행되었다. 2012년 1월에는 개량신약 우대기준을 상향하여 기존 비교제품 대비 약가에서 약 10%를 상향하였다. 2013년 9월에는 개량신약 복합제 우대기준이 신설되어 식약처에서 개량신약으로 인정받은 복합제가 가산되었다. 2019년 3월에는 제네릭의약품 약가제도에 대한 개편방안이 발표되었다. 이 개정안에는 제네릭 약가 기준과 가산제도의 개편이 있었으며 이는 개량신약도 포함되어있다. 7월에는 보건복지부 형정예고로 약제의 결정 및 조정기준에 대한 보건복지부 행정이 진행되었다. 2020년 7월부터 개량신약 복합제의 약가우대가 폐지될 예정이었으나, 2020년 1월 재행정예고 되어 2021년 1월부터 개량신약 복합제의 약가 가산이 해당제품의 제네릭이 등재될 때까지 유지되는 안이 채택되었다.

표 9-13 개량신약 약가산정기준 연혁

시점	주요내용	대상품목	약가산정
2008.12	개량신약 산정기준 신설	개량신약 1) 새로운 용법용량 의약품 2) 새로운 제형 의약품 등	1) 비교제품의 90% 2) 비교제품의 80%
2012.01	개량신약 우대기준 상향	상동	1) 비교제품의 100% 2) 비교제품의 90%
2013.09	개량신약 복합제 우대기준 신설	식약처에서 개량신약으로 인정받은 복합제	혁신형21.25%가산 (비혁신형11.11%가산)
2019.07 행정예고	제네릭약가제도 개편안	개량신약 복합제의 약가우대 폐지 (2020.07 시행)	제네릭과 동일 취급
2020.01 재행정예고	제네릭약가제도 개편안	약가 가산은 해당제품의 제네릭이 등재될 때까지 유지(2021.01시행)	

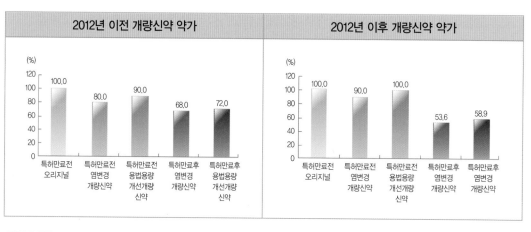

그림 9-12 개량신약 약가(2012년 이전 vs 2012년 이후)

→ 다국적제약회사의 Evergreen Strategy?

→ 왜 혁신형 제약기업에 개량신약의 약가를 가산해 주는가?

→ 왜 개량신약 복합제의 약가우대가 폐지될까?

2) 개량신약(복합제) 약가산정 기준

국내에서 개발되고 있는 개량신약 중 대부분을 차지하고 있는 것이 바로 복합제이다. 이미 허가를 받아 약가등재된 의약품 2종 또는 3종을 혼합하여 만드는 복합제는 복용해야 할 약의 개수를 줄여주므로 복약순응도를 높일 수 있을 뿐만 아니라 당뇨, 고혈압 등과 같은 합병증 환자의 경우 복합제를 복용하여 성분간 서로 상승·보완 작용을 하도록 제품 개발이 가능한 장점이 있다.

표 9-14 **개량신약(복합제)의 약가산정 기준**

시 점	약가산정 기준
~2006.12	• 단일제 가격의 100%로 적용하여 합산 A성분과 B성분의 오리지널 의약품 가격이 각각 100원일 때, 두 성분을 섞은 복합제는 A성분 100원, B성분 100원의 합인 200원으로 계산
2007.01~ 2013.09	• 단일제 가격의 53.55%로 적용하여 합산 A성분과 B성분의 오리지널 의약품 가격이 각각 100원일 때, 두 성분을 섞은 복합제는 A성분 53.55원, B성분 53.55원의 합인 107.1원으로 계산
2013.09~ 2021.01	• 개량신약 복합제 우대기준 신설 – 혁신기업일 경우, 단일제 가격의 68%로 적용(21.25% 가산) A성분과 B성분의 오리지널 의약품 가격이 각각 100원일 때, 두 성분을 섞은 복합제는 A성분 68원, B성분 68원의 합인 136원으로 계산 – 비혁신기업일 경우, 단일제 가격의 59.5%로 적용(11.11% 가산) 두 성분을 섞은 복합제는 A성분 59.5원, B성분 59.5원의 합인 119원으로 계산
2021.01 이후	• 개량신약 복합제의 약가 가산제도가 제네릭이 등재될 때 까지 유지

❖ 개량신약 가산유지 요건

① 제네릭의약품 출시 여부로 결정

② 개량신약(또는 개량신약을 구성하는 개별 단일·복합제)과 투여 경로, 성분, 제형이 동일한 약을 보유한 기업은 3개 이하여야 한다.

③ 개량신약 복합제의 경우 구성 단일제의 제네릭이 없으면 가산이 유지되며, 가산기간이 경과된 뒤에 등재된 제품은 가산되지 않는다.

03 제네릭의약품의 약가산정

제네릭의약품은 주성분, 안전성, 효능, 품질, 약효 작용원리, 복용방법 등에서 최초 개발 의약품(특허 받은 신약)과 동일한 약이다. 제네릭의약품은 개발할 때 인체 내에서 이처럼 최초 개발의약품과 효능, 안전성 등에서 동등함을 입증하기 위하여 반드시 생물학적 동등성 시험을 실시해야 하며 정부의 엄격한 허가관리 절차를 거쳐야 시판할 수 있다. 생물학적 동등성 시험은 동일한 약효 성분을 함유한 동일한 투여경로의 두 제제(오리지널과 제네릭)가 인체 내에서 흡수되는 속도 및 흡수량이 통계학적으로 동등하다는 것을 입증하는 시험이다.

미국, 유럽, 일본 등 선진국에서도 제네릭의약품 허가 시 생물학적 동등성 시험을 요구하고 있다. 특히 미국 FDA는 생물학적 동등성 시험이 비교 임상시험보다 정확성, 민감성, 재현성이 우수하여 제네릭의약품의 동등성 입증방법으로 권장하고 있다. 우리나라도 선진국의 심사기준과 동일한 기준을 적용, 생물학적 동등성 시험과 비교용출시험 등 여러 단계의 안전성과 유효성을 심사하는 과정을 거쳐 제네릭의약품을 허가하고 있으며 허가 이후에도 주기적으로 제조시설에 대한 점검을 실시, 의약품의 제조와 품질을 엄격하게 관리하고 있다.

1) 2012년 이후 제네릭의약품 약가산정 방식

신약을 제외한 제네릭의약품, 자료제출의약품(개량신약) 등은 산정대상 약제로 분류되어 협상과정 없이 「약제의 결정 및 조정 기준」에 따라 약가산정이 이루어진다. 2012년 이전에는 제네릭의약품의 약가 산정이 계단식으로 이뤄졌으며, 2012년 이후에는 최초 제네릭을 제

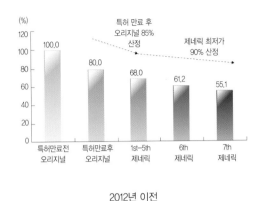

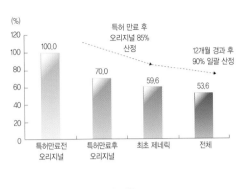

그림 9-13 2012년 전/후 제네릭의약품 약가 산정

외한 모든 제네릭의 약가를 오리지널 의약품의 53.55%으로 산정하였다.

2) 2020년 7월 이후 제네릭의약품 약가산정 방식

보건복지부 고시 제2020-51호 「약제의 결정 및 조정 기준」 일부개정에 따라 2020년 7월 1일부터 제네릭의약품 약가제도가 개편되었다. 앞서 서술한 바와 같이 이러한 개편은 2018년 발사르탄 사태의 재발을 방지하기 위한 원료 의약품의 관리 강화(원료 의약품 등록제도)와 생물학적 동등성 시험의 관리기준 강화(공동 생동시험 폐지)에 중점을 두고 있다. 20번째 제네릭의약품까지 등록된 원료 의약품을 사용하고, 3+1 공동(원제조사 1개와 위탁제조사 3개) 또는 자체적인 생물학적 동등성 시험을 수행한다면 오리지널 의약품 가격의 53.55% 수준으로 약가를 산정받을 수 있다. 그러나 위 조건들을 하나라도 충족하지 못한다면 오리지널 의약품 약가(53.55%)의 85% 수준으로 삭감된다. 예를 들어 원료의약품 등록 또는 공동 생동기준 중 한 가지만 충족할 때, 53.55%의 85%에 해당하는 45.52로 산정되며, 둘 다 충족하지 못했을 때에는 45.52%의 85%인 38.69%를 약가로 산정하게 된다. 그리고 21번째 제네릭부터는 최저가의 85%에 해당하는 약가를 산정받는다.

개편 내용 중에서 품목허가 제도와 맞닿는 부분인 위탁·공동 생물학적 동등성 시험을 원제조사 1개와 위탁제조사 3개 이내로 제한하며, 2023년부터는 위탁·공동으로 진행되는 생동시험을 완전 폐지하고 자체 시험만을 인정하기로 한 부분이 업계로부터 많은 지적을 받았다.

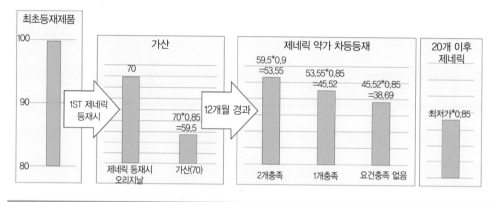

제네릭의약품 20개 이내			20개 이후
2개 모두 만족	1개 만족	만족요건 없음	
53.55%	45.52%	38.69%	최저가의 85%
	= 53.55%의 85%	= 45.52%의 85%	

그림 9-14 2020년 7월 이후 제네릭의약품 약가산정 방식

2020년 4월 24일 공개된 제452회 규제개혁위원회 회의록에 따르면 위탁·공동 생동시험을 제한하는 내용의 「의약품 품목허가·신고·심사 규정」 개정안에 대해 철회를 권고하였고 식품의약품안전처 또한 이를 받아들여 해당 고시를 철회하겠다는 의견을 내겠다고 하였으므로 향후 공동 생동시험 규제 부분은 기존처럼 제한 없이 이루어질 것으로 보인다.

04 바이오의약품의 약가산정

바이오의약품은 사람 또는 다른 생물체에서 유래된 원료를 사용하여 세포배양 등의 생물학적 공정으로 생산한 의약품을 말한다. 여기에는 인슐린과 같은 유전자재조합 단백질 의약품이나 항체 의약품, 백신 등이 포함된다. 바이오의약품은 일반적으로 합성의약품에 비해 크기가 크고 복잡하며, 생물체를 이용한 복잡한 제조공정을 거치므로 변화에 민감하다. 대부분의 바이오의약품은 단백질을 주성분으로 하는 제품이 많으므로 경구투여 방식으로는 소화가 되어 약효를 발휘하기 어려워 정맥이나 근육에 주사하는 방식으로 투여된다. 투여방식으로 인해 합성의약품 보다 부작용이 적다는 장점을 갖고 있으며, 일반적으로 임상 성공률이 높고, 희귀성, 난치성 만성질환의 치료가 가능하다. 바이오의약품의 복제약의 경우, 합성의약품의 복제약처럼 합성 비율을 알면 쉽게 제조 가능한 것이 아니라 배양기술과 환경조건, 방법에 따라 전혀 다른 물질이 생산될 수 있기 때문에 복제가 쉽지 않다. 또한 생물유래 원료를 사용하여 의약품을 제조하는 만큼 상당수준의 설비를 필요로 한다. 이처럼 바이오의약품을 생산하는 것은 고도의 기술력이 요구되므로 이를 감안하여 바이오의약품의 약가산정 시에 일부 가산을 받는 등 혜택이 있다.

1) 2016년 이후 바이오의약품 약가산정 방식

2016년 7월 7일 보건복지부에서 발표한 「의약품·의료기기 글로벌 시장창출 전략」에 따라 글로벌 의약품 개발을 위한 제도개선의 일환으로 ① 국내임상·R&D 등 국내보건의료에 기여한 바이오시밀러는 약가의 10%를 가산하여 최초 등재품목 약가의 80%를 적용한다. ② 바이오베터는 합성 개량신약보다 10% 가산하여 개발목표 제품 약가의 100~120%로 우대한다. ③ 고함량 바이오의약품 등재 시 약가에 적용되는 함량배수를 1.75배에서 1.9배로 상향 조정한다.

2) 2020년 이후 바이오의약품 약가산정 방식

2020년 7월 1일부터 시행되는 보건복지부 고시 제2020-51호(2020.2.28.) 「약제의 결정 및 조정 기준」에 따르면 바이오의약품의 약가 가산기간 적용이 달라진다. 기존의 바이오시밀러 등재 후 2년간 가산적용하고, 투여경로, 성분, 제형이 같은 제품이 3개 이하이면 1년 연장하여 가산이 유지되는 제도가 화학의약품과 동일하게 최초 등재 후 1년간 가산, 제네릭/바이오시밀러 제품 3개 이하일 때 건강보험심사평가원 약제급여평가위원회의 심의를 거쳐 1년씩 연장하여 최대 3년간 가산적용을 받을 수 있도록 일원화 되었다. 이러한 개편은 제약회사 입장에서는 가산적용을 받을 수 있는 폭이 좁아진 것으로 볼 수 있다.

3) 쟁점: 바이오신약의 약가 현행 등재제도 적절성

신약에 대한 현행 약가등재제도는 바이오의약품이나 화학의약품이나 동일한 기준으로 평가되고 있다. 하지만 앞서 언급했듯이 바이오의약품은 개발과 생산에 있어 난이도 차이가 있으며 그에 따른 투자비용 차이도 매우 크다. 현행 약가제도가 혁신적인 바이오신약의 가치를 적절하게 반영하지 못해 바이오신약의 접근성과 산업발전을 저해한다는 문제가 제기되고 있다. 바이오시밀러와 바이오베터의 경우 이러한 혁신 가치를 반영해 약가가 산정되지만, 바이오신약의 경우는 오히려 화학의약품과 동일 기준으로 평가되다 보니 그 가치가 과소평가되는 경향이 있다. 일반적으로 바이오신약은 임상적 유용성이 대체약제에 비해 우월 또는 비열등한 경우 약가협상을 생략하고 가중평균가 이하의 가격으로 등재가 가능하며 이 때 화학의약품보다 10% 가산하여 대체약제 가중평균가의 100%로 등재된다. 바이오의약품 가운데 세포치료제 같은 경우를 예를 들면 대체약제 대비 임상적 유용성이 개선되었을 때, 유사 또는 비열등한 경우에 따라 약가가 달라진다. 임상적 유용성이 개선된 경우라면 경제성평가 자료 제출 여부에 따라 제도는 좀 더 세분화 된다.

대체약제가 없을 수도 있는 세포치료제에는 크게 도움이 되지 않는 제도로 현행 약가제도를 그대로 유지할 경우 세포치료제나 유전자치료제 등의 첨단 바이오의약품은 약가등재

표9-15 **임상적 유용성 및 경제성 평가에 따른 약가 산정**

구분	내용
임상적 유용성이 대체약제 대비 개선된 경우	경제성 평가 자료를 제출하는 경우 : ICER값
	경제성 평가 자료를 제출하지 않는 경우 : 대체약제 최고가의 10% 가산
	경제성 평가 자료제출을 생략 가능한 경우 • 국내 등재되지 않은 외국 유사약제가 선정가능하고 A7 3개국 이상 등재시 : 유사약제의 외국 7개국의 국가별 조정가 중 최저가 • 외국 유사약제가 선정이 곤란하거나 선정 가능하더라도 A7 3개국 미만 등재 시 : 기등재된 대체약제 최고가의 110%, 유사 약제 제외국 가격 등
임상적 유용성이 대체약제와 유사 또는 비열등한 경우	(1)과 (2) 중 낮은 금액 (1) 대체약제 가중평균가와 대체약제 최고가 사이 금액 (2) 대체약제 가중평균가격*(100/53.55)로 가산된 금액 • 다만, 새로운 계열의 약제 등인 경우 최대 대체약제 최고가까지 인정할 수 있음

가 불가능한 경우가 다수 발생하여 환자 접근성과 산업발전에 역행할 수도 있다. 바이오의약품의 제조 특수성을 반영해 바이오의약품의 특성에 맞는 약가제도 운영 체계가 수립되어 바이오의약품의 가치가 적절히 평가받는다면 환자도 산업계도 혜택을 보는 방향으로 정책이 실현될 수 있다.

실전문제

➡ 수출하는 바이오시밀러 제품의 약가는 오리지날제품 대비 약 몇 %인가?

➡ 향후 바이오시밀러 수출가격은 낮아질까? 높아질까? 그 이유와 대책은?

05 특허제도와 약가

제약산업의 특징 중 하나는 특허제도와 연계된 약가제도이다. 특허를 보유한 오리지널 제품의 가격은 특허만료 이후의 가격과 차이를 두고 책정되는 것이 일반적이다. 이는 제약산업의 연구개발을 장려하기 위한 특허제도에 기반을 둔다. 의약품의 경우 한 개의 제품을 개발하기까지 많은 위험 요소와 더불어 엄청난 자본과 시간이 소요된다. 후보물질 중 최종적으로 시장에 출시되는 경우는 극히 소수에 그치고 임상단계별로 실패하는 경우가 많다. 따라서 특허로서 독점 판매를 일정기간 보장하지 않으면 시장진입 후 후발제품이 진출하기 전까지의 짧은 시간 동안 그동안 투자한 비용을 충분히 회수하기 어렵게 되기 때문에 대부분의 기업들이 막대한 비용을 지출해야 하는 연구개발 활동을 하지 않을 것이다. 이런 점에서 일정기간 독점 판매를 보장하는 것이 특허제도에 프리미엄 가격정책이다. 특허기간 동안에 신약을 개발한 특허권자는 제품개발에 소요된 연구개발비와 처음 시장에 진입하는 과정에서 투자한 광고비, 그리고 개발과정에서 실패한 수많은 후보물질들의 개발비용까지 포함하여 높은 가격을 책정하게 되고, 특정기간 동안 이 투자비용을 상회하는 이윤을 보상받는다. 많은 나라에서는 특허 이후에도 일정기간 동안 독점가격이 계속 유지되고 있다. 오리지널 개발사의 제품에 대한 로열티(royalty), 혹은 제품자체의 우월성이 일부 인정되어야 한다고 생각하고 있다. 약가를 지불하는 정부는 최근 특허가 만료된 이후 값싼 제네릭 제품의 이용을 독려하기 위한 다양한 정책을 내놓고 있다.

1) 의약품 허가—특허 연계제도

의약품 특허권자의 권리를 보호하고자 특허기간이 존속하는 동안 판매 허가와 특허를 연계해 복제약품(제네릭)의 시판을 금지하는 제도이다. 특허기간 도중 제네릭 시판 허가를 신청한 사람은 그 정보를 특허권자에게 통보하게 함으로써, 특허권자의 동의 없이 후발주자 제품이 판매되지 않도록 하는 것이 이 제도의 주된 목적이다.

이 제도의 유래가 되는 해치왁스만법(Hatch–Waxman Act)은 법을 제안한 의원의 이름에서 딴 것으로 법안의 본래 명칭은 '약가 경쟁과 특허 부활법'이다. 1984년 미국에서 의약의 가격 경쟁 유도 및 특허권의 존속기간 회복을 위해 제정되었다. 특허권 존속기간의 연장, 일정 요건하에서 특허권 침해로부터의 면제, 최초 유사약품 개발 신청자에 대한 독점권 인정등을 골자로 하고 있다. 이 법의 가장 큰 특징은 이전 제네릭은 제품의 안전성과 유효성을 별도로 증명해야 했었는데, 이 법이 신설되면서부터 기존에 제네릭이 FDA로부터 허가를 얻기 위해 필요했던 중복 시험(duplicative tests)들을 제외하고 오리지널과 생물학적동등성(bioequivalence)을 증명하면 제품허가신청(ANDA: Abbreviated New Drug Application)을 할 수 있게 해주는 것으로 효율화함으로써 제약사가 제네릭 시장에 진입하는 것을 더욱 쉽고 비용을 절감가능하게 되었다. FDA 의약품 시판허가 승인을 위한 자료 제출을 목적으로 하는 시험은 특허권 침해가 되지 않음을 명시하였다. 신약 개발사에게는 FDA의 신약 시판허가 승인에 걸리는 기간은 해당 특허의 특허 존속 기간 연장을 통해 특허권을 실질적으로 행사할 수 있도록 하였고 특정 시장독점권 및 자료독점권 부여가 가능하도록 하였다. 또한 다른 특허 침해소송과는 차별화된 신약 개발사와 제네릭의약품 제조사의 특허도전과 침해소송 절차를 확립하였다.

→ 의약품 특허(Amodipine) vs 삼성 핸드폰 몇 개의 특허로 보호받고 있나?

→ 의약품 특허의 특징은?

2) 허가−특허 연계제도의 영향

우리나라에 허가−특허 연계제도가 시행되면 어떤 변화가 발생할까? 2012년 발효된 한미 FTA가 3년여의 유예 끝에 2015년 3월 15일 시행됨에 따라서, 국내 제약사가 제네릭에 대해 식품의약품안전처에 허가신청을 했을 때, 미국 제약사의 특허 침해 소송이 제기될 경우, 허가 절차가 자동 정지되도록 규정되어 있어서 특허권자의 동의나 묵인 없이는 제네릭이 판매될 수 없도록 허가 단계에서부터 강력한 규제가 적용되는 것이다. 즉 리베이트 쌍벌제 도입 이후 리베이트 투아웃제까지 시행되어 제네릭 영업환경이 크게 위축되어 과거와 달리 특정 제약사의 제네릭이 시장을 독과점 하기는 어렵고, 신약 출시 비중이 낮고 제네릭 비율이 높은 국내 제약업계 현실을 고려할 때 허가−특허 연계제도에 의해서 국내 제약사들의 제네릭 출시가 지연될 가능성이 크다. 또한 이에 따른 특허소송의 비율이 대폭 상승할 것으로 예상되고 있다.

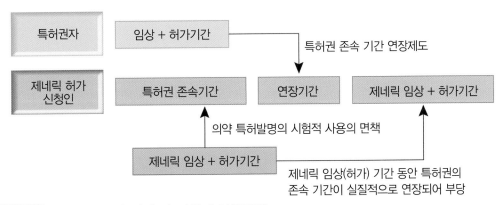

그림 9−15 특허존속기간 연장 및 시험적 사용면책

3) 생물의약품 확대 적용에 대한 반발

허가-특허 연계제도가 미치는 범위는 어디까지인가? 2010년 3월 미국 의료 개혁 법안 (Affordable Care Act), 즉 오바마케어에 생물학적 제제 약가 경쟁 및 혁신법(BPCIA, Biologics Price Competition and Innovation Act)을 포함한다. BPCIA는 바이오신약 허가 후 4년간 바이오시밀러 허가신청 금지, 바이오신약 허가 후 4년간 자료독점권(Data exclusivity) 및 8년간 별도의 후속 시장독점권(Market exclusivity) 부여, 최초 대체 가능 바이오시밀러(Interchangeable biosimilar) 허가 후 최소 1년간 독점권 부여(특허 소송 여부 및 합의 여하에 따라 12~42개월 간 여타 대체 가능 바이오시밀러 허가 불가), 바이오신약 개발자 및 바이오시밀러 개발자 간 특허 정보 교류(Patent dance) 규정. 즉 바이오신약은 허가 후 자료독점권 4년 및 시장독점권 8년, 특허 출원 후 20년(특허 등록 평균 4년 소요, 임상 개발 기간 감안 시 평균 잔존 특허 기간 10~12년) 경과 시 독점권이 상실된다.

미국 공중보건 서비스법(Public Health Service Act) 351(i)는 특허 정보 교류(Patent dance)를 규정하고 있다. 바이오신약 개발자와 바이오시밀러 개발자는 예상특허 침해 목록 교환, 특허 분쟁 관련 합의 조정 절차를 수행한다. 바이오시밀러 개발자는 바이오신약 개발자에게 바이오시밀러 시판 180일 전 바이오시밀러 시판 사실 고지 의무가 있다.

최근 실제 예를 살펴보면 다국적기업 얀센은 2015년 3월 셀트리온의 '램시마'가 오리지널 제품의 '레미케이드'의 물질특허를 침해했다며 특허 침해소송을 제기했다. 얀센측은 레미케이드 성분 항체를 배양하기 위해 배지에 관한 특허가 남아있다는 주장으로 특허 침해소송을 제기한 것이다. 물질특허는 바이오 의약품 제조 물질에 부여하는 원천기술의 특허이다. 이런 이유로 '램시마'의 미국출시 일정이 지연될 수 있다는 예측이 나왔다. 미국 공중보건 서비스법(Public Health Service Act) 351(i)는 특허 정보 교류(Patent dance) 규정에 따라 바이오시밀러 개발자는 바이오신약 개발자에게 바이오시밀러 시판 180일 전 바이오시밀러 시판 사실 고지 의무가 있다. 2016년 4월 5일 미국 식품의약품(FDA) 판매허가를 받은 '램시마'는 오리지널 '레미케이드' 특허가 기각되어 미국 시장에서 판매할 수 있게 되었다. 2015년 2월 미국 특허청이 '레미케이드' 특허 재심사에서 특허 거절을 통보했기 때문에 셀트리온의 승소 했다. 셀트리온 '램시마'는 세계최초 항체 바이오 시밀러이자 자가 면역치료제이다. 2012년 7월 한국 식품의약품안전처를 통해 시판허가를 받았고 2013년 8월 유럽의약품청(EMA)으로부터 판매허가를 받았다. '램시마'가 속한 TNF-알파(TNF, tumor necrosis factor) 억제제 세계 시장규모는 35조 원에 이른다. 미국시장만 20조 원 규모다. '램시마'의 오리지널인 '레미케이드', 에브비의 '휴미라' 암젠의 '엔브렐' 등 3개 바이오 신약이 시장을 점유하고 있다. '레미케이드' 시장 규모는 약 15조 원이다.

한국정부는 생물의약품 허가에 평균 10개월이 소요되고, 일부 생물의약품 분야에서는 우리나라가 강점이 있으므로 큰 피해가 없다고 하지만 앞으로 개발될 신약들 중 바이오 의약품의 규모가 점차 커지고 있으며 대부분 매우 고가이므로 바이오 시밀러의 출시가 조금이라도 지연될 경우 그 피해는 막대할 것으로 예상된다. 이러한 상황에서 한미 FTA에는 포함되지 않았지만 허가−특허 연계제도와의 균형점을 찾기 위해 도입된 제도가 바로 우선판매품목허가제이다.

실전문제

➡ 특허연계제도의 근간인 법은?
➡ 특허연계제도의 근본적인 목적은?

4) 우선 판매품목 허가제

우선 판매품목 허가제는 제네릭의약품 제조업자의 특허 도전을 장려하기 위한 제도로서 최초로 특허 도전에 성공한 퍼스트 제네릭 제조업자에 일정기간 독점적 판매권을 부여하는 내용을 담고 있다. 제네릭 배타적 판매권(사용권), 제네릭 독점권이라고 표현되기도 하는데, 독점판매권을 확보하려면 다음과 같은 조건을 만족해야 한다.

A. 가장 먼저 특허소송을 청구하거나 승소해야 함
B. 가장 먼저 허가를 신청해야 함
- 최초의 특허소송으로부터 14일 이내에 특허소송을 청구하는 경우 모두 최초 청구자로 인정
- 같은 날 허가신청서를 접수하는 모든 제품에 대해 동시에 허가를 청구하는 것으로 인정

미국은 퍼스트 제네릭 제조업자에게 180일의 독점 판매권을 인정하는 것에 반해, 개정 약사법은 9개월의 우선판매품목허가기간을 인정하고 국민건강보호법에 따른 요양급여 신청 약제인 경우 최장 2개월의 연장까지 허용하는 점에서 퍼스트 제네릭 제조업자에 강한 독점권을 부여한다는 평가가 존재한다.

5) 제네릭의약품 제조업자에 미칠 영향

허가—특허 연계제도의 도입과 균형을 이룬다는 의견과 오리지널 의약품의 특허를 침해하지 않는다 하더라도 대다수 제네릭의약품의 출시가 봉쇄될 위험이 있다는 의견이 상충하지만 후자의 의견이 더욱 설득력 있는 추세이다. 그렇다면 어떤 방식으로 이 제도가 의약품 허가—특허 연계제도와 균형을 이룰 수 있을까?

6) 의약품 허가—특허 연계제도와의 균형

- A사 : 오리지널 약물 특허 보유 제약사
- B사, C사 : 제네릭 제약사

허가—특허 연계제도만 존재할 때, B사가 A사에 대한 특허도전을 최초로 성공했을 시 제

미국법 : Hatch—Waxman Act(1984년 시행)
Drug Price Competition and Patent Term Restoration Act : 약가경쟁을 위해 제네릭의약품 도입을 촉진하고 신약특허의 임상허가 기간을 특허존속 기간에서 보충해주기 위한 법안

— 제도 입법과정
1980 Patent term restoration Act : 임상 및 허가로 인해 실시하지 못했던 특허기간을 보상
1983 Drug price competition Act : 제네릭의 약품 도입 촉진 법안
1983 Roche-Bolar case : 특허 기간중 연구 및 허가를 위한 예외적 특허실시를 규정

1984 Drug Price Competition and patent Term Restoration Act

1994 1차 개정 : 퍼스트제네릭 독점권 적격 및 법원판결 조항 개정
1996 2차 개정 : 동일한 날짜에 신청한 제네릭에 대한 복수의 퍼스트제네릭 독점권 허용
2003 Medicare Act(3차 개정) : 퍼스트제네릭 독점권 실효조항 신설

신약 허가권자와 제네릭 허가 신청자의 이익균형을 맞춘 법안

그림 9-16 Hatch—Waxman Act.

네릭 판매 허가를 얻어서 시장에 진출할 수 있다. 이때, 많은 시간과 비용을 소비하게 된다. 하지만 C사는 별도의 특허 소송 과정 없이 First 제네릭사인 B사의 성공 판례, 오리지널과 B사 제네릭의 임상 결과를 이용하여 시간과 비용의 소비를 최소화 하면 시장 진입이 가능해진다. 때문에 B사는 제품 판매로 얻는 수익만으로 그 동안의 소비 비용을 상쇄할 수 없고 cost-effective하지 못하게 된다. 이러한 상황을 방지하기 위해서 우선 판매품목 허가제를 제정해 C사도 특허도전에 성공해야만 제네릭 판매를 허가받을 수 있게 된다. B사만 특허도전에 최초로 성공하게 된다면 제네릭 배타적 판매권을 9개월간 보장받아 오리지널 제품과 1:1로 경쟁하게 된다. 또한, B사와 C사 모두 특허도전에 최초로 성공하면 9개월간 제네릭 독점권을 공동소유 하는 것이다. 하지만 여전히 이 제도의 도입을 둘러싸고 굉장히 논쟁이 많은 상황이다. 어떤 면에서 논란이 있는지 살펴보면 다음과 같다.

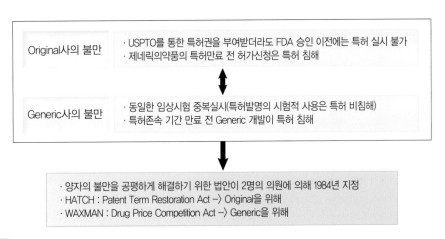

그림 9-17 Hatch-Waxman Act.

7) 우선판매품목허가제의 문제점과 반대 의견

① 오리지널 업체와 제네릭 업체 간의 담합 우려

제도를 악용하여 특허권자와 퍼스트 제네릭사 사이의 제네릭 시판을 연기하는 담합(역지불 합의)이 가능하다. 미국에서는 이와 같은 담합행위가 기승을 부리고 있어 이 제도를 없애야 한다는 의견이 많아지고 있다. 식약처는 이에 대해 약사법과 국민건강보험법 개정을 통해 이 같은 담합행위가 근절될 수 있다고 주장하지만 담합행위는 당사자 외에는 적발하기 힘들며, 담합으로 얻어낼 수 있는 이익은 과징금 액수보다 크다는 것이다.

② 다양한 제품들 사이의 가격경쟁 차단

현행 약가제도에서도 퍼스트 제네릭의약품은 제약산업 육성 및 지원에 관한 특별법에 의해 1년간 최대 14%까지 더 높은 약가가 적용되고 있다. 특히 먼저 시장에 진입한 제네릭의약품이 시장 점유율이 높기 때문에 이 제도가 존재하지 않아도 각 제약사들은 빠르게 특허에 도전할 것으로 예상되는 것이다. 오히려 이 제도가 존재한다면 독점권에 의한 가격경쟁의 차단 가능성이 있을 것이라고 보고 있다.

최근 특허가 만료된 노바티스의 골수암 치료제 '글리벡'의 경우 15개 업체가 뛰어들어 상한가의 60%가량을 자진 할인한 업체가 생겨날 정도로 가격 경쟁이 첨예하지만, 이 제도가 시행되게 되면 이와 같은 치열한 가격 경쟁은 찾아보기 힘들어지고, 환자들은 경제적인 의약품을 집할 기회가 줄어들게 될 것이다.

③ 후발 제약회사의 경쟁력 약화

후발 제약회사는 오리지널 외에도 이미 9개월간 시장을 선점한 퍼스트 제네릭과의 경쟁을 해야 하는데 현실적으로 이미 많은 양의 market share를 오리지널과 퍼스트 제네릭이 선점했을 것임으로 독점권을 가지지 못한 제약사들의 시장진입을 늦추거나 경쟁을 막는 효과를 낼 것이다.

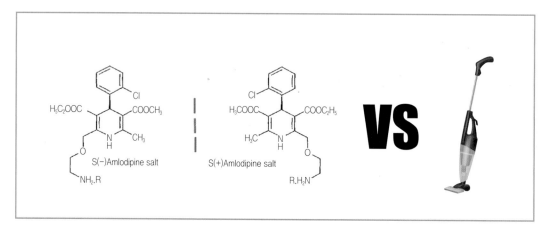

그림 9-18 Amlodipine 특허 vs 청소기 특허

➡ Hatch-Waxman Act. 1984년에 시행하게 된 배경은?

➡ 의약품 특허와 핸드폰 특허 보호 기간이 다른 점은? 이유는?

➡ '적응증 세분화' 전략으로 특허 회피(무효화) 가능할까?

ISSUE 7 '적응증 세분화(확대)전략' vs 'Prodrug 전략'으로 특허회피, 허가받을 수 있을까?

후발제약사의 품목허가신청 사실 통지 의무는 허가특허연계제도의 핵심이다. 약사법(제50조)과 특허법(제95조)에서 규정한 허가특허연계제도에 따르면, 후발제약사는 특허목록에 등재된 의약품의 품목허가를 신청했을 경우 20일 이내에 특허권자에게 허가신청 사실을 통지해야 한다. 또한, 특허권자는 통지를 받은 날로부터 45일 이내에 특허소송 등을 제기하고 식약처장에게 후발의약품에 대한 판매금지를 신청할 수 있다. 판매금지 신청을 받은 식약처장은 해당 특허가 무효 또는 권리범위에 속하지 않는다는 심결·판결이 있는 경우를 제외하고 9개월간 판매를 금지시킨다.

새로운 적응증 세분화(확대) 전략으로 경구용혈당강하제 DPP-4 inhibitors중 하나인 '가브스(Vildagliptin)' 특허를 회피하려던 한미약품의 도전이 실패했다. 하지만 적응증을 세분화하여 품목허가를 신청할 경우, 해당 사실을 특허권자에게 통지해야 하는지 아닌지에 대한 논란이 있을 수도 있다.

동아ST의 DA-2811 물질은 프로드럭(Pro-drug; 약물 자체는 약효가 없지만 인체 흡수되면 유효성분으로 변해 약효를 발휘하는) 전략으로 경구용혈당강하제 Sodium-glucose Cotransporter-2 (SGLT2) Inhibitors의 First in class인 '포시가정10mg(Dapagliflozin)'의 물질특허를 회피하여 '포시가정10mg(Dapagliflozin)'을 대조약으로 '포시가'와 동등성을 입증하기 위하여 임상계획서를 식약처에 제출하여 2020년 4월에 임상1상 계획서를 승인받았다. 과연 물질특허를 회피한 결과 허가받고 제품발매까지 가능할까? 가능한 방법은?

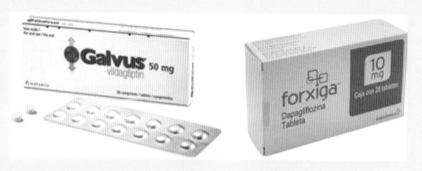

그림 9-19 가브스 제품사진. 포시가 제품사진

06 우리나라 약가제도 변천과정

우리나라가 의약품 지출 비용에 위기감을 인식한 전환점은 단연 전국민 건강보험이다. 의약분업으로 환자 약제 접근의 문턱을 이중으로 만들어 놓았지만, 보장성이 담보된 의료 이용은 약품비 지출의 절대 상승을 유도했다.

이를 대비해 정부는 의약분업 직전 '실거래가 상환제도'를 도입해 약가 차액을 없애 기반을 마련했지만 늘어나는 약품비 비중을 억제할 수 없었고 계단형 약가제도 도입과 폐지, 선별등재제도, 약가 일괄인하 도입으로 수차례 억제책을 써왔다.

최근 들어 정부는 약제 접근성과 약품비 절감, 질 관리를 유기적으로 연동할 수 있는 종합 대책을 내놨다.

실거래가 상환제 도입 이후 약 20년 동안 다양한 약가제도를 신설했다.

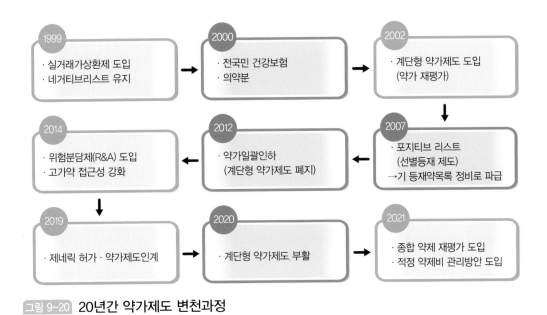

그림 9-20 **20년간 약가제도 변천과정**

1) 전국민 건강보험제도(1989)

실거래가 상환제도 도입(1999년)과 그리고 의약분업(2000)=전국민 단일 건강보험이 실시되고 의약분업이 도입될 당시만 해도 정부의 약가제도는 네거티브 리스트제도(positive list system)로 운영했다.

신약 개발이 미진했던 이 시대에는 세계적으로도 근거중심 급여제도가 기술적으로 미약했던 때였다. 정부는 2000년 7월 의약분업을 앞두고 1999년 종전에 채택해온 고시가제도를 완전히 바꿔 약가 차액을 배제하는 실거래가 상환제도를 전격 도입했다. 이때 함께 도입된 기전이 바로 저가약 대체조제 인센티브제도다. 오리지널 의약품 처방량을 줄여 약품비를 절감하기 위한 목적으로 도입된 이 제도는 현재 약사사회에서 '동일성분조제제도'로 개칭된 제도로, 약사가 처방전에 기재된 제품보다 저가약으로 대체조제할 경우 약가 차액의 일정부분을 사용장려 비용으로 지급받을 수 있는 제도지만 현재까지 실효성은 없었다.

실거래가 상환제는 요양기관의 약가 이윤을 없애되, 행위에 따른 적정한 금액을 의약사 등 보건의료인의 수가로 보전하는 것이 골자다. 정부는 사후관리를 통해 실제 구입 가격을 조사하고 주기적으로 상한가를 조정한다. 그러나 이 제도는 요양기관의 저가구매 동기를 떨어뜨리고 할증이나 음성적 거래를 양산한다는 비판에 부딪히게 된다.

2) 약가재평가제도(2002년)

늘어나는 약품비 비중과 건강보험 재정 파탄 등 문제에 맞닥뜨린 정부는 2002년 약가재평가제도 도입을 선언했다.

약가재평가제는 선진국 중 A7로 규정된 국가들의 표시약가와 비교(A7 조정평균가)해 약가를 인하하는 제도로서, 약가산정방식에 차등을 두어 일명 '계단형 약가제도'로 불린다. 동일 성분 의약품이지만 건강보험 등재 순서에 따라 가격을 차등 결정하는 계단식 약가방식 중하나다. 이 제도는 3년을 주기로 재평가, 약가 재산정 등의 과정을 거친다. 당시 지적된 문제는 약가가 높은 선진국 일부만을 규정해 비교하기 때문에 가격 비교가 불안정한 데다가, 환율 문제 등으로 세계적인 약가 평가와 우리나라 사이에 괴리가 발생한다는 점이었다. 특히 외국 급여약제목록에 등재된 표시약가만으로 가격을 참조해 먼저 등재된 국가의 가격이 높을 경우 그 영향을 고스란히 받을 수밖에 없다. 결국 정부는 또 다른 특단의 대책을 강구할 수 밖에 없게 된다.

3) 모든 약가제도를 포괄하는 선별등재제도(positive list system) 전격 도입(2007년)

전국민 단일건강보험과 의약분업이 시행될 당시만 해도 정부는 네거티브 리스트제도(positive list system)의 틀을 뒤바꾸는 시도조차 하지 못했다.

네거티브 리스트제는 보험에서 제외하고자 하는 의약품들을 '급여제외목록'으로 구분하고 나머지 약제는 자동으로 보험급여화시키는 체계로서, 이를 180도 전환하는 선별등재제도(포지티브 리스트)를 단행하자 보험약가제도는 일대 개혁이 이뤄진다.

포지티브 리스트제는 2006년 말 정부가 약제비적정화방안을 통해 신약 가격에 경제성평가를 도입해 비용효과성이 낮은 약제는 보험권에 진입 자체를 하지 못하도록 하는 약제급여 시스템이다.

이 제도로 신약 경제성평가 기전이 채택되면서 약가협상 기전이 동시에 도입된다. 보건복지부는 심사평가원에 등재 전 약제 적정성을 심의, 평가하도록 하고 이후 건보공단이 약가협상을 하도록 기관별 기능을 분배해 등재 문턱을 까다롭게 설정했다.

현재 정부와 학계는 모든 약가제도를 설계 또는 제안할 때 선별등재제도를 기본 프레임으로 고려하고 있다. 선별등재제도 시행 이전에 이미 네거티브로 등재된 약제에 대한 목록 정비도 가속화되고 있다.

4) 약가 일괄인하와 시장형실거래가(2012년)

정부는 제네릭의 의존도가 높고 신약개발 역량이 낮은 우리나라 제약산업의 선진화를 위해서 2012년 제네릭의 가격을 일괄적으로 인하하는 한편 혁신형 제약기업을 지정하여 집중 지원하는 제약산업 선진화 정책을 시행했다. 이것은 국내 제약기업에게는 생존과 성장을 위한 적절한 대응방안을 모색하지 않을 수 없는 중요한 환경변화이며, 제약바이오산업을 국가 미래 성장동력으로 육성한다는 정부는 정책효과에 대한 명확한 근거를 확보하여 정책시행 지식을 축적하는 것이 필요한 시도였다.

약가 일괄인하제도는 종전 계단형 약가재평가 차등 산정 방식을 폐지하고 동일성분동일가격 원칙을 부여해 일정 상한가를 부여하는 게 기본 골자다. 기본 인하 비율은 제네릭의 경우 최고가 약제(오리지널) 상한가의 53.55%로 이른바 '반값 약가제'로도 불리고 있다. 이를 위해 정부는 기등재약 약가 재평가를 진행했다. 다만 퇴장방지의약품과 저가약, 희귀의약품과 안정공급을 위해 복지부장관이 별도로 정한 의약품은 대상에서 제외됐다. 제도 도입 이후 오리지널 제품 특허만료 후 1년 이내에는 제네릭은 특허만료 전 약값의 59.5%, 특허만료된 오리지널은 70%로 가격이 결정된다. 그 이후 제네릭과 특허만료 오리지널 모두 특허만료 전 약 값의 53.55%로 조정되게 된다. 이는 제네릭의 등재 속도를 빠르게 촉진하기 위한 정부 정책이다.

5) 약품비 적정관리−제네릭 약가개편과 계단식 평가제 부활(2019년)

발사르탄 사태로 의약품 질 평가를 허가·약가와 연계시키는 작업이 본격화됐다. 여기다 정부의 보장성강화로 인한 비용(재정) 절감 문제가 약값 지불 관리에까지 영향을 미쳤다. 품목허가와 보험약가를 연계하는 제네릭 의약품 약가제도 개편방안은 약가 차등화는 크게 식품의약품안전처의 허가제도 개편방안 연계와 제네릭 수에 따른 인하로 구분된다.

먼저 제네릭 산정 가격인 오리지널의 53.55%를 받기 위해서는 정부가 요구하는 기준 요건을 충족해야 한다. 요건은 자체 생물학적 동등성 시험 실시와 등록된 원료의약품 사용(DMF) 충족 여부가 관건이다. 2개 기준 요건을 모두 충족하면 현재와 같이(제네릭 등재 전) 원조(오리지널) 의약품 가격의 53.55%로 가격이 산정된다. 그러나 1개 또는 미충족할 경우 기준 요건 충족 수준에 따라 53.55%을 기준으로 0.85씩 곱한 가격으로 산정된다. 즉, 15%씩 깎이는 것이다.

허가 연계와 별도로 인하되는 가격 기준, 일명 '커트라인제'도 도입된다. 등재 순서 21번째 부터는 기준 요건 충족 여부와 상관없이 무조건 최저가의 85% 수준으로 약가가 산정된다. 정부의 제네릭 의약품 약가제도 개편방안은 제약기업의 책임성을 강화하고 제네릭 개발에 들어가는 소요 비용과 시간, 투자 보상을 차등화 하는 것이다.

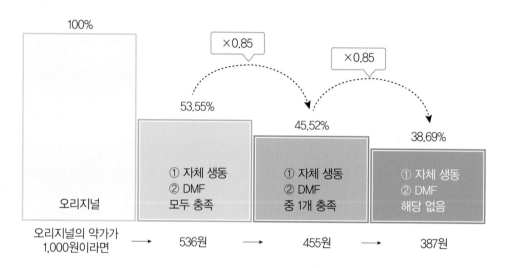

그림 9-21 **제네릭 약가개편 인하 방식**

6) 고가약 사후관리–종합 약제 재평가제도(2020년 이후)

정부는 최근 '국민건강보험 종합계획안'의 일환으로 '종합 약제 재평가제도'를 발표했다. 이는 주로 고가 일색인 신약을 타깃으로 한 재정 절감 대책이다. 임상 효능과 재정 영향, 계약 이행사항 등을 포함하는 종합적인 의약품 재평가로서 정부는 2020년에 개선안을 마련해 2021년부터 시범사업에 들어갈 계획도 세웠다. 이 기전은 임상시험 환경과 치료 환경이 달라 임상에서 도출된 약제 효과가 반감되거나 다른 경우, 보험자가 약값을 등재 가격에 맞춰 지불할 수 없다는 문제의식에서 비롯됐다. 등재 문턱을 낮춰 환자 접근성을 높이기 위한 여러 등재제도로 보험권에 진입한 약제들 특성에 맞춰 등재 유형별로 평가방식을 차등화 하고 단계적으로 추진하는 게 특징이다. 정부는 선별급여, 고가 · 중증질환 치료제, 조건부허가 약제·임상적 유용성이 기대보다 떨어지는 약제와 평가면제 등으로 보험권에 진입한 약제를 우선 검토, 적용하겠다고 했다. 이렇게 재평가 된 결과로 정부는 약가를 인하하거나 급여기준을 축소 조정, 더 나아가 퇴출하는 기전으로 급여목록을 정리할 방침이다.

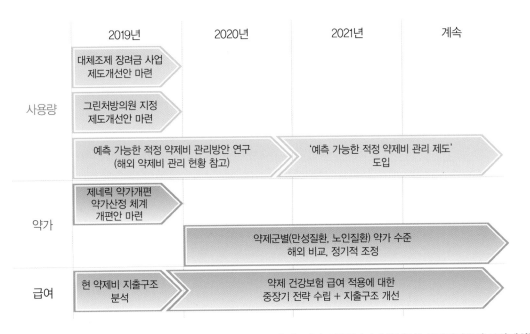

• 출처: 건강보험심사평가원(제1차 국민건강보험 종합계획)

그림 9-22 **약제비 적정 관리책(안)**

Chapter 10

약가 사후관리제도

우리나라의 약가 사후관리제도는 1999년 시행된 실거래가 상환제도 및 2006년에 시행된 약제비적정화방안에 포함된 사용량 약가 연동제도 및 제네릭 의약품 등재 시 특허의약품의 가격인하 제도 등을 근간으로 하고 있다. 우리나라의 약가등재방식은 2007년에 시행된 선별 등재방식(Positive list system)으로 비용효과적인 의약품만을 선별등재하는 방식으로 대체 약제 대비 임상적 유용성과 비용효과성(ICER:Incremental cost−effectiveness ratio) 그리고 재정영향 등을 평가하여 등재여부를 결정한다.

약가 사후제도의 궁극적인 목적은 최초등재 시 약가가 결정된 이후 약가결정 시 반영되었던 내용의 변화를 적정하게 반영하여 약가를 조정함으로써 약가인하가 아니라 적정한 약가를 유지하도록 하는 것이다. 따라서 최초 약가결정 시 고려되었던 약의 가치, 대체약제의 수, 대체약제의 가격, 보험재정 영향 등을 재평가하여 그 가격수준이 적정한지 판단하여 조정이 필요한 경우 인하 또는 인상되어야 한다. 또한 의약품 사용실태 및 사용량에 대해서도 지속적인 모니터링으로 관리하여 의약품의 적정사용 유도 및 건강보험 재정의 효율적인 관리에 기여하여야 한다.

국내에 출시되는 신약은 매우 낮은 약가 수준으로 등재될 뿐 아니라 등재 이후의 약가 인하폭도 대부분의 선진국보다 크다.

사용량 약가 연동제, 시장형 실거래가제, 새로운 적응증 관련 약가 인하 등 오랫동안 지속되는 중복적인 약가 사후관리 기전과 제약시장 전체에 적용되는 추가적인 약가 인하 기전으로 인한 결과이다.

약가 사후관리 제도는 새로운 제도의 도입 시점마다 각각의 다른 필요성과 목적에 의하여 만들어졌고, 그 과정에서 제약산업을 둘러싼 보건환경과 약가인하 제도들도 많은 변화를 겪었으나, 약가 사후관리제도에 반영되지 못했다. 그 결과, 현재는 여러 가지 약가 사후관리 제도가 중복적이고 과도하게 적용될 뿐만 아니라, 각각의 사후관리 제도가 서로 상충되고, 적용 시 모순점도 나타나고 있다. 이러한 약가 사후관리 기전의 문제점으로 인해 제약사들은 등재 이후의 매출을 예측하기 어렵고, 또한 이러한 약가 인하기전으로 비교약제의 가격이 낮아지면서 향후 출시되는 신약의 약가를 낮추는 간접적인 요인이 된다. 과도한 약가 사후관리 기전이 신약개발 의욕마저 저하시키는 상황이 되지 않도록 제도를 개선할 필요가 있다.

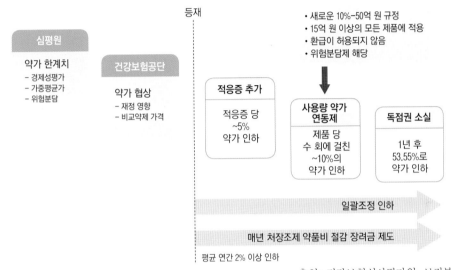

그림 10-1 한국의 약가등재기전

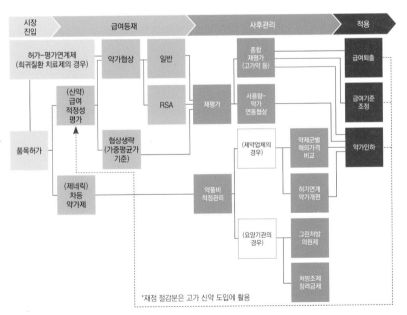

그림 10-2 약제 허가—등재 변화 프로세스

01 사용량 약가 연동제

사용량-약가 연동 협상은 사용량이 증가하면 가격을 조정하는 제도로 건강보험 약품비를 관리하는 데 있어 핵심적인 역할이 기대되는 제도이다.

사용량 약가 연동제(PAV; Price Volume Agreement)는 청구액이 예상청구액 또는 전년도 청구액 대비 일정수준 이상 증가하여 보험재정 부담이 발생한 경우(청구액이 예상청구액 대비 30% 이상, 전년도 청구액 대비 60% 이상 증가 또는 전년도 청구액 대비 10% 이상 증가하고 증가액이 50억 원 이상인 경우) 국민건강보험공단 이사장이 제약사와 상한금액 및 인하율을 협상하는 것을 말한다. 약가협상 시 의약품의 사용량과 약값을 연동해 약가를 책정하며, 건강보험 재정에 대한 위험을 공단과 업체가 분담, 약제비 지출의 합리성을 추구하는 데 목적이 있다. 약제 특성에 따라 '유형 가, 나, 다'로 구분해 관리하고 있다. 사용량 약가 연동 협상 유형은 다음과 같다.

표 10-1 사용량 약가 연동 협상 유형

	사용량 약가 연동 협상 유형
유형 가	요양급여기준에 따른 협상 결과 합의된 예상청구액이 있는 동일제품군의 청구액이 예상청구액보다 30% 이상 증가한 경우
유형 나	① "유형 가"의 협상에 따라 상한금액이 조정된 동일제품군의 청구액이 전년도 청구액보다 60% 이상 증가하였거나, 또는 10% 이상 증가하고 그 증가액이 50억 원 이상인 경우 ② "유형 가"의 협상을 하지 아니하고, 최초 등재일로부터 4년이 지난 동일제품군의 청구액이 전년도 청구액보다 50% 이상 증가하였거나, 또는 10% 이상 증가하고 그 증가액이 50억 원 이상인 경우
유형 다	"유형 가" 또는 "유형 나"에 해당하지 않는 동일제품군의 청구액이 전년도 청구액보다 60% 이상 증가하였거나, 또는 10% 이상 증가하고 그 증가액이 50억 원 이상인 경우

협상 대상약제는 청구액을 분석하여 해당 업체에 통보하는데 협상 유형에 따라 청구액 분석대상 기간이 다르다.

표 10-2 사용량 약가 연동 협상 유형별 청구액 분석대상기간

	사용량 약가 연동 협상 유형별 청구액 분석대상기간
유형 가	동일제품군 중 최초로 등재된 제품의 등재일자로부터 매1년이 되는 시점까지의 기간
유형 나	① "유형 가"의 협상에 따라 동일제품군의 상한금액이 조정된 경우 그 조정된 날로부터 매 1년이 되는 시점까지의 기간 ② "유형 가"의 협상에 따라 상한금액이 조정되지 아니하고 최초 등재일로부터 4년이 경과한 동일제품군의 경우 종전 "유형 가"의 분석대상기간 종료일의 다음 날부터 매 1년이 되는 시점까지의 기간
유형 다	매년 1월 1일부터 12월 31일까지의 기간

사용량 약가 연동 협상대상 제외 약제는 보건복지부장관이 정하여 고시하는 약제로 다음과 같은 약제를 포함한다.

표 10-3 사용량 약가 연동 협상대상 제외약제

사용량 약가 연동 협상대상 제외약제
1. 동일제품군의 연간 청구액 합계가 15억 원 미만인 동일제품군 2. 상한금액이 동일제제 산술평균가 미만인 품목 3. 저가의약품 4. 퇴장방지의약품 5. 방사성의약품 중 Fludeoxyglucose F18 injection 6. 사전인하제의 사전인하율이 제9조의 협상참고가격에 의하여 산출된 인하율보다 큰 품목 7. 자진인하신청에 의한 인하약제의 인하율이 제9조의 협상참고가격에 의하여 산출된 인하율보다 큰 품목 8. 약제의 결정 및 조정기준 제8조제2항제8호 단서에 따라 상한금액을 조정하지 아니하는 경우

협상참고가격의 산정은 분석대상기간 종료일 당시 약제급여목록표의 상한금액을 기준으로 아래의 산식을 통해 계산된다.

표 10-4 협상참고가격 산정식

	협상참고가격 산정식
유형 가	협상참고가격 = 0.9 × (상한금액) + (1−0.9) × {상한금액 × (예상청구액/분석대상기간 동일제품군 청구액)}

유형 나 유형 다	협상참고가격 = 0.85 × (상한금액) + (1−0.85) × {상한금액 × (분석대상기간 전년도 동일제품 군 청구액/분석대상기간 동일제품군 청구액)}

하지만 공단은 협상약제가 보험재정에 미친 영향 등을 분석하여 협상참고가격을 보정할수 있다. 사용량이 일사용량이 일시적으로 증가된 약제의 경우 해당 약제가 보험재정에 실질적으로 미친 영향, 수급 상황 등을 고려하여 다음과 같이 협상참고가격을 보정할 수 있다.

표 10-5 협상참고가격을 보정하는 경우

협상참고가격을 보정하는 경우
1.「감염병의 예방 및 관리에 관한 법률」제40조제1항에 의하여 감염병의 예방 및 치료를 위하여 안정적 확보 및 공급이 필요하다고 질병관리본부장이 지정한 약제로서 일시적인 사용량의 증가가 확인된 경우 2. 생산 시설, 원료 수급 등의 문제로 인하여 분석대상기간 전년도에 정상적인 공급이 이루어지지 않아 분석대상기간에 일시적으로 사용량이 증가된 것이 확인된 경우

그리고 협상약제의 유일한 대체약제에 생산 시설, 원료 수급 등의 문제로 인한 품절이 식품의약품안전처 등의 유관기관을 통하여 확인되고, 이로 인해 해당 협상약제가 분석대상 기간 동안 일시적으로 사용량이 증가한 경우 공단은 그 협상약제가 보험재정에 실질적으로 미친 영향, 수급 상황 등을 고려하여 협상참고가격을 보정할 수 있다. 협상참고가격의 보정 시고려하는 사항은 다음과 같다.

표 10-6 협상참고가격 보정 시 고려사항

협상참고가격 보정 시 고려사항
1. 협상약제의 청구액 증가가 보험재정 절감 또는 증가에 미친 영향 2. 협상약제가 대체약제를 포함한 전체 시장에서 가중평균가에 미친 영향 3. 협상약제가 대체약제를 포함한 시장 전체의 보험재정 증가에 미친 영향 4. 협상약제의 재정지출이 대체약제를 포함한 전체 재정지출에서 차지하는 비율

사용량 약가 연동제는 신약의 등재 시점에서 경제성 평가나 가중평균가 수용으로 임상적유용성과 비용−효과성이 검증됐기에 사용이 장려돼야 함에도 불구하고 등재 후 사용량이

늘어남에 따라 오히려 약가인하 처분을 받게 되므로 제약회사 입장에서는 혁신의 가치를 인정하지 않고 우수한 의약품에 패널티를 주는 격으로 인식 할 수 있다. 제약업계는 제약산업은 일반 제조업과 달리 지속적인 신약개발을 위해 매출이익을 재투자하는 선순환 구조가 필수적으로 우리나라의 약가사후관리제도 특히 사용량−약가 연동제가 지나치게 중복적이고 불합리한 규제라고 주장하고 있다.

다국적제약사의 특허만료 의약품이 무더기로 약가가 인하됐다. 처방량 증가에 따른 사용량 약가연동제가 적용됐다. 많게는 100개 이상의 제네릭이 진입했는데도 오히려 시장 영향력이 확대되고 있다.

보건복지부 자료에 의하면 사노피의 항혈전제 '플라빅스75mg'의 보험상한가가 1,147원에서 1,128원으로 1.7% 인하된다. 아스트라제네카의 고지혈증치료제 '크레스토10mg'의 보험상한가는 609원에서 604원으로 조정된다. 화이자의 소염진통제 '쎄레브렉스100mg'은 338원에서 331원으로 떨어진다.

사용량 약가 연동제 적용에 따른 약가인하다. 사용량약가 연동제는 의약품 사용량이 많아지면 해당 약물의 가격을 제약사와 건강보험공단과의 협상을 통해 인하하는 제도다.

플라빅스, 크레스토, 쎄레브렉스 등은 특허가 만료돼 제네릭 제품이 진입한 오리지널 의약품이다. 사용량 약가 연동제 적용 조건 중 '동일 제품군의 청구액이 전년도 청구액보다 60% 이상 증가했거나, 또는 10% 이상 증가하고 그 증가액이 50억 원 이상인 경우'에 해당되면서

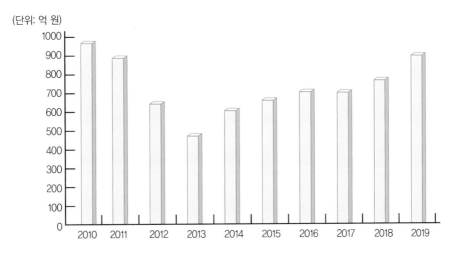

(단위: 억 원)

• 출처: 유비스트

그림 10-3 **연도별 플라빅스 처방실적 추이**

약가인하가 결정됐다.

의약품 조사기관 유비스트에 따르면 플라빅스의 2019년 처방금액은 889억원으로 전년보다 17.3% 늘었다. 크레스토는 2018년 741억원에서 지난해 840억원으로 13.4% 증가했다. 쎄레브렉스의 작년 처방실적은 409억원으로 전년대비 10.9% 상승했다.

특허만료 의약품의 처방 증가는 매우 이례적인 현상이다. 통상적으로 제네릭이나 염변경 제네릭 등 후발의약품이 발매되면 오리지널 의약품은 빠른 속도로 시장 점유율이 떨어진다. 하지만 최근 들어 국내 시장에서 특허만료 오리지널 의약품들이 시장 점유율을 더욱 확대되고 있다.

플라빅스의 처방액은 지난 2013년 464억원에서 6년만에 2배 가까이 상승했다. 플라빅스는 지난 2007년 특허가 만료됐고 제네릭 134개가 진입한 상태다. 특허가 만료된지 10년 이상 지났고 100개 이상의 제네릭과 경쟁하는데도 오히려 가파른 성장세를 기록 중이다.

2014년 특허가 만료된 크레스토는 연간 1000억원이 넘는 처방액이 2017년 710억원까지 떨어졌다. 하지만 2018년과 2019년 2년 연속 성장세로 돌아섰다. 2019년 처방액은 2년 전보다 18.3% 증가했다. 크레스토 제네릭은 130여개 발매된 상태다.

국내에서의 약가제도 특성상 제네릭의 가격경쟁력이 떨어져 오리지널 의약품이 점유율 확

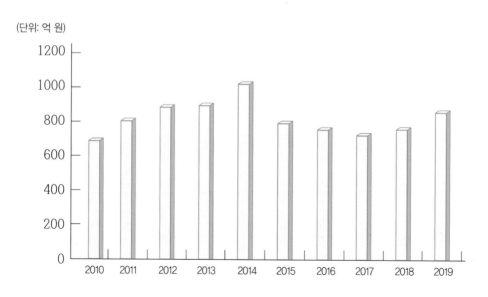

• 출처: 유비스트

그림 10-4 연도별 크레스토 처방실적 추이

대에 유리하다는 평가도 있다.

국내에서는 제네릭이 발매되면 오리지널 의약품의 보험약가는 종전의 70% 수준으로 떨어진다. 이후 1년이 지나면 특허만료 전의 53.55%로 약가가 내려간다. 제네릭의 상한가는 최초 등재시 특허만료 전 오리지널 의약품의 59.5%까지 약가를 받을 수 있고 1년 후에는 오리지널과 마찬가지로 53.55% 가격으로 내려가는 구조다.

신약의 특허만료 이후 시장의 크기가 계속 성장하는 이유는 첫째, 제네릭과 비슷한 수준의 약가를 형성하면서 처방현장에서 오리지널 의약품의 선호도가 높아져 지속적인 처방이 이루어진다. 둘째, 국내제약사들의 공격적인 영업으로 특허만료 의약품의 시장방어 전선이 견고하게 구축하기 때문이다.

플라빅스는 지난 2017년부터 동화약품이 공동판매를 진행 중이다. 동화약품이 영업에 가담한 이후 플라빅스의 매출이 반등하기 시작했다.

아스트라제네카의 고지혈증치료제 '크레스토'는 그동안 유한양행과 co-promotion 계약을 종료하고, 2016년4월부터 대웅제약과 새롭게 co-promotion을 체결하면서 높은 성장률을 기록하고 있다.

실전문제

➜ 사용량 연동제도의 문제점은?

➜ 특허만료 오리지널 의약품의 매출이 미국보다 한국에서 매출이 더 많은 이유는?

➜ 특허만료 오리지널 의약품 어떻게 한국시장에서 Steady Seller가 되었나?

➜ 글로벌제약사는 왜 국내제약사와 co-promotion 할까? 이유는?

02 급여범위 확대

(1) 제도개요

건강보험 재정의 효율적 운영을 위하여 약제 급여범위 확대로 인한 사용량 증가(예상) 및 보험재정 영향에 따라 약가를 사전 인하한다. 사용범위 확대에 따라 예상되는 동일제품군의 예상 추가청구액과 청구액 증가율을 감안하여 인하(1%~5% 범위)한다. 청구액 증가율은 전년도 청구액 대비 예상 추가청구금액의 증가율을 말한다.

인하율 적용으로 인한 청구액 감소분은 예상 추가청구액을 초과하지 않도록 하며, 예상 추가청구금액은 건강보험심사평가원장이 정한 양식에 따라 산정한다. 상한금액 조정시, 내복제, 외용제의 경우 70원, 주사제의 경우 700원 까지만 인하한다.

복지부나 학회 또는 제약사 등이 급여기준 검토요청을 건강보험심사평가원에 접수하면 진료심사평가위원회 등을 거쳐 재정영향이 없는 경우는 건강보험심사평가원에서 검토결과를 회신한다. 재정영향이 있는 경우에는 복지부에 재정영향을 분석요청하여 약제급여평가위원회가 개최되며 이를 통해 급여기준 및 상한금액이 정해진다.

표 10-7 **전년도 청구액 대비 예상 추가청구금액의 증가율**

청구금액 증가율(%) ＼ 예상추가 청구액	15억 이상 ~ 25억 미만	25억 이상 ~ 50억 미만	50억 이상 ~ 75억 미만	75억 이상 ~ 100억 미만
25%미만	1.5	2.2	2.9	3.6
25%이상~50%미만	1.9	2.6	3.3	4.0
50%이상~75%미만	2.2	2.9	3.6	4.3
75%이상~100%미만	2.6	3.3	4.0	4.7
100%이상	2.9	3.6	4.3	5.0

• 출처: 건강보험심사평가원, 사용범위 확대 약제 약가 사전인하제도

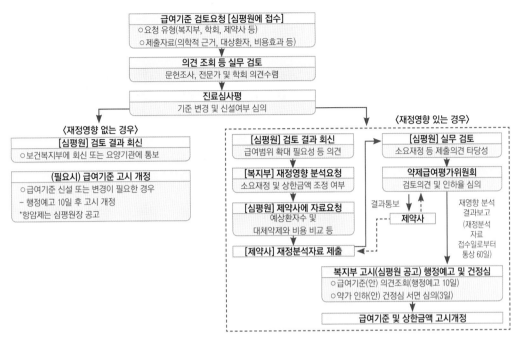

그림 10-5 **사용범위 확대 약제 약가 사전인하제도 업무 흐름도**

(2) 사용범위 확대 약제의 상한금액 조정절차

사용범위 확대 약제의 상한금액 조정절차는 다음과 같다.

1. 자료제출
   – 사용범위 확대로 인한 상한금액 조정이 필요한 경우 재정영향분석서를 제출한다. 자료의 미비 등으로 인해 보완에 소요되는 기간은 처리기간에 산입되지 않으며, 단, 자료 제출되지 아니하는 경우 사용범위 확대 보류가 가능하다. 이 경우 사유를 홈페이지에 공개한다.

2. 평가절차
   – 급여기준 개선 등으로 약제의 사용범위 확대가 필요한 경우 장관의 승인을 받아 건강보험심사평가원장이 약제급여평가위원회의 심의를 거쳐 상한금액 조정여부 및 상한금액에 대하여 평가한다.

3. 평가내용
   – 약제급여평가위원회는 사용범위 확대 약제의 연간 예상 추가청구액, 상한금액 검토시 다음을 고려한다.
     · 급여확대 범위 및 예상 환자수
     · 대체 가능성 및 시장점유율
     · 기타 보험재정에 미치는 영향
   – 상한금액의 조정여부 및 상한금액에 대한 평가결과를 장관에 보고한다.
   – 보건복지부장관은 상한금액 조정 고시한다.

자료제출	– 사용범위 확대로 인한 상한금액 조정이 필요한 경우 재정영향분석서 제출 자료의 미비 등으로 인해 보완에 소요되는 기간은 처리기간에 미산입 단, 자료제출 되지 아니하는 경우 사용범위 확대 보류 가능, 이 경우 사유를 홈페이지에 공개
평가절차	– 급여기준 개선 등으로 약제의 사용범위 확대가 필요한 경우 장관의 승인을 받 아 건강보험심사평가원장이 약제급여평가위원회의 심의를 거쳐 상한금액 조 정 여부 및 상한금액에 대하여 평가

평가내용	– 약제급여평가위원회는 사용범위 확대 약제의 연간 예상 추가청구액, 상한금액
	검토시 다음을 고려함
	   • 급여확대 범위 및 예상 환자수
	   • 대체 가능성 및 시장점유율
	   • 기타 보험재정에 미치는 영향
	– 상한금액의 조정여부 및 상한금액에 대한 평가결과를 장관에 보고
	– 보건복지부장관은 상한금액 조정 고시

그림 10-6 **사용범위 확대 약제의 상한금액 조정절차**

실전문제

➡ 의약품 보장성 강화 추진의 장점? 단점은?

➡비급여의 급여화 추진 항목 중 가장 높은 증가율을 기록한 분야는?

　최초 등재 이후 실제로 사용하여 축적된 자료에 근거하여 임상적 유용성과 비용효과성을 재평가하여 계속급여 여부 및 약가에 대한 재검토를 할 필요가 있다. 최초 등재 시에는 임상시험에서 나타난 유효성을 중심으로 평가하여 근거가 제한적이며, 급여이후 일상 진료환경에서 사용하여 관찰되는 효과성과 비용효과성을 분석하여 급여, 약가의 적정성에 관해 재평가하는 것이 필요하다. 특히 선별급여 및 위험분담계약에 의해 급여된 신약은 불충분한 근거 하에 급여 및 약가결정이 이루어졌으므로, 가치에 기반한 급여, 약가결정의 원칙에 부합하기 위해서는 일정 기간 경과후 임상적 유용성 및 비용효과성에 대한 엄밀한 평가를 통해 선별목록제의 원칙에 따라 급여 및 약가를 다시 결정해야 한다.

1) 약제 상한금액 재평가 시기

　요양급여기준 제13조제4항제4호에 따른 약제 상한금액의 재평가(이하 이 표에서 "재평가"라 한다)는 약제 상한금액의 산정, 조정 및 가산 기준의 변경에 따라 적용되는 산정, 조정 및 가산기준이 변경되어 새로 고시될 약제와 이미 고시된 약제와의 관계에서 그 상한금액을 조정할 필요가 있을 때 실시한다.

2) 재평가 대상

　재평가는 약제급여목록표에 등재되어 있는 약제 중 장관이 별도로 공고하는 약제에 대하여 실시한다. 다만, 상한금액을 인하하는 경우로서 다음 각 목의 어느 하나에 해당하는 경우에는 재평가를 실시하지 아니한다.

❶ 저가의약품
❷ 퇴장방지의약품
❸ 희귀의약품
❹ 그 밖에 환자 진료를 위하여 안정적으로 공급 및 관리의 필요성이 있어 보건복지부장관이 별도로 정하는 의약품

3) 재평가 기준

(1) 상한금액 조정기준

❶ 재평가 대상 약제의 상한금액 조정에 대해서는 약제 상한금액의 산정, 조정 및 가산 기준을 준용한다. 다만, 기준가격 및 상한금액 조정 방법 등에 필요한 세부사항은 장관이 별도로 공고한다.

❶ 상한금액 조정 시 약제 상한금액의 산정, 조정 및 가산 기준의 저가의약품 기준금액까지만 인하한다. 다만, 약제급여목록표에 최소단위(1mL, 1g, 1mCi 등)로 등재되거나 최소단위 상한금액 표시된 제품 및 산소, 아산화질소는 적용하지 아니한다.

(2) 상한금액 가산기준

재평가 대상 약제의 상한금액의 가산에 대해서는 약제 상한금액의 산정, 조정 및 가산 기준의 규정을 준용한다.

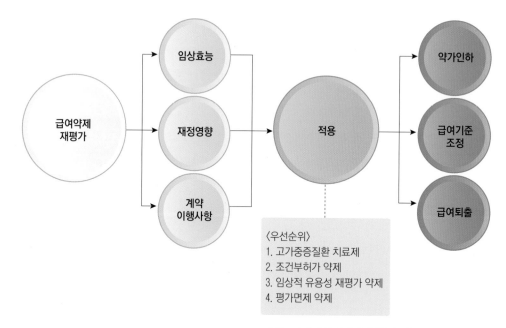

그림 10-7 급여약제 재평가 방안　　　・출처: 건강보험심사평가원(제1차 국민건강보험 종합계획)

콜린알포세레이트 제제 보유 제약회사 66곳이 "급여 적정성을 재평가 해달라"며 이의신청한 것으로 나타났다. 제약회사들의 이의 신청은 건강보험심사평가원(이하 심평원)이 약제급여평가위원회(이하 약평위)를 통해 콜린알포세레이트 제제의 급여 적정성을 재평가해 일부 적응증에 대해 '환자 약값 부담률을 30%에서 80%로 선별급여 하기로 결정한데 따른 것이다.

제약회사들은 심평원의 결정이 나오자 ▶환자의 비용부담을 높이고 ▶질환의 경·중을 구분하지 않았으며 ▶해당 약제의 안전성·유효성을 재검증할 동기마저 크게 약화시켰다는 이유를 제기하며 이의신청 의사를 직간접적으로 표명해 왔다.

심평원의 결정이 적법한지, 객관적인 지도 의문이라는 제약사들은 "임상적 유용성과 비용효과성은 물론 사회적 요구도에 대한 평가 내용조차 전혀 알 수 없다"며 "이의신청을 통해 급여 적정성을 재평가해 줄 것을 요청했다"고 밝혔다.

제약회사들의 주장 〈1〉

"정부 선별급여제도 도입 취지와 정면 배치된 결정"
노령 환자 30일 약값 부담이 9,000원에서 2만5,000원으로 늘어난다.

건강보험심사평가원이 콜린알포세레이트의 일부 적응증(경도인지장애, 우울증 등)에 대해 환자 본인부담률을 30%에서 80%로 높인 것은 비급여의 급여화(선별급여제도)를 통해 환자의 의료비 부담을 낮추고 의료 접근성을 향상시키겠다는 건강보험 보장성 강화대책의 근본 취지에 정면 배치된다.

전세계적으로 확실한 치매치료제가 부재한 현 상황에 재정 절감을 이유로 치매 진행을 지연시키는 콜린알포세레이트 제제의 보장률을 떨어뜨리는 것은 치매국가책임제와도 어긋난다.

본인부담금을 대폭 상향시키는 조치는 경제적으로 취약한 노인환자에게 복용 중단을 강요하는 것과 다름없다.

제약회사들의 주장 〈2〉

"의약품에 대한 사회적 요구도 제대로 반영 안해"
적응질환별 경·중 구분하지 않고 의료비 부담도 미 고려

콜린알포세레이트 제제의 급여재평가 과정에서는 사회적 요구도가 제대로 반영되지 않았다. 치매를 제외한 나머지 모든 적응증에 대해 80%의 본인부담률을 일괄 적용한 것이 이를 방증한다.

콜린알포세레이트 제제는 ▶감정 및 행동변화 ▶노인성 가성우울증 외 ▶치매로 진행될 수 있는 경도인지장애와 뇌졸중·뇌경색에 의한 2차 증상에 대한 적응증을 갖고 있다.

세 가지 적응증에 대한 사회적 요구도를 같은 비중으로 본 것이다.

건강보험약제 급여적정성 재평가 시범사업 공고문에 따르면, 사회적 요구도는 재정영향, 의료적 중대성, 연령, 환자의 경제적 부담 등을 고려토록 하고 있다. 환자본인부담금 산정특례에서는 우울증은 경증질환(종합병원 이상 처방 시 환자부담 40~50%)으로, 뇌졸중·뇌경색은 중증질환(환자부담 5%)으로 분류하여 각각 사회적 요구도를 고려해 질환별로 본인부담률을 차등 책정하고 있다.

제약회사들의 주장 〈3〉

先식약처 임상재평가, 後복지부 급여재평가 순리 역행

의약품은 통상 품목허가를 취득하고 난 뒤 보험급여 등재 절차를 거쳐 시장에 진입한다. 기본적으로 의약품의 안전성과 유효성이 보장되고 나서야 급여문제를 검토할 수 있기 때문이다.

그러나 콜린알포세레이트 제제는 선후가 뒤바뀌었다. 안전성과 유효성에 대한 재검증을 뒤로 하고 급여적정성 평가가 먼저 이뤄졌기 때문이다. 그 결과 제약기업은 콜린알포세레이트 제제 임상재평가를 진행할 동기가 약화됐다.

콜린알포세레이트는 식품의약품안전처로부터 정식 품목허가와 허가 갱신을 받아 20년 이상 처방돼 온 의약품이다. 의료현장의 임상전문가들도 식약처의 허가사항을 근거로 급여재평가가 이뤄져야 한다고 강조하고 있다. 임상재평가 결과가 나올 때까지 급여재평가를 유보하는 것이 순리다.

실전문제

➜ 급여약제 재평가하는 근본적인 이유는?

04 유통질서 문란약제 행정처분

2009년 8월부터 리베이트 제공 등 약사법 위반 유통질서 문란 약제에 대해 상한금액을 직권으로 조정하여 왔으나 리베이트 행위는 근절되지 않고 더 음성화 되고 있어 리베이트 근절과 건전한 유통질서를 위해 2014.7.2.부터는 리베이트 제공 약제에 대해 요양급여 적용 정지 또는 제외하여 제재수단을 강화하여 시행하여 왔다. 하지만 급여정지로 인하여 환자의 의약품에 대한 접근성이 떨어지는 등의 문제점을 보완하여 2018.9.28.부터는 상한금액을 감액 또는 정지 · 과징금을 부과하는 제도를 시행하고 있다.

> ■ 유통질서 문란 행위(「약사법」 제47조제2항)
>
> 의약품 채택 · 처방유도 등 판매촉진을 목적으로 의약품 제조(수입)업자 · 위탁제조판매업자(종사자 포함)가 의사 · 약사 및 의료기관 종사자 등에게 금전, 물품, 편익, 노무, 향응 등 경제적 이익을 제공하는 행위

1) 법적 근거

「국민건강보험법」 제41조의2(약제에 대한 요양급여비용 상한금액의 감액 등)

「국민건강보험법 시행령」 제18조의2(약제에 대한 요양급여비용 상한금액의 감액 및 요양급여 적용 정지 기준 등)

「국민건강보험법 시행령」 별표 4의2(약제의 상한금액의 감액, 요양급여의 적용 정지 및 과징금 부과 기준)

2) 상한금액 감액 및 적용 정지 또는 과징금 부과 기준

① 일반기준

약사법 제47조 제2항에 따른 의약품 공급자가 약사법 제76조 제1항 제5호의 2에 따라 행정처분을 받았거나 약사법 제94조 제1항 제5호의 2에 따라 벌금 이상의 형을 선고 받은 경우에 적용 위반행위의 횟수에 따른 약제의 상한금액의 감액 및 적용 정지 기준은 약제의 상한금액이 감액된 날 또는 적용 정지된 날부터 5년간 동일한 약제에 대한 위반행위로 약제의 상한

금액의 감액 또는 적용 정지 처분이나 그에 갈음하는 과징금을 부과 받은 경우에 적용한다.

② 약제의 상한금액의 감액 및 요양급여의 적용 정지 기준

표 10-8 **약제의 상한금액의 감액 및 요양급여의 적용 정지 기준**

부당금액	상한금액의 감액(%)		요양급영의 적용 정지	
	1차 위반	2차 위반	3차 위반	4차 위반 이상
500만원 미만	경고	2	15일	1개월
500만원 이상 1,000만원 미만	1	2	15일	2개월
1,000만원 이상 2,000만원 미만	2	4	1개월	3개월
2,000만원 이상 3,000만원 미만	4	8	2개월	4개월
3,000만원 이상 4,000만원 미만	6	12	3개월	5개월
4,000만원 이상 5,000만원 미만	8	16	4개월	6개월
5,000만원 이상 6,000만원 미만	10	20	5개월	7개월
6,000만원 이상 7,000만원 미만	12	24	6개월	8개월
7,000만원 이상 8,000만원 미만	14	28	7개월	9개월
8,000만원 이상 9,000만원 미만	16	32	8개월	10개월
9,000만원 이상 1억원 미만	18	36	9개월	11개월
1억원 이상	20	40	10개월	12개월

※ 부당금액이란 「약사법」 제47조 제2항을 위반하여 해당 품목의 판매촉진을 목적으로 쩨공된 경제적 이익 등을 보건복지부장관이 정하는 방법에 따라 한산한 금액

3) 과징금 부과 기준

(1) 대상약제(「국민건강보험법 시행령」 제70조의2제1항)

❶ 보건복지부장관이 지정 · 고시하는 퇴장방지 의약품

❷ 식품의약품안전처장이 정하는 희귀의약품

❸ 요양급여의 대상으로 고시한 약제가 단일 품목으로서 동일제제가 없는 의약품

❹ 그 밖에 보건복지부장관이 특별한 사유가 있다고 인정한 약제

(2) 부과기준

과징금은 약제의 요양급여 적용 정지 처분을 결정한 날의 전년도 1년간 해당 약제로 인해 발생한 요양급여비용의 심사결정 총액에 아래 표에 따른 적용 정지 기간별 과징금 부과 비율을 곱한 금액으로 한다.

4) 업무절차

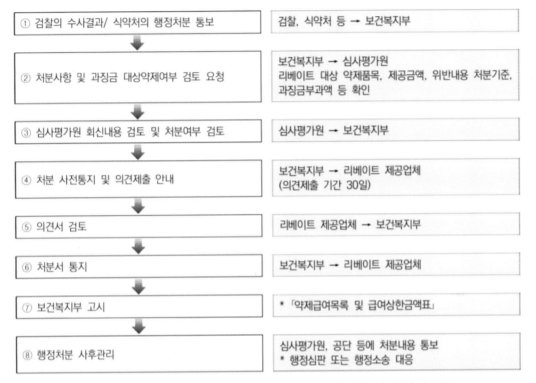

① 검찰의 수사결과/ 식약처의 행정처분 통보	검찰, 식약처 등 → 보건복지부
② 처분사항 및 과징금 대상약제여부 검토 요청	보건복지부 → 심사평가원 리베이트 대상 약제품목, 제공금액, 위반내용 처분기준, 과징금부과액 등 확인
③ 심사평가원 회신내용 검토 및 처분여부 검토	심사평가원 → 보건복지부
④ 처분 사전통지 및 의견제출 안내	보건복지부 → 리베이트 제공업체 (의견제출 기간 30일)
⑤ 의견서 검토	리베이트 제공업체 → 보건복지부
⑥ 처분서 통지	보건복지부 → 리베이트 제공업체
⑦ 보건복지부 고시	* 「약제급여목록 및 급여상한금액표」
⑧ 행정처분 사후관리	심사평가원, 공단 등에 처분내용 통보 * 행정심판 또는 행정소송 대응

그림 10-8 유통질서 문란 약제의 상한금액 감액 및 요양급여 적용 정지 업무절차

5) 약제의 상한금액 조정

❶ 유통질서 문란행위 기간이 2009.8.1.부터 2014.7.1.까지인 경우, 유통질서 문란약제의 상한금액 조정기준에 의거 해당 약제의 상한금액을 직권으로 조정할 수 있다.

❷ 상한금액 인하율 = 부당금액 ÷ 결정금액 × 100 ≤ 상한금액의 20%

• 부당금액 : 조사대상 요양기관에서 해당 의약품의 유통질서 문란 행위에 제공된 경제적

이익 등(물품 등은 금액으로 환산)의 총액

- 결정금액 : 조사대상 요양기관에서 부당금액과 관련된 해당 의약품의 처방(판매)총액

6) 약제의 요양급여 적용 정지 · 제외 및 과징금 부과

유통질서 문란행위 기간이 2014.7.2.부터 2018.9.27.까지인 경우, 유통질서 문란 약제의 요양급여 정지 · 제외 및 과징금 부과 기준을 적용한다.

국민건강보험

VI

1) 국민건강보험제도의 의의

건강보험제도는 질병이나 부상으로 인해 발생한 고액의 진료비로 가계에 과도한 부담이 되는 것을 방지하기 위하여, 국민들이 평소에 보험료를 내고 보험자인 국민건강보험공단이 이를 관리, 운영하다가 필요시 보험급여를 제공함으로써 국민 상호간 위험을 분담하고 필요한 의료서비스를 받을 수 있도록 하는 사회보장제도이다.

2) 특성

(1) 의무적인 보험가입 및 보험료 납부

보험가입을 기피할 수 있도록 제도화될 경우 질병위험이 큰 사람만 보험에 가입하여 국민 상호간 위험분담 및 의료비 공동해결이라는 건강보험제도의 목적을 실현할 수 없기 때문에 일정한 법적요건이 충족되면 본인의 의사와 관계없이 건강보험가입이 강제되며 보험료 납부의무가 부여된다.

(2) 부담능력에 따른 보험료 부과

민간보험은 보장의 범위, 질병위험의 정도, 계약의 내용 등에 따라 보험료를 부담하는데 비해, 사회보험방식으로 운영되는 국민건강보험은 사회적 연대를 기초로 의료비 문제를 해결하는 것을 목적으로 하므로 소득수준 등 보험료 부담능력에 따라서 보험료를 부과한다.

(3) 균등한 보장

민간보험은 보험료 수준과 계약내용에 따라 개인별로 다르게 보장되지만, 사회보험인 국민건강보험은 보험료 부담수준과 관계없이 관계법령에 의하여 균등하게 보험급여가 이루어진다.

3) 의료보장제도로서 건강보험

(1) 사회보험(SHI)

사회보험은 국가가 기본적으로 의료보장에 대한 책임을 지지만, 의료비에 대한 국민의 자기 책임을 일정부분 인정하는 체계이다.

정부기관이 아닌 보험자가 보험료를 통해 재원을 마련하여 의료를 보장하는 방식으로, 정부에 대해 상대적으로 자율성을 지닌 기구를 통한 자치적 운영을 근간으로 하며 의료공급자가 국민과 보험자간에서 보험급여를 대행하는 방식이다.

독일, 프랑스 등이 사회보험방식으로 의료보장을 제공하는 대표적인 국가이다.

(2) 국민건강보험(NHI)

국민건강보험은 사회보험과 마찬가지로 사회연대성을 기반으로 보험의 원리를 도입한 의료보장체계이지만 다수 보험자를 통해 운영되는 전통적인 사회보험방식과 달리 단일한 보험자가 국가전체의 건강보험을 관리, 운영한다.

이러한 NHI방식 의료보장체계를 채택한 대표적인 국가는 한국과 대만을 들 수 있다.

(3) 국민보건서비스(NHS)

국민보건서비스는 국민의 의료문제는 국가가 모두 책임져야 한다는 관점에서 정부가 일반조세로 재원을 마련하고 모든 국민에게 무상으로 의료를 제공하여 국가가 직접적으로 의료를 관장하는 방식이다.

이 경우 의료기관의 상당부분이 사회화 내지 국유화되어 있으며, 영국의 비버리지가 제안한 이래 영국, 스웨덴, 이탈리아 등의 유럽에 확산되었다.

4) 법적근거

(1) 헌법

대한민국 헌법은 제34조 제1항 및 제2항에서 국민의 인간다운 생활을 할 권리와 이를 실현하기 위한 국가의 사회복지 증진의무를 규정함으로써 사회보장제도의 법적근간이 된다.

(2) 사회보장기본법

사회보장에 관한 기본법인 「사회보장기본법」 제3조는 '사회보장'이란 출산, 양육, 실업, 노령, 장애, 질병, 빈곤 및 사망 등의 사회적 위험으로부터 모든 국민을 보호하고 국민 삶의 질을 향상시키는 데 필요한 소득·서비스를 보장하는 사회보험, 공공부조, 사회서비스를 말한다고 하여 사회보장의 법적범위를 규정하고 있다.

(3) 국민건강보험법

국민의 질병·부상에 대한 예방·진단·치료·재활과 출산·사망 및 건강증진에 대하여 보험급여를 실시함으로써 국민건강을 향상시키고 사회보장을 증진함을 목적으로 하는 「국민건강보험법」이 국민건강보험제도를 구체화하고 있다. 이 법은 의료보험제도의 통합 운

ISSUE 1 **우리나라 건강보험제도는 왜 강제가입인가?**

건강보험은 국민의 질병, 부상 등에 대하여 보험급여를 실시함으로써 국민보건을 향상시키고 사회보장을 증진함을 목적으로 하며, 보험원리에 의거 국민들이 평소에 보험료를 납입하여 기금화 하였다가 질병 등이 발생할 경우 보험급여를 해줌으로서 일시에 큰 비용이 발생할 수 있는 가계의 부담을 덜어줌으로써 국민상호간 위험을 분담하는 사회보장제도이다. 또한 보험료는 재산 소득 등 부담능력에 따라 차등부과 하지만, 보험급여는 차등 없이 균등하게 하므로 소득재분배 기능을 가지며, 가입자가 연대하여 고액의 진료비가 소비되어 가계가 파탄되는 것을 방지하는 위험분산기능과 상부상조의 정신을 지니고 있기 때문에 법률에 의한 강제가입과 보험료 납부의 강제성이 있다. 만약 건강보험의 자격이 임의가입과 임의탈퇴가 가능하다면 질병 부상 등 진료가 필요할 때는 가입하고 그렇지 않을 경우에는 탈퇴하는 현상이 나타날 것이며, 이는 건강보험의 취지와 목적에도 어긋나며 더 나아가 건전한 보험재정을 유지하지 못해 사회보장제도로써의 건강보험제도가 무너질 수밖에 없기 때문이다.

그림 11-1 Health 해야 Wealth 된다.

영에 따라 종전의 「의료보험법」과 「국민의료보험법」을 대체하여 제정되었다.

5) 기능과 역할

(1) 의료보장 기능

건강보험은 피보험대상자 모두에게 필요한 기본적 의료를 적정한 수준까지 보장함으로써 그들의 의료문제를 해결하고 누구에게나 균등하게 적정수준의 급여를 제공한다.

(2) 사회연대 기능

건강보험은 사회보험으로서 건강에 대한 사회공동의 책임을 강조하여 비용(보험료)부담은 소득과 능력에 따라 부담하고 가입자 모두에게 균등한 급여를 제공함으로써 사회적 연대를 강화하고 사회통합을 이루는 기능을 가지고 있다.

(3) 소득재분배 기능

질병은 개인의 경제생활에 지장을 주어 소득을 떨어뜨리고 다시 건강을 악화시키는 악순환을 초래하기 때문에 각 개인의 경제적 능력에 따른 일정한 부담으로 재원을 조성하고 개별부담과 관계없이 필요에 따라 균등한 급여를 제공하여 질병의 치료부담을 경감시키는 건강 보험은 소득재분배 기능을 수행한다.

6) 연혁

표 11-1 의료보험의 연혁

	전국민 의료보험 실현(1989)
1998	국민의료보험법 제정(공무원 및 사립학교 교직원의료보험관리공단과 지역의료보험조합 통합)
1999	국민건강보험법 제정 국민의료보험관리공단과 직장의료보험조합 통합
2000	국민건강보험법 시행(2000. 7. 1)
2008	노인장기요양보험법 시행(2008. 7. 1)
2011	사회보험 징수통합(건강보험, 국민연금, 고용보험, 산재보험)

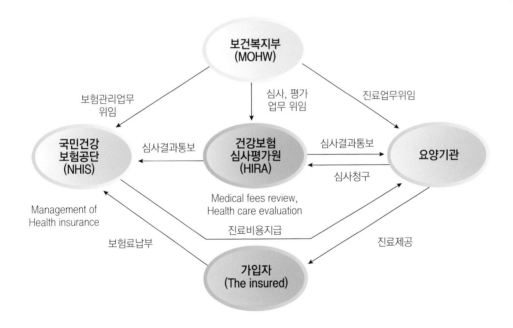

그림 11-2 보건의료체계

02 국민건강보험의 이해

1) 운영구조

(1) 보건복지부(MOHW : Ministry of Health and Welfare)

■ 건강보험 제도관련 정책 결정

- 보험료율 및 보험료 부과기준, 요양급여의 범위 등을 결정하며 관리운영주체인 건강보험공단의 예산 및 규정 등을 승인
- 세부적으로 급여결정 영역에 있어 신의료기술평가, 급여의 기준(방법, 절차, 범위, 상한 등)과 약제, 지료재료의 상한금액 결정 및 급여의 상대가치를 결정하고 고시

(2) 국민건강보험공단(NHIS : National Health Insurance Service)

■ 건강보험 보험자

- 건강보험 가입자의 자격을 관리
- 보험료를 부과하고 징수
- 요양기관에 대한 비용지급
- 제약회사와 협상을 통해 약가결정
- 상대가치 점수당 단가(환산지수)계약 체결

(3) 건강보험심사평가원(HIRA : Health Insurance Review & Assessment Service)

■ 심사 · 평가 전문기관

- 요양급여비용의 심사 및 요양급여의 적정성 평가
- 심사기준 및 평가기준의 개발

(4) 건강보험정책심의위원회

보건복지부 장관 소속 위원회는 건강보험법 제4조에 따라 설립된 기관으로, 건강보험 요양급여의 기준, 요양급여비용 · 보험료 등 건강보험정책에 관한 중요사항을 심의 · 의결하기 위한 보건복지부 장관 자문 및 의결기구다. 건강보험의 주요 결정은 모두 건강보험정책심의

위원회 의결을 받도록 건강보험법에 명시되어 있다.

2) 적용대상 및 인구

(1) 적용대상

건강보험은 직장가입자와 지역가입자로 적용대상을 구분하는데, 직장가입자는 사업장의 근로자 및 사용자와 공무원 및 교직원, 그리고 그 피부양자로 구성되고 지역가입자는 직장가입자를 제외한 자를 대상으로 한다. 건강보험 대상자 중 피부양자는 직장가입자에 의하여 주로 생계를 유지하는 자로서 보수 또는 소득이 없는 자를 의미하며, 직장가입자의 배우자, 직계존속(배우자의 직계존속 포함), 직계비속(배우자의 직계비속 포함) 및 그 배우자, 형제·자매를 포함한다.

(2) 적용인구 현황

우리나라는 사회보험인 건강보험과 공적부조인 의료급여를 통해 국내에 거주하는 전 국민의 의료보장을 포괄하고 있다.

표 11-2 **적용인구 현황** (2021년 9월 기준)

분류		적용인구(단위:천 명)	비율(단위:%)
총계		52,922	100.0
건강보험	계	51,398	97.1
	직장	37,525	70.9
	지역	13,872	26.2
의료급여		1,524	2.9

3) 보험료

(1) 직장가입자 보수월액보험료

■ 개요

보수월액보험료는 가입자의 보수월액에 보험료율을 곱하여 보험료를 산정한 후, 경감률 등을 적용하여 가입자 단위로 부과

■ 보험료 산정방법

• 건강보험료 = 보수월액 × 건강보험료율(6.99%)

• 장기요양보험료 = 건강보험료 × 장기요양보험료율(12.27%)

표 11-3 **직장가입자 건강보험료율(2022년 기준)** • 건강보험료율: 6.99%

구분	계	가입자부담	사용자부담	국가부담
근로자	6.99(100)	3.50(50)	3.50(50)	-
공무원	6.99(100)	3.50(50)	-	3.50(50)
사립학교교직원	6.99(100)	3.50(50)	2.097(30)	1.398(20)

■ 건강보험료 경감 종류 및 경감률

• 국외근무자 경감 : 가입자 보험료의 50%(국내에 피부양자가 있는 경우)

• 섬·벽지 경감 : 가입자 보험료액의 50%

• 군인 경감 : 가입자 보험료액의 20%

• 휴직자 경감 : 가입자 보험료액의 50%(다만, 육아휴직자는 60%)

• 임의계속가입자 경감 : 가입자 보험료액의 50%

• 종류가 중복될 경우 최대 경감률은 50%임(육아휴직자는 60%)

■ 건강보험료 면제 사유

국외 체류(여행·업무 등으로 1월 이상 체류하고 국내 거주 피부양자가 없는 경우), 현역병 등으로 군 복무, 교도소 기타 이에 준하는 시설에 수용

■ 장기요양보험료 경감

장기요양보험료 경감 사유 및 경감률등록장애인(1~2급), 희귀난치성질환자(6종) : 30%

(2) 지역보험료

■ 개요

지역가입자의 건강보험료는 가입자의 소득, 재산(전월세 포함), 자동차, 생활수준 및 경제

활동참가율을 참작하여 정한 부과요소별 점수를 합산한 보험료 부과점수에 점수당 금액을 곱하여 보험료를 산정한 후, 경감률 등을 적용하여 세대 단위로 부과

■ 보험료 산정방법

• 건강보험료 = 보험료 부과점수 × 점수당 금액(205.3원)

• 장기요양보험료 = 건강보험료 × 장기요양보험료율(12.27%)

표 11-4 **지역가입자 건강보험료율(2022년 기준)**　　　　• 점수당 금액 : 205.3원

구분	2022년도
산정기준	건강보험료 부과점수
점수당 금액	205.3원

• 가입자 월 건강보험료 산정방법 : 보험료 부과점수 × 부과점수 당 금액

■ 보험료 부과점수의 기준

• 소득 점수(97등급) : 이자소득, 배당소득, 사업소득, 근로소득, 연금소득, 기타소득

• 재산 점수(60등급) : 주택, 건물, 토지, 선박, 항공기, 전월세

• 자동차 점수(11등급) : 부과점수 축소, 등급확대, 점수 감경도입.

• 소득최저 보험료 :14,380원

그림11-3 **지역가입자 건강보험료 부과체계**

4) 피부양자 취득

(1) 신고기간

- 자격취득일로부터 14일 이내.
- 단, 직장가입자의 자격취득신고 또는 변동신고를 한 후에 별도로 피부양자 자격취득 · 신고를 한 경우에는 변동일로 부터 90일 이내 신고시 피부양자로 될 수 있었던 날로 소급인정.
- 지역가입자가 피부양자로 자격 전환시 피부양자 취득일이 1일인 경우 피부양자 신고일이 속한 달부터 지역보험료가 부과되지 않으나 2일 이후 취득되는 경우 신고일이 속한 달까지는 지역보험료를 납부하여야한다.

(2) 피부양자 대상

① 직장가입자에 의하여 주로 생계를 유지하는 자.

- 직장가입자의 배우자(사실혼 포함), 직계존속(배우자의 직계존속 포함), 직계비속(배우자의 직계비속 포함) 및 그 배우자, 형제 · 자매.
- 부양요건에 충족하는 자 : 피부양자 인정기준 중 부양요건 참조. [국민건강보험법 시행규칙 별표1]
- 재산과표가 5.4억원 이하인 경우 인정, 또는 재산과표가 5.4억원을 초과하면서 9억원 이하인 경우는 연간소득 1천만원 이하이면 인정.
- 형제 · 자매의 경우에는 재산과세표준의 합이 1.8억원 이하이어야 함. (단, 만 65세 이상, 만 30세 미만, 상애인, 국가유공 · 보훈보상상이자만 인정)

② 보수 또는 소득이 없는 자

- 피부양자 자격의 인정기준 중 소득 및 재산요건 참조 [국민건강보험법 시행규칙 별표1의2]

5) 건강보험 보험재정

국민건강보험(NHI)방식은 의료비에 대하여 국민이 자기 책임의식을 가지되 사회연대적으로 국가의 지원과 감독을 받는 보험자가 보험료로서 재원을 마련하여 의료를 보장하는 것이다. 국민건강보험제도 운영에 소요되는 재원은 보험료와 정부지원금(국고, 기금) 및 기타 수입으로 구성되며「국민건강보험법」에서 다음과 같이 규정함.

(1) 수입

- 보험료(국민건강보험법 제69조 보험료) 보험자는 건강보험사업에 드는 비용에 충당하기 위하여 보험료의 납부의무자로부터 보험료를 징수한다.
- −직장가입자 : 보수월액 × 보험료율 … 사용자와 근로자 50%씩 부담
- −지역가입자 : 소득, 재산, 자동차 등을 점수화하고 점수 당 금액을 곱하여 산정
- 정부지원(국민건강보험법 제108조 보험재정에 대한 정부지원)
- 정부지원금 : 보험료 수입의 20%에 상당하는 금액 지원
- ※ 정부지원(20%) : 국고지원 14% + 증진기금(6%)
- (국고지원) 국가는 매년 예산의 범위 안에서 당해연도 보험료 예상수입액의 100분의 14에 상당하는 금액을 국고에서 공단에 지원한다.
- (기금지원) 공단은 「국민건강증진법」에서 정하는 바에 따라 같은 법에 따른 국민건강기금에서 자금을 지원받을 수 있다.

(2) 지출

- 보험급여비(현물급여비, 현금급여비 등) 국민건강보험법 제41조, 제42조, 제49조, 제52조 등
- 관리운영비 등

6) 보험급여

(1) 보험급여

가입자 및 피부양자의 질병과 부상에 대한 예방, 진단, 치료, 재활, 출산, 사망 및 건강증진에 대하여 법령이 정하는 바에 따라 현물 또는 현금의 형태로 제공하는 서비스를 말한다.

(2) 보험급여의 종류

표 11-5 **보험급여의 종류**

구분		수급권자
현물급여	요양급여	가입자 및 피부양자
	건강검진	가입자 및 피부양자

현금급여	요양비	가입자 및 피부양자
	장애인보장구	가입자 및 피부양자 중 장애인복지법에 의해 등록한 장애인
	본인부담액 상한제	가입자 및 피부양자
	임신 · 출산 진료비	가입자 및 피부양자 중 임산부

7) 요양급여비용의 산정

최초 등재제품의 약제 상한금액을 결정할 때 국민건강보험공단 이사장과 해당 약제의 제조업자 등이 협상을 통해 상한금액을 결정하고, 그 상한금액의 범위 내에서 요양기관의 약제 구입금액 등을 고려하여 해당 약제의 요양급여비용을 상환하고 있다.

• 근거법령: 「국민건강보험 요양급여의 기준에 관한 규칙」 제11조의 2 제6항

8) 건강보험과 민간보험

표11-6 **건강보험 vs 민간보험**

구분	국민건강보험	민간보험(실손의료보험)
보장범위	국민의 질병 · 부상에 대한 예방 · 진단 · 치료 · 재활과 출산 · 사망 및 건강증진에 대하여 보험급여 실시(국민건강보험법 제1조)	보험회사가 피보험자의 질병 또는 상해로 인한 손해(의료비에 한정)를 보상하는 상품
가입대상	국내에 거주하는 국민(국민건강보험법 제5조)제외: 의료급여 수급권자 등	임의가입
보장사항	가입자와 피부양자의 질병, 부상, 출산 등에 대하여 요양급여를 실시(국민건강보험법 41조) 1. 진찰 · 검사 2. 약제(藥劑) · 치료재료의 지급 3. 처치 · 수술 그밖의 치료 4. 예방 · 재활 5. 입원 6. 간호 7. 이송	「국민건강보험법」에서 정한 요양급여 또는 「의료급여법」에서 정한 의료급여 중 본인부담금'과 '비급여'(상급병실료 차액 제외)' 를 합한 금액의 80%~90%에 해당하는 금액(표준약관) ※「국민건강보험법」 또는 「의료급여법」에 따라 보건복지부장관이 정한 비급여대상

보장일수	• 제한 없음 – 질병 완치시까지 보장	• 입원 : 발병일로부터 365일 • 동원 : 연간 180회 • 처방조제비 : 연간 180건
보장금액	• 제한 없음 • 법정본인부담금 비급여 제외 • 본인부담상한제 (2019년도) – 당해년도 중 의료비 본인부당금 총액 81만원~ 580만원 이상인 경우 환급(소득수준에 따라 7단계 차등적용)	• 국민건강보험급여를 제외한 본인부담금 중 일부와 비급여보상(2019년 3월 기준) – 본인부담금+비급여 금액 합계액의 80~90% 보상 – 입원 : 5천만원 한도 – 통원(외래+처방조제) : 회당 합산하여 30만원 이내 ※ 2017년 4월부터 기본형과 특약(도수치료 등)을 별도 구매하는 상품으로 개편됨
계약갱신	평생 의무가입	1년단위

9) 비급여

일반적으로 건강보험 혜택이 적용되는 진료 항목을 급여, 그렇지 않은 항목은 비급여라고 한다. 비급여는 국민건강보험에서 보장하지 않은 법정비급여 항목을 말하며 상급병실료 차액, 선택진료비, MRI 진단비, 초음파 등이 해당된다. 주로 업무나 일상생활에 지장이 없는 질환으로, 예를 들어 시력교정술(라식, 라섹) 치과보철료(골드크라운–금니), 미용 목적 성형수술, 일반진단서 등이 있다. 또한, 건강보험 급여항목이지만 급여기준에 따라 비급여로 적용되고 있는 초음파 검사료, MRI 진단료, 보조생식술 등이 해당된다. 이러한 비급여 항목은 의료기관이 자체적으로 금액을 정하여 병원마다 금액의 차이가 있으며 비용의 전액을 환자가 부담한다. 최근에 비급여 항목을 보장해주는 보험사의 실손보험 가입자가 빠르게 증가하고 있다.

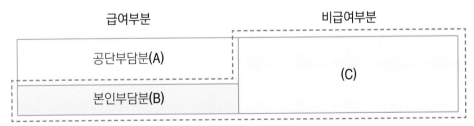

* 국민건강보험공단 부담분 : A
* 보험사 실손의료비담보 보장부분 : B+C

그림 11-4 실손보험사 보장부분

03 우리나라 국민건강보험의 특징

1) 국민건강보험공단의 독점적 지위(monopoly)와 3자 지불 방식

공공 보험은 "수요자" 즉 국민의 입장에서 수요를 예측하고 그에 맞게 가격을 결정한다. 가격을 결정하고 나면 국가가 국민 대신 약가에 대한 지불을 하는 3자 결정 과정이다. 그렇기 때문에 처방권자에 의한 도덕적 해이가 일어날 수 있는 구조이다. 이 구조를 잡기 위해 정부는 다양한 약가 규제 정책을 만들고 있다.

2) 문재인 케어

문재인 케어는 2019년 현재 보장률 63%에서 몇년 안에 보장률 70%로 올린다는 계획이다. 즉 비급여가 완전히 사라지는 것이 아닌, 보험률을 현재보다 대폭 올리는 정책이다. 문제는 이렇게 하기 위해서 엄청난 재원이 필요하다. 현재 건강보험 흑자 비축금이 20조가 쌓여있는데 5년 안에 9조의 적자가 날 것으로 예측된다. 더불어 세계에서 가장 빠른 속도로 진행되는 노령화 등 정부의 의료비 지출은 계속 늘어날 것으로 전망하기 때문에 건강보험의 적자는 앞으로 증가할 것으로 예측이 된다. 결국 건강보험재정 악화로 인하여 더 강력하게 약가를 통제할 가능성은 점점 높아지고 있으며 몇몇은 현실화되고 있다.

3) 정부의 약가 통제 방식

기본적으로 정부는 가격을 통제하고 총량을 통제한다. 가격과 총량을 통제하면 지출이 통제되기 때문이다. 정부는 수요를 예측하여 약가 구매 가격을 내리도록 한다.

표 11-7 정부의 개입에 의한 약가 통제 방식

가격 통제	총량 통제	지출 통제
가격(Price)1 ×	양(Volume) =	지출금액
• 직접적인 가격 규제 • 일괄 약가 인하 • 실거래가/적응증 확대 가격인하 • 신약 경제성 평가 • 순가격을 낮추기 위한 환급 • 국가간 참조 가격제 • 특허 만료 약가 인하 • 본인부담금 • 선별급여(본인부담금 차등화)	• 심평원 처방 가이드라인(선별등 재방식) • 사후 재평가 및 기등록 목록 정비 • 위험부담제 • 약품별 사용량 규제 • 보험 적용 환자수 규정 (Utilization cap) (보험 협상 대상이 됨)	• 사용량 약가 연동제(일정량 이상 의 사용량 발생시 약가인하) • 성분별 처방 혹은 대체 조제 • 저가 구매 및 제네릭 사용장려 • 총액 계약제(Total cap) • 인센티브
단위가격 인하	불필요한 처방을 제한	전반적인 지출 규제 및 재정 건전성 확보

위의 표에 다양한 가격 통제 방식이 있다. 약가를 일괄 인하하기도 하고, 특허권을 이용하여 가격을 내리기도 한다. 또한 신약 등재를 기존 대체제(기존약, 복제약)과 효능을 비교하여 별 차이가 없으면 기존 싼 약값으로 정해버린다. 즉, 백만원짜리 신약도 기존 대체제나 기존에 있는 1,000원 짜리 약하고 같은 효능이라고 정부가 판단하면 1,000원으로 약가를 맞출 수 있다는 것이다. 그리고 사용량을 조절한다. 심사평가원의 심평의학, 사후 재평가를 통한 수요 통제, 약품별로 사용량 자체를 정해버린다. 또한 저가구매 인센티브제도, 복제약 사용 장려정책 등으로 약의 사용 자체를 통제한다.

신약의 경우도 복잡한 트랙을 거치는데, 임상적 유용성, 비용 효과성 등을 건강보험심사평가원에서 판단을 하고 그 후 건강보험정책심의위원회를 통과하여 대체제, 기존 약과 효능을 분석하여 약제급여 평가 위원회를 거쳐 평가하게 된다.

만약 기존의 약 보다 환자가 1~3개월을 더 살게 하는데 가격 차이가 1억이 난다면 경제성이 없다고 평가 받을 것이다. 이런 경우는 신약 급여를 해줄 수 없는 반면, 1년을 더 살게 해주는 의약품의 가격이 기존 약보다 1천만원 정도 더 비싼 경우에는 경제성이 있다고 판단하여 급여를 해줄 수가 있다. 환자가 1년간 생명을 유지하는 데 필요한 약값으로 통상 국민 1인당 GDP 수준으로 정한다. 2013년 11월부터 ICER 탄력적용이 이뤄져 그동안 1GDP 수준인 2,500만 원에서 2GDP 수준인 5,000만원까지로 적용받고 있어 약제비 상승의 원인이라는 지적도 있다.

우리나라 약가 사후 관리의 원칙은 사용량이 많아지면 가격 인하를 의미하고 할 수 있다. 처방이 많아져 사용량이 증가하면 의약품 가격은 내려간다는 의미이다. 즉, 사용량 증가 의미는 재정부담률이 올라간다는 의미이고 정부 지출이 늘어난다는 것이다. 그러므로 정부는 사용량 처방 연동제 등으로 가격을 통제한다. 또한 특허 만료시 약가를 인하한다. 약가를 20% 씩 한번 모든 제품을 다 내리기도 했다. 재정부담이 커지고 정부 지출이 늘면 늘수록 약가는 대체적으로 큰 비율로 인하된다. 이에 따라 제약업계도 정부에 불만이 많다. 미국 쪽은 한국이 지적 재산권을 침해한다고 생각하기도 하지만 우리 정부는 약가 인하를 통제하고 있다. 약가 인하의 문제는, 약가에 대해서 정부가 원가 반영을 잘 안 해주고 개발비를 인정하지 않기 때문에 우리나라 제약사들이 과감한 투자를 하기 어려운 구조이기 때문이다. 많은 비용과 시간을 투자해서 신약개발을 해도 정부가 투자 가치를 인정해주지 않고, 오로지 현재 있는 약과의 비교를 통해서 현재 약과 비슷한 효능이면 무조건 같은 수가라는 것이다.

실전문제

➜ 직장가입자 보험료 부과방식은? 지역가입자 보험료 부과 방식은?

➜ 국민건강보험이 3자 지불방식으로 결정되는 이유는?

➜ 우리나라 국민보험보장률은? OECD 국가보다 낮은가? 높은가?

➜ 최근에 비급여에서 급여로 전환된 항목은? 전환 후 급여 청구 결과는?

➜ 실손보험 가입이 큰폭으로 증가하고 있다. 이유는? 문제점은?

➜ 실손보험 보험료가 큰폭으로 증가하고 있다. 이유는? 문제점은?

　한국의 의료정책은 국민 모두가 돈이 없어 병원에 못가는 일이 발생하지 않도록 저렴한 보험료 부담으로 전 국민들의 의료 보장 체계를 갖추고 있다. 따라서 한국에서는 의료보험 가입은 국민들의 의무사항이자 권리이다. 한국의 의료정책은 다른 나라와 비교하면 단점보다는 장점이 많은 매우 좋은 시스템이다. 일부 단점을 찾는다면 일부 난치병 등에 대한 지원이 부족하거나 국민들이 비급여항목의 부담을 느끼는 정도다. 이 또한 희귀병, 난치병질환 치료제들도 지속적으로 급여 의약품 목록에 등재되고 있다. 즉 적당한 금액으로 높은 수준의 의료서비스를 받을 수 있다. 반면에 의료보험 체계 유지에 점점 더 많은 국가 예산이 투입되고 있으며, 의료보험공단의 재정 악화가 심각한 사회문제로 대두하기 시작했다. 약가는 환자의 의약품 접근성을 보장하면서 동시에 제약회사의 신약개발을 지속적으로 장려하고 보상할 수 있는 적절한 시스템을 근간으로 해야 혁신신약이 개발되고 환자의 건강권에도 공여할 수 있다. 우리나라 건강보험은 단일보험체제로 인하여 평등성을 강조하고 있으나 환자의 다양한 의료욕구를 만족시킬 수 없고 보험재정 적자는 급격하게 증가하고 있다. 이를 해결하기 위해서는 민간보험 도입과 의료영리법인 허용 등 다양한 대안을 고려해 기본적인 건강권을 확보함과 동시에 다양한 욕구를 충족시킬 수 있는 대안이 필요하다. 현재 시행하고 있거나 실행할 예정인 다양한 약가 및 등재정책들은 대부분 약가인하를 유발하고 있어 신약개발에 적합한 정책인지 의문이 있다. 특허권 등 지적재산권에 대한 보장 강화와 신약개발에 대한 과감한 정책이 있어야 한다.

　미국의 의료보험제도는 각 개인은 의료보험을 꼭 가입해야 하는 법률이 없고 개인 또는 회사별로 각자 가입해야 한다. 대개의 경우 직장의료보험을 통해 의료혜택을 누리게 된다. 사업주와 본인이 일정한 배분에 의해 공동 부담하는 경우가 일반적이며, 보통 소액의 본인 부담금을 제외하고 그 이상의 의료비를 보험회사에서 처리한다. 미국에는 의료보험회사가 무수히 많으며 종류도 다양하므로 여러 의료보험회사를 살펴보고 자신의 예산과 실정에 맞는 회사를 선택해야 한다. 하지만 미국의 의료 정책은 비싼 보험료를 낸 사람들은 의료보험 혜택을 볼 수 있지만, 의료보험 미가입자는 각자가 알아서 비싼 병원비를 부담하면서 병원을 찾아가야 한다. 미국의 의료보험 미가입자는 약 9%(약 3,000만명)에 이른다. 보험 가입자에 대해서도 어떠한 수단을 강구해서라도 보험금의 지불거부로 인하여 이윤의 최대화를 올리는 의료보험 회사, 제약회사, 이에 유착한 정치가들을 폭로한 다큐멘터리 영화 'Sicko'에서 볼 수 있듯이 미국인들의 상당수 사람들은 의료보험 혜택에서 벗어나 있는 상황이다. 미국은 고령자와 저소득층을 위해 메디케어, 메디케이드와 같은 의료보험제도가 있다. 하지만 의료보험비용이 매우 비싸다. 문제는 저소득층도 아니고 그렇다고 해서 비싼 의료보험료를 감당하기에는 너무 잘 살지도 않는 사람들 즉 의료보험정책의 공백이 존재한다. 그런 문제를 해결하기 위해 오바마대통령이 들고 나왔던 것이 오바마케어이다.

실전문제

→ 다큐멘터리 영화 'Sicko'를 통해 알 수 있는 한국vs미국의 의료보험제도 장단점은?

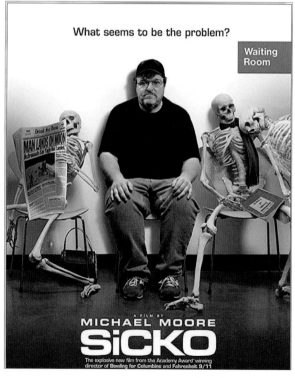

그림 11-5 2007년 Sicko 다큐멘터리 영화

COVID-19 치료 비용(미국대통령)

한국은 감염증 진단과 치료에 드는 비용을 전액 지원하고 있어 국민은 물론 외국인도 부담없이 검사를 받고 있다. 의사의 이상 소견이 없이 환자의 요구로 검사를 하는 경우를 제외하고는 검사와 격리, 치료 등에 드는 비용을 건강보험공단과 중앙정부, 지방자치단체가 전액 부담한다.

미국은 질병통제예방센터 CDC가 전담하는 코로나19 검사 비용은 '무료'이다. 그러나 CDC 검사 비용을 제외한 나머지 진료비와 병원 입원비 등은 환자 개인이 지불 해야 한다. 민간 의료보험을 중심으로 의료 시스템이 구축돼 있어 의료보험료가 비싸다는 이유로 보험에 가입하지 않는 사람들이 많다. 전체 미국인의 9%에 달하는 약 3,000만명 정도가 의료보험 미가입자인데 이들은 바이러스 증상이 나타나도 병원에 가기를 꺼리는 경우가 많다.

한국의 국가의료보험과 달리 미국의 민영의료보험 제도로 인해 보험 미가입자들이 검사와 치료를 꺼리는 상황이 나타나면서 우려를 낳고 있다.

트럼프 미국 대통령 코로나19 치료 비용 추정

트럼프 대통령의 치료비는 모두 연방정부에서 부담

■ 입원 및 치료 비용 (60세 이상 환자 중간값)
➡ 6만 1,912달러 (약 7,173만원)
*응급실 진료비, 병원 처방 약값 등 모두 포함

■ 응급헬기 왕복 탑승 비용 (에어 앰뷸런스)
➡ 4만 달러 이상 (약 4,634만원 이상)

■ 코로나19 치료제 '렘데시비르'
➡ 3,120달러 (약 361만원)
*민간 의료보험 가입자의 경우

■ 코로나19 검사비
➡ 100달러 (약 12만원)

총 약 10만 달러 이상
(한화로 약 1억 1,600만원 이상 예상)

• 출처: NYT, 페어헬스

그림 11-6 그림제목추가예정

미국 메사추세츠에 거주하는 대니아스키니 씨는 지난 2월 말부터 가슴통증과 고열로 세 차례 병원을 방문했고, COVID-19 판정을 받았다. 하지만 의료보험에 가입되지 않았던 그녀는 자신이 받은 검사비와 치료비 청구서를 SNS에 공개했다. 그녀가 공개한 COVID-19 진단 검사비용은 907달러로 한화 약 110만 원이었고, 치료비로 청구된 금액은 무려 3만4,972 달러로 한화 약

4,280만원이었다.

2020년 트럼프 미국 대통령의 COVID-19 치료비용을 추정하면 약 10만 달러가 넘을 것으로 추정했다(트럼프 대통령의 치료비는 전액 연방정부에서 지원). 평범한 미국인이 도널드 트럼프 미국 대통령과 같은 의료적 혜택을 누리려면 10만 달러(약 1억1천800만 원)가 넘게 든다. COVID-19의 양성판정을 받은 보험 미가입자는 환자는 어떻게 해야하나? 난감한 상황이 아닐 수 없다.

한국은 모 대학병원에서 COVID-19로 치료받은 환자가 공개한 치료비 명세서에 의하면 약 19일 동안 치료를 받았고, 병원 측으로부터 명세서를 받았는데, 진료비 총액이 970만 원이고, 환자부담총액은 140만원, 하지만 이 금액도 건강보험공단에서 부담했다. 결국 이 환자는 병원비 중 의료용품비 4만여 원만 지급했다.

COVID-19 사태를 계기로 각 국가들은 의료보장제도 미비점에 대한 대책 마련에 나서고 있다. 전문가들은 COVID-19 이후 건강보험 수요가 증가하고 건강보험 필요성에 대한 인식도 높아지고 있다.

진료비 지불제도는 건강보험 가입자나 피부양자에게 의료서비스를 제공한 의료공급자 등에게 국민건강보험공단이 대가를 지불하는 보상방식을 말한다. 현행 국민건강보험제도에서 진료비 지불체계는 '요양기관(요양급여비용 청구) → 건강보험심사평가원(심사ㆍ평가) → 국민건강보험공단(사전점검 및 지급) → 요양기관' 구조로 이뤄져 있다.

진료비 지불제도와 관련해서는 행위별수가제, 포괄수가제, 일당정액제, 인두제, 총액계약제, 상대가치수가제 등 다양한 방식이 존재하는데, 무엇을 택하느냐에 따라 의료서비스의 구성, 제공 행태, 진료비 심사 및 관리방식에 결정적인 영향을 미치게 된다.

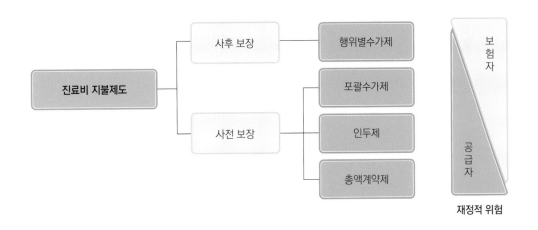

그림 11-7 진료비 지불제도

(1) 행위별수가제(Fee-for-Service)

행위별수가제는 진료에 소요되는 약제 또는 재료비를 별도로 산정하고, 의료인이 제공한 진료행위 하나하나 마다 항목별로 가격을 책정하여 진료비를 지급하도록 하는 제도이다. 가장 보편적이고 시장접근적인 방법으로서 대부분의 자본주의 경제체제를 가진 국가에서는 이 행위별수가제를 많이 채택하고 있다. 우리나라는 의료보험제도 도입 때부터 기본적으로 행위별수가제 지불방식을 운영하고 있다. 행위별수가제는 의료인이 제공한 시술내용에 따라

값을 정하여 의료비를 지급하는 것으로서 전문의의 치료방식에 적합하다. 즉, 위중하거나 진료에 시간이 많이 걸리며 특별한 기술을 요하는 질병이나 진료재료가 많이 소요되는 질병에 대하여는 정확히 그만큼 많은 진료비를 의료인에게 지급하게 된다. 이는 일반 상행위의 원칙이 가장 많이 적용되는 방식으로서 의료인이 가장 선호하는 방식이기도 하다. 적은 횟수의 더 철저한 검사보다는 짧고 빈도가 많은 진료를 유도하게 된다. 또한, 행위별 수가제는 의료인들로 하여금 의료장비·기술의 개발을 촉진하게 하는 유인효과가 있어 신의료기술 발달 및 임상연구 발전에 기여하는 등 양질의 의료서비스 제공을 가능하게 하는 장점도 있다.

행위별수가제에서 수가금액을 산출하는 방법은 다음과 같다.

$$수가금액 = 상대가치점수 \times 요양\ 기관\ 유형별\ 점수당\ 단가(환산\ 지수)$$

여기서 상대가치점수는 의료행위(급여)에 소요되는 시간·노력 등의 업무량, 인력·시설·장비 등 자원의 양, 요양급여의 위험도 및 빈도를 종합적으로 고려하여 산정한 가치를 의료행위 별로 비교하여 상대적인 점수로 나타낸 것이다.

표 11-8 상대가치 항목

상대가치 항목	설명
업무량 (의료서비스)	주시술자(의사, 약사)의 전문적인 노력에 대한 보상으로 시간과 강도를 고려한 상대가치
진료 비용 (임상인력, 의료장비, 치료재료)	주시술자(의사)를 제외한 보조의사, 간호사, 의료기사 등 임상인력의 임금, 진료에 사용되는 시설과 장비 및 치료재료 등을 고려한 상대가치
위험도 (의료분쟁해결비용)	의료사고 빈도나 관련 비용조사를 통하여 의료사고 관련 전체비용을 추정하고, 진료과별 위험도를 고려한 상대가치

표11-9 요양 기관 유형별 점수당 단가(환산 지수, 2022년 기준)

유형별 분류	점수당 단가
「의료법」제3조제2항제3호에 따른 의료기관 중 병원, 요양병원, 정신병원 및 종합병원	78.4원
「의료법」제3조제2항제1호에 따른 의료기관 중 의원	90.2원
「의료법」제3조제2항제1호에 및 같은 항 제3호에 따른 의료기관 중 치과의원 및 치과병원	90.7원
「의료법」제3조제2항제1호 및 같은 항 제3호에 따른 의료기관 중 한의원 및 한방병원	92.6원
「의료법」제3조제2항제2호에 따른 조산원	146.1원
「약사법」제2조제3호에 따른 약국 및 같은 법 제91조에 따른 한국희귀·필수의약품센터	94.2원
「지역보건법」에 따른 보건소, 보건의료원 및 보건지소와 「농어촌 등 보건의료를 위한 특별조치법」에 따라 설치된 보건진료소	88.5원

현행 행위별수가제에서는 실시한 행위의 각 항목에 따라 비용이 지불되기 때문에 불필요한 의료서비스가 제공될 가능성이 있다. 또한 의료공급자로 하여금 환자에게 가능한 고급서비스를 제공하도록 하는 유인할 수 있다. 이 경우 의료자원의 낭비는 물론 오히려 특정 질환을 초래할 가능성이 있다. 반대로, 행위별수가제 하에서는 의료제공자에게 이익이 되지 않는 경우 의료서비스의 감소 가능성도 있다. 이밖에도 개별 의료행위에 대한 적정 수가를 정하는 것이 쉽지 않고, 의료기관이나 시술자에 따라 질적 수준에 차이가 있음에도 같은 행위에 대해서는 같은 수가를 받는다는 단점도 있다. 이 같은 행위별수가제의 문제점 일부를 해결하기 위해서는 다음과 같은 개선방안이 필요하다. 첫째, 의료서비스 항목 간 불균형을 교정할 수 있는 목표 의료비를 설정하는 것이다. 이는 미국에서 의료비 상승표의료비 제도를 도입하는 것으로, 실제 의료비가 목표의료비를 초과하면 다음 해의 수가 인상률에 이를 반영하여 수가의 인상을 감소시키는 것을 말한다. 둘째, 진단명 기준 포괄수가제를 일부 도입하여 행위별수가제가 가지고 있는 많은 비효율성을 개선하는 것이다. 포괄수가제는 개별 병원에게 진단명별로 보상해 주는 가격수준을 해당 진단명을 가진 환자를 치료하는 데 전체 병원에서 평균적으로 소요되는 비용에 맞춤으로써 서로 다른 병원 간에 암묵적으로 비용 인하 경쟁을 유도하는 효과를 가진다.

그림 11-8 Getting Beyond Fee-For-Service

경미한 증상에도 CT, MRI 검사 권유   환자 입원기간 늘리기   발치, 치질 수술 등 과잉진료 권유

그림 11-9 **과잉진료 유형**

(2) 포괄수가제 (DRG)

포괄수가제는(DRG; Diagnosis Related Group Payment System)는 질병군(DRG, Diagnosis related groups)[4] 별 환자분류체계를 이용하여 입원기간 동안 제공된 검사, 수술, 투약 등 의료서비스의 양과 질에 관계없이 어떤 질병의 진료를 위해 입원했었는가에 따라 미리 책정된 일정금액을 보상하는 지불제도로 질병별(진료량과 무관)로 건당 일정액이 미리 책정된 의료비 지불제도이다.

미국에서 의료비의 급격한 상승을 억제하기 위하여 1983년부터 DRG에 기초를 둔 선불 상환제도로 개발하였고 연방정부가 운영하는 메디케어 환자의 진료비 지급방식으로 사용되고 있다. 이 제도는 의료비용의 사전예측이 가능하기 때문에 장기입원에 대한 인센티브를 제거할 수 있다. DRG 지불제도 하에서는 현재와 같은 행위별 심사는 약화되는 대신에 의료기관들의 진단명 조작이나 의료의 질 저하를 방지하기 위한 활동(모니터링 등)을 담당하는 기능이 필요해지며 이것을 현재의 심사기구가 수행하게 된다. DRG 코드의 조작에 대한 감시와 조정은 포괄수가제의 안정적인 정착을 위해 꼭 필요한 조치이다. 의료비를 허위로 청구하는 upcoding 등의 의료범죄 행위를 방지를 위하여 각 의료기관의 입원율, 재원일수, 입원건 수, 중증도 지표 등의 지속적인 모니터링을 통해 문제의 소지가 있는 의료기관이 포착되면 이에 대한 정밀 심사를 하는 방안 등 보험심사기구에서 설정한 종합적인 감시방안이 병행된다.

포괄수가제는 과잉의료를 방지하여 진료비를 낮추어 환자에게 부담을 감소시키고 건보재정 건전성을 제고할 수 있는 장점이 있지만 현실적으로는 이를 상쇄하는 여러 가지 단점들을 가지고 있다. 현재 7개 질병군 포괄모형이 가지는 한계점, 의사비용과 병원비용의 미분리, 포괄 부적절 항목 별도 청구 기전 부재, 신의료기술 도입 기전 미비, 장기입원에 대한 지불 정확성 문제 등으로 인해 의료기관에서는 환자를 기피하고 환자와 의사간 마찰을 야기한다.

표11-10 **포괄수가제의 장단점**

환자에게 좋은 점	의료기관에 좋은 점	단점
본인 부담금 감소	과잉진료 방지	환자 기피 현상
건강보험 보장성(혜택) 확대	의료자원의 효율적 사용	과다진료 제공 가능성
병원비 예산가능	의료공급자(병원) 심사기관과의 마찰해소	의료서비스 최소화로 환자와 의료기관과의 마찰 야기
건강보험 지속가능	진료비 청구와 계산방법 간소화 (신속 지급)	조작을 통한 부당 청구 가능성 높아짐
과잉진료 방지	건강보험 진료비 신속 지급	의료다양성 반영 미흡

현재 포괄수가제는 시행에 따른 문제점을 해소하지 못한 채 지속됨에 따라 의료제공자의 수용성은 미흡한 것으로 보이며, 제도의 유용성 역시 거두지 못하고 있는 것으로 판단된다. 포괄수가제 도입의 목적인 보험지출의 합리적인 관리 측면은 지불체계의 개편으로만 달성하기 어렵고, 전체 건강보험체계에 대한 검토가 함께 이루어져야 할 것이며, 지불제도 개편에 있어 중요하게 고려해야 할 점은 의료제공자들은 최선의 진료를 제공할 수 있고, 의료소비자들은 더 나은 의료서비스를 선택할 수 있는 여건이 마련되어야 한다.

향후 포괄수가제에 대한 개선방향으로는 다음의 내용들을 고려할 수 있다. 첫째, 포괄수가제를 원칙적으로는 의료급여서비스와 국·공립의료기관을 대상으로 적용하여 비효율적인 진료관행을 바로 잡고 진료의 효율화를 도모한다. 둘째, 포괄수가제도는 지불제도 개혁을 위해 10여년에 걸쳐 막대한 투자를 해 시행하고 있는 제도로 현행 시행하고 있는 7개 질환에 대하여 포괄수가제 선택형을 유지한다. 이를 의료비절감의 목적으로 사용하기보다는 혼합형 지불체계 시도를 통해 경영과 진료의 효율화와 의료의 질 확보를 함께 담보할 수 있는 방안의 모색이 필요하다. 셋째, 병원서비스와 의사의 진료행위 분리를 통해 포괄수가제도 하에서 의료의 질 확보 기전을 구축하고, 질병군별 적정수가를 마련한다. 이러한 개선사항들을 토대로 합리적인 의료비 관리 수단과 수가 정상화 방안을 제시하여 의료제공자와 보험자 모두가 만족할 수 있는 의료비 지불제도가 필요하다.

실전문제

➡ 행위별수가제(Fee-for-Service)의 장점은? 문제점은?

➡ 우리나라의 포괄수가제 (DRG) 비율은?

➡ 포괄수가제 (DRG) 비율이 낮은 이유는?

---

4) 병원경영개선을 목적으로 개발된 입원환자 분류체계를 말한다. 진단명, 부상병명, 수술명, 연령, 성별, 진료결과 등에 따라 유사한 진료내용을 진료군으로 분류한다. 이때 하나의 질병군을 DRG라 부른다.

❖신포괄수가제 (New Bundled-Payment)

현행하는 의료비 지불제도중 기존의 포괄수가제에 행위별 수가제가 반영된 신포괄수가제는 2009년 4월 국민건강보험공단 일산병원에서 일부 시작되어, 2012년 7월 1일부터 국민건강보험공단 일산병원및 지방공사의료원 등 약 40개소에서 혈우병, 에이즈, 다발성외상 등 550개 질병군을 대상으로 시범사업으로 시행하고, 점차 확대하여 2020년 현재 99개 국공립 및 민간의료기관이 567개 질병군을 대상으로 시범사업에 참여하고 있다.

신포괄수가제는 입원기간 동안 발생한 입원료, 처치 등 진료에 필요한 기본적인 서비스는 포괄수가로 묶고, 의사의 수술, 시술 등은 행위별 수가로 별도 보상하는 제도로 포괄수가제의 단점을 보완하기 위하여 고안되었지만, 행위별수가제와 포괄수가제의 장점보다는 단점이 부각되고 있다는 비판적 시각도 있다.

그림 11-10　신포괄수가제 = 포괄수가제 + 행위별수가제

비판적 시각은 첫째, 분류체계 및 수가의 적절성, 신의료기술 제한 등 논쟁이 있을 수 있고, 둘째, 7개 질병군 포괄수가제는 암이나 중증질환 등 복잡한 수술을 포함하는 전체 질병군으로 확대가 어려움이 있다. 적용 질병군 증가가 아닌 적용 기관 확대로서 추진하고 있다.

표 11-1　7개 질병군 포괄수가제와 신포괄수가제 비교

구분	*급여 구분	7개 질병군 포괄수가제	신포괄수가제	
포괄 수가 영역	급여	전체 비용(외과가산료 포함)	단가 10만원 미만	전체 비용
			단가 10만원 이상	비용의 20%
	비급여	• 치료목적의 전체 항목비용 • 임의비급여 비용 중 50%	• 치료목적의 단가 10만원 미만 항목비용 • 초음파검사비용 · 임의비급여 전체비용	

행위별 수가 보상	급여	• 식대 • PCA • 입원일 30일 초과 진료비용	• 단가 10만원 이상 항목의 80% 비용 • 외과가산료 · 식대 · PCA • 정상군 상단일자 이후의 진료비용
	비급여	• 초음파검사비용 · MRI · PET • 병실료차액 등 치료목적 외 비급 여 비용	• 치료목적의 단가 10만원 이상 항목비용 • 병실료차액 등 치료목적 외 비급여 비용
열외군 보상	기준	행위별수가 − 포괄수가 〈 100만원	행위별수가 − 포괄수가 〈 200만원
	금액	100만원 초과금액의 100% 보상	200만원 초과금액의 100% 보상

*급여여부 : 행위별수가제에서의 급여기준

• 출처: 의협신문(http://www.doctorsnews.co.kr)

(3) 봉급제(Salary)

사회주의국가나 영국과 같은 국영의료체계의 병원급 의료기관의 근무의에게 주로 적용되는 방식으로 농 · 어촌 등 벽 · 오지에 거주하는 국민이라도 쉽게 필요한 때 의료서비스를 제공받을 수 있으나 그 진료수준은 낮은 편이다.

법 · 제도상으로 공공의료의 혜택을 모든 국민이 받을 수 있게 되어 있으나, 제한된 의료시설 및 인력 때문에 의사의 윤리적 기준이 낮은 나라의 경우 개인적인 친밀관계나 뇌물수수관계에 따라 의료혜택의 기회가 부여될 여지가 있다.

봉급제의 단점은 의사의 관심이 환자 진료보다는 승진 또는 더 높은 보수를 위해서 승진 결정권을 가진 상사나 고위공직자의 만족에 맞추어진다는 것이다.

(4) 인두제(Capitation)

인두제는 문자 그대로 의사가 맡고 있는 환자수, 즉 자기의 환자가 될 가능성이 있는 일정지역의 주민수에 일정금액을 곱하여 이에 상응하는 보수를 지급 받는 방식이다.

주민이 의사를 선택하고 등록을 마치면, 등록된 주민이 환자로서 해당 의사의 의료서비스를 받든지 안 받든지간에 보험자 또는 국가로부터 각 등록된 환자수에 따라 일정수입을 지급 받게 된다.

인두제는 기본적이고 비교적 단순한 1차 보건 의료에 적용되며, 의료전달체계의 확립이 선행되어야 한다. 따라서 주치의사 또는 가정의 1차 진료 후에 후송의뢰가 필요한 경우에만 전문의의 진료를 받을 수 있다. (영국의 일반가정의에게 적용되는 방식)

(5) 총액계약제(Global Budget)

보험자 측과 의사단체(보험의협회)간에 국민에게 제공되는 의료서비스에 대한 진료비 총액을 추계하고 협의한 후, 사전에 결정된 진료비 총액을 지급하는 방식으로(의사단체는 행위별 수가기준 등에 의하여 각 의사에게 진료비를 배분함) 독일의 보험의에게 적용되는 방식이다.

총액계약제는 전체 보건의료체계 또는 보건의료체계의 특정 부문에 국한하여 적용이 가능하다. 전체 보건의료체계 또는 총액계약제가 적용되는 보건의료 부문의 비용에 대한 효과적 조정이 가능하므로, 진료의 가격과 양을 동시에 통제 및 조정함으로써 진료비 지출 증가 속도를 조절하고 예측할 수 있다. 그러나 이 제도는 의료서비스 제공자가 과소진료를 제공하거나 건강상태가 좋지 못한 환자를 기피하는 현상도 발생할 수 있다.

표11-12 진료비 지불제도의 장·단점

지불방식	장점	단점
행위별수가제 (fee-for-service)	• 환자에게 충분한 양질의 의료서비스 제공 가능 • 신의료기술 및 신약개발 등에 기여 • 의료의 다양성이 반영될 수 있어 의사·의료기관의제도 수용성이 높음	• 환자에게 많은 진료를 제공하면 할수록 의사 또는 의료기관의 수입이 늘어나게 되어 과잉진료, 과잉검사 등을 초래할 우려가 있음 • 과잉진료 및 지나친 신의료기술등의 적용으로국민의료비 증가 우려수가 구조의 복잡성으로 청구오류,허위·부당청구 우려
포괄수가제 (Burdled-payument)	• 경영과 진료의 효율화 • 과잉진료, 의료서비스 오남용 억제 • 의료인과 심사기구·보험자간의 마찰 감소 • 진료비 청구방법의 간소화 • 진료비 계산의 투명성 제고	• 비용을 줄이기 위하여 서비스 제공을 최소화하여 의료의 질적 수준 저하와 환자와의 마찰 우려·조기 퇴원 • DRG코드조작으로 의료기관의 허위·부당청구 우려 • 의료의 다양성이 반영되지 않으므로 의료기관의 불만이 크고 제도 수용성이 낮음
봉급제 (salary)	• 의료서비스 제공을 위한 직접비용이 독립계약 하에서 보다 상대적으로 적음	• 개인적 경제적 동기가 적어 진료의 질을 높인다거나 효율성 제고 등의 열의가 낮음 • 관료화, 형식주의화, 경직화 등 우려 • 진료의 질적수준 저하

인두제 (capitation)	• 진료비 지불의 관리 운영이 편리지출 비용 의 사전 예측 가능 • 자기가 맡은주민에 대한 예방의료, 공중보 건, 개인위생등에 노력 • 국민의료비 억제 가능	• 의사들의 과소 진료 우려 • 고급의료, 최첨단 진료에 대한 경제적 유인 책이 없어신의료기술의 적용 지연 • 중증 질병환자의 등록기피 발생 우려
총액계약제 (global- budget)	• 과잉 진료 · 청구의 시비가 줄어들게 됨 • 진료비 심사 · 조정과 관련된 공급자 불만 이 감소 됨 • 의료비 지출의 사전 예측이 가능하여 보험 재정의안정적 운영 가능 • 의료 공급자의 자율적 규제 가능	• 보험자 및 의사 단체간 계약 체결의 어려 움 상존 • 전문과목별, 요양기관별로 진료비를 많이 배분 받기 위한갈등 유발 소지 • 신기술 개발 및 도입, 의료의 질 향상 동기 가 저하되며, 의료의 질 관리가 어려움 (과소 진료의 가능성)

• 출처: 건강보험심사평가원

실전문제

➡ 영국이 시행하는 인두세의 장점은?

➡ 독일이 시행하는 총액계약제를 우리나라에 적용하면 장점과 단점은?

➡ 우리나라에서 사용되는 진료비 지불제도는?

표11-13 **각국의 진료비 지불제도**

지불방식	의원급	병원급
한국	• 행위별수가제 • 일부 DRG 실시	• 행위별수가제 • 일부 DRG 실시
독일	• 총액계약제 • 보험자단체와 보험의협회가 진료비 총액 을 연간 계약하고 그 총액을 보험의 협회 에게 일괄하여 지불함 • 보험의협회에서 개개 의사에게 수가표를 기준으로 행위별수가제로 지불	• 총액계약제 • 보험자단체와 보험의협회가 진료비 총액 을 연간 계약하고 그 총액을 보험의 협회 에게 일괄하여 지불함 • 보험의협회에서 개개 의사에게 수가표를 기준으로 행위별수가제로 지불

프랑스	• 선불 상환 방식에 의한 행위별수가제(총액규제실시) • 의사조합과의 전국 협약을 통해 총액범위 내의 외래진료비 지급	• 공적병원: 총액계약제(1984년~) • 민간병원: 환자 1일당 입원료로서 정액 지불(일부진료에 대한 포괄수가제 실시)
일본	• 행위별 수가제	• 행위별 수가제 • DRG 시범 사업 중
대만	• 총액 계약제 • 치과외래(1998.07.),한방(2000.07.) • 외과외래(2001.07.),병원(2002.07.) • 인두제, 포괄수가제	• 행위별 수가제 • 일부 포괄수가제 실시
미국	• 행위별 수가제 • 진료보수점수표에 의거 상대가치수가 • (RBRVS)방식으로 지불 • 인두제	• DRG
영국	• 인두제	• 병원 근무의는 공무원으로서 봉급제

"You're in excellent health. I'll need to run some tests until I find something wrong with you."

"We can't find anything wrong with you, so we're going to treat you for Symptom Deficit Disorder."

• 출처: Posted on April 18, 2017 by henrykotula

그림 11-11 Cartoon – Fee for Service Healthcare

실전문제

➡ 약제비 비중이 OECD국가 평균보다 높은 이유는?

➡ 포괄수가제 비율이 증가할까? 줄어들까? 그 이유는?

ISSUE 3 　현재 한국의 의사수와 진료시간은 적절한가?

　보건복지부는 'OECD 보건통계(Health Statistics) 2020'의 주요지표별 수준 및 현황 등을 분석한 결과에 따르면, 2020년 기준 우리나라 임상의사 수(한의사 포함)는 인구 1천 명당 경제협력개발기구(OECD) 평균 3.5명보다 낮은 2.4명으로 낮고, OECD 국가 중 최하위 수준이었다.

자료: OECD Health Statistics 2020

그림 11-12 OECD 국가별 병상 수, 의사 수(2020년 기준)

■ 한국의 의사 수와 진료시간

복건복지부▶ 서울의 종로, 강남, 중구에는 인구 1000명당 의사 수는 11명이고 경북의 군위, 영양, 봉화의 의사 수는 0.7명밖에 되지 않아서 진료 공백이 있다는 주장.

의료계 답변▶ '국가별 의사 밀도'(10km²당 의사가 얼마나 있는가를 보여주는 지표)는 이스라엘(12.4명), 벨기에(10.7명), 한국(10.4명) 등의 순서로 '의사의 접근성 측면에서 한국은 의사의 수가 부족하지 않다'고 주장한다.

■ 한국의 환자1인 진료시간

보건복지부▶ 환자 1명당 1차 의료기관에서의 진료시간이 한국은 4.2분인데 OECD 11국 평균은 17.5분이라는 주장이다.

대한의사협회의 답변▶ '한국인의 1년 병원 방문 횟수는 16.9회로 OECD 평균 6.8회보다 크게 많다'고 주장한다.

정부는 의사가 부족하다는 입장이고 의협은 OECD 평균 대비 의사는 부족하지 않다는 주장이다. 한 마디로, 의협은 의사가 부족하다는 정부의 주장이 잘못됐다는 것이다. 누구의 주장이 옳은가?

정부와 의료계 주장의 타당성을 검증하기 위해서는 한국의 의료체계인 공적의료보험과 그 핵심인 최고가격(특히 의료수가) 제도를 이해해야 한다. 여기에서 최고가격이란 정부에 의해 고정되고 자유시장가격보다 언제나 낮은 가격을 말한다. 그러나 최고가격은 일정 시점에는 고정되었지만 장기적으로는 인상되어왔다. 지난 3년간에는 의료수가는 변동이 없어 최고가격은 자유시장가격보다 더 낮아졌다. 그리고 최고가격이 자유시장가격보다 얼마나 낮은가는 진료과목에 따라 모두 다르다. 예를 들어, 응급의료는 최고가격이 너무 낮아 대형병원도 응급의료를 유지하는 일은 손실이 크게 발생한다. 자유시장가격일 때와 비교하여, 최고가격은 의료서비스 공급을 적게 하고 수요는 증대하게 만든다. 의료수가가 낮게 고정되어있기 때문에 의사는 최대한 많이 진료하지 않을 수 없는 환경이다. 즉, 행위별수가제의 부작용이 발생한다. 당연히 1인당 진료시간은 최대한 짧아지지 않을 수 없다. 1차 의료기관에서 진료시간이 평균 4-5분밖에 안 되는 것은 의료수가 규제가 원인 중 하나이다. 즉 진료시간이 매우 짧은 것은 의료수가를 최고가격으로 규제한 결과이지 의사의 수와 관련이 없다는 것이다. 의료수가가 최고가격인 상황에서는 의사들은 병원 경영이 쉽거나 적절한 소득을 확보하기가 쉬운 장소에서 병원을 개업하기를 원한다. 특히 인구가 감소하고 있는 농촌 지역은 기피의 대상이 되지 않을 수 없다. 지역별 의사 수의 격차가 큰 것은 가격 규제의 당연한 귀결이다. 여기에 자녀 교육 환경 등도 의원 개업 장소의 선정에 영향을 미친다.

의사들의 진료과 선택의 쏠림현상이 지속화되어 내과, 외과, 산부인과, 소아과, 응급의학 등은 의사가 턱없이 모자라고 성형외과, 피부과, 정형외과 등에서는 의사가 차고 넘친다. 의사들의 진료과목 선택은 어떤 진료과목의 노력 대비 보상과 미래 전망, 자유시장가격을 적용할 수 있는 의료수요의 크기, 적성 등에 의해 결정된다. 예를 들어, 실리콘 유방 확대술과 같은 성형수술은 자유시장가격일 뿐만 아니라 수요가 적지 않기 때문에 의사가 몰리는 것이다. 산부인과 의사와 분만실이 없어서 농촌을 포함한 중소도시에서 아기를 분만하는 일은 이제 거의 불가능에 가깝다. 그리고도 정부는 농촌 사람들이 아기를 더 낳기를 바라고 있다. 인구의 대부분이 수도권에 거주하고 인구가 밀집된 지역에서는 의사의 수가 많기 때문에 국가별 의사 밀도가 높게 나타나는 것은 당연하다. 그러나 농촌 지역에서는 상황이 완전히 정반대이다. 이런 상황에서 의사의 접근성 측면에서 한국은 의사의 수가 부족하지 않다는 의사협회 주장은 농촌지역의 적은 비중을 간과한 결과이다. 환자 입장에서는 진료비가 자유시장가격보다 매우 낮기 때문에 환자는 가벼운 증상에도 병원을 찾고, 경우에 따라서는 여러 병원을 전전한다. 서울의 대형병원으로 환자기 몰리는 깃도 환자가 지불하는 비용이 적기 때문이다. 더불어 KTX와 같은 교통의 발달도 대형 병원을 중심으로 환자가 몰리는 현상이 가속화된다. 그 결과 대형병원에서는 환자 1인당 진료시간이 짧아지고, 병상의 부족현상이 일어난다.

대한의사협회 의료정책연구소가 공개한 '주요국 의원급 의료기관 진찰료' 자료에 따르면 2020년 기준 한국의 초진료는 미국의 12.2%, 캐나다의 21.6%, 호주, 프랑스, 일본의 약 50% 수준인 것으로 나타났다.

우리나라는 초진, 재진을 구분하고 있으며 의료기관 종별로 수가의 차이가 있다. 진찰료는 기본진찰료와 외래관리료의 합으로 이뤄지는데 올해 의원급 의료기관의 초진료는 1만 6,140원, 재진료는 1만 1,540원이다.

표 11-14 **2020년, 2021 초진료 및 재진료 조정현황** (단위:원)

구분		2020년	2021년	증가
의원	초진진찰료	16,140	16,470	330
	재진진찰료	11,540	11,770	230
병원	초진진찰료	15,920	16,150	230
	재진진찰료	11,530	11,700	170
종합병원	초진진찰료	17,700	17,960	260
	재진진찰료	13,320	13,520	200
상급종병	초진진찰료	19,490	19,780	290
	재진진찰료	15,110	15,330	220

• 출처: 의학신문

초진료 기준 상위 3개국은 미국(13만 2,001원), 캐나다(7만 4,683원), 프랑스(3만 3,183원) 등이며, 한국은 최하위였다. 재진료 기준 상위 3개국은 미국(9만 1924원), 캐나다(7만 4,683원), 프랑스(3만 3,183원)이며, 한국은 하위 두 번째로 미국의 12.6%, 캐나다의 15.5%, 호주, 프랑스의 30% 초반 수준이었다.

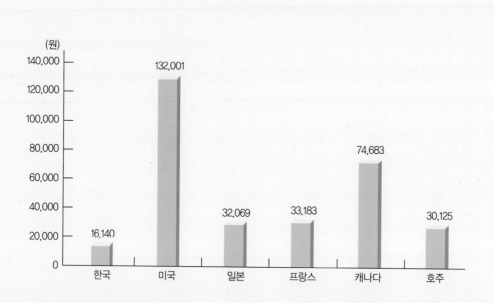

• 출처: 대한의사협회 의료정책연구소

그림 11-13 주요국 의원 외래 초진 진찰료 수준 비교(2020년 기준)

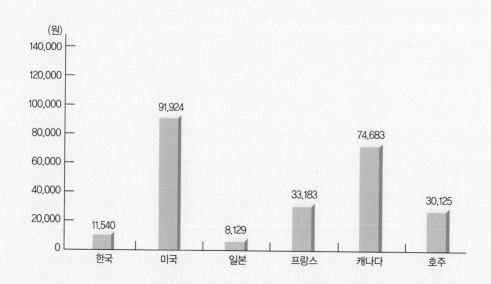

• 출처: 대한의사협회 의료정책연구소

그림 11-14 주요국 의원 외래 재진 진찰료 수준 비교(2020년 기준)

➡ NHS(National Health Service) vs NHI(National Health Insurance)

➡ 한국의 의사수 늘려야하나? 줄여야하나? 그 이유는?

➡ 우리나라 전문의 vs 일반의 비율은? 한국 vs 영국

➡ OECD 국가와 비교하여 우리나라의 초진, 재진 진찰료가 상대적으로 낮다.
그것이 약제비 비중에 미치는 영향은?

06 본인부담 상한제

　본인부담 상한제란 연간(1월1일~12월31일) 발생된 의료비 중 급여본인부담금(비급여, 선별급여 등 제외)의 총액이 개인별 상한금액을 초과하면 초과 금액을 환급해주는 제도이다. 즉, 1년 동안 보호자가 부담하는 '본인부담금'이 상한제 금액을 초과했을 때부터 공단에서 환급해주는 제도이다. (본인부담금: 전체 진료비 중 공단 부담금을 제외한 본인 또는 보호자가 부담해야 하는 금액을 말한다.) 본인부담상한제는 의료보험이 되는 항목에 대해서만 적용받으실 수가 있다. 그러므로 비급여(기저귀, 물티슈, 영양제 등), 전액본인부담, 선별급여, 상급병실료 등의 항목은 적용되지 않는다.

　본인부담상한제 환급방법은 사전급여와 사후환급이 있다.

▶ 사전급여: 한 병원에서 진료한 경우 당해 연도 자신의 소득분위 금액 넘어가면 국민건강공단에서 청구하여 받는다(2020년부터 요양병원 본인 부담 상한제 사전급여 불가하다).

▶ 사후환급: 한 병원만 다니는 것이 아니고 다른 여러 병원에서 진료할 경우에는 일단 병원에 돈을 내고 그 다음 해 국민 건강공단에서 초과한 부분을 환자에게 환급해 주는 제도이다.

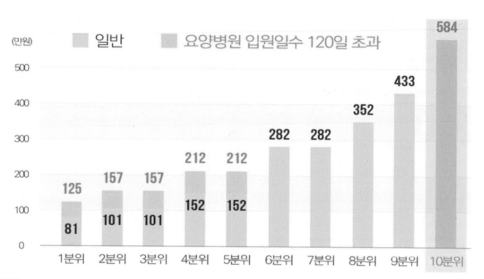

그림 11-15 **본인부담상한제 소득구간별 상한액(2021년기준)**

단위: 만원

■ 입원

총진료비의 20%

■ 외래

- 상급종합병원 : 진찰료 총액 + 나머지 진료비의 60%(임산부 외래진료의 경우에는 요양급여
  비용 총액의 40/100)
- 종합병원 : 요양급여비용 총액의 45%(읍, 면시역, 임신부 외래진료의 경우에는 30/100),
  50%(동지역, 임신부 외래진료의 경우에는 30/100)
- 병원 : 요양급여비용 총액의 35%(읍, 면지역, 임신부 외래진료의 경우에는 20/100), 40%(
  동지역, 임신부 외래진료의 경우에는 20/100)
- 의원 : 요양급여비용 총액의 30%(임신부의 외래진료의 경우에는 10/100)

※단, 65세 이상 요양급여비용 총액이 15,000원 이하이면 1,500원

※보건소, 보건지소, 보건진료소

－요양급여비용이 12,000원 초과 시 총액의 30%

－요양급여비용이 12,000원 이하 시 정액제 적용

- 약국 : 요양급여비용 총액의 30%

단, 65세 이상 요양급여비용 총액이 10,000원 이하이면 1,200원

- 경증질환(52개)으로 대형병원 외래진료 시 처방약제비 본인부담률 차등적용(2011.10.1)

※감기 등 경증질환(52개)으로 외래진료 후 약국 요양급여비용 본인부담률은 상급종합병원 30% → 50%, 종합병원 30% → 40%(경증 질환 52종은 고시)

※경증질환(52개) 처방약제비 본인부담 차등적용은 상급종합병원 또는 종합병원 외래 진료 시 발급된 원외처방에 의한 약국 조제 시에만 적용하며, 입원환자나 의약분업예외환자에 대해서는 적용하지 않음.

▪ 6세 미만 아동

- 외래 : 성인 본인부담률의 70% 적용

  단, 보건소·보건지소·보건진료소 정액제 및 약국 직접조제는 경감 대상 아님.

- 입원 : 요양급여비용의 10%(2008.1.1.)

▪ 산정특례 대상자

- 암·희귀난치질환 등록자 : 등록일부터 5년간 암은 총진료비의 5%, 희귀난치질환은 총진료비의 10%

- 뇌혈관질환자 및 심장질환자 : 산정특례 적용 기준에 해당하는 경우 최대 30일 동안 총진료비의 5%

※복잡선천성 심기형질환자 또는 심장이식술은 받은 경우 최대 60일 적용

- 결핵 등록자 : 결핵 치료기간동안 총진료비의 0%

- 중증화상 등록자 : 등록일로부터 1년간 총진료비의 5%

입원진료 : 20%

· 진료비의 20% 본인부담

외래진료 : 30~60%

· 요양기관의 종별에 따라 상이(의원 30%, 병원 40%, 종병 50%, 상급종병 60%)

약국 : 30%

· 감기 등의 경증질환으로 대형병원 진료 시 본인부담률 상승(종병 40%, 상급종병 50%)

희귀 · 난치성 & 중증질환자 : 5~10%

· 희귀 · 난치성 & 중증질환자의 보호를 위해 낮은 진료비 혜택 제공
  희귀 · 난치성질환(10%) : 혈우병, 만성신부전, 정신질환, 장기이식 환자 등
  중증질환(5%) : 암, 심혈관계질병, 뇌혈관 관계질병, 결핵, 중증화상 등

그림11-16 **진료비 본인 부담률(2020년 기준)**

• 중증외상 : 손상중증도점수(ISS) 15점 이상에 해당하는 중증외상환자가 「응급의료에 관한
  법률」 제30조의2에 따른 권역외상센터에 입원하여 진료를 받은 경우 최대 30일 동안 총진
  료비의 5%

1) 노인장기요양보장제도

노인장기요양보험제도란 고령이나 노인성 질병등으로 일상생활을 혼자서 수행하기 어려운 이들에게 신체활동 및 일상생활 지원 등의 서비스를 제공하여 노후 생활의 안정과 그 가족의 부담을 덜어주기 위한 사회보험제도이다. 즉, 노화 등에 따라 거동이 불편한 사람에 대하여 신체활동이나 일상 가사활동을 지속적으로 지원해주는 것이다. 특히, 급격한 고령화와 함께 핵가족화, 여성의 경제활동 참여가 증가하면서 종래 가족의 부담으로 인식되던 장기요양문제가 이제는 개인이나 가계의 부담으로 머물지 않고 이에 대한 사회적 국가적 책무가 강조되고 있다. 이와 같은 사회 환경의 변화와 이에 대처하기 위하여 노인장기요양보장제도를 도입하여 운영하고 있다.

2) 노인장기요양보험제도의 주요 특징

(1) 건강보험제도와 별도 운영

장기요양보험제도를 건강보험제도와 분리 운영하는 경우 노인등에 대한 요양 필요성 부각이 비교적 용이하여 새로운 제도도입에 용이하며, 건강보험 재정에 구속되지 않아 장기요양급여 운영, 장기요양제도의 특성을 살릴 수 있도록 「국민건강보험법」과는 별도로 「노인장기요양보험법」을 제정하였다.

(2) 사회보험방식을 기본으로 한 국고지원 부가방식

우리나라 장기요양보장제도는 사회보험방식을 근간으로 일부는 공적부조방식을 가미한 형태로 설계, 운영되고 있다.

*국민건강보험법의 적용을 받는 건강보험가입자의 장기요양보험료

[건강보험료액 × 12.27%(2022년도 보험료 기준)]

*국가 및 지방자치단체 부담

장기요양보험료 예상수입액의 20%+공적부조의 적용을 받는 의료급여수급권자의 장기요양급여비용

*국가 및 지방자치단체 부담

장기요양보험료 예상수입액의 20%+공적부조의 적용을 받는 의료급여수급권자의 장기요양급여비용

(3) 보험자 및 관리운영기관의 일원화

우리나라 장기요양보험제도는 이를 관리·운영할 기관을 별도로 설치하지 않고 「국민건강보험법」에 의하여 설립된 기존의 국민건강보험공단을 관리운영기관으로 하고 있다. 이는 도입과 정착을 원활하기 위하여 건강보험과 독립적인 형태로 설계하되, 그 운영에 있어서는 효율성 제고를 위하여 별도로 관리운영기관을 설치하지 않고 국민건강보험공단이 이를 함께 수행하도록 한 것이다.

(4) 노인중심의 급여

우리나라 장기요양보험제도는 65세 이상의 노인 또는 65세 미만의 자로서 치매, 뇌혈관

성 질환 등 노인성 질병을 가진자 중 6개월 이상 혼자서 일상생활을 수행하기 어렵다고 인정되는 자를 그 수급 대상자로 하고 있다. 여기에는 65세 미만자의 노인성 질병이 없는 일반적인 장애인은 제외되고 있다.

3) 노인장기요양보험 적용

(1) 적용대상

건강보험 가입자는 장기요양보험의 가입자가 된다(법 제7조제3항). 이는 건강보험의 적용에서와 같이 법률상 가입이 강제되어 있다. 또한 공공부조의 영역에 속하는 의료급여 수급권자의 경우 건강보험과 장기요양보험의 가입자에서는 제외되지만, 국가 및 지방자치단체의 부담으로 장기요양보험의 적용대상으로 하고 있다(법 제12조).

(2) 장기요양인정

장기요양보험 가입자 및 그 피부양자나 의료급여수급권자 누구나 장기요양급여를 받을 수 있는 것은 아니다. 일정한 절차에 따라 장기요양급여를 받을 수 있는 권리(수급권)가 부여되는데 이를 장기요양인정이라고 한다.

장기요양인정절차는 먼저 공단에 장기요양인정신청으로부터 출발하여 공단직원의 방문에 의한 인정조사와 등급판정위원회의 등급판정 그리고 장기요양인정서와 표준장기요양이용계획서의 작성 및 송부로 이루어진다.

*장기요양인정 신청자격 : 장기요양보험 가입자 및 그 피부양자 또는 의료급여수급권자 중 65세 이상의 노인 또는 65세 미만자로서 치매, 뇌혈관성 질환 등 노인성 질병을 가진 자.

4) 노인장기요양보험 재원

노인장기요양보험 운영에 소요되는 재원은 가입자가 납부하는 장기요양보험료 및 국가 지방자치단체 부담금, 장기요양급여 이용자가 부담하는 본인일부부담금으로 조달된다.

(1) 장기요양보험료 징수 및 산정(「노인장기요양보험법」 제8조, 제9조)

장기요양보험 가입자는 건강보험 가입자와 동일하며, 장기요양보험료는 건강보험료액에 장기요양보험료율(2020년 현재 : 10.25%)을 곱하여 산정합니다. '장기요양보험료율'은 매년 재정상황 등을 고려하여 보건복지부장관소속 '장기요양위원회'의 심의를 거쳐 대통령령으로 정하고 있다.

(2) 국가의 부담 (「노인장기요양보험법」 제58조)

- 국고 지원금 : 국가는 매년 예산의 범위 안에서 해당 연도 장기요양보험료 예상 수입액의 100분의 20에 상당하는 금액을 공단에 지원한다.
- 국가 및 지방자치단체 부담 : 국가와 지방자치단체는 의료급여수급권자에 대한 장기요양급여비용, 의사소견서 발급비용, 방문간호지시서 발급비용 중 공단이 부담해야 할 비용 및 관리운영비의 전액을 부담한다.

(3) 본인일부부담금 (「노인장기요양보험법」 제40조)

재가 및 시설 급여비용 중 수급자의 본인일부부담금(장기요양기관에 직접 납부)은 다음과 같습니다.
- 재가급여 : 당해 장기요양급여비용의 100분의 15
- 시설급여 : 당해 장기요양급여비용의 100분의 20
- 국민기초생활보장법에 따른 의료급여 수급자는 본인일부부담금 전액 면제
- 희귀난치성 질환자이면서 차상위, 만성질환자이면서 차상위, 저소득대상자를 기준으로 장기요양급여이용의 활성화를 도모하고자 장기요양급여이용 시에 본인일부부담금을 50%를 감경한다.

ISSUE 5 │ 약제비 본인부담(차등적용)제도가 의료전달체계를 개선할 수 있을까?

약제비 본인부담 (차등적용) 제도: 고혈압, 감기 등 의원 또는 병원에서 진료가 가능한 비교적 가벼운 질환에 대해 상급종합병원 또는 종합병원 외래진료를 받는 경우 약국 약제비에 대한 환자부담을 높게 적용하여 의원 또는 병원 이용을 유도함으로써 의료전달체계를 개선하기 위한 제도이다. 따라서, 약제비 본인부담 차등적용 질병으로 상급종합병원 또는 종합병원 외래진료 후 처방전을 발급받아 약국에서 조제 받는 경우 약제비 총액의 10~20%를 환자가 더 부담하게 되고 약제비에 본인부담률을 차등 적용함으로써 비교적 감기같은 가벼운 질환은 의원에서 진료받고, 대형병원은 중증진료에 집중함으로써 의료기관간 적절한 역할 분담에 기여할 수 있는 제도이다.

약국 약제비 본인부담 차등적용 질병에 해당되는 경우 상급종합병원 또는 종합병원 외래진료 시 발급하는 처방전에 특정기호 'V252', 'V352'와 'V100'을 기재토록 하고 있으며, 약국에서는 처방전에 기재된 특정기호를 확인하여 약제비 본인부담률을 적용하고 있다. 상급종합병원 또는 종합병원에서 발급하는 처방전에 특정기호('V252' 또는 'V352')가 기재된 경우 약국 약제비 본인부담 차등적용이 되고, 'V100'이 기재된 경우는 예외적용으로 약제비 차등이 되지 않는다. 예외적으로, 일부 질환의 경우 질환 특성을 고려해 6세 미만 소아를 제외되고, 의원에서 종합병원(상급종합병원 제외)으로 진료를 의뢰하는 경우 종합병원에 진료의뢰서가 접수된 날로부터 90일간은 약제비 본인부담 차등을 적용하지 않는다.

표 11-15 │ 약국 약제비 본인 부담률 현황

대상 질병	구분	약국 본인부담률
100개 질병 (보건복지부 고시)	상급종합병원에서 발행한 처방전으로 약 구입시	50%
	종합병원에서 발행한 처방전으로 약 구입시	40%
	병원, 의원에서 발행한 처방전으로 약 구입시	30%
그 외 질병	모든 의료기관에서 발행한 처방전으로 약 구입시	30%

약제비 차등부담에 대한 예를 들면, 동네의원에서 감기등의 이유로 본인부담금을 제외한 약제비가 10,000원이라면, 본인 부담금 30%인 3,000원을 지불하지만, 상급종합병원을 이용하였다면, 5,000원 (50% 요율)을 본인부담금으로 지불해야한다.

2009년-2018년, 10년간 상급종합병원은 4개 의료기관 종류 중 가장 가파른 내원일수 증가를 보이고 있다. 입원일수, 외래일수 모두 30% 이상의 증가를 보였으며, 외래일수 증가폭(43.7%)이 입원일수 증가폭(30.6%)보다 큰 것으로 나타났다. 병원의 경우 지난 10년간 입원일수가 46% 가량 감소하였으나, 외래일수는 22.3%의 증가를 보였고, 의원의 경우 지난 10년간 외래일수가 6.7% 감소한 것으로 나타났다.

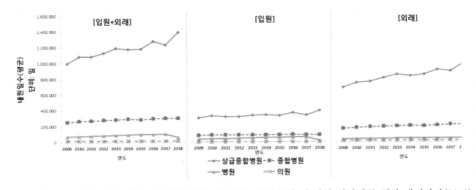

• 출처: 건강보험심사평가원,상급종합병원 의료이용 현황분석 및 역할 정상화를 위한 개선방안(2019)

그림 11-17 **약국 약제비 본인 부담률 현황** (단위 : %)

실전문제

➡ 약제비 본인부담차등제도가 건강보험재정에 미치는 영향은?

➡ 본인부담률을 높이면 병원이용률이 낮아질까? 건강보험재정에 미치는 영향은?

➡ 왜 환자들은 대형병원에서 진료 받기를 원하는가? 이유는?

➡ 동네의원의 이용률을 높이기 위한 방안은?

01 건강보험과 제약산업과의 관계

제약산업은 고부가가치를 창출하는 미래 성장산업임과 동시에 국가보건의료체계의 지속성 확보를 위해 정부의 각종 규제가 작용하는 산업으로 제약산업에 대한 가치 판단 기준에 따라 방향이 결정된다. 특히 우리나라의 제약산업은 보험재정 안정과 제네릭의약품 사용 유도 등 보건의료정책과 신약개발 및 성장 환경 제공이라는 산업정책의 이해관계가 자주 충돌하는 분야이다. 우리나라의 경우 의약품에 관련하여 선진국에 비해 상대적으로 강력한 사회적 규제가 작동하고, 제약산업을 공공재로 인식하는 경향이 강하다. 산업 전반에 대하여 약사법을 비롯한 각종 보건의료 관련 법률과 하위법령, 고시가 적용되며, 특히 의약품 가격을 건강보험 상에 등재하여 통제하는 가격 규제는 매우 중요한 규제수단으로 작용한다. 약가를 이용한 가격 규제는 사회적 비용과 건강보험 재정 절감이라는 효과를 기대할 수 있지만, 제약회사 입장에서는 이윤 축소 및 신제품 개발 등의 기업 활동을 위축시키는 한편, 의약품의 사용량 증가와 고가약 처방 비중을 증가시키는 처방행태에도 영향을 미치는 것이다.

제약산업은 의약품 선택권이 최종 소비자인 환자의 선택권이 제한된다. 즉, 1차 고객이 최종 소비자인 환자가 아닌 의사이다. 환자의 질환 특성에 맞게 의사가 처방을 선택하고, 약사에게 조제되어 환자에게 전달하는 구조이다. 더구나 처방하는 의사의 의약품 선택에 있어서도 자유롭지만은 않다. 처방 의사가 속한 병원의 의약품 약제위원회(Drug committee)기준에 따라 처방이 제한될 수 있다. 미국의 경우 보험회사인 HMO(Health Management Organization) 혹은 이들이 약제관리만 외부에 위탁하는 약제관리 위탁회사인 PBM(Pharmacy Benefit Manager)의 철저한 관리에 의해 약제 선택권이 제한되기도 한다. 또 다른 특수성은 최종 소비자인 환자가 구매에 대한 지불을 전적으로 지불하는 것이 아니라, 환자가 일부 지불하고 나머지는 국가 혹은 보험회사가 지불하는 구조로 환자는 자신이 구매한 의약품의 가치에 대한 민감성이 떨어진다. 즉, 보험약가가 정해진 가운데 제약회사 입장에서는 이윤을 극대화하기 위해 제품 판매를 촉진하는 데에 노력을 기울일 수밖에 없고, 선택권을 가진 의사 또는 의료기관을 중심으로 마케팅 활동이 이루어지면서 음성적인 리베이트 구조화라는 부작용을 일으켜 사회적 문제가 되기도 한다. 이렇게 과다 지출된 비용은 높은 약가와 낭비적 사용, 과당경쟁이라는 악순환으로 되풀이되면서 국내 제약산업의 경쟁력을 하락시킨다.

　오리지널 의약품이 특허 만료된 후 제네릭의약품은 적개는 10개 이내 많은 경우는 수십 개의 제품이 시장에 출시되어 과당경쟁으로 인한 비용 증가와 품질 저하 현상이 나타나고 있기 때문에 제네릭의 허가를 대폭 강화하여 합리적 가격에 고품질 제네릭의약품을 이용하도록 사후관리를 통한 지속적인 품질 개선을 해야 한다. 따라서, 제약업계에서는 기존의 제네릭만으로 성장이 어렵기 때문에, 제네릭 약가정책 제도 변화에 대비해 기존의 제네릭에 대한 품질 관리를 강화하는 동시에 제네릭보다 정책 제도적으로 우대받을 수 있는 개량신약과 신약개발에 더욱 매진해야 할 것이다. 건강보험 지출의 증가는 보험료 증가와 국고지원의 증가 등 국민부담률의 증가를 수반한다는 점에서 건강보험 수입의 확충을 위한 방안들 이전에 건강보험 지출 효율화를 위한 제도개선이 선행될 필요가 있고, 이와 더불어 건강보험 피부양자 제도의 개선, 건강보험 재정통계 공개 확대 등 건강보험 관리운영체계를 개선할 필요가 있다.

02 약제비 비중

　정부는 보장성 강화 정책등과 병행해서 약제비 지출 효율화를 고민하고 있지만, 급여 의약품비는 꾸준히 증가하고 있는 것으로 나타났다.

　건강보험심사평가원에서 발표한 2020 급여의약품 청구 현황을 살펴보면 2020년 건강보험 총 진료비는 심사결정분을 기준으로 했을 때 81조1,236억원 이었다. 이중 약품비가 19조9,116억원으로 나타났다. 이는 전년도 약품비 19조3,388억원 대비 5,728억원 가량 증가한 수치다. 같은 기간 동안 총진료비는 80조3,157억원에서 81조1,236억원으로 8,079억 가량 늘었다.

　행위별수가는 기본진료료를 제외하면 진료행위료, 약품비, 재료대가 모두 증가했다.

건강보험 총 진료비 대비 약품비 비중은 2016년 25.66%에서 2017년 25.09%, 2018년 24.62%, 2019년 24.08%로 감소하다가 2020년에는 24.54%로 상승했고, 약품비는 지난 2016년부터 계속해서 상승하고 있다. 2020년에는 19조9,116억원으로 곧 20조를 돌파할 상황이다.

정부는 약제비 지출 효율화를 위해 계단식 약가인하 기준을 변경해야 한다는 등 다양한 대안을 고민하고 있는 상황이다. 실제로 약제비 지출 효율화 혹은 의료 질 향상의 일환으로 영국, 미국, 호주 등의 국가에서 의약품 적정관리를 목적으로 질과 비용을 고려한 의약품 처방 인센티브를 지급하고 있다.

표 12-1 **건강보험 총진료비 대비 약품비 현황** (단위: 억원, %)

연도	행위별수가					정액수가		
	총진료비	기본 진료료	진료 행위료	약품비	재료대	총진료비	요양병원 정액수가 등	포괄수가
2016년	601,314 (100.0)	163,396 (27.17)	259,075 (43.08)	154,287 (25.66)	24,556 (4.08)	45,309 (100.0)	30,283 (66.84)	15,026 (33.16)
2017년	646,111 (100.0)	172,366 (26.68)	284,693 (44.06)	162,098 (25.09)	26,955 (4.17)	50,160 (100.0)	34,432 (68.64)	15,729 (31.36)
2018년	725,711 (100.0)	188,779 (26.01)	326,613 (45.01)	178,669 (24.62)	31,650 (4.36)	53,431 (100.0)	36,716 (68.72)	16,715 (31.28)
2019년	803,157 (100.0)	201,084 (25.04)	372,986 (46.44)	193,388 (24.08)	35,698 (4.44)	54,782 (100.0)	36,927 (67.41)	17,855 (32.59)
2020년	811,236 (100.0)	188,194 (23.20)	385,739 (47.55)	199,116 (24.54)	38,187 (4.71)	57,102 (100.0)	38,820 (67.98)	18,282 (32.02)

• 출처: 건강보험심사평가원, 2020

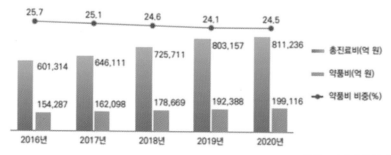

• 출처: 건강보험심사평가원, 2020

그림 12-1 **연도별 약품비 비중**

약제비 지출을 더욱 합리화하여 치료효과와 비용효과성이 입증된 우수한 약제를 선별적으로 등재하여 건강보험 재정을 효율적으로 관리해야 한다. 특히, 적절한 치료법이 없는 질환의 치료제가 개발 되면서 환자 단체나 의료계의 급여 및 급여 확대된 희귀의약품, 함암제 등 약제비 청구금액 증가율이 높은 고가약제에 대한 체계적인 관리가 필요하다. 고가 항암제 및 희귀질환치료제 등의 약품비가 급격히 증가하고 있다.

우리나라의 약제비 비중이 지속적으로 증가하는 원인은 급격한 고령화와 만성질환이 많아지면서 의약품 사용량이 증가하고 항암제와 희귀의약품등의 고가 신약이 약제비 지출에 미치는 영향 높아졌기 때문이다. 뿐만 아니라, 제네릭의약품의 사용률은 높지만, 제네릭의약품과 특허 만료 오리지널 제품의과의 가격 차이가 미약하거나 동일가격이어서 이에 따른 약제비 지출의 효율성이 적은 것이 이유 중 하나이다. 이외에도 신약과 오리지널 제품이 특허가 만료되어도 시장에서의 점유율이 공고히 유지되고 있으며, 대체 가능한 의약품 중에서 제품 간 약가 경쟁이 미흡하고 기존 시장에서 시간 변화에 따르는 가격 인하 현상이 약한 편이기 때문이다. 제네릭의약품과 특허만료 의약품, 신약에 대한 약제비 지출구조를 살펴봤을 때 우리나라는 OECD와 A7 국가에 비해 신약보다 제네릭의약품에 더 많은 지출을 하고 있기 때문이다.

향후 고령화가 더 진행될수록 약제비 증가는 더욱 커질 것으로 예상되며 건강보험의 지속가능성을 담보하려면 약제비 지출을 효율화하고 낭비적 요인을 최소화해야 하며, 이를 위해 제네릭 대체조제 활성화와 특허만료 의약품에 대한 규제 강화, 의사 처방 패턴 개선 등이 필요할 것이다. 또한, 우리나라의 제네릭의약품은 향후 주요 외국에서 시행하고 있는 저가의 제네릭 사용 촉진 정책이 실제 효과를 발휘할 수 있도록 국가별 오리지널과 제네릭의약품의 사용 추이, 의약품 가격과 조달 정책의 특성 반영, 각국 정부들은 의약품 소비에 지출하는 비용을 참조가격제등으로 약제비 관리가 필요할 것으로 생각된다. 고가 항암제와 희귀질환치료제 등의 약품비 지출이 급증하고 있기 때문에 안전성과 치료 효과, 비용 효과성을 입증한 우수한 약제에 대해서만 건강보험을 적용하는 등 고가 약제에 대한 급여의약품 재평가를 통해 급여체계를 관리할 필요가 있다.

실전문제

➡ 국민 의료비 대비 약품비 비중이 높은 이유는?

➡ 미국이 약품비의 비율이 높은 가장 큰 이유는?

➡ 우리나라 향후 약제비 비중이 높아질까? 낮아질까? 그 이유는?

➡ 글로벌회사 특허만료 제품이 한국에서 어떻게 시장 점유율을 높일까?

➡ 제2의 다라프림(Daraprim)사태를 방지할 대책은?

➡ 우리나라의 건강보험 보장율은? 높아지면 어떤 문제가 발생하나?

제약회사의 탐욕, '다라프림(Daraprim)' 사례

2016년 9월, 마틴 슈크렐리는 튜링제약(Turing Pharmaceuticals)을 설립하고 에이즈, 말라리아 등 전염병 치료제인 '다라프림(Daraprim)'의 특허권을 사들였다.

피리메타민이 핵심 성분인 '다라프림'은 세계보건기구(WHO)의 기본 의약품 목록에 올라 있을 정도로 널리 사용되는 항생제로 임신 여성, 에이즈 바이러스(HIV), 말라리아 환자와 같이 면역력이 떨어진 사람들의 기생충 감염을 막는 약으로 사용됐다. 튜링제약이 등장하면서 환자들은 이전처럼 약품을 값싸게 구매할 수 없었다. 슈크렐리가 자신이 설립한 튜링제약을 통해 '다라프림' 가격을 크게 올렸기 때문이다. 이전에 한 알에 13.5달러(약 1만5천 원)하던 가격을 특허권 구입과 함께 50배가 넘는 750달러(약 87만 원)로 올렸다. 정부의 제재로 약품 병원 공급가격을 50% 인하했지만 환자들은 큰 고통을 겪어야 했다.

큰 폭의 인상으로 환자의 약값 부담이 천정부지로 치솟자 제약 업계 등에서 비난이 이어졌다. 제약산업의 주요 로비단체인 미국 제약협회(PhRMA)는 튜링제약은 제약협회의 회원기업이 아니며 최근 튜링제약의 가격 인상을 포용할 수 없다고 밝혔다. 이런 상황에서 2016년 호주 고등학생들은 독점적 지위를 이용한 튜링의 부당한 행위를 고발하겠다며 시드니 대학이 주도하는 말라리아 연구의 한 부분으로 참여하여 '다라프림'을 비교도 안 되는 저렴한 가격으로 생산하는데 성공했다. 17세에 불과한 이 소년들은 심지어 치료제의 성분 제조법을 인터넷에 공개하기도 했다. 2016년 포브스에 따르면 호주 사립 고등학교 시드니그래머스쿨 학생들은 시드니대학 교수진들의 감독 하에 에이즈와 말라리아 치료제로 60년간 널리 사용된 '다라프림'의 주요 성분을 학교 실험실에서 성공적으로 배합해냈다. 학생들은 클로로페닐 아세토니트릴 17그램을 이용해 '다라프림'의 유효성분인 피리메타인 3.7g를 불과 20달러에 생산했다.

슈크렐리가 미국에서 '다라프림' 독점판매권을 지니고 있어서 학생들이 미국에서 약품을 판매하려면 복잡한 법적 절차를 거쳐야 한다. 하지만 학생들의 발견은 (대폭 인상에도 불구하고) '다라프림'은 여전히 가격이 낮게 책정돼 있다고 한 슈크렐리의 주장을 무력화했다. 또한 연구개발에 소홀한 튜링제약과 같은 제약회사가 R&D에 엄청난 비용을 들이는 다른 기업과 동일한 보호를 받는, 미국 제약 산업의 기형적 구조를 말해주고 있다. '다라프림'의 가격이 17.5달러에서 750달러로 급증하여 미국사회에 큰 이슈로 작용하여 미국 FDA는 기생충 감염으로 인한 질환 치료에 사용하는 '다라프림 (Daraprim)'의 퍼스트제네릭을 2020년 3월에 승인했다.

• 출처: 시드니대학

그림 12-2 항생제 '다라프림'을 개발한 호주 학생들

03 인구 고령화에 따른 의료비 증가

1) 노인진료비 증가

우리나라는 세계에서 가장 급격한 인구구조의 고령화로 노인인구 비율이 지속적으로 증가하고 있다. 2018년 우리나라 65세 이상 노인인구가 전체 인구의 14.3%를 차지하여 고령사회(Aged Society)에 진입했고 2020년에 15.7%, 2030년에는 25%, 2050년에는 약 40%에 도달할 것으로 예측했다.

표 12-2 **우리나라 미래 인구 수**   (단위: 천명, %)

연도	2020년		2030년		2040년		2050년	
	인구수	비율	인구수	비율	인구수	비율	인구수	비율
계	51,780	100.0	51,927	100.0	50,855	100.0	47,744	100.3
15세 미만	6,297	12.2	5,000	9.6	4,982	9.8	4,250	8.9
15세–64세	37,358	72.1	33,947	65.4	28,649	56.3	24,487	51.3
65세 이상	8,125	15.7	12,980	25.0	17,224	33.9	19,007	39.8

• 출처: 국가통계포털(KOSIS), 장래인구추계

인구 고령화는 노인성 질환 진료 증가 등으로 인해 노인진료비가 급격히 증가하고 있다.

2020년 건강보험공단통계자료에 의하면 건강보험 진료비가 87조 원에 육박한 것으로 나타났다. 특히 65세 이상 노인 진료비는 전년보다 4.6% 증가하며 전체 진료비의 43%를 차지했다. 2020년에는 COVID-19 영향으로 병원 이용률이 소폭 줄었으나, 중증질환은 병원 이용이나 진료가 유지되었지만, 경증질환은 이용률이 많이 줄어든 것이다. 다만 65세 이상 고령층의 진료비는 37조 원을 넘어서며 또다시 최대치를 기록했다.

전체 진료비 가운데 65세 이상이 차지하는 비중 역시 2018년 40.8%를 기록하며 처음 40%선을 넘은 이후 2019년 41.4%(진료비: 86조4천775억 원), 2020년 43.1%(진료비: 86조9천545억 원)으로 해마다 증가하고 있어 중요한 사회문제가 되고 있다. 노인인구의 증가에 따라 정부는 건강한 노년의 삶을 지원하기 위해 진료비에 대한 보장성 강화를 지속적으로 추진하고 있다. 앞으로 노인진료비가 더욱 증가할 것은 자명하고, 노인진료비의 적정한 관리를 위해서는 현황에 대한 정확한 인식이 필요하다. 건강보험공단통계자료의 65세이상 노인 진료비 현황을 보면 다음과 같다.

• 출처: 2020년 건강보험주요통계자료

그림 12-3 65세이상 노인인구 진료비 비중 현황

노인의료비 증가에 대한 해결책으로 첫째, 노인의료비 증가율이 높은 상급종합병원 즉 2차진료기관에 대한 이용 제한책을 모색해야 한다. 구체적으로는 당뇨나 혈압과 같은 만성 질환과 같은 지속적인 관리가 필요한 부분에 대한 1차 진료기관인 동네 병원을 활용한 방안들이 강화해야 할 것이다. 커뮤니티케어 정책을 활용하여 동네 주치의나 예방과 관련된 활동들이 지원해야 한다. 최근 이슈가 되고 있는 원격의료도 지역사회단위의 지원체계로 맞물려, 노인환자가 심각하지 않은 만성질환의 경우 2차, 3차 진료기관으로 가지 않아도 되는 환경을 마련해야 한다.

2) 고령사회 진입으로 장기요양보험 규모 급증

노인장기요양보험통계연보(2020년)자료에 의하면 노인인구 증가와 더불어 노인장기요양보험 신청자, 인정자 모두 가파르게 상승하고 있다. 특히 급여비가 큰 폭으로 상승하고 있어 건강보험공단의 재정에 심각한 문제로 대두되고 있다.

▶장기요양보험신청·인정자 수: 2020년 12월 말 기준 의료보장 인구 중 65세 이상 노인은 848만명으로 전년 대비 6% 증가했고, 신청자는 6.3% 증가한 118만명, 인정자는 11.1% 증가한 86만명으로 나타났다. 노인인구보다 신청자 및 인정자 증가율이 더 높아졌으며, 노인인구 대비 인정률은 5년 전 7.5%에서 2020년 10.1%로 지속적으로 증가하고 있다.

표 12-3 **장기요양보험인정 증감률(2016-2020년)** (단위: 명, %)

구분	2016	2017	2018	2019	2020	증감률 (전년 대비)
노인 인구 (65세 이상)	6,940,396	7,310,835	7,611,770	8,003,418	8,480,208	6.0
신청자	848,829	923,543	1,009,209	1,113,093	1,183,434	6.3
등급판정자 (등급 내+ 등급 외)	681,006	749,809	831,512	929,003	1,007,423	8.4
인정자 (판정 대비 인정률)	519,850 (76.3%)	585,287 (78.1%)	670,810 (80.7%)	772,206 (83.1%)	857,984 (85.2%)	11.1
노인 인구 대비 인정률	7.5%	8.0%	8.8%	9.6%	10.1%	

• 출처:2020년 노인장기요양보험통계연보

▶장기요양보험급여 실적: 2020년 장기요양보험 총 연간 급여비(본인일부부담금+공단부담금)는 9조8,248억원으로 전년 대비 14.7% 증가했고, 공단부담금은 8조8,827억원으로 공단부담률은 90.4%였다. 연간 급여이용 수급자는 81만명으로 전년 대비 10.2% 증가했다. 급여이용 수급자 1인당 월평균 급여비는 132만원으로 전년 대비 2.4%, 급여이용 수급자

1인당 월평균 공단부담금은 119만원으로 전년 대비 2.5% 증가했다.

표 12-4 **장기요양보험급여비증감률(2016-2020년)**

구분	2016	2017	2018	2019	2020	증감률(%) (전년대비)
급여이용수급자(명)	520,043	578,867	648,792	732,181	807,067	10.2
급여제공일수(만 일)	10,997	12,292	13,5931	15,434	17,333	12.3
급여비(억 원)	50,052	57,600	70,670	85,653	98,248	14.7
공단부담금(억 원)	44,177	50,937	62,992	77,363	88,827	14.8
공단부담률(%)	88.3	88.4	89.1	90.3	90.4	0.1
급여이용수급자 1인당 월평균 급여비(원)	1,067,761	1,103,129	1,208,942	1,284,256	1,315.195	2.4
급여이용수급자 1인당 월평균 공단부담금(원)	942,415	975,496	1,077,291	1,159,922	1,189,071	2.5

• 출처:2020년 노인장기요양보험통계연보

▶ 유형별 공단부담금: 2020년 공단부담금 8조8,827억원 중 재가급여는 5조2,302억원으로 전체 대비 점유율 58.9%, 시설급여는 3조6,525억원으로 41.1%를 차지했다. 세부 유형 별로는 주야간보호가 21.8%, 방문요양이 19.3%, 방문간호가 18.1% 순으로 증가율이 높았다.

실전문제

→ 노인환자 대상으로 주치의 제도를 도입한다면 장점, 단점은?

→ 장기요양보험신청, 인정 절차는?

노인 의료비 증가하고 상급병원 쏠림 현상 심화, 주치의 제도 도입 필요한 이유

첫째, 노인 인구의 증가와 더불어 노인 의료비의 증가가 지속되고 있다.

지난 2019년 우리나라의 65세 이상 노인 인구는 전체의 15%와 800만명을 넘어섰다. 2000년에 비해 비율과 숫자 면에서 두 배 이상 증가한 숫자다. 20년 후에는 이 숫자에서 다시 두 배 이상 증가한다. 2018년 노인 1인당 연평균 진료비는 457만원으로 전체 1인당 평균 진료비인 153만원 보다 3배 많았다.

2009년에 우리나라의 의료비 지출은 GDP 대비 6.1%였으나 지속적으로 증가해 2018년에는 8.1%를 차지했다. OECD 평균이 매년 8.8%로 비교적 일정하게 유지돼 온 것에 비하면 증가세가 가파르다.

우리나라 환자의 연간 외래 방문 횟수와 인구당 병상 수는 OECD 최고 수준이다. 지금까지 제시한 숫자를 보면 우리나라 국민들의 의료비 부담이 크고 현재와 같은 상태로는 지속가능하지 못하다는 것을 쉽게 알 수 있다. 앞으로 10년도 버티기 어렵다.

둘째, 문재인케어로 상급병원 쏠림 현상이 심해졌다.

문재인케어는 건강보험 보장률을 높이기 위해서 추진됐다. 그 방법으로 필수 의료 부문에서 비급여의 급여화가 추진됐다. 3년간에 걸쳐 초음파검사, MRI 검사를 포함해 특진비, 상급병실료, 간병비 등의 급여화가 단계적으로 진행됐다. 그 결과 상급종합병원의 진료비가 많이 저렴해진 대신 의료전달체계 작동은 여전히 미미해 상급종합병원으로 환자 쏠림 현상이 일어났다. 개인 의원과 중소병원의 진료비 점유율은 떨어졌으며 비급여 진료비도 줄어들지 않았다. 이와 동시에 전공의법 개정과 내과와 외과의 전공의 수련기간 단축 등도 진행돼 상급종합병원은 의료인력난을 겪게 되어 입원 전담전문의제를 도입하고 있으나 아직 역부족이며 응급의료센터의 인력난도 가중되고 있다. 경증 환자를 동네의원으로 돌려보내는 일이 시급하게 됐다.

04 성분명 처방

성분명 처방의 장점으로는 소비자의 의료 접근성 강화, 소비자의 약에 대한 선택권 강화, 약국의 의약품 재고 감소, 건강보험 재정보험 부담 경감 등이 있다. 이론적으로는 성분명 처방전 제도로 인해 대체약품을 이용할 수 있기 때문에 소비자는 집 근처의 약국에서도 약을 조제 받아 복용할 수 있는 것이다. 약국은 적은 종류의 의약품을 구비하고도 약을 조제할 수 있어 의약품 재고를 줄일 수 있다. 또한 약국 조제 시 약사가 환자에게 제품명이나 가격 정보 등을 알려 소비자의 알권리가 충족될 가능성이 높아질 뿐만 아니라 정부의 건강보험 재정보험 부담도 줄어드는 효과도 있다. 고질적인 의약품 리베이트 병폐도 없거나, 확연하게 줄어들 것이다. 성분명 처방제도는 제약사에서도 유리한 점도 있다. 약품 선택권이 의사에서 의사와 약사, 환자로 분산되기 때문에 일부 남아있던 리베이트 관행이 점진적으로 축소될 것으로 보이기 때문이다. 지금까지 의사와 환자의 관계는 수동적인 관계지만, 성분명 처방으로 인해 약사와 환자의 관계는 능동적인 면으로 바뀌면서 아마 약품에 대한 선택권, 약에 대한 정보와 가격을 알게 됨으로써 알권리와 약제의 선택권이 확보될 것이다. 하지만 의사협회는 다음과 같은 문제점을 제기하고 있다.

1) 약제 생동성 실험의 부실 문제

약제 생동성(생물학적 동등성) 실험을 하는 과정은 19~50세의 성인에게 오리지널약과 재네릭약을 1주 간격으로 번갈아 투여한 후 혈액 검사를 하여, 약의 혈중농도가 최고일 때의 값(C_{max})과 총 혈중 약물농도, 즉 AUC(area under the concentration– time curve)를 비교해 보아, 제네릭 약물의 C_{max} 와 AUC가 오리지널 약물의 80~ 120% 범위에 들면 시험을 통과시키는 것이다. 제네릭 제품의 생동성 실험은 대부분 위탁업체에 위탁하여 시행하였는데, 위탁업체들은 제약회사에게 비용을 받고 시행해주므로 쉽게 해주는 구조를 갖출 수밖에 없고, 많은 약을 실험하기 위해서는 그 실험 과정에서 부실함이 따를 것은 짐작할 수 있는 현실이다.

2) 약품 교체 사용의 문제점

제네릭 제품의 생동성 실험이 잘 되었다고 가정해도 그 약효는 어느 정도의 차이가 있게 된다. 생동성 실험은 대조약의 80~120% 범위에 있으면 되기 때문이다. 예를 들어 같은 용량의 같은 성분의 약이라도 환자가 A제약회사 약을 먹다가(약효 80%) B제약회사 약으로 (약효 120%) 바꾸어 먹을 때 실제 그 효과는 1.5배로 증가되는 현상이 생기며, 그 반대의 경우는 약의 효과 0.67배로 감소되는 현상이 생긴다. 특히 와파린 또는 디곡신과 같이 치료농도 범위가 적은 약물은 환자에게 치명적인 일이 생길 수도 있으며, 당뇨약도 그대로 처방했는데, 복용약이 바뀌면서 혈당이 올라가거나, 저혈당에 빠지는 일이 생기는 등 혼란이 야기될 것이다.

3) 환자들의 권리 문제

환자들은 가격이 약간 비싸더라도 선호하는 제약회사의 약을 원할 수가 있다. 그러나 성분명 처방제도가 시행되면 약국은 그 약국에 준비되어 있는 약으로 조제하게 되므로 환자들의 권리가 침해되는 결과가 생긴다. 시범사업에서는 약국에서 약사가 환자에게 여러 약을 이야기해주고 선택한 것으로 조제해 준다고 하지만, 성분명 처방제가 확대 실시될 경우 이는 불가능한 일이 될 것이며, 약국에 준비되어 있는 약으로 조제할 것은 자명한 일이다.

4) 의사들의 진료의 어려움

현재 의사들은 환자를 진찰한 후 환자의 체질과 병의 상태 또는 경제적 상황까지 고려하여 약을 선택하여 처방해주고 있다. 환자에게 오리지널약과 제네릭약 중 어떤 것을 선택하는 것도 환자의 상태와 약품의 특성 등을 고려한 후 의사의 결정이 필요한 것이다. 또한 현제도에서는 의사가 처방 후 환자가 어떤 약을 복용했는지 알 수 있지만, 성분명 처방제가 시행되면, 환자가 어떤 제약의 어떤 약을 복용했는지 알 수가 없게 된다. 이에 따라 환자가 약을 복용한 후 증세나 소견의 호전이 없을 때 의사는 약효가 떨어지는 약이 조제되었기 때문인지 다른 이유 때문인지 등에 대해 고민을 하게 되며, 환자의 다음 처방에 대해 혼란스러워지게 되고, 결국 환자에게 피해가 돌아가게 될 것이다.

5) 약화사고의 책임 문제

의사는 환자를 진찰하고, 그 결과 의학적 판단에 의해 처방을 하며, 그 처방에 대해 책임을 진다. 그런데 성분명 처방제 이후 환자에게 약화사고가 발생할 때 그 책임이 누구에게 있는지 모호해진다. 결국 의사는 약을 처방하고도 어떤 약이 투약될지 걱정하게 되며, 약화사고에 대해 책임지기 힘든 상황까지 생기게 되며, 의사와 환자 모두가 피해를 볼 수 있다.

6) 건강보험의 약제비 절감 효과

보건복지부는 성분명 처방제도 시행의 가장 큰 장점으로 약제비 절감을 생각하는 것 같다. 그러나 과연 약제비 절감이 될지도 알 수 없는 일이다. 약사들도 환자나 주변 의사들의 인기를 얻기 위해 비싼 오리지널약 중심으로 준비하여 약을 조제해 줄 수도 있고, 의사들은 약사들이 아무런 약을 선택해서 조제해주는 것이 환자에게 안 좋을 수 있다고 생각하여, 제네릭 약이 아직 나오지 않은 최신의 비싼 오리지널약 중심으로 처방이 옮겨 갈 수 있으며 그렇게 된나면 약제비는 더욱 증가 할 수도 있게 된다. 또 다른 측면으로 정부는 현재 보험약가가 싼 약으로 조제하는 약국에게 인센티브로 돈을 주고 있는데, 성분명 처방제 이후로도 이 제도를 끌고 가서 싼 약으로의 조제를 유도할 것이다. 그 결과 효과가 부족한 제네릭약이 환자에게 투여된다면 치료가 지연되거나 실패되는 결과도 발생할 수 있고, 이 때문에 의료비가 추가 지출 될 수 있다는 것도 생각할 부분이다.

7) 약국의 불편과 재고문제

성분명 처방제를 시행하려는 목적 중 다른 한 가지가 약국에서 같은 성분의 약을 여러 가지 준비해야하는 불편함과 약품의 재고가 증가하는 것을 해소해 주기 위함에 있다. 그러나 현재 의약분업이 정착되면서 약국들은 그 동네의 병의원에서 처방하는 약의 이름을 대부분 파악하고 있어서 약품 준비에 큰 어려움은 없는 상태이며, 현재 대부분의 환자들은 진료 받은 병의원과 가까운 약국을 이용하고 있으므로 환자의 불편도 없는 것이 현실이다. 또한 환자가 먼 곳에 있는 약국에 가서 조제하더라도 현재 규정상 의사에게 알린 후 대체조제가 가능 하도록 되어 있다. 즉 약국은 가까운 병의원에서 주로 처방하는 약품과 널리 처방되는 약품만 준비해도 되는 것이며, 모든 약품을 준비하고 있어야 하는 것은 아니므로 상기 주장은 설득력이 별로 없다고 할 수 있다. 그리고 약국의 약품 재고를 줄이는 것은 제약회사에서 약을 포장할 때 작은 양의 포장단위를 생산하거나, 유통 방법을 개선시키는 등의 여러 방법을 연구, 시행하여 해결해야 할 일인 것이다.

- ➡ 성분명 처방의 근본적인 목적은?
- ➡ 성분명 처방이 잘 실시되지 못하는 원인은?
- ➡ 의사단체에서 성분명 처방을 반대하는 이유는?

05 복합제 사용

대부분의 고혈압 환자는 혈압 조절을 위해 한 가지 이상의 고혈압 약을 처방받는데, 고혈압 전체 치료환자의 60%가 두 종류 이상의 고혈압 약을 복용하고 있는 것으로 나타났다. 또 세 종류 이상의 고혈압 약을 복용하는 환자도 17.7%에 달한다. 연구 결과에 따르면, 고혈압 약제의 경우 여러 개별 약제를 병용하는 것보다 복합제 복용 시 환자의 복약순응도가 36%나 개선됐다. 복약순응도 개선 땐 고혈압환자의 사망 위험도 29% 감소했다. 이 같은 상황을 감안해 의료진도 단일제제 여러 개를 처방하기보다 두 종류 이상의 성분을 한 제제에 담은 복합제 처방을 확대하고 있다. 고혈압 치료에 있어서 복합제의 장점은 높은 복약 순응도에 있다. 복합제는 여러 성분을 하나의 제형에 담고 있기 때문에 약물 개수를 줄여 환자 만족도가 높고, 가격 면에서도 단일제 여러 개를 복용하는 것보다 저렴하다. 복합제를 복용하는 것은 단일제를 여러 개 복용하는 것보다 순응도와 비용효과 측면 모두에서 환자 만족도가 높기 때문에 혈압의 조절률도 높아진다. 이런 흐름에 맞춰 최근 5년간 고혈압 복합제 개발이 활발히 이뤄지고 있다. 고혈압 치료제 시장 내 복합제의 점유율도 50%를 넘어섰다. 특히, 고혈압과 이상지질혈증을 동반한 고혈압 환자 수도 증가하면서 안지오텐신Ⅱ 수용체 차단제(ARB)+칼슘채널차단제(CCB)+스타틴(Statin) 조합의 약물 시장 규모가 성장하고 있다.

Korea Hypertension Fact Sheet 2020, 자료에 의하면, 고혈압환자의 39.4%만 단독치료하고, 고혈압치료제과 이상지질혈증치료제를 병용투여 받거나, 혹은 고혈압치료제과 이상지질혈증치료제+당뇨병치료제를 처방받는 것으로 조사됐다. 즉, 고혈압환자의 약 60%는

2제, 3제 요법으로 치료받고 있다.

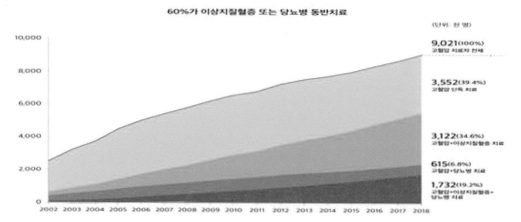

• 출처: Korea Hypertension Fact Sheet 2020, Clinical Hypertension (inpress)

그림 12-5 **고혈압환자의 병용약제 현황**

실전문제

➜ 복합제의 약가 결정은?

➜ 향후 복합제 처방이 증가할까? 감소할까? 그 이유는?

➜ 복합제 처방이 증가하면 약제비 절감효과가 발생할까? 그 이유는?

의약품안전사용서비스(DUR, Drug Utilization Review)는 환자가 여러 의사에게 진료받을 경우 의사와 약사는 환자가 복용하고 있는 약을 알지 못하고 처방·조제하여 환자가 약물 부작용에 노출될 가능성 있다. 의약품 처방·조제 시 병용금기 등 의약품 안전성 관련 정보를 실시간으로 제공하여 부적절한 약물사용을 사전에 점검할 수 있도록 의사 및 약사에게 의약품 안전정보를 제공하는 것이다.

의약품을 처방하거나 조제 시 의사 및 약사에게 병용금기 등 의약품 안전성 관련 정보를 사전에 제공하여 약물이 적절하게 사용될 수 있도록 한다. 제품명 또는 성분명을 검색하여 원하는 제품을 선택한 뒤 검색하면 해당 DUR 정보를 확인할 수 있다.

의사는 처방단계에서 환자의 처방(의약품)정보를 건강보험심사평가원으로 전송한다. 건강보험심사평가원은 환자의 투약 이력 및 DUR 기준과 비교해서 문제되는 의약품이 있으면 의사의 컴퓨터 화면에 1초 이내로 경고 메시지를 띄워준다. 의사는 처방을 변경하거나 임상적 필요에 의하여 꼭 처방할 경우 예외사유를 기재하여 처방을 완료하고 그 정보를 건강보험심사평가원에 전송한다. 약사도 동일한 과정을 거치게 되며, 경고 메시지가 있는 의약품에 대해 처방의사에게 변경여부를 물어 변경에 동의하는 경우 변경하여 조제할 수 있으며, 조제 완료한 내역은 건강보험심사평가원에 전송한다. 우리나라는 건강보험심사평가원 주관으로 2008년부터 본격적으로 시행하고 있다.

그림 12-6 내가 먹는 약 알아보기

DUR 제도가 약제비에 미치는 영향은 다음과 같다.

최근 우리나라는 노인인구가 증가함에 따라 고혈압, 당뇨 등 약제 의존성이 높은 만성질환이 증가하고, 신약 개발과 소득 수준이 높아짐에 따라 의약품을 부적절하게 사용할 개연성도 높아지고 있다. 국내 부적절한 의약품 사용의 규모는 각 연구마다 연구시점, 연구설계, 연구대상의 차이가 있어서 다르게 나타나고 있으나, 환자가 여러 병원을 방문함으로 인해 발생할 수 있는 약물상호작용이 22~32% 정도로 추정되고 있다. 또한 65세 이상 노인에서는 약물의 상호작용으로 인한 안전성이 우려되기 때문에 더욱 신중하게 투여하여야 한다. 그러나 실질적으로 전반적인 상황을 충분히 고려하여 처방되지 않은 경우도 발생하는 것으로 추정되기에 DUR 제도로 인해 부적절한 처방을 사전에 예방할 수 있다. 미국의 Medco사는 전향적 DUR 프로그램을 통해 부적절한 처방소제를 사전에 예방함으로써 2007년 7% 이상의 약제비를 절감할 수 있었다고 보고한 바 있는데, 직접적인 약품비 절감까지는 아니더라도 불필요한 중복처방을 사전에 방지할 것으로 예상된다. 더욱이 2단계 고양시의 DUR 시범사업의 효과를 평가한 연구(2010) 결과, 처방을 변경하도록 팝업창이 생성된 이후 의사나 약사가 처방내역을 변경하거나 취소하는 처방전은 22.7%로 나타나, DUR 제도가 부적절한 처방을 감소시키는 데 있어서 보다 효과적이며 이는 약제비의 절감으로 이어질 것으로 예상된다.

실전문제

➡ DUR 제도로 약제비 절감 효과를 가져오는 원인은?

➡ DUR 제도 실행으로 인한 환자가 얻을 수 있는 장점은?

의약품제조품질관리

GMP (Good Manufacturing Practice)

01 GMP란?

1) What is GMP?

- GMP(Good Manufacturing Practice) : 품질이 보증된 우수의약품을 제조하기 위해서는 제조소의 구조와 설비를 비롯하여 원자재의 구입으로부터 입고 및 제조와 포장 출하에 이르기까지의 생산공정 전반에 걸쳐 조직적이고 체계적인 방법으로 관리함으로써 '품질이 보증된 의약품을 생산'하기 위한 규정이다.

GMP란?	
G - Good	좋은(제품을)
M - Manufactured	제조(하기위한)
P - Practice	실행(규정)

GMP의 정의
• 품질이 보장된 우수한 제품을 제조.공급하기 위하여 **제조소의 구조.설비를 규정하고 (Hardware)**
• 원자재의 구입에서 부터 제조.포장 등 모든 공정관리와 출하에 이르기 까지 제조 및 품질관리 전반에 걸쳐 지켜야 할 사항을 규정한 **기준 (Software)**

그림 13-1 GMP란?

■ cGMP refers to the Current Good Manufacturing Practice regulations enforced by the US Food and Drug Administration(FDA).

■ cGMPs provide for systems that assure proper design, monitoring, and regulations assures the identity, strength, quality, and purity of drug products by requiring that manufacturers of medications adequately control manufacturing operations.

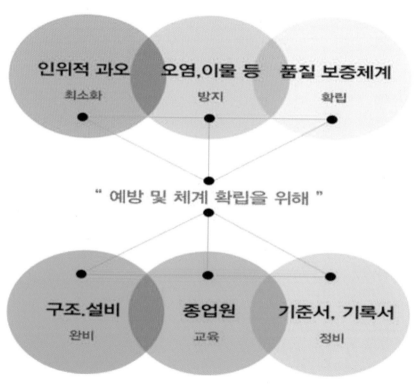

그림13-2 GMP의 개념

2) GMP의 필요성

■ 여러 단계의 공정을 거쳐 제조되는 의약품을 최종제품에서 한정된 검체와 시험만으로 품질보증(quality assurance, QA)이 이루어지는 것은 아님. 품질이 보증된 우수의약품을 제조하기 위해서는 제조소의 구조·설비를 비롯하여 원자재의 입고부터 완제품의 출하에

이르기까지 생산공정 전반에 걸쳐 단계별로 체계적인 방법으로 관리.

■ 최종제품의 품질을 확보할 수 있으며 이것을 달성하기 위한 규정이 GMP이기 때문에 GMP는 의약품의 품질확보를 위해서 반드시 필요한 기준이다.

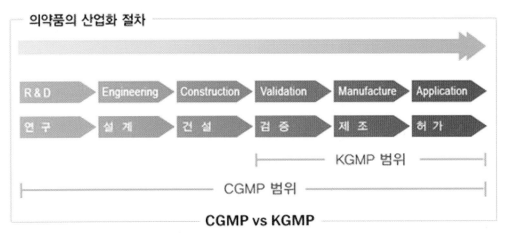

그림 13-3 의약품의 산업화 절차

3) GMP의 제정 배경

■ 1937년 엘릭시르 설파닐아마이드(Elixir Sulfanilamide) 약화사고 발생 → 의약품의 안전성에 대한 문제 제기.

■ 1938년 Food, Drug and Cosmetic Act에 의거 FDA 기능 강화 → 시판 전 의약품의 안전성평가 의무화.

■ 1961년 탈리도마이드(Thalidomide)에 의한 약화사고 발생 → 유효성, 안전성, 재현성 등의 품질확보의 중요성 대두.

■ 1962년 Kefauver-Harrison Amendment (키호버-해리스의 개정법률안)

• 의약품제조 및 품질관리에 관한 GMP 실시 의무화

• NDA(신약허가승인신청) 승인 시 유효성 평가 의무화

• 1938~1962년 승인 의약품에 대한 약효연구수행 (DESI : Drug Efficacy Study Implementation) 실시

• 1966~1984 약효연구수행(DESI) : 3,443 new drug product에 대한 유효성 심사하여 1984년 최종 결과 2,225 effective, 1,051 ineffective, 167 pending되었고 1,000개의 유효성 없는 의약품은 시판 금지 — 7,000개의 유사의약품은 시장 퇴출 또는 표지변경.

4) GMP의 제정

1962년 미국 정부에서는 연방 식품·의약품 및 화장품법 (FD&C)에 대한 키호버− 해리스의 개정법률안(Kefauver−Harris Amendments)이 의회를 통과하였다. 이때 제501조에 GMP라는 용어를 처음 공식적으로 사용하였다. 즉, '의약품이 이 법안의 요구사항에 맞는다는 것을 보증할 수 있도록 cGMP에 합당한 방법이나 시설로 제조, 포장 또는 보관하지 아니한 의약품은 불량 의약품으로 간수한다'이었다. 1963년 FDA−GMP를 제정 공포되었고, 1964년 FDA−GMP 실시했다. 1972년 GMP제도 하에서 제조되지 않은 의약품의 미국 내 수입 규제하였고 1976년 6월 대용량 수액제제를 위한 cGMP가 발간되었다.

5) KGMP의 제정 및 실시상황

① 1969년 WHO 제22차 총회에서 회원국에게 GMP 제도의 실시를 권고. ② 1974년 KGMP연구위원회를 설치하여 동 제도의 검토에 착수하고 중앙약사심의위원회에 KGMP소위원회를 설치하여 KGMP안을 심의 통과하였다. 이것을 '우수의약품제조관리기준'이라고 명칭하였다. ③ 1977년 3월 보건사회부 예규 제373호로 '우수의약품제조관리기준 (KGMP)'을 공포함. ④ 1977년 6월 28일 WHO의 GMP 실시증명제도에 참가하여 1978년 7월「KGMP 시행지침을」발표하고 제조업소 자율로 이를 실시토록 권장.

⑤ 1982년 KGMP실무위원회를 설치하여「의약품제조업소 KGMP실시상황평가표」를 작성하고 업소의 평가에 적용 ⑥ 1984년 7월 종전 기준에 KGMP실시적격업소 평가절차 등을 추가(제조공정의 유사성에 근거하여 제형을 6개의 대단위 제형별로 나누어 제형별로 평가함) ⑦ 1985년부터 KGMP적격업소 평가를 실시 ⑧ 1990년 11월 KGMP운영개선과 KGMP실시업소에 대한 우대조치의 확대를 골자로 하여 기준을 재개정(보건사회부 예규 제589호)하였고 1989년 12월 KGMP 실시적격업소 지정완료기간을 1991년 12월까지로 예고하고, 모든 제조업소의 KGMP 실시를 의무사항으로 전환하였다. ⑨ 1992년 5월 KGMP의 구조·설비부문 (hardware)을 '약국 및 의약품 등의 제조업, 수입자와 판매업의 시설기준령'(대통령령 제

13637호)으로, 조직 관리부문(software)을 의약품 제조업자의 준수사항으로서 '우수의약품 제조 및 품질관리기준 '(보건복지부 고시 제 1992−44호)으로 개정. ⑩ 1994년 7월 KGMP 는 약사법 시행규칙 제 22조에 의해「의약품 제조 및 품질 관리기준」으로 규정되면서 제조업 과 품목의「허가요건」으로 의무화되었으며, 현재는 제 40조의 제1항 제7호의 규정으로 개정·되었다. ⑪ 1990년 원료의약품 GMP는 보건복지부 예규로 제정·공포되었다. 1998년 식품 의약품안전청의 고시로 새로 제정·공포−2000년 KGMP로 통합.−2000년 6월 및 2002년 1월「의약품 제조 및 품질 관리기준」은 다시 개정되었다.

⑫ 2008년 약사법 시행규칙이 개정되면서「의약품 제조 및 품질관리 기준」을 전면개정하면서 품목별 사전 GMP 평가 및 밸리데이션 등이 의무화 되었다. ⑬ 2015년 3월 완제의약품 제조 및 품질관리기준 가이던스를 제정했고 ⑭ 2017년 5월 완제의약품 제조 및 품질관리기준 가이던스 개정되었다. 2000년대 중반 이후 GMP 선진화 프로젝트에 따라 미국 등이 요구하는 cGMP 수준의 생산기반 구축을 위해 3조 원 이상의 비용이 투입되어 2014년 식약처의 PIC/S(의약품 실사 상호협력기구) 가입으로 국산 의약품의 글로벌 위상 제고와 해외수출 증대를 기대할 수 있게 되었다.

그림 13-4 GMP 기준 발전 현황

■ PIC/S(의약품 실사상호협력기구 Pharmaceutical Inspection Co−operation Scheme) 의약품 제조 및 품진관리기준(GMP)기준의 조화와 실사의 질적 향상을 위해 1995년 결성된 제약 선진국 주도의 국제기구.

■ QbD(의약품 설계기반 품질 고도화 Quality by Design)
QbD는 제조공정과 품질관리로 이원화된 현 시스템을 하나의 시스템으로 융합, 첨단기술을 활용해 의약품 생산공정에서 발생할 수 있는 위험성을 사전에 예측하고 대처하는 품질관리시스템.

■ ICH (The International Council for Harmonisation of Technical Requirements for Pharma-ceuticals for Human Use)

ICH는 신약허가에 필요한 평가기준을 동일하게 맞추자는 선진국간 합의에서 시작된 국제회의기구.

■ QbT (Quality by Testing) vs QbD (Quality by Design)

의약품 제조, 품질관리가 지금까지는 검체에 대한 시험중심(QbT)이었다면 앞으로는 설계된 제조 품질관리(QbD)로 이뤄질 것으로 보여 식약처도 선제적으로 대응하고 있다.

- QbD는 'Quality by Design'의 약자로, 의약품의 제조공정과 품질관리에 대한 위험평가와 과학적·통계적 검증을 거쳐 제품 개발 단계부터 제소와 품질관리를 하나로 설계한 고도화된 의약품의 제조·품질관리 방식을 말한다. QbD 방식이 Global standard로 되고 있는 추세다. 의약품실사상호협력기구(PIC/S)는 QbD 방식을 '과학적 접근법과 품질 위험관리에 근거해 제품 및 공정에 대한 이해와 공정관리를 강조하는 체계적인 접근법'이라고 말한다. 즉, 경험에 기반한 제조공정 및 품질관리 전략을 수립하는 것이 아니라 과학적 근거와 통계적 검증에 기반한 제조공정 및 품질관리전략의 설계가 기존 QbT 방식과 차이점이다.

미국, 유럽 등에서는 이미 QbD 시스템을 도입, 운영하고 있고, 최근에는 중국 및 베트남 등

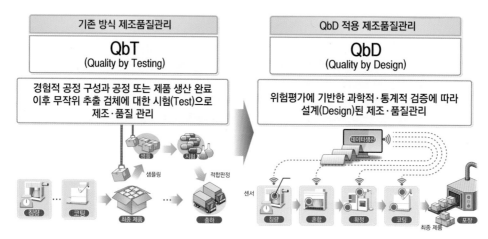

• 출처: http://medicalworldnews.co.kr/news/view.php?idx=1510941273

그림 13-5 QbT (Quality by Testing)와 QbD (Quality by Design) 비교

에서도 도입하는 추세이다.

〈스마트공장(Smart Factory)〉
공장 내 설비와 자동관리 솔루션을 연동하여 공정 데이터를 실시간으로 수집 · 활용하고, 제어할 수 있는 지능형 공장이다. 이는 제조소가 QbD 기반이 선행되었을 때 연계해 사용할 수 있는 설비 시스템이지, 그 자체가 QbD의 구성요소를 의미하는 것은 아니다.

6) 국제단체/각국의 완제의약품 GMP 명칭

표 13-1 GMP 명칭

단체/국가	GMP 명칭	제정연도
한국	의약품제조 및 품질관리 기준	1977
WHO	Good Manufacturing Practices for Pharmaceutical Products	1969
EU	Good Manufacturing Practices for Medical Products	1989
PIC	Guide to Good Manufacturing Practice for Pharmaceutical Products	1983
ASEAN	Good Manufacturing Practices Guidelines	1988
미국	Current Good Manufacturing Practice in Manufacturing, Processing, Packing, or Holding of Drugs; General Current Good Manufacturing Practices for Finished Pharmaceuticals	1963
영국	Guide to Good Pharmaceutical Manufacturing Practice	1971
일본	의약품 및 의약부외품의 제조관리 및 품질관리규칙	1974
중국	약품생산관리규범(藥品生産管理規範)	1988
대만	우량약품제조표준(優良藥品製造標準)	1982

7) WHO GMP의 제정 및 실시상황

- 1967년 WHO 제 20차 총회에서 GMP 제도를 실시하기로 결의하였다. 1969년 WHO 제 22차 총회에서 전문 위원회에서 작성한 WHO-GMP를 가결하고 가맹국에 대하여 GMP 제도를 채택하는 동시에 의약품의 국제 거래에 있어서 GMP 규정을 근거로 한 증명 제도를 실시하도록 권고하였다.
- 1975년 WHO 제 28차 총회에서 GMP를 개정하고 증명제도의 실시를 재차 권고하였다.

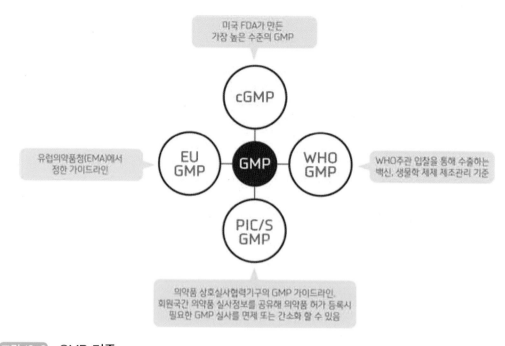

그림 13-6 GMP 기준

1987년 국제표준화기구(International Organization for Standardization, ISO)가 품질
기준인 ISO 900 series를 제정·발표하였다.

■ 국제간 상거래에 있이시의 의약품의 품질에 관한 승명제도 '(WHO certification scheme
on the quality of pharmaceutical products moving in international commerce)가
충분한 기능을 발휘하기 위해서는 조속히 GMP 규정을 개정할 필요가 있다고 인식하게 되
어 재개정 작업에 착수하였다. 그 결과 1994년 전문위원회의 심의를 거쳐 집행위원회의
승인으로 개정안이 확정하였다.

이때 개정된 주요내용은 다음과 같다.

　① Validation을 GMP의 필수요건으로 하고, 무균관리에 최근의 견해가 도입되었다. ②
ISO의 품질보증개념이 도입되었고 QA 시스템, 품질경영(quality management, QM)에 대
해서 규정하였으며 경영자, 관리자 등의 역할의 중요성이 강조되었다. ③ 보충지침으로서 무

균제품의 제조관리, 원료의약품 GMP가 추가되었다.

WHO는 앞에서 말한 완제의약품 GMP 속에 추가지침으로 원료의약품 GMP가 포함되어 있으며, 이 외에 생물학적제제 GMP 및 생약제제 GMP도 제정하였다.

8) 제형별 분류표

식약처는 비무균 외용제제 중 제형은 다르지만, 교차오염 우려가 없어 작업소와 제조시설의 공동사용을 인정하는 것을 주요내용으로 하는 '제형이 다른 의약품의 제조시설 공동사용 검토지침'을 개정했다.

주요 개정 내용은 ① 비무균 외용제제간 제조시설 공동사용 일반원칙 개선 및 사례 추가(비무균 연고제와 외용액제) ② 제조시설 공동사용 사례 추가(무균 점안제와 비무균 점이제) 등이다. 연고제·외용액제 등 비무균 외용제제는 주성분 종류가 같고 원료칭량부터 직접용기 충전에 이르기까지 제조공정이 동일한 경우에 작업소 및 제조시설을 공동으로 사용할 수 있게 된다. 이는 교차오염 위험성이 없고 제품 안전과는 무관한 경우에 제조시설의 공동사용을 허용함으로써 기준은 합리적으로 개선하고 국내 제약사 부담은 경감시킬 수 있게 되었다.

- 비무균 외용제제 : 7개 대단위 제형군(내용고형제, 주사제, 점안제, 내용액제, 외용액제, 연고제, 그 밖의 제형)으로 분류된 대한약전 74개 제형 중 외용액제, 연고제, 그 밖의 제형에 해당하는 제제

표 13-2 **대단위 제형별 완제의약품 대한약전제형 분류표**

	대단위 제형군	대한약전 제형분류
1	내용고형제	정제, 질정, 캡슐제, 산제, 과립제, 환제, 트로키제, 시럽제(고형), 흡입제(고형), 구강붕해정, 츄어블정(저작정), 발포정, 분산정, 용해정, 발포과립제, 다제, 구강용정제, 설하정, 발칼정, 부착정, 껌제, 구강용해필름, 흡입분말제, 점비분말제, 엑스제(고형), 경구용젤리제(반고형)
2	주사계	주사제, 분말주세제, 수액제, 동결건조주사제, 이식제, 지속성주사제, 복막투석제, 관류제, 투석제(무균)

3	점안제	점안제	
4	내용액제	경구용액제, 시럽제(액상), 유제, 현탁제, 엘릭서제, 레모네이드제, 틴크제, 유동엑스제, 주정제, 방향수제, 전제, 침제, 흡입제(액상), 흡입액제, 엑스제(액상), 구강용스프레이제, 흡입에어로솔제, 점비액제, 가글제(액상), 경구용젤리제(반고형)	
5	외용액제	외용액제, 로션제, 리니멘트제(액상, 반고형), 에어로솔제, 외용에어로솔제, 펌프스프레이제, 관장제(액상, 반고형), 가글제(액상), 혈액투석제(액상), 투석제(액상), 점이제(액상), 점이제(반고형), 점비액제	
6	연고제	연고제, 크림제, 페이스트제, 리니멘트제(액상, 반고형), 안연고제, 좌제, 겔제, 구강용반고형제, 직장용반고형제, 질용좌제, 관장제(액상, 반고형), 점이제(반고형)	
7	그 밖의 제형	첩부제군	첩부제, 카타플라스마제, 경피흡수제
		고형제군	외용산제, 흡입제(고형), 흡입분말제, 외용고형제(질정 포함), 가글제(고형), 혈액투석제(고형), 투석제(고형), 점이제(고형), 점비분말제
		액제군	에어로솔제, 흡입용에어로솔제, 외용에어로솔제, 흡입제(액상)
		점이제군	점이제(무균)

9) KGMP의 적용범위

KGMP(약사법 시행, 규칙, 별표 4)의 적용범위는 다음과 같다.

① 완제의약품(생약, 한약제제 포함) ② 원료의약품 ③ 생물학적제제 등 KGMP 외에 생물학적 제제생물학적 제제 등이라 함은 생물학적 제제 (백신, 혈청, 항독소) 유전자 재조합 의약품및 세포배양 의약품을 말하며, 세포치료제 및 유전자치료제 제조업자도 이 기준의 적용을 받는다. ④ 의약외품 중 내용고형제 및 내용액제 그러나 의약품제조업자로서 다음의 각호를 제조하는 경우에는 KGMP의 적용을 받지 아니한다. ① 완제의약품 중 방사성 의약품 ② 원료의약품 중 한약제, 약리활성이 없는 성분(예: 부형제, 첨가제 등) ③ 의료용 고압가스류 (예: 액체산소) ④ 인체에 직접 적용하지 아니하는 제품(예: 체외진단용 의약품, 소독제 등) ⑤ 의약외품. 다만, 약사법 시행규칙 제 40조 제1항 제17호 제외 ⑥ 한약(생약)제제를 제조하는데 사용하는 한약분말 또는 엑스 ⑦ 동물용의약품

1) 총칙 : 범위 및 정의

- 유효성분(active ingredient or active pharmaceutical ingredient) : 질병의 진단, 치료, 완화, 처치, 예방 또는 인체의 생리기능에 직접적인 영향을 주는 약리학적 활성을 갖도록 제조된 물질.

- 배치(batch), 배치관리(batchwise control) : 동일 제조 공정에 의해 생산된, 동질성이 있고 특성이 미리 규정된 범위 내에 존재하는 특정 량의 물질이나 제품, 특정 배치의 경우에, 공정이 의도했던 대로 운영되었음을 증명하기 위해 밸리데이션된 공정 중의 시료 채취와 시험방법의 사용

- 증명서(certification) : 체계의 품질화, 보정, 밸리데이션, 재밸리데이션이 적절하게 수행되었고, 그 결과가 받아들여질 수 있음이 권리를 부여받은 당국에 의해 문서로 증명된 것.

- 순응성(compliance) : 제조업체가 미리 정해진 규정, 기준 및 실행을 따르고 있는 정도

- 구성성분(component) : 의약품 제조에 사용되는 물질

- 의약품(drug product) : 유효 성분과 비생리활성물질을 함유하는 최종 형태

- 비생리활성물질(inactive ingredient) : 의약품 구성 성분 중 유효성분(active ingredient)을 제외한 나머지 부분의 총칭.

- 로트(lot), 로트번호, 관리번호 또는 배치번호(lot number, control number, batch number) : 일정한 규격의 품질을 가진 배치의 일부분, 배치를 구분하기 위해 사용되는 혼용된 식별 부호, 숫자와 문자

- 마스터기록(master record) : 제형, 규격, 제조과정, 품질보증 요구조건과 완제품의 표시가 포함된 기록

- 품질보증(quality assurance) : 품질에 관련된 활동이 적절하게 유지되는지 확인하는 조항

- 품질감사(quality audit) : 품질을 보증하기 위해 계획된 대로, 주기적으로 확립된 과정에 의해 행해지는 문서화된 활동

- 품질관리(quality control), 품질관리부서(quality control unit) : 제약업체가 표준품과 실제 제품의 품질을 비교하고, 그 차이점의 측정을 통한 조절 과정, 자체적인 품질 관리를

주관하기 위해 기업 내에 조직된 부서

- 검역소(quarantine) : 승인시험 및 품질 평가시험을 실시하기 전에 입고되는 원료들을 보관하기 위해서 분명하게 명시해 둔 장소
- 대표시료(representative sample) : 적절하게 전체를 대표하는 시료
- 재가공(reprocessing) : 완제품 또는 그 구성 요소의 일부가 제조 과정 중의 전체 또는 일부에 재사용되어지는 활동
- 강도(strength) : 용량 또는 용적 당 약물의 농도
- 검증됨(verified) : 두 번째 개체에 의해 서명됨 또는 자동화된 장비에 의해 기록됨
- 밸리데이션 프로토콜(validation protocol) : 특정제조공정, 분석방법, 장치 또는 시스템이 미리 정해진 허용기준을 충족시킨다는 것을 규정된 시험과정을 거쳐 검증하는 문서화된 프로그램, 공정이 의도했던 대로 운영되는지에 대한 문서화된 증거, 밸리데이션이 될 수 있도록 문서화된 증거를 만들기 위한 실험 계획

2) GMP 조직

(1) 조직의 구성

- 제조소에 서로 독립된 제조부서와 품질보증 부서를 두고 각각 책임자를 두어야 하며, 이 경우 겸직해서는 안 된다. 다만, 모든 품목을 위탁제조하거나 소분하는 업소의 경우에는 겸직할 수 있다.
- 가목의 책임자는 법 제36조에 따른 제조관리자로서 이 기준에 관한 충분한 지식을 가진 사람이어야 한다.
- 제조소에는 제조관리 및 품질관리 업무를 적절히 수행할 수 있는 적절한 인원을 배치하여야 하며, 그 작업원은 이 기준 및 담당 업무에 관한 교육·훈련을 받은 사람이어야 한다.

(2) 제조부서 책임자

제조부서 책임자는 제조공정관리, 제조위생관리 및 보관 관리를 담당하는 부서의 책임자로서 다음 각 목의 사항을 이행해야 한다.

- 제조관리를 적절하게하기 위하여 제품표준서, 제조관리 기준서 및 제조위생관리 기준서에 성명을 기재하고 서명하여 승인을 받아 갖추어 두고 운영하여야 한다.

■ 제조지시서에 의하여 작업을 지시하고 제조지시서에 따라 제조되는지를 점검·확인하여야 하며, 임상시험에 사용되는 의약품을 제외한 의약품에 일탈이 있는 경우에는 이를 조사하고 기록해야 한다.

■ 제조위생관리 및 보관관리가 규정대로 되고 있는지를 점검·확인하여야 한다.

■ 무균제제가 아닌 것으로서 주성분 모두가 생약(한약) 또는 이를 단순 추출형태로 함유한 의약품 및 임상시험에 사용되는 의약품을 제외한 의약품인 경우에는 품질(보증)부서 주관 하에 제조부서의 중요기계·설비에 대한 적격성평가 및 공정에 대한 밸리데이션을 실시하고 이를 확인해야 한다.

(3) 품질보증부서 책임자

품질보증부서 책임자는 원자재·반제품 및 완제품의 품질관리 및 품질보증을 담당하는 부서의 책임자로서 다음 각 목의 사항을 이행해야 한다.

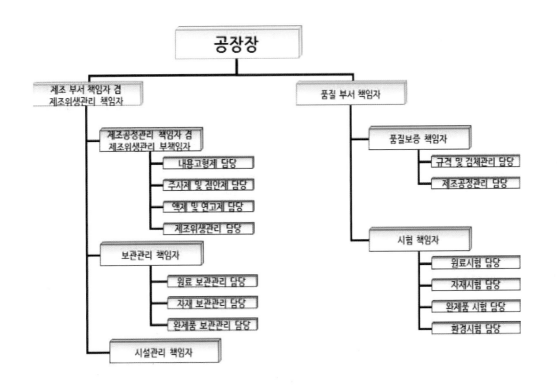

그림 13-7 GMP 조직도

(4) 위원회

각종 기준서를 제정·개정하고 이 기준을 원활하게 운영하기 위하여 다음 각 목의 사항이 포함된 위원회 규정을 작성하고 위원회를 구성하여 운영해야 한다.

GMP 기준에 맞는 품질관리를 하기 위해서는 제품의 생산 단계뿐만 아니라 품질 및 연구개발 부서에 이르기 까지 조직을 구성하고 각각의 역할에 맞는 책임자를 선정하여 체계적인 운영을 하는 것이 중요하다. 물론 기업의 조직 구조와 사업의 특성에 따라 조직의 구성 및 범위는 서로 다를 수 있지만, 중요한 것은 GMP 조직을 역할에 맞게 구성하고 각각의 책임을 직무기술서에 명료하게 규정하여 프로세스에 맞는 업무를 수행하는 것이다.

GMP를 인증받고자 하는 제조소에는 반드시 제조부서와 품질부서를 독립하여 구성하고, 각각 부서의 책임자를 두어야 한다. 세조부서와 품질부서의 책임자는 겸직할 수 없다. 또한 GMP에

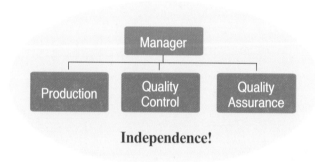

그림 13-8 QA , QC 독립적

3) 건물과 시설

- 건물과 시설의 설계
- 원료와 의약품의 구성성분을 보관하기 위한 분리된 구획
- 불합격 원료를 보관하는 영역
- 출하된 구성성분의 보관영역
- 측량하고 측정하는 공간
- 안과용과 주사제용품을 위한 멸균영역

- 화염물질의 보관영역
- 완제의약품 보관
- 기능적인 부분
- 열, 습도, 온도, 환기의 조절, 쓰레기 처리, 작업안전 및 건강협회규정에 따른 고용인 시설
- 안전조작, 개인위생 고려

4) 장비

- 장비의 설계, 크기, 배치
- 준작업과정은 기록되어야 함.
- 적절한 사용, 유지 그리고 각 장비의 세척, 적절한 기록 수행 및 보관
- 과정 중에 사용된 자동화된 장비와 컴퓨터는 밸리데이션 되어야 함

5) 구성성분, 용기 및 마개의 관리

- 구성성분, 용기 및 마개에 대한 규격 및 그 관리
- 공급자로부터 의약품의 구성 요소들을 수령 시, 각 로트별로 수령된 구매 주문 번호, 수령날짜, 화물 인환증, 공급자의 이름과 필요한 정보, 공급자의 보유량 또는 조절 번호 및 양을 함께 기록
- 불합격된 원료, 의약품 용기와 마개들은 의약품 제조 과정에서 사용되지 않도록 철저하게 통제되고 관리되어야 함

6) 제조 및 공정 관리

- 제조공정관리
- 기계가 미리 확립된 조절한계(즉, 정제크기, 경도)내에서 제품을 생산할 수 있도록 작업시간에 생산 담당자가 시행하는 것
- 모든 제품 규격(즉, 정제 함량, 용출)에 적합하고 배치간의 일관성을 확실하게 하기 위해서 품질관리 실험실원이 시행하는 것이 있다. 때로 표준에서 벗어나는 제품은 재가공될 수도 있다. 그러나 이러한 경우 모든 과정들은 확립된 방법과 규정에 따라서 행해져야만 하고, 모든 규격에 적합해야 하며, 모든 기록 및 문서화 작업이 철저하게 이루어져야 한다.

7) 포장과 라벨작업 관리

- 포장과 라벨표시에 대한 검사
- 모든 물질들은 품질관리부서에서 사용이 승인될 때까지 사용을 보류
- 의약품의 라벨표시의 발급과 사용에 대한 기록 유지
- 각 라벨에는 사용기한과 의약품의 확인을 용이하게 하는 의약품의 배치 또는 로트 번호를 포함하고 있어야 함

(1) 유효기간 (사용기한)

- 유효기간의 정의
- 적절한 안정성 시험을 통하여 의약품의 확인, 약효, 품질과 순도가 기준을 만족하는 시점

(2) 개봉의 흔적이 보이는 포장

- 1982 FDA 규정 발표
- 안전성과 유효성을 확신하고 보안성을 증진시키기 위함

8) 보관과 공급

- 보관과 공급의 원칙
- 완제의약품은 품질관리부에서 출하 승인될 때까지 보관 가능한 곳에 보존
- 일반적으로 가장 오래 보관된 의약품이 제일 먼저 공급
- 공급관리체계는 필요하면 그것이 다시 회수될 수 있도록 각 로트의 의약품이 공급되는 위치를 파악할 수 있어야 함

9) 실험실 관리

- 보존용 시료들은 그 의약품의 최종 로트의 유효기간 후 1~3년 동안 보관

10) 기록과 보고서

- 기록의 보존기간 : 생산, 관리 그리고 공급기록은 제품 배치의 유효 기간이 끝난 후 적어

도 1년간은 보존

■ 기록에 포함될 사항 : 제품의 명칭과 강도, 제형, 구성성분의 정량적인 양과 투여단위, 완벽한 제조와 관리 과정, 규격, 특별한 주석, 사용장비, 공정 중 관리, 시료 채취와 실험방법 및 분석결과, 장비의 검정, 공급기록, 날짜와 작업자가 확인한 기록

11) 반품 및 재생품

■ 반품 및 재생품의 처리기준
■ 도매상으로부터 되돌아온 제품은 로트번호를 확인, 적절한 시험을 통해 제품의 품질을 확인
■ 규격을 만족시키는 제품은 폐기하지 않거나 재가공할 수 있음
■ 모든 반환된 제품의 기록은 보존되어야만 함
■ 반환 날짜와 이유, 반환된 제품의 양과 로트 번호, 제품의 보관, 시험, 재가공에 적용된 과정, 제품의 처리 내용 등이 포함되어야 함

12) 정보기술과 자동화

■ cGMP의 요구조건은 아님

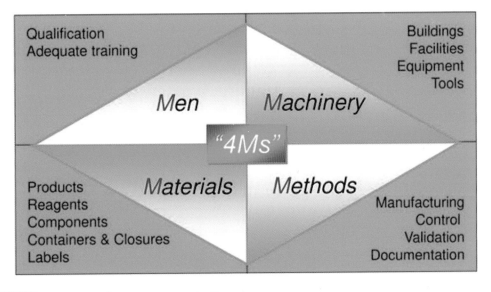

그림 13-9 Four basic elements of cGMP

■ 정보기술과 자동화된 체계의 효과적인 배치는 제약 공정 개발, 제품 효율, 제품의 품질 그리고 규제의 순응성을 향상시킬 수 있음

05 추가적인 cGMP 요구조건

1) 주성분과 의약품 첨가제

■ 합성에 사용된 모든 반응성 및 비 반응성 성분을 위한 규격 및 분석방법
■ 결정적인 화학반응단계
■ 화학중간체의 취급
■ 원료물질의 스케일-업이 수율에 미치는 영향
■ 물의 품질
■ 용매처리와 회수 체계
■ 불순물이나 화학물 잔기를 검출하는 분석방법 및 검출 한계
■ 원료물질의 안정성 연구

2) 임상시험재료(CTM)

■ 임상시험재료의 생산기준 : cGMP 규정에 따라 생산되어야 함
■ 임상시험재료의 생산규모 : 제3상 동안에 상업적인 생산규모의 적어도 1/10의 규모(즉, 100,000 캡슐) 생산

3) 생물의약품

■ 생물의약품에 추가적으로 적용되는 규제범위 : 혈액모집과정, 환경관리, 활성의 분리, 억제방법, 세포은행 및 세포주의 특징 및 시험, 세포번식 및 발효, 감염성 물질의 불활성화, 멸균공정 밸리데이션, 바이오분석의 사용, 생 백신 작업영역, 아포를 갖는 미생물의 작용, 위험인자의 평가, 정량화 및 밸리데이션

4) 의료기기

- 의료기기의 승인기준 : 의약품의 경우와 비슷한 FDA 승인 경로
- 의료기기의 GMP 규정 : 작업원, 건물, 장비, 구성요소의 관리, 제조 및 공정관리, 포장 및 라벨표시, 보관, 공급, 설치, 기기평가 및 기록
- cGMP 규정이 적용되는 기기의 예 : 안과용렌즈, 청력보조제, 자궁 내 장치, 심장보조기, 임상화학분석기, 카테터, 심폐우회하기위한 심장-폐 기계박스, 치과용 X-선 장비, 수술용 장갑, 콘돔, 보철용 엉덩이 관절, 견인장치, X-선 단층촬영장치, 전동휠체어

5) cGMP 규정에의 비순응성

- cGMP 규정의 불이행시의 규제 : 승인의 지연 초래. FDA의 정기검사에서 규정을 따르지 않은 사실이 발견되면 위반정도에 따라 다양한 규제 낳음.

6) 약국제제의 cGMP 기준

- 약국제제가 cGMP 적용을 받는 경우 : 동네 및 기관약국이 공급자의 입장에서 통상적인 조제 행위를 벗어난 약물 또는 의약품의 제조, 재포장, 재라벨 표시를 할 때
- 제조 : 공급 또는 판매를 목적으로 하는 약물 또는 제품의 대규모적인 생산
- 조제 : 약국의 전통적인 활동의 일부분으로서 특정한 환자를 위해서 처방약을 전문적으로 제조하는 것

---

04 국가별 우수 의약품조제관리기준

1) 미국약전-국민처방집(USP-NF)

- 1990년 USP-NF 발표, 1996년 약국조제기준 공인
- USP의 '약국조제'에 포함된 내용 : 조제환경, 조제의약품의 안정성, 구성성분의 선택과 계산, 허용 가능한 강도, 품질 및 순도를 위한 점검표, 조제 제제, 조제과정, 조제기록 및

서류, 품질관리, 환자상담

- 조제의약품의 안정성 : 포장, 멸균, 안정성 기준 및 조제약의 사용기한을 정하는 가이드라인 포함
- 가능하면 미국화학회(American Chemical Society) 또는 FCC(Food and Chemical Codex) 급으로 알려진 고품질의 의약품을 우선적으로 사용함. 약국에서 조제에 사용되는 모든 물질은 안전성 자료(material safety data sheet)를 구비하여야 함.
- 제조된 의약품은 약물, 첨가제 또는 부형제의 재료로 사용될 수 있음. 만일 제조된 의약품이 활성성분의 원천으로 사용된다면, 최종 제품을 평가하는데 있어서 모든 첨가제의 존재를 반드시 고려해야 함.

2) 미국 FDA 현대화법

- 미국 FDA 현대화법의 목표 : 보건활동에 FDA의 불필요한 규제를 막고 개별적인 맞춤 약물치료에 환자의 접근성을 확보해 주는 것

3) 전국약학협의회

- 전국약학협의회에서 개발한 우수조제기준 중 논의사항
- 일반적인 규정 : 조제와 제조의 정의 및 차이점
- 단체와 개인
- 의약품 조제시설
- 장비
- 제품의 구성요소와 용기, 마개의 관리
- 의약품 조제관리
- 과량의 제품의 표기관리 및 기록물과 보고서

1) 용기

■ 품질항목 : 물리화학적 성질, 유리 또는 플라스틱의 빛 투과성, 약물과의 적합성, 용출물 및 성분의 이동, 플라스틱 용기의 수증기 투과성, 방습성, 플라스틱의 독성, 에어로솔제 제의 밸브, 작동장치, 분사시의 약 용량, 입자크기, 분무특성과 누출, 주사제 용기의 무균 성 및 투과, 완제 포장 상태에서의 약물의 안정성

■ 직접용기(immediate container) : 의약품과 항상 직접 접촉하고 있는 것

■ 밀폐용기(well-closed container) : 보통 또는 일상의 취급, 선적, 저장 및 공급 조건에 서 고형의 이물이 들어가는 것을 방지하고 내용의약품이 손실되는 것을 방지하는 용기

■ 기밀용기(tight container) : 보통 또는 일상의 취급, 선적, 저장 및 공급 조건에서 외부 의 액체, 고체 또는 증기에 의해 내용의약품이 오염되는 것을 막고 내용의약품이 손실 되는 것을 방지하며 풍해, 조해 또는 증발을 방지하고 다시 기밀하게 닫을 수 있는 것

■ 밀봉용기(hermetic container) : 보통 또는 일상의 취급, 선적, 저장 및 공급 조건에서 공 기 또는 다른 기체가 통하지 않는 것.

■ 일회량 용기(single-dose container) : 1회 용량으로 쓰는 양의 약물을 담는 용기와 개봉 하였을 때 재 밀봉으로 무균성 유지를 보증하기 어려운 용기, 용봉한 앰플, 약액이 미리 채 워진 주사기(prefilled syringe), 카트리지.

■ 다회량 용기(multiple-dose container) : 강도의 변화 없이 잔여분의 품질이나 순도를 손 상시키지 않고 연속적으로 내용물의 일정량을 꺼내어 쓸 수 있는 밀봉용기, 바이알(vials)

■ 차광용기 : 양질의 갈색 유리 또는 차광성의 불투명 플라스틱을 사용하면 빛의 투과성을 충분히 감소시켜 빛에 민감한 의약품을 보호할 수 있음.

■ 의약품 포장에 사용되는 플라스틱의 예 : 정맥용 수액의 플라스틱 백, 플라스틱 연고 튜 브, 플라스틱 필름으로 보호된 좌제, 정제와 캡슐제의 플라스틱 바이알 일회용(앰플)과 다 회(바이알)용기에 포장 된 주사제품과 단위용량주사기. 환자의 컵, 일회용량의 가루, 일 회용량의 블리스터 포장, 정제의 스트립포장을 포함하는 다중단위포장과 단일단위포장

2) 어린이는 쉽게 열 수 없는 노인용 포장

■ 예외사항에 대한 이해 : 포장 크기가 한 가지인 OTC 의약품, 또는 안전마개가 불필요하거나 조작이 매우 어려운 소비자에게 이용되는 특별히 표기된 포장인 경우

3) 개봉 흔적이 남는 포장

■ 처방용기와 어린이 보호용 안전 마개
■ 노인이 편한 어린이 보호용 처방용 용기

4) 복약 순응성 포장

■ 일정표가 표시된 용기(calendar pack)에 블리스터 포장을 넣는 방법
■ 전통적인 용기(캡슐 바이알)에 담아 투약하는 처방약의 경우 약사는 가끔 투약일정표를 교부하거나 일간 또는 주간 구획이 있는 약 상자를 제공하기도 함

5) 라벨 표시

■ 라벨표시가 되어야 하는 범위 : 직접용기와 포장; 설명문; 회사의 문헌자료; 제품과 관련된 팸플릿, 소책자, 우편물, 파일 카드, 사보, 가격표, 카탈로그, 음향기기, 영사슬라이드, 동영상 필름, 슬라이드, 전시물, 진열물, 문헌 인쇄물 그리고 컴퓨터 매체 정보 포함됨

6) 제조업자의 라벨표시

■ 의약품 용기에 포함되는 정보
■ 함유 주성분의 확립된 명칭 또는 일반명과 의약품의 상표명
■ 제조업자, 소분업자 또는 공급원의 명칭
■ 단위 중량, 단위 용적 또는 투약량 단위 당 각 의약품의 분량(적절한 방법을 택하여 정량적으로 기재함)
■ 제품을 구성하는 제형의 제제학적 종류
■ 포장, 단위중량, 단위 용적에 들어 있는 내용량 또는 투약량 단위의 수
■ 'Rx only'라는 로고 또는 연방 설명문(주의−연방법은 처방전 없는 조제를 금합니다) 또는

이와 유사한 언급

■ 첨부 포장 설명문이나 복용량과 기타 정보를 볼 수 있도록 라벨에 참조 표시

■ 필요한 경우 저장법에 대한 특별 지시문

■ 제품에 대한 국가의약품식별코드(때로는 바코드)

■ 확인 로트번호 또는 관리번호

■ 사용기한

■ 제한관리대상 원료의약품(controlled drug substances)의 경우, 정해진 일정과 함께 DEA 기호 'C', '경고–습관성을 일으킬 수 있음'이라는 표시도 기재할 수 있다.

7) 처방전 라벨표시

■ 약사가 조제한 처방약에 포함되는 정보

· 약국의 명칭과 주소

· 처방전의 일련 번호

· 처방전의 발행일이나 교부 또는 재교부연월일(주법은 가끔 날짜가 사용되는 것을 확인한다.)

· 처방 발행인의 성명

· 환자의 성명

· 처방전에 표시되는 것과 같이 주의사항을 포함한 사용 지시문

■ 그 외 요구되는 추가의 정보

· 환자의 주소

· 조제한 약사의 이니셜 또는 성명

· 약국의 전화번호

· 의약품명, 강도, 제조업자의 제조번호 또는 관리번호

· 의약품의 사용기한

· 제조업자 또는 공급원의 명칭

8) OTC 의약품의 라벨표시

■ OTC 의약품의 용기 위에 포함되는 정보

- ■제품의 명칭
- ■제조업자, 소분업자 또는 공급원의 명칭 및 주소
- ■내용량 표시
- ■복용 단위 당 모든 활성성분의 명칭과 분량, 불활성 성분의 명칭도 기재한다.
- ■제제 중의 습관성을 일으킬 수 있는 물질(들)의 명칭
- ■약물학적 분류 또는 주작용(예, 제산제)과 안전하고 효과적인 사용을 위한 적절한 사용 방법에 대한 표시(예를 들면, 복용량, 복용 회수, 용량과 연령에 대한 고려, 흔들거나 희석과 같은 조제법)
- ■소비자 보호를 위한 주의와 경고
- ■1회 복용량 당 나드륨 5mg 이상 또는 1일 최대복용량 중 140mg 이상일 경우의 내복용 제품의 나트륨 함량
- ■보관상태, 즉 아이들의 손에 닿지 않는 안전한 곳에서의 보관
- ■개봉의 흔적이 명확한 특징의 기재
- ■로트번호 및 사용기한

9) 저장

- ■찬 곳(cold) : 8℃ 이하의 온도
- ■서늘한 곳(cool) : 8~15℃ 사이의 온도
- ■실온(room temperature) : 작업장의 보통 온도
- ■온(warm) : 8~40℃ 사이의 온도
- ■과열(excessive heat) : 40℃ 이상의 온도
- ■동결방지(protection from freezing)

10) 운송

- ■의약품의 안정성을 보호하는 일로서 중요한 고려사항임
- ■극심한 온도 및 습도 차이를 보이는 지역으로의 운송과 그 지역 내에서의 운송은 각별

◆ 제약회사의 종류를 3가지로 구분하면?
  ■ 의약품제조업자 ■ 위탁제조판매업자 ■ 수입자

◆ 의약품제조업의 필수적인 인적요건은?
  ■ 제조관리자 ■ 제조업자(대표자) ■ 안전관리책임자

◆ GMP 4대 기준서는?
  ■ 의약품의 제조관리와 품질관리를 위해서는 ①제품표준서 ②품질관리기준서
  ③제조관리기준서 ④제조위생관리기준서를 작성해야 한다.

◆ 의약품제조업의 요건은?
  ■ 허가과정에서 증명된 의약품의 품질기준을 대량생산 과정에서도 지키기 위한 노력.

◆ 제조시설 중 분리해야 될 작업소는?
  ■ 분리: 생물학적제제, 무균제제, 세포독성항암제
  ■ 구획: 주사제, 점안제, 내용액제, 내용고형제, 연고제

◆ QbT (Quality by Testing) vs QbD (Quality by Design)를 비교 설명하십시오?

Chapter 14 Validation

01 Validation 정의

Validation(밸리데이션)이란, 의약품의 제조공정, 설비·장비·기기, 시험방법, 컴퓨터 시스템 등이 미리 설정돼 있는 판정 기준에 맞는 결과를 일관되게 도출하는지 검증하고, 문서화하는 활동입니다.

즉, 의약품의 품질, 안정성, 유효성에 영향을 미칠 수 있는 모든 요소를 객관적으로 확인하는 작업이다.

Validation은 의약품뿐만 아니라 식품처럼 '안전성'과 '신뢰성' 확보가 필수인 분야에서 실시한다. 제품이 의도된 품질 규격에 '적합'하도록, '일관'되게 제조되는 것을, '증명'하는 게 핵심이다. 이를 위해 방대한 양의 문서 작업이 필요하고, 내용도 또한 복잡하지만 이런 작업을 하는 이유는 바로 'GMP' 때문이다.

1) Validation정의(ICH)

- 특정 공정, 방법 또는 시스템이 사전 설정된 허용 기준에 부합하는 결과를 일관되게 만들어 낸다는 점을 보증하는 문서화된 프로그램.
- A documented program that provides a high degree of assurance that a specific process, method, or system will consistently produce a result meeting predetermined acceptance criteria.

2) Validation 정의(US FDA)

- 특정 공정이 기 설정된 규격과 품질 요소들을 만족하고 있는 제품을 지속적으로 생산하고

있음을 보증하기 위한 증거를 문서화 하는 것

- Establishing documented evidence that provides a high degree of assurance that a specific process will consistently produce a product meeting its predetermined specifications and quality attributes.

3) Validation 정의(EU EMEA)

- GMP 원칙에 따라 어떤 절차, 공정, 설비, 물품, 행위 또는 시스템이 실제로 예상 결과를 만들어 낸다는 점을 증명하는 행위
- Action of proving, in accordance with the principles of Good Manufacturing Practice, that any procedure, process, equipment, material, activity or system actually leads to the expected results(see also qualification)

4) Validation 정의(KFDA)

특정한 공정, 방법, 기계설비 또는 시스템이 미리 설정되어 있는 판정기준에 맞는 결과를 일관되게 도출한다는 것을 검증하고 이를 문서화하는 것을 말한다.

Validation을 마친 제조 공정이란 해당 공정이 의도 하는 바 또는 실시한다고 주장하는 바를 실제로 수행한다고 증명된 공정이다. Validation의 증거는 데이터 수집과 평가를 통해서 달성되며 공정개발 단계부터 시작하여 생산 단계까지 지속하는 것이 바람직하다. Valida-tion은 공정 적격성평가(원자재, 설비, 시스템, 건물, 작업자의 적격성평가)를 반드시 포함하여야 하며 반복되는 제조단위 또는 작업량과 관련된 전체 공정에 관한 관리도 포함한다.

5) Process Validation 정의(US FDA)

Process Validation(의약품의 어떤 제형을 만드는)은 특정 공정이 미리 설정한 규격 및 품질 특성에 맞는 제품을 일관되게 만들 것이라는 것을 높은 수준으로 보증하는 증빙 문서를 제시하는 것을 말한다.

- U.S. Food and Drug Administration. Guideline on General Principles of Process Validation. Rockville, MD: FDA, 1987.
- Stage 1 : Process Design

- Stage 2 : Process Qualification
- Stage 3 : Continued Process Verification

6) Process Validation 정의(EU EMEA)

설정된 범위 이내에서 작업했을 때 사전에 설정된 규격과 품질 특성에 부합하는 의약품을 효과적이고 재현성 있게 생산할 수 있음을 보여주는 문서화된 증거

The documented evidence that the process, operated within established parameters, can perform effectively and reproducibly to product meeting its predetermined specifications and quality attributes.

02 시설 및 환경의 관리

1) 시설관리

시설관리 의약품 제조소는(약국 및 의약품 등의 제조업·수입자 및 판매업의 시설기준령) 에서 정한 시설기준에 맞도록 기계·설비 등을 정기적으로 점검하여 의약품의 제조 및 품질 관리에 지장이 없도록 유지·관리·기록해야 한다.

2) 자동화장치 등의 관리

- 제조 및 품질관리에 자동화장치 등(컴퓨터나 관련 시스템을 포함한다)을 사용할 경우에는 계획을 수립하여 정기적으로 교정 및 성능점검을 하고 기록해야 한다.
- 자동화장치 등의 기록 변경은 권한이 있는 자만 할 수 있도록 하고 적절하게 관리해야 한다.
- 자동화장치 등에 의한 모든 기록은 별도로 저장·보관하여야 하고, 이 경우 출력물이나 테이프 및 마이크로필름 등과 같은 대체 시스템을 이용하여 별도로 보관된 자료가 유실되지 않도록 관리해야 한다.

3) 환경관리

의약품 제조소는 의약품 제조공정 중의 오염을 방지하기 위하여 다음 각 목에 따라 적절한 작업환경을 유지·관리하고 그 내용을 기록하여야 한다.

- 의약품의 종류·제형·제조방법 또는 제조시설 등에 따 라 작업소의 청정구역과 청정등급을 설정하여야 하며, 그 청정등급이 유지되도록 정기적으로 점검하고 관리해야 한다.
- 공기조화장치의 성능을 정기적으로 점검하고 청정등급 및 작업실간의 차압이 유지되도록 해야 한다.
- 제조조건과 보관조건에 적절한 온도 및 습도가 유지되도록 정기적으로 점검해야 한다.

03 기준서

의약품의 제조관리와 품질관리를 적절히 이행하기 위하여 규정에 따른 제품표준서, 제조관리기준서, 제조위생관리 기준서 및 품질관리 기준서를 작성하여 갖추어야 한다.

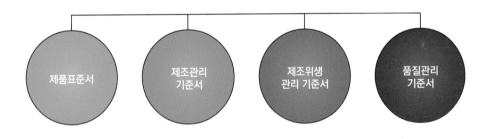

그림 14-1 **4대 기준서**

04 문서

1) 문서의 작성

- 모든 문서의 작성 및 개정 · 승인 · 배포 · 회수 또는 폐기 등 관리에 관한 사항이 포함된 문서관리규정을 작성해야 한다.
- 문서는 알아보기 쉽도록 작성하여야 하며 작성된 문서에는 제조부서 책임자 또는 품질(보증)부서 책임자의 서명과 승인연월일이 있어야 한다.
- 문서의 작성자 · 검토자(또는 확인자) 및 승인자는 서명을 등록한 후 사용해야 한다.
- 모든 기록문서는 작업과 동시에 작성되어야 하며 지울 수 없는 잉크로 작성하여야 한다. 기록문서를 수정하는 경우에는 수정하려는 글자 또는 문장 위에 선을 그어 수정전 내용을 알아볼 수 있도록 하고 수정된 문서에는 수정사유, 수정 연월일 및 수정자의 서명이 있어야 한다.
- 문서를 개정할 때는 개정사유 및 개정연월일 등을 기재하고 제조부서 책임자 또는 품질보증부서 책임자의 승인을 받아야 하며 정기적으로 점검하여 최근에 개정된 것인지를 확인해야 한다.

2) 문서의 관리

- 모든 기록문서(전자기록을 포함한다)는 해당 제품의 유효기한 또는 사용기한 경과 후 1년간 보존하여야 한다. 다만, 별도로 규정하는 경우 그 사유와 보존기한을 명확하게 정해야 한다.
- 전자문서 시스템의 경우에는 허가된 사람만이 입력, 변경 또는 삭제할 수 있으며 자기테이프, 마이크로필름, 백업 등의 방법으로 기록의 훼손 또는 소실에 대비하고 필요시 판독 가능한 방법으로 출력해야 한다.

1) 밸리데이션의 실시대상

■ 다음의 어느 하나에 해당하는 경우에는 미리 수립된 밸리데이션 계획서에 따라 밸리데이션을 실시하여야 한다. 다만, 무균제제가 아닌 것으로서 주성분 모두가 생약(한약) 또는 이를 단순 추출형태로 함유한 의약품 및 임상시험에 사용되는 의약품은 제외한다.

• 새로운 품목의 의약품 제조를 처음 하는 경우
• 의약품의 품질에 영향을 미치는 기계·설비를 설치하는 경우
• 의약품의 품질에 영향을 미치는 제조공정을 변경하는 경우
• 제조환경을 변경하는 경우

■ 밸리데이션 실시에 관한 기준서, 밸리데이션 실시결과 및 결론을 종합한 보고서를 작성하여 갖추어야 한다.

■ 밸리데이션을 실시한 결과 제조관리 및 품질관리에 관하여 개선이 필요한 경우에는 필요한 조치를 취하고 해당 조치에 대한 기록을 작성하여 갖추어야 한다.

■ 식품의약품안전청장이 정하는 바에 따라 객관적이고 합리적인 증거자료가 있는 경우에는 밸리데이션을 생략할 수 있다.

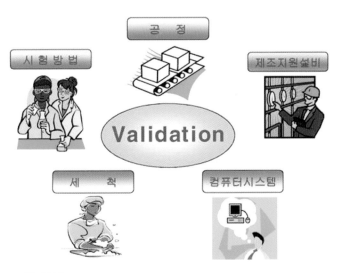

그림 14-2 Validation의 종류

2) 공정 밸리데이션(Process Validation)

- 의약품 제조공정이 미리 설정된 기준 및 품질 특성에 맞는 제품을 일관되게 제조한다는 것을 검증하고 문서화하는 공정 밸리데이션을 실시하여야 한다.
- 제품의 품질에 영향을 미치는 중요한 제조공정은 예측적 밸리데이션을 실시하여야 하되, 부득이한 경우에는 동시적 또는 회고적 밸리데이션으로 갈음할 수 있다.
- 공정 밸리데이션은 품목별(무균제제 무균공정의 경우에는 공정별)로 실시하여야 한다.
- 공정 밸리데이션은 실시 시기에 따라 다음과 같이 분류한다.

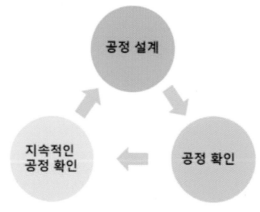

그림 14-3 Process Validation

(1) 예측적 밸리데이션

① 의약품을 판매하기 전에 실시하는 밸리데이션으로서 기존의 연구결과 등을 근거로 품질에 영향을 미치는 변동요인(원자재의 물성, 조작조건 등)의 허용조건이 기준에 맞아야 한다.

② 판매를 위하여 제조하는 실 생산 규모의 연속 3개 제조단위에 대하여 실시하고 분석한 다음 전체적인 평가를 한다. 이 경우 3개 제조단위 모두가 적합하여야 한다.

(2) 동시적 밸리데이션

① 부득이한 사유로 예측적 밸리데이션을 실시하지 못하는 경우에만 의약품을 제조·판매하면서 실시하는 밸리데이션으로서 변동요인(원자재의 물성, 조작조건 등)이 허용조건

내에 있어야 한다.

② 판매를 위하여 제조하는 실 생산 규모의 연속 3개 제조단위에 대하여 실시하고 분석한 다음 전체적인 평가를 한다. 이 경우 3개 제조단위 모두가 적합하여야 한다.

(3) 회고적 밸리데이션

① 원료약품의 조성, 제조공정 및 구조·설비가 변경되지 아니한 경우에만 제조한 의약품에 대하여 실시하는 밸리데이션으로서 과거의 제조 및 품질관리 기록, 안정성 데이터 등 기존에 축적된 제조 및 품질관리 기록을 근거로 통계학적 방법에 의하여 해석한다.

② 실 생산 규모로 제조·판매한 연속적인 10~30개의 제조단위를 대상으로 실시하며 그 기간 동안 기준 일탈한 제조 단위도 포함시킨다.

(4) 재 밸리데이션

이미 밸리데이션이 완료된 제조공정 또는 구조·설비 등에 대하여 정기적으로 실시하거나, 의약품등의 품질에 큰 영향을 미치는 원자재, 제조방법, 제조공정 및 구조·설비 등을 변경한 경우에 실시한다.

3) 시험방법 밸리데이션(Method Validation)

의약품등의 품질관리시험에 이용하는 분석법이 의도한 목적에 따라 일정하게 수행되는가를 보증하기 위해 문서화된 증거를 확립하는 것으로 의약품등의 품질관리를 위한 시험방법의 타당성을 미리 검증하고 문서화하는 밸리데이션으로서 품목별로 실시하여야 한다.

- 의약품등의 품질관리를 위한 시험방법의 타당성을 미리 확인하는 과정
- 시험법 밸리데이션의 적용범위(품목별 실시)
- 시험방법 타당성, 확인시험, 순도시험, 함량시험, 재밸리데이션

▶ 고속액체 크로마토그래피 (HPLC: High Performance Liquid Chromatography)

고속액체 크로마토그래피(HPLC: High Pressure Liquid Chromatography)란? 1개 이상의 혼합물(유기화합물)을 물리적으로 각각의 성분으로 분리하는 기술이다. 현대의 모든 산

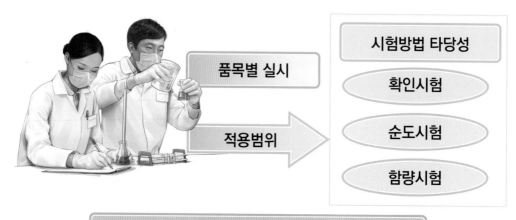

그림 14-4 시험방법 밸리데이션(Method Validation)

업, 의료 및 연구를 비롯한 다양한 분야에서 매우 유용하게 사용되는 분리분석 기술로써 시료의 정량, 정성분석에 사용된다.

고속액체 크로마토그래피(HPLC)는 휘발성이 문제가 되지 않으므로 분자량이 큰 물질의 분석에도 사용될 수 있다. 얼마전까지만 해도 GC가 LC에 비하여 이동상의 차이 때문에 신속한 분석법이었으나 최근에는 HPLC가 분리능력이나 응용범위 면에서 신속·정확한 방법으로 각광 받고 있다. GC의 경우 일반적인 사용온도범위(약350℃) 이하에서 기화되지 않는 비휘발성 물질이며 열변성이나 열분해를 쉽게 받는 시료는 일반적으로 직접 분리할 수 없지만, HPLC는 시료가 상온에서 용해 불가능하여 가온할 필요가 없는 경우를 제외하면 온도와 관계없이 용매가 용해되는 시료는 모두 분리 가능하다.

■ HPLC 분리원리

① 흡착작용(adsorption):고정상에 부착된 기능단에 시료가 흡착되어 각 성분을 분리.

② 분배작용(partition):고정상의 기능단이 역상으로 각 시료성분들이 서로간의 분배로 분리.

③ 이온교환작용(ion exchange):양이온이나 음이온의 시료가 상대이온과의 경쟁으로 교환이 일어나 정지상에 분포.

④ 분자체 작용(Size Exclusion, Gel Permeation): 겔의 다공성 크기에 시료 분자의 크기에 따라 투과성에 의해 분리하는 경우. 즉, 분자가 큰 것이 먼저, 작은 것이 나중에 용리되는 원리.

⑤ 순상(Normal Phase): 고정상(칼럼)이 이동상(용매) 보다 극성이 강한 경우. 극성이 큰 실리카 겔을 충진제로 사용할 때 실리카 표면 입자에 존재하는 Hydroxyl group(Si-OH)과 시료 상호간의 멈추는 현상이 나타남.

⑥ 역상(Reverse phase): 실리카 담체에 탄화수소(C18)를 결합시켜 비극성 충진물로 만들고 메탄올과 완충용액을 극성용매로 만들어 이동상으로 이용하여 분리하는 원리임. 극성이 큰 수용성 시료분석에 적합. 대부분의 HPLC는 역상임.

■ HPLC의 각 부분의 역할

① 용매 이송 장치(Eluent Delivery Pump)

 - 시료 이송 및 분리를 위한 Solvent를 이송하는 역할.

② 시료 주입 장치(Injector)

 - 시료를 분리 관으로 보낼 수 있도록 하는 역할.

③ 분리 관(Separation Column)

 - 혼합된 시료들을 단일 물질들로 분리하는 역할.

④ 검출기(Sample Detector)

 - 분리된 단일 시료들의 존재 여부를 확인하는 역할.

⑤ 데이터 수집장치(Data system)

 - 검출기에서 확인된 시료를 전기적인 신호로 전환하여 크로마토그램을 표시하는 역할.

■ HPLC 특징

① 1회 분석으로 복수의 분석물질을 동시에 정성, 정량 분석이 가능하다.

   정성 :크로마토그램의 피크 Retention time을 통하여 가능.

   정량 :크로마토그램 피크 면적을 이용하여 가능.

② 분석의 감도는 장치구성이나 분석조건설정에 의해 %에서 ppt 수준까지 폭이 넓다.

③ 분석물의 분리여부는 고정산(칼럼)과 이동상의 조합에 의해 결정한다.

④ 특이성(Specificity)이 있다: 다른 구성물질이 있어도 원하는 분석물질만 측정할 수 있는 능력.

⑤ 분석결과는 재현성이 우수하며 생산성을 향상시킬 수 있다.

크로마토그래픽의 분류

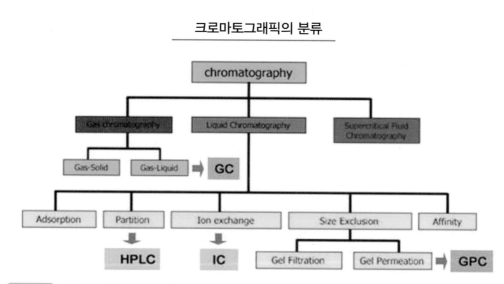

그림 14-5 HPLC 컬럼 분리 방법

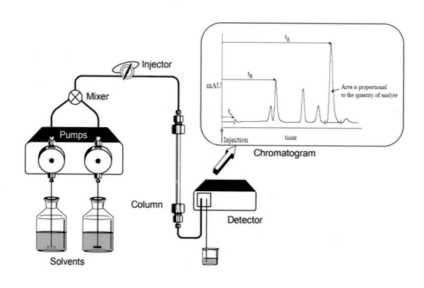

그림 14-6 HPLC

4) 세척 밸리데이션(Cleaning Validation)

　기계·설비 등의 잔류물(전 작업 의약품, 세척제 등)이 적절하게 세척되었는지를 검증하고 문서화하는 밸리데이션으로서 품목별로 실시하여야 한다.

- 기계/설비 등에 잔류물(전작업 의약품, 세척제) 세척 여부 확인
- 연속 제조 3개 LOT에 대한 품목별 실시
- 잔류물 분석 가능/증명 필요 (시험방법 확립 필요)

5) 제조지원설비 밸리데이션(Utility Validation)

　제조용수공급시스템 및 공기조화장치시스템 등 의약품제조를 지원하는 시스템에 대하여 검증하고 문서화하는 밸리데이션으로서 기계·설비별로 실시하여야 한다.

- 제조용수, 공기조화 등 제조지원 시스템
- 기계/설비별 실시
- 사용목적, 적용범위 : 구체적 설정 후 적격성 평가 실시

6) 컴퓨터시스템 밸리데이션(Computer System Validation)

　컴퓨터시스템의 자료를 정확하게 분석·관리·기록하고 미리 정하여진 기준에 맞게 자료를 처리한다는 것을 고도의 보증수준으로 검증하고 문서화하는 밸리데이션으로서 기계·설비·시스템별로 실시하여야 한다.

- 목적 : 의약품의 개발, 제조, 포장, 시험 및 보관 등에 사용되는 컴퓨터시스템의 개발, 사용이 GMP 규정에 적합
- 기계/설비/시스템별 실시
- 컴퓨터시스템 공급자/컴퓨터/관련장비 평가
- 시스템규격/기능규격 밸리데이션 실시

06 품질관리

1) 시험관리

■ 의뢰한 시험별로 다음 사항이 포함된 시험성적서를 작성하여야 한다.

■ 원자재, 반제품 및 완제품은 적합판정이 된 것만을 사용하거나 출하하여야 하며, 기준일 탈 또는 편향이 있는 경우에는 그 사유를 조사한 후 처리하여야 한다.

■ 원자재의 품질이 계속적으로 균질하여 시험성적에 충분한 신뢰성이 보증되는 경우에는 절차와 기준을 문서로 정하여 입고될 때마다 필요 항목만 검사할 수 있다.

■ 시험기록(시험 근거자료를 포함한다)이 정확하고 설정된 기준에 맞는지를 확인하는 중간 검토자를 두어야 한다.

■ 완제품의 출하승인을 위한 평가는 제조기록서와 반제품 및 완제품의 시험결과를 종합하여 판정하여야 한다.

■ 그래프, 계산식 등 시험에서 얻은 모든 기록(전자기록을 포함한다)은 보존하여야 한다.

■ 시험용 검체는 오염되거나 변질되지 아니하도록 채취하고, 채취한 후에는 원상태와 같이 포장하며, 검체가 채취되었음을 표시하여야 한다.

■ 시험기기, 계측기 및 기록계는 미리 정한 계획서에 따라 정기적으로 교정·기록하여야 한다.

■ 주성분 및 완제품의 보관용 검체는 제조단위 또는 관리번호별로 채취하고, 보관용 검체 중 주성분은 투입된 완제품의 마지막 제조단위, 완제품은 해당 제조단위의 유효기한 또는 사용기한 경과 후 1년간 보관하여야 한다.

■ 주성분 및 완제품의 보관용 검체와 시판용 제품의 포장형태는 동일하여야 하며, 규정된 시험항목(무균시험, 발열성물질시험은 제외할 수 있다)을 2회 이상 시험할 수 있는 양을 규정된 보관조건에서 보관하여야 한다.

■ 표준품, 검체 및 중요 시약에 대한 관리상황을 기록하여야 한다.

■ 표시재료는 기재사항이 변경될 때마다 규정에 맞는지를 확인하고 변경된 표시재료를 보관하여야 한다.

■ 의약품과 접촉하는 포장재료는 의약품을 변질시키거나 인체에 유해한 재료가 아닌지를 확인한 후 사용하여야 한다.

■ 제조용수는 정기적으로 사용점 등에서 제조용수를 채취하여 규정된 시험방법에 따라 시험하고 평가하여야 한다.

2) 안정성시험

■ 안정성시험은 계획을 수립하여 하고, 그 결과에 따라 완제품의 유효기간 또는 사용기간, 포장방법 및 저장조건을 설정하여야 한다.
■ 안정성시험 계획서에는 다음 사항이 포함되어야 한다.
• 시험구분 및 보존조건(식품의약품안전청장이 정하여 고시하는 바에 따른다)
• 시험간격 및 시험 예정일자
• 시험 방법 및 기준(이 경우 사용 시 조제하는 제품은 조제하여 시험한다)
• 검체의 수량
• 포장형태(시판품과 동일한 재질이어야 한다)
■ 시판용으로 제조하는 최초 3개 제조단위에 대하여 장기보존시험을 하여야 하며 시험결과 제품의 품질에 영향을 미치는 경우에는 유효기간 또는 사용기간을 조정하여야 한다.

3) 연간 품질평가

■ 완제품의 제조단위별 제조기록서 및 시험성적서를 조사한 후, 이를 근거로 기준에 맞는 제품이 일관되게 제조되고 있는지, 표준제조공정이 적절한지를 평가하여야 하며 평가 시 다음 사항이 포함되어야 한다.
• 중요한 공정관리 및 제품의 시험결과
• 기준일탈된 제조단위의 조사기록
• 공정 또는 시험방법의 변경관리기록
• 안정성평가의 결과
• 반품, 불만 및 회수에 대한 기록
• 시정조치에 대한 기록
■ 평가결과에 따른 기준일탈 또는 편향에 대하여는 조사를 한 후 필요한 조치를 마련한다.
■ 품질평가는 매년 정기적으로 실시하고 기록하여야 한다.

07 제조관리

1) 제조공정관리

■ 제품의 제조단위마다 다음 사항이 포함된 제조기록서를 작성하여야 하되, 제조기록서는 제조지시서와 통합하여 작성할 수 있다.

• 제품명, 제형 및 성질·상태

• 제조번호, 제조연월일 및 유효기한 또는 사용기한

• 제조단위

• 원료약품의 분량, 제조단위당 실 사용량 및 시험번호와 실 사용량이 기준량과 다를 경우에는 그 사유 및 산출근거

• 공정별 작업내용 및 수율과 수율관리기준을 벗어난 경우에는 그 사유

• 공정 중의 시험결과 및 부적합 판정을 받은 경우에 취한 조치

• 중요공정에서의 작업원의 성명, 확인자의 서명, 작업 연월일 및 작업시간

• 사용한 표시재료의 시험번호 또는 관리번호와 견본

• 중요 사용 기계·설비의 번호 또는 코드

• 특이사항(관찰사항 등)

■ 해당 작업에 종사하지 아니하는 자의 작업소 출입을 제한하여야 한다.

■ 작업 전에 시설 및 기구의 청결상태를 확인하여야 한다.

■ 작업 중인 작업실과 보관용기 및 기계·설비에는 제품명과 제조번호 등을 표시하여야 한다.

■ 반제품은 제품의 균질성을 확보하기 위하여 필요한 공정에서 적절한 시험을 하여 완제품의 규격에 맞도록 하여야 한다.

■ 반제품은 신속하게 제조공정을 완료하되, 보관 시에는 품질이 변하지 아니하도록 보관하여야 한다.

■ 이론 생산량과 실제 생산량을 비교하여 수율 관리기준을 벗어난 경우에는 그 원인을 조사하고 대책을 수립하여 시행하여야 한다.

■ 의약품을 제조하는 경우에는 미생물의 오염방지에 유의하고 청정등급에 맞도록 관리하여야 한다.

- 멸균조작이 필요한 의약품은 멸균 전과 멸균 후의 반제품 상호간에 혼동이 일어나지 아니하도록 관리하여야 한다.
- 제조용수의 수질을 작업 시마다 규정된 방법에 따라 확인하여야 한다.
- 제조공정 중 기준 일탈한 반제품을 재가공하는 경우에는 품질(보증)부서 책임자의 승인을 받아야 하며 그 기록을 보관하여야 한다.
- 발열성물질시험이 적용되는 의약품의 용기나 마개는 발열성물질을 제거하기 위하여 세척·멸균하여야 한다.
- 완제품의 품질을 보증하기 위하여 중요 공정에 설정된 작업시간을 벗어난 경우에는 제품의 품질에 영향이 없음을 규명하고 그 관련기록을 보관하여야 한다.

2) 포장공정관리

- 다른 의약품이나 다른 제조단위를 동시 또는 연속하여 포장할 경우에는 의약품 상호 간의 혼동 및 교차오염과 자재 상호 간의 혼동이 일어나지 아니하도록 작업실을 구획하는 등 적절한 방안을 마련하여야 한다.
- 포장작업을 시작하기 전에 이전 작업의 포장재료가 남아있지 아니한지를 확인하여야 한다.
- 표시재료는 작업 전에 품질(보증)부서의 승인 여부와 제조번호 등 인쇄내용이 정확한지를 확인하고 사용하여야 하며, 포장라인 중 인쇄되는 자재는 그 내용이 제조 기록서에서 지시한 대로 인쇄되고 있는지를 확인하여야 한다.
- 포장작업 중인 작업실, 포장라인 또는 기계·설비에는 제품명과 제조번호를 표시하여야 한다. 마. 포장작업이 끝나면 자재의 인수량과 사용량을 비교하여 차이가 있을 경우에는 원인을 조사하여야 하며, 사용하고 남은 자재는 입·출고 내용을 기록하고 자재보관소로 반납하거나 폐기하여야 한다.
- 제품의 표시사항과 포장의 적합 여부를 확인·기록하여야 한다.
- 포장작업이 완료된 완제품은 품질(보증)부서의 적합 판정이 나올 때까지 다른 제품과 혼동되지 아니하도록 보관하여야 한다.
- 의약품의 용기나 포장에 대하여 필요한 경우에는 기밀 또는 밀봉 등의 시험·검사를 하여야 한다.
- 포장작업을 한 작업원의 성명과 확인자의 서명을 기재하여야 한다.

3) 반품 및 재포장

- 반품된 제품에 대하여는 품목명, 제조번호, 수량, 반품 사유, 반품업소 및 반품일자와 그 처리내용 및 처리일자 등 반품에 관한 내용을 기록하여야 한다.
- 유통과정에서 반품된 제품으로서 다음 사항을 모두 만족한 경우에는 재입고 또는 재포장 할 수 있다.
- 적절한 조건에서 보관되었다는 것이 확인된 경우
- 직접 용기가 파손되지 아니한 경우
- 사용기한 또는 유효기한이 충분히 남아있는 경우
- 시험·검사결과 품질기준에 적합하다는 것이 확인된 경우
- 재입고 또는 재포장 작업은 품질(보증)부서 책임자의 승인이 있어야 하며, 재포장을 하는 경우에는 품목 및 제조번호에 따라 재포장을 지시하고 기록서에 의하여 작업하고 적합으로 판정된 후 입고하여야 한다.
- 재포장한 제품에는 제조번호 등에 재포장한 것임을 나타내는 표시를 하여야 하며, 사용기한 또는 유효기한을 변경해서는 안 된다.
- 재입고 또는 재포장할 수 없는 반품인 경우에는 따로 보관하고, 규정에 따라 신속하게 폐기하여야 한다.

478

08 제조위생관리

1) 작업원의 위생

- 작업원은 청정구역과 작업의 종류에 따라 규정된 작업복, 신발, 모자, 마스크 등을 착용 하여야 한다.
- 신규 작업원 및 재직 중인 작업원은 정기적으로 건강 진단을 받아야 한다.
- 전염성질환 등으로 인하여 의약품의 품질에 영향을 미칠 수 있는 작업원은 의약품과 직접 접촉하는 작업에 참여하여서는 안 된다.

2) 작업소의 위생관리

- 오염과 혼동을 방지하기 위하여 정리정돈을 잘하고 청결을 유지할 수 있도록 청소하여야한다.
- 작업소의 청소는 청소방법, 청소주기 및 확인방법에 대한 규정에 따라 하여야 한다.
- 청정구역은 청정등급에 맞는 청정도가 유지되도록 관리하고 정기적으로 점검하여야 한다.
- 작업소 및 보관소에 음식물을 반입하거나 같은 장소에서 흡연을 하여서는 안 된다.
- 해충이나 쥐를 막을 대책을 마련하고 정기적으로 점검·확인하여야 한다.

3) 제조설비의 세척

- 제조설비의 세척에 사용하는 세제 또는 소독제는 잔류 하거나 적용하는 표면에 이상을 초래하지 아니하는 것이어야 한다.
- 세척한 제조설비는 다음 사용 시까지 오염되지 않도록 유지·관리하여야 한다.
- 제조설비의 세척은 세척작업원, 세척작업일 및 세척에 사용된 약품 등을 기재한 세척기록과 그 기계·설비를 사용한 품목 등 사용기록을 날짜순으로 작성하여 추어 두어야 하되, 세척기록과 사용기록은 통합하여 작성할 수 있다.

09 원자재 및 제품의 관리

1) 입고관리

- 반입된 원자재는 시험결과 적합판정이 날 때까지 격리·보관하여야 한다.
- 반입된 원자재의 외관 및 표시사항을 확인하고 제조번호가 없는 경우에는 관리번호를 부여하여 겉포장의 먼지를 제거한 후 보관하여야 한다.
- 원자재가 반입되면 제조단위 또는 관리번호별로 시험용 검체를 채취하고 시험 중임을 표시하며, 검체의 용기·포장에 검체명, 제조번호, 채취일자, 채취자 등을 표시하여야 한다.

2) 보관관리

■ 보관업무에 종사하지 아니하는 자의 보관소 출입을 제한하여야 한다.

■ 원료약품, 자재, 완제품, 부적합품 및 반품된 제품은 각각 구획된 장소에 종류별로 보관하여야 한다. 다만, 원자재 및 완제품이 혼동을 일으킬 우려가 없는 시스템에 의하여 보관되는 경우에는 그러하지 아니하다.

■ 원자재 및 완제품은 제조번호 또는 관리번호별로 시험 전후를 표시하고 구분·보관하여야 한다.

■ 원자재 및 완제품은 바닥과 벽에 닿지 아니하도록 보관하고 선입선출에 의하여 출고할 수 있도록 정리·보관하여야 한다.

■ 시험결과 부적합으로 판정된 원자재는 부적합 표시를 하여 다른 원자재와 구별하고 신속하게 처리하여야 한다.

■ 원자재, 반제품 및 완제품은 품질에 나쁜 영향을 미치지 아니하는 조건에서 보관하여야 한다.

■ 표시재료는 제품별, 종류별로 구분·보관하여야 하며 표시내용이 변경된 경우에는 이전의 자재와 섞이지 않도록 조치를 강구하여야 한다.

3) 출고관리

■ 출고는 선입선출방식으로 하여야 하며, 그러지 아니할 경우에는 타당한 사유가 있어야 한다.

■ 원자재는 시험결과 적합으로 판정된 것만을 작업소로 보내야 한다.

■ 완제품은 품질(보증)부서 책임자가 출하 승인한 것만을 출하하여야 하며 제품명, 제조번호, 출하일자, 거래처 및 수량 등을 기록·관리하여야 한다.

10 불만처리 및 제품회수

■ 제품에 대한 불만을 효과적으로 처리하기 위하여 불만처리규정을 작성하고 불만처리위원회를 구성하여 운영하여야 한다.

■ 소비자로부터 불만을 접수한 경우에는 신속하게 불만 내용을 조사하여 그 원인을 규명하고, 재발방지대책을 마련하며 소비자에게는 적절한 조치를 하여야 한다.

■ 불만처리기록에는 다음 사항이 포함되어야 한다.

• 제품명 및 제조번호

• 불만제기자의 이름 및 연락처

• 불만 접수연월일

• 불만내용

• 불만처리 결과 및 조치사항

■ 출하된 제품에 중대한 결함이 있는 경우에는 신속히 조치하고 그 기록을 보존하여야 하며, 재발방지대책을 수립하여 시행하여야 한다.

■ 회수품은 격리·보관하고 정하여진 규정에 따라 조치하여야 한다.

11 변경관리

■ 기계설비, 원자재, 제조공정, 시험방법 등을 변경할 경우에는 제품의 품질 또는 공정의 재현성에 미치는 영향을 검토하여야 하고, 충분한 데이터에 의하여 품질관리기준에 맞는 제품을 제조한다는 것을 확인하고 문서화 하여야 하되, 필요한 경우에는 밸리데이션과 안정성시험 및 원자재의 제조업자 평가 등을 실시한다. 다만, 임상시험에 사용되는 의약품은 제외한다.

■ 변경된 내용을 실시할 경우에는 관련문서의 개정, 작업원에 대한 교육·훈련 등의 필요한 조치를 수립하여 시행하여야 한다.

12 자율점검

- 계획을 수립하여 자체적으로 제조 및 품질관리가 이 기준에 맞게 이루어지고 있는지를 정기적으로 자율점검 하여야 한다. 다만, 기준일탈이나 제품회수가 빈번하게 발생하는 등 특별한 경우에는 추가로 실시하여야 한다.
- 자율점검을 실시할 수 있는 자는 품질보증부서 책임자 또는 품질보증부서 책임자가 지정하는 자로서 이 기준에 대한 지식과 경험이 풍부한 자이어야 하며, 필요한 경우에 는 외부 전문가에게 의뢰하여 실시할 수 있다.
- 자율점검을 실시할 수 있는 자는 품질보증부서 책임자 또는 품질보증부서 책임자가 지정 자율점검은 사전에 실시의 목적·범위 등을 정하여 실시하며, 자율점검결과와 개선요구사항 등이 포함된 보고서를 작성하여야 하고, 개선요구사항에 대하여는 기한을 정하여 개선하여야 한다.

13 교육 및 훈련

- 교육책임자 또는 담당자를 지정하고 교육·훈련의 내 용 및 평가가 포함된 교육·훈련규정을 작성하여야 하되, 필요한 경우에는 외부 전문기관에 교육을 의뢰할 수 있다.
- 작업원에 대한 교육·훈련은 연간계획을 수립하여 실시하며, 작업원이 맡은 업무를 효과적으로 수행할 수 있도록 제조·품질관리 및 그 밖에 필요한 사항에 대하여 실시하여야 한다.
- 교육 후에는 교육결과를 평가하고, 필요하면 재교육을 하여야 한다.

■ 의약품의 제조 및 시험을 위탁하는 경우 관련 GMP 업무가 적절하게 수행되도록 하기위하여, 위탁 제조 및 시험의 범위, 위탁된 제조 및 시험과 관련하여 위탁자와 수탁자가 각각 수행해야 하는 GMP 관련 역할 · 업무 · 책임, 수행하는 GMP 업무에 대하여 양자중 어느 제조관리자가 최종 승인하는 지 등 책임을 이행하는 방식을 양자간 협약하고 해당 내용을 명확하게 규정한 계약서를 작성하고 갱신하는 등 관리하여야 한다. 약사법 등 관련 법령에서 정한 위탁자와 수탁자의 GMP 준수에 대한 책임은 계약서를 통해 위임되지 않는다. 계약서 작성 및 관리에 대한 상세사항은 아래의 자료를 참고할 수 있다.

■ 위탁자는 수탁자(시험실 포함)의 적절성을 평가하고 수탁자가 의약품 품목허가(신고) 사항 및 GMP 기준을 준수하여 위탁 제조 및 시험 관련 GMP 업무가 실시되는 것을 보증하여야 한다. 위탁자는 위탁제조 및 시험과 관련된 기록과 결과를 검토하고 평가하여야 한다. 또한 수탁자가 위탁자에게 제공한 모든 제품과 물품이 GMP 기준과 품목허가사항을 준수하여 처리하였음을 위탁자가 직접 확인하거나 수탁자의 권한있는 책임자가 승인한 증명을 통해 확인하여야 한다. 위탁자는 수탁자의 업무 행위, 개선이 필요한 부분을 파악하고 그 실시사항을 모니터하고 검토한다.

■ 수탁자는 계약서상의 위탁 업무를 제3자에게 위탁하지 않아야 한다. 또한 위탁된 업무에 부정적 영향을 미칠 수 있고 계약조건을 벗어나는 변경을 위탁자의 승인 없이 실시하지 않아야 한다.

■ 의약품의 제조 및 시험 이외에 업무 특성 및 중요도, 제조소의 GMP 시스템을 고려하여 타당한 경우 일부 업무(예 : 방충방서 등)의 작업 실시를 외부업체에 의뢰할 수 있다. 이러한 경우에도 외부에 의뢰한 작업의 범위와 역할 등을 규정하여 문서화, 작업을 의뢰한 업체에 대한 평가, 의뢰된 작업과 관련된 기록과 결과 등 의뢰된 작업의 실시상황에 대한 주기적인 검토, 개선 필요사항 파악 및 검토 등 적절한 관리를 하여야 한다. 다만, 의약품 제조업자의 GMP 기준 준수 책임은 위임되지 않기 때문에 외부업체에 의뢰한 GMP 활동의 실시사항에 대한 최종 관리책임은 의약품 제조업자에게 있다.

15 실태조사

1) 평가

- 식품의약품안전청장은 이 기준의 적용대상이 되는 의약품에 관한 제출 자료가 이 기준에 적합한지 여부를 평가한다.
- 가목에 따른 평가를 하려면 해당 의약품은 품목별로 3개 제조단위 이상에 대하여 이 기준을 적용한 실적이 있어야 한다.

2) 판정

- 식품의약품안전청장은 제15.1호에 따른 평가 시 관련 단체에 제출자료에 대한 검토를 의뢰할 수 있다.
- 식품의약품안전청장은 품목별로 이 기준에 맞는지를 판정하기 위하여 제조소에 대한 실태조사를 실시할 수 있다.
- 의약품의 제조업자 또는 수입자 등은 수익자부담원칙에 따라 실태조사에 필요한 경비의 전부 또는 일부를 부담한다.

3) 조사관

- 식품의약품안전청장은 제15.2호나목에 따른 실태조사에 만전을 기하기 위하여 약사감시원 중에서 이 기준에 맞는지를 판정하는 조사관을 둔다.
- 가목에 따른 조사관은 다음 중 어느 하나에 해당하는 자로서 민간위탁 교육기관의 의약품 제조 및 품질관리기준 조사관 교육을 이수한 자 중에서 임명한다.
- 약사 또는 한약사
- 이 기준에 대한 풍부한 지식과 경험을 가진 자

- 제조업의 관리기준은?
  - 원료구입, 보관, 제조, 포장 및 출하등 전 공정에 제조 및 품질 관리의 관한 조직적이고 체계적인 기준.
    Validation을 통해 검증되고 표준화된 공정들(SOPs: Standard Operating Procedures)은 작업과정에서 반듯이 준수되어야 한다.

- Validation하는 근본 이유는?

- Validation의 대상은?
  - 새로운 품목의 의약품 제조를 처음 하는 경우
  - 의약품 품질에 영향을 미치는 제조공정을 변경한 경우
  - 의약품 품질에 영향을 미치는 기계, 설비를 설치하는 경우
  - 제조환경을 변경하는 경우

- 한국의 제약회사에서 Cleaning Validation을 중요하게 하는 이유는?

의약품 유통

Chapter **15** # GSP (Good Supply Practice)

01 의약품 유통품질관리기준(GSP)

GSP(Good Supply Practice)란 의약품유통품질관리기준을 말한다. 의약품의 유통, 판매 단계에 있어서 지켜야 할 의무기준으로 의약품 유통과정에서 약제의 변질이나 파손 등을 방지해 안전하게 최종 소비자에게 전달하고자 하는 것이다. 의약품 유통품질 관리기준(GSP)은 의약품의 공급·유통 중의 품질확보를 위하여 의약품 도매상이 갖추어야 할 시설과 관리 기준 등을 정하고 있다('02년도 07월부터 의무화). 의약품 등의 안전 및 품질 관련 유통관리 준수사항은 다음과 같다.

❶ 변질, 변패, 오염, 손상되었거나 유효기한 또는 사용기한이 지난 의약품을 판매하거나 판매의 목적으로 저장, 진열하지 아니하여야 하며, 의약품의 용기나 포장을 훼손하거나 변조하지 말아야 한다.

❷ 식품의약품안전처장 또는 지방청장이 수거하거나 폐기할 것을 명한 의약품을 판매하거나 판매의 목적으로 저장, 진열하지 아니하여야 한다.

❸ 의약품도매상은 불량의약품의 처리에 관한 기록을 작성하여 갖추어 두고 이를 1년간 보존하여야 한다.

❹ 의약품도매상은 대한민국약전 또는 대한민국약전 외 한약 규격집에 기준이 설정된 한약 중 품질관리 기준에 맞는 제품으로 판매할 것을 식품의약품안전처장이 지정 고시한 한약의 경우 규격품이 아닌 것을 판매하거나 판매의 목적으로 저장, 진열하지 아니하여야 한다.

유통이란 상품이 고객의 손에 넘어가는 모든 과정을 의미한다. 외부 유통경로와 관계되어 있기 때문에 일방적으로 변경하기 어려워 많은 시간과 비용이 필요하다. 그런 이유로 처음부터 장기적 관점에서 유통경로를 치밀하게 설계하는 것이 중요하다.

유통경로는 왜 필요한가? 바로 거래 시 발생하는 비용을 줄이는 효과 때문이다. 특히 수만 명의 고객일 경우에 기업은 고객이 원하는 상품을 원하는 시간에 원하는 양만큼 원하는 곳에서 얻을 수 있도록 하고, 물류와 재고 비용 등의 부담 곧 거래 비용을 절감하기 위해 유통경로를 구축하고 관리 및 통제하는 마케팅 활동을 하게 된다.

유통경로에는 다양한 형태들이 존재하는데 가장 보편적인 의약품 유통경로 형태는 그림과 같다.

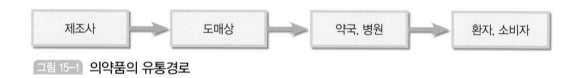

그림 15-1 **의약품의 유통경로**

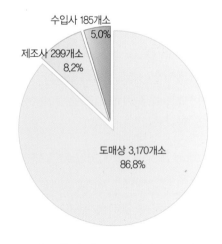

• 주: 2020년 12월 말 기준, 공급내역 보고대상 업체수이며, 실적이 없는 업체도 일부 포함되어 있음

그림 15-2 **업태별 공급업체 수**

1) 제약산업에서의 유통

의약품도매업은 우수의약품관리기준(KGSP: Korea Good Supplying Practice)을 법적으로 준수하도록 규정되어 있다. 의약품도매업에서는 강력하게 법제화되어 있는 KGSP시설

적격인준을 받지 못하면 의약품을 팔 수 없도록 규제되어 있는데, 이는 의약품의 특수성을 강조한 의약품 도매유통업에서 지켜야 할 품질관리, 공급관리를 위한 업무지침 매뉴얼을 약사법으로 규정한 것이다. 따라서 우리나라 의약품 도매유통업은 제도적인 인프라구축으로 이미 최고의 시설기준으로 선진형 의약품 유통관리기준으로 시행하고 있다. 그러나 KGSP 기준에 준한 하드웨어 운영으로 고비용 고투자에 대한 효율성에 대한 문제는 점증되고 있는 현실이다. 그럼에도 불구하고 향후 GSP 역할은 앞으로도 COVID-19와 같이 다양한 질병으로 인해 다양한 의약품이 생산될 것으로 예상이 되는데, 각 의약품의 특성에 따른 보관조건에 맞추어 우수한 의약품을 신속하게 품질 손상 없이 많은 소비자에게 안전하게 투여될 수 있도록 운송하는 것이 매우 중요한 역할이라고 생각된다.

의약품 유통채널은 제조회사, 도매업자, 소매업자로 구성된 독립적 개체의 조합으로서 이루어져 있고, 적절한 제품을 적합한 시간에 공급하는 역할을 한다. 유통업자는 적절한 수수료를 받고 제조회사로부터 도매업자나 소매약국에 의약품을 운반해준다. 도매업자는 제조회사로부터 의약품을 구매하여 소매약국에 판매한다. 소매약국은 도매업자로부터 의약품을 구입하여 환자나 일반 대중에게 판매한다.

2) KGSP 설립기준

GMP 하에서 생산된 의약품을 유통과정에서 안전성 유효성 안정성 등이 확보된 제품을 소비자에게 전달하기 위한 제도로 ① 의약품 유통품질관리기준 실시로, 국제화 시대에 적응하는 의약품유통체계의 현대화 및 선진화에 기여 ② 유통과정상의 의약품 품질확보 및 안정적 공급을 위해 의약품도매상의 시설과 관리의 표준화 추구한다.

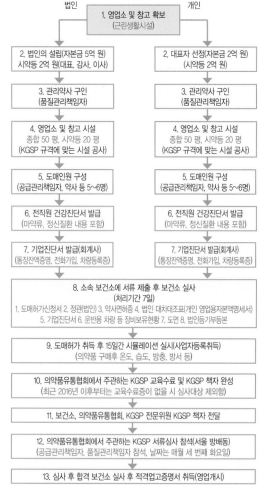

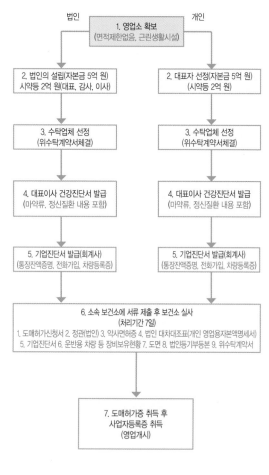

• 출처: https://blog.naver.com/cjr0521/222268189100

그림 15-3 KGSP 설립순서

3) 국내 의약품 유통구조

국내 의약품 유통은 도매업체를 경유하는 방식과 제약회사가 직접 요양기관과 직거래하는 방식의 이원적 유통체계로 이루어져 있다. 다만 1994년도부터 100병상 이상 종합병원은 의약품을 구입할 경우 의약품 도매업체를 의무적으로 경유해야 한다. 즉 우리나라의 의약품 유통구조는 생산-도매-소매로 이어지는 2, 3차의 다단계 도매업체들이 존재하는 복잡하고 다원화된 모습을 보이고 있다.

• 출처: 건강보험심사평가원 발간한 '2020 완제의약품 유통정보 통계집'

그림 15-4 **국내 의약품 유통구조**

　전국 의약품 도매업체가 3,000개를 넘었다. 도매업체들간 치열한 경쟁과 이로 인한 의약품 유통질서 혼탁도 우려된다. 건강보험심사평가원 의약품 관리종합정보센터에 따르면 2020년말 기준 전국의 의약품 도매업체는 3,170곳으로 집계됐다. 2019년 2,919개에 비해 251곳이 늘어난 것이다. 의약품 도매업체는 2014년까지 2,000개 내외였지만, 2015년부터 급격히 늘어나고 있다. 의약품 도매업체들이 급증하고 있는 것은 의약품 도매업체 창고면적 완화, 위탁도매업체의 경우 관리 약사를 고용하지 않아도 되는 등 규제 완화 정책, 판매대행업체(CSO: Contracts Sales Organization) 등의 영향이라고 할 수 있다. 의약품 도매업소 창고면적 기준은 2000년 규제 완화 차원에서 전면 폐지됐다가 2011년 264㎡로 제한 규정이 생겼다. 이후 2015년 초 창고면적 기준이 264㎡에서 165㎡로 규제가 완화됐다. 또 2015년 약사법 개정을 통해 위탁도매의 경우 관리 약사를 고용하지 않아도 도매업체 운영이 가능하도록 법이 완화됐다. 이 같은 규제 완화책의 영향으로 2015년부터 2020년까지 1,204곳의 도매업체가 늘어났다. 의약품 유통업계는 신설 도매업체들의 대부분이 제약사로부터 저렴한 가격으로 약을 공급받아 병원, 의원을 대상으로 의약품의 처방을 유도하는 품목 도매와 CSO 등인 것으로 파악하고 있다.

　전국적으로 의약품 도매업체 수가 증가했지만, 특히 서울, 경기, 인천 등 수도권에 소재한 도매업체들의 수가 많이 증가해 1,527곳으로 도매업체 2곳 중 1곳은 수도권에서 설립했다.

의약품 유통업계는 신규 업체의 신설이 급증하면서 도매업체들간의 심한 경쟁으로 의약품 유통의 문란 현상이 우려되고 있다.

요양기관 공급금액을 보면 종합병원급에 6조 6,063억 원(21.8%)을, 병원급에 1조 7,596억 원(5.8%), 의원급에 2조 3,407억 원(7.7%)을 공급했고 약국 공급액은 19조 3418억 원으로 63.7%를 차지했다.

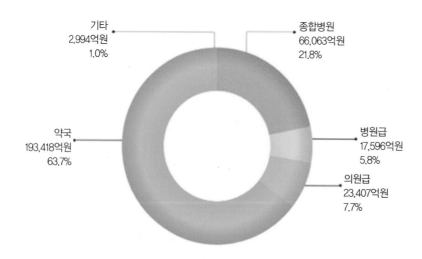

• 출처: 건강보험심사평가원 발간한 '2020 완제의약품 유통정보 통계집

그림 15-5 **요약기관별 공급금액**

4) 국내 의약품 도 · 도매 비중 증가

2020년 도도매 형태의 완제의약품 유통이 유통단계에서 36.9% 차지, 증가세를 유지한 것으로 파악된다. 2020 완제의약품유통정보 통계집을 살펴본 결과 2020년 의약품 유통단계별 공급금액은 출고 기준 총 48조 4,904억 원에 달한다. 특히 2020년에 도매상에서 도매상으로 공급하는 이른바 도 · 도매의 거래 비중이 높아졌다.

2020년 유통단계별 공급금액을 살펴보면 제조 · 수입기관에서 요양기관으로 유통된 금액은 8,966억 원, 제조 · 수업체에서 도매상으로 공급된 금액은 5조 2,915억 원, 도매상에서 요양기관으로 유통된 금액은 26조 6,640억 원으로 파악되었다. 또한 도매상에서 도매상으로 공급된 금액은 15조 6,383억 원으로 전체 유통단계별 공급금액 중 36.9%를 차지했다. 이 같은 수치는 지난 2018년 12조 1,040억 원(29.4%), 2019년 14조 3,059억(31.6%)에 비해서 크게 증가한 수치다. 이와 같은 도·도매의 공급금액 증가는 담보문제를 포함하는 제약사의 의약품 공급 제한과 함께 제네릭 품목 수가 많아지면서 나타나는 풍선효과, 낮은 진입장벽, 소량매입 등의 요인이 작용하는 것으로 분석되고 있다.

여기에 도매상에서 도매상으로의 공급이 늘어나는 것은 전체 시장에서 상위 도매상이 차지하는 비중이 높아진 점 등도 작용하는 것으로 분석된다. 특히 최근에도 담보문제 등에 대한 상황은 변함이 없다는 점, 점차 상위 도매상의 성장이 두드러지면서 기업 간 인수 등도 논의되고 있는 만큼 도·도매 거래 형태는 지속적으로 늘어날 것으로 예상된다. 이외에도 최근에도 문제로 제기되고 있는 CSO 영업 등의 확대 역시 영향을 미쳐 이에 대한 대책 마련 등도 필요하다.

그림 15-6 2020년 의약품 유통단계별 공급 금액

실전문제

➡ 의약품 유통의 의미는?

*생산된 제품의 품질이 유지된 상태로 소비지에게 공급되어야한다.

*의약품은 상품이지만, 의약품으로서의 판매질서를 유지하기 위해
 공정거래 준수가 필요하다.

*의약품 공급자는 가격결정에 영향을 미치면 안된다.

➡ 누가 의약품을 유통 할 수 있는 자격을 갖고 있는가?

*의약품 제조업자

*의약품 판매업자

*기타 의약품을 취급할 수 있는 사람

　①제약회사 ②도매상 ③약국 ④약방

➡ 의약품 도매상의 기준 요건은(인적기준, 시설기준, GSP기준)?

➡ 의약품 도매상 vs 의약품 소매상

➡ 의약품 판매질서를 확립하기 위한 방안은?

➡ 최근 5년간 도매업체 수가 급격하게 증가한 이유는?

➡ 도·도매 거래 비중이 증가하는 원인은? 대책은?

➡ CSO 영업활동은 도매업체에 어떤 영향을 미치나?

➡ 기존 제약회사의 CSO 활용 비율이 늘어날까? 줄어들까? 이유는?

제약-도매 관계자 모두 유통이 선진화된 국가일수록 도매 거래 체제가 구축, 투명한 거래가 이뤄지고 있다는 점은 우리에게 많은 시사점을 던져주고 있다고 강조한다. 영세한 도매업체가 난립한 문제를 해결하고, 선진 물류 시스템 구축을 통한 유통 효율화 및 신속화 그리고 그 기본 조건으로 도매 대형화를 구축해야 한다.

의약품 유통의 투명성 제고를 위해서는 도매업체의 대형화 및 기능 고도화가 필요하다. 과거 직거래가 성행했던 것은 국내 도매업계의 기반이 취약했기 때문이다.

국내 의약품 유통구조의 선진화를 가로막고 있는 가장 큰 원인으로 도매업체의 영세성을 꼽고 있다. 도매업계가 스스로 유통일원화 필요성 강조와 함께 내부 현실에 대한 고찰이 필요한 이유다.

영세 도매업체의 난립은 유통구조를 복잡하게 만드는 한편, 도매업체가 갖춰야 할 전문적 역량 확보에도 걸림돌로 작용하기 때문에 시급히 해결돼야 할 문제이다. 소품목 소량체제의 영세업체들이 다품목 소량체제로 뭉치는 등 업계 전체적으로 구조조정이 필요하다.

의약품 유통 선진화와 투명화라는 목표를 갖고 시작된 유통일원화 정책은 여전히 많은 과제를 안고 있다. 최근 정부가 리베이트 쌍벌제와 시장형 실거래가제 등과 같은 새로운 제도를 도입, 의약품 유통 선진화 및 투명화를 재차 강조하고 있어 그 어느 때보다 유통의 중요성이 높아지고 있기 때문이다.

GSP 의약품 공급망이 직면한 주요과제는 다음과 같다.

1) 가시성(Visibility)

공급망에 대한 가시성 부족은 제약업계가 당면한 문제이다. 의약품 부족 문제, 많은 환자, 규제기관, 소매업체들이 의약품이 어디서 어떻게 제조되어 어떻게 왔는지를 알지 못한다는 것이다. 운송 중 열악한 온도 관리로 인한 주요한 성분의 약병이 손실되고 회사가 그것을 증명할 수 없다면 3자 물류업체는 이러한 우려를 해결하는 것 이외에 선택의 여지가 없다. 한편 제조과정에서 의약품이 오염되었다면 공급업자가 문제를 해결하라고 요청받을 수 있다. 이런 공급 및 운송상 책임의 소지를 확실히 할 수 있게 만들고, 소비자에게 신뢰성을 주기 위해서 GSP의 가시성은 필요하다.

2) 의약품 물류 프로세스 표준 조정/정립 필요성(Logistics coordination)

하나의 의약품 혹은 치료약은 유통업체를 통해 수백 개의 병원에 유통되어 각 구매자의 요구사항을 추적하고 충족시키기가 어렵다. 새롭게 부상되고 있는 CAR-T 치료법은 병원 간 프로세스 차이가 제품에 어떤 문제가 될 수 있는지를 보여준다. 다른 많은 면역 종양약과 달리 CAR-T 치료법은 독특한 공급망 형태를 가지고 있다. 이 약의 생산은 암 환자로부터 T 세포를 추출하는 것으로 시작되고, 추출된 세포는 주입 시설로 보내지기 전에 종양을 보다 효과적으로 표적화할 수 있도록 유전자 조작을 받은 제조시설로 운송된다. 운송 중 세포는 극도로 차가워져야 하는데 그렇지 않으면 죽을 수도 있다. 일반적인 치료에 실패한 암 환자는 잘 보관된 의약품 운송이 충분히 빨리 일어나지 않거나 다른 사람의 세포가 주어지면 죽을 수도 있다. CAR-T 등 제품에 대한 공급 표준 프로세스가 정립되지 않아 어떤 병원은 암 전이가 발생하기 전에 이 제품을 사용을 요청하여 사용해야 하는 암환자에게 재고 고갈로 적시에 공급이 되지 않는 경우도 발생하고 있다. 이러한 불합리한 상황을 사전에 방지하기 위해서라도 의약품 물류 프로세스의 표준 정립이 필요하다.

3) 규정준수(Compliance)

의약품의 성분을 구성하는 재료의 80%, 완제품의 40%가 해외에서 미국으로 수입된다. 그러므로 미국 FDA(Food and Drug Administration)는 외국에서 생산된 의약품이 무균 생산 표준인 GMP(Good Manufacturing Practices)를 준수했는지 확인해야 한다. FDA 검사관들이 중국, 인도 등 해외 제조업체에게 품질 및 규제를 준수하라는 경고 메시지를 보냈다. 미국은 2023년까지 제품의 추적성을 강화하기 위해 선사와 운송업체는 의약품공급망 안전법(Drug Supply Chain Security Act)의 규제를 준수해야만 한다. 이러한 운송상의 규정준수를 확인할 수 있는 시스템이 구축되어야 한다.

4) 콜드체인운송(Cold-chain shipping)

의약품 같은 생물 제제는 열에 민감하며 오염되기 쉽다. 이러한 약을 운송 중 차갑게 유지하는 것은 제약회사와 환자를 연결하는 공급망의 중요한 부분이다. 또한 CAR-T 치료법이 각 환자에게 맞춤화되어 있어 콜드 체인 기술은 신원 확인 및 공급사슬을 세부적으로 유지할 수 있는 추적 소프트웨어와 통합해야 한다.

이와 같은 GSP가 당면한 문제들을 생각하면 GSP의 중요성은 앞으로 더욱 부각될 것이라고 예상된다. 그리고 위와 같은 4가지의 주요과제들은 결국 한가지를 말하고 있다. GSP를 가시화하고 표준화할 수 있는 프로세스 시스템이 구축되어야 한다는 것이다. 이를 통해 소비자들은 더 안전한 약물을 복용할 수 있고, 기업의 입장에서도 책임 소지의 명확화, 효율적인 운송 시스템을 통해 비용 절감 및 매출 증대를 기대할 수 있다. 또한 GSP 프로세스 관리시스템의 구축을 통해 아프리카 등 의약품 소외국에 대한 공급 강화와 신종감염병 및 풍토병에 대한 신속한 대응을 할 수 있을 것이다.

5) 유통구조 개선방안

우리나라 의약품 유통의 후진적인 구조를 질적으로 향상시키려면 진입장벽을 강화할 필요가 있다. 즉, 도매업 허가기준을 강화그리고 유통 과정에 대한 상시 감시 체계 구축, KGSP 자율 점검 기준 강화, 현지 실태 점검을 통해 도매유통의 신뢰성을 높여야 한다. 궁극적으로 도매업체는 대형화, 전문화를 추진할 수 있도록 내부 역량을 갖춰야 할 필요가 있다. 또한 물류 선진화방안으로 도매업계에서는 의약품공동물류센터 건립도 한가지 방안이 될 수 있다. 이는 중복 투자에 따른 비용 낭비를 방지하고 대형화를 통한 물류비용 절감이라는 장점이 있다. 이 외에도 의약품관리종합정보센터 기능을 강화해, 유통구조를 투명하게 만드는 것이 필요할 것으로 제시되었다. 뿐만 아니라, 도매업체의 여러 불공정 행위를 방지하고 시장 질서를 확립하기 위해 요양기관 납품권을 앞세워 독점력을 남용하는 일부 도매업체를 단속할 필요도 있다.도매업체 내부적 요인뿐만 아니라, 도매유통 비용 증유통 거래의 당사자 쌍방이 모두 의약품재고 관리에 힘쓴다면 의약품의 반품, 불용 재고 발생 등으로 인한 비용 및 자원의 불필요한 소모를 줄일 수 있을 것이다.

실전문제

➡ 코로나-19 화이자 백신을 더 낮은 온도에서 보관 운송해야 하는 이유는?

03 미국의 GSP

세계 최대 의약품 시장인 미국의 의약품 유통구조는 매우 특수하고 복잡하여 해외기업들이 진출하기 어려운 요인이다.

미국 의약품 시장은 제약사, 도·소매상, 병원, 보험사, 보험약가관리업체(PBM; Pharmacy benefit management) 등이 복잡하게 얽혀 각자의 이익에 따라 의약품 유통과 가격 결정에 관여하고 있다.

미국 내 의약품 공급은 도매상들이 주 도하고 있다. 제약사로부터 공급되는 전체 물량의 약 60%를 도매상들이 소화한다. 특히 매케슨, 카디널헬스, 아메리소스버겐 등 3대 도매상의 시장 점유율이 80%를 넘어설 정도로 높고 나머지 물량 40%는 약국과 구매대행업체 (GPO: Group Purchasing Organization)를 통해 병원으로 공급된다. 도매상보다 과점 현상이 비교적 덜 하지만 소매상인 약국도 CVS, 월그린 등 대형 체인 사업자를 중심으로 운영되고 있다.

PBM은 제약사, 병원, 약국, 보험사를 연결하는 매개체로 자금결제와 기록관리 및 보고 등의 행정 처리를 주로 수행한다. PBM은 각 보험사의 보험청구 업무를 대행하는 회사였으나 다년간 환자와 의약품에 대한 정보를 축적하면서 보험등재 의약품 관리와 환자의 자기부담금, 복약 사후관리 등으로 영역을 대폭 확장했다. 현재 미국 시장에서 전체 조제약 판매의 30% 이상을 PBM이 행정 처리하고 있다.

미국은 일반적으로 보험사와 약국, 병원 등이 약가를 공개하지 않는다. 이로 인해 PBM은 실제 약가보다 더 비싸게 보험사에 비용을 청구하고 약국 및 병원에는 실제 약품비용을 지급한다. 즉 보험사로부터 수령한 약품비와 약국 및 병원에 지급한 실제 약제비의 차익으로 이윤을 남기고 있다. 이에 미국 정부는 높은 약가를 낮추기 위해 높은 약가로 이득을 보는 PBM을 규제하고, 타 국가 대비 많은 약가를 지불하는 불합리함 등을 개선하겠다는 내용의 약가인하 정책을 발표한 바 있다. 미국식품의약국(FDA)도 직접 나서 제네릭 의약품의 승인 건수를 늘리고, TV 광고 내 일부의약품의 가격 표시를 추진하는 등 약가인하 정책에 활력을 불어넣고 있다.

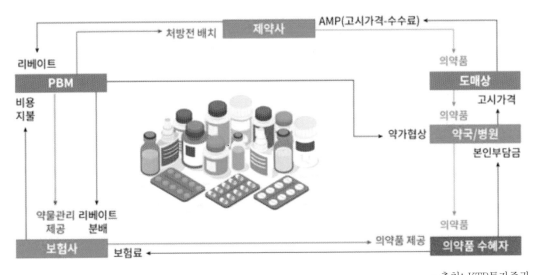

• 출처: KTB투자증권

그림 15-7 **미국의 처방약 유통구조**

04 미래의 KGSP

한국 제약 유통업이 과거에는 단순하게 의약품을 보관하고 병원과 약국에 공급하는 대가로 제약회사에서 수수료를 받아서 운영했다면, 현재는 제약회사와 더욱 적극적인 협력으로 제약회사의 조직이 미치지 못하는 병원조직이나, 약국조직의 정보를 공유하는 방법과 행위별수가제 모델을 활용하여 제약회사에게 시장의 데이터를 제공하고, 의약품 안전사용서비스(DUR: Drug Utilization Review)의 고도화를 통해 국민이 안심하고 이용할 수 있도록 의약품 안전정보 제공하는 등 다양한 정보를 공유하는 견고한 협업을 하는 파트너 역할로 변모해야 한다.

일본의 도매업은 헬스케어 플랫폼을 만듦으로써 기존 의약품 도매업 중심 경영에서 종합 헬스케어 회사로 전환을 도모하고 있다. 따라서 다양한 타 업종 기업 등과 제휴 등을 실시함으로써 새로운 비즈니스 모델로 활로를 찾아내려고 하고 있다. 그 중심이 되는 것이 물류 및 정보통신기술(ICT: Information & Communication Technology) 등이다. ICT의 적극적인 활용은 의약품 도매 경영의 목표를 완전히 뒤집게 된다. 각사가 목표로 하는 헬스케어

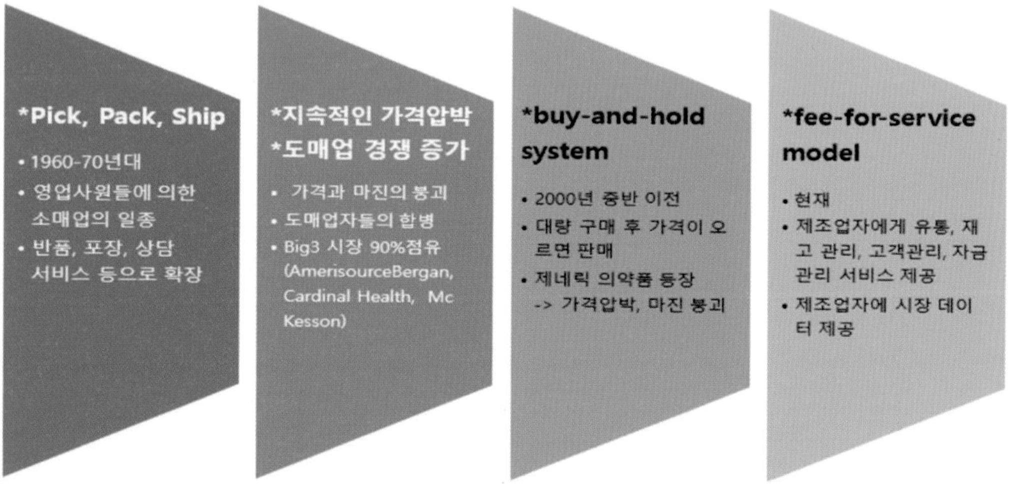

*Pick, Pack, Ship
- 1960-70년대
- 영업사원들에 의한 소매업의 일종
- 반품, 포장, 상담 서비스 등으로 확장

*지속적인 가격압박
*도매업 경쟁 증가
- 가격과 마진의 붕괴
- 도매업자들의 합병
- Big3 시장 90%점유 (AmerisourceBergan, Cardinal Health, Mc Kesson)

*buy-and-hold system
- 2000년 중반 이전
- 대량 구매 후 가격이 오르면 판매
- 제네릭 의약품 등장 -> 가격압박, 마진 붕괴

*fee-for-service model
- 현재
- 제조업자에게 유통, 재고 관리, 고객관리, 자금 관리 서비스 제공
- 제조업자에 시장 데이터 제공

그림 15-8 **의약품 유통업의 비즈니스 변천과정**

플랫폼의 완성을 위해서는 ICT의 활용이 필수이다. 이에 따라 의약품 도매 각사는 각자 개성을 가진 존재로서 향후 의료계만 아니라 관련분야에서도 그 역할이 더욱 늘어나고 있다. 일본의 대부분 제약업계의 영업은 도매에 맡겨 제약업계의 도매상에 대한 매출 비중이 97%에 달한다. 또 다른 주요기능은 판촉 기능이다. 일본 의약품도매업 연합회 자료에 따르면 일본 도매유통업계는 판촉 기능을 수행하기 때문에 의약산업 선진국 중 도매마진율이 6.3%로 제일 높다. 우리나라와 같이 판촉 기능을 안하는 미국 도매유통업계의 마진율은 2.7%, 영국과 독일 및 프랑스 등은 평균 4%다. 한국 도매유통업계의 유통마진율이 앞으로 EU나 미국처럼 갈수록 계속 줄어들 가능성에 대비해 일본처럼 다양한 역할을 확대할 수 있는 비즈니스 모델을 개발해야 할 것이다.

실전문제

➡ 기존 제약회사의 CSO 활용 비율이 늘어날까? 줄어들까? 이유는?

➡ 향후 유통 마진율이 증가할까? 감소할까? 그 이유는?

➡ 일본 도매업계 유통 마진율이 미국, EU보다 높은 이유는?

➡ 미래의 KGSP는 어떻게 변화할 것인가?

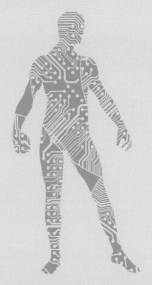

제약바이오 마케팅

Chapter 16 제약바이오마케팅이란?

제약바이오산업은 매우 독특한 구조로 최종 소비자는 환자이지만 어떤 약을 사용할지 결정하는 사람은 의학적 지식과 경험이 풍부한 의료관계자이다. 의사들은 의약품의 임상자료를 근거로 약을 처방하기 때문에 객관적인 근거중심(Evidenced Based Medicine) 자료를 제공하여야 한다.

의약품을 공급하는 회사는 따로 있고, 약값을 부담하는 소비자와 건강보험공단 역시 따로 있다. 아무리 좋은 신약이 있더라도 접근(보험급여)이 제한적이면 아무런 의미가 없다. 이런 다양한 이유로 인하여 약가정책 등 전반적인 제약산업정책의 이해가 있어야 한다.

또한 제약바이오마케팅은 제약산업의 매우 큰 영역으로 제약산업의 특수성을 전반적으로 이해해야만 고도의 의약정보 기술을 제공하는 역할을 할 수 있다. 마케팅 효율을 높이기 위해서는 마케팅믹스(Marketing Mix)에 대해 충분히 이해하고 활용해야 한다. 의약품의 특장점과 이점이 의사들의 처방에 영향을 미치도록 변수와 방법을 조절해가며 의사들의 Needs와 Wants를 만족시키기 위한 노력을 해야 한다.

제약바이오마케팅은 규제산업이라고 하는 제약바이오산업의 특수한 환경의 이해가 있어야 한다.

첫째, 의약품은 인간의 생명과 건강에 밀접하게 관련된 필수 소비재이다. 일반적인 상품들과는 다른 안전성에 대한 요구가 매우 크기 때문에 제조, 판매, 취급, 수출입, 유통, 광고 등을 포함한 모든 행위가 약사법의 강력한 규제를 받는다.

둘째, 전문의약품을 선택할 수 있는 권한은 최종 소비자인 환자가 아니라 처방하는 의사에게 있으므로 제약회사의 마케팅 활동은 의사, 의료전문가, 의료기관을 대상으로 실시하고 있다. 또한 전문의약품의 경우에는 대중 광고가 제한되어 있어 소비자에게 충분한 정보를 제공해주지 못하는 상황이다.

셋째, 오늘날 인류를 위협하는 질병의 종류는 너무나 다양하며 이와 같은 질병을 치료하기 위해 새로운 의약품이 계속 개발됨에 따라 그 종류도 매우 빠르게 늘어나고 있어 의료전문가

뿐만 아니라 제약회사에 근무하는 근로자들도 지속적인 연구와 학습이 필요하다.

넷째, 의약품은 환자의 구매할 수 있는 경제적 능력과 상관없이 의약품을 무조건 사용해야만 한다. 따라서 가격이 높더라도 비용을 지불하고 구매해야 하므로 대부분 의약품의 가격은 비탄력적이라고 할 수 있다. 이런 특성 때문에 정부에서는 지속적인 규제산업으로 인식하고 많은 규제와 장치를 마련하여 입법하고 있다.

제약바이오마케팅은 다양한 외부적인 요소의 영향을 받는다. 특히 정부와 회사의 정책이 바뀌거나 제약산업 또는 환자의 특성이 변화하게 되면 커다란 영향을 받게 된다. 경제적인 여건이나 사회적인 변화 등 통제가 어렵거나 거의 불가능한 여러 가지 요인에 의해서도 영업활동은 달라지게 마련이다. 더욱이 전문 의약품을 위한 영업 및 마케팅에서는 의사의 처방 선택 권한이 실제 수요 창출의 근원이므로 의사의 영향력이 절대적이라고 할 수 있지만, 최근에는 고객인 의사뿐 아니라 환자와 사회 전반적인 현상을 파악하여 접근하는 것이 필요하다.

제약바이오마케팅은 이러한 제약산업의 특수한 환경을 이해하고 의약품이 가진 가치(positioning message)를 지속적으로 강조하고, 의료인들이 의약품의 치료가치를 받아들이도록 의료인의 치료관점에 변화를 주도록 하는 모든 활동을 의미한다. 제약바이오마케팅은 일반 소비자마케팅과 같이 고객의 니즈와 원츠를 충족시키는 것이라는 면에서 비슷하지만, 1차 고객이 최종 소비자인 환자가 아닌 의사나 의료전문가로 매우 독특하고, 마케팅조직과 이해 관계자들이 매우 복잡하고 특수하다.

01 제약바이오마케팅의 종류

제약마케팅은 시대에 따라 다양한 전략 전술이 변화하고 있다. 2020년대 제약마케팅은 신약개발 투자 확대로 바이오의약품, 신약중심으로 확대가 심화되고 Application, Big Data 활용한 스마트 마케팅이 확대될 것으로 예상된다. 지속적으로 확대 유지될 대표적인 마케팅 종류는 디테일링(Detailing), 공동 프로모션(co-promotion) 마케팅, CSO(Contract Sales Organization) 활용 마케팅, 다양한 Contents 활용한 Digital marketing 등이다.

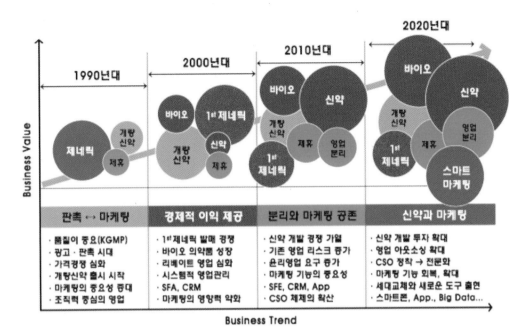

그림 16-1 제약마케팅 트렌드

실전문제

➡ 국내 MR들이 가장 많이 하는 ACTIVITY는?

1) 디테일링(Detailing)

디테일링(Detailing) 활동은 지난 수십 년간 제약영업사원은 브랜드 의약품에 관한 기본 메신저 역할을 해왔다. 의사에게 디테일링하는 것이 제약산업을 크게 성공시킨 중요한 하나의 요인이다. 디테일링(Detailing) 활동은 제약 MR이 의사를 방문하는 Call이라고도 할 수 있는데 Call 중에서 직접 의사를 만나서 자신이 담당하는 제품의 특장점과 이점을 알리는 활동을 Detail 활동이라 한다. 즉, 진정한 Call 활동만이 Detailing 활동이라 할 수 있다. 디테일링은 정확한 메시지를 정확한 빈도로 정확한 의사에게 전달하는 것으로 정리된다. 정확한 메시지는 제품의 특징과 이점을 설명하는 것으로, 반드시 사실을 기반으로 하며 처방하는 의사에게 꼭 필요한 정보여야 한다.

정확한 빈도는 메시지를 전달하는 횟수를 말한다. 의사가 특정 제품에 대한 선호가 생기기 이전에 메시지를 전달해야 한다. 정확한 의사에게 전달하는 것은 고객을 S&T(Segmentation & Targeting)한 후 제품에 맞는 의사에게 전달하는 것이다. 의약품은 제품에 따라 S&T(Segmentation & Targeting)가 다를 수 있는 특수성을 갖고 있다. 예를 들어 골다공증 의약품은 여러 과에서 공통으로 사용하는 약품 중 하나다. 골다공증을 진료하는 주요 과는 내분비내과, 정형외과, 산부인과지만 처방하는 과는 주요 진료과뿐만 아니라 류마티스내과, 신경외과, 가정의학과, 마취통증의학과 등 골다공증 위험이 있는 환자를 진료하는 모든 과가 대상이다. 물론 골다공증 약물 중 같은 class인 약물도 약품의 작용기전에 따라 target 과와 target 의사가 달라질 수 있다. 또한 내분비내과는 주로 당뇨병, 갑상선질환을 진료하지만 골다공증을 전문적으로 진료하는 병원과 내분비내과 의사가 있기 때문에 더욱 정확한 S&T가 요구된다.

2) 심포지움(Symposium) 활동

주로 신제품이나 회사에서 비중이 큰 품목을 홍보하기 위하여 진행한다. 주로 마케팅 부서에서 주관하며, 영업사원들과 함께 제품과 관련이 있는 의사를 대상으로 대규모 참석

그림 16-2 제약회사 심포지움 활동

(100~500명)을 유도하여 제품의 특.장점을 홍보하기 위한 활동이다. 각종 학회나 연수강좌에서는 주로 대학교수들이 연구결과에 대한 내용을 중심으로 진행되어 개원의들 입장에서는 현실감이 떨어진다고 이야기할 수도 있지만 심포지움은 특정제품이 주제가 되고 실제 진료공간에서 바로 활용할 수 있는 내용으로 진행하는 경우가 대부분이다. 최근 심포지움 활동으로 신제품을 홍보한 예를 살펴보자.

㈜한국아스트라는 국내 첫 SGLT-2억제제(Sodium-glucose cotransporter 2) 계열의 제2형 당뇨병 치료제 '포시가'(성분명:Dapagliflozin)가 심혈관, 신장질환 위험이 높은 환자의 증상 개선에 효과를 보였다는 임상결과를 심포지움을 통해서 제품과 회사의 이미지를 홍보했다.

> ### 실전문제

> ➤ SYMPOSIUM 효과를 증대하기 위한 방법은?

3) RTM(round table meeting)

심포지움(symposium)과 비교하여 RTM은 소규모 학술모임으로 진행을 빠르고 쉽게 할 수 있다. RTM을 진행하기 위해서는 모임의 회장으로 있는 의사 선생님의 승인이 필요하고, 그 모임의 총무님과 강의내용, 날짜, 시간, 장소 등 스케줄을 조율하여 진행한다. 주로 제품과 관련된 질병을 치료하는 대상 의사들 대상으로 10명 내외로 진행하여 간접적으로 회사 제품을 홍보하는 활동을 말한다.

> ### 실전문제

> ➤ 성공적인 RTM을 위한 사전 준비사항은?

4) 공동 프로모션(co-promotion) 마케팅

공동 프로모션이란, 같은 제품을 공동으로 프로모션을 진행하는 것을 말하며, 흔히 소규모 회사와 대규모 회사 간에 진행하는 마케팅 방법이다. 소규모 회사가 대규모 회사와 파트너를 맺고 상호 간의 이익이 충돌 빚지 않는 선에서 공동으로 그 제품을 프로모션하는 것을 말한다. 공동 프로모션은 특히 해당 치료분야에 경험이 많고 그 분야 전문가들과의 관계가 형성돼 있는 숙련된 영업마케팅 인력들도 구성되어 있어 두 회사의 공동 목표를 달성하기 위하여 양사의 자원을 최적화한다는 장점이 있다. 영업마케팅을 개별적으로 시행하여 두 회사 간의 목표가 다를 수 있는 co-marketing과는 구별된다. co-marketing은 1개의 제품을 다른 제품명으로 허가받아 두 개의 회사가 판매하는 것을 말한다.

당뇨병 치료제인 DPP-4 억제제 계열에 속한 LG의 '제미글로'는 DPP-4 억제제 계열의 다섯 번째로 출시하여 당뇨시장 진입이 어려웠으나 '란투스'로 당뇨시장에서 경쟁력을 보유하고 있는 사노피의 힘을 빌려 성공적인 시장안착을 하기 위하여 사노피와 공동 프로모션(co-promotion)을 체결하여 매우 성공적으로 시장을 주도하면서 매출 성장을 기록했다. 사노피와 co-promotion 계약 종료 후 2016년에는 대웅제약과 co-promotion을 진행하고 있다.

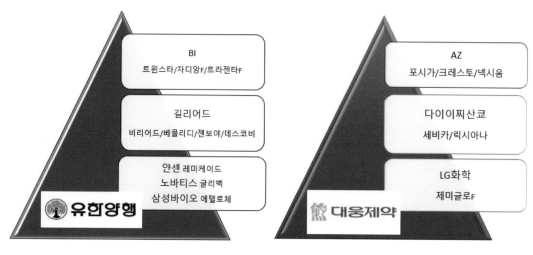

그림 16-3 코프로모션 비즈니스모델 사례

유한은 노바티스의 '글리벡'과 얀센의 '레미케이드'를 co-promotion 실시하고 또한 삼성바이오에피스의 '에톨로체', '레마로체'까지 바이오시밀러로 영역을 확대했다. 대웅제약은 co-promotion 전략으로 성공한 회사 중 하나이다. 아스트라제네카 '크레스토', '넥시움', '포시가'와 '직듀오'를 꾸준히 성장시키고 있고, 다이이찌산쿄 '세비카', '세비카', '릭시아나' LG화학의 '제미글로패밀리' 대웅과의 co-promotion 영향으로 2021년에 1,000억 원의 매출을 기록할 것으로 예상된다.

실전문제

➡ Co-promotion vs Co-marketing

➡ 제약사간 co-promotion 비중이 왜 증가할까?

➡ 글로벌제약사와 국내제약사간의 co-promotion 비중이 증가하는 이유는?

➡ 국내제약사와 국내제약사간의 co-promotion 비중이 증가하는 이유는?

---

5) CSO(Contract Sales Organization)활용 마케팅

소규모 제약회사가 사용하는 또 다른 방법으로 CSO(Contract Sales Organization) 활용이 있다. 새로운 지역에서 경험과 자원이 부족한 제약기업에 가장 용이한 방안이다. CSO는 의사와 친밀한 숙련된 영업 전문 인력을 고용해 계약된 제품의 특정 기능과 장점에 대한 교육을 한다. CSO와 파트너를 맺는 이유는 이 일을 위한 전담 영업팀을 만들고 유지하는 것보다 비용이 저렴하므로 제품을 생산하는 입장에서는 큰 장점이다. 최근 제약산업이 성장하면서 과별, 질환별, 제품별, 지역별로 CSO를 활용하여 마케팅하는 회사가 늘어나고 있다. 이미 선진국은 CSO의 비중이 약 15~20%의 비중을 차지하며 그 역량을 강화하고 있다. 국내에는 의약분업 초기에 유디스 등이 전문 CSO 업체로 활동을 시작했다. ㈜유디스는 한국사노피 제품을 성공적으로 안착시켰다. 최근 인벤티브 헬스 코리아 등 다국적 CSO 회사가 하나, 둘 국내에 진출하고 있다. CSO를 활용한 영업 Outsourcing은 초기 투자 감소, 비용 절감, 시간 단축, 전문성 제고, 운영상의 융통성 등 많은 장점이 있다.

실전문제

➡ 향후 CSO 활용 마케팅 전략은 증가할까? 감소할까? 이유는?

6) Contents marketing

최근 제약업계에 불어닥친 리베이트 쌍벌제, 공정경쟁규약 강화에 이어 부정청탁 및 금품 전달 금지(김영란법)까지 시행되면서 제약 MR의 병원을 방문을 원하지 않는 분위기가 팽배해지고 있다.

일부 다국적 제약사는 이러한 분위기를 극복하기 위해 온라인마케팅전략인 일명 멀티채널마케팅(Multi channel marketing)과 e-디테일링(electonic detailing)을 오래전부터 시행하고 국내회사들도 시행하고 있다. 대표적인 멀티채널마케팅으로는 한국MSD의 MDfaculty, 한국Pfizer의 Med Info &MediDoc link, GSK코리아의 웹기반 학술미팅, 한국얀센의 얀센프로, 한국릴리 Lilly On, 한국BMS의 e-Hepa academy, 국내제약사의 대표적인 멀티채널마케팅 Dr.Vill(닥터빌) 등 각각의 특색 있고 다양한 컨텐츠를 기반으로 마케팅 활동을 전개하고 있다. 이러한 각 회사의 멀티채널마케팅은 불필요한 영업사원 방문을 최소화하는 점도 있지만 이러한 프로그램을 지원받기 위해 관련된 자료를 제공받기 위해 고객이 먼저 방문을 요청하는 사례도 점점 높아지고 있다. MDfaculty 초창기에 수많은 고객에게 프로그램을 권유하고 소개하며 이러한 온라인마케팅프로그램을 세일즈 활동에 접목함으로서 의학전문가적 포지셔닝을 달성하였던 경험에서 사용하기 따라 고객에게도 매우 유용한 혜택을 제공하고 우리에게도 시간관리 뿐만 아니라 성과관리를 위한 유용한 툴이 될 수 있을 것이다. 하지만 프로그램을 어떻게 구성하고 활용하는지에 따라 영업활동을 지원해주는 강력한 세일즈 툴로 활용될 수 있을 것이다. 특히 주의해야 할 점은 프로그램을 만들었다고 끝난 것이 아니다. 대면영업(Face to Face sales)에도 기술이 있듯이 멀티채널 마케팅과 e-디테일에도 기술이 있다.

그림 16-4 Multichannel Marketing

실전문제

⇨ One to One Marketing vs Contents Marketing

7) Data 활용 marketing

Data 활용 marketing은 마케팅 전략과 방향성을 수립하는데 상당히 많은 활용이 있을 것이다. Date를 통해 ❶ 의약품 원외처방 시장 전망 및 마케팅 분석 콘텐츠(Market Forecasting Analytics Contents)을 활용하여 특정 제품을 처방받고 있는 환자의 인구통계학적 분석을 통해 환자의 증감 추이를 확인할 수 있는 만큼 마케팅 측면에서 연령별 환자를 고려한 마케팅 플랜을 수립할 수 있다. ❷ 의약품 처방 패턴 분석 콘텐츠(Treatment Pattern Analytics Contents)활용으로 제품의 스위칭 정보 등을 활용해 마케터들이 기회

포착이나 실적 감소 리스크를 적절하게 대응할 수 있는 바로미터로 삼을 수 있다. ❸ 의약품 이상사례 분석 콘텐츠(Adverse Event Analytics Contents) 등을 활용하는 방법이다. 마케터 입장에서 경쟁 제품과의 비교·분석 데이터를 디테일 자료로 폭 넓게 활용할 수 있고, 개발 측면에서도 제품의 리포지션에 대한 니즈가 있을 경우 활용 가치가 있는 부작용 데이터를 파악한다면, 신약개발의 근거자료로 활용될 수 있다.

8) Infographic marketing

인포그래픽 마케팅은 정보, 데이터, 지식을 시각적으로 표현해 제품정보를 빠르고 쉽게 표현하기 위해 사용된다.

한국GSK는 차고 건조한 날씨로 증상이 악화되는 겨울을 맞아 손 습진 질환 인식을 높이고자 인포그래픽을 개발하여 활용하고 있다. 손 습진은 치료가 잘 되지 않을 경우 환자의 삶의 질을 전반적으로 악화시킬 위험이 매우 높은 만큼, 보건 의료 현장에서 많은 전문의 및 환자들이 이러한 관련 자료를 접하여 질환 및 치료요법에 대한 인식 수준이 향상될 것을 기대하여 활용하고 있다.

그림 16-5 GSK Infographic marketing 사례

한국화이자제약의 인포그래픽 마케팅 사례는 제품 자체에 임팩트가 많다는 자신감이 있기 때문이다.

한국화이자제약은 당뇨병 치료제가 없다. 그런데 당뇨 관련 캠페인을 진행했다. 고지혈증치료제 "리피토는 당신입니다"라는, 이른바 '당신' 캠페인이다. 이 역시 같은 계열 중 유일하게 '제 2형 당뇨병 환자의 심혈관 질환 위험 감소' 적응증을 갖기에 가능하지만, 인포그래픽 마케팅으로 제품의 정보를 보다 빠르게 각인시키고 있다.

실전문제

➡️ MCM과 E-Detailing 마케팅 전략이 증가할까? 감소할까? 이유는?

02 제약바이오마케팅의 특수성

1) 제약바이오마케팅이 특수한 이유

제약바이오마케팅의 특수성은 다른 소비재와는 달리 소비자의 선택권이 제한된다는 점이다. 처방하는 의사를 통해 소비자의 질환 특성에 맞게 선택되고, 약사에게 조제되어 소비자에게 전달하는 구조이다. 더구나 처방 의사의 의약품 선택에 있어서도 자유롭지만은 않다. 처방 의사가 속한 병원의 의약품 선정기준에 따라 처방이 제한될 수 있다. 미국의 경우 보험회사인 HMO(Health Management Organization) 혹은 이들이 약제 관리만 외부에 위탁하는 약제 관리 위탁회사인 PBM(Pharmacy Benefit Manager)의 철저한 관리에 의해 약제 선택권이 제한되기도 한다. 또 다른 특수성은 경제 주체의 상의성이다. 최종 소비자인 환자가 구매에 대한 비용을 모두 지불하는 것이 아니라, 환자(소비자) 일부 부담으로 나머지는 국가 혹은 보험회사가 지불하는 구조로 소비자는 자신이 구매한 의약품의 재화적 가치에 대한 민감성이 떨어진다. 바로 이러한 점에서 의약품은 다른 고객(consumer) 제품과 다르다.

제약바이오산업을 규제과학(Regulatory Science)에 입각한 규제산업이라 한다. 제약바이오마케팅 역시 다른 산업 마케팅과 비슷하지만 사람의 건강에 직접 영향을 미치는 의약품을 마케팅한다는 점이 다르다. 따라서 제약바이오마케팅은 식품의약품안전처의 규제를 엄격히 받는다. 시판된 의약품이 마케팅 과정에서 표기되는 모든 용어와 특·장점은 과학적 데이터에 의해 입증되어야 한다. 효능, 안전성 그리고 삶의 질 향상과 같은 주장들은 임상시험을 통해 입증되어야 의사와 환자들의 위험을 줄일 수 있다. 또한 흔한 부작용과 위험들은 의약품 프로모션 할 때 반드시 함께 고지하도록 되어 있다. 이러한 책임에 대해서는 프로모션은 마케팅부서만 신경 쓰는 것이 아니라 의약품의 임상시험, 연구개발, 생산, 학술부 등 제품과 관련된 모든 부서가 함께 해야 한다. 마케팅은 소비자들의 사고를 전환시키는 과정을 통해 가치를 창출하는 일이다. 그러므로 제약바이오마케팅은 처방이 필요한 전문의약품(ETC: Ethical The Counter Drug)과 일반의약품(OTC:Over The Counter Drug)에 따라 전문의약품과 제네릭 의약품에 따라 제네릭 의약품과 개량신약 의약품에 따라 마케팅전략을 차별화해야 한다. 제약회사에서 고객은 관점에 따라 1차 고객인 처방 의사, 최종 소비자인 환자 그리고 약값의 일부를 지원하는 정부가 각각 독립된 주체이다. 상호작용에 의해서 약의 소비가 이루어지고 있다. 환자와 정부는 보통 적은 비용으로 최고의 가치와 최고의 치료 효과를 원하지만, 의사는 치료적 목표를 달성하기 위하여 환자에게 최적의 제품을 처방하기를 원한다. 제약바이오마케팅은 복잡한 이해 당사자(Stakeholders)들을 이해하고 상대하는 것이다.

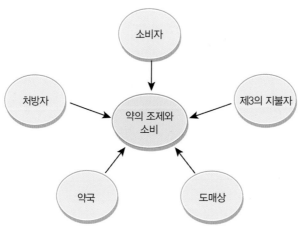

그림 16-6 **복잡한** Stakeholders

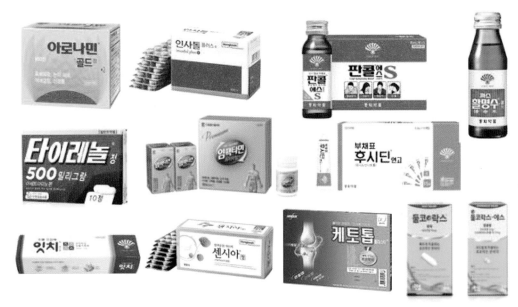

그림 16-7 **일반의약품(OTC)**

(1) 전문의약품 vs 일반의약품 마케팅

처방이 필요한 전문의약품과 일반의약품은 같은 분야에서 많은 공통점을 가지고 있어 시장에서의 전술이나 홍보 전략이 같을 것이라고 생각하기 쉽다. 그러나 이 두 의약품이 유사한 메시지를 전달하더라도 주요 소비층과 그들의 니즈는 각각 다르다. 전문의약품 시장의 주 고객은 의사, 약사, 도매업자, 소비자이다. 소비자들은 다양하지만 궁극적으로 의약품을 소비하기 위해 같은 결정을 한다. 그러나 일반의약품 소비자는 현저히 다른 생각을 한다. 의사에게 일반의약품 제조회사는 주위를 기울이지 않는다. 대신에 일반의약품 마케터들은 구매력이 높은 일반 소비자에게 집중한다. 중간에 처방자가 없기 때문에 일반의약품 시장은 여타의 소비자 제품 시장과 유사한 부분이 있다. 따라서 일반의약품 생산자는 한 번에 관심을 끌고 기억할 만한 브랜드를 만들어야만 한다. 일반의약품 마케팅 전략은 그들의 브랜드가 잘 자리 잡을 수 있도록 높은 품질을 갖거나 소비자가 쉽게 접할 수 있는 저렴한 가격을 제시해야만 한다.

(2) 오리지날 의약품 vs 제네릭 의약품 마케팅

1984년, Hatch-Waxman 법으로 알려진 의약품 가격분쟁과 특허 연계법(Drug Price Competition and Patent Team Restoration Act)은 근래 제네릭 의약품 시장을 부흥시켰다. 제네릭 제조사들이 브랜드 의약품의 기전을 똑같이 가지고 있을 필요가 없고 작용시간 부분만 승인받도록 하면 된다. 사실 Hatch-Waxman 법이 통과하기 전엔 특허가 만료된 오리지널 약의 35%만이 제네릭 의약품을 가지고 있었다. 현재 제네릭 의약품 제조사들은 더 낮은 가격으로 높은 매출을 기록하고 있다. 브랜드 의약품의 최우선 고객이면서 마케팅 포커스를 두고 있는 주체는 의사이다. 제네릭 의약품 시장에서의 약은 상품으로 생각한다. 따라서 제네릭 의약품의 마케팅전략은 다른 의약품과 다르게 4P에 해당하는 가격(Price), 유통(Place), 제품(Product), 판촉(Promotion) 중 가격에 가장 초점을 맞춰 진행한다. 제네릭 의약품 시장에서의 가장 큰 차이점은 의사가 최우선 고객이 아니라는 점이다. 일반적으로 의사가 선택하는 의약품은 제약사 입장에서 볼 때 시장에서 유리한 입지를 다지기 쉽다. 그러나 의사들은 환자들이 요구하는 약을 선택해서 제공했고, 그 결과 제약회사는 의약품을 공급하는 회사들을 공략했다. 유통과정도 공동구매나 도매업에 따라서 의약품 공급자에게 영향을 줄 수 있다. 의약품 종류와는 상관없이 제약시장에서 소비자를 충족시키는 것은 가장 중요한 마케팅 전략이다. 제네릭 마케팅은 고객 중심보다는 제품 중심의 마케팅을 원칙으로 한다. 고객중심의 마케팅은 시장을 이해하고, 고객의 니즈(Needs)와 원츠(Wants)를 파악한 뒤 제품을 발전시켜서 그들의 요구를 만족시켜야만 한다. 제품 중심의 마케팅은 우선 제네릭 제조사들이 제품을 생산하고 시장의 가격적인 면을 중심으로 공략하여 제품이 가능한 많이 팔리게 하는 것이다.

(3) 제네릭 의약품 vs 개량신약 의약품

개량신약을 출시하는 이유 중 가장 큰 이유는 제네릭보다 먼저 출시가 될 수 있다는 점이다. 기존에 오리지널 약물은 특허법으로 보호가 되어 보통 20년 정도 지나야 제네릭이 나올 수 있다. 하지만 개량신약인 경우는 제네릭보다 1~2년 먼저 출시가 될 수도 있다. 또한 개량신약으로 출시할 경우 종합병원 약물심사위원회(DC: Drug Committee)에서 유리한 Position을 가질 수 있다. 병원에 제네릭 의약품을 신규 리스팅하는 것보다 개량신약을 리스팅하는 것이 매우 유리하다. 제네릭은 수많은 회사에서 동일하게 만들어 내지만 개량신약은 몇몇 회사 혹은 한 회사에서 출시하기 때문에 경쟁도 비교적 적어 병원에 신규 진입하기 유리하다. 개량신약 개발 비용은 제네릭 개발 비용보다 더 많이 들기 때문에 2~5개 회사가 같이 투자하여 개발하는 경우가 많다. 수십개의 제네릭들과 경쟁하는 것에 비해 2~5개 회사와 제네릭이 출시되기 전에 먼저 경쟁한다는 장점이 있다. 하지만 개량신약의 특·장점과 이점을 적극적으로 홍보하지 못하면 일반 제네릭 의약품으로 전락할 수 있기 때문에 pre-marketing이 매우 중요하다.

실전문제

➜ 대부분 의약품이 비탄력적이다. 탄력적인 의약품은?

➜ 아스피린 vs 코카콜라

➜ ETC vs OTC

➜ NME vs Generic

➜ First in class vs Late follower

➜ IMD vs Generic

03 Pre-marketing의 중요성

제약바이오마케팅이란 인간의 생명과 삶에 지대한 영향을 미치는 특수 제품인 의약품을 대상으로 하기 때문에, 사용자와 구매 결정자가 다르고 사용자와 제품 비용을 지불하는 경제 주체가 다른 특수한 환경에서의 마케팅이다. 그렇기 때문에 제약바이오마케팅은 의약품 산업의 환경과 제도를 포함한 의약품 산업 전반을 이해해야 한다.

제약바이오마케팅은 의약품을 통한 의료에 초점을 두는 것으로 의약품 그 자체에 초점을 두는 것이 아니다. 제약바이오마케팅은 제약회사나 보건 의료인인 의사나 약사를 위하는 것이 아니라 환자를 위해 존재한다. 제약바이오마케팅의 역할은 고객의 요구(needs)를 파악하여 제품을 이들 요구에 맞게 개선하고 이렇게 만들어진 제품을 의사에게 유용성과 임상적 특성, 적정사용 및 사용 시 환자들이 받을 이점 등을 전달하는 것으로, 즉 유효한 치료법을 환자 개인의 특성에 맞게 연계하는 것이다. 마케팅은 바로 연구 실험실에서 환자에 이르기까지 의약품 흐름에서 반드시 발생해야 할 기술 및 정보의 전달 역할을 한다. 제약바이오마케팅의 근본 역할은 기술전달이다. 약물치료는 의약품이 필요한 시간에 필요한 곳에 있을 때만이 가치를 갖는다. 의약품 연구개발의 핵심은 화학적 화합물이 인체에 어떻게 작용하는가에 관한 정보를 조합하는 일이다. 제약바이오마케팅의 핵심은 이들 정보를 의사, 약사와 같은 의료인에게 전달해 주는 일이다.

제약바이오마케팅은 다른 고객 마케팅과 비교해 보면 그 접근방법이나 원리는 비슷하지만, 제약산업 자체가 다른 산업에 비해 많은 규제가 따르는 것이 다른 점 중 하나이다. 제약바이오마케팅은 일반 소비자를 대상으로 하는 고객 마케팅과는 달리 환자의 질병과 건강을 다루는 만큼 많은 규제가 있고 또한 의약품의 최종 수혜자인 환자들이 치료받기까지 보건당국의 신약허가결정, 보험약가 및 가이드라인 결정, 병원구매 및 의사의 처방 결정까지 다양한 관계자와 연관되어 있다.

제약바이오마케팅은 제품 출시 6개월간의 활동에 따른 SOV(Share of Voice), SOM(Share of Market), Positioning Message, Marketing sales Input에 따라 제품의 성공과 실패를 가늠해 볼 수 있으며, 이후 2년 이내에 해당 TC(Target Consumer)에서 1등이나 2등 제품으로 성장하는지 여부를 판단할 수 있다. 그만큼 초기 마케팅 전략이 중요하며, 첫 제품 출시에 실패한 제품을 Repositioning하는 경우에는 더 많은 자원이 투여되어도 실패하는 경우가 대부분이다. 따라서 Prelaunch marketing의 중요성은 아무리 강조해도 지나치지 않다. 제품 출시 전에는 최소한 1년 전에 마케팅 계획이이 준비되어 있어야 하고, 3~6개월 전에는 영업 팀이 활동을 개시해야 한다. 이 단계에서는 Market research를 통해 제품의 Market size, Growth rate, Market Potential, Product Profile test, Strength-Weakness, Communication message, Positioning 등을 파악하여 마케팅 계획에 반영해야 하고, Innovator Group을 통해 Advocator Group을 조직하여 MTL(Medical Thought Leader)로 하여금 제품에 대한 Noise Level을 지속적으로 높여줘야 한다. 그 외 PR/ads planning, Pricing & Reimbursement planning, Supply chain 및 Medical-Regulatory Planning 그리고 Segmentation-Targeting을 통한 Sales resource allocation planning,

Sales force sizing이 이뤄져야 한다. 이 시기에 준비되는 Marketing Strategy, Promotion Strategy 및 Product Strategy가 제품 초기 역동성에 기여하는 바가 매우 크기 때문에 제약바이오마케팅은 사전 마케팅이 중요하다. 그림에서와 같이 제약바이오마케팅은 Pre-marketing 뿐만 아니라 의약품 개발 전 과정에 맞는 마케팅 전략전술이 필요하다. 더불어 급속한 고령화로 인한 보험재정의 감소 등 한정된 의료자원과 의료제도를 이해한 마케팅 전략이 필요하다.

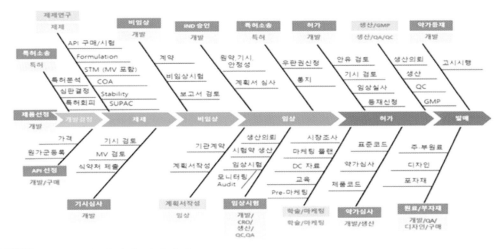

그림 16-8 약품 개발 단계별 마케팅자료

04 제약영업마케팅 조직

1) 국내제약회사 영업마케팅 조직

유한양행, 한미약품, 종근당, 동아ST, 녹십자, 한독약품 등 국내제약회사들은 대부분 영업마케팅 조직뿐만 아니라 안전하고 우수한 의약품 생산을 위해 GMP 시설을 갖춘 생산시설을 갖추고 있다. 대부분 국내제약회사는 영업부와 마케팅부가 혼재되어 있고 영업부 내에 ETC 사업부와 OTC 사업부로 구분되어 있다. 또한 의료기관 분류에 따라 종합병원, 준종합병원, 개인의원 담당자로 구분하기도 한다. 국내제약 영업사원은 주로 여러 개 품목을 담당하는 경우가 있어 제품에 대한 전문성은 다국적회사와 차이가 있을 수 있었지만, 상위 국내회사들의 영업조직은 다국적회사의 영업조직과 유사하게 매우 전문성 있는 영업조직으로 급변하고 있다.

2) 다국적 제약회사 영업마케팅 조직

Pfizer, Novartis, MSD, BMS, Sanofi, GSK 등 다국적 제약회사(Pharmaceutical Muti-national Company)는 주로 생산조직은 없고 영업마케팅 조직만 있는 경우가 대부분이다. 영업조직은 주로 수평적 조직이며 전문적인 조직으로 구성되어 있다. 예를 들면 순환기계 약물 파트, 내분비계 약물 파트, CNS 약물 파트 등으로 구분되어 있다. 대부분 다국적 제약회사는 내분비계 약물 파트도 당뇨병, 갑상선, 골다공증 등 질환별로 보다 세분화된 조직을 갖추고 있어 국내회사 영업조직과 비교하여 보다 전문적이라 할 수 있다. 또한 대부분 영업조직을 팀제로 운영하여 권한과 책임이 분명하여 보다 신속한 의사결정과 업무진행이 가능한 조직으로 구성되어 있다.

실전문제

➔ Needs vs Wants

➔ 제약영업 vs 제약마케팅

➔ 제약회사 영업마케팅 조직 세분화, 전문화하는 이유는?

Chapter 17 제약바이오마케팅의 새로운 변화

01 제약영업사원의 전문성

제약회사의 다양한 영업마케팅 방법 중 가장 중요한 방법은 인적자원인 영업사원 활용이다. 하지만 단순한 영업사원 숫자보다는 생산성 있는 영업사원의 활용방법을 의미한다. 방문빈도(Call Frequency)보다는 방문의 질(Call Quality)이 요구된다. 즉 전문적인 영업사원 양성이 필요하다. 전문적인 제약영업사원을 양성하려면 전문교육을 통해서 영업사원들이 의사들에게 보다 학술적이고 과학적인 정보를 제공할 수 있는 체계적인 교육이 필요하다. 특히 제약영업은 1차 고객인 의사를 만나는 영업사원의 역할이 가장 중요하다. 영업사원들의 제약마케팅에서 판촉이라고 하면 의사, 약사 같은 의료 행위 종사자들과 환자에게 필요한 정보나 지식을 전달하기 위한 의사소통을 하는 활동을 말한다. 제약회사들은 다른 산업과 마찬가지로 그들의 고객들이 필요로 하는 것과 원하는 것이 무엇인지 확인하기 위해 노력한다. 이러한 필요와 욕구를 만족시키기 위하여 기존 경쟁품을 제공하는 것보다 분명한 이점을 가진 새로운 제품을 개발하기 위해 투자를 한다. 이러한 신제품이 개발되고 나면 전 세계의 시장에 내놓게 되는데, 이러한 신제품이 처방하는 의사나 환자에게 관심을 얻으려면 이 신제품의 특징, 장점, 이점 등을 효과적으로 알려져야 한다. 제품이 시장에 잘 정착하고 처방이 많이 되려면 제약회사 영업마케팅 담당자들의 의사소통 능력 또한 무엇보다도 중요하다.

제약회사 영업도 시대의 변화에 따라 변했다. 제약회사 영업사원 호칭도 시대에 따라 변하고 있다. 80년대는 판매사원, 90년대는 영업, 디테일 사원, 2000년대는 MR, 최근에는 MSL로 변경한 회사도 있다.

제약회사 영업사원 명함에 표기된 MR(Medical Representative)의 의미는 의사들에게 보다 전문적인 정보를 전달해 주는 회사의 대표자이며 전문가를 의미한다. 일부 제약회사에서는 MSL(Medical Science Liaison)이라는 직함으로 일하는 경우도 있다. 이들은 회사에서 개발된 새로운 약품이나 의료장비에 대한 정보를 연구자와 의료인들에게 전달하고, 연구자와 의료인들이 필요로 하는 약품이나 장비가 무엇인지를 파악해서 회사에 전달하는 역할을 하기도 한다. 연구자들이 수행한 연구의 결과물(약품)이 상용화될 수 있도록 제약회사와 연결해주기도 하고 전문 분야의 연구를 직접 수행하기도 한다. 이처럼 제약회사 영업은 보다 세분화 전문화되어가고 있는 현 상황은 제약회사 영업사원 역할이 어느 때보다도 중요하다고 할 수 있다.

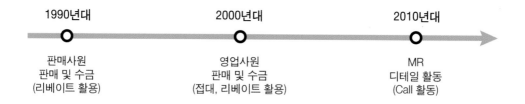

그림 17-1 제약영업사원의 변천과정

최근 필자가 ㈜한국 오츠카제약 영업사원을 대상으로 제약영업사원들에게 제품교육과 더불어 질환교육, selling skills, communication skills, leadership 교육 등 교육 후 영업사원의 활동(call) 변화를 연구했다. 그 연구논문결과를 인용하면 지속적이고 체계적인 교육이 영업사원들에게 자신감을 갖게 하여 의사를 만나는 방문횟수, 방문시간, 특히 디테일시간을 늘리게 하여 매출증대에 기여할 수 있는 가장 효과적인 마케팅 방법 중 하나임을 연구결과를 통해서 확인할 수 있었다. 그 연구결과를 자세히 살펴보면 다음과 같다.

교육 후 영업내용의 변화를 보면 방문의사 수는 45% 증가, 디테일 의사 수 59% 증가, 디

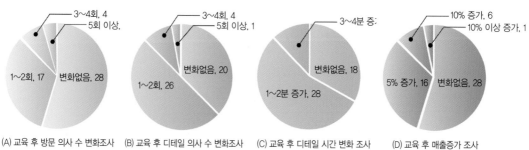

(A) 교육 후 방문 의사 수 변화조사 (B) 교육 후 디테일 의사 수 변화조사 (C) 교육 후 디테일 시간 변화 조사 (D) 교육 후 매출증가 조사

그림 17-2 영업사원의 활동변화

테일 시간이 증가된 응답자는 65%로 나타났다. 응답자의 45%가 매출증가에 교육이 기인했다고 답변했다. 연구결과에서 알 수 있듯이 제약영업사원의 디테일 시간의 증가(1~2분 증가)는 평균 디테일 시간이 5~7분 정도인 점을 감안할 때 약 20~30%의 증가로 매우 큰 변화를 가져왔다. 디테일 시간의 증가는 결국 매출의 증가를 가져올 수 있다. 즉 영업사원들에게 고객의 니즈를 충족시킬 수 있는 다양한 전문적인 교육이 필요함을 알 수 있었다.

ISSUE 1 MSL(Medical Science Liaison)은 MR과 어떻게 다른가?

MSL(Medical Science Liaison)은 의료현장과 제약회사의 일종의 소통창구 역할을 한다. 회사마다 약간의 차이는 있지만, 자사가 보유한 의약품의 임상적 가치에 대한 전문지식을 전달하는 의학적 Communicator 역할을 한다.

MSL은 단순 영업 인력이 아닌 전문 의료인력으로, 현장 의료인 및 의료계 전문가와 제약회사 사이의 소통창구 역할을 담당한다. 주요 역할은 임상 자료 발굴, MR교육 프로그램개발, 임상연구(PMS), 의료진과 네트워킹 등을 포함한다.

MSL은 전문성과 관련 분야의 최신 연구와 신제품 정보를 신속하게 전달하기 위하여 지속적인 연구와 학습을 병행해야 한다. 이를 통해 확보한 정보와 지식은 전문가로서 자신들의 의견과 향후 주요 연구 방향을 현장 의료인 또는 교육기관에 정확하게 전달한다. 또한 의료기관 및 교육기관의 주요 의사결정권자가 적절한 결정을 내릴 수 있도록 컨설팅을 제공하며, 이들과 관계(rapport)를 형성하는 역할을 한다. MSL은 회사 측의 정보를 의료현장에 단순히 전달하는 역할에만 그치지 않고, 의료현장의 의견과 피드백을 제약회사에 전달해 의약품과 기타 서비스의 품질 개선을 지원하기도 한다. 또 각종 임상 정보를 숙지하고 있기 때문에, 의사와 환자 사이에서 필요한 정보 전달의 기능도 수행한다. MSL 비중은 글로벌 제약회사뿐만 아니라 국내제약회사에서도 점점 증가하고 있다. 이러한 현상은 제약영업마케팅이 보다 전문화되어가는 현상을 대변하고 있다.

02 제약영업사원의 미래

취업 준비하는 학생들 일부는 '영업은 매우 힘들고 어렵고 술을 많이 마셔야 한다', '여가 시간이 없다'라는 이야기를 주변 사람들에게 많이 들었다 하며 영업직 자체를 기피하는 경향이 있다. 최근 모 대학교 약학대학 학생들에게 제약영업에 대하여 강의한 적이 있다.

모 여학생의 질문이다. "여자도 영업을 할 수 있어요? 나는 술도 마시지 못하고 내성적인데 제약영업을 할 수 있나요?" 아직도 우리사회 구성원의 일부는 제약영업에 대한 생각은 접대라고 잘못 생각하고 있다. 하지만 직접 경험하지 않고 다른 사람 이야기만 듣고 자신의 자존감을 키울 뿐만 아니라 다양한 장점이 있는 제약영업이라는 매력 있는 직종을 포기할 것인가? 분명한 것은 제약영업은 남녀 구분 없이 누구나 할 수 있지만, 그렇다고 아무나 할 수는 없다.

영업도 시대에 맞게 변화하고 있다. 10~20년 전에는 영업은 접대라는 말이 어느 정도 맞는 이야기였다. 술을 잘 마시는 것이 장점으로 작용한 시기도 있었다. 나는 담배도 안 피우고 소주 3잔만 마셔도 힘든 체질이기 때문에 술 잘 마시는 사람이 부러울 때도 있었다. 하지만 영업의 기본은 10~20년 전이나 지금이나 근본은 같다. 고객의 니즈를 정확히 파악하여 고객이 원하는 정보를 정확하게 전달해서 고객에게 이익을 주는 일이다.

인구구조 변화를 살펴보면 제약시장의 변화를 예측할 수 있다. 65세 이상 인구 비율이 7%를 넘는 고령화 사회에서 그 비율이 20%를 넘는 초고령화 사회로 진입하는데 이탈리아는 79년, 독일은 77년, 일본은 36년이 소요되었다. 한국은 2000년에 고령화 사회에 진입했고, 2026년에 초고령화 사회로 진입할 것으로 예상되어 불과 26년 만에 초고령사회에 진입하는 것이다. 생산 가능 인구 100명당 부양해야 하는 65세 이상 노인 인구수도 17.3명이다. 일본을 훌쩍 뛰어넘는 빠른 속도이다. 이들이 주로 하는 일과는 병원에 가서 의사로부터 진료를 받고 약을 처방받는 일이다. 병원을 가지 않는 날은 의료시설을 이용하면서 생활하게 된다. 노인층뿐만 아니라 식생활의 변화와 운동 부족으로 30~40대에도 성인병이 많이 발생한다. 전문가들은 이런 생활환경으로 인하여 제약바이오산업 시장은 지속적으로 성장할 것으로 예측하고 있다.

인구구조의 변화를 예측하면 다양한 비즈니스를 창출할 수 있다. 예를 들면 기저귀 시장은 영아기, 유아기를 대상으로 했지만, 향후 기저귀 시장은 성인, 노인 시장이 더 커지고 빨리 성장할 것이다.

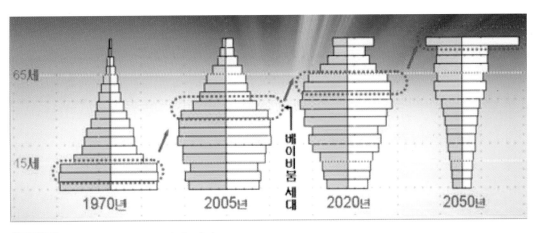

그림 17-3 한국의 인구구조 변화 전망

앞으로 제약바이오산업의 영업은 아주 중요한 영역을 차지하며 빠른 속도로 변화하고 성장할 것으로 예측할 수 있다. 또한 매우 전문적인 영역이며 미래의 직업에서 '비전이 밝다'라고 할 수 있다. 제약회사 영업도 시대에 따라 변화되었고 앞으로는 더욱 다양한 방법으로 변화가 일어날 것이다.

일반적으로 영업활동은 판매자가 구매자보다 제품 관련 정보를 더 많이 알고 있어 고객에게 제품의 특·장점과 제품을 사용하면 얻을 수 있는 이점을 설명하면서 고객을 설득시킨다. 의약품 분야도 마찬가지다. 의사들은 본인과 관련된 전공 분야의 의약품은 잘 알고 있지만 모든 의약품을 다 알고 있지는 못하다.

의사들이 가장 많은 관심을 가지는 것은 환자이기 때문에 자신의 환자를 치료하는 데 도움이 되는 모든 것을 필요로 한다. 의사들이 필요로 하는 부분은 꼭 약의 정보만이 아니다. 그래서 제약영업사원들은 의사들에게 의약품 정보와 더불어 환자를 치료하는데 도움이 되는 약물요법, 운동요법, 식이요법, 관련 논문 등 다양한 정보를 제공해줄 수 있어야 한다.

제약 영업마케팅은 의약품을 통한 의료에 초점을 두는 것으로 의약품 그 자체에 초점을 두는 것이 아니다. 제약 영업마케팅은 제약회사나 의료인인 의사와 약사를 위하는 것이 아니라 환자를 위해 존재한다. 제약 영업마케팅의 역할은 고객의 요구(Needs)를 파악하여 제품을 이들 요구에 맞게 개선하고 이렇게 만들어진 제품을 의사에게 유용성과 임상적 특성, 적정사용 및 사용 시 환자들이 받을 이점 등을 전달하는 것으로, 즉 유효한 치료법을 환자 개인의 요구에 맞게 연계하는 것이다.

제약 영업마케팅은 일반 소비자를 대상으로 하는 고객 마케팅과는 달리 환자의 질병과 건강을 다루는 만큼 규제가 있고, 의약품의 최종 수혜자인 환자들이 치료받기까지 보건당국의 신약허가결정, 보험약가 및 가이드라인 결정, 병원구매 및 의사의 처방결정까지 다양한 관계자와 연관되어 있어 소비자 선택권이 제한되고 있다. 더구나 의사의 의약품 선택도 자유롭지 않은 구조이다. 의사가 속한 병원의 의약품 선정기준에 따라 처방할 수 있는 약제가 제한되기도 한다. 제약 영업도 마찬가지로 규제가 많아 제한적이다. 이러한 환경에서 제약마케팅의 다양한 자원 중 영업사원을 통한 마케팅 전략이 가장 중요하고 효과적인 전략 중 하나이다.

리베이트 쌍벌제 관련 법제화로 제약사들의 영업마케팅 활동에 대전환이 요구되고 있다. 기존의 영업활동 방식은 어려워질 수밖에 없는 환경이다. 이러한 새로운 영업 패러다임에서 제약회사 영업사원들은 기존의 방식이 아닌 새로운 방식을 찾아야만 한다. 다국적 제약사들은 이미 근거 중심의 영업(EBM:Evidence Based Marketing)이란 용어를 수년 전부터 사용해왔다. 또한 보험영업인이 FC(financial consultant)나 FP(financial planner) 등으로 변화한 것처럼, 제약영업사원은 단순 판매, 수금사원(Salesman)에서 MR(Medical Representative)이란 용어로 전문적인 역할을 하는 전문인으로 변화를 가져왔다. 이제 감성적 영업보다 근거 중심의 과학적인 영업이 필요한 시대이다. 제품의 판매보다는 고객, 환자 그리고 정부의 가치를 존중하는 영업을 지향할 때인 것이다. 이러한 근거 중심의 영업 방법을 실현하기 위한 새로운 방법 중 하나는 교육을 통해서 자신감을 갖는 일이다.

제약회사는 영업사원들에게 다양한 교육을 실시하고 있기는 하지만 보다 전문적이고 과학적인 교육으로 전환해야 한다. 즉 제약영업사원들에게 고객의 니즈(Needs)가 다양한 만큼 고객의 니즈에 맞는 제품지식교육, 제품이 속한 질환교육과 더불어 제품의 특·장점을 전달할 수 있는 Selling Skills, Communication Skills 등 보다 전문적이고 체계적인 교육을 지속적으로 지원하여 제약영업 사원들이 시대의 요구에 맞는 전문가로서 제약영업마케팅 발전에 기여할 것으로 예상된다.

➡ 의사들은 제약MR들에게 어떤 역할을 원할까?

➡ 제약MR vs 제약MSL

➡ 제약회사들은 영업조직은 축소하고, 학술부를 강화하는 이유는?

➡ MR의 영업효율성(SFE:Sales Force Effectiveness)을 향상시키는 방법은?

03 제약영업사원의 실제 Activity 현황과 SFE 높이는 교육방법

급변하는 환경 속에서 기업의 영업목표 달성 여부는 경쟁력 있는 영업사원에 있다. 따라서 기업 입장에서는 영업사원을 어떻게 효율적으로 활용하여 지속적인 성과를 이룰 것인가 매우 중요한 이슈이다.

제약산업은 사람의 생명과 건강에 직접적인 영향을 미치는 의약품을 연구개발 즉 신약후보물질연구, GLP[1], GCP[2] 과정을 거쳐 의약품을 허가받은 후, GMP[3] 시설에서 생산, 판매, 판매 후 PMS를 통하여 지속적인 안전성과 유효성을 입증하는 산업으로 타 산업과 다른 뚜렷한 특성을 가지고 있어 각 분야에서 매우 전문성을 요구하고 있는 산업이다.

2020년 기준 제약산업의 직종별 고용 현황을 살펴보면, 전체 직원 114,126명 중 영업직 인원수는 COVID-19영향으로 비대면 영업마케팅 비중이 늘어나고 있는 상황으로 약간 줄고 있지만, 생산직 다음으로 많은 25,317명으로 22.2%의 높은 비중을 차지하고 있다.

---

1) GLP(Good Laboratory Practice) : 의약품의 승인 신청을 하기 위해 동물을 사용하여 약리 작용을 연구하는 단계에서의 실험에 관한 기준
2) GCP(Good Clinical Practice) : 의약품의 임상시험 실시에 관한 기준
3) GMP(ood Manufacturing Practice) : 의약품 제조 품질 관리 기준

제약회사의 영업대상자는 1차 고객이 최종 소비자인 환자가 아닌 의사나 약사를 상대하기에 타 업종에 비하여 전문성을 요구하고 있다. 현재 대부분 제약회사의 영업사원들의 호칭을 MR(Medical Representative)라고 부르는 이유이다. MR의 역할이 기존의 영업방식과 다르게 고도의 의약정보를 제공하는 역할로 급격하게 변화하고 있다. MR이 의사를 만나서 담당하는 의약품의 특장점, 이점, 안전성, 부작용, 다양한 의약정보 등을 설명하는 과정을 면담(Call) 이라고 한다. 대부분 제약회사들이 어떻게 하면 영업사원 면담 빈도(Call Frequency)와 면담 질(Call Quality)을 증가시킬 수 있을까 연구하고 있는 실정이다.

수준 높은 Call이 되기 위한 가장 중요한 방법은 MR이 정확한 의사(Right Doctor)에게 고도의 의약정보를 정확한 환자(Right Patient)에게 최적의 치료가 될 수 있도록 정확한 메시지(Right Message)와 근거자료(Right Resource)를 준비하여 전달하는 능력을 향상시키는데 있다. Call quality를 향상시키는 방법은 제품에 해당되는 전문적인 질환교육, 제품교육, 의약정보, 판매 기술(Selling Skill) 교육 등 다양한 교육이 필요하다. 이런 교육 후 면담 빈도, 면담 질 및 시간의 증가된 변화는 MR의 자존감을 회복시키고 제약영업조직의 영업효율성(SFE : Sales Force Effectiveness)을 극대화시켜 결국 매출의 증가를 가져오는 매우 중요한 요인이 되고 있다.

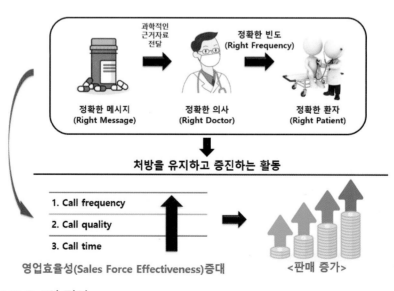

그림 17-4 MR Call의 정의

MR의 활동은 크게 3개의 종류로 진행된다. 첫째 매일매일 의사를 직접 만나서 제품의 특장점과 이점을 홍보하는 Call(Detail) 활동, 둘째 Online-Webseminar 활동, 셋째 Group Symposium 활동으로 이루어진다.

그중에서 1일 평균 10명 내외의 의사를 만나서 디테일 활동(Call)하는 것이 대부분이다.

IQVIA 자료에 의하면 코로나-19 이후에도 한국은 다른 나라에 비교하여 F2F영업(Call) 비중이 90%로 크게 줄지 않고 매우 큰 비중을 차지하고 있다. 다양한 이유 중 하나는 한국의 제약사들은 고객을 직접 방문하는 F2F 방식 이외의 다른 방법에 아직 준비가 미흡하기 때문이다.

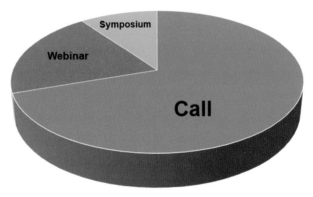

그림 17-5 MR Activity

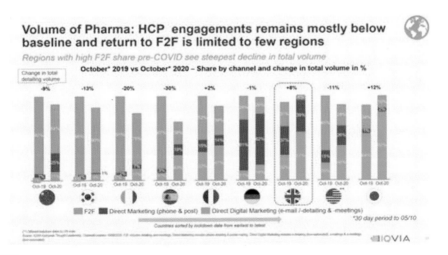

그림 17-6 COVID-19 이후 F2F 국가별 변화

　　제약업계는 다양한 마케팅 전략을 통해 제품의 홍보를 실시하고 있다. 다양한 전략 중 하나로 실질적 소비자인 처방을 하는 의사에게 제품을 홍보하는 MR들의 역량 강화는 필수적이며 가장 근본적인 해결책이고 교육방법 또한 기존 일방적인 교육방법보다는 Facilitator에 의한 Facilitation 교육법이 효과적이다.

　　필자가 연구한 "2019년에 D제약회사의 MR(413명)들로부터 수집된 데이터를 통한 통계적 분석결과"에 의하면 Facilitation 교육법은 영업사원들의 약품에 대한 이해도를 향상시켜 1일 평균 방문 의사 수, 1일 평균 디테일 의사 수, 1회 평균 디테일 시간에 대한 통계적으로 유의한 향상을 가져왔다고 결론내릴 수 있다.

　　개인병원, 종합병원, 대학병원 담당 MRs 모두에서 1일 평균 방문 의사 수, 1일 평균 디테일 의사 수, 1회 평균 디테일 시간이 크게 향상되었음을 확인되었다. 또한, 1일 평균 방문 의사 수 보다 1일 평균 디테일 의사 수와 1회 평균 디테일 시간에 대한 향상이 더욱 큰 것으로 나타났다. 이는 단순한 Call의 frequency 증가와 더불어 Call Quality에 더욱 영향을 준다고 볼 수 있다.

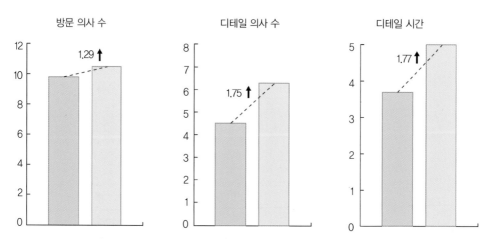

• 출처: The Korean Journal of Health Service Management. vol 13 No. 4 pp. 215-228 Dec 2019.

그림 17-7 Facilitation 교육 후 제약 MRs Call activity 변화

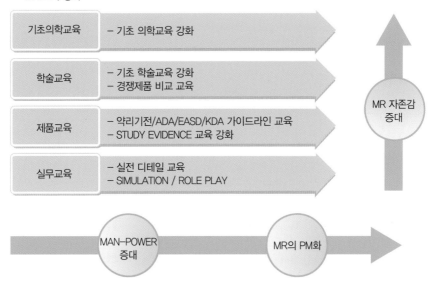

MR 교육 강화

기초의학교육	– 기초 의학교육 강화
학술교육	– 기초 학술교육 강화 – 경쟁제품 비교 교육
제품교육	– 약리기전/ADA/EASD/KDA 가이드라인 교육 – STUDY EVIDENCE 교육 강화
실무교육	– 실전 디테일 교육 – SIMULATION / ROLE PLAY

MR 자존감 증대

MAN–POWER 증대   MR의 PM화

그림 17-8 Sales & Marketing Strategy

실전문제

➡ MRs Activity?

➡ MR의 Call Frequency를 높이는 방법은?

➡ MR의 Call Quality를 높이는 방법은?

➡ MRs에게 필요한 교육은 어떤 교육일까?

➡ MRs에게 자존감을 높이는 교육방법은?

➡ MRs에게 가장 유용한 교육방법은?

➡ 코로나 19 이후에도 한국은 F2F가 크게 줄지 않았다. 그 이유는? 대안은?

➡ MRs에게 Facilitation 교육방법으로 진행할 때 가장 적절한 교육인원은?

➡ MRs에게 Flipped Learning 교육방법이 효과적일까?

04 제약영업마케팅 실무 Case Study

1) MR은 제약회사의 꽃이다

> **학습목표**
> - MR은 누구나 할 수 있으나 아무나 할 수 없다.
> - 잘하는 일이 좋아하는 일이 될 수 있다.
> - 긍정적인 자세로 살아갈 때 감사하는 마음을 가질 수 있다.

(1) MR은 누구나 할 수 있으나 아무나 할 수 없다.

"제약회사 영업사원(MR)은 누구나 할 수 있으나 아무나 할 수 없다."

철저한 준비가 필요하고 구체적인 전략이 필요하다. 몇 년 전 한 여학생이 질문을 했다. "여자들도 제약영업을 할 수 있나요?" 결론부터 말하면 제약회사 영업은 당연히 성별의 차이는 없다. 제약영업마케팅의 고객인 의사들을 배출하는 의과대학 입학, 졸업생 성별은 여성비율이 점점 높아지고 있고 현재는 여성의 의과대학 입학, 졸업비율이 남성과 비슷하거나 높은 대학도 있다. 약학대학생 비율은 오히려 여성이 훨씬 높다. 제약영업은 시대에 흐름에 따라 급격히 변하고 있는 현 상황은 성별로 인재를 선발하는 것이 아니라 전문지식을 함양한 전문가를 선발하고 있다. 특히, 제약 MR은 Number 1이 아닌 제약산업 전체를 이해하고 전문지식을 전달할 수 있는 전문가인 Only 1인 전문적인 지식을 연마한 훌륭한 인재를 선호한다.

(2) 잘하는 일이 좋아하는 일이 되도록 제약영업에 사명감을 가져야 한다.

내가 MR에 맞는 적성을 가졌을까? 수십 번 생각하고 고민하게 된다. 하지만 잘 모르는 것이 현실이다. 필자 역시 마찬가지였다.

대부분의 사람들은 처음부터 적성에 맞는 일을 하는 것이 아니다. 적성은 일에 대한 사명감을 갖고 열심히 일을 하다보면 일을 좋아하게 되고 결국 그 일이 적성에 맞는 경우가 대부분이다. 즉, 적성은 맞춰가는 것이다.

예를 들어 "1개월에 약 50만 원 정도로 살 수 있을까?" 살 수도 있지만, 나이, 지역, 건강상태 등에 따라 어려울 수도 있게 된다.

자신이 잘하는 것을 해야 돈을 받을 수 있다. 좋아하는 것을 해서 받을 수 있는 것은 아니다. 따라서 첫 단계는 잘하는 일을 먼저 시작해야 한다. 그래야 일에 대한 보상을 받고 밥을 먹을 수 있다. 밥 먹으면서 좋아하는 것을 겸할 수 있다. 좋아하는 것을 겸하다가 좋아하는 것을 하면서도 굶지 않을 수 있겠다 싶으면 옮기면 된다. 그것을 처음부터 선택하려고 하지 말아야 한다. 스스로 무엇을 잘하고 무엇을 좋아하는지 자문해봐야 한다.

좋아하는 일은 막노동하면서도 할 수 있고 직장 다니면서도 할 수 있다. 항상 우리의 생존은 현실이다. 현실적인 면을 해결해 나가면서 일을 풀어나가야 한다. 그런 관점으로 임하면 실수를 줄일 수 있다.

잘하는 것이 중요한가? 좋아하는 것이 중요한가? 따지지 말고 사회에 처음 나갔을 때는 일단 세상에 필요한 일을 해야 한다. 세상에 필요한 일을 해야 돈을 준다. 내가 좋아하는 일을 하면 돈을 내고 해야 하는 경우가 많다. 세상에 필요한 일을 잘해야 돈을 주니까 일단 잘하는 일을 주업으로 선택하고 좋아하는 일을 부업으로 하다가 나중에 좋아하는 일로 옮겨가면 삶을 노동에서 놀이로 전환할 수 있다.

(3) 항상 겸손하고 긍정적이어야 한다.

제약영업마케팅의 1차 고객은 의사이다. 의사들은 의료분야에서 전문가이다. 이들을 대할 때 항상 겸손해야 한다. 즉, Attitute가 중요하다.

겸손하다는 것은 자신을 낮추는 것이 아니라 상대방을 존중하고 높이는 것이다.

Let each letter of the alphabetic has a value equals to it sequence of the alphabetical order:

A	B	C	D	E	F	G	H	I	J	K	L	M	N	O	P	Q	R	S	T	U	V	W	X	Y	Z
1	2	3	4	5	6	7	8	9	10	11	12	13	14	15	16	17	18	19	20	21	22	23	24	25	26

S	K	I	L	L	S				
19	11	9	12	12	19		=		82

K	N	O	W	L	E	D	G	E	
11	14	15	23	12	5	4	7	5	=	96

H	A	R	D		W	O	R	K	
8	1	18	4		23	15	18	11	=	98

A	T	T	I	T	U	D	E	
1	20	20	9	20	21	4	5	=	100

그림 17-9 Attitute의 중요성

삶을 긍정적인 자세로 살아갈 때 감사하는 마음을 가질 수 있다.

감사하는 마음은 인간관계 속에서 겪게 되는 갈등과 번민의 상당 부분을 해소시킬 수 있다. 긍정적인 삶의 자세를 취하면 어느 순간부터 지금의 힘겨움, 어려움은 아무것도 아니라는 생각이 들어 어려움을 쉽게 극복하게 된다.

긍정적인 삶의 자세는 감사와 기쁨이 넘치는 생명력 있는 삶을 누리게 되지만 부정적인 마음 자세는 부정적인 가치관을 갖게 되고 결국 일에 대한 흥미를 갖지 못하게 되고 사회에도 적응하지 못하게 된다.

영국 마가렛 대처 전 수상의 아버지가 남긴 "생각을 조심해라. 말이 된다. 말을 조심해라. 행동이 된다. 행동을 조심해라. 습관이 된다. 습관을 조심해라. 성격이 된다. 성격을 조심해라. 운명이 된다." 말과 같이 제약영업마케팅도 MR이 생각하는 대로 된다고 생각한다.

2) 제약영업사원의 성공 Knowhow

학습목표

- 실패를 두려워하지 말고 포기하지 말라.
- 질문하는 습관을 키우자.
- 목표를 구체적으로 설정하라.

(1) 실패는 성공을 위한 하나의 과정이다.

실패는 성공의 어머니라는 말이 있듯이 실패의 경험이 나를 더욱 준비하고 발전하게 한다. 나의 제약 MR Call 경험은 수많은 실수와 실패의 연속이었다. 실패의 경험이 없으면 발전할 기회가 적다고 생각한다. 실패를 인정하고 그때마다 다음번 call의 실수를 줄이기 위하여 준비 또 준비하면서 스스로 발전함을 느끼게 되었고 더불어 자신감을 갖는 계기가 되었다.

MR은 자신이 담당하는 제품에 대한 새로운 데이터가 없거나, 더 좋은 약품이 시중에 출시되어 경쟁이 치열해질 때 간혹 좌절감을 가질 수 있다. Low performer MR들은 의약품이 막 출시되었을 때나 약품에 대한 연구자료가 많을 때는 열심히 일하지만, 그런 시기가 지나면 Detailing을 자주 하지 않는 Happy call만 하는 경우가 많다. 대부분 의약품의 연구자료는 쉽게 나오기가 어려운 상황이다.

이런 경우 필자는('대부분 의약품은 약품계열 별, 약품계열 간 다수품목이 출시되어 경쟁이 치열하다.') "오히려 경쟁사, 경쟁품의 연구자료를 찾고, 질문하고, 공부하여 고객에게 다양한 정보를 제공하였다." 이런 습관이 축적되어 내가 담당하는 제품에 대한 지식뿐만 아니라 제품에 해당되는 질환에 대한 지식과 정보, 경쟁사, 경쟁품에 대한 지식과 정보를 습득할 기회도 얻을 수 있었다. 이러한 적극적이고 포기하지 않는 자세가 MR이 할 일이다.

신약개발은 10,000분의 1의 성공률을 갖고 있다. 이같이 신약개발 연구원들은 수없이 실패를 거듭하면서 신약개발 성공을 위하여 한발씩 다가서면서 발전한다. 필자의 제약 MR 경험으로는 평균 약 20~30번의 준비된 Call을 하면 원하는 목표(처방)을 이루어낼 수 있었다. 단 몇 번의 call로 승부를 보려는 마음이 있다면 분명 실패할 것이고 장기간 못할 것이 분명하다. 이는 제약영업마케팅만이 아니라 모든 산업에 적용해도 마찬가지일 것이다.

(2) 어리석은 질문이란 없고, 어리석은 대답이 있을 뿐이다.

사람들은 스스로 발견하고, 깨닫고, 참여하여, 배우고, 경험한 것을 가장 잘 기억한다. 만일 나의 행동을 바꾸고 싶다면, 뭔가를 깨닫고 기억하게 하고 싶다면, 스스로에 대한 정립된 생각이 있어야 한다. 그러기 위한 효과적인 방법은 스스로 질문을 해서 답을 찾는 것이다. 내가 모르는 지식을 얻기 위해서는 나 자신과 고객에게 질문하는 것이다. 질문은 타인에게만 하는 것이 아니라 나에게도 필요하다는 것과 그 질문에 대한 대답의 목소리에도 귀를 기울여야 좀 더 나은 상황과 긍정적인 효과를 볼 수 있다.

좋은 질문을 하려면 분명한 목적이 있어야 한다. 질문하는 의도가 분명하면 필요로 하는 원하는 대답에 접근할 수 있다. 목적을 가지고 질문을 한다는 것은 그 목표를 갖기 위해 많은 생각을 하게 되어 있다. 처음에는 어렵지만 연습하다 보면 나아지고 생활 속에서 의식적으로 질문해봐야겠다는 생각이 가지게 된다. 내 고객을 항상 존경하는 마음이 생기면 질문하는 습관이 생기게 된다. 질문에 앞서 고객을 동반자로 생각하고 항상 존경해야 하는 이유다.

"어리석은 질문이란 없고, 어리석은 대답이 있을 뿐이다". 모르고 궁금한 것이 있으면 질문을 통해 배우는 방법이 매우 효과적이다. 질문하는 습관을 키우는 것이 제약 MR의 능력을 키우는 초석이 될 것이다.

질문의 7가지 힘은 ❶ 질문을 하면 답이 나온다 ❷ 질문은 생각을 자극한다 ❸ 질문을 하면 정보를 얻는다 ❹ 질문을 하면 통제가 된다 ❺ 질문은 마음을 열게 한다 ❻ 질문은 귀를 기울이게 한다 ❼ 질문에 답하면 스스로 설득이 된다. 질문의 순기능들을 활용하면 인간관계나 업무, 자신의 내면을 다스리는데 유용하므로 의사를 만나기 전에 질문을 구체화한다면 원하는 목표를 쉽게 달성할 수 있을 것이다.

(3) 목표는 구체적이어야 한다.

필자가 제약회사 MR로 근무하면서 50,000의 call(면담) 경험이 있었는데 그 중에서 많은 부분의 call이 happy call로 무의미한 call이었다. 나의 call이 왜 무의미한 call이 되었을까? 여러 가지 이유가 있었지만 그중에서 가장 큰 이유는 구체적인 목표가 없었고, call 역시 준비가 부족해서 call process를 정확히 이해하지 못했다. 모든 원인은 준비와 목표가 철저하지 못했고 좋아하는 일이 아니라고 생각했기 때문이었다. 경험상 내가 좋아하는 일을 해야 내가 행복할 수 있다. 그러면 목표를 세우고 그 목표를 이루기 위한 모든 행동을 다 좋아하게 된다. 중요한 것은 목적과 목표가 의미가 있어야 하고 구체적이고 측정 가능한 목표를 설정하는 것이 좋다.

그러면 성공적인 call을 위한 준비과정은 무엇인가?

Call 준비과정 중에서 첫 번째로 준비할 사항은 바로 Call preparation 과정이고 그중에서도 OMR을 준비하는 것이 매우 중요하다.

OMR은 OBJECTIVE, MESSAGE, RESOURCE이다

3) 가치기반의 제약영업마케팅 활동

> **학습목표**
>
> - 치료한계(Treatment unmet needs) 관점에서 접근하는 방법을 고려해야 한다.
> - 근거중심(EBM: Evidence Based Medicine) 마케팅 활동을 해야 한다.
> - 고객이 제품 가치를 경험하고, 지속적으로 구매가 이루어지도록 가치기반건강관리 (VBH: Value-Based Healthcare) 전략이 필요하다.

마케팅 활동의 시작은 가치(Value) 창출이다. 가치라는 의미는 목표를 달성하고 싶은 혹은 문제를 해결하고 싶은 고객의 욕구를 해결해주는 제품의 이점, 도움이 되는 점을 의미한

다. 제품 가치가 고객인지에 성공적으로 자리 잡아서 고객이 특정 목표를 달성하거나 문제를 해결하고 싶을 때, 그 제품을 바로 떠올리는 것을 포지셔닝(positioning)이라고 한다. 그 다음 제품 판매가 확장되기 위해서는 **의약품이 가진 가치(positioning message)를 지속적으로 홍보하여 더 많은 의료인이 의약품의 치료가치를 받아들이도록 의료인의 치료관점에 변화를 주도록 해야 한다.**

목표 질환이 치료과정에서 일어나는 치료한계(treatment unmet needs) 관점에서 접근하는 방법을 고려해야 한다. 가장 흔한 주요질환 중 하나인 당뇨병의 치료한계(treatment unmet needs)는 대한당뇨병학회 당뇨병 통계 보고서인 'Diabetes Fact Sheet in Korea 2020'에 의하면 당뇨병 환자의 경우 LDL-C를 100mg/dL 미만으로 조절하도록 권고하고 있지만, LDL-C가 100mg/dL 이상인 당뇨병 환자가 전체의 86.4%로 거의 대부분이 조절되지 않은 것으로 확인되었다. 또한 당뇨환자의 목표혈당 도달율이 30% 미만으로 조사되었다. 결국 70% 이상 환자들이 당뇨 합병증 위험에 노출되어 있다고 할 수 있다. 제약영업마케팅 활동은 당뇨병의 치료한계(treatment unmet needs)를 극복할 수 있는 맞춤형 치료의 필요성에 맞게 환자의 라이프스타일 관련 다양한 정보를 의료진에게 전달해야 하는 등 변화된 활동이 필요하다.

국민들의 인지도가 높고 의료인들의 치료 의지도 높은 주요질환에서도 이러한 치료한계가 확인된다는 것은 그 외의 치료영역에서 환자를 정확하게 진단하고 적극적으로 치료를 시작하게 하고, 충분한 수준으로 치료를 유지한다는 것이 얼마나 어려운 일인지를 알 수 있게 해주고, 다양한 질환에서의 치료한계들을 여러 국내외 학술자료, 시장조사, 의료인의 강의나 대화, 환자들의 경험담 등을 통해서 확인할 수 있다.

다양한 치료한계를 확인하는 것은 제약영업마케팅의 시작이다. 이렇게 확인된 치료한계를 해소하는 차별화된 접근법을 고민하고 다양한 회사의 내·외부 자원을 활용해 실행하고 성과로 이룰 수 있도록 관리하는 것이 제약영업마케팅의 기본적인 활동이다. 제약영업마케팅 담당자는 질환, 제품, 의료보험정책, Sales skills 등 다양한 역량 강화 교육을 통해서 환자들의 한계에 대해서 의료인들이 인식하도록 하고 의료인들이 우리 제품을 통해서 환자들의 한계를 적극적으로 해결하도록 우리 제품의 메시지를 강조하여 전달하는 일이다.

근거중심(EBM: Evidence Based Medicine)의 영업마케팅 활동은 오리지널 회사의 전유물이 아니며, 신약과 개량신약 그리고 제네릭 제품도 더 많은 의약품의 매출을 원한다면 의

약품의 그 자체의 장점보다는 의료인이 treatment unmet needs를 인식하도록 하고 이를 해결할 수 있도록 근거자료를 제공하는 것이 제약영업마케팅의 핵심 활동이다. 그러면 국내 제약회사 마케팅 담당자들은 이에 대한 준비가 되어 있을까? 일단 가능성은 커지고 있다. 이 유는 코로나 상황에서 효과적인 고객관리 프로그램으로 의료인을 위한 비대면 교육프로그램이 활성화되고 있다는 점이다. 비대면 프로그램이 지속적으로 진행되기 위해서 제약회사에서는 점점 양질의 교육콘텐츠가 필요하게 될 것이고 이는 점점 의료인의 치료한계를 충족시켜주는 방향으로 전개될 것이다.

향후 급변하는 제약환경 변화에서는 근거중심(EBM) 만으로는 결정하기 어려운 다양한 의료문제들은 가치기반건강관리(VBH: Value-Based Healthcare)를 반영하여 충족시켜 줄 수 있을 것이다.

	Oxford Centre of EBM
Ia	Systematic review/meta-analysis of RCTs
Ib	Randomized controlled trials
II	Cohort studies
III	Case-control studies
IV	Case-series
V	Expert opinion

Bias

그림 17-10 Level of Evidence

■ 의사의 의료결정 요인

Personal Value
개인적 가치

Technical Value
기술적 가치

Allocative Value
의료자원 분배

Societal Value
사회적 가치

그림 17-11 EBM → VBH(Value-based healthcare)

4) MR의 Call Quality 향상 위한 연구 논문

(1) MR의 역할과 직무

제약영업마케팅은 일반 소비자를 대상으로 하는 consumer 마케팅과는 다르게 환자의 질병과 건강을 다루는 분야로 규제가 있고 또한 의약품의 최종 수혜자인 환자들이 치료받기까지 제약산업의 이해, 신약개발과정, 임상시험단계, 의약품 인·허가 결정과정, 시판 후 의약품 안전관리, 생산, GMP, Validation, GSP, 보험약가 및 가이드라인 결정, 병원구매 및 의사의 처방결정까지 다양한 관련부서와 관계자가 연관되어 있는 것을 이해해야 한다. 제약영업마케팅은 의약품 개발의 전 과정에서 이루어지고 있다.

대부분 산업의 영업은 영업사원이 고객보다 자신이 판매할 제품을 더 많이 알고 정확히 이해하여 고객에게 특징과 장점 그리고 이점 등을 설명하여야 한다. 제약산업 역시 제약영업사원들은 자신이 판매할 약품에 대한 정확한 이해가 선행되어야 의사, 약사, 간호사 등 보건의료 전문가들에게 정확한 정보를 전달할 수 있다. 그러기 위해서는 전반적인 제약산업의 특수한 상황의 이해와 현재와 그리고 미래 제약바이오산업 Market Trend의 이해가 선행되어야 하고 ❶ 자신이 디테일할 약품의 이해(특·장점, 복용방법, 그리고 부작용 등의 정보) ❷ 약품의 임상의 이해, ❸ 질병에 대한 주요 system의 구조 및 기능의 이해, ❹ 관련 진료과에 대한 이해, ❺ 제약영업의 1차 고객인 의사에 대한 특성과 그들이 일하는 의료기관에 대하여 이해, ❻ 정부 정책, 회사의 경영철학과 공정거래 자율준수프로그램의 이해와 더불어 ❼ Communication skills, Presentation skills 등 Selling skills을 겸비해야 시대에 맞는 제약 MR로서 제약영업효율성(SFE:Sales Force Effectiveness)을 증대할 수 있다.

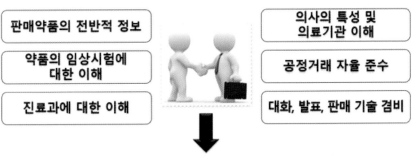

그림 17-12 MR의 역할과 직무

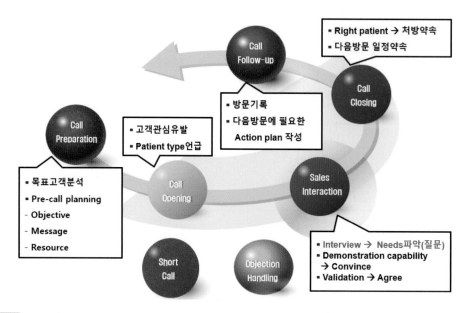

그림 17-13 MR의 Call Process

필자가 2021년에 D제약회사 제약영업사원(MR)들의 자료를 통하여 제약영업사원의 능력과 전문성을 어떻게 향상시켜 영업효율성(SFE; Sales Force Effectiveness)을 증가시킬 수 있을 것인가를 연구한 내용을 간략하게 요약한 내용이다.

(2) 연구목적

① 영업효율성(SFE) 향상 교육이 제약영업사원(MR: Medical Representative)의 Call 빈도수, Call 디테일 의사 수, Call 디테일 시간이 얼마나 증가되었는지 연구.

② 교육전(1시점),1차 교육 후(2시점),그리고 2차 교육 후(3시점)시점별로 조사하여 시점별 Call의 변화가 얼마나 증가 되었는지 연구.

③ Call 변화가 'OOO' 매출에 얼마나 영향을 미치는지 연구.

(3) 연구대상 및 방법

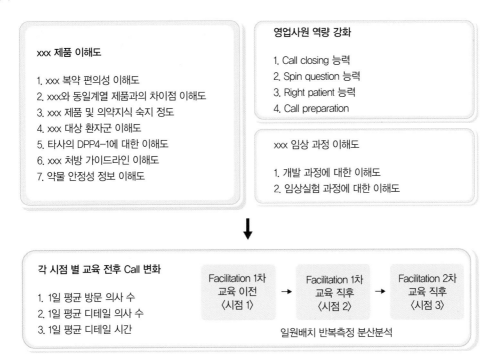

xxx 제품 이해도

1. xxx 복약 편의성 이해도
2. xxx와 동일계열 제품과의 차이점 이해도
3. xxx 제품 및 의약지식 숙지 정도
4. xxx 대상 환자군 이해도
5. 타사의 DPP4-1에 대한 이해도
6. xxx 처방 가이드라인 이해도
7. 약물 안정성 정보 이해도

영업사원 역량 강화

1. Call closing 능력
2. Spin question 능력
3. Right patient 능력
4. Call preparation

xxx 임상 과정 이해도

1. 개발 과정에 대한 이해도
2. 임상실험 과정에 대한 이해도

각 시점 별 교육 전후 Call 변화

1. 1일 평균 방문 의사 수
2. 1일 평균 디테일 의사 수
3. 1일 평균 디테일 시간

Facilitation 1차 교육 이전 〈시점 1〉 → Facilitation 1차 교육 직후 〈시점 2〉 → Facilitation 2차 교육 직후 〈시점 3〉

일원배치 반복측정 분산분석

그림 17-14 제약 MRs 교육효율성 연구방법

- 교육 전후 Call 변화 : 1일 평균 방문 의사 수, 1일 평균 디테일 의사 수, 1일 평균 디테일 시간
- 조사 시점 : 1차 교육(2019.1월-4월)이전(시점1), 1차 교육 후(시점2), 2차 교육(2019.8월-12월)이후(시점3)
- 교육 인원 : 1차(413명), 2차(302명) 각각 5-25명(평균 17명으로 진행)
- 교육 방법 : Facilitator에 의한 Facilitation 교육
- 분석 방법 : 일원배치 반복측정 분산분석(한 집단에 대한 세 개 이상 시점을 반복 측정하여 효과 검정)

(4) 연구결과

MR이 의사를 만나서 담당하는 의약품의 특장점, 이점, 안전성, 부작용 등 다양한 의약정

보를 설명하는 과정을 면담(Call)이라 한다. 대부분 제약회사들이 어떻게 하면 MR의 Call 빈도 수, Call 디테일 의사 수, Call 디테일 시간을 증가시킬 수 있을까 연구한 결과 Call의 효율성을 증가시키는 방법은 MR이 정확한 의사(Right Doctor)에게 고도의 의약정보를 정확한 환자(Right Patient)에게 최적의 치료가 될 수 있도록 정확한 메시지(Right Message)와 정확한 근거자료(Right Resource)를 준비하여 전달하는 능력을 향상시키는 것과 이를 위한 제품교육, 질환교육, 의약정보교육, 판매기술(Selling Skill)교육, 그리고 직업윤리교육 등 다양한 교육이 필요하다.

이러한 교육을 받은 후 Call 빈도 수, Call 디테일 의사 수, Call 디테일 시간의 증가된 변화는 시점1 대비 시점3의 각 종속변수에 대한 증가율 또한 평균 디테일 시간이 75.5%, 디테일 의사 수 41.1%, 방문 의사 수 16.5% 순으로 나타남―종속변수 전체에 대해 1, 2차 교육 이후 큰 증가를 보이고 있으며, 1일 평균 디테일 시간에서 가장 큰 효과를 보임―1차 교육에서 가장 큰 효과가 나타나지만, 2차 교육 이후에도 지속적으로 효과가 나타났다.

표 17-1 시점별 Call 향상률

구분	시점1	시점2	시점3	증가율(%)
	평균(명/분)	평균(명/분)	평균(명/분)	시점1 대비 시점3
1일 평균 방문 의사 수	10.16	11.20	11.84	16.5
1일 평균 디테일 의사 수	5.02	6.38	7.09	41.1
1일 평균 디테일 시간	2.59	3.88	4.55	75.5

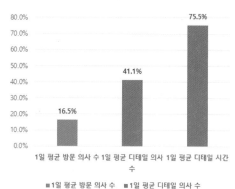

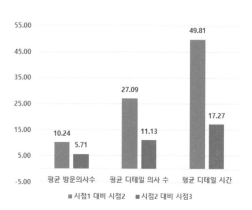

그림 17-15 시점별 Call 향상률

(5) 결론

MR의 활동은 크게 3개의 종류로 진행된다. 첫째 매일매일 의사를 직접 만나서 제품의 특징, 장점, 이점을 홍보하는 Call 활동, 둘째 Online-Webseminar 활동, 셋째 Group Symposium 활동으로 이루어진다. 그중에서 1일 평균 10명 내외의 의사를 만나서 제품을 홍보하는 Call 활동이 대부분을 차지한다. 제약업계는 다양한 영업마케팅 전략을 통해 제품을 홍보하고 있다. 다양한 전략 중 하나로 의사에게 담당하는 제품을 Detail 하는 MR들의 전문성을 향상시키는 교육은 필수적이며 가장 근본적인 해결방법이다. 본 연구에서의 통계적 분석결과로부터 퍼실리테이션 교육법은 영업사원들에게 제품의 약리작용과 특장점에 대한 이해도를 향상시켜 1일 평균 방문 의사 수, 1일 평균 디테일 의사 수 및 1회 평균 디테일 시간에 대한 통계적으로 유의한 향상을 이끌었다고 결론 내릴 수 있다.

1일 평균 방문 의사 수 보다 1일 평균 디테일 의사 수와 1회 평균 디테일 시간에 대한 향상이 더욱 큰 것으로 나타났다. 이는 MR들의 전문성을 향상시키는 교육이 단순한 Call의 수치적 증가가 아닌 Call quality에 더욱 영향을 준다고 볼 수 있다. 결국 MR들의 전문성을 향상시키는 교육이 영업효율성(SFE)을 향상시키고 더불어 매출의 증대와 회사의 지속적인 성장발전에 필연적이라 할 수 있다.

Facilition 교육

Facilition 교육은 Facilitator가 진행하는 교육으로 일방적인 일괄소통이 아닌 쌍방향 교육방법으로 Facilitator가 영업사원에게 질문을 던지고, 영업사원들의 생각에 맞서며, 한편으로 독려하고 피드백을 제공하여 영업사원의 학습을 가속화 시키는 영업사원 교육방법

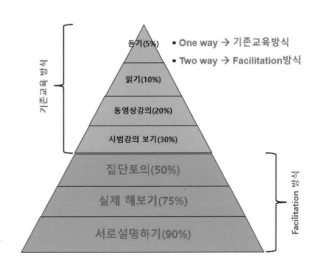

• 출처: NTL(National Training Laboratories)

그림 17-16 기존교육방식 vs Facilitation 교육

실전문제

➡ Facilitator에 의한 Facilitation 교육과 기존교육방법의 다른 점은?

➡ Facilitator에 의한 Facilitation 교육의 대상인원은 몇 명이 가장 적정할까?

용어설명 및 참고문헌

용어설명

- cGMP(current good manufacturing practice) : 강화된 의약품 제조 및 품질관리기준. 미국 FDA(Food and Drug Administration)가 인정하는 의약품 품질관리 기준으로 국내에서는 '선진GMP'로도 부른다.
- CMC(Chemistry, Manufacturing&Controls):신약 후보군 탐색부터 임상 프로토콜 설계하는 것.
- CRM : Customer Relationship Management.
- DMF(Drug Master File) : 좋은 원료의약품을 사용토록 하기 위하여 2002.7.1일 처음으로 도입된 제도로 의약품의 원료를 제조하는 회사는 원료의약품을 생산함에 있어 생산 설비, 반응공정, 포장, 저장방법 및 공정에 사용된 모든 물질의 기준 규격 증에 관한 상세한 자료를 식약청에 제출하는 것.
- IMDs : Incrementally Modified Drugs.
- IND(Investigation New Drug Application) : 임상시험 신청과 신약 허가 신청하는 절차.
- EBM(Evidence Based Marketing) : 근거 중심의 영업
- VBH(Value Based Healthcare) : 가치기반 헬스케어
- MR(Medical Representative) : 의사들에게 보다 전문 적인 정보를 전달해주는 전문가.
- MSL(Medical Science Liaison) : 제약의사는 회사에서 개발된 새로운 약품이나 의료 장비에 대한 정보를 연구자와 의료인들에게 전달하고, 연구자와 의료인들이 필요로 하는 약품이나 장비가 무엇인지를 파악해서 회사에 전달하는 역할을 하는 사람이다. 연구자들이 수행한 연구의 결과물(약품)이 상용화될 수 있도록 제약회사와 연결해 주기도 하고 전문 분야의 연구를 직접 수행하기도 한다.
- NME : New Molecular Entity.
- Pharmering(Pharma+Emerging) : 제약을 뜻하는 'Pharma'와 신흥을 뜻하는 'Emerging'을 합친 신조어로, 중국을 비롯한 인도, 러시아, 브라질 등의 BRICs 국가와 태국, 이집트, 남아프리카공화국 등 총 17개의 제약 산업 신흥시장을 뜻하며, 전 세계 제약시장의 성장을 주도하고 있다.
- QbD(의약품 설계기반 품질 고도화 Quality by Design) : 제조공정과 품질관리로 이원화된 현 시스템을 하나의 시스템으로 융합, 첨단기술을 활용해 의약품 생산공정에서 발생할 수 있는 위험성을 사전에 예측하고 대처하는 품질관리시스템이다.
- RA(Regulatory Affair) : 제약회사에서 의약품의 허가 등록 및 진행 업무, 허가품목의 변경관리 업무(신 적응증, 신 제형 등록).
- SOM : Share of Market.
- SOV : Share of Voice.
- CKD : Chronic kidney disease
- eGFR(estimated glomerular filtration rate) : 사구체 여과율
- 바이오의약품 : 사람이나 다른 생물체에서 유래된 것을 원료 또는 재료로 하여 제조한 의약품으로 생물학적제제, 유전자재조합의약품, 세포배양의약품 등
- TNF 억제제 : 종양괴사인자(TNF, tumor necrosis factor)가 TNF 수용체에 결합하지 못하도록 방해한다. TNF 억제제가 TNF와 결합하면 염증반응을 일으키는 신호전달 과정이 차단됨으로써 염증 억제 효과가 나타나게 된다.
- 데이터마이닝(data mining) : 많은 데이터 가운데 숨겨져 있는 유용한 상관관계를 발견하여, 미래에 실행 가능한 정보를 추출해 내고 의사 결정에 이용하는 과정을 말한다.
- 브릭스(BRICs) : 브라질(Brazil), 러시아(Russia), 인도(India), 중국(China)을 통칭하는 말로 미래 큰 성장이 기대되는 신흥 국가들을 지칭하는 용어이다.
- 블록버스터(Blockbuster) 신약 : 일반적으로 시장규모에 근거하여 세계시장 규모가 1조 원 이상을 점유하고 있는 약을 말한다.

- 생물학적 제제 약가 경쟁 및 혁신법 BPCIA(BPCIA: Biologics Price Competition and Innovation Act) : 바이오신약 허가 후 4년간 바이오시밀러 허가 신청 금지, 바이오신약 허가 후 4년간 자료독점권(Data exclusivity) 및 8년간 별도의 후속 시장독점권(Market exclusivity) 부여, 최초 대체 가능 바이오시밀러(Interchangeable biosimilar) 허가 후 최소 1년간 독점권 부여(특허 소송 여부 및 합의 여하에 따라 12~42개월 간 여타 대체 가능 바이오시밀러 허가 불가), BPCIA는 바이오신약 개발자 및 바이오시밀러 개발자 간 반드시 특허공방을 주고받아야 한다는 의미로 소위 'patent dance'로 규정하고 있다.
- 에버그린전략(Evergreen Strategy) : 신약개발 제약사가 신약의 독점기간을 늘려 제네릭 제약업체들의 진입을 막기 위해 취하는 전략.
- 오픈소스(open source) : 소프트웨어의 설계도에 해당하는 소스코드를 인터넷 등을 통하여 무상으로 공개하여 누구나 그 소프트웨어를 개량하고, 이것을 재배포할 수 있도록 하는 것 또는 그런 소프트웨어를 말한다.
- 오픈이노베이션(open innovation) : 기업들이 연구 · 개발 · 상업화 과정에서 대학이나 타 기업 · 연구소 등의 외부 기술과 지식을 활용해 효율성을 높이는 경영전략이다.
- 의약품실사상호협력기구(PIC/S : The Pharmaceutical Inspection Convention and Pharmaceutical Inspection Co-operation Scheme) : 의약품 제조 및 품질관리기준(GMP)과 실사의 국제 조화를 주도하는 국제 협의체로 1995년 결성됐다. 미국식품의약국(FDA) 등 41개국 44개 기관이 가입되어 있으며, 한국은 2014년 5월 16일 42번째 가입국이 됐다. PIC/S 가입을 바탕으로 향후 GMP 실사의 국가 간 상호인정협정이 체결되면 국내 의약품을 수출할 때 수입국의 GMP 실사 등을 면제받을 수 있게 된다.
- 제네릭 : 특허가 만료된 오리지널 의약품의 카피약을 지칭하는 말로 최근 제약협회에서는 카피약 대신 제네릭을 공식용어로 사용키로 결정했다.
- 크라우드소싱(crowd sourcing) : 대중(crowd)과 외부발주(outsourcing)의 합성어로, 생산 · 서비스 등 기업활동 일부 과정에 대중을 참여시키는 것을 말한다.
- 틈새시장(Nichebuster) 신약 : 개인 맞춤형 표적지향적인 의약품으로서 전문 임상의(specialist)가 주 마케팅 대상으로서 독점력과 기술혁신성이 강한 약이다.
- Low Performer : 저 성과자 ↔ High performer
- 혁신신약 : 특정 질환에 대한 약의 효능이 기존에 나온 여타 약물과 구별되는 신약을 말한다.
- TRIPS(Trade Related Intellectual Properties) : 특허권 · 의장권 · 상표권 · 저작권 등 지적재산권에 대한 최초의 다자간 규범.
- WTO(World Trade Organization) : 세계무역기구
- 약가업무(Market Access) : 제약사 내에서 약의 급여 등재, 약가협상 업무(Pricing & Reimbersment)와 이를 뒷받침하는 경제성평가(PE; Pharmaco-Economics)를 담당하는 부서의 이름.
- 행위별수가제(Fee-For-Service) : 의료기관에서 의료인이 제공한 의료서비스(행위, 약제, 치료재료 등)에 대해 서비스 별로 수가를 정하여 사용량과 가격에 의해 진료비를 지불하는 제도.
- 포괄수가제(DRG;Diagnosis related groups) : 병원경영개선을 목적으로 개발된 입원환자 분류체계로 진단명, 부상병명, 수술명, 연령, 성별, 진료결과 등에 따라 유사한 진료내용 질병군으로 분류한다. 이때 하나의 질병군을 DRG라 한다.
- 최초등재제품 : 약제급여목록표에 해당 투여경로 · 성분 · 함량 · 제형으로 최초 등재된 제품을 말한다.
- 자료제출의약품 : 「약사법」, 「의약품 등의 안전에 관한 규칙」, 「마약류관리에 관한 법률」 및 같은 법 시행규칙, 「희귀질환관리법」에 따른 「의약품의 품목허가 · 신고 · 심사규정」 제2조 제8호에 따른 안전성 · 유효성심사 자료제출의약품 및 「약사법」 및 「의약품 등의 안전에 관한 규칙」에 따른 「생물학적제제 등의 품목허가 · 심사 규정」(이하 "생물학적제제규정"이라 한다) 제2조제2호에 따른 자료제출의약품을 말한다.
- 생물의약품 : 생물학적제제규정 제2조제9호에 따라 사람이나 다른 생물체에서 유래된 것을 원료 또는 재료로 하여 제조한 의약품으로서 보건위생상 특별한 주의가 필요한 의약품을 말하며, 생물학적제제, 유전자재조합의약품, 세포배양의약품, 세포치료제, 유전자치료제, 기타 식품의약품안전처장이 인정하는 제제를 포함한다.

- 동등생물의약품 : 생물학적제제규정 제2조제10호에 따라 동등생물의약품으로 식품의약품안전처장이 허가한 의약품을 말한다.
- 개량생물의약품 : 이미 허가된 생물의약품에 비해 다음 가목부터 다목까지의 어느 하나에 해당하는 제제학적 변경 또는 다음 라목에 해당하는 변경으로 이미 허가된 생물의약품에 비해 안전성·유효성 또는 유용성(복약순응도·편리성 등)을 개선한 것으로 식품의약품안전처장이 인정한 의약품을 말한다.
  가. 유효성분의 종류 또는 배합비율
  나. 투여경로
  다. 제형
  라. 명백하게 다른 효능효과를 추가
- 생물학적동등성시험 :「약사법」및「의약품 등의 안전에 관한 규칙」,「마약류관리에 관한 법률」,「의약품동등성시험기준」에 따라 그 주성분·함량 및 제형이 동일한 두 제제에 대한 의약품동등성을 입증하기 위해 실시하는 생체 내 시험을 말한다.
- 외국임상자료 : 임상시험자료집 중 외국에서 얻어진 임상시험자료를 말한다.
- 가교자료 : 국내외에 거주하는 한국인을 대상으로 얻어진 시험자료로서 임상시험자료집에서 발췌하거나 선별한 자료 또는 가교시험으로부터 얻어진 자료를 말한다.
- 가교시험 : 의약품의 안전성·유효성에 관한 민족적 요인에 차이가 있어 외국임상자료를 그대로 적용하기가 어려운 경우 국내에서 한국인을 대상으로 가교자료를 얻기 위하여 실시하는 시험을 말한다.
- 생체이용률 : 주성분 또는 그 활성대사체가 제제로부터 전신순환혈로 흡수되는 속도와 양의 비율을 말한다.
- 생물의약품 : 사람이나 다른 생물체에서 유래된 것을 원료 또는 재료로 하여 제조한 의약품으로서 보건위생상 특별한 주의가 필요한 의약품을 말하며, 생물학적제제, 유전자재조합의약품, 세포배양의약품, 세포치료제, 유전자치료제, 기타 식품의약품안전처장이 인정하는 제제를 포함한다.
- 생물학적제제 : 생물체에서 유래된 물질이나 생물체를 이용하여 생성시킨 물질을 함유한 의약품으로서 물리적·화학적 시험만으로는 그 역가와 안전성을 평가할 수 없는 백신·혈장분획제제 및 항독소 등을 말한다.
- 유전자재조합의약품 : 유전자조작기술을 이용하여 제조되는 펩타이드 또는 단백질 등을 유효성분으로 하는 의약품을 말한다.
- 세포배양의약품 : 세포배양기술을 이용하여 제조되는 펩타이드 또는 단백질 등을 유효성분으로 하는 의약품을 말한다.
- 세포치료제 : 살아있는 자가, 동종, 이종 세포를 체외에서 배양·증식하거나 선별하는 등 물리적, 화학적, 생물학적 방법으로 조작하여 제조하는 의약품을 말한다. 다만, 의료기관 내에서 의사가 자가 또는 동종세포를 당해 수술이나 처치 과정에서 안전성에 문제가 없는 최소한의 조작(생물학적 특성이 유지되는 범위 내에서의 단순분리, 세척, 냉동, 해동 등)만을 하는 경우는 제외한다.
- 유전자치료제 : 병치료 등을 목적으로 인체에 투입하는 유전물질 또는 유전물질을 포함하고 있는 의약품을 말한다.
- 희귀의약품 : 적용대상이 드물고 적절한 대체의약품이 없어 긴급한 도입이 요구되는 의약품으로서 식품의약품안전처장이 지정하는 것을 말한다.
- 임상시험 :「약사법」및「의약품 등의 안전에 관한 규칙」에 따라 의약품 등의 안전성과 유효성을 증명할 목적으로, 해당 약물의 약동·약력·약리·임상적 효과를 확인하고 이상반응을 조사하기 위하여 사람을 대상으로 실시하는 시험(생물학적동등성시험을 포함한다)을 말한다.
- 등록된 원료의약품 :「약사법」및「의약품 등의 안전에 관한 규칙」,「마약류관리에 관한 법률」및 같은 법 시행규칙에 따라 식품의약품안전처장이 지정하는 원료의약품에 대하여「원료의약품 등록에 관한 규정」에 따라 식품의약품안전처에 등록된 원료의약품을 말한다.
- 사용량 약가 연동제 : 약제급여목록 및 급여 상한금액표에 등재된 약제에 대하여 예상 청구액을 초과하거나 보건복지부장관이 정하는 비율이나 금액이상 증가한 경우 이미 고시된 약제의 상한금액을 조정하는 것을 말한다.
- 동일제품군 : 약제급여목록표상의 업체 명. 투여경로, 성분 및 제형이 모두 동일한 약제들을 말한다.

- 협상등재약제 : 공단과의 약가협상에 의하여 약제급여목록표에 등재된 약제를 말한다.
- 주성분 : 의약품의 효능·효과를 나타낸다고 기대되는 주된 성분으로 일반적으로 의약품의 허가 사항에 주성분으로 기재되는 성분.
- 유효성분 : 주성분에서 의약품의 효능·효과를 나타내는 부분. 예를 들어, 주성분이 실데나필시트르산염인 경우 유효성분은 실데나필을 의미함.
- 위임형 후발의약품 : 신약(오리지널 의약품, 브랜드 의약품)의 제약사에 의해 직접 또는 위탁생산되어 신약과는 다른 이름이나 포장으로 판매되는 의약품
- 공동생동 : 여러 제약회사가 모여 비용을 공동 지불해 생동성 시험을 실시하는 것으로, 생동성이 인정되면 이 중 한 회사가 의약품을 제조해 각각의 회사에 공급하게 된다. 이 때 각 회사는 생동성 시험에 드는 비용의 1/n을 지불하기 때문에 단독 생동보다 비용 부담이 줄어들게 된다.
- 위탁생동 : 위탁제조를 의뢰할 때 해당 품목이 이미 생동성 시험을 통과한 약이라면 위탁제조된 약에 대해서 별도의 생동성 시험 없이도 생동성을 인정해주는 것. 이 때 두 약은 같은 제조사가 제조하는 똑같은 약이지만 각자의 회사에서 다른 이름으로 판매된다. 공동생동과 위탁생동은 같은 제조사에서 만든 약을 여러 회사가 다른 이름으로 판매할 수 있게 된다는 공통점이 있지만, 공동생동은 개발단계(생동성 시험)에서부터 여러 회사가 함께 참여하는 반면 위탁생동은 일반적으로 이미 개발된(생동성 시험을 통과한) 약에 대한 위수탁이 이뤄진다는 점에서 차이가 있다.
- 의약품특허권 : 품목허가를 받은 의약품에 관한 특허권.
- USPTO(US Patent and Trademark Office) : 미국특허청.
- Upfront : 기술수출 계약체결시 제약바이오기업의 계약금
- Milestone : 단계별 기술료로 전임상, 임상, 허가신청, 허가완료 등 단계별로 성공시 받게되는 금액.
- Royalty : 기술이전으로 생산된 제품의 매출에 따라 받게되는 금액.
- 품목허가 : 약사법 제31조 제2항 및 제3항에 따라서 제조업자 등이 제조하거나 위탁제조한 의약품을 판매하려는 경우 또는 법 제42조 제1항에 따라서 수입을 하려는 경우 식품의약품안전처장에게 품목별로 신청하여 받는 제조판매·수입 품목허가
- 특허관계 확인서 : 등재의약품의 안전성·유효성 자료를 근거로 의약품등의 제조판매·수입 품목허가를 받으려는 자가 품목허가 신청시에 제출하여야 하는 등재특허권과 품목허가신청 의약품의 관계에 대한 확인서로 의약품 등의 안전에 관한 규칙 제4조 및 별지 제5호 서식으로 규정하고 있음.
- 의약품 특허목록 : 식품의약품안전처장이 품목허가 또는 변경허가를 받은 자료부터 등재 신청을 받은 의약품에 관한 특허권을 등재하여 관리하는 의약품 특허목록으로 인터넷 홈페이지(http://nedrug.mfds.go.kr)에 공개됨.
- 물질에 관한 특허 : 의약품에 포함된 성분에 관한 특허로, 염, 수화물을 포함하는 용매화물, 이성질체, 무정형, 결정다형에 관한 특허가 이에 포함될 수 있음.
- 제형에 관한 특허 : 주사용, 경구 등 제형(제제)의 특수성 등을 이용하여 의약적 효과를 증대시키는 내용에 관한 특허.
- 조성물에 관한 특허 : 의약품 주성분을 조합한 복합제 또는 의약품과 첨가제의 조합을 통한 처방에 관한 특허.
- 의약적 용도에 관한 특허 : 의약품의 효능·효과, 용법·용량, 약리기전 등에 관련된 특허.
- 등재특허권 : 특허목록에 등재된 특허권.
- 등재의약품 : 특허목록에 의약품특허권이 등재된 의약품.
- 통지의약품 : 등재의약품의 안전성·유효성에 관한 자료를 근거로 품목허가 또는 변경허가를 신청하고, 그 신청사실을 특허권등재자와 등재특허권자등에게 통지한 의약품.
- 특허권등재자 : 품목허가 또는 변경허가를 받은 자로서, 의약품특허권의 등재를 신청하여 특허목록에 의약품특허권을 등재받은 자.
- 등재특허권자등 : 특허목록에 등재된 의약품특허권의 특허권자 또는 전용실시권자.
- 안전성·유효성 자료 : 약사법 제31조 제10항에 따라 신약 또는 식품의약품안전처장이 지정하는 의약품에 관하여 품목허가 또는 품목신고를 받기 위하여 제출하여야 하는 안전성·유효성에 관한 자료를 가리키며, 구체적인 제출

자료는 의약품 등의 안전에 관한 규칙 제9조 및 식품의약품안전처장의 고시에 규정하고 있음.

- (품목허가 등 신청사실의) 통지 : 등재의약품의 안전성·유효성에 관한 자료를 근거로 의약품의 품목허가 또는 효능·효과에 관한 변경허가를 신청한 자가 등재특허권이 무효이거나 품목허가를 신청한 의약품이 등재특허권을 침해하지 않는다고 판단할 경우에 품목허가 등을 신청한 사실과 신청일, 판단의 근거 등을 특허권등재자와 등재특허권자등에게 통지하는 제도.
- 판매금지 : i) 식품의약품안전처장이 등재특허권자등의 신청을 받아 통지의약품에 대하여 등재특허권자등이 통지를 받은 날로부터 9개월간 판매를 금지하는 처분 또는 ii) 식품의약품안전처장이 우선판매품목허가를 받은 의약품과 동일하고, 등재의약품과 유효성분이 동일한 의약품에 대하여 최초로 우선판매품목허가를 받은 의약품의 판매 가능일로부터 9개월간 판매를 금지하는 처분.
- 동일의약품 : 주성분 및 그 함량, 제형, 용법·용량, 효능, 효과가 동일한 의약품.
- 우선판매품목허가 : i) 우선판매품목허가를 신청하는 의약품과 동일의약품이면서 ii) 등재의약품의 안전성·유효성에 관한 자료를 근거로 품목허가 또는 변경허가를 신청하는 의약품으로서 iii) 등재의약품과 유효성분이 동일한 의약품의 판매가 일정기간동안 금지되어, 우선하여 의약품을 판매할 수 있는 허가.
- NDA(New Drug Application) : NDA는 미국 식품의약품청이 미국에서 신약 판매 허가를 승인받기 위해 의약품 의뢰자가 취하는 공식 단계이다.
- ANDA(Abbreviated New Drug Application) : 미국 식품의약품청에 제네릭 의약품 시판허가신청을 하는 단계이다. 제네릭 의약품은 이미 FDA의 시판허가 승인을 받고 시장에 나와있는 신약과 동일한 유효성분, 함량, 제형, 용법, 효능이 동일한 의약품이므로 ANDA에서는 신약의 안전성과 유효성을 동일하게 가지는 것으로 전제하고 제네릭 의약품이 대조약목록 의약품(Reference Listed Drug)과 생물학적 동등성함을 입증하는 자료만을 요구한다.
- NCE(New Chemical Entity Exclusivity) : Hatch-Waxman Act는 새로운 화학성분(active drug moiety)을 포함한 신물질에 대해 FDA 시판허가 승인일로부터 5년간 시장독점권과 자료독점권을 부여할 수 있도록 규정한다. 5년 NCE 자료독점권은 신물질과 같은 제네릭 의약품의 ANDA 신청접수는 신약의 시판승인이 허가된 날로부터 5년간 거부한다는 것이다.
- 역지불합의(pay for delay) : 신약특허권을 가진 오리지널 회사와 제네릭 의약품 회사가 특허분쟁을 취하하고 경쟁하지 않기로 하는 대신 경제적 이익을 제공하면서 합의하는 것. 오지지날 품목을 가진 다국적회사가 국내회사에 제넉릭품목 판매지연을 조건으로 co-promotion하는 행위 등을 말한다.
- 사키가케 지정(SAKIGAKE Designation):일본이 2015년에 혁신적인 치료방법이 필요한 질환을 대상으로 하는 의약품과 세계 최초로 일본에서 조기 개발, 신청된 의약품을 우선적으로 상담 및 심사를 실시하고 허가과정을 지원하기 위해서 도입되었다.

참고문헌

- 임형식, 2021, 제약바이오마케팅 개론, 내하출판사
- 임형식, 2021, 의약품 약가정책의 현장, 내하출판사
- 임형식, 2020, 의약품 인허가의 현장, 내하출판사
- 임형식, 2020, 제약영업마케팅의 현장, 내하출판사
- 임형식, 2018, 제약바이오산업현장, 내하출판사
- Brian Klepper, 2013, Getting Beyond Fee-For-Service, Medscape Connect's Care and Cost Blog
- 건강보험 행위 급여 · 비급여 목록표 및 급여 상대가치점수(보건복지부 고시 제2020-331호)
- 고신정, 2011, 신포괄수가 시범사업 확대…초음파 등 급여화, 의협신문
  (http://www.doctorsnews.co.kr/news/articleView.html?idxno=71744)
- Henry Kotula, 2017, Cartoon - Fee for Service Healthcare
- 보건복지부, 2020, OECD Health Statistics 2020
- 이재원, 2020, 내년도 의원급 초진진찰료 330원 오른다, 의학신문
  (http://www.bosa.co.kr/news/articleView.html?idxno=2127959)
- 대한의사협회 의료정책연구소, 2020, 주요국 의원급 의료기관 진찰료
- 강건택, 2020, 코로나 두려워말라고?…트럼프 같은 치료받으면 1억원 훌쩍, 연합뉴스
  (https://www.yna.co.kr/view/AKR20201008005500072)
- 송재훈, 2020, 건강보험 진료비 중 약품비 비중 하락, 23%대 근접, 의약뉴스
  (http://www.newsmp.com/news/articleView.html?idxno=207420)
- 최윤정, 최상은, 2010, 보험약가 상환방식 연구, 건강보험심사평가원, p.53
- 김혜린, 이의경, 2015, OECD 국가 대비 우리나라의 신약 가격수준 비교분석, 성균관대학교
- 이태진 외, 2014, 제약산업정책의 이해, 한국보건산업진흥원
- 김병호, 2020, 문재인케어 신약 보장성 강화하려면 약가 제도 개선 필요, 매일경제
  (https://www.mk.co.kr/news/it/view/2020/09/988382/)
- 강희정, 보건복지포럼 2016. 건강보험제도의 현황과 정책과제
- HIRA, 의약품 도매상 유통 구조의 문제점과 개선방안, 정책동향 2019년 13권 1호
- KPMA Brief, 2016. 01. Vol. 07, 한국제약협회정책보고서
- KPBMA Brief, 2016. 12. Vol. 10, 한국제약협회정책보고서
- KPBMA Brief, 2020. 04. Vol. 20, 한국제약협회정책보고서
- KPBMA Brief, 2020. 12. Vol. 21, 한국제약협회정책보고서
- KPBMA, 2021. 12. 제약바이오산업 DATABOOK
- Seung-Lai Yoo, 2020, 중앙대학교, 신약에 대한 환자의 접근성 향상을 위한 한국의 약가정책평가(2007-2018)
- 병원약사회지, 2014, Vol. 31, No. 6, 1044 ~ 1053.
- 한국다국적의약산업협회, 2016, 제약산업발전과 환자접근성 향상을 위한 약가제도 개선 방안
- 국민건강보험공단 공고 제2015-40호(2015.06.04), 약가협상 지침 및 사용량 약가 연동제
- 식품의약품안전처, 2017, 의약품 허가, 심사 절차의 이해. 의약품 가이드북 시리즈1
- 국민건강보험공단, 2019년 건강보험 주요통계자료
- 국민건강보험공단, 2020.10. 8, 공고 2020-제7호, 위험분담제 약가협상 세부운영지침
- 식품의약품안전처고시, 2020, 제2020-36호, 의약품의 품목허가 · 신고 · 심사 규정.
- 한국임상약학회지, 2018. 제28권 제2호 124-130

- 한국보건사회연구원, 2014, 제222호, 보건복지 Issue & Focus
- J. Kor. Soc. Health-Syst. Pharm., Vol. 31, No. 6, 1044 ~ 1053 (2014)
- 건강보험심사평가원, 2019, 급여의약품 청구현황
- OECD, 2018, Health at a Glance 2018
- 건강보험심사평가원, 신약 등 협상대상 약제의 세부평가기준
- 한국보건사회연구원, 2019, 사회보장제도 노인건강분야 기본평가
- 건강보험심사평가원, 사용범위 확대 약제 약가 사전인하제도
- 한국바이오의약품협회, 2018, 바이오의약품 산업동향 보고서
- 보건복지부 보도자료, 2013.9.16, 사용량-약가 연동제 등 약가 사후관리 개선
- 보건복지부 보도자료, 2016.7.7, 약가 개선·의료기기 신속 제품화로 글로벌 시장진출
- 보건복지부 보도자료, 2019.3.28, 제네릭 의약품 약가제도 개편방안
- 보건복지부 보도자료, 2019.7.2, 건강보험 보장성 강화대책 2년간의 성과 및 향후 계획
- 정재철, 2012, 건강보험료 부과체계의 문제점과 개선방안, 민주정책연구원
- 건강보험심사평가원, 2018, 약제비 본인부담 차등제
- 가천대학교 산학협력단, 2019, 외국약가 참조기준 개선방안 연구
- 국민건강보험공단, 2020, 2019 노인장기요양보험통계연보
- 김혜린, 이재현, 2013, 사용량·약가 연동제 시행 주요 외국의 현황 조사·연구, J Health Tech Assess 2013;1:61-68
- 강예림, 2017, 우리나라의 건강보험 약가 사후관리제도 고찰 및 발전 방안, 약학회지 제61권 제1호 55~63
- 한국보건경제정책학회, 2020, 정부의 '약가제도 개편 및 혁신형 제약기업 지원' 정책의 효과성 연구, vol.26, no.1, pp. 1-39.
- 한국다국적의약산업협회, 2016, 제약산업발전과 환자접근성 향상을 위한 약가제도 개선 방안
- 유미영, 2014, 신약 등의 경제성평가 활용과 약가제도 변화, 병원약사회지, 제31권 제6호, 1044~1053.
- EvaluatePharma, 2019, World Preview 2019, Outlook to 2024
- IQVIA, 'The Global Use of Medicines 2022' DATA
- 감성균, 2020.02.29, 약가제도 개편 무엇이 바뀌고, 어떻게 준비해야 하나, 약사공론 (https://www.kpanews.co.kr/article/show.asp?page=1&idx=211278)
- 건강보험심사평가원, 2017, (보도자료) ´17년 상반기 건강보험 진료비 33조 9,859억 원 … 9.2% 증가
- 김정주, 2020, 제네릭 약가개편 시장 왜곡 '파장', 데일리팜 (https://www.dailypharm.com/Users/News/NewsView.html?ID=271590)
- 최은택, 2020.03.02., 생동시험 약가차등제 확정…예정대로 7월 시행, 뉴스더보이스헬스케어 (http://www.newsthevoice.com/news/articleView.html?idxno=10451)
- 신성태, 2007, 성분명 처방제의 문제점, 대한내과학회지, 제73권 부록2호
- 식품의약품안전평가원, 2015, 의약품 품목허가 및 신고 해설서
- 식품의약품안전처, 2017, 의약품 안전성유효성 심사자료 평가시 일반적 고려사항
- 식품의약품안전처, 2017, 의약품 기준 및 시험방법 심사자료 평가시 일반적 고려사항
- 식품의약품안전처, 2017, 생물학적동등성시험 심사자료 평가시 일반적 고려사항
- 식품의약품안전처, 2017, 의약품 품목허가·심사 절차의 이해
- 식품의약품안전처, 2018, 제형군별등 사전 GMP 평가 운영지침(공무원 지침서)
- 식품의약품안전처, 2014, 동등생물의약품 평가 가이드라인
- 식품의약품안전처, 2018, 동등생물의약품 허가 및 심사를 위한 질의응답집(민원인 안내서)
- 식품의약품안전처, 2015, 의약품 허가특허연계제도 해설서
- 식품의약품안전처, 2017, 의약품 재심사자료 평가시 일반적 고려사항

- 식품의약품안전처, 2018, 의약품 재평가 실시에 관한 규정 가이드라인(민원인안내서)
- 식품의약품안전처, 2017, 의약품의 위해성 관리 계획 평가시 일반적 고려사항
- 윤나경, 강민구, 2019, 한국 의약품 부작용 보고제도에 관한 고찰, 대한약국학회지
- 한국보건산업진흥원, 보건산업브리프, Vol 314, 2020.9.18.
- 한국보건산업진흥원, 미국 ANDA 허가제도에 따른 의약품 특허 침해 사례 분석 연구, 2013
- 한국보건산업진흥원, 이태진, 2014, 제약산업정책의 이해
- 한국보건산업진흥원, 2014, 의료자원 통계 핸드북
- 한국의약품안전관리원(https://www.drugsafe.or.kr)
- 의약품안전나라(https://nedrug.mfds.go.kr)
- 식품의약품안전처 보도자료(2018.12.19. 배포)
- 건강보험심사평가원, 상급종합병원 의료이용 현황분석 및 역할 정상화를 위한 개선방안(2019)
- 건강보험심사평가원, 급여의약품 청구 현황(2020)
- 식품의약품안전처 보도자료(2019.4.15. 배포)
- 식품의약품안전처, 보건복지부 부처합동 보도자료(2019.11.22. 배포)
- 식품의약품안전처, 2021.6.9., Guidance on Good Manufacturing Practices for Medicinal Products
- 식품의약품안전처, 2021.4.7., 의약품동등성시험 가이드라인
- Clinical Development Success Rates and Contributing Factors, 2011 - 2020
- 오수진, 2014, 신약개발과정에서의 약물대사 연구, 국가신약개발재단
- 최윤섭, 2019, 미래 2030-디지털 기술이 여는 의료의 미래, 한국정보화진흥원 정책본부 미래전략센터
- 김동영, 2019, 디지털 헬스케어, 의료의 미래 의료의 개념 자체가 바뀐다, 이달의 신기술
- 최윤섭, 2016, 자체 임상시험하고, 의료기기 직접 만들고, 참여하는 환자들의 혁신, 최윤섭의 헬스케어 이노베이션
- 박성은, 2021, [정밀의료의 미래] ① 의료 AI의 꽃 정밀의료, 어디까지 왔나, Ai타임즈
- PESTLE analysis(2020), Charterd Institute of Personnel and Development
- 한민규 외, 2017, 유전체·Health-ICT 융합 기반 정밀의료 기술개발, 한국과학기술기획평가원
- 오우용 외, 2017, 임상시험의 in silico 기법을 활용한 약물요법 평가 구축, 식품의약품안전평가원
- 김경목, 2021, 강릉아산병원 암 치료 기술 발전…안젤리나 졸리 검사법 도입, 뉴시스
- 식약처 보도자료, 2020, 2019년 국내의약품 시장규모 전년대비 5.2% 증가, 식품의약품안전처
- 식약처 보도참고자료, 2020, 코로나19 상황에서도 임상시험 지속 증가, 식품의약품안전처
- 김용주, 2021, 전국 의약품 도매업체 3천곳 넘었다, 히트뉴스
- 허성규, 2021, 지난해도 의약품 도도매 비중 증가···단계별 거래서 '36.9%', 메디파나뉴스
- 성재영, 2019, "국내 손 습진환자, 겨울철에 가장 많아", 메디팜뉴스
- 이한영, 2021, 기업들 너도나도 ESG 경영, 왜 중요한가?, 우리문화신문
- 최봉선, 2017, '마일스톤'이란? 친절한 한미약품, '신뢰경영' 실천, 메디파나뉴스
- 김경교, 2021, 화이자 코로나백신 특허면제되면 바로 카피?, 히트뉴스
- 서진우, 2019, 美FDA 입성하는 국산 희귀의약품, 매일경제
- 임형석, 2015, PHARMACOGENETICS AND GENOMICS
- 임형석, 2015, DRUG DESIGN DEVELOPMENT AND THERAPY
- 임형석, 2014, 신약개발에서 1상 임상시험의 역할, 국가신약개발재단
- 임형석, 2014, 약동-약력학 모델링과 신약 개발, 국가신약개발재단
- 왕중추(홍순도 역), 2011, 디테일의 힘 2, 올림
- 김일중, 류왕성, 안지현, 2019, 알기 쉬운 당뇨병(약물치료를 중심으로), 한국임상고혈압학회
- 김영설, 2016, 당뇨정복, 북엔에듀
- Jun Takeda(김영설 역), 2015, 당뇨병 치료 혁명, 군자출판사

- 범진필, 2016, 약과건강, 청구문화사
- 강윤구, 2015, 건강보험정책론, 수문사
- 생명공학정책연구센터, 2017, 국내 바이오 및 제약업체의 2017년 경영전략
- 이의경, 2013, 우리나라와 OECD 국가의 약가비교, 제25회 한국보건행정학회 학술대회
- 식품의약품안전처, 2015, 의약품허가-특허연계제도이해 및 대응과정
- 제약산업학 교재 편찬위원회, 2013, 제약산업학, 명지출판사
- 래리 킹(강서일 역), 2015, 대화의 신, 위즈덤하우스
- 닐 라컴(허스웨이트 코리아 역), 2005, 당신의 세일즈에 SPIN을 걸어라, 김앤김북스
- 오카다 마시히코 외(정창열 역), 2015, 의사와 약 선택법, 맥스미디어
- 폴 골드스타인, 2009, 보이지않는 힘, 지식재산, 비지니스맵
- 김치원, 2015, 의료미래를 만나다, 클라우드라인
- 최윤섭, 2018, 의료인공지능, 클라우드라인
- 최재붕, 2019, 포노사피엔스, 쌤엔 파커스
- 최상운, 2013, 신약개발을 위한 또 하나의 전략, Drug Repositioning, 국가신약개발재단
- 채민정, 2019, 특허만료 리피토를 두고 선택한 화이자의 대단한 모험, 히트뉴스
- 문초혜, 국내외 희귀의약품 개발 관련 정책적 지원제도 및 시장 동향, Weekly KDB Report 2021. 10. 12
- 한해진, 2020, 인터엠디 "제약 디지털 마케팅 새 솔루션 제시", 데일리메디
- 한국수출입은행 해외경제연구소, 2017, 세계 의약품 산업 및 국내산업 경쟁력 현황: 바이오의약품 중심
- 생명공학정책연구센터, 2017, 미국 내 바이오시밀러 출시, 최대 6개월 단축 전망
- 김은아, 2009, 고개드는 '위탁생동' 성분명처방 수순밟기?, 의협신문
- 식품의약품안전처, 2015, 의약품 허가특허연계제도 해설서
- 김경철, 2018, 유전체, 다가온 미래 의학, 메디게이트뉴스
- 웨인 조나스(추미란 옮김), 2019, 환자 주도 치유 전략: 현대의학, 다시 치유력을 말하다., 동녘라이프
- KPBMA, 2020, 한국제약협회정책보고서
- KPBMA, 2020, 제약바이오산업 DATABOOK 통계자료
- 한국제약바이오협회, 2020, 한국제약바이오협회 정책보고서 vol. 20
- 생명공학정책연구센터, 2020, 글로벌 제약산업 2020년 프리뷰 및 2026년 전망
- EvaluatePharma, 2020, World Preview 2020, Outlook to 2026
- 건강보험심사평가원, 2018, 2017년 진료비통계지표
- 김병호, 2020, 문재인케어 신약 보장성 강화하려면 약가 제도 개선 필요, 매일경제
- 나병수, 김재영, 2020, 신약의 기술이전 최적시기 결정 문제-바이오텍의 측면에서, 지식경영연구
- BIO ECONOMY REPORT, 2021, 2020년 글로벌 제약 기술거래 사례 및 M&A 동향
- 식약처 신속심사과, 해외 주요국 신속심사 사례집 2021.10
- 한국제약바이오협회, http://www.kpbma.or.kr/
- 데일리팜, http://www.dailypharm.com/
- 히트뉴스, http://www.hitnews.co.kr/
- yakup.com, https://www.yakup.com/
- 팜뉴스, https://www.pharmnews.com/
- 이정환, 2015, 서울아산병원, 기초연구 · 임상시험 역량 높인다, 의협신문
- 남재륜, 2017, 인공지능을 이용한 신약개발 동향 및 사례, 메디컬투데이
- 최미라, 2011, 국내 의약품 허가 · 유통과정은?, 헬스포커스뉴스
- 이원식, 2014, 신약 등재 절차 줄이고 복합제 약가산정 개선, 보건뉴스
- 이종운, 2013, "연구개발력 포함한 종합적 지식융합 필요", 약업신문

- 한 · 미 자유무역협정(FTA), http://www.fta.go.kr
- 이현주, 2019, 미국서 맥 못추는 특허만료 약, 국내는 스테디셀러, 메디칼업저버
- 대한임상건강증진학회, https://www.healthpro.or.kr/
- 대한당뇨병학회, 2021, 당뇨병 진료지침
- 이나연, 2020, 사회적기업 육성정책의 제도적 특성에 관한 연구, 전남대학교
- 김경록, 국내 제약바이오산업 발전방안에 관한 연구, 2021, 전북대학교
- 식품의약품안전처, 2020, 의약품 등 안전관리 연구사업 중장기 기획연구
- 신재국, 2016, 정밀의학 최신 동향, BioINpro 20호
- 조양래, 2019, 신약개발과정은 어떻게 될까…신약개발사와 미국 FDA의 관계, 메디게이트뉴스
- 최윤수, 2021, 해외 주요국 신속심사 · 신청방법① – FDA편, 약업신문
- 식품의약품안전청, 2011, 임상시험계획승인 및 품목허가를 위한 비임상시험 심사지침(안) 마련 연구
- 식품의약품안전청, 2012, 성공적인 신약개발 제품화를 위한 길라잡이
- 식품의약품안전청, 2012, 의약품등의 독성시험기준 해설서 개발 연구
- 식품의약품안전처, 2016, 의약품 등의 독성시험 국제조화 연구
- 고은경, 2021, 414만마리의 비명…지난해 동물실험 가장 많았다, 한국일보
- 식품의약품안전평가원, 2012, 의약품의 글로벌 개발 · 평가 동향
- 한국신약개발연구조합, 국내 개발신약 허가현황(https://www.kdra.or.kr/website/03web02.php)
- 박영수, 2020, 의약품 품목갱신제도 개선을 위한 유익성–위해성 평가방법 도입, 충북대학교
- 식품의약품안전처, 2014, 의약품등 안전성 정보관리 규정 해설서
- 건강보험심사평가원, 2022, 의약품 및 의료기기 생애주기별 국내외 급여 관리제도 비교
- 윤병기, 2020, 콜린알포 급여 축소, 23일 약평위 최종 결론, 후생신보
- 건강보험심사평가원, 2019, 2019년 건강보험심사평가원 기능과 역할
- 윤강재, 2012, 제약산업 구조분석과 발전방향, 한국보건사회연구원
- 정명관, 2020, 노인의료비 증가하고 상급병원 쏠림 현상 심화, 주치의제도 도입 필요, 메디게이트뉴스
- 이영재, 2020, '침묵의 살인자' 고혈압…이젠 복합제 대세, 의협신문
- 식품의약품안전처, 2020 노인장기요양보험통계연보
- 식품의약품안전처, 2017, 약국의 부작용 보고 활성화 및 의약품적정사용정보 사후관리 체계 방안 연구
- 식품의약품안전청, 2004, KGMP 해설서 및 내용고형제의 밸리데이션 모델연구
- 권진숙, 2021, 의약품을 키우는 제약사 마케팅의 본질은 '이것', 히트뉴스
- Young Min Jo, 2011, DPP-4 Inhibitors Comparison– Back to Fundamentals: MOA, PK, PD and Clinical Evidence, International conference on diabetes and metabolism
- H.S. Im, 2016, Marketing and sales strategies of IMD Cilostazole, Chungang University
- H.S. Im et al., 2019, The Effectiveness of Facilitation Education for Call Quality of Medical. Representative in Pharmaceutical Industry., The Korean Journal of Health Service Management., 13(4), 215–228.
- H.S. Im, 2021, Marketing and sales strategies of Evogliptin to maximize effectiveness, Chungbuk National University
- J.B. Cha, G.Y. Ryu, 2013, The Relationship among Internal Marketing Activities, Job Satisfaction, Organizational Commitment, and Turnover Intention in Pharmaceutical Companies –Focusing on Pharmaceutical Salespeople, The Korean Journal of Health Service Management, Vol.7(1);69–82.
- E. Bae, S. Park, M. Lee, 2019, Mediating Effects of Job Crafting on Relationship between Self– Leadership and Commitment to Change for Medical Representatives in a Pharmaceutical Company, Korea Lifelong Education and HRD Institute, Vol.15(2); 125–127.

- H.S. Im, 2016, Sales and Marketing Strategies of IMD(Incrementally Modified Drugs) Cilostazole, Chungang University
- Farinde, 2021, Overview of Pharmacodynamics, MSD MANUAL
- IQVIA, Global Trends in R&D OVERVIEW THROUGH 2021, Feb, 2022

용어설명 및 참고 문헌